HENRY ARMIN HERZOG

UND DER HIMMEL VERGOSS KEINE TRÄNEN

HENRY ARMIN HERZOG

UND DER HIMMEL VERGOSS KEINE TRÄNEN

Aus der Verzweiflung in den Widerstand

Mit einem Vorwort
von Wolf Biermann

Aus dem Amerikanischen
von Franca Fritz und Heinrich Koop

Kiepenheuer & Witsch

1. Auflage 2000

Copyright © 1995 by Henry Armin Herzog
Titel der Originalausgabe: ... and Heaven shed no Tears
Aus dem Amerikanischen von Franca Fritz und Heinrich Koop
© 2000 by Verlag Kiepenheuer & Witsch, Köln
Alle Rechte vorbehalten. Kein Teil des Werkes darf in irgendeiner Form
(durch Fotografie, Mikrofilm oder ein anderes Verfahren)
ohne schriftliche Genehmigung des Verlages reproduziert
oder unter Verwendung elektronischer Systeme verarbeitet,
vervielfältigt oder verbreitet werden.
Umschlaggestaltung: Rudolf Linn, Köln
Umschlagfoto: Privatarchiv des Autors
Gesetzt aus der Garamond Stempel (Berthold)
bei Kalle Giese, Overath
Druck und Bindearbeiten: Franz Spiegel Buch GmbH, Ulm
ISBN 3-462-02884-7

Dieses Buch ist in Demut gewidmet

Meinen Eltern, Antonia und Emil,
die ihren Kindern entrissen
und in die Gaskammern von Belzec gebracht wurden.

Meinen Brüdern, Nathan und Szymon,
die gefangen, gefoltert
und in Płaszów exekutiert wurden.

Die Erinnerung an sie wird für immer in meinem Herzen sein.

In tiefer Dankbarkeit möchte ich mich erheben und ein Gebet sprechen im Andenken an die edlen Herzen und Taten unserer treusorgenden christlichen polnischen Freunde, Tytus und Luiza Zwolinski, die meiner Schwester Schutz und Unterkunft gewährten und uns, mit Hilfe von Władysław Lopatowski, die Flucht von Polen nach Ungarn ermöglichten.

INHALT

Vorworte   13
   Vorwort von Wolf Biermann   13
   Vorwort des Autors   29
Einleitung   31
Aufruf zur Erinnerung   34
Gedicht   35

1   Krakau, 1939   37
2   Krakau, 1940–1941   84
3   Rzeszów, 1941   104
4   Im Ghetto. Rzeszów, Dezember 1941 – März 1942   126
5   Deportationen. Rzeszów, Juli – September 1942   146
6   Die Teilung des Ghettos. Rzeszów, 1942–1943   178
7   Unsere Flucht. Rzeszów, Anfang November 1943   220
8   Slowakei, November 1943   229
9   Verrat in Ungarn. November 1943   258
10   Lager Csorgo. Ungarn, Januar 1944   268
11   Lager Csorgo, Selbstmordversuch und Flucht. Ungarn, Ende Mai 1944   280
12   Zurück in der Slowakei. Juni 1944   284
13   Anschluß an die russischen Partisanen. Slowakei, Juli 1944   306
14   Rückzug in die Berge. Slowakei, Ende Oktober 1944   319
15   Zusammenschluß mit der Roten Armee. Slowakei, März 1945   348
16   Auf der Suche nach Fela. Slowakei, März 1945   352
17   Wiedersehen. Rumänien, April 1945   360
18   Rückkehr nach Polen. 1945   367
19   Emigration in die USA. Februar 1948   430
20   Besuch in Polen. September 1984   441

Vorwort von Wolf Biermann

Am Anfang stand das Wort? Wer weiß, womöglich steht das Wort am Ende! Und was letztendlich wirklich am Ende steht, mag nicht das Verschweigen sein, aber doch das Schweigen.

»Juden, schreibt auf ... und schreibt ihnen all das an!« – das waren die letzten Worte des größten jüdischen Historikers im zwanzigsten Jahrhundert, Simon Dubnow. Dieses Wort wurde geflüstert, geröchelt oder geschrien – ich weiß es nicht –, bevor der hochgelehrte Greis, zusammen mit Tausenden anderen Juden, in irgendeinem Wäldchen bei Riga an den Rand irgendeines ausgeschaufelten Massengrabes geprügelt und dann von irgendwelchen deutschen Soldaten in die Grube runtergeschossen wurde.

»Jidn, schreibt un varschreibt alzding!« Und ich weiß auch nicht, welcher Ostwind diese paar jiddischen Wortfetzen aus dem baltischen Dezember 1941 zu uns herübergetragen hat – aber genau dieser verzweifelt geflehte, dieser gefluchte Auftrag ist von den wenigen Überlebenden erfüllt geworden. Die Warschauer Ghettokämpfer haben nicht nur geschossen, sondern auch geschrieben – allerdings eher nackte prosaische Fakten, blutige Berichte und wenig Literatur und keine Philosophie.

Die Schriftstellerin Jonath Sened erzählte mir im Kibbuz Revivim über den hebräischen und jiddischen Dichter Jizchak Katzenelson eine bezeichnende Episode: Im Warschauer Judenghetto genoß sie als Kind bei Katzenelson in einer versteckten Kellerschule Unterrichtsstunden in den Fächern Hebräisch und Deutsche Literatur.

Als die Juden sich grade auf Befehl der Gestapo im neuerrichteten Judenghetto eingemauert hatten, noch vor Beginn der tagtäglichen Massen-Deportationen ins Todeslager Treblinka, zu einer Zeit also, als die verhungerten und erschossenen und erfrorenen Menschen immerhin noch begraben werden konnten, da bat ein verzweifeltes Elternpaar den berühmten Poeten: Dichten Sie uns ein Wort für unser totes Kind! Wir wolln es auf sein Grab schreiben ... Und der wortgewaltige Katzenelson schüttelte wie irre den Kopf und stotterte: Ich kann nicht ... ich kann kein Wort finden für all das ... und weinte und wandte sich ab.

Es ist für mich Ungläubigen fast so etwas wie ein Gottesbeweis, daß der zerschmetterte Mensch Jizchak Katzenelson hinter Stacheldraht dann doch und sogar ein dermaßen umfangreiches Werk dichten konnte, mit Strophen und festem Rhythmus und mit Reimworten. Zu dieser Zeit war der Dichter schon so wild verzweifelt und aus absolut allen angelernten Angeln gehoben, daß er wie im wahnsinnigsten Wachtraum schrieb. Ja, die Wortgewalt seiner Poesie ausgerechnet an diesem prosaischen Stoff war wohl größer als seine normale Dichterkraft, sie war so verblüffend groß, daß ich zum ersten Mal mir vorstellen konnte, wie es wohl den Propheten erging, denen Gott beim Schreiben der Bibeltexte seine Worte einblies.

Mir kommt es so vor, als ob der Krakauer Fabrikarbeiter Henry Herzog mit seinem Buch zumindest dieses Problem, an dem Katzenelson litt, nicht spürte, womöglich weil er nicht die professionellen Skrupel des Schriftstellers hat. Er schildert mit einer sehr einfachen Alltagssprache das Unglaubliche, die systematische Ausrottung eines Volkes. Die Sprache kann also doch Sprache sein; es ist eben doch in Worte zu fassen, was »einfach nicht in Worte zu fassen ist«.

Aber auch Katzenelson fand eben, allerdings erst, als er den vorletzten Kreis dieser Hölle erreicht hatte, im KZ Vittel, als der Dichter im tausendfach tieferen Elend angekommen war, trotzalledem die treffenden Worte, um das Unsagbare zu sagen. Wir bewundern dieses Zeugnis in der Tonart eines schwer geprüften Propheten, und so habe ich die Dantischen Gesänge über das Warschauer Ghetto ins Deutsche gedichtet. Unter den Trümmern vieler Todeslager fanden sich die Dokumente über die Verbrechen, über die Leiden und über den Widerstand, beschriebene Fetzen Papier, zweckentfremdete Kontor-Bücher in ölige Lappen gewickelt, in Gläsern und in Milchkannen im Erdreich unter den Kellern vergraben.

Jizchak Katzenelson kritzelte sein großes Poem »Dos lied vunem oisgehargtn jidischn volk« in Winzschrift auf hauchdünnes Blumenpapier, kurz bevor er nach Auschwitz deportiert und dort auch gleich am ersten Tag vergast wurde. Sein »Großer Gesang vom ausgerotten jüdischen Volk« überlebte in drei Flaschen unter einem Baum im KZ Vittel. Und sein lupenklein geschriebenes Duplikat wurde von einer jungen jüdischen Frau, Ruth Adler, mitten im Krieg, im Jahre 1944, durch sieben Grenzen, unter Lebensgefahr aus dem KZ dort am Fuße der Vogesen bis hin nach Palästina geschmuggelt. So überlebte dieser Dichter in seinem Gedicht.[1]

Manche, die dem Massenmord entgingen, machten es wie der berühmte Warschauer Pianist und Komponist Wladyslaw Szpilman, dessen Buch »Das wunderbare Überleben« erst jetzt in Deutschland, in vielen anderen europäischen Ländern und auch in den USA unter dem Titel DER PIANIST erschien. Sein Buch hatte allerdings ein halbes Jahrhundert – nicht etwa total, sondern totalitär vergessen – in Polen herumgelegen. Szpilman hielt seine Überlebensgeschichte nämlich unmittelbar nach seiner wunderbaren Errettung in Worten fest – und er hat seitdem niemals wieder von alldem etwas zu Papier gebracht oder auch nur gesprochen. Der geniale Musiker hatte sich alles von der Seele geschrieben, um niemals wieder daran denken oder gar später mit Kollegen oder gar mit seinen Kindern darüber reden zu müssen. Er wollte ihnen das Leben nicht vergiften.[2]

Andere machten es noch anders. In Israel traf ich eine uralte polnische Jüdin und ihren Mann im Kibbuz Sheffaym, die erst jetzt zögerlich anfangen, über ihre Zeit im Ghetto oder im KZ ein Wort zu äußern. Der Grund ist interessant: Es gab die Jahrzehnte nach dem Holocaust wenig offene Ohren für solche Leidensgeschichten in Israel. Und manche Opfer wurden sogar von all zu strammen Israelis verspottet, im Jargon forscher Zionisten nannte mancher Sabre[3] die Überlebenden aus den Todesfabriken der Nazis zynisch »Seife« und kaltherzlich »K.Z.-niks«.

So beißen sich die Opfer auf die eigene Zunge, sie klagen nicht an und verteidigen sich nicht. Aber auch ohne diesen Druck von außen – ich bilde mir ein, es war auch der übermächtige innere Druck, der viele Überlebende der Shoa zuerst einmal ins Verstummen trieb, weil sie anders ihr Überleben nicht hätten überleben können.

---

1 Jizchak Katzenelson/Wolf Biermann, Großer Gesang vom ausgerotteten jüdischen Volk, Kiepenheuer & Witsch, 1995
2 Wladyslaw Szpilman, Das wunderbare Überleben, München, 1998
3 Sabre – ein in Erez Israel geborener Jude. Sabre ist die Frucht des Kaktus: innen süß, außen stachlig

Ja, das große Schweigen nach der Shoa hatte zwei Seiten: Die Täter in Deutschland hielten den Mund über ihre Verbrechen am Judenvolk, das versteht sich. Aber die nach Palästina entkommenen Juden hielten halt oft auch den Mund, denn sie wollten sich von irgendwelchen hurrahzionistischen »Muskeljuden« nicht verächtlich machen lassen, wollten nicht als schwächliche und gedemütigte und geprügelte Ghettojuden verachtet werden.

Sogar mein Freund Arno Lustiger, der vier Jahre Auschwitz überlebt hatte, log später seinen Töchtern in Tel Aviv vor, die blaue Nummer auf seinem Unterarm sei die Telefonnummer eines Freundes, die er nicht vergessen wolle, und verkroch sich aus zärtlicher Liebe zu seinen Kindern in die Stummheit. Auch der Autor dieses Buches, Henry Herzog, entkam diesem Dilemma nicht. Ja, er hatte wohl überlebt, so sagt er ja selber, um Zeugnis abzulegen. Aber dann hat auch er nach 1945 Jahrzehnte lang kein einziges Wort sprechen können über »all das«. Seine Erlebnisse in dieser Hölle verwandelten sich in ein Tabu, auch für ihn selbst. Jahrzehnte lang, auch nachdem er dann in den USA geheiratet hatte, blieben seine Erlebnisse, sogar für seine allernächsten Menschen, ein Buch mit sieben Siegeln.

Nun erst, als ein wirklich alter Mann, öffnete irgendein unscheinbarer Zufall diese Schleuse. Und gerade weil er ja kein ambitionierter Schriftsteller ist, fiel ihm plötzlich das Schreiben gar nicht so schwer. Er setzte sich eines Tages einfach hin und schrieb mit der Hand in linierte Kladden alles rein. Es passierte so fundamental wie in dem alten sephardischen Lied, in dem es heißt:

> Der Himmel sei mein Blatt Papier
> Als Tinte nehm ich mir die See
> Als Feder nehm ich einen Baum
> Schreib auf, schreib nieder all mein Weh ...

Man könnte erwarten, der lange Zeitabstand hätte der Authentizität eines solchen Berichtes geschadet. Im Falle von Herzog gibt es aber keinen Grund zu solcher Befürchtung – und der Grund dafür mag von Interesse sein: Gerade weil Herzog diese Erlebnisse nicht Jahr für Jahr seinen alten Freunden oder frischen Bekannten wieder und wieder und wieder auftischte, haben sie auch nicht jene Umformung erlitten, die manche Geschichte erfährt, die einer »zu oft« und jahrzehntelang immer allerhand Mitmenschen erzählt hat.

Das kenne ich von mir selbst. Es schleichen sich mit jeder Wiederholung kleine Verbesserungen ein, die womöglich Verschlechterungen sind. Es kommt automatisch zu Pointierungen, Straffungen, Auswalzungen, Korrekturen. Leichte Über- oder Unterbetonungen changieren das Bedeutungslicht, nachträglich eingebaute Umwertungen beschädigen vielleicht nicht die Wahrheit, aber doch die Wahrhaftigkeit. Man könnte auch wohlmeinend sagen: es findet ein künstlerischer Formungsprozeß statt. Bei einem Dichter mag das von Vorteil sein, weil er auf diese Weise sein Lebensmaterial im besten Sinne der Dichtung verdichtet bis an den Rand des Lapidaren, denn ein Wort kann manchmal mehr sagen als viele Wörter. Die Gefahr aber, daß solch ein kostbarer Stoff nicht ge- sondern zer-dichtet wird, ist immer da.

Die Juden sind nun mal das Volk des Wortes und des lebendigen Gedächtnisses. Ja, und so gibt es eben nicht nur das Buch der Bücher, sondern auch einen wachsenden Berg gebündelter Wörter und Worte über die Shoa. Die Berichte der Überlebenden des Holocaust füllen schon Bibliotheken. Auch deutsche Verlage bringen jedes Jahr neue Berichte Überlebender aus den Todeslagern. Protokolle, Dokumentarfilme, Photos, Spielfilme, Memoiren, Analysen, gelehrte Abhandlungen. Laßt uns endlich Schluß damit machen! sagen vor allem diejenigen, die nie damit anfingen. Ein hochkarätiges Pack in der Paulskirche zu Frankfurt lieferte vor nun zwei Jahren standing ovations, als ein laureatisierter Literat und eingeborner Deutscher über seine Leiden unter der Auschwitzkeule schwadronierte. Er kündigte heldenmütig seinen Gehorsam gegenüber den Riten der Scham auf. Er forderte wortreich ein Schweigen nach all dem Wortewust. Nationalistisch gesinnte Deutsche, die sich mit den Verbrechen der Nazizeit klammheimlich berühmen, freuten sich darüber, daß dieser Mitbürger öffentlich nimmermehr mit Beknirschereien belästigt werden will.

Im Zugabteil zwischen Hamburg und Berlin hörte ich eine aparte Witzboldin blödeln über die immer noch anwachsende Flut von Holocaust-Publikationen. Diese elegante Dame sagte: Wenn es dermaßen viele Augenzeugenberichte gibt, sind offensichtlich gar nicht dermaßen viele Juden zu Tode gekommen, oder?

Dabei weiß dieses Mensch: Hinter jedem einzelnen Juden, der in die Hölle der Ghettos und Konzentrationslager geriet und dennoch entrann, steht der lange Schatten von Tausenden, die es nicht schafften. Warum sagt die so was? Und was raunt eigentlich hinter den flapsigen Worten für eine Bedeutung? Armin Herzog denkt und fühlt, das zeigt mir auch sein Buch, so unideologisch wie selten Menschen. Er ist kein Sozialist, kein Bundist, kein Trotzkist, kein Kommunist, kein Zionist, kein Frommer, kein edler Menschheitsretter. Er ist einfach das, was die Ostjuden auf Jiddisch »a mensch« nennen. Und das heißt in korrektes Deutsch übersetzt eben nicht etwa: »Ein Mensch«, sondern eindeutig nur das: »Ein guter Mensch«.

Auch im persönlichen Gespräch erweist Armin Herzog sich im allerbesten Sinne des Wortes als ein gewitzter Prolet, ein jüdischer Arbeiter, ein einstmaliger Lokalmatador im jüdischen Fußballverein der Stadt Krakau. Und heute ist er mit seinem weißen mächtigen Schnauzbart ein altgewordenes und jung gebliebenes gebranntes Kind. Er wurde nach dem Kriege ein amerikanisierter Weltbürger, und er blieb auch als Greis ein starker und zugleich ein willensstarker Kerl. Alle Schläge, die er hat aushalten müssen, haben ihn nicht abgestumpft. Er kann immer noch gut lachen, gut weinen. Und eins seiner häufigsten Worte im Gespräch klingt mir im slavischen Sound des polnischen Immigranten in den Ohren: »My friend ... it makes me too emotional.«

Dabei hat Armin Herzog die reserviert wortkarge Lebensklugheit eines Verfolgten, und er beurteilt dennoch neue fremde Leute mit einer eher amerikanischen Offenherzigkeit. So erlebe ich ihn, wenn wir uns in Ramat Hasharon mit der alten Ruth Adler treffen, die auch noch mit achtzig Jahren von ihrem Dichter Katzenelson schwärmt wie eine jung Verliebte im KZ Vittel. Herzog ist also ein waschechter polnischer Plebejer aus den Vereinigten Staaten, und er führt einen irreführend adligen deutschen Namen. Und er sieht mit seinem Budjonny-Bart aus wie ein hoch aufgeschossener hagerer russischer Reitergeneral, der den Poeten Katzenelson liebt und sich beim Lesen in ein heißes Land verirrt hat, in dem Milch und Honig und Blut fließen. – Ja, es war die Liebe zu diesem Dichter Jizchak Katzenelson, die uns alle zusammengeführt hat. Ein kleiner Roman:

Als das Ehepaar Herzog 1995 mit dem Flugzeug von New York nach London kam, da ließ Armin Herzog leider ein Buch in der

Boeing liegen. Er war mit seiner Frau nach England geflogen, weil sein eigenes Buch »And Heaven shed no Tears« dort vom Verlag der Öffentlichkeit vorgestellt werden sollte. Die ganze Reise und sein schönes Buch aber waren nun dem Autor vergällt, denn ihn bekümmerte der Verlust des Buches von Katzenelson.

Als das Ehepaar Herzog sich dann entschlossen hatte, seinen Lebensabend nicht in den USA, sondern in Erez Israel zu verleben und umgezogen war in einen nördlichen Vorort von Tel Aviv, da gab Armin Herzog eine Anzeige auf in der englischsprachigen Zeitung »Jerusalem Post«. So stand es dann in der Zeitung:

Ich habe leider ein mir überaus teures Buch verloren: Jizchak Katzenelson, VITTEL DIARA (22. 5. '43 – 16. 9. '43) Ich biete für dieses vergriffene Werk jeden Preis, auch wenn das Buch in einem schlechten Zustand sein sollte.

Daraufhin kamen die Herzogs in Kontakt mit dem Kibbuz der Warschauer Ghettokämpfer »Beit Lochamei Hagettaot«. Von dort wurde der frisch eingewanderte alte Amerikaner an die genausoalte Dresdener Jüdin Ruth Adler verwiesen – tja und die wohnt zufällig nur fünf Minuten vom neuen Heim der Herzogs in einer der vielen Ben-Gurion-Streets von Israel.

Diese Ruth Adler kannte ich aber inzwischen gut, weil ja sie es war, die mir die allerbesten Eizes[4] gegeben hatte über ihren geliebten Dichter aus dem KZ in Vittel. In den zwei Jahren, als ich die fünfzehn Gesänge des modernen Hiob aus der Hölle im Warschauer Ghetto vom Jiddischen in mein Deutsch dichtete, da besuchte ich auch die alte Frau in Israel, die den polnischen Juden Jizchak Katzenelson in diesem sogenannten Sonder- oder auch Vorzugs-Konzentrationslager im besetzten Frankreich noch erlebt hatte. Und das verband mich indirekt auch mit dem amerikanischen Alten, der grade Alija[5] gemacht hatte. So besorgte sie also nicht nur jenem sympathischen Neueinwanderer aus New York Katzenelsons DIARY, sondern

---

4 Eizes – kleiner, manchmal sogar unerlaubter Tip, bißchen Hintergrundwissen, guter Rat
5 Alija – das hebräische Wort für Einwanderung nach Erez Israel, wörtlich: »Hinaufziehen«

freundete sich mit den Herzogs innig an und brachte uns dann alle zusammen.

Inzwischen sind wir das geworden, was auf Hebräisch »mischpachá« heißt und auf jiddisch: Mischpoche – und in Brechts Jargon: »Ein Herz und ein Sparkassenbuch.«

Aber bald werde ich ihn in Israel nicht mehr treffen. Armin Herzog möchte seine schöne neue Wohnung am liebsten wieder verkaufen und zurück in die USA. Ihm ist zu viel faul, ihn quält die unversöhnliche Politikstreiterei im Staate Israel und mehr noch: Daß er sich an diesem Streit so gar nicht beteiligen kann. Aber nochmal ein ganzer Umzug ist ja wie halb abgebrannt. Was nun? Seine Frau hatte in der blühenden Wüste Israel schon früher lange genug gelebt und bewegt sich mit ihrem Iwrith dort sicher wie der Fisch im Wasser. Aber dem Mann bleibt das Land der Bibel fremd. Er schweigt ja das reinste Polnisch und das dreckigste Russisch und kennt perfekt das Befehlsdeutsch der Nazizeit, er spricht fließend das arme Immigranten-Englisch, und er spricht in seinen Träumen das reiche Jiddisch, wenn er mit seinen ermordeten Eltern und Geschwistern mameloschen[6] »redt«. Er kann mit Spaniern und Ungarn radebrechen – aber Iwrith, dieses schnelle harte moderne Hebräisch will nicht mehr in seinen harten Schädel rein.

Dabei verschließt er sich gar nicht vor der neuen Welt. Armin Herzog trägt im vertrauten Gespräch wie ein Junger sein Herz auf der Zunge, aber dieses wildwuchernde Iwrith ist halt nicht die Sprache für ihn. Also beißt er sich auf diese Zunge. Denn er kann sich mit seinen Nachbarn in Erez Israel, von dem Amos Oz sagt, es sei ein Land von etwa 4 Millionen amtierenden Premierministern, nicht mal richtig streiten über das Problemchen mit den Golanhöhen und das Problem mit den Palästinensern.

Er erzählt uns in seinem Buch linear eins nach dem andern, er schachtelt seine Erinnerungen weder raffiniert mit Rückblenden noch schmückt er sich mit im nachhinein gebesserten Voraussagen. Er will mit seinen Geschichten nichts groß beweisen, nichts beschönigen, nichts verteidigen, nichts wegdrücken, nichts schönreden. Und schon gar nicht will er das Grauenhafte auch noch effektvoll schwärzen.

---

6 Die (jiddische) Muttersprache

Obwohl Armin Herzog in den USA schon ein älterer Mann geworden war, als er seine Shoa-Geschichte endlich aufschrieb, klingt sein Bericht wie die verhaltene Aussage eines erschütterten Kindes vor dem Weltgericht. Schritt für Schritt lenkt er den Leser vom ersten Kreis immer tiefer in die nächsten Kreise dieser menschgemachten Hölle.

Aber gerade die naive Erzählweise suggerierte mir, dem Leser, in jeder neuen Station die Illusion: Schlimmer kanns nun nicht mehr werden. Aber es wird natürlich doch immer noch schlimmer. Der Einfallsreichtum der Mörder beim Massenmord ist der Phantasie ihrer Opfer offenbar höllentief und himmelhoch überlegen. Die Stufen der Täuschung und die Stufen der Selbsttäuschung führten die Opfer der Shoa in immer noch verzweifeltere Hoffnungen. So tappten sie voran in einem Labyrinth des Terrors, in dem alle Wege nur zu irgendeinem Tode führen.

Ein einziges Wunder reichte in der Regel nicht. Fast jeder Jude, der in Hitlers völkische Völkermordmaschinerie hineingeriet und trotz alledem überlebte, ist ein Sondermensch, ein Gezeichneter, ein profanes Mysterium. So liefert denn auch diese Überlebensgeschichte des Krakauer Juden Henry Armin Herzog eine ganze Kette aus unerhörten Begebenheiten, unglaublichen Wundern, verrückten Zufällen, phantastischen Fügungen, irrwitzigen Tragödien, die alle passieren mußten, damit dieser eine Mann überleben und uns Zeugnis ablegen konnte.

Für die meisten Leser in Deutschland wird dieses hier nicht das erste Buch sein über den Holocaust. Für mich ist es aber der allererste Bericht eines Überlebenden, in dem ohne Falsch und schlechtes Gewissen die Rache gefeiert wird.

Ich weiß, der jüdische Gott gilt als Gott der Rache und das Alte Testament als ein Buch der Rachsucht. Das Neue Testament hingegen gilt als Buch der Liebe und des Verzeihens. Das ist, wie alle Fachleute wissen, eine paulinische Konstruktion, auf die sogar Sigmund Freud hereingefallen ist. Liebe und Verzeihen werden auch in der Thora gefeiert – und entsprechend umgekehrt blühen Rache und Zorn auch in den Evangelien.

»Ach Auschwitz! Auschwitz war Gottes Strafe, die Juden haben selber Schuld.« Als ich dieses schreckliche, dieses wahnwitzige Wort über den rachsüchtigen Gott gehört hatte, ließ ich meine Kuchen-gabel in der Torte stecken, schob das Kaffeegedeck vom Tischrand und verabschiedete mich mit jenem höflichen Schweigen, das meine vorletzte Waffe ist. Für mitteilenswert halte ich diese abgeschmackte Szene nur, weil ich sie nicht in Leizpig erlebte mit einem Neonazi oder mit einem antizionistischen Altstalinisten in Berlin Mitte oder etwa in Westberlin mit dem rotgetünchten Braunen, der für die GRÜ-NEN im Bundestag sitzt. Nein, ausgerechnet in Jerusalem hörte ich dieses Wort, als ich zu Besuch war. Das Unwort kam mir entgegen wie Modergeruch aus dem Munde einer lieben alten Freundin, einem ergrauten deutschen Judenkind, das sich aus dem GULAG der Sowjetunion über die DDR nach Israel gerettet hatte. Auschwitz Got-tes Strafe! Mon dieu! Die Gaskammer eine modifizierte Synagoge für den Gottesdienst! Der SS-Mann auf dem Wachturm ein Erzengel! Eichmann ein mißbrauchtes Werkzeug der Vorsehung! Hitler als rechte Hand Jehovas! – gegen solche teuflische Theologie kommt keine Torte an, keine Toleranz, keine Freundschaft. Etliche ortho-doxe Juden sehn Auschwitz als Reinigung. Gott drohte seinem auser-wählten Volk immerhin noch dialektisch mit Zuckerbrot und Peit-sche, mit Segen und Fluch. Der Himmelsfürst drohte den Juden so grausam, weil er seine geworbene Kundschaft gegen die Konkurrenz alter Götter resistent machen wollte. Gottes Leib-Übersetzer Luther hat uns ein derartiges altmodisches Straf-Gemetzel mit dem moder-neren evangelischen Droh-Finger ins Deutsche »gedolmetzscht«. So steht es geschrieben im dritten Buch Mose. Im 26. Kapitel lese ich es nach … da droht Gott den Juden Greuel, Massaker und den kom-pletten Völkermord an, genauer: Der Chef läßt drohen, er spricht aus dem Mundes Moses.

Gott droht da furchtbare Vertragsstrafen an, falls die Juden die Regeln im geschlossenen Bund nicht korrekt erfüllen. »… daß ich euren Stolz und Halsstarrigkeit breche«.

Und weil Gott dermaßen maßlos strafen will, sollen die Gott-losen – wortwörtlich – verbluten, verdursten, verhungern, sogar die schuldlosen Kinder der Juden sollen von wilden Tieren zerrissen und gefressen werden. »… und will ein Racheschwert über euch bringen, das meinen Bund rächen soll«. Pestilenz und Pogrome droht Gott sei-nem auserwählten Volk an, Verwüstung seiner Wohnungen und Städte, Hunger so wahnsinnig, »daß ihr sollet eurer Söhne und Töch-

ter Fleisch fressen ...«. Gott will die kannibalisierten Juden »vertil-
gen« und »ausroten«, will sie, egal ob schuldig oder nicht, »verjagen«
und »wegtreiben«, will ihr »unbeschnitten Herz demütigen«. »Und
denen, die von euch überleben, will ich ein feig Herz machen in ihrer
Feinde Land ...« Und es kommt noch schlimmer. Die grauenhafteste Drohung des Eifersüchtigen an die wenigen Überlebenden: Ich
entlasse euch nicht aus unserem Vertrag: »Meiner Liebe entgehet ihr
nicht!«

Beim Lesen in der Bibel nimmt man solche Greuel poetisch auf die
metaphorische, will sagen: auf die leichte Schulter. Aber als Prosatext
gelesen wirken solche Passagen wie ein Maßnahmeplan von der
Wannseekonferenz 1942, wie eine Passage aus dem Protokoll im
Frankfurter Auschwitzprozeß 1956, wie vom Eichmannprozeß in
Jerusalem. Keine Demütigung, keine Qual, die dem Judenvolk nicht
vom anerkennungssüchtigen Einzigen Gott prophylaktisch aus der-
maleinst enttäuschter Liebe angedroht wird.

Eines ist klar: Armin Herzog sieht das, was das jüdische Volk in der
Hitlerzeit erlitten hat, nicht im schwarzen Lichte einer göttlichen
Un-Heilsverkündung. Und ich Gottloser habe irgendeine teodizeei-
sche Krankheit schon gar nicht. Das Herz der Juden in Israel ist eher
mit zu viel Heldenmut als mit Feigheit geschlagen. Aber was kann
einer wie ich schon wissen! Je mehr monströse Geschichten ich nämlich von lebendigen Menschen hörte und je mehr Bücher ich über die
Shoa las, und je tiefer ich auch meine eigene kleine Zufallsgeschichte
in diesem neuesten Weltuntergang begriff, je mehr ich vom Land
Israel weiß, um so genauer merke ich, daß ich im Grunde gar nichts
weiß. Und sogar Überlebende, die durch alle Höllen gingen, tragen
ihr Überleben oft wie eine schuldlose Schuld im Herzen. Sie zerquä-
len sich mit einer Frage, die in den Wahnsinn der Sprachlosigkeit
führt: Warum habe gerade ich überlebt?
Das ist wohl die Regel: Die Sprache der Gewehre verstehen immer
nur die Erschossenen. Das Geröchel in der Gaskammer, wenn das
Zyklon B-Granulat eingeschüttet wurde, begreifen nur die ineinan-
dergekrallten Leichen. Tote erzählen nur noch ohne Worte. Für
die SS-Männer, die sich vor der Gaskammer durch den Spion in der
gut abgedichteten Stahltür über die Verrenkungen der Sterbenden

amüsierten, aber auch für die Funktionshäftlinge, die an der hinteren Stahltür der Gaskammer darauf warteten, nach fünfzehn Minuten die nackten Körper ins Krematorium zu transportieren, für sie alle hörte sich das panische Gebrüll der Sterbenden im falschen Duschraum an wie das Summen und Brummen in einem Bienenkorb, aber wer könnte je diese Sprache in die der Lebenden übersetzen?!

Ach, und das Elend in den Ghettos! Wer will über die verhaßten Kollaborateure vom Judenrat im Warschauer Ghetto oder in Lodz oder in Rzeszów richten, die auf Kosten anderer ihr eigenes Leben retten wollten. Katzenelson und andere haben das Nötige dazu aufgeschrieben und in der ganz großen Moralrechnung auch als Schuld »angeschrieben«, ganz genau so, wie Simon Dubnow es als sein allerletztes Vermächtnis einforderte.

Und diejenigen altgewordenen Naziopfer, die mit schuldarmer Schuld zu Verbrechern an ihrem eigenen jüdischen Volk wurden, das weiß ich sehr wohl, sie wissen Bescheid – punctum puncti! – und das reicht uns fürs Jüngste Gericht. Von mir jedenfalls wird man dazu kein anklägerisches Wort hören. Wer will die verachteten jüdischen Polizisten verurteilen, die in Todesangst ihre eigenen Verwandten aus den Verstecken zerrten und zum nächsten Todestransport prügelten. Wenn ich davon höre, beiße ich mir auf die Lippen. Auch von jüdischen Gestapoagenten erzählt der Autor, von Denunzianten, die sich brutal irgendwelche Privilegien ergatterten und am Ende doch ermordet wurden. Ich werde dazu keine Sprüche klopfen.

Der SS-Mann Amon Goeth, den wir in Spielbergs Schindler-Film glänzend geschauspielert sahen, kreuzt hier in diesem Buch ja »in echt« den Leidensweg von Armin Herzog.

Gewiß erschüttert uns die stumpfe brutale Wahrheit über den Holocaust in einem opulenten Hollywoodfilm womöglich anders als das Buch von Herzog. Ich jedenfalls sah den Film mit der Schindler-Story gerne. Spielberg hat immerhin die Empfindsamkeit von Millionen Menschen in Deutschland geschärft, die wohl nie nach dem gedruckten Lebensbericht von Armin Herzog greifen werden. Aber wer weiß – vielleicht stachelt ja solch ein Film sogar das Interesse an solch einem Buch an. Armin Herzog schildert hier, wie dieser monströse SS-Hauptsturmbannführer und Kommandant des Lagers Płaszów zu Besuch ins Nachbar-Lager Rzeszów kommt. Der Bericht des Augenzeugen führt uns den Gegenspieler von Schindler bildhaft vors Auge, wir sehen in seiner Schilderung, wie Amon Goeth im Ghetto im Sinne einer Sonderbehandlung wortlos, en passant eine junge Jüdin, eine Frau Wiesenfeld erschießt. Die exklusive Kugel als klarer Aussagesatz in einem stumpfen dumpfen Massengemetzel. Damit markiert sich für uns auch ein bedeutsamer Unterschied zum filmischen Kollossalgemälde: Herzog zeigt mehr die graue Regel als die bunte Ausnahme. Er erzählt uns nicht die fast märchenhaft attraktive und dennoch wahre Sondergeschichte von der wunderbaren Errettung einiger weniger, sondern er zeigt uns die massenhafte Gegenseite: die unaufhaltsame Ausrottung eines ganzen halben Volkes, dem auch keine kleinen Wunder mehr helfen konnten. Wenn die gute Mitte des Buches erreicht ist, gelingt ja dem Autor die Flucht – und mit dieser Rettung gerät er in ein neues Martyrium. Nach einer Odyssee durch verschiedene Kerker, auf der Flucht zwischen Polen, Slowakei und Ungarn finder der todunglückliche Held Anschluß an eine sowjetische Partisaneneinheit in der Tatra. Endlich ist er bewaffnet, endlich kann er sich wehren und hat die Chance, wenigstens die Sprache der Gegengewalt zu reden. Aber ein so genanntes glückliches Ende kann auch das Partisanenleben nicht sein. Warum? Einer der Gründe dafür ist dieser: Wenn nämlich der beschnittene jüdische Partisan sich im Schnee waschen muß, dann weiß er, warum er seine Unterhosen niemals auszieht und warum er sich einen rein polnisch klingenden, also einen arischen Namen zulegt.

Als ich das Verlags-Manuskript las, strich ich mir alle Stellen an, in denen der Autor das Ungehörige schamlos ausspricht: Armin Herzog beschrieb in allerhand Variationen seine Sehnsucht nach Rache, er beschwor geradezu seine Rachegier, die ihn als ausgelieferten Häftling besonders im Ghetto in schier ausweglosen Situationen den nötigen Haß lieferte, um das Leben doch noch zu lieben. Und im zweiten Teil des Buches schildert er denn auch gar nicht wortkarg seine Rachelust, wenn er als bewaffneter Mann aus dem Hinterhalt deutsche Soldaten überfiel und abknallte. Freilich tötete er nur schwer bewaffnete Soldaten der Wehrmacht und der SS mitten im Krieg, und er schoß nie auf wehrlose Frauen und Kinder.

Reden wir nicht drumrum – dieses Buch durchbricht ein humanes Tabu: Es liefert uns ein Lob der Rache – aber mit einer dermaßen entwaffnenden Wahrhaftigkeit, daß sogar versöhnungsgenagelte

Christen und chronische Gutmenschen sich widerwillig solcher
Worte entknirschen müssen:»Ja, aber ... Nein, will sagen: Ja!«

Das kann ich mir ausrechnen: für meinen Freund Arno Lustiger, der
im innerjüdischen Historikerstreit mit Raul Hilbert & Co. liegt, wird
dieses Buch eine Genugtuung sein, denn auch Armin Herzog
beweist wunderbar – gerade weil er ja gar nichts beweisen will, daß es
eben doch einen jüdischen Widerstand gegeben hat. Der alte Streit
um die Geschichtsschreibung neigt sich immer mehr zu Ungunsten
derer, welche behaupten: Die europäischen Juden haben sich von
Hitlers Deutschen allesamt wie die Lämmer abschlachten lassen.
Abgeschmackte Quintessenz für holocaustische Voyeure: Selber
Schuld! Nein! Es gab eben beides: totalitär überrumpelte Juden und
Partisanen wie Hirsch Glik. Sein berühmtes Partisanenlied habe ich
mir mal ins Deutsche gebracht:

SAG NIE NICHT

> von Hirsch Glik (1920–1943). Nach der Flucht
> aus dem KZ Estland fiel er im Kampf als Partisan

Sag nie nicht, du gehst den allerletzten Weg
Schluckt das Blei im Himmel auch des Tages Licht
Unsre heißerhoffte Stunde ist schon nah
Trommeln werden unsre Schritte: Wir sind da!

Fern vom Wüstenland bis weit vom Land im Schnee
Kommen wir mit unserm Zorn, mit unserm Weh
Wo von uns auch immer fällt ein Tropfen Blut
Grade da wächst unsre Kraft und unser Mut

Morgen macht die Sonne golden unsern Tag
Mit dem Feind verschwindet alle unsre Plag
Und wenn trotzdem morgen keine Sonn aufzieht
Wird für unsre Enkel leuchten, dieses Lied

Dieses Lied, ich schriebs mit Blut und nicht mit Blei
Und ist nicht kein Lied vom Vogel froh und frei

Unser Volk hat es gesungen an der Wand
In Ruinen mit Pistolen in der Hand

Sag nie nicht: Ich geh den allerletzten Weg
Schluckt das Blei im Himmel auch des Tages Licht
Unsre heißerhoffte Stunde ist schon nah
Trommeln werden unsre Schritte: Wir sind da!

Mir imponiert die unauslöschliche Dankbarkeit, die Armin Herzog trotz seines Grolls gegen Polen für Polen empfindet. Polen halfen den gejagten Juden, obwohl insbesondere dort der Preis noch höher war als für Deutsche in Hitlers Reich. Wer in Polen einen Juden versteckte, dessen ganze Familie wurde abgeschlachtet. In Deutschland bezahlte nur der Täter für seine humane Tat mit dem Leben. Und dennoch gab es in diesem notorisch antisemitischen Polen viel mehr »Gerechte« als in Hitlerdeutschland, die bereit waren, diesen höchsten Preis zu zahlen. Und es waren auch Polen, die dem jüdischen Widerstand die Waffen besorgten.

Für die jüdischen Kämpfer war dieser Kampf auf Leben und Tod in der Regel ein Kampf auf Tod und Tod. Sie wußten, daß sie gegen die gewaltige Kriegsmaschine der Deutschen kaum eine Chance hatten. Zumindest beim legendären Ghettoaufstand in Warschau ging es nur noch um die Frage: Lasse ich mich einfach abschlachten oder wehre ich mich? Die wenigen Überlebenden dieses Aufstandes gründeten dann im Norden von Haifa den Kibbuz der Warschauer Ghettokämpfer. Dort liegen die kostbaren Manuskripte von Katzenelson, und im weltbekannten Museum dieses Kibbuzes hat auch Armin Herzog sein Werk vorgestellt. Gerade jetzt wurde sein Buch in hebräischer Übersetzung herausgegeben.

Daß freilich auch solche, die knapp mit dem Leben davonkamen, trotzalledem auf vertrackte Weise im Grunde doch nicht überlebt haben, daß also auch diese Glücklichen für den Rest ihres Weiterlebens bis zum Tode Tote sind und an ihrem Weiterlebenmüssen irre werden, darüber zerbricht ein handfester Kerl wie Armin Herzog sich nicht den geretteten Kopf.

Solch ein heilloses und raffinierteres Elend haben wohl viele Überlebende durchlitten, aber nur wenige konnten diesen lebenslänglichen Tod seelisch und geistig bewältigen. Einer hat es allerdings tief durchschaut und für uns in Worte gebracht, ich meine Jorge Semprun. In dessen neuen Buch »Schreiben oder Leben« kann unsereins sich die Rückseite dieses blutigen Mondes im Himmel hinter all den Stacheldraht-Sphären anschaun.

Aber was könnte einer wie ich schon dazu sagen? Nichts. Am Anfang stand das Wort? Am Ende steht das Wort?

Da markiert am wirklichen Ende der finale Satz aus dem »Tractatus logico-philosophicus« des Philosophen Ludwig Wittgenstein die absolute Grenze:

> Wovon man nicht sprechen kann
> darüber muß man schweigen.

Wittgenstein meinte diesen berühmt gewordenen Satz allerdings nicht moralisch, sondern rein sprachtheoretisch. Als der Philosoph älter wurde, schwante ihm, daß manch dunkle Dinge zwar nicht auf den logischen Begriff gebracht werden, daß wir aber sehr wohl Geschichten erzählen können, daß wir das Unfaßbare immerhin beschreiben dürfen. »Denk nicht, sondern schau!« lehrte nun ausgerechnet der Meisterdenker in Cambridge. Nicht im Philosophenjargon, sondern in der Alltagssprache sah dieser hochgestochene Denker am Ende seines Lebens das geeignete Instrument tiefer Erkenntnis.

Es ist herzzerreißend komisch und beruhigt mein gemartetes Gehirn, daß der kleine großgewachsene Jid aus Krakau, Armin Herzog, ohne alle universitären Umwege auf Anhieb die richtigen Worte gefunden hat, die wir alle auch mit dem Herzen verstehn.

Vorwort des Autors

Seit dem 1. September 1939 war ich darauf bedacht, oder besser von dem Gedanken besessen, unsere Familie zusammenzuhalten. Meine Eltern, meine jüngere Schwester und meine beiden jüngeren Brüder durchlebten das Elend des Krieges und der Unterdrückung gemeinsam. Ich war zweiundzwanzig Jahre alt, stark und fähig, alle Schrecken der Nazi-Verfolgung zu ertragen, solange ich meine Mutter vor Hunger und Elend bewahren konnte. Jeden Abend, nachdem die unmenschlichen Arbeitsbedingungen hinter uns lagen, versammelten wir uns um sie. Als meine geliebten Eltern an einem Tag im September 1942 in das Todeslager Belzec geschickt wurden, stellte mich der Tod zum ersten Mal vor eine schwere Prüfung. Meine Brüder und ich wollten ihnen folgen, aber sie befahlen uns, am Leben zu bleiben und Rache zu üben. Ich rettete meine Schwester, indem ich sie in die Obhut einer großherzigen christlichen Familie gab. Aber der lange Arm der Zerstörung forderte das Leben meiner geliebten Brüder, die bei einem Fluchtversuch im November 1943 umkamen. Daraufhin setzte ich mir das Überleben und die Rache zum Ziel. Die verschlungenen Wege des Überlebens brachten mich schließlich an einen Punkt, an dem ich meine Rache nehmen konnte.

Im Juli 1944 schloß ich mich den russischen Partisanen an und kämpfte an ihrer Seite bis zum März 1945 gegen die Nazis. Danach blieb mir nicht viel – mein einziges Ziel bestand darin, mich im Leben zurechtzufinden und Zeugnis abzulegen.

Für eine sehr lange Zeit habe ich den Akt des Schreibens als sehr schwierig empfunden. Das Schreiben sollte meiner Meinung nach den Schriftstellern überlassen bleiben – aber schließlich war der innere Zwang, Zeugnis abzulegen, überwältigend. Ich spürte in mir das dringende Bedürfnis, eingehend von den Greueltaten der Deutschen – Militär und Zivilbevölkerung gleichermaßen – und dem mitleidlosen Verhalten der deutschen Verbündeten zu berichten. Und ich mußte wirklich alles erzählen: Von der tragischen und naiven Kooperation unseres *Judenrats* und der jüdischen Polizei mit unseren Todfeinden ebenso wie von der Gefahr durch die Feinde in unseren eigenen Reihen und von den jüdischen Spitzeln. Vor allem aber wollte ich die

Hoffnungslosigkeit und Verzweiflung zeigen, die wir fühlten, angesichts des Schweigens der Führer der westlichen Welt und der nutzlosen Taten jener Juden, die in sicherer Entfernung von der Nazi-Bedrohung lebten.

– H.A.H.
November 1995

Einleitung
von Jan Karski

Vor einigen Jahren bat mich ein gewisser Henry Herzog um ein Treffen. Er war der Ansicht, daß ich viel häufiger vor jüdischen und nichtjüdischen Gemeinden sprechen sollte und sagte, daß er mir bei der Organisation dieser Vorträge helfen würde. Und er hielt Wort.

Auf die Frage nach seiner eigenen Vergangenheit antwortete er, daß diese sich nicht großartig von meiner unterscheiden würde. Völlig in meine Arbeit versunken, drängte ich nicht auf genauere Informationen.

Vor wenigen Monaten schickte er mir ein maschinengeschriebenes Manuskript seines Buches, zusammen mit Originaldokumenten, Zeugenaussagen, Fotografien und anderen Erinnerungsstücken, die ohne Zweifel beweisen, daß seine Geschichte – so unglaublich sie erscheinen mag – wahr ist. In einem unprätentiösen Stil gehalten, der an eine Zeugenaussage vor Gericht erinnert, beschreibt es sechs Jahre seiner Kriegserlebnisse in Polen, Ungarn und der Slowakei – ein Leben voller Verzweiflung, Demütigungen und Leiden, aber auch voller Stärke, Liebe und Tapferkeit. Dieses Buch wird dem Leser – jedem Leser – deutlich die *Einzigartigkeit* des Holocaust als historischen Phänomens vor Augen führen. Keine Nation, keine Regierung, keine Kirche sollte diesen geheiligten, diesen verfluchten Ausdruck je wieder für sich in Anspruch nehmen. Holocaust bedeutet die Vernichtung von sechs Millionen Juden im von den Nazis beherrschten Europa.

Diese Juden waren völlig hilflos, denn sie wurden von den Regierungen, den Kirchen und allen Gesellschaftsstrukturen im Stich gelassen.

Nach Jahrhunderten in einer nichtjüdischen Welt besaßen sie kein eigenes Land und keine Vertreter in den Alliierten Kriegsräten. Sie waren dem Untergang geweiht, nur weil sie Juden waren. Selbst diejenigen unter ihnen, die in den Widerstandsbewegungen im Untergrund kämpften – und es gab Tausende von ihnen in jedem von den Nazis beherrschten Land –, mußten ihre jüdische Identität vor ihren Mitverschwörern geheimhalten, wenn sie sich nicht einer doppelten

Gefahr aussetzen wollten. Die einzigen Widerstandsgruppen, in denen die Juden keine Zurückweisung oder Bedrohung zu fürchten hatten – und dies sollte man erwähnen –, waren die russischen Partisanen.

Herzog schloß sich ihnen in den slowakischen Bergen an – nicht aufgrund seiner politischen Überzeugung, sondern weil er fest entschlossen war, den Feind zu bekämpfen, ohne seine jüdische Identität zu verleugnen.

Henry Armin Herzogs – beziehungsweise Adam Budkowskis – Geschichte zeigt, daß nicht die gesamte Menschheit der jüdischen Gehenna teilnahmslos gegenüberstand. Es gab Tausende einzelner Männer und Frauen – einfache und gelehrte Menschen –, die getreu des Bibelwortes »Liebe Deinen Nächsten« versuchten, den Juden zu helfen. Herzog begegnete einigen von ihnen, und er erinnert sich voller Zuneigung und Liebe an sie. Der Autor überlebte den Krieg mit tiefen seelischen Verwundungen. Natürlich war er enttäuscht und voller Rachegefühle – der Titel seines Buches entspricht seinem damaligen Gemütszustand. Dies ist kein Wunder: Herzog mußte einfach zuviel erdulden. Im September 1942 wurden seine Eltern ins Todeslager Belzec abtransportiert. Im November 1943 wurden seine beiden jüngeren Brüder in der Nähe des Lagers Płaszów ermordet. Und einmal versuchte Herzog selbst, sich das Leben zu nehmen. Er hat zuviel gesehen – und ich kann ihn verstehen. Aber auch nach der Lektüre seines Manuskripts fühle ich mich verpflichtet, zusammen mit diesem Vorwort auch meine Botschaft weiterzugeben.

Henry, denke daran: Wir haben den Krieg gegen das Böse gewonnen. Mein Vaterland Polen ist wieder frei. Aus der Asche der sechs Millionen Unschuldigen, aus dem bewaffneten Kampf der tapfersten unter den tapferen Juden – zu denen auch du gehörst – erhob sich aufs neue der Staat Israel. Die Juden sind nicht länger heimatlos und hilflos. Auf die überlebenden Sieger – Juden wie Nichtjuden – warten neue Aufgaben und Verpflichtungen. Wir müssen Wege suchen und finden, unsere Kräfte zu vereinen im Kampf gegen Fanatismus, Haß, Rassismus, Bigotterie und Antisemitismus – wo immer sie ihre häßlichen Köpfe erheben. Und selbst, wenn du es nicht beabsichtigt haben solltest – dies ist die wichtigste Botschaft, die deine Kriegserinnerungen vermitteln.

Wie der Leser leicht feststellen kann, bin ich kein unparteiischer Beobachter. Tatsächlich entspricht der Titel dieses Buches einer Zeile, die ich als Überschrift für einen Auszug aus diesem Buch benutzte – und zwar lange vor dessen Veröffentlichung. Darüber hinaus wird der Leser irgendwo auf den Seiten dieses Buches meinen Namen finden. Dies alles macht das Schreiben dieser Zeilen noch schwerer, denn meine Tränen vermischen sich bereits mit der Tinte auf den Seiten vor mir. In der Zeit, die diese Memoiren beschreiben, schwieg der Himmel und vergoß keine Träne, aber das menschliche Gefühl, der Aufschrei einer gequälten Menschheit und der Horror des Unvorstellbaren springen uns aus den Zeilen dieses Textes an. Gleichzeitig ist dieses Buch eine feierliche Ode auf den menschlichen Geist, auf die Stärke des Lebenswillens und der Beweis dafür, daß Entschlossenheit über Verzweiflung, Verlust und Grausamkeit triumphieren kann.

Wir alle sollten nie vergessen, daß es Menschen gibt wie den Autor dieses Buches – ja, es ist alles wahr und nicht das Phantasieprodukt irgendeines Menschen. Wir alle sollten dieses Buch als Mahnmal für die Toten und Zeugnis für die Überlebenden betrachten.

Jan Karski ist emeritierter Professor für Politische Wissenschaften an der Georgetown-Universität in Washington, D.C. 1942 wurde er vom polnischen Untergrund als Kurier zur polnischen Exilregierung geschickt, um einen Bericht über die Lage im besetzten Polen und vor allem über die Situation der jüdischen Bevölkerung zu überbringen. Karski besuchte zweimal das Warschauer Ghetto, wo ihn die jüdischen Führer baten, die westliche Welt über die verzweifelte Lage des polnischen Judentums zu informieren. 1982 ehrte die Yad Vashem-Stiftung Karski als »Gerechter unter den Völkern«, und am 12. Mai 1994 wurde er in der israelischen Botschaft in Washington, D. C. zum Ehrenbürger des Staates Israel ernannt.

»Erez, al tehassi dami weal jehi makom lesa'akati«* – Ach Erde, bedecke mein Blut nicht und mein Schreien finde keine Ruhestatt. (Hiob 16, 18)

– Dr. Gideon Frieder
The George Washington University
Washington, D. C.

---

* Traditionelles hebräisches Gebet um himmlische Gerechtigkeit für die unschuldig Ermordeten.

Kleines historisches Gedicht

Banderowiec[1] hieb ihm die Faust ins Gesicht,
Szaulis[2] trat ihm in den Hintern,
Die Deutschen schlugen ihm die Zähne aus
und jagten ihm dann eine Kugel in den Kopf.
Auf seinem Totenbett
fragte jemand voller Neugier:
Wer ist dein größter Feind?
Vor seinem Tod hustete er es heraus – DER JUDE!

Janusz Minkiewicz

Das gleiche Gedicht im polnischen Original:

Banderowiec dał mu w gębę,
Szaulis mu siedzenie sprał,
Niemiec wybil wszystkie zęby,
Potem kulą, w łeb mu dał.
Nad śmiertelnym go barłogiem
Spytał ktoś ciekawski zbyt
Kto największm twoim wrogiem?
On nim skonał, charknał – ŻYD!

---

1 Banderowiec: Ukrainischer Faschist
2 Szaulis: Litauischer Faschist in Diensten der deutschen Polizei

1
Krakau, 1939

Ich wurde am 27. April 1917 in Spiska Stara Ves geboren, einer kleinen Stadt auf der slowakischen Seite der Hohen Tatra, nur wenige Kilometer von der polnischen Grenze entfernt. Dort hatten meine Mutter Antonia und ihre Familie seit vielen Jahren gelebt. Mein Vater Emil stammte aus Jarosław in Galizien, das zum Kaiserreich Österreich-Ungarn gehörte. Als 1914 der Erste Weltkrieg ausbrach, wurde mein Vater in die österreichische Armee eingezogen und nach Albanien an die Balkanfront geschickt. Auf dem Weg zu seiner Einheit machte er Zwischenstation in Spiska Stara Ves. Dort begegnete ihm meine Mutter, und es war Liebe auf den ersten Blick. Sie schrieben einander Briefe, und in seinem ersten Urlaub kehrte mein Vater zu ihr zurück und sie heirateten. Er wurde in Tirana stationiert, dort verwundet, erholte sich und mußte erneut in den aktiven Dienst. Als der Krieg im November 1918 endete, kehrte er zu meiner Mutter und mir zurück und zog mit uns nach Krakau im vereinigten unabhängigen Polen. Vater hatte viele Freunde und Bekannte in der Stadt und fühlte sich dort zu Hause, und als Mutters fünf Schwestern, ihre vier Brüder und ihre Mutter sich dazu entschlossen, in die USA auszuwandern, entschieden Vater und Mutter, in Krakau zu bleiben. Schon kurz danach wurde meiner Mutter klar, daß sie einen Fehler begangen hatte. Sie vermißte ihre Familie sehr und konnte sich nicht in Polen eingewöhnen. Ihre Muttersprachen waren Ungarisch und Deutsch, und sie lernte nie, fließend Polnisch zu sprechen.

Ich war das älteste Kind, dem eine Schwester, Fela, und zwei Brüder, Szymon und Nathan, folgten. Wir lebten gut in Krakau: Die jüdische Gemeinde war groß und stolz, und sie konnte ihre Geschichte bis ins 10. Jahrhundert zurückverfolgen, als sich die ersten Juden auf der Flucht vor Verfolgung, Pogromen, Inquisition und Zwangschristianisierung hier niedergelassen hatten. Die Juden waren von König Kazimierz dem Großen nach Polen geholt worden, der ihnen seinen persönlichen Schutz zusicherte. Ihr Kommen trug zu einem rapiden Wachstum von Handel und Gewerbe bei, aber sie wurden von der Bevölkerung nie völlig anerkannt und mußten in Ghettos leben, im Vertrauen darauf, daß der König ihre Sicherheit und die Ausübung ihrer Lebensgewohnheiten schützte. Der Handel, der mit den Juden nach Polen kam, war von großem Nutzen für das Land und verhalf auch ihnen zu Wohlstand. Schon bald begannen sie mit dem Bau ihrer eigenen Synagogen und Kulturzentren. Vor dem Zweiten Weltkrieg gab es in Krakau noch Synagogen, die bereits im 12. Jahrhundert erbaut worden waren.

Das Krakauer Ghetto wurde Kazimierz genannt, zu Ehren des königlichen Schutzherrn der Juden; aber im Laufe der Zeit erhielt der gesamte achte Stadtbezirk diesen Namen. Er grenzte an den Wawel, in dessen Schloß viele polnische Könige gelebt und regiert hatten. Jahrhundertelang war Krakau die Hauptstadt Polens gewesen, bis einer der Könige die Residenz nach Warschau verlegte. Aber selbst nach diesem Umzug wurden alle Könige im Waweldom begraben, ebenso wie die Häupter der katholischen Kirche und – in unserer Zeit – der moderne polnische Held Marschall Jósef Piłsudski. Der Wawel gehört zu den berühmtesten historischen Stätten des Landes.

Schon bald lebte in Polen die größte jüdische Bevölkerungsgruppe Europas, die – trotz ihrer Armut – einen großen Beitrag zum schnellen Wachstum der jüdischen Kultur leistete: Aus ihr gingen viele Schriftsteller, Dichter, Musiker, Wissenschaftler sowie geistige und politische Führer hervor. Aber die katholische Kirche fand sich nie mit der Anwesenheit der Juden ab und predigte Haß gegen alles Jüdische. Diese Haltung durchdrang die ganze Nation und führte im Laufe der Jahrhunderte immer wieder zu Verfolgungen und Pogromen, die darin gipfelten, daß im 17. Jahrhundert die Kosaken unter ihrem blutrünstigen Führer, Hetman Bohdan Chmielnicky, fast die Hälfte aller polnischen Juden töteten.

Soweit ich zurückdenken kann, gehörte offener Antisemitismus für die dreieinhalb Millionen Juden unter den insgesamt 32 Millionen Polen auch vor Beginn des Krieges zum Alltag. Drei Viertel dieser Juden lebten in den großen Städten des Landes. In Krakau waren es etwa fünfundfünfzigtausend, aufgeteilt in zwei Gruppen, Orthodoxe und Konservative. Unsere Familie zählte zu den Konservativen und wurde deshalb von den orthodoxen Juden als Ketzer betrachtet. In den zwanziger Jahren hatte unter den nonorthodoxen Juden eine Assimilationsbewegung begonnen, und eine kleine Minderheit sprach sich für die Konvertierung aus.

Als Hitler 1933 in Deutschland an die Macht kam, erfüllte das die traditionellen polnischen Antisemiten mit neuem Mut und Zuversicht. Die Juden dagegen verfolgten Hitlers Aufstieg mit einem Gefühl der Beklommenheit und Hilflosigkeit. Unter Außenminister Oberst Józef Beck war Polen das erste Land, das zu Hitler Beziehungen aufnahm, und am 26. Januar 1934 unterzeichnete das polnische Staatsoberhaupt, Marschall Piłsudski, ein zehnjähriges Nichtangriffsabkommen mit dem Dritten Reich – obwohl die Bauernpartei unter Wincenty Witos, die PPS (die Sozialistische Partei Polens) und die wenigen jüdischen Abgeordneten im *Sejm*, dem polnischen Parlament, erbitterten Widerstand gegen diesen Pakt leisteten. Wir beobachteten mit wachsender Verzweiflung, wie Hitler – nur wenige Kilometer hinter der Grenze – sich selbst zum *Führer* ernannte. Danach zog er den Oberbefehl über die deutschen Streitkräfte und die Schläger der SS und SA an sich und zwang die deutsche Nation zu blindem Gehorsam, indem er sie mit Hilfe eines persönlichen Treueides an sich band. Als Hitler im März 1938, im Rahmen des berüchtigten *Anschlusses*, sein Heimatland Österreich in sein Tausendjähriges Reich eingliederte, bereiteten uns Berichte über die SS und die Gestapo große Sorgen, die den Stiefelträgern der deutschen Wehrmacht auf dem Fuße folgten und in Österreich eine Schreckensherrschaft errichteten. Dabei stellten die Juden ihr Hauptziel dar – und der Rest der westlichen Welt stand schweigend daneben.

Am 28. Oktober 1938 trieben die Nazis in ganz Deutschland Zehntausende Juden polnischer Herkunft zusammen, die keine deutsche Staatsbürgerschaft besaßen, und schickten sie zur polnischen Grenze. Sie ignorierten die Proteste der polnischen Regierung, die sich weigerte, die Juden in ihr Land zu lassen. Diese Unglücklichen, die ihr gesamtes Hab und Gut zurücklassen mußten, waren gezwungen, viele Tage lang bei sehr schlechten Wetterbedingungen und unter katastrophalen sanitären Umständen im Niemandsland auszuharren, bis ihnen die polnischen Behörden die Einreise nach Polen »genehmigten«. Einige von ihnen kamen schließlich auch nach Krakau – verarmte Flüchtlinge, immer noch verstört von ihren schrecklichen Erlebnissen, die sich vor unserer Kehila (dem Haus der jüdischen Gemeinde) sammelten und um Unterkunft und Verpflegung baten. Die Krakauer Juden nahmen sie mit offenen Armen auf.

Am 15. März 1939 besetzte die Wehrmacht die Tschechoslowakei. Die Mörder der SS und der Gestapo folgten den Truppen in kurzem Abstand und begannen mit einer Welle von Verhaftungen und Morden an Oppositionsführern und Juden. In der dadurch entstandenen Panik flohen viele Juden Hals über Kopf und nahmen nur mit, was sie auf dem Leib trugen. Viele gingen nach Polen; einige von ihnen erreichten Krakau und vergrößerten das Heer der Flüchtlinge. Während Hitler langsam näher rückte und Polen schließlich von drei Seiten einschloß, hatten wir immer stärker das Gefühl, in einem Alptraum zu leben, den wir – wie jeden anderen bösen Traum auch – nicht beeinflussen konnten. Es dauerte nicht mehr lange, bis Hitler auch in Polen einfiel; seine Propaganda hatte schon früher vom *Drang nach Osten* gesprochen, mit dem Hitler *Lebensraum* für seine deutsche »Herrenrasse« gewinnen wollte. In einem teuflischen Geniestreich schloß er im August 1939 einen Pakt mit seinem Erzfeind Stalin. Auf diese Weise hielt er sich den Rücken frei, um Polen ungehindert überfallen zu können. Im Morgengrauen des 1. September 1939 begann er mit seinem grundlosen Angriff auf unser Land.

Ich werde diesen Tag nie vergessen. Es begann am frühen Morgen, als laute Explosionen mich aus dem Schlaf rissen. Ich stürzte zum Fenster und sah, wie aus der Richtung des Bahnhofs, der acht Blocks von unserer Straße entfernt lag, dicker Rauch in den Himmel aufstieg. In der ganzen Stadt begannen die Sirenen zu heulen. Wie betäubt stellten wir das Radio an und hörten, wie der Sprecher immer und immer wieder sagte: »*Uwaga-Uwaga!*« (Achtung!) »Dies ist keine Luftschutzübung; dies ist ein Angriff. Seit heute morgen 4.45 Uhr wird unser geliebtes Vaterland Polen von Feinden angegriffen.« Danach folgten Instruktionen: Die Bevölkerung wurde dringend gebeten, nicht in Panik zu geraten, den Anweisungen zu folgen, sowie beim Ton der Sirenen den nächsten Luftschutzraum aufzusuchen und dort zu bleiben, bis alles vorüber war. Da unsere Sirenen bereits heulten, zogen wir uns alle schnell an und liefen nach unten in den Luftschutzkeller, der sich in Windeseile mit völlig verunsicherten Nachbarn füllte. Nur die Älteren unter uns wußten, was Krieg bedeutete. Als das Entwarnungszeichen kam, gingen wir nicht sofort zurück in unsere Wohnung im dritten Stock – für den Fall, daß die Ruhe nicht lange anhalten würde. Sofort machten die ersten Gerüchte die Runde: Man hätte den Bahnhof bombardiert, und auch der Militärflughafen vor der Stadt sei angegriffen worden. Jeder hatte Fragen; nur wenige wußten Antworten. Einer unserer Nachbarn, der im Erdgeschoß wohnte, lud uns ein, bis auf weiteres in seiner Wohnung zu bleiben. Sein Name war Władysław Lopatowski; seine Frau hieß Zofia. Sie hatten einen Sohn, Jan, der ein wenig jünger war als ich. Frau Lopatowska machte Tee für uns alle, und wir setzten uns um das Radio, um Neuigkeiten zu erfahren. Zunächst hörten wir die polnischen Sender, die berichteten, daß der Überfall aus der Luft begonnen habe und das deutsche Schlachtschiff *Schleswig-Holstein* von der Ostsee aus Danzig beschießen würde. Zur gleichen Zeit fiel die Wehrmacht über die Grenze ein. Es hatte keine Warnung gegeben, kein Ultimatum, keine Kriegserklärung. Offensichtlich waren unsere Streitkräfte überrascht worden, aber der Sprecher zitierte unsere Heeresleitung und versicherte tapfer, daß unsere Armee die Deutschen rasch vom polnischen Boden vertreiben würde. Der deutsche Radiosender, den wir danach einschalteten, klang ganz anders: Der überglückliche Nazi-Sprecher berichtete, daß die siegreiche Luftwaffe militärische Ziele, wichtige Eisenbahnknotenpunkte und Brücken bombardiert habe; die polnische Luftwaffe sei auf dem Boden zerstört worden, noch bevor die Flugzeuge starten konnten, und die deutsche Armee wäre an allen Fronten auf dem Vormarsch und würde nur auf geringen Widerstand stoßen.

Zutiefst beunruhigt kehrten wir in unsere Wohnung zurück. Aber wir brachten kein Frühstück herunter, sondern warteten nur sehnsüchtig auf Neuigkeiten. Unser Radiosender gab zu, daß unsere Truppen schwere Verluste erlitten und sich an vielen Frontabschnitten in neue Positionen zurückziehen mußten. Man beschuldigte die Deutschen, ganz bewußt zivile Ziele zu bombardieren, wodurch Tausende Unschuldige ums Leben kamen. Den ganzen Tag über blieben wir vor dem Radio sitzen und schalteten von einem Sender zum anderen; abends gingen wir in unseren Kleidern ins Bett, bereit, beim ersten Ton der Sirene in den Luftschutzkeller zu flüchten. Die Nachrichten blieben vage. Radio Warschau bestätigte, daß unsere Truppen schwere Verluste erlitten und in neue Verteidigungsstellungen zurückgedrängt wurden – sich zurückzogen, wie der Sprecher es nannte. Die deutschen Sender waren voller Begeisterung, mit detaillierten Berichten über ihre Erfolge zu Land, zur See und in der Luft. Ihre Panzer schlugen unsere Kavallerie und Infanterie in die Flucht, ihre Bomber zerstörten Polens wichtigste strategische Punkte, während ihre Schiffe eine Blockade der polnischen Ostseeküste erzwangen. In der Zwischenzeit berichteten die westlichen Radiostationen von völliger Verblüffung in den Hauptstädten ihrer Länder, während die Regierungen in Lethargie verharrten.

Auch am nächsten Morgen hatte sich die Lage nicht verbessert. Uns wurde klar, daß wir uns in tödlicher Gefahr befanden. Mutter versuchte alles, um ihre Tränen zurückzuhalten. Wie Vater konnte sie sich daran erinnern, welche Tragödien der letzte Krieg vor nur zwanzig Jahren ausgelöst hatte. Wir vermieden es, einander anzusehen. Es war nicht nur die Vergewaltigung Polens, die Hitler ohne jeden Grund begonnen hatte; als Juden gaben wir uns bezüglich unseres Schicksals keinen Illusionen hin. Seit 1933 hatte unsere jüdische Presse uns darüber informiert, was die Deutschen in ihrem eigenen Land, in Österreich und in der Tschechoslowakei den Juden angetan hatten – und jetzt standen sie auf der Türschwelle der dreieinhalb Millionen Juden Polens.

Der Überfall war nun vierundzwanzig Stunden alt, und während der ganzen Zeit hatten wir auf bessere Neuigkeiten gehofft. Tatsächlich war alles nur noch schlimmer geworden. Unsere Verteidigung war durchbrochen; in Danzig gingen deutsche »Touristen« und die örtliche deutsche Bevölkerung schwerbewaffnet auf die Straße und attackierten Mitglieder der polnischen Garnison und der Polizei. Im Hafen beschossen deutsche »Handelsschiffe« polnische Stellungen. Die Deutschen hißten Hakenkreuzfahnen, und am selben Tag annektierte Hitler die Stadt für das Reich.

Von vielen Orten hieß es, sie befänden sich bereits in deutscher Hand. Wir konnten die Namen nicht alle verfolgen, aber es wurde deutlich, daß die deutschen Streitkräfte unnachgiebig vorwärts drängten, während unsere Armee immer weiter zurückwich. Die westlichen Radiosender berichteten, daß die Situation bereits völlig unter deutscher Kontrolle sei. Gegen ihre moderne Bewaffnung hatten unsere hoffnungslos veralteten, fast altertümlichen Waffen keine Chance. Ihre Panzer vernichteten unsere aufgepflanzten Lanzen, Relikte vergangener Kriege. Während unsere militärischen Führer nach ihren verstaubten Plänen operierten und unsere Verteidigung im Westen konzentrierten, griffen die Deutschen von Ostpreußen im Norden und von der Slowakei im Süden aus an, umgingen unsere

Streitkräfte und drängten sie in Richtung der Weichsel, Polens zweiter natürlicher Verteidigungslinie. Die westlichen Radiosprecher bezeichneten den deutschen Feldzug als *Blitzkrieg* – eine von den Deutschen entwickelte Taktik des blitzschnellen Zuschlagens –, während die Polen einen traditionellen Verteidigungskrieg führten, wie sie ihn aus ihren alten Militärhandbüchern kannten. Ein weiteres neues Merkmal dieses Krieges war die berüchtigte Fünfte Kolonne, die sich in diesem Fall aus Polen deutscher Abstammung zusammensetzte und die vorrückende Wehrmacht durch Sabotageakte im Rücken der Verteidiger unterstützte. Es gab etwa zwei Millionen von ihnen, und sie hatten in Polen in Frieden und akzeptiert von der polnischen Bevölkerung leben können, während wir Juden – Polen seit eintausend Jahren – als Fremde diskriminiert wurden, und zwar nicht nur vom einfachen Volk, sondern auch in aller Offenheit von den politischen Führern des Landes und vor allem von der katholischen Kirche. Juden waren von den oberen Rängen in Regierung und Armee ausgeschlossen, und die Luftwaffe und die Marine duldeten überhaupt keine Juden. Aber während viele Juden jetzt für Polen kämpften und starben, bedankten sich diese deutschstämmigen Polen für die Gastfreundlichkeit ihres Gastlandes, indem sie mit einem alten Feind Polens, mit Deutschland zusammenarbeiteten. Das polnische Radio rief die Bevölkerung auf, ruhig zu bleiben, und versprach, daß unsere Armee den deutschen Vormarsch aufhalten würde, sobald sie ihre neuen, starken Verteidigungslinien erreicht hätte. Die Nachricht löste Bestürzung aus, aber es sollte noch schlimmer kommen, denn kurz danach wurde berichtet, daß im Süden zwei slowakische Divisionen sich dem deutschen Angriff auf unser Land angeschlossen hatten.

Wir hörten, daß Hitler eine große Rede im Reichstag gehalten hatte – nur wenige Stunden, nachdem seine Truppen in Polen eingefallen waren. Er teilte seinen jubelnden Gefolgsleuten mit, daß die polnische Armee Deutschland angegriffen habe und Deutschland sich nun verteidigen müsse. Seine Unverfrorenheit war einfach unglaublich.

Später am Abend veröffentlichte unser Präsident Mościcki einen Aufruf an das polnische Volk, in dem er mit dramatischen Worten vor Gott und der Geschichte erklärte, daß an diesem Tage Hitler seine wilden Tiere aus ihren Käfigen gelassen habe und diese nun frei in Polen umherstreifen würden. Alle Deutschen, ob jung oder alt, seien

Mörder. Er bat die Bevölkerung, ruhig zu bleiben und mit den Behörden zusammenzuarbeiten. Es folgte eine sehr traurige Bekanntmachung: Über Radio wurden alle Männer im kriegsfähigen Alter aufgefordert, sich nach Osten aufzumachen und dort zum aktiven Dienst zu melden. Ich hatte dieses kriegsfähige Alter erreicht, und Szymon war nur ein paar Monate davon entfernt; wir mußten uns entscheiden, was zu tun war. Vater und ich gingen ins jüdische Viertel der Stadt, wo wir viele Freunde hatten, um deren Meinung zu hören. Auf unserem Weg sahen wir die Flüchtlinge in unsere Stadt strömen, in Lastwagen, Autos und zu Fuß, erschöpft und verschwitzt vom heißen Sommerwetter und unter der schweren Last all der Besitztümer, die sie tragen konnten. Da es Samstag war, der Tag des Sabbat, hatten alle jüdischen Geschäfte geschlossen, und die Menschen standen in Gruppen zusammen und diskutierten ängstlich die Lage. Als wir uns den Flüchtlingen näherten, fiel uns auf, wie traurig und verzweifelt sie aussahen. Sie kamen aus Schlesien, von der Westgrenze Polens, und waren geflohen, um der SS zu entgehen, die den Soldaten folgte.

Wir sprachen mit Freunden und erfuhren, daß viele Männer Krakau bereits verlassen hatten und weiter im Osten nach einer sicheren Zuflucht für sich und ihre Familien suchten, in der Hoffnung, diese später nachholen zu können. Andere dagegen, die große Unternehmen oder Eigentum besaßen, wollten dies alles nicht aufgeben. Da wir kein Geschäft besaßen, um das wir uns Sorgen hätten machen müssen, beschlossen wir, daß Vater, Szymon und ich uns am nächsten Morgen auf den Weg machen würden. Mutter sollte bei Fela und Nathan bleiben, der noch zu jung war, um in den Krieg zu ziehen. Wir nahmen an, daß es für sie zu schwer wäre, bei dem heißen Wetter mit uns zu marschieren, denn es fuhren keine Züge mehr. Aber da alle drei sich unserem Plan energisch widersetzten, kamen wir schließlich überein, daß alle zusammen gehen würden. Vater und ich gingen nach unten, um den Lopatowskis von unserem Vorhaben zu erzählen und sie darum zu bitten, während unserer Abwesenheit auf unsere Wohnung aufzupassen. Während wir bei ihnen saßen und Radio hörten, kamen die Nachbarn aus dem zweiten Stock vorbei, um sich vorzustellen. Es war ein Ehepaar namens Gelb, und ich bemerkte ihren deutschen Akzent und die Tatsache, daß Frau Gelb nur sehr wenig Polnisch sprach. Sie erzählten uns, daß Herr Gelb zu den vielen Juden gehörte, die die Deutschen im Oktober 1938 nach

44

Polen deportiert hatten. Es war ihm gelungen, sich nach Krakau durchzuschlagen und bei einem polnischen Schrotthändler Arbeit zu finden. Da seine Frau »Arierin« war, durfte sie in Deutschland bleiben; aber sie hatte sich entschlossen, ihm zu folgen, und war einige Monate später mit den Möbeln und ihrer Habe nachgekommen. Wir wurden schnell Freunde, und Herr Gelb erzählte uns, daß der Angriff auf Polen nicht so spontan erfolgte, wie Hitler behauptete, sondern sorgfältig geplant und vorbereitet worden war.

Da Krakau nahe der Grenze zur Slowakei und zu Schlesien lag, befand es sich in unmittelbarer Gefahr. Wir hatten bereits gehört, daß die Deutschen unsere natürlichen Verteidigungslinien in der Tatra durchbrochen und den Jablunkowy-Paß überquert hatten, während sie gleichzeitig zügig von Schlesien aus vorstießen. Also gingen wir nach oben, um unsere Rucksäcke zu packen. Mutter backte Brot für den Weg. Wir waren alle niedergeschlagen, angespannt und nervös, und es fiel kaum ein Wort. Das Radio berichtete, daß sich die polnische Armee an allen Fronten zurückzog, dabei gewaltige Verluste erlitt und von den Deutschen zu Tausenden gefangengenommen wurde. Deutsche Bomber töteten wahllos Zivilisten in Städten und Dörfern; der Sprecher bezeichnete sie als »Mörder aus dem Himmel«. Wir hörten die ersten Berichte von Greueltaten, die die einfallenden Deutschen, unterstützt von den deutschstämmigen Polen, im Westen des Landes begingen – Plünderungen, Brand und Vergewaltigungen. Immer wieder wurde im Radio vor der deutschen Fünften Kolonne gewarnt.

Die deutschen Radiostationen waren außer sich vor Freude und sendeten hämische Siegesmeldungen, die das OKW, das *Oberkommando der Wehrmacht*, herausgab.

Die westlichen Stationen zeichneten ein nüchterneres Bild der Situation. Hitler hatte über eine halbe Million Soldaten für den Angriff eingesetzt. Zwei Heeresgruppen, »Nord« unter General Bock und »Süd« unter General von Rundstedt, standen unter dem Oberkommando von Marschall von Brauchitsch. Die gesamte Armee bestand aus sechzig deutschen Divisionen, von denen neun motorisiert waren, und zwei slowakischen Divisionen. Sie verfügte über die modernsten Panzer und Waffen, von denen viele zuvor noch gar nicht bekannt gewesen waren. Unterstützt wurde diese Armee von zweitausend Flugzeugen aus zwei der drei deutschen Luftflotten.

Polen verfügte über 700 veraltete Flugzeuge, eine Panzerdivision und zehn Kavalleriedivisionen. Pferde gegen Panzer; Speere, Lanzen und Säbel unserer berühmten Kavallerie, deren Tapferkeit gegen den Stahl der deutschen Kampfmaschinen keine Chance hatte. Der Großteil der deutschen Infanterie war motorisiert und sehr beweglich, während unsere Soldaten marschieren mußten. Aber die größten Verwüstungen verursachten die deutschen Bomber, die im Schutz moderner Jagdflieger den Himmel beherrschten und unter Armee und Zivilbevölkerung Zerstörung, Verwirrung und Panik säten.

Unsere politischen Führer äußerten sich in der Öffentlichkeit enttäuscht über die Untätigkeit und das Schweigen Frankreichs und Englands. Beide hatten in einem erst kürzlich unterzeichneten Abkommen ihr Wort gegeben, uns beizustehen, aber sie unternahmen nichts, während Polen blutete und seine unterlegene Armee immer weiter zurückwich. Wir wußten, daß es die richtige Entscheidung war, nach Osten aufzubrechen.

Wir gingen zeitig zu Bett, um für unsere Reise ins Unbekannte gerüstet zu sein. Am nächsten Morgen standen wir früh auf, verschlossen alle Türen und gaben Frau Lopatowska die Schlüssel. Sie wünschte uns alles Gute, und wir gingen durch die verlassenen Straßen, die seit Beginn des Krieges verdunkelt waren. Wir wußten, daß es keinen Sinn hatte, zum Bahnhof zu gehen; es gingen keine Züge mehr von Krakau ab, da die deutschen Bomber viele Brücken und Knotenpunkte zerstört hatten. Busse fuhren auch nicht mehr; also gingen wir zu Fuß über die Weichselbrücke in Richtung Podgorze, den Ostteil der Stadt. Ich kannte den Weg genau; es war der Weg zur Schokoladenfabrik, in der Vater und ich arbeiteten. Bald darauf füllten sich die Straßen mit Flüchtlingen; sie kamen aus allen Richtungen, schwer beladen mit Koffern und Bündeln, und wußten nicht genau, wohin sie gehen sollten. Alle Geschäfte waren geschlossen. Wir gingen durch Podgorze in die Vorstadt Płaszów, das Industriegebiet Krakaus. Die Straßen waren dicht gefüllt mit Autos, Lastwagen und Pferdekarren, beladen und überladen mit Menschen und ihren Habseligkeiten; zwischen ihnen sah man einige Soldaten auf dem Weg zu ihrer Einheit. Es war sehr heiß, und der dichte Verkehr wirbelte Staubwolken auf. Also entschlossen wir uns, parallel zur Straße durch die Felder zu gehen. Dort standen viele defekte Fahrzeuge; andere waren aus Mangel an Benzin liegengeblieben und wurden mitsamt den Habseligkeiten ängstlich von Flüchtlingen bewacht. Manche hatten Pferde gefunden, mit denen sie ihre Autos zogen, während wieder andere neben uns zu Fuß gingen. Nach einigen Stunden Weg setzten wir uns in ein Feld, um auszuruhen. Wir waren sehr durstig. Schon bald hatten wir alles aufgegessen, was wir von zu Hause mitgenommen hatten, aber der Durst machte uns am meisten zu schaffen. In den Dörfern, durch die wir kamen, versuchten wir, Lebensmittel zu kaufen. Aber da man uns wegschickte, suchten wir in den Feldern ein paar Kartoffeln und Rüben und rösteten sie über einem Lagerfeuer. Völlig erschöpft schliefen wir auf dem freien Feld ein. Vater weckte uns früh am nächsten Morgen, damit wir noch vor Sonnenaufgang ein Stück Weg hinter uns bringen konnten. Als es zu heiß wurde, gingen wir in einen Wald und marschierten im Schatten der Bäume. Plötzlich hörten wir das Geräusch niedrig fliegender Flugzeuge. Wir sahen hoch und erschraken beim Anblick eines Schwarms deutscher Flieger, die direkt auf uns zukamen – wie Geier, die ihre Beute einkreisen. Wir warfen uns unter einigen Bäumen zu Boden und beobachteten die Maschinen weiter. Kurz danach sahen wir Bomben aus ihren Rümpfen fallen, die mit lautem Krachen auf der nahe gelegenen Hauptstraße explodierten. Feuer brach aus, Menschen sprangen aus brennenden Fahrzeugen, aber die deutschen Maschinen verfolgten sie und schossen sie mit ihren Maschinengewehren nieder, als ob sie Weizen mähten. Ungehindert gingen die Nazi-Piloten ihrem tödlichen Handwerk nach. Als sie genug hatten, stiegen sie hoch in den Himmel auf, wo Gott vermutlich dem Abschlachten seiner Kinder zugesehen hatte. Es erschien uns, als ob Er uns seit dem 1. September den deutschen Mördern überlassen hatte.

Nachdem die Flugzeuge verschwunden waren, rannten wir zur Straße, die in den Flammen der völligen Verwüstung zu verbrennen schien. Wir hörten die Schreie der Verwundeten; einige lagen auf dem Boden, andere liefen ziellos umher und suchten nach Hilfe, während das Blut über ihre verletzten Körper strömte. Die Straße war übersät mit Toten, zerrissenen Körpern und persönlicher Habe, alles von Blut bedeckt. Verwundete Pferde wieherten laut und verstärkten das allgemeine Gefühl des Grauens, bis sie durch die Gewehre der Soldaten von ihren Qualen erlöst wurden. Menschen blickten in die Gesichter der Toten und Verwundeten, um Freunde und Verwandte zu identifizieren, oder weinten über ihren toten oder verwundeten Körpern. Wir halfen, die Verwundeten in den Wald zu tragen, in dem wir uns vor dem Angriff versteckt hatten. Die Soldaten begannen, entlang der Straße Gräber auszuheben. Die Toten in Uniform wurden in Einzelgräber gelegt und mit ihren Namen versehen; die Zivilisten legte man, umringt von trauernden Verwandten, in ein Massengrab. Wir halfen den Soldaten, die verbrannten und defekten Fahrzeuge von der Straße zu schieben, um den Weg für Armeekonvois frei zu machen. Danach gingen wir wieder in die Felder zurück und setzten unseren Weg fort.

Unsere erste Begegnung mit den Schrecken des Krieges erschütterte uns zutiefst: Tote, die nur wenige Augenblicke zuvor Flüchtlinge wie wir gewesen waren, untröstliche Verwandte, die um sie weinten, verstümmelte Pferde und verbrannter Stahl. Und die ganze Zeit über setzten wir unseren Marsch fort. Viele sahen sich immer wieder um, so als ob sie sich noch einmal von ihren Lieben verabschieden wollten. Es waren Eltern darunter, die kurz zuvor ihre Kinder begraben hatten, und Kinder, die die toten Körper ihrer Eltern in ein Massengrab legen mußten.

Nun wurde mir klar, daß die Radioberichte nicht übertrieben, die von wahllosen Bombenangriffen der Luftwaffe auf unschuldige Zivilisten sprachen. Soeben hatte ich die Nazi-Piloten bei ihrer kaltblütigen »Arbeit« beobachten können. Langsam bewegten wir uns durch die unebenen Felder vorwärts, während die Sonne auf unsere Rücken und Köpfe brannte. Der Anblick eines Dorfes vor uns ließ uns einen Moment lang wieder Mut fassen, aber die Bauern öffneten uns noch nicht einmal die Türen, als wir Nahrungsmittel bei ihnen kaufen wollten. Sie erlaubten uns nur, etwas Wasser aus ihren Brunnen zu schöpfen, was für uns eine große Erleichterung bedeutete. Als die Dunkelheit hereinbrach, legten wir eine Pause ein und versuchten zu schlafen. Aber der Schlaf wollte nicht kommen; die Bilder des Tages verfolgten uns, und wir sprachen immer wieder über die Tragödie, die wir mitangesehen hatten. Mutter und Fela taten mir besonders leid – und dies war erst der Anfang des Krieges. Nur Gott wußte, was uns noch bevorstehen würde.

Im ersten Tageslicht brachen wir wieder auf. Wir gingen auf der Straße, um schneller vorwärtszukommen, und zogen uns bei Sonnenaufgang in den Wald zurück. Nach einiger Zeit kamen wir an einen Bach oder einen Fluß, der durch die Dürre nur wenig Wasser führte. Wir kühlten unsere mit Blasen bedeckten Füße und tranken in tiefen Schlucken, ohne an mögliche Konsequenzen zu denken. Nicht die Bakterien, sondern die Bomben bereiteten uns Sorgen. Im nächsten Dorf begegneten wir einigen Bauern, die uns erzählten, daß sie uns keine Lebensmittel verkaufen konnten, weil die Armee alle Reserven requiriert hatte. Als wir das Dorf verließen, wurden wir von der Militärpolizei angehalten, die an der Straße die Papiere von Hunderten von Flüchtlingen kontrollierte. Diejenigen, deren Unterlagen nicht in Ordnung waren, mußten sich an die Seite stellen und warten. Als wir an die Reihe kamen, sagte ich ihnen, daß Szymon und ich auf dem Weg nach Osten waren, um uns der Armee anzuschließen, und fragte den Offizier, wo wir uns melden mußten. Er wußte es nicht, riet uns aber, weiter nach Osten zu ziehen. Die Soldaten befahlen den Flüchtlingen, aus ihren Fahrzeugen auszusteigen und beschlagnahmten sie ohne Zögern, ungeachtet aller Proteste. Außerdem nahmen sie sich die besonders kräftig aussehenden Pferde und ließen die Flüchtlinge mitsamt ihrer Habe am Weg zurück.

Niedergeschlagen rasteten wir in einem Feld, und Vater versuchte uns mit dem Versprechen aufzuheitern, daß wir bald nach Bochnia kommen würden – eine Stadt, in der er Kunden hatte, mit denen er schon seit Jahren freundschaftlich verbunden war. Wir beschlossen, daß Mutter, Fela und Nathan dort bleiben sollten, während wir drei anderen nach Osten in Richtung des Flusses Bug gingen. Danach marschierten wir ohne Pause weiter, bis wir am frühen Abend Bochnia erreichten. Als wir die Stadt betraten, herrschte überall großer Tumult: Zum ersten Mal mußten wir miterleben, wie der polnische Pöbel Häuser und Geschäfte plünderte. In der wildgewordenen Menge erkannten wir auch einige Soldaten: Die Gewehre hingen noch über ihren Schultern, während sie mit beiden Armen gestohlene Güter umklammerten. Viele waren betrunken vom Wodka, den sie gestohlen hatten. Wir ahnten, daß betrunkene Soldaten mit Gewehren sehr gefährlich sein konnten; also schob Vater uns in eine Seitenstraße, um der Menge aus dem Weg zu gehen, die die Straße hinauf- und hinablief, um schnell ihre Beute nach Hause zu tragen und danach erneut auf Plünderzug zu gehen. In der Nähe eines kleinen Hauses hielt Vater an. Er ging zur Hintertür, klopfte und rief den Namen eines seiner Kunden, der hier wohnte. Uns war klar, daß der

Hausbesitzer sich vor dem umherziehenden Pöbel fürchten mußte, aber er öffnete die Tür einen Spalt, und als er Vater erkannte, ließ er uns schnell ein. Er begrüßte uns herzlich, und Vater und er umarmten sich. Dann schlug er vor, daß wir unsere staubigen Sachen wechseln und uns waschen sollten und war offensichtlich verblüfft von den riesigen Wassermengen, die wir trinken konnten. Während wir uns wuschen, bereitete seine Frau eine warme Mahlzeit für uns. Beim Essen erzählten sie uns, daß die örtliche Polizei am Morgen den Ort verlassen hatte und jetzt der Pöbel die Stadt beherrschte. Die ersten Opfer waren die Juden, ihre Häuser, Geschäfte und Werkstätten. Zu dem lokalen Pöbel hatten sich durchreisende polnische Flüchtlinge gesellt; sie ergriffen nur zu gern die Möglichkeit, den antisemitischen Gefühlen freien Lauf zu lassen, mit denen sie aufgewachsen waren. Einige Soldaten, die sich eigentlich auf dem Weg zu ihrer Einheit befanden, vergaßen Ausbildung und Disziplin und beteiligten sich ebenfalls an den Plünderungen.

Nach dem Essen informierte unser Gastgeber uns über die aktuelle Lage. Am 3. September hatten England und Frankreich Deutschland endlich den Krieg erklärt, nachdem Hitler das von ihnen gestellte Ultimatum verstreichen ließ. Diese Nachricht wurde in Warschau mit ungeheurer Begeisterung aufgenommen, und überschwengliche Polen tanzten auf den Straßen vor den ausländischen Botschaften. Aber Hitlers Armeen stießen immer noch mit voller Kraft weiter vor, während unsere Streitkräfte sich in sogenannte »neue« Stellungen zurückzogen. Die größeren Städte im westlichen Teil Polens befanden sich bereits in deutscher Hand, darunter auch Katowice, Gniezno, Poznań, Bydgoszcz, Częstochowa und Toruń. Unsere Gastgeberin richtete uns ein Zimmer her, und am nächsten Morgen bat Vater unseren Gastgeber, uns zu einer jüdischen Familie zu bringen, bei der Mutter, Fela und Nathan bleiben konnten. Aber dieser wollte davon nichts hören und bestand darauf, daß sie bei ihm wohnten. Nach dem Frühstück brachen wir – die drei Männer der Familie – in Richtung Osten auf, im sicheren Gefühl, daß unsere Lieben sich in guten Händen befanden.

Ein oder zwei Tage später hörten wir bei unserem Marsch durch die Felder hinter uns das Grollen von Artilleriefeuer. Vater sagte, daß es nicht weit entfernt sein konnte. Gelegentlich passierten uns in geringer Höhe deutsche Flugzeuge auf dem Weg nach Osten. Als wir einen Fluß erreichten, wuschen wir uns und kühlten unsere müden, geschwollenen und über und über mit Blasen bedeckten Füße. Den ganzen Tag über brannte die Sonne auf uns herunter. Immer, wenn wir einem Offizier begegneten, fragten wir ihn, wo wir uns zum Dienst melden konnten. Aber keiner wußte etwas; überall herrschte Verwirrung. Wenige Tage später erreichten wir Sandomierz, eine berühmte alte Stadt an der Weichsel. Als wir in den Ort kamen, sahen wir erneut einen polnischen Pöbel, der jüdische Geschäfte, Werkstätten und Häuser plünderte. Überall auf den Bürgersteigen lag zerbrochenes Glas, und in jeder Ecke fand man leere Kisten und zerbrochene Wodkaflaschen. Und wieder folgten bewaffnete Soldaten voller Begeisterung dem Mob. Wir gingen durch die Seitenstraßen, auf der Suche nach einer jüdischen Familie, bei der wir die Nacht verbringen konnten. Dort begegneten wir einem alten, bärtigen Juden, der neben einem völlig verwüsteten Geschäft vor einem kleinen Haus stand. Vater ging auf ihn zu und fragte ihn auf jiddisch, ob wir hereinkommen könnten, um uns zu waschen und uns auszuruhen. Der alte Mann war so verängstigt, daß er kaum sprechen konnte, aber schließlich willigte er ein, uns aufzunehmen, wenn wir versprachen, ihn zu beschützen. Uns fiel auf, daß niemand anderes im Haus war, aber wir trauten uns nicht, ihn zu fragen, wo seine Familie sei. Er stand die ganze Zeit hinter dem Vorhang und beobachtete die Straße. Wir wuschen uns, aßen und schliefen noch am Tisch ein. Früh am nächsten Morgen weckte uns der alte Mann, und das erste, was uns auffiel, war, daß er immer noch wie versteinert am gleichen Fleck hinter den Gardinen stand. Uns wurde klar, daß mit ihm etwas nicht in Ordnung sein konnte; vielleicht hatte er den Verstand verloren, als der gefährliche Pöbel seinen Laden verwüstete. Selbst als wir uns bei ihm bedankten und ihm alles Gute wünschten, gab er uns keine Antwort.

Wieder auf der Straße sagte Vater, daß er sich dazu entschlossen hätte, umzukehren und nach Krakau zurückzugehen, denn bisher hatten wir nur Anarchie und desorganisierte Truppen erlebt, die auf dem Weg nach Osten jede Kontrolle verloren. Außerdem machten wir uns Sorgen um den Rest unserer Familie. Erneut marschierten wir durch die Felder, blieben aber diesmal dichter an der Hauptstraße. Wir beschlossen, nicht durch die Dörfer zu wandern, sondern in den Feldern zu schlafen und uns von den Gemüsen zu ernähren, die wir dort fanden – geröstet, wenn wir ein Feuer machen konnten und roh, wenn dies nicht möglich war. Trinken konnten wir aus den Brunnen, an denen wir vorbeikamen. Wir waren nicht allein. Es gab viele Flüchtlinge wie uns – einige gingen nach Osten, andere nach Westen, und die ganze Zeit zogen deutsche Flugzeuge über unsere Köpfe, flogen nach Osten und kehrten wieder zurück.

Das Artilleriefeuer rückte immer näher. Als wir eines Morgens aufbrachen, entdeckten wir eine große Staubwolke, die an der Hauptstraße aufstieg, begleitet vom Dröhnen schwerer Fahrzeuge, die von Westen aus auf uns zukamen. Wir gingen dichter an die Straße heran und sahen einen großen Konvoi von Militärfahrzeugen, der sich in Richtung Osten bewegte. Als sie uns passierten, bemerkten wir zu unserer Verblüffung, daß es sich um Deutsche handelte. Welch ein Unterschied zum Rückzug der polnischen Armee! Der Konvoi bestand aus Lastwagen und gepanzerten Fahrzeugen, vor denen Motorräder mit Beiwagen fuhren. Vater erklärte uns, daß es sich dabei um Patrouillen handelte. Die Soldaten wirkten ausgeruht; sie waren gut bewaffnet und sangen laut. Hitze und Staub schienen sie ebensowenig zu beeindrucken wie die polnische Armee. Vor ihnen waren die wenigen polnischen Soldaten, die sich noch in der Gegend aufhielten, damit beschäftigt, die Juden in den umliegenden Städten zu berauben. Vater erzählte uns, daß die deutsche Artillerie und Ausrüstung sehr modern und von bester Qualität seien. Als ehemaliger Soldat hatte er ein Auge für militärische Dinge. Unsere veraltete Armee war ihnen hoffnungslos unterlegen; mit Tapferkeit allein ließ sich kein Panzer aufhalten. Da wir die deutschen Flugzeuge nun nicht mehr fürchten mußten, setzten wir unseren Marsch auf der Hauptstraße fort. Nach wenigen Stunden mußten wir an einem militärischen Kontrollpunkt anhalten. Wir stellten uns in die Schlange und warteten, bis wir an die Reihe kamen. Alle jungen Männer wurden aufgefordert, ihre Hüte oder Kappen abzunehmen; da alle Rekruten ihre Köpfe rasieren mußten, konnten die Soldaten auf diese Weise leicht feststellen, ob sie es mit einem Deserteur zu tun hatten. Wir durften passieren und nach Westen weitergehen. Auf dem Marsch sahen wir deutsche Flugzeuge, die nach Osten flogen – so niedrig, als ob sie die Marschkolonnen der Wehrmacht leiten wollten. Der Himmel gehörte ihnen. Es gab keine polnische Luftwaffe mehr, und anscheinend auch keinen Gott, der sie aufhalten konnte.

Wir übernachteten neben der Straße und erwachten am Morgen eines erneut sehr heißen nächsten Tages. Wieder gelang es uns nicht, in den Dörfern Lebensmittel zu kaufen; aber diesmal öffneten uns die Bauern ihre Türen und erzählten, daß die Deutschen für Ordnung gesorgt und ihre gesamten Vorräte requiriert hatten. Auf unserem Weg begegneten uns weitere Flüchtlinge, die immer noch nach Osten gingen, während wir uns auf dem Rückweg nach Bochnia befanden. Sie sagten uns, daß die Deutschen am 6. September Krakau und einen Tag später Bochnia erobert hatten. Die deutschen Soldaten auf den Hauptstraßen verhielten sich zumeist korrekt, erzählte man uns, aber wir sollten auf die frühe Sperrstunde in vielen Orten achten.

Die deutschen Patrouillen, denen wir begegneten, waren sehr streng, aber fair. Zum ersten Mal sah ich deutsche Soldaten und Offiziere aus nächster Nähe. Sie erschienen mir gut gekleidet, sauber und diszipliniert. Manchmal bekamen wir aus ihren Feldküchen etwas zu essen, und da Vater gut Deutsch sprach, schenkten ihm die älteren Männer ein paar Zigaretten. In der freudigen Erwartung, daß wir bald unsere Lieben wiedersehen würden, marschierten wir, so schnell uns unsere blasigen, müden Füße trugen und trafen noch vor Beginn der Sperrstunde in Bochnia ein. Vater führte uns durch die fast leeren Straßen. Die Geschäfte hatten geöffnet, aber es gab keine Kunden. Wir begegneten einer deutschen Patrouille, aber es lief kein Pöbel mehr umher. Jetzt hatten sie Angst vor den Deutschen.

Wir fanden das Haus, aber unsere früheren Gastgeber teilten uns mit, daß sich unsere Familie aufgemacht hatte und in das von den Deutschen besetzte Krakau zurückkehren wollte. Trotz unserer Enttäuschung hofften wir, daß sie sicher zu Hause angekommen waren. Unsere Gastgeberin erzählte uns, daß sie ihnen für den Weg nach Krakau genug Nahrungsmittel mitgegeben habe, so daß sie nicht bei den unfreundlichen Bauern fragen mußten. Dann bat sie uns ins Haus, wo wir uns wuschen, die Kleidung wechselten und eine großartige Mahlzeit vorgesetzt bekamen. Unser Gastgeber informierte uns über die Neuigkeiten, die wir auf unserem Marsch verpaßt hatten. Deutsche Siege und polnischer Rückzug. Aber zum ersten Mal hörten wir von Greueltaten, die die deutschen Eroberer an Juden verübt hatten. Es gab Berichte von Plünderungen, Schlägen, Folter, Vergewaltigungen und Morden. Jüdische Gotteshäuser waren geschändet und in Brand gesteckt worden. In Bochnia hatten die Deutschen die

Ordnung erst wiederhergestellt, nachdem ihre Soldaten alles geplündert hatten, was vom polnischen Pöbel übersehen worden war.

Das polnische Radio verkündete, daß unsere politischen und militärischen Führer Warschau verließen und daß auch die ausländischen Botschaften evakuiert würden. Nur einige wenige Leiter der oppositionellen Sozialistischen Partei PPS und der Witos-Bauernpartei blieben im Land, um Widerstand zu leisten. Die deutschen Streitkräfte hatten die Weichsel überschritten und näherten sich Warschau von Westen, Norden und Osten. Unsere zweite Verteidigungslinie bestand nicht mehr; sie war auf einige kleine Widerstandsnester zusammengeschrumpft.

Wir übernachteten im Nebenzimmer auf dem Fußboden. Am nächsten Morgen stellten wir fest, daß unsere Gastgeberin Nahrungsmittel für den Marsch vorbereitet hatte, obwohl sie selbst nur sehr wenig besaß. Die Freundlichkeit dieser Menschen rührte uns zutiefst, und wir konnten ihnen kaum genug danken. Wir wünschten ihnen alles Gute für die bevorstehenden Bußtage, in der Hoffnung, daß wir uns eines Tages wiedersehen würden, wenn der Frieden und ein normales Leben zurückgekehrt wären.

Danach marschierten wir weiter. Nach einiger Zeit bemerkten wir einen langen Lastwagenkonvoi, der uns einholte. Bald darauf konnten wir erkennen, daß es sich um polnische Kriegsgefangene handelte, dicht an dicht in Lastwagen gepfercht, Gesunde neben Verwundeten mit blutbefleckten Verbänden, um Wasser und Nahrung bettelnd. Die schwerbewaffneten deutschen Wachen ließen niemanden in ihre Nähe. Für diese tragischen Figuren waren die Kämpfe vorüber, aber wer konnte sagen, was sie – und vor allem die Juden unter ihnen – in den deutschen Lagern erwartete? Die ganze Zeit über marschierten lange Kolonnen von Deutschen nach Osten, begleitet von vorausfliegenden Maschinen der Luftwaffe, die den Weg für sie frei machten. Wir zogen es vor, nicht wieder in eines der unfreundlichen Dörfer zu gehen, sondern mit den Lebensmitteln auszukommen, die wir bei uns trugen. Wasser tranken wir aus den Bächen, die wir überquerten. Es fiel uns nicht schwer, abends einzuschlafen; unsere Erschöpfung sorgte dafür. Als wir in der Ferne die hohen Schornsteine von Krakau ausmachen konnten, erhöhten wir unser Tempo, um die Stadt noch vor Beginn der Sperrstunde zu erreichen. Am späten Nachmittag erreichten wir Płaszów und kurz danach Podgorze.

Da immer noch keine Straßenbahnen fuhren, mußten wir unseren Fußmarsch fortsetzen. Die Brücken über die Weichsel waren gesprengt worden, wahrscheinlich beim Rückzug unserer Armee. Wir stellten uns in eine lange Schlange und warteten, bis wir auf einer militärischen Pontonbrücke den Fluß überqueren konnten; dann waren wir endlich wieder in Krakau. Nun liefen wir beinahe. Auf den Straßen wimmelte es von Menschen, und alle Geschäfte hatten geöffnet. Wir sahen deutsche Soldaten zu Fuß und auf Lastwagen. Endlich erreichten wir unser Haus und blickten erwartungsvoll zu den Fenstern in unserem Stockwerk hoch, um zu sehen, ob unsere Lieben auf uns warteten. Die Fenster und die Läden waren geschlossen. Aber als wir an der Tür klopften, öffnete Nathan uns und rief aufgeregt: »Sie sind wieder zurück! Sie sind wieder zurück!« Mutter und Fela liefen herbei, und es kam zu einem tränenreichen Wiedersehen in den Armen der anderen. Das erste, was Mutter sagte, war, daß wir alle so dünn aussehen würden. Dann befahl sie uns, unsere schmutzigen Sachen auszuziehen und uns zu waschen. Bevor wir uns umgezogen hatten, stand sie in der Küche und machte Essen, um uns wieder ein wenig aufzupäppeln. Auch sie sprach voller Dankbarkeit von den Menschen, die uns in Bochnia so umsorgt hatten, und von den Lopatowskis, die bei ihrer Rückkehr sehr gut zu ihr gewesen waren und Nahrungsmittel mitbrachten, die man nur noch schwer bekam. Die Lebensmittelgeschäfte blieben leer, da die Bauern nicht mehr in die Stadt kamen, um dort wie früher ihre Waren zu verkaufen.

Wir erfuhren, daß die Deutschen am Tag ihres Einmarschs in Krakau elf Juden erschossen hatten, die zusammen mit einigen Polen als Geiseln genommen worden waren, um jeden Widerstand in der Stadt zu ersticken. Nachdem der Tag ohne Zwischenfälle verstrich, wurden die Polen freigelassen; die Körper der Juden fand man außerhalb der Mauern des alten jüdischen Friedhofs an der Miodowa-Straße. Die Nachricht von der Exekution verbreitete sich wie ein Lauffeuer und sorgte für Panik – ein furchterregendes Vorzeichen dessen, was alle anderen Juden zu erwarten hatten.

Die Deutschen verloren bei ihren anti-jüdischen Maßnahmen keine Zeit. Bereits die erste Verordnung befahl allen jüdischen Geschäftsunternehmen – zu denen auch alle Betriebe zählten, die zu 50 oder mehr Prozent in jüdischem Besitz waren –, ihren Eingang mit einem Davidstern zu bemalen, damit die Deutschen sie leichter identifizieren konnten. Fast unmittelbar danach betraten ihre Soldaten, begleitet von SS und Gestapo, die der Wehrmacht auf dem Fuße gefolgt waren, jüdische Geschäfte und nahmen alles mit, was ihnen gefiel, ohne sich über eine Bezahlung Gedanken zu machen. Daneben führten sie Razzien im jüdischen Bezirk der Stadt durch und trieben dort Juden für jede Art von Arbeit zusammen. Lastwagen transportierten Hunderte von Juden zu den Baracken und Gebäuden, die von den Deutschen übernommen worden waren, um sie für ihre neuen Herren fertig zu machen. Abends kam ein Wagen nicht mehr zurück. Die betroffenen Familien wurden von panischer Angst erfaßt, aber es gab keine Möglichkeit festzustellen, was mit ihren Angehörigen geschehen war. Sie kehrten nie zurück, und man hörte Gerüchte, sie seien abtransportiert und erschossen worden.

Nach dem Abendessen gingen wir nach unten, um die Lopatowskis zu begrüßen, die sehr froh waren, uns wiederzusehen. Sie hatten sich große Sorgen um uns gemacht, aufgrund der Bombenangriffe und der Tatsache, daß die Deutschen an vielen Orten – auch auf den Hauptstraßen – Juden getötet hatten. Von all dem hatten wir nichts gewußt. Herr Lopatowski ärgerte sich sehr darüber, daß unsere neuen Alliierten, England und Frankreich, Deutschland den Krieg erklärten, aber nichts unternahmen, um uns zu schützen. Ihr Militärbündnis war nichts weiter als ein Fetzen Papier und keine größere Hilfe für uns als vor einem Jahr im Falle der Tschechoslowakei. Aber er schämte sich auch für die polnischen Soldaten und Zivilisten, die sich an der Plünderung jüdischen Eigentums beteiligt hatten.

Aus dem westlichen Polen erreichten uns Berichte von Greueltaten, begangen von deutschen Soldaten, Sondereinheiten der SS und Gestapo und den deutschstämmigen Polen an der polnischen Bevölkerung im allgemeinen und den Juden im besonderen. Diese *Volksdeutschen* erklärten sich selbst zu Mitgliedern des sogenannten *Selbstschutz*. In Wahrheit handelte es sich um eine Fünfte Kolonne, die blindlings Hitler diente. Allem Anschein nach waren diese Verräter bereits vor den Tagen der Invasion gut organisiert: Viele saßen in wichtigen Positionen und waren dadurch in der Lage, den einfallenden Deutschen entscheidende Informationen zukommen zu lassen.

Präsident Roosevelts Neutralitätserklärung der USA war ein weiterer Schock für uns. Wir hatten an die Vereinigten Staaten und ihre Prinzipien der Demokratie und der Menschenrechte geglaubt. Aber

Neutralität bedeutete in Wahrheit Zustimmung oder zumindest stillschweigende Duldung von Hitlers Überfall und des wahllosen Tötens in Polen. Die Anzahl der polnischen Gefallenen war groß, aber auch die Deutschen hatten Verluste erlitten – selbst wenn diese sich in Grenzen hielten. Diesmal gab es keinen »Blumenkrieg«, bei dem die Deutschen wie in Österreich und im Sudetenland jubelnd begrüßt wurden. Die Polen leisteten Widerstand, heroisch, wenn auch bemitleidenswert und in Anzahl und Bewaffnung hoffnungslos unterlegen. An einigen Orten hielten sich immer noch eingekesselte Verteidiger: an der Ostsee auf der Halbinsel Hel und der Westerplatte sowie in der Nähe von Kutno am Fluß Bzura. Warschau war ständigen Bombenangriffen ausgesetzt und von allen Seiten eingeschlossen, und die zurückgedrängte polnische Armee zog sich rund um die Stadt zur Verteidigung zusammen. Zum ersten Mal enthüllte Herr Lopatowski uns, daß er zu den führenden Mitgliedern des PPS-Untergrunds gehörte, und verpflichtete uns zu absoluter Verschwiegenheit. Er zeigte sich sehr stolz, daß seine Partei den patriotischen Entschluß gefaßt hatte, Warschau nicht aufzugeben, während die antisemitischen Führer des Landes am 5. September mit ihren Familien geflohen waren – wie Ratten, die das sinkende Schiff verließen.

Herr Lopatowski erzählte uns, daß die ersten motorisierten deutschen Spähtrupps am Mittwoch, dem 6. September, Krakau erreichten; sie kamen um sechs Uhr morgens, und zwar von Westen und Süden aus. In der Nacht zuvor hatten sich die polnischen Truppen zurückgezogen, um die historische Stadt vor der Zerstörung zu bewahren. Auf die deutschen Stoßtruppen folgten Panzer und lange Kolonnen motorisierter Infanterie, hinter denen die schweren Geschütze vorrückten. Die Deutschen konfiszierten die meisten öffentlichen Gebäude für ihre Zwecke und stellten an den Hauptstraßen und den wichtigsten Kreuzungen Posten auf. Nur wenige Einwohner wagten sich auf die Straße; die meisten zogen es vor, die Deutschen aus der Sicherheit ihrer Häuser zu beobachten.

Am Nachmittag wurden überall in der Stadt gut sichtbare Bekanntmachungen in deutscher und polnischer Sprache aufgehängt, die die Bevölkerung davor warnten, versteckte Waffen, Munition oder Sprengstoffe jeder Art mit sich zu führen und sie dazu aufforderte, diese Dinge beim nächsten deutschen Feldposten abzuliefern. Jeder, der im Besitz einer Waffe aufgegriffen wurde, sollte erschossen werden. Die Bekanntmachung warnte auch davor, daß jeder bewaffnete Widerstand und jede Art von Sabotage mit dem Tode bestraft würde.

Die Deutschen ordneten eine Sperrstunde an, die von 18.30 Uhr abends bis 5.30 Uhr morgens galt, und auch die Verdunkelung blieb in Kraft. Jedermann wurde aufgefordert, sich am nächsten Morgen wieder an seiner Arbeitsstelle einzufinden, und alle Geschäfte sollten wieder ihre Türen öffnen. Die Preise wurden eingefroren und Plünderer standrechtlich erschossen.

Die Gestapo bezog ein Regierungsgebäude auf der Siemiradzego-Straße und ernannte Dr. Stanisław Klimecki, einen unbekannten städtischen Beamten, zum neuen Bürgermeister.

Wir erfuhren, daß Łódź, die zweitgrößte Stadt Polens, in der über zweihunderttausend Juden lebten, von den Deutschen eingenommen und in »Litzmannstadt« umbenannt worden war. Sie gaben noch einer ganzen Reihe von Orten andere Namen – ein Vorgeschmack auf ihre Pläne mit Polen. Hunderte von Juden wurden brutal zusammengeschlagen oder umgebracht, häufig in Synagogen zusammengetrieben und dort bei lebendigem Leib verbrannt. Die Wehrmacht entweihte die Synagogen und benutzte manche von ihnen als Ställe oder Magazine. Jüdische Frauen wurden vergewaltigt. Die einheimischen *Volksdeutschen* ergriffen ihre Chance und eigneten sich jüdisches Eigentum an, dessen Besitzer vertrieben worden waren. Man hatte ihnen nur erlaubt, einen kleinen Koffer und etwas Geld mitzunehmen, und sie dadurch von einem Augenblick auf den anderen zu Bettlern gemacht. Viele dieser Menschen kamen nach Krakau, um Schutz zu suchen, und unser jüdisches Komitee brachte sie bei jüdischen Familien unter.

Herr Lopatowski erzählte uns, daß sein Sohn und er bei der Metallfabrik Zieleniewski arbeiteten, wo er als Vorarbeiter tätig war. Seine Frau hatte eine Stelle als Lehrerin. Herr Gelb warnte uns davor, morgens durch das jüdische Viertel zu gehen, da die Deutschen zu dieser Zeit Jagd auf jüdische Arbeitskräfte machten. Unser Viertel galt dagegen als sicher, weil es christlich war. Am nächsten Abend gingen Vater, Szymon und ich ins jüdische Viertel, um Freunde zu treffen. Wir bemerkten den Davidstern auf jüdischen Geschäften und Restaurants, von denen viele geplündert und dann geschlossen worden waren; die eingeschlagenen Fenster hatte man mit Brettern vernagelt.

Nirgendwo konnte man Lebensmittel bekommen, und die Bauern, die ihre Erzeugnisse noch in die Stadt brachten, akzeptierten kein Geld mehr, sondern nur noch Tauschwaren. Die Spannung war mit Händen zu greifen. Jedes Mal, wenn das Geräusch eines Autos oder eines Lastwagens zu hören war, versteckten sich Juden in Hauseingängen oder Torbögen und rieten uns, das gleiche zu tun. Sie fürchteten die deutsche Menschenjagd nach Arbeitern für den Aufbau ihrer Lager außerhalb der Stadt und andere erniedrigende Arbeiten. Aber diesmal brachten die Lastwagen keine Jäger, sondern Räuber. Wir beobachteten, wie sie vor jüdischen Geschäften anhielten und die Juden zwangen, ihnen beim Aufladen der Handelswaren zu helfen. Man erzählte uns, daß die Deutschen die jüdischen Läden in Begleitung von Polen – Prostituierte, Dienstmänner und Gelegenheitsarbeiter – aufsuchten, die früher für die jüdischen Kaufleute gearbeitet hatten und wußten, wo man die besten Waren fand. Dort nahmen sich die Deutschen alles, was ihnen gefiel, und lachten, wenn die Besitzer eine Bezahlung forderten. Das erste deutsche Wort, das ihre polnischen Begleiter lernten, war *Jude*.

An den Hauswänden hingen eine Reihe von Erlassen, unterschrieben von Klimecki, die alle die Juden betrafen. Eine Bekanntmachung verbot den Juden, ihre Wohnungen abzuschließen, so daß die Deutschen diese jederzeit betreten konnten. Wir begegneten Flüchtlingen aus Schlesien und sprachen mit einigen von ihnen. Sie waren verwirrt und bestürzt über den plötzlichen Umschwung ihres Schicksals, das über Nacht Bettler aus ihnen gemacht hatte. Die meisten von ihnen hatten Greueltaten miterleben müssen und waren froh, zumindest noch mit dem Leben davongekommen zu sein. Viele der besetzten Städte galten bereits als *judenrein*; Hunderte von Juden waren getötet worden, und die wenigen Überlebenden mußten fliehen. Ihre ehemaligen Nachbarn, die *Volksdeutschen*, hatten die Gestapo und die SS zu ihnen geführt und sich an den Massakern beteiligt. Jüdische Flüchtlinge aus Czȩstochowa, der heiligen Stadt Polens, erzählten uns, daß die Deutschen bei ihrem Einmarsch am 3. September viele Juden zusammengetrieben hatten. Dann befahlen sie ihnen, ihre Gebetsmäntel umzulegen, drängten sie in eine Synagoge und verbrannten sie dort bei lebendigem Leib. Bei diesem Massaker kamen mindestens zweihundert Menschen ums Leben.

Mutter war enttäuscht, als wir ohne Lebensmittel zurückkehrten. Wir erzählten ihr von der »neuen Währung« der Bauern, und sie begann damit, Kleidung zum Tauschen herauszusuchen. Immer noch hofften wir auf ein Wunder, aber das Radio berichtete nur von deutschen Siegen, und die westlichen Stationen bestätigten dies. Die Deutschen begannen mit der Einkesselung von Warschau und schnitten die Stadt vom Rest der polnischen Armee hinter den Flüssen Bug und Weichsel ab, die ursprünglich unsere zweite Verteidigungslinie bilden sollten. Unser Präsident und sein Kabinett hatten ebenso wie eine Vielzahl politischer und militärischer Führer – darunter auch Marschall Smigly-Rydz – die Stadt verlassen und flohen ost- und südwärts in Richtung der ungarischen und rumänischen Grenzen. Später am Abend gab das deutsche Radio bekannt, daß Hitler General von Rundstedt zum Militärgouverneur im besetzten Polen ernannt hatte; Dr. Hans Frank, ein Reichsminister, wurde an die Spitze der Zivilverwaltung berufen. Offensichtlich waren die Deutschen entschlossen, uns ein für allemal unter ihre Herrschaft zu zwingen.

Am nächsten Morgen standen wir früh auf und verließen das Haus, sobald die Sperrstunde vorüber war. Auf den Straßen sah man fast keine Menschen, aber am Stadtrand begegneten wir einigen Bauern, deren Wagen von begierigen Kunden umlagert wurden, die ihr Hab und Gut für Lebensmittel eintauschen wollten. Wir bekamen Brot, Butter und Kartoffeln für etwa zehn Tage. Als wir alles nach Hause gebracht hatten, gingen Szymon und ich zur Schokoladenfabrik, in der Vater und ich gearbeitet hatten. Dort herrschte ein völliges Durcheinander; überall lagen leere Kisten, Kartons und zerbrochenes Glas herum. Wir trafen nur eine Person im Büro – Otto, einen früheren Angestellten, der jetzt zum Chef ernannt worden war. Keiner von uns hatte gewußt, daß er zu den *Volksdeutschen* gehörte. Seine einmarschierten Landsleute hatten ihn mit der Leitung der Fabrik beauftragt und gegen die jüdischen Besitzer ausgetauscht, die den Betrieb aufgebaut hatten. Er grüßte mich, wollte mir aber nicht die Hand geben. Dann erzählte er, daß unmittelbar nach dem Rückzug der polnischen Truppen eine Bande aus der Nachbarschaft in die Fabrik eingebrochen sei und alles mitgenommen hatte, was sie tragen konnte, selbst Teile der Maschinen und Rohmaterialien. Es gab keine Möglichkeit, in absehbarer Zeit wieder mit der Produktion zu beginnen. Als ich ihn fragte, ob Vater und ich wieder zur Arbeit kommen sollten, antwortete er, daß es unter seiner Leitung keinen Platz für Juden geben würde.

Am nächsten Morgen gingen wir ins jüdische Viertel. Vater hatte dort viele Kunden gehabt und hoffte, eine Arbeit zu finden, aber niemand konnte Arbeiter gebrauchen. Man erzählte uns, daß am Abend zuvor ein deutscher Offizier, der im Hotel Royal untergebracht war – es lag nur einen Häuserblock vom Wawelschloß entfernt am Rande des jüdischen Viertels –, behauptet hatte, man habe auf ihn geschossen. Dann zeigte er auf ein nahe gelegenes Gebäude, und die Gestapo begann mit einer Hausdurchsuchung und terrorisierte die jüdischen Einwohner mit vorgehaltener Pistole. Sie verhaftete sechsundzwanzig jüdische Männer, und am nächsten Morgen befahl man ihren Familien, zum nahe gelegenen St. Michael-Gefängnis zu kommen und die Leichen abzuholen. Ein angeheiterter deutscher Offizier stellte eine Behauptung auf, und sechsundzwanzig Juden starben! Dies war also die »Neue Ordnung«: Keine Gerichtsverfahren und keine Verteidigung. Die Gestapo war allmächtig – Staatsanwalt, Richter und Henker zugleich. Die Nachricht verbreitete sich in Windeseile und paralysierte die Juden. Jeder in der eng miteinander verbundenen jüdischen Gemeinde Krakaus hatte die Toten gekannt.

Szymon kam nach Hause und erzählte uns, daß er seine Arbeitsstelle bei einem großen Textilhändler im polnischen Viertel wieder antreten konnte. Am Abend besuchte ich Herrn Lopatowski, der mir erzählte, daß die Gestapo polnische Patrioten und Intellektuelle verhaftete und sie in das Konzentrationslager Mauthausen in der Nähe von Linz in Österreich brachte. Warschau war nun beinahe vollständig eingeschlossen; die Deutschen drangen nach Süden in Richtung Lwów und nach Brest-Litowsk im Norden vor, wobei ihre Panzer mit unvorstellbarer Geschwindigkeit vorstießen. Er bestätigte mir unter dem Siegel der Verschwiegenheit, daß seine Partei, die sozialistische PPS, ihn zum Führer der Untergrundbewegung ernannt hatte, die sie gegen die deutschen Besatzer aufbauen wollte. Wir waren stolz darauf, solch einen Freund in einer Partei zu haben, von der wir annahmen, daß sie den Juden gegenüber freundlich gesinnt sei.

Während die Menschen im jüdischen Viertel nervös waren und bei jedem herannahenden Auto unruhig wurden, wirkten die Polen völlig gelassen und unbeeindruckt. Dann sahen wir zum ersten Mal Männer der SS in Aktion. Sie fuhren in langgestreckten Militärfahrzeugen vorbei, deren Nummernschilder das gefürchtete Zeichen des doppelten Blitzes trugen. Die Männer trugen dunkelgrüne Uniformen mit silbernen Totenköpfen auf dem Kragen und Schirmmützen. Auf uns wirkten sie wie der lebendige Tod. Als sie strenggläubige Juden mit Kaftanen, Bärten und Schläfenlocken sahen, sprangen sie aus ihren Wagen und zwangen die verängstigten Männer, herumzutanzen und zu springen, wobei sie sie fotografierten und filmten. Dann schnitten sie ihnen sehr langsam die Bärte und Schläfenlocken ab, damit sie auch dieses »Vergnügen« auf Film festhalten konnten. Nachdem sie mit ihren Aufnahmen fertig waren, traten sie die Juden mit ihren schweren schwarzen Stiefeln, und die armen Kerle rannten fort, froh, mit dem Leben davongekommen zu sein.

Vater und ich konnten keine Arbeit finden. Viele jüdische Arbeiter wurden ohne Kündigung entlassen und durch Polen ersetzt, und niemand wollte neue jüdische Arbeiter einstellen. Man riet uns, uns beim jüdischen Komitee zu melden, weil die deutschen Firmen und Einheiten der Wehrmacht bei Bedarf dort Arbeiter anforderten. Wir gingen zum Gemeindehaus auf der Krakowska-Straße und fanden dort lange Reihen von Flüchtlingen vor, die nach Lebensmitteln und einer Unterkunft anstanden. Vor der Gemeindeküche an der Dajwor-Straße standen weitere Schlangen, überwacht von jüdischen Männern mit Schirmmützen und Armbinden, auf denen »OD« zu lesen war. Sie gehörten zum neuen *Ordnungsdienst*, der jüdischen Polizei, die im jüdischen Viertel für Ruhe und Ordnung sorgen sollte. Außerdem fungierten sie als Boten zwischen dem jüdischen Komitee und der Gestapo, die in der Pomorska-Straße 2 ihr Hauptquartier bezogen hatte. Dort ernannte man einen gewissen Siebert zum neuen Vorsteher des jüdischen Viertels und damit zu unserem neuen Herrn. Wir waren tief betroffen von den langen Reihen von Flüchtlingen: Noch vor wenigen Tagen wohlhabende Bürger bettelten jetzt völlig verarmt um etwas zu essen, ein Dach über dem Kopf und eine Arbeit. Sie waren aus ihren Häusern und Dörfern vor den Deutschen geflohen, nur um von ihnen in Krakau wieder eingeholt zu werden. Es gab kein Entkommen mehr.

Als wir am nächsten Morgen ins Viertel zurückkehrten, um nach Arbeit zu suchen, herrschte große Nervosität. Man riet uns, uns zu verstecken, weil die deutschen *Fänger* kämen. Wir drei liefen auf das nächste Haus zu, und eine Frau aus dem ersten Stock ließ uns herein.

Vom Fenster aus konnten wir beobachten, wie junge SS-Männer alle Juden einfingen, derer sie habhaft werden konnten, und sie dann mit Fußtritten auf ihre Lastwagen trieben. Sobald die Laster voll waren, fuhren sie davon. Wenige Minuten später herrschte wieder normaler Betrieb auf der Straße, so daß wir das Haus verlassen konnten. In einer Nebenstraße begegneten wir einigen Bauern mit ihren Karren, die aber schon alle mitgebrachten Lebensmittel verkauft hatten. Wir erzählten ihnen, daß wir wertvolle Güter im Tausch für Lebensmittel anbieten könnten, und sie versprachen uns, in vier Tagen zurückzukehren und direkt in unser Viertel zu kommen. Auch Szymon kam mit guten Neuigkeiten nach Hause zurück. Sein Chef hatte ihm Waren aus seinem Geschäft zum Einkaufspreis verkauft, so daß wir nun in der Lage waren, uns am beliebten neuen »Schwarzmarkt« zu beteiligen, wo man billig Waren einkaufen und gegen Lebensmittel eintauschen konnte. Wir konnten daran nichts Falsches sehen; schließlich mußten wir irgend etwas essen.

Als wir später am Tag über die Hauptgeschäftsstraße des jüdischen Viertels, die Bozego Ciala, gingen, hörten wir hinter uns den Ruf: »*Das sind Juden!*« Wir drehten uns um und sahen, wie einige Polen in Begleitung uniformierter Deutscher mit dem Finger auf uns zeigten. Dann kamen die Deutschen auf uns zu und sagten: »*Komm, komm!*« Es blieb uns nichts anderes übrig, als ihnen zu folgen. Sie brachten uns zu einem Lastwagen, der versteckt in einer Seitenstraße geparkt stand, so daß es für sie einfacher war, nichtsahnende jüdische Sklaven einzufangen. Dort zwangen sie uns, auf die Ladefläche zu klettern, die schon zum größten Teil mit Juden besetzt war. Die polnischen Zuschauer genossen diesen Anblick ganz offensichtlich. Der Lastwagen brachte uns in die Vororte von Krakau, in ein großes Lager am Militärflugplatz, den die deutsche Luftwaffe übernommen hatte. Dort teilte man uns in Gruppen von je dreißig Männern ein und befahl uns, Lastwagen mit Nachschub zu entladen und das Material in die einzelnen Lagerhäuser zu bringen. Die Deutschen hetzten uns die ganze Zeit und erlaubten uns nicht, eine Pause zu machen. Ältere Männer, die dieses Tempo nicht mithalten konnten, wurden geschlagen und zum Weiterarbeiten gezwungen, selbst wenn ihnen das Blut über Gesicht und Körper lief. Als die Lastwagen entladen waren, führte man uns – immer im Laufschritt – in die Baracken und zwang uns, dort sauberzumachen. Unsere Gruppe bekam die Latrinen zugeteilt. Die Deutschen gaben uns ein paar Eimer Wasser und Desinfektionsmittel, und wir säuberten die Böden und die Latrinen mit unseren bloßen Händen. Die Chemikalien verbrannten unsere Haut und unsere Hände, und der Gestank war schrecklich. Die ganze Zeit über schrien die Deutschen uns an: »*Los, los!*« Sie gaben uns weder etwas zu essen, noch etwas zu trinken. Gegen Abend sagten sie: »*Verschwinde!*« Da die Sperrstunde bereits angebrochen war, beschlossen wir, in einer langen Reihe zu marschieren, in der Hoffnung, auf diese Weise Schwierigkeiten vermeiden zu können. Schließlich erreichten wir ohne weitere Zwischenfälle unser Haus, aber es gelang uns nur mit großer Mühe, allen Schmutz und Gestank abzuwaschen.

Früh am nächsten Morgen gingen wir zum sogenannten Tandetta, einem großen Flohmarkt unter freiem Himmel, auf dem auch einige Bauern ihre Produkte verkauften. Sie tauschten fast alles dafür ein – alte Kleidung, Schuhe, Unterwäsche, Haushaltswaren und Bettzeug. Wir machten einige Geschäfte und waren noch vor acht Uhr, bevor die ersten Deutschen kamen, wieder zu Hause.

Am Samstag begleitete ich Vater ins jüdische Viertel, um einen Flüchtling aus Jarosław zu treffen, der Neuigkeiten von Vaters Schwester und ihrer Familie hatte. Der Mann berichtete, daß alle wohlauf seien. Auf dem Rückweg wurden wir erneut von einigen jungen Polen denunziert, die einen älteren SS-Mann auf uns aufmerksam machten, der bereits als der beste »Judenfänger« der Stadt bekannt war. Dennoch brauchte er eine ganze Weile, um seinen Lastwagen zu füllen, weil am Sabbat nur wenige Juden auf die Straße gingen. Schließlich fuhr er uns zu einem großen Regierungsgebäude und befahl uns, Möbel abzuladen, die die Deutschen konfisziert hatten. Die schwere Arbeit machte uns nichts aus, aber Vater und die anderen älteren Juden taten mir leid. Die Möbelstücke stammten aus den Häusern wohlhabender Juden; es handelte sich zumeist um sehr teure Stücke und viele offensichtlich wertvolle Antiquitäten. Bei ihrer Suche wurden die Deutschen von polnischen Hausmeistern geführt, die häufig zuerst Bestechungsgelder von den Juden annahmen, damit sie sie nicht an die Deutschen verrieten, und sie danach betrogen. Diese Hausmeister und Pförtner entwickelten sich zu den gefährlichsten Feinden der Juden, weil sie die Deutschen zu allen Verstecken und Lagern führten. Beim Laden warnte man uns wiederholt davor, die Möbel zu beschädigen oder zu verkratzen, da wir sonst wegen

Sabotage erschossen werden könnten. Die Räume in den oberen Stockwerken, in die wir die besten Stücke transportieren mußten, wurden für deutsche Offiziere und ihre Familien eingerichtet. Um die wertvollen Möbel zu schützen, spornten uns die Deutschen nicht zur Eile an, was für uns zumindest ein Vorteil war. Am Abend schickten sie uns nach getaner Arbeit nach Hause. Mutter weinte, als wir völlig erschöpft zurückkamen. Zum ersten Mal bedauerte sie offen, daß wir vor dem Krieg nicht mit ihrer Familie nach Amerika gegangen waren. Nun war es zu spät.

Das Radio berichtete, daß die polnische Armee an allen Fronten in die Flucht geschlagen wurde; nur in der Festung Westerplatte an der Ostsee hielt sie ihren Widerstand aufrecht – tapfer, aber hoffnungslos. Wir hörten, daß zwei polnische Unterseeboote und drei Zerstörer die deutsche Blockade durchbrochen und englische Häfen erreicht hatten. Symbolische Siege. Als wir Herrn Lopatowski von den Verrätern erzählten, die mit den Deutschen zusammenarbeiteten und die Juden terrorisierten, antwortete er, daß die Untergrundbewegung ihre Namen kannte und in eine Liste aufnahm, um sie zu gegebener Zeit zur Verantwortung zu ziehen. Wir hofften, daß wir lange genug leben würden, um ihre Bestrafung mitzuerleben.

Ein Nachbar erzählte uns, daß ein Bäcker in unserem Viertel eine Lieferung Mehl erhalten hätte und am nächsten Morgen frisches Brot verkaufen wolle. Er selbst plante, die Ausgangssperre zu mißachten und die ganze Nacht über um Brot anzustehen. Szymon, Nathan und ich entschlossen uns, ihm zu folgen und uns zusammen anzustellen. Wir waren nicht allein. Die Schlange wuchs schnell, aber die deutschen Patrouillen ließen uns in Ruhe. Als der Bäcker am nächsten Morgen seinen Laden öffnete, kam es zu solch einem Ansturm, daß er die deutsche Polizei rufen mußte, um für Ordnung zu sorgen. Als wir an die Reihe kamen, deuteten einige Polen auf uns, bezeichneten uns als Juden, und die Deutschen schickten uns weg. Nach elf Stunden in der Schlange kehrten wir nach Hause zurück, ohne einen einzigen Laib Brot für unsere Mühen erhalten zu haben. Zwar wußten wir, daß die Polen seit jeher Antisemiten waren, aber wir hatten auch erwartet, daß sie im Angesicht unseres gemeinsamen Feindes ihre Haltung ändern würden.

Im jüdischen Viertel begegneten wir einigen Leuten, die kurz zuvor von einem versuchten Marsch nach Osten zurückgekehrt waren. Sie erzählten schreckliche Geschichten über die deutsche Militärpolizei, die an den Kontrollpunkten die Juden von den Polen getrennt hatte. Die Polizei erlaubte den Polen, weiterzugehen, aber die Juden mußten in die nächste Stadt marschieren, wo man sie zusammen mit den Juden des Ortes in Synagogen und leere Schulgebäude einsperrte. Viele junge Frauen wurden in aller Öffentlichkeit vergewaltigt. Männer und Frauen blieben ohne Wasser oder Nahrung eine Woche eingesperrt; dann nahm man ihnen ihre restliche Habe ab und ließ sie laufen. Dabei hatten sie noch verhältnismäßiges Glück: In einigen anderen Dörfern und Städten, durch die sie kamen, zwang man die Juden, ihre eigenen Gräber zu schaufeln. Auch wir waren diese Straßen entlanggewandert und wußten jetzt, daß wir großes Glück gehabt hatten, sicher nach Hause zurückgekehrt zu sein.

Wie hatte sich unser Leben in so kurzer Zeit verändert! Langsam, aber sicher wurde uns klar, daß die Welt Polen im Stich ließ. In Krakau ersetzten die Deutschen das jüdische Komitee durch einen *Judenrat* und ernannten Professor Marek Biberstein zum Präsidenten und Dr. W. Goldblat zu dessen Stellvertreter. Wir kannten keinen von beiden, aber es machte keinen Unterschied. Beide waren nur Marionetten, die die Befehle der Gestapo ausführten.

Am nächsten Morgen meldeten wir uns beim *Judenrat* als Arbeitssuchende und wurden zu einer Armee-Einheit geschickt. Die Soldaten nahmen uns auf ihrem Lastwagen zu ihrem Lager mit, und zum ersten Mal arbeiteten wir für anständige Deutsche. Unter ihnen waren viele ältere Männer, was wahrscheinlich ihr Verhalten erklärte. Sie hetzten uns nicht herum, erlaubten uns eine Ruhepause, gaben uns Essen aus ihrer Feldküche und schenkten Vater sogar einige Zigaretten. Unsere Arbeit bestand darin, ihre Ausrüstung am Bahnhof zu entladen und sie in ihre Baracken zu bringen.

Als Szymon von der Arbeit zurückkehrte, erzählte er uns, daß am Morgen ein deutscher Zivilist in den Laden gekommen sei und dem Besitzer einige Papiere präsentiert hätte, die besagten, daß er von der deutschen Verwaltung zum *Treuhänder* und damit praktisch zum Besitzer des Geschäfts ernannt worden war. Dieser neue Chef erklärte dem abgelösten ehemaligen Besitzer, daß er ihm erlauben würde, als Geschäftsführer zu bleiben; außerdem versprach er, alle Arbeiter weiter zu beschäftigen. Sämtliche großen Unternehmen, die Juden gehörten oder sich zu 50 Prozent in jüdischem Besitz befanden, wurden von solchen *Treuhändern* übernommen. Die meisten von ihnen warfen die jüdischen Eigentümer und ihre polnischen Partner hinaus und entließen alle jüdischen Angestellten. Das einzig Positive war, daß die deutschen Truppen und ihre polnischen Helfershelfer sich nicht länger frei in den jüdischen Geschäften bedienen konnten: Von nun an mußten sie den vollen Preis für die Waren bezahlen.

Am Abend hörten wir in den Nachrichten, daß die Deutschen die Besetzung Polens fast vollständig abgeschlossen hatten. Im Südosten standen sie vor den Toren von Lwów, und im Norden drangen General Guderians Panzer rasch in Richtung der Festung Brest-Litowsk vor. Unsere politischen Führer hatten fast vollzählig das Land verlassen. Im Südosten kollaborierten ukrainische Nationalisten mit den Deutschen: Sie begingen Sabotage an Eisenbahnstrecken, Straßen und kleinen Brücken und schossen sogar auf polnische Truppen.

Damit verfügten die Deutschen neben ihrer Fünften Kolonne, den *Volksdeutschen*, noch über eine Sechste Kolonne – ukrainische Nationalisten, die seit der polnischen Unabhängigkeit 1918 im Land für Unruhe gesorgt hatten. Aber im Gegensatz zu den polnischen Juden waren sie nicht durch diskriminierende Gesetze, Wirtschaftsboykotte und Krawalle schikaniert worden. Nur unsere Minderheit wurde gehaßt und von offizieller Seite diskriminiert. Wir hofften, daß jetzt zumindest den anständigen Polen klar werden würde, wer die loyalen Mitbürger und wer die Verräter und Kollaborateure waren. Es gab auch Berichte über Ukrainer, die sofort nach dem Einmarsch der Deutschen Juden ermordeten und deren Häuser plünderten, wobei die Deutschen diese Taten tolerierten. Als Krönung des Ganzen unternahmen unsere westlichen Alliierten nichts, um Polen zu helfen, das unter dem Druck des Nazi-Überfalls langsam zusammenbrach.

Am Sonntagmorgen, dem 17. September, sahen wir die Polen zur Kirche gehen – als wäre nichts geschehen und ohne jedes Zeichen von Angst oder Besorgnis. Als wir das Radio einschalteten, um Nachrichten zu hören, traf es uns wie ein Schlag: Russische Truppen hatten auf einer 1500 Kilometer breiten Front die polnische Ostgrenze überschritten, unbehindert von den wenigen Grenzpatrouillen, die glaubten, die Russen seien gekommen, um Polen zu retten. Die Bevölkerung begrüßte die Sowjetsoldaten begeistert mit Blumen, aber als die Russen auf die ersten regulären polnischen Kolonnen trafen, entwaffneten sie diese und nahmen die Offiziere gefangen.

Russische Flugzeuge warfen Millionen von Flugblättern ab, die bekanntgaben, daß die Rote Armee gekommen sei, um die polnischen Arbeiter und ihre Familien von den kapitalistischen Unterdrückern zu befreien. Der Einmarsch traf Polen völlig überraschend. Wir gingen nach unten zu den Lopatowskis und fanden sie in einem Schockzustand. Die polnischen Radiokommentatoren begannen, die russische Invasion zu verurteilen, während die westlichen Alliierten, die sich während des deutschen Angriffs ferngehalten hatten, jetzt die Russen dafür kritisierten, daß sie Polen hinterrücks überfallen hatten, als es schon auf den Knien lag.

Jede Hoffnung auf ein Wunder, das Polen noch retten konnte, hatte sich in Luft aufgelöst. Uns war klar, daß ein Zweifrontenkrieg das Ende bedeutete. Die deutschen Radiostationen berichteten verdächtig wenig über den russischen Einmarsch, aber das polnische Radio sendete hoffnungsvolle Nachrichten über blutige Gefechte zwischen russischen Spähtrupps und den Deutschen. Diese Illusion wurde bald darauf von den deutschen und russischen Radiostationen zerstört. Voller Verzweiflung mußten wir feststellen, daß es sich um das kalkulierte Ergebnis eines am 23. August beschlossenen Abkommens zwischen Hitler und Stalin handelte. Beide hatten Polen unter sich aufgeteilt, und Stalin war jetzt gekommen, um seinen Anteil einzufordern. Polens Unabhängigkeit währte nur einundzwanzig Jahre, und schon begannen seine traditionellen Feinde, das Land unter sich aufzuteilen. Dies war der Todesstoß: Es gab keine Möglichkeit, wie sich die veraltete polnische Armee gegen zwei schwerbewaffnete Feinde an zwei Fronten behaupten sollte. Auch politisch spielte sich hier eine Tragödie ab: England und Frankreich, die Deutschland nach seinem Angriff auf Polen zumindest formell den Krieg erklärt hatten, befanden sich nicht im Kriegszustand mit Rußland und würden wohl kaum einen solchen Schritt riskieren.

Es dauerte nicht lange, bis wir hörten, daß die vorrückenden russischen Truppen Massenverhaftungen von Landbesitzern und Industriellen vornahmen – unter denen auch viele Juden waren – und sie des Kapitalismus bezichtigten. Wir blieben die ganze Nacht über am Radio. Wie hätten wir schlafen können, während unser Land von zwei großen Tyrannen vergewaltigt wurde? Am nächsten Morgen zeigten sich die meisten Menschen im jüdischen Viertel froh darüber, daß zumindest die Juden in der russischen Besatzungszone vor den deutschen Mördern sicher waren. Man hoffte darauf, daß sich die Dinge jetzt, da die Russen so nahe waren, ein wenig zum Besseren ändern würden. Später am Morgen gab das Radio bekannt, daß sich die vorgerückten deutschen Einheiten nach Westen zurückzogen, bis hinter eine zuvor festgelegte Demarkationslinie am Fluß Bug. Sie traten Lwów, Brest-Litowsk, Białystok und Przemyśl an die Russen ab und erfüllten damit die Bedingungen ihres August-Paktes. General Guderian übergab die Festung Brest-Litowsk persönlich an einen russischen General. Dort schüttelten sich unsere beiden größten Feinde die Hände und traten dabei unseren am Boden liegenden Staat mit Füßen. Die russischen Radiostationen sendeten Tag und Nacht und versprachen den Arbeitern und Bauern in den von ihnen besetzten Gebieten Freiheit und ein glückliches Leben. Sie drängten die arbeitenden Klassen, die Fabrik- und Landbesitzer bei den sowjetischen Offizieren zu denunzieren und riefen sogar die polnischen Soldaten dazu auf, ihre eigenen Offiziere zu töten.

Siebert, der Chef der »Abteilung für Jüdische Angelegenheiten« bei der Gestapo in Krakau, fuhr an diesem Morgen, begleitet von einigen Mitgliedern seines Stabes, unter schwerer Bewachung in das Kazimierz-Viertel und hielt vor dem Gebäude der jüdischen Gemeinde. Als er sah, daß niemand vor dem Eingang stand, um ihn zu begrüßen, wurde er rasend. Er stürmte ins Gebäude und schlug und trat den ersten leitenden Angestellten, der ihm begegnete, in Gegenwart aller anderen Mitarbeiter. Siebert ließ keinen Zweifel daran, daß die neue Entwicklung keinerlei Änderungen in der Judenpolitik der Deutschen mit sich bringen würde. Er warnte, daß von nun an alle Juden unter die Gerichtsbarkeit der SS, des SD und der Gestapo fielen. Ab jetzt sei es verboten, einen deutschen Befehl in Frage zu stellen oder ihn nicht sofort und vollständig auszuführen. Die Gemeinde mußte die Schließung aller jüdischen Gotteshäuser anordnen und einen Beschluß erlassen, nach dem jede Versammlung von mehr als zwei Juden ein Schwerverbrechen darstellte. Das bedeutete, daß sich die Juden nur unter größten Risiken zum Gebet zusammenfinden konnten. Darüber hinaus wurde den strenggläubigen Juden befohlen, ihre Bärte und Schläfenlocken abzurasieren; sämtliche rituellen Schlachtungen waren ebenfalls ab sofort verboten.

Wir begegneten einigen Bekannten, die von der Demarkationslinie zurückkehrten und uns erzählten, daß die Deutschen den auf ihrer

Seite lebenden Juden befohlen hatten, sofort auf die andere Seite der neuen Grenze zu wechseln. Sie zwangen sie, die Flüsse Bug oder San zu überqueren, und viele ertranken bei dem Versuch, hinüberzuschwimmen oder sich an einem Stück Holz festzuhalten. An einigen Orten erlaubten die Russen ihnen nicht, an Land zu gehen und drängten sie wieder in den Fluß zurück, wo die Deutschen auf sie schossen. Vater begann, sich Sorgen um seine Schwester und deren Familie zu machen, die in der Nähe der Demarkationslinie in Jarosław lebten. Von dort drangen haarsträubende Gerüchte zu uns vor. Bei Rzeszów hatten die Deutschen Hunderte von Juden in tiefe Brunnen geworfen und sie lebendig begraben. In Przemyśl ermordete die Wehrmacht achthundert Juden. Auf den Straßen wurden viele Juden auf dem Heimweg erschossen. Die Ukrainer, die sich zusammen mit den Deutschen vor den Russen zurückgezogen hatten und jetzt unter deren Schutz standen, waren genauso schlimm wie die Deutschen. Auf der russischen Seite standen die Dinge für die Juden kaum besser; viele wurden als kapitalistische Ausbeuter verhaftet und ins tiefste Rußland deportiert. Aber am schrecklichsten waren die Berichte, daß die russische Geheimpolizei, das NKWD, Sozialisten und Kommunisten verhaftete, unter denen sich ebenfalls viele Juden befanden.

In der Zwischenzeit nahmen die Deutschen in Krakau den neuen Bürgermeister fest, den sie selbst vor kurzem ernannt hatten. Niemand wußte, warum. Dann hängten sie Bekanntmachungen auf, die besagten, daß als Vergeltung für einen Anschlag auf deutsche Soldaten in der Stadt eine Reihe von Geiseln erschossen worden seien. Alle Bürger wurden vor weiteren »feindlichen« Aktivitäten gewarnt, und die Deutschen nahmen neue Geiseln, um dieser Warnung Nachdruck zu verleihen.

Die jüdischen Bußtage nahten, und am Tag vor Rosh Haschana, dem jüdischen Neujahrsfest, erließen die Deutschen den Befehl, daß alle jüdischen Geschäfte an diesem heiligen Tag geöffnet bleiben mußten. Das jüdische Komitee ordnete an, daß sich alle jüdischen Männer früh am Morgen dieses Tages beim Komitee zu melden hatten. Also stellten wir vier uns in einer langen Schlange jüdischer Männer an. Jeder von uns bekam eine Schaufel; dann marschierten wir durch die Straßen, um Panzersperren zu beseitigen und öffentliche Luftschutzräume in den Parks der Stadt zuzuschütten. Es war sehr heiß, und wir arbeiteten hart bis weit in den Nachmittag hinein.

Bisher hatten wir Neujahr immer als ein fröhliches Fest erlebt, aber dieser Tag war von Trauer erfüllt. Juden weinten und baten den Allmächtigen demütig um Beistand in ihrer Not. Es waren Bitten des Zorns und der Verzweiflung, fortgespült von blutigen Tränen. Die strenggläubigen Juden beteten inbrünstig um den Messias, im Glauben, daß die Zeit für Sein Kommen nie zuvor so nahe gewesen war. In meinem Herzen betete ich um Rache an denjenigen, die uns demütigten, folterten und töteten. Ich verfluchte sie und die Mütter, die sie in diese Welt geboren hatten.

Es fanden nur wenige traditionelle Festtagsessen statt, und viele arme Juden hatten kaum etwas Brot auf dem Tisch. Am nächsten Morgen, dem zweiten Tag des neuen Jahres, gingen auch wir in die Synagoge. Vor der Tür standen Posten, die uns vor dem Auftauchen der Deutschen warnen sollten. Die Rabbis verkürzten den Gottesdienst, der für gewöhnlich bis nach Mittag dauerte, um das Risiko einer Entdeckung zu verringern. Dennoch trugen viele Gemeindemitglieder ihre besten Festtagsgewänder; einige wenige besaßen immer noch ihre Bärte und Schläfenlocken, die sie so gut wie möglich hinter hohen Krägen verborgen hielten. Gott hatte uns verlassen, aber sie waren Ihm immer noch treu ergeben. Wir hörten, daß die Juden in Kalisz und Łódź, also im Westen Polens, gezwungen wurden, gelbe Stoffstücke auf der Vorder- und Rückseite ihrer Kleidung zu tragen. Flüchtlinge aus Mielec, einer kleinen Stadt in der Nähe von Krakau, erzählten uns, daß am Vorabend des neuen Jahres – wenn sich die orthodoxen Juden in ein rituelles Bad begeben, um sich für die Feiertage zu reinigen – die Deutschen in ihre Wohnungen eingebrochen waren und etwa vierzig von ihnen ausgesucht hatten, die dann nackt zum jüdischen Schlachthof marschieren mußten. Dort hängten die Deutschen sie einzeln an Fleischerhaken auf, bevor sie das Gebäude in Brand steckten. Ich verzweifelte über unseren Gebeten. In Mielec hatte es ebensowenig einen Gott gegeben wie an allen anderen Orten in Polen.

Nun war es der Vorabend von Jom Kippur, dem heiligsten Tag des jüdischen Jahres. Mit leiser Stimme, um die Deutschen nicht auf uns aufmerksam zu machen, sprachen wir das Kol nidre, ein Gebet, das selbst der unreligiöseste Jude kennt. Nie zuvor hörte unsere Synagoge so verzweifelte Hilferufe, die so rigoros unterdrückt wurden.

Kurz darauf zogen immer mehr deutsche Zivilisten mit Haken-
kreuz-Armbinden auf ihren Mänteln durch unsere Straßen. Zuerst·
dachten wir, es seien Touristen, die ihre kürzlich besetzten »Ostge-
biete« besichtigen wollten. Aber dies waren keine Touristen, sondern
Männer, die unsere Stadt beherrschten. Das jüdische Komitee mußte
ihnen die besten Räumlichkeiten und alle Möbel zur Verfügung stellen. Diejenigen, die ohne ihre Familie gekommen waren, wurden
außerhalb des jüdischen Viertels bei wohlhabenden jüdischen Familien untergebracht, die ihnen ihre besten Zimmer überlassen mußten.
Sie zwangen die jüdischen Matronen dazu, ihnen als Köchinnen und
Hausmädchen zu dienen. Aber wie immer entdeckten die Juden auch
daran etwas Gutes: Sie hängten Schilder an ihre Haustüren, auf
denen deutlich sichtbar der Name und Rang ihres deutschen Unter-
mieters zu lesen war und die sie wie eine Art Talisman vor uner-
wünschten Besuchen der Deutschen oder der polnischen Betrüger
und Verräter schützten. Die deutschen Beamten, die ihre Familie mitbrachten, beschlagnahmten die schönsten jüdischen und polnischen
Häuser, und das jüdische Komitee mußte danach versuchen, Unterkünfte für die aus ihren Wohnungen vertriebenen Juden zu finden.
Die ganze Zeit über berichteten deutsche Radiostationen von trium-
phalen Siegen, darunter auch von der Versenkung eines englischen
Flugzeugträgers, der von einem deutschen U-Boot in seinem Hei-
mathafen torpediert wurde. Die einzige verbliebene polnische Radiostation gab die Gründung einer polnischen Exilregierung bekannt,
die sich – wie wir nachdenklich und bitter feststellten – aus denjenigen
Politikern zusammensetzte, die ihr Volk den deutschen Schlächtern
überlassen hatten. Am 27. September, keine vier Wochen nach Kriegsbeginn, kapitulierte General Kutrzeba, der heroische Verteidiger von
Warschau, mit seiner 120.000 Mann starken Armee vor der deutschen
Übermacht. Einen Tag später unterzeichneten Rußland und Deutschland in Moskau einen neuen Freundschaftsvertrag und besiegelten
damit endgültig Polens Schicksal. Fünf Tage später, am 2. Oktober,
ergaben sich die tapfersten polnischen Truppen des Krieges – die dreitausend Mann, die unter Admiral Unrug die Ostseefestung Westerplatte verteidigt hatten – den Deutschen.

Polen hatte den Krieg verloren, und die Welt sah nur zu. Die Alliierten hielten sich nicht an das Beistandsversprechen, das sie uns gegeben hatten. Am 3. Oktober berichtete das deutsche Radio, das jetzt

auch »unser« Radio war, daß die deutschen Gebiete, die Deutschland 1918 gezwungenermaßen an Polen abtreten mußte – nämlich das Wartheland und Teile von Schlesien –, auf Befehl des *Führers* Adolf Hitler wieder in das Dritte Reich eingegliedert wurden. Einen Tag später besuchte Hitler Warschau und nahm eine Siegesparade seiner stiefeltragenden Horden ab. Die Deutschen gaben offiziell bekannt, daß ihre militärischen Operationen in Polen vollständig ausgeführt seien. Dies galt allerdings nicht für ihre Operationen gegen die Juden. Jeden Tag wurden neue Vorschriften und Beschränkungen erlassen und überall angeschlagen. Das beliebteste Wort der Deutschen war *verboten*. Es war unter Androhung der Todesstrafe verboten, ausländische Rundfunksender zu hören, und überall in den Fenstern vieler großer Warenhäuser, Hotels, Restaurants und sogar Kinos erschienen Schilder mit der Aufschrift *Juden verboten*. Als wir zum jüdischen Komitee gingen, um nach Arbeit zu suchen, mußten wir feststellen, daß die Büros zum größten Teil mit jüdischen Flüchtlingen aus Österreich, der Tschechoslowakei und Deutschland besetzt waren, die gut Deutsch sprachen. Sie sahen auf uns herab und fühlten sich uns aufgrund der Vorzüge ihrer westlichen Kultur überlegen. Wir nannten sie »Yekes«.

Da viele Wehrmachtseinheiten die Stadt verlassen hatten, gab es weniger Razzien im jüdischen Viertel, und das jüdische Komitee konnte problemlos alle Arbeitskräfte stellen, die die Deutschen verlangten. Der Lohn, den wir vom jüdischen Komitee bekamen, war mager, aber nach der Arbeit erhielten wir zusätzlich eine warme Mahlzeit in der Gemeindeküche. Nur der deutsche »Meisterjäger« der SS hielt sich immer noch in der Stadt auf. Man sah ihn jeden Tag – eine gefürchtete Figur, um die man einen möglichst großen Bogen machen mußte. Wir beteten darum, daß er eines Tages nach Deutschland zurückgeschickt würde, aber wie alle unsere Gebete fand auch dieses kein Gehör.

Der Sohn unseres Nachbarn, Herr Hacker, kehrte aus Warschau zurück, wo er bei Kriegsanbruch gestrandet war. Er erzählte uns einige haarsträubende Geschichten. Zunächst hatten die Stuka-Jagdbomber, die wir auf unserer Flucht aus Krakau im September zum ersten Mal sahen und die zu den gefürchtetsten Waffen im deutschen Arsenal gehörten, die Zivilbevölkerung bombardiert und im Tiefflug mit Bordwaffen angegriffen, bevor die deutsche Artillerie Warschau endgültig in einen Steinhaufen verwandelte. Tausende von Soldaten und Zivilisten kamen ums Leben; viele von ihnen wurden lebendig unter einstürzenden Gebäuden begraben. Am ersten Tag der Belagerung hatten die Deutschen die zentrale Wasser- und Stromversorgung zerstört, und Seuchen und Epidemien grassierten. Tausende von Juden, die sich an der Verteidigung der Stadt beteiligten, wurden zu Opfern nicht nur der Bomben und des Hungers, sondern auch der polnischen Schläger, die sie mit »Juden, Juden«-Rufen aus den Warteschlangen vor den Küchen und Ambulanzen und nach dem Einmarsch der Deutschen aus der Schlange vor den Feldküchen vertrieben. Die Gestapo ernannte einen unbekannten jüdischen Ingenieur, Adam Czerniaków, zum Präsidenten des Warschauer *Judenrats*, und dieser stellte ein vierundzwanzigköpfiges Komitee zusammen, das die schwierige Aufgabe meistern sollte, die dreihunderttausend Juden der Stadt zu verwalten, von denen sich die meisten in verschiedenen Stadien des Verhungerns befanden.

Eines Morgens, als wir nicht zu Hause waren, klopfte es an unserer Tür. Fela öffnete und stand vor zwei großen deutschen *Schupos* in hellgrünen Uniformen und den typischen Helmen auf dem Kopf. Sie schoben meine Schwester grob zur Seite, gingen ohne ein Wort durch sämtliche Zimmer und sahen sich die Möbel an. Schließlich brachen sie ihr Schweigen, aber nur, um Fela mitzuteilen, daß sie unser großes Radiogerät und einige unserer besten Möbelstücke konfiszierten. Dann riefen sie einige jüdische Arbeiter herauf, die sie mitgebracht hatten, damit diese ihr neues Eigentum auf einen wartenden Lastwagen verladen konnten. Die beiden Polizisten klopften an alle Türen im Haus, aber bei den polnischen Bewohnern entschuldigten sie sich höflich und belästigten sie nicht weiter. Sie waren nur an jüdischen Wohnungen interessiert.

Viele unserer polnischen Mitbürger machten sich ebenfalls die Gelegenheit zunutze und raubten Juden aus. Am schlimmsten waren die Steuereintreiber, die unverschämte Rechnungen präsentierten und, falls ein Jude nicht zahlen konnte, alles mitnahmen, was sie tragen konnten. Auf der anderen Seite besaßen die Juden nicht länger die Möglichkeit, ihre Schulden bei den Polen einzutreiben: Sie wurden mit der Drohung einer erfundenen Anklage und einer Denunziation bei der Gestapo abgewiesen. Die Rentner traf es besonders schwer. Die Deutschen stoppten einfach sämtliche Rentenzahlungen an Juden. Außerdem froren sie alle jüdischen Spar- und Geschäftskonten ein; niemand durfte mehr als 2.000 Zloty pro Monat abheben. Das machte es für jüdische Geschäftsleute unmöglich, reguläre Handelsbeziehungen aufrechtzuerhalten. Außerdem wurden ihre Rücklagen von der durch den Schwarzmarkt beschleunigten Inflation aufgefressen; aber wenn sie überleben wollten, mußten sie sich ebenfalls daran beteiligen. Dagegen führten die Deutschen die neuen *Ersatzprodukte* ein: Saccharin anstatt Zucker, Margarine als Ersatz für Butter, Zichorie anstelle von Kaffee und Kleiderstoffe aus Kunstfasern.

Auf den Straßen mußten wir Spießruten laufen zwischen den *Tajniaks* – polnischen Polizisten in Zivil, die Jagd auf Pakete tragende Juden machten und Bestechungsgelder verlangten, damit sie die Waren nicht konfiszierten – und den Spitzeln und natürlich immer auf der Hut sein vor der deutschen Polizei. Der einzige Erlaß, der uns keine Sorgen bereitete, war das Verbot des Verkaufs von alkoholischen Getränken. Juden tranken nicht, und es gab im ganzen jüdischen Viertel nur zwei Gaststätten.

Eines Morgens wurde ein neuer Erlaß angeschlagen, der alle Männer und Frauen über vierzehn Jahren dazu verpflichtete, sich im Rathaus für neue Ausweispapiere registrieren zu lassen. Alle Juden erhielten Pässe mit unverwechselbaren gelben Streifen, auf denen in großen Buchstaben das Wort *Jude* stand.

An den Abenden verbrachten wir viel Zeit mit den Lopatowskis und den Gelbs. Wir sprachen über die letzten Nachrichten und unsere Aussichten, und beides stimmte uns düster. Zum ersten Mal zeigte uns Herr Lopatowski ein Informationsblatt der Untergrundbewegung, das die Polnische Sozialistische Partei PPS verfaßt hatte. Es enthielt detaillierte Angaben über deutsche Verbrechen an der Zivilbevölkerung und besonders an den Juden. Außerdem wurde darüber berichtet, wie die Deutschen systematisch viele Gegenden *judenrein* machten, indem sie alle jüdischen Bewohner töteten, die sie noch nicht vertrieben hatten. Darüber hinaus warnte das Blatt alle Informanten und Kollaborateure, daß sie zu gegebener Zeit für ihre Verbrechen bezahlen müßten – und dies war der einzige ermutigende Satz in der Broschüre, die wir so gründlich studierten wie die Heilige Schrift.

Am 26. Oktober verließ der deutsche Militärgouverneur General von Rundstedt Polen, und die Militärregierung wurde durch ein ziviles deutsches »Generalgouvernement« abgelöst, das das gesamte, von Deutschen besetzte Polen regieren sollte. Hitler ernannte Dr. Hans Frank zum Generalgouverneur und den SS-Gruppenführer Dr. Seyß-Inquart, der als österreichischer Bundeskanzler den *Anschluß* Österreichs eingeleitet hatte, zu dessen Stellvertreter. Das Generalgouvernement wählte Krakau als neue Hauptstadt, und Frank bezog das Wawelschloß als seinen Regierungssitz. Dies war ein symbolischer Schlag ins Gesicht Polens, denn die alte Königsburg galt als die bedeutendste historische Stätte des Landes. Wenige Tage danach befahl die Gestapo den jüdischen Bewohnern und Ladenbesitzern von sechs Häusern rund um die Burg, binnen vierundzwanzig Stunden ihre Sachen zu packen und auszuziehen. Kurz darauf zerstörte eine Abrißkolonne die verlassenen Gebäude, damit Dr. Frank eine schönere Aussicht bekam. Noch bevor wir uns von diesem Schlag erholt hatten, hörten wir die ersten Berichte von einem Massaker in Łódź. Am 6. Oktober – einem Tag, der sofort danach als Schwarzer Donnerstag bekannt wurde – hatte die SS Hunderte von Juden auf offener Straße mit Maschinengewehren erschossen. Wie viele schwarze Tage lagen noch vor uns?

In Krakau wurden viele wohlhabende jüdische Familien aus ihren Häusern vertrieben, um Platz für die Deutschen zu schaffen, die in der Verwaltung des neuen Generalgouvernements arbeiten sollten. Vater bekam eine Arbeit bei einem Warenhaus, zu dem viele Kunden von außerhalb der Stadt ihre Lebensmittel brachten, um sie gegen andere Güter einzutauschen. Von ihnen konnte er Lebensmittel bekommen, und von ihnen erfuhren wir auch, daß die Juden in den Kleinstädten und Dörfern nicht mehr die Bürgersteige benutzen durften, sondern in der Gosse gehen mußten.

Zur Feier seiner Ernennung veröffentlichte Generalgouverneur Frank eine Proklamation, in der er die polnischen Führer und die westlichen Kriegshetzer beschuldigte, Deutschland provoziert zu haben. Er versprach Gerechtigkeit für alle, außer für die jüdischen Blutsauger, politischen Agitatoren und Wirtschaftshyänen, für die es in den Gebieten unter seiner Herrschaft keinen Raum geben würde. Angeblich waren am großen Tag Himmler persönlich sowie andere Würdenträger des Reiches nach Krakau gekommen. Sie teilten Polen in vier Distrikte ein – mit den Hauptstädten Krakau, Warschau, Radom und Lublin –, die jeweils von einem Distriktgouverneur verwaltet wurden.

Unmittelbar danach erließ Frank eine Verordnung, nach der sich alle männlichen Polen zwischen achtzehn und sechzig Jahren registrieren lassen mußten, um im Bedarfsfall für Zwangsarbeiten zur Verfügung zu stehen. Juden hatten sich bereits ab dem zwölften Lebensjahr zu melden. Am 2. November wurde das historische Schloß auf dem Wawel in »Krakauer Burg« umbenannt, und Frank bezog seine neuen Räume, begleitet von einer Prozession von SS-Männern auf Motorrädern und in offenen Wagen, die Gewehre im Anschlag. Während die Prozession vorüberzog, durfte sich kein Jude auf der Straße zeigen. Die beliebteste Zeitung der Stadt, die *Illustrowany Kurier Codzienny*, wurde von den Deutschen geschlossen und durch die *Goniec Krakowski* ersetzt, die zwar in polnischer Sprache erschien, aber unter deutscher Leitung stand. Bereits nach kurzer Zeit erschienen darin die ersten antisemitischen Hetzartikel. In ganz Polen wurden große Plakate aufgehängt, auf denen häßliche Karikaturen kaftantragender, bärtiger Juden zu sehen waren, die den Polen das Blut aussaugten. Den Juden gab man die Schuld für alles Unglück in Polen – für den Krieg ebenso wie für die Lebensmittelknappheit. Leider entschlossen sich viele Polen, diese Lügen zu glauben.

Unser Nachbar, Herr Gelb, wurde von einer großen deutschen Firma eingestellt, die eine Filiale in Krakau eröffnete. Man beauftragte ihn mit dem Sammeln von Schrott und Abfallmaterialien, die von der deutschen Kriegsindustrie wiederverwendet werden sollten. Aus diesem Grund erhielt er Dokumente, die ihn von der Zwangsarbeit befreiten und ihm eine sichere Durchfahrt auf den Straßen ermöglichten.

Das jüdische Komitee ordnete eine erneute Registrierung an, da die Deutschen genau wissen wollten, wie viele Juden jetzt, nach der Ankunft so vieler Flüchtlinge, in Krakau lebten. Insgesamt sechsundachtzigtausendfünfhundert Menschen wurden gezählt, etwa fünfundzwanzig Prozent mehr als vor Kriegsbeginn. Unter den Flüchtlingen waren auch zwei Onkel meiner Mutter – Jozi, der aus der Tschechoslowakei hierher deportiert worden war, nachdem er seine ganze Familie verloren hatte, und Einhorn, der aus Nürnberg vertrieben wurde. Er hatte seine Frau verloren, aber seine beiden Söhne konnten nach Frankreich fliehen. Wir versprachen, sie mit Geld und Lebensmitteln zu unterstützen, die wir immer noch erhielten, weil es Fela dank ihres »arischen« Aussehens gelang, in Geschäften einzukaufen, die offiziell für Juden verboten waren.

Als ich eines Tages durch das polnische Viertel ging, begannen die Deutschen damit, polnische Männer zusammenzutreiben, die als Zwangsarbeiter nach Deutschland geschickt werden sollten – zusätzlich zu den vielen Freiwilligen, die sich bereits gemeldet hatten. Auch ich wurde angehalten, aber als man meinen jüdischen Ausweis sah, ließ man mich gehen. Diesmal waren sie nur auf der Suche nach den Polen.

Am 6. November verschickte SS-Obersturmbannführer Bruno Müller persönliche Einladungen an die Professoren der Jagiellonski-Universität und bat sie zu einer Diskussion über die Beziehungen zwischen dem Dritten Reich und den polnischen Universitäten. Über 180 Dozenten kamen, aber nachdem sie sich in den Saal begeben hatten, umstellten SS und Polizei das Gebäude, und statt einer Begrüßungsansprache teilte Müller ihnen mit, daß sie alle unter Arrest stünden. Man brachte sie in das Gefängnis, das die Deutschen im Montelupich-Gebäude eröffnet hatten, einem ehemaligen österreichischen Zeughaus, und die meisten von ihnen wurden, zusammen mit dem abgesetzten Bürgermeister Kłimecki, in das Konzentrationslager Sachsenhausen deportiert.

Aus den westlichen Gebieten kamen weitere Flüchtlinge nach Krakau. Sie erzählten uns, daß die Deutschen systematisch alle Juden vertrieben: Sie würden nur mit etwas Handgepäck und einer kleinen Geldsumme in die neuen Ghettos deportiert, die die Deutschen zur Zeit in verschiedenen Städten errichteten. Nur in Łódź, wo es eine bedeutende Textilindustrie gab, die größtenteils unter jüdischer Leitung stand, erlaubte man ihnen zu bleiben, weil die Deutschen die Produkte benötigten. Diese Berichte erschütterten uns tief, denn sie machten uns bewußt, daß unsere Tage langsam, aber sicher gezählt waren. Und von unseren polnischen Mitbürgern war ebensowenig Hilfe zu erwarten. Wann immer ich meinen ehemaligen Schulkameraden auf der Straße begegnete, drehten sie ihre Köpfe zur Seite, als ob sie mich nicht gesehen hätten. Zuerst verletzte mich ihre Haltung, aber bald gewöhnte ich mich daran, so wie ich mich auch an die immer häufigeren Demütigungen seitens der Deutschen wie auch der Polen gewöhnt hatte.

Kurz vor dem polnischen Unabhängigkeitstag, dem 11. November, nahmen die Deutschen einhundertzwanzig Polen als Geiseln, um

Unruhen oder sogar dem Hissen der polnischen Flagge zuvorzukommen. Dieser 11. November war ein Sonntag, und da die Deutschen die Schließung aller Kirchen angeordnet hatten, wirkten die Straßen wie ausgestorben. Die Deutschen brachen in die Synagogen der Stadt ein und stahlen die religiösen Schätze, darunter auch unsere heiligen Torarollen mitsamt der silbernen Torakronen sowie seltene Bücher und Teppiche.

Das jüdische Komitee mußte den Deutschen Hunderte von Arbeitern zur Verfügung stellen, die als Lohn für einen langen, harten Arbeitstag 2,5 Zloty erhielten – eine Summe, mit der man auf dem Schwarzmarkt nicht einmal einen Laib Brot kaufen konnte. Ihre Familien wurden nur durch die dürftigen Mahlzeiten aus der Gemeindeküche vor dem Hungertod bewahrt. Viele assimilierte Juden, die seit Jahren keinen Kontakt mit der Gemeinde mehr hatten, konvertierten zum katholischen Glauben – im verzweifelten Versuch, sich selbst zu retten. Die katholische Kirche empfing sie mit offenen Armen: Es war seit jeher ihr Ziel gewesen, jüdische Seelen zu bekehren. In unseren Augen verlor der Judaismus dadurch nicht viel, und der Katholizismus gewann kaum etwas. Letztendlich brachte die Konvertierung diesen Menschen noch nicht einmal einen Aufschub gegenüber dem allgemeinen jüdischen Schicksal, denn bald danach mußte sich jeder mit einem jüdischen Elternteil oder auch nur einem jüdischen Großelternteil als Jude registrieren lassen. Dies war ein großer Schock für diejenigen, die sich seit langem gegen den Glauben entschieden hatten und sich selbst als gute Katholiken betrachteten – was teilweise soweit ging, daß sie sich zu wahren Antisemiten entwickelten.

Meine Brüder und ich wurden vom jüdischen Komitee häufig zur Zwangsarbeit eingeteilt – zusammen mit den Flüchtlingen und den Armen –, weil wir es uns nicht leisten konnten, uns auszukaufen oder einen Doktor zu bestechen, der uns aus gesundheitlichen Gründen von der Arbeit freistellte. Diese Freistellungen entwickelten sich zu einer wichtigen Einnahmequelle für viele Betrüger. Wir arbeiteten im allgemeinen in der Stadt, wo wir Büros für das neue Generalgouvernement reinigten, oder in den Baracken außerhalb der Stadtgrenzen. In der Zwischenzeit drängten immer mehr Menschen ins jüdische Viertel, weil die Deutschen viele Juden aus ihren Häusern warfen, um Platz für die neu eingetroffenen Beamten und ihre Familien zu schaffen. Dr. Frank – Rechtsanwalt von Beruf, aber Schlächter aus Neigung – bombardierte Polen fast täglich mit neuen Erlassen, von denen viele gegen die Juden gerichtet waren. Juden wurde der Verkauf oder die Übertragung von Vermögen oder Liegenschaften verboten; sämtliche Steuerbefreiungen für gemeinnützige jüdische Einrichtungen wurden aufgehoben, egal ob im Bereich des Sports, in der Wohlfahrt oder auf medizinischem, wissenschaftlichem, kulturellem oder religiösem Gebiet; und Juden mußten alle Motorfahrzeuge abgeben, die sie besaßen, von Lastwagen bis hin zu Motorrädern. Frank ordnete die Konfiskation des gesamten polnischen Regierungsbesitzes sowie des Besitzes aller Juden und Polen an, die nicht von ihrer Flucht nach Osten zurückgekehrt waren, und übergab dieses Vermögen den Kollaborateuren.

Mutter schrieb regelmäßig Briefe an ihre Verwandten in den USA. Das Postamt nahm die Briefe an, aber sie erhielt nie eine Antwort und wußte nicht, ob ihre Post jemals ihren Bestimmungsort erreichte. Sie war nun ständig niedergeschlagen, und wir versuchten, die Nachrichten von den schrecklichsten Exzessen so weit wie möglich von ihr fernzuhalten. Die Woche nach dem Unabhängigkeitstag brachte einen weiteren Schicksalsschlag mit sich. Von nun an mußten alle Juden ab dem zehnten Lebensjahr eine Identifikationsbinde am rechten Arm tragen – ein zehn Zentimeter breites, weißes Band mit einem blauen Davidstern. Damit waren wir zu leicht erkennbaren Zielen für die Deutschen und alle Antisemiten geworden. Wer wie Fela bisher von seinem »arischen« Aussehen profitiert hatte, würde nun ebenfalls als Jude gebrandmarkt sein. Jedem Juden, der ohne ein solches Band angetroffen wurde, drohte eine Gefängnisstrafe.

Als nächstes installierten die Deutschen Lautsprecher in der Stadtmitte, über die sie zweimal täglich in polnischer Sprache Nachrichten und Propaganda sendeten. Jedem Polen wurde untersagt, eine Uniform zu tragen, von den Veteranen bis hin zu den traditionellen Schuluniformen. Nur die polnische Polizei durfte ihre dunkelblauen Uniformen behalten, erhielt aber keine Waffen.

Kurz danach ordnete Frank die Gründung von *Judenräten* an, die in allen Städten und Dörfern Polens die jüdischen Komitees ablösten. In den Großstädten sollte sich der *Judenrat* aus einem Präsidenten, einem Stellvertreter und vierundzwanzig Mitgliedern zusammensetzen; bei Städten mit unter zehntausend Juden war dagegen ein *Judenrat* aus zwölf Mitgliedern und einem Präsidenten vorgesehen.

Herr Lopatowski zeigte uns den neuesten Rundbrief der Untergrundbewegung: Er enthielt eine Liste mit den Namen derjenigen Juden, die mit den Deutschen zusammenarbeiteten oder als Spitzel für sie tätig waren. Auf dieser Liste befanden sich auch die Namen einiger Krakauer Juden sowie einiger Flüchtlinge aus Deutschland, die wir bei ihrer Ankunft 1938 mit offenen Armen empfangen hatten. Wir waren sehr erbost darüber, daß sie uns auf diese Weise für unsere Gastfreundschaft dankten.

In der Nacht des 4. Dezember riegelten deutsche Polizei, SS, Gestapo und einige polnische Polizisten das jüdische Viertel Kazimierz ab, in dem etwa 90 Prozent aller Krakauer Juden lebten. Niemand durfte hinein oder hinaus, und es gab keine Möglichkeit, herauszufinden, was in Kazimierz geschah. Die Gerüchte rissen nicht ab. Nach mehr als fünfzig Stunden wurde der Belagerungszustand aufgehoben, und wir liefen in das Viertel, um zu hören, was geschehen war. Die Bewohner waren vom Lärm der Lastwagen, Gebrüll der Befehle und von trampelnden Stiefeln geweckt worden. Die Deutschen hatten auf jeden geschossen, der versuchte, sein Haus zu verlassen und sogar auf diejenigen, die nur aus dem Fenster sahen. Dann begannen sie mit der systematischen Durchsuchung jedes Gebäudes, vom Keller bis zum Dachboden, wobei sie Warnschüsse in die Decke feuerten, um die verängstigten Juden einzuschüchtern. Sie verlangten, daß man ihnen alle Wertsachen und Geldsummen über 2.000 Zloty aushändigte; andernfalls sollten die Bewohner standrechtlich erschossen werden. Wo immer sie verborgene Wertsachen fanden, verprügelten oder erschossen sie deren Eigentümer. Die Deutschen zwangen die Juden, in ihren eigenen Kellern zu graben, damit sie dort nach versteckten Schätzen suchen konnten; viele Bewohner, darunter auch Frauen, mußten peinlich genaue Leibesvisitationen über sich ergehen lassen. Anderen Frauen riß man ihre Hochzeitsgürtel und Ohrringe ab. Die polnischen Hausmeister führten die Deutschen zu den Wohnungen der wohlhabenderen Juden. Im Laufe dieser Razzia wurden mehr als sechzig Juden getötet und Hunderte verletzt oder schwer zusammengeschlagen. Das jüdische Hospital füllte sich in kürzester Zeit mit den Opfern.

Einige Gestapo-Männer gingen zum Gebäude des *Judenrats*, wo sie das an diesem Tag zuständige Ratsmitglied Max Reidlich vorfanden.

Sie brachten ihn zur nahe gelegenen Isaak-Synagoge und befahlen ihm, die Torarollen aus dem Toraschrein zu nehmen und zu verbrennen. Als er sich weigerte, erschossen sie ihn.

Der Bürgermeister ordnete die Schließung aller jüdischen Schulen an. Sämtliche jüdischen Schüler wurden aus den polnischen Schulen ausgeschlossen und alle jüdischen Lehrer entlassen. Die Gestapo übertrug dem *Judenrat* die Machtbefugnis über die jüdische Bevölkerung, was bedeutete, daß der Rat allen Befehlen der Gestapo folgen mußte. Die neu eingerichtete jüdische Polizei, der *Jüdische Ordnungsdienst*, der offiziell ebenfalls dem *Judenrat* unterstand, hatte dafür zu sorgen, daß die Gestapo-Befehle schnell ausgeführt wurden. Als Gegenleistung erhielten der *Judenrat* und die Polizei einige Privilegien. Sie durften ihre Wohnungen behalten, bekamen Sonderausweise, die sie von der Ausgangssperre befreiten und zusätzliche Lebensmittelrationen. Am schlechtesten erging es den Flüchtlingen aus dem Westen, die von den vorrückenden Deutschen aus ihrer Heimat vertrieben worden waren und nach Krakau fliehen konnten. Sie waren im September, bei warmem Wetter und mit nichts als ihrer Sommerkleidung in der Stadt eingetroffen und froren nun schrecklich. Wir sammelten Winterkleidung und Schuhe für sie, und als wir sie ihnen brachten, waren wir schockiert von den »Unterkünften«, die der *Judenrat* ihnen zugewiesen hatte – verlassene Gebäude, die meisten ohne Strom, Gas, Toiletten oder fließendes Wasser. Ihre Kinder hungerten und froren in der schrecklichen Kälte, während die Mitglieder des *Judenrats* gut gekleidet und wohlgenährt waren.

Eines Tages begegneten wir völlig überraschend einigen jüdischen Männern, die trotz des Verbots auf offener Straße polnische Armeeuniformen trugen. Es handelte sich um jüdische Kriegsgefangene, die gerade erst aus einem deutschen Internierungslager entlassen worden waren. Kurz darauf trugen sie wieder ihre Zivilkleidung, und einer von ihnen, mit dem ich vor dem Krieg befreundet gewesen war, erzählte mir unfaßbare Greuelgeschichten. Er sprach weder darüber, wie die Armee den Krieg verloren hatte, wie die deutschen Panzer die Kavallerie in die Flucht schlugen noch über den Zusammenbruch der Verbindungen zwischen der kämpfenden Truppe und dem Generalstab – sondern nur darüber, wie ihre polnischen Waffengefährten sich ab dem Moment ihrer Gefangennahme gegen sie wandten. Ihre eigenen Offiziere und Kameraden hatten sie bei den Deutschen als *Juden* denunziert und auf dem Weg zum Kriegsgefangenenlager verlangt, von ihnen getrennt zu werden. Die Deutschen erfüllten ihnen diesen Wunsch nur allzu gern. In den Lagern machten die Polen den Juden das Leben zur Hölle: Sie überfielen ihre Baracken und stahlen ihre Rationen, ihre warme Kleidung, ihre Stiefel und Decken. Viele wurden krank und starben durch Hunger oder Kälte. Aber auch nach ihrer Freilassung nahm ihre Tragödie kein Ende: Viele, deren Heimat sich auf der russischen Seite der neuen Demarkationslinie befand, wurden von deutschen Grenzpatrouillen erschossen.

Als im Winter starke Schneefälle einsetzten, ordnete der *Judenrat* alle männlichen Juden über vierzehn Jahren zum Schneeräumen auf den Straßen ab. Wir mühten uns im eiskalten Wind beim Schneeschaufeln ab, der sich sofort wieder aufhäufte, sobald wir eine Straße geräumt hatten. Vor dem Gebäude des *Judenrats* stand eine Schlange von Flüchtlingen aus dem Wartheland in der Eiseskälte. Ebenso wie die polnische Bevölkerung aus diesem westlichen Teil Polens, der in das Reich eingegliedert worden war, hatte man sie einfach aus ihren Häusern geworfen, um Platz für deutsche Bewohner zu schaffen. Aufgrund der starken Schneefälle kamen die Bauern, die Krakau mit Nachschub versorgten, nicht mehr in die Stadt, so daß Lebensmittel und Brennholz sehr knapp wurden. Wir mußten in unserer dicksten Winterkleidung schlafen, damit wir in der Nacht nicht erfroren. In diesem ersten Winter der Besatzungszeit gab es keine Weihnachts- oder Neujahrsfeiern in Krakau, außer für die Deutschen. Für die Polen war die Weihnachtszeit sehr traurig, aber für uns Juden war es eine Tragödie.

2
Krakau, 1940–1941

Während wir uns in diesem Winter abmühten, die Straßen schneefrei zu halten, wurden wir von polnischen Passanten beschimpft. Sie lachten über unser Elend und meinten, es würde Zeit, daß die jüdischen Schmarotzer auch einmal arbeiteten. Selbst unsere polnischen Vorarbeiter schämten sich. Einige von ihnen waren anständige Männer, die Seite an Seite mit uns hart arbeiteten. In der Stadt schaufelten wir den angehäuften Schnee einfach in die Kanalisation, aber auf den Hauptstraßen ließ er sich nur mit viel Mühe räumen, was unsere Arbeit zusätzlich erschwerte. Der nächste Schlag war ein Erlaß, nach dem Juden nur noch mit einer Sondererlaubnis einen Zug benutzen durften. Durch diese Anordnung wurde mein Vater von einem Großteil seiner Nachschubquellen abgeschnitten: Bisher hatte er mit früheren Kunden, die mit dem Zug in die Stadt kamen, Waren gegen Lebensmittel tauschen können. Dann gründeten die Deutschen eine neue Zentralbank, die Emisyjny Bank, und ordneten den Zwangsumtausch aller alten polnischen Banknoten an. Dies war ein schwerer Schlag für alle Juden, die noch über Barvermögen verfügten: Sie sahen sich nun gezwungen, schnellstens einen Polen zu finden, der ihre alten Zlotys offiziell gegen neues Geld eintauschte. Die Polen profitierten von dieser Not, indem sie unverschämte Gebühren berechneten, wodurch die Juden große Verluste erlitten.

Von Herrn Lopatowski erfuhren wir, daß zum ersten Mal überall in Polen Priester und Mönche festgenommen und in die Konzentrationslager geschickt worden waren. Einige wurden wegen antideutscher Aktivitäten angeklagt und hingerichtet. Der bekannte Vorsitzende der Bauernpartei, Wincenty Witos, den die Deutschen einige Monate zuvor in Rzeszów festgenommen hatten, wurde in einem sehr schlechten Gesundheitszustand in das Krakauer Gefängnis eingeliefert. Auch die Polen konnten den Greueltaten der Nazis nicht entkommen: Im ganzen Land wurden Männer wegen tatsächlicher oder erfundener Verbrechen öffentlich erhängt, und die Deutschen zwangen die Bevölkerung, an den Hinrichtungen teilzunehmen, um jede Art von Widerstand im Keim zu ersticken.

Am 1. März wurde erneut ein antijüdischer Erlaß veröffentlicht, der nicht wie üblich vom *Judenrat*, sondern vom Stadtpräsidenten Schmidt persönlich unterschrieben war. Er verbot den Juden, in den ersten Wagen der Straßenbahnen mitzufahren. Falls die Bahn nur einen Wagen hatte, durften sich die Juden erst dann auf die hinteren Plätze setzen, wenn alle Nichtjuden einen Platz gefunden hatten. Dies machte das Reisen noch schwieriger, da auch die Schaffner ihre Macht häufig mißbrauchten und uns nicht mitfahren ließen, damit wir, wie sie sagten, die Polen nicht »anstecken« konnten. Aber die Stunde unserer Rache schlug in gewisser Hinsicht, als die Deutschen begannen, anti-polnische Gesetze zu erlassen. Nun wurde auch den Polen das Betreten vieler Lokale, Cafés, Lebensmittelgeschäfte und Kinos *verboten*, und die polnischen Studenten durften die berühmte Bibliothek der Jagiellonski-Universität nicht mehr besuchen. Herr Lopatowski erzählte uns, daß die Deutschen überall im Land polnische Intellektuelle verhafteten, um potentielle Widerstandsgruppen zu eliminieren. Wenn die Gestapo die gesuchte Person nicht fand, nahm sie einfach einen Verwandten mit, der dann in ihren Konzentrationslagern verschwand.

Am Abend des 9. April kam Herr Lopatowski ganz aufgeregt in unsere Wohnung. Er hatte gerade im Radio die Nachricht vom überraschenden Einfall der Deutschen in Dänemark und Norwegen gehört. Dänemark wurde überrannt, aber die Norweger leisteten erbitterten Widerstand. Die englische Kriegsmarine schickte Kriegsschiffe und Truppen zu ihrer Unterstützung, darunter auch die nach England entkommenen polnischen Einheiten. Wir waren stolz und glücklich, daß zumindest die Engländer endlich kämpften, und hofften auf einen baldigen Sieg über die Deutschen – denn darin bestand, soviel wußten wir jetzt schon, unsere letzte Überlebenschance. Unser einziger Trost war die Hoffnung, während die strenggläubigen Juden auf das wundersame Kommen des Messias vertrauten.

Am 29. April wurde ein Erlaß veröffentlicht, der den Juden verbot, den Hauptmarkt der Stadt (Rynek Główny) und den berühmten Sukiennice-Markt zu betreten, wo viele Juden ihre Stände, kleine Läden und Werkstätten besaßen. Sie alle mußten ihre Geschäfte aufgeben, die sich seit Generationen in Familienbesitz befanden; diese Läden wurden jetzt *Volksdeutschen*, Ukrainern und polnischen Kollaborateuren zugewiesen. Aber trotz aller Einschränkungen beschafften sich die strenggläubigen Juden irgendwie Matzen für das Pessach-Fest und begingen heimlich ihr althergebrachtes »Fest der Befreiung« unter den Augen der Deutschen.

Am 10. Mai begannen die Deutschen ihren *Blitzkrieg* gegen Belgien, Luxemburg, Holland und Frankreich. Die Neuigkeit löste in Krakau große Aufregung aus. Auf den Straßen schüttelten Fremde einander die Hände, und ein Lächeln kehrte in Gesichter zurück, die seit Ewigkeiten nur Trauer gezeigt hatten. In England dankte Neville Chamberlain, der große »Beschwichtiger«, als Premierminister ab und wurde durch Winston Churchill ersetzt.

Aber unsere Hoffnungen und unsere Hochstimmung dauerten nicht lange an. Die Engländer begannen damit, ihre Truppen aus Norwegen zurückzuziehen, und im Westen errangen die Nazis verblüffende Siege und zerstörten alles, was sich ihnen in den Weg stellte. Auch Polen war erneut betroffen: Hier nahmen die Deutschen Tausende von Patrioten fest, die von ehemaligen Kameraden verraten worden waren. Aber es gab auch viele jüdische Spitzel, und da wir ihre Identität nicht kannten, mußten wir jedem mißtrauen und sehr vorsichtig sein – was unser ohnehin schwieriges Leben zusätzlich erschwerte.

Am 18. Mai 1940 traf uns ein weiterer schwerer Schlag: Der Krakauer Distriktgouverneur Wächter ordnete an, daß die Juden bis zum 15. August die Stadt verlassen sollten! Diejenigen, die freiwillig gingen, sollten ihren neuen Wohnort selbst wählen dürfen, ihren gesamten Besitz mitnehmen können und darüber hinaus eine Sondererlaubnis für Zugfahrten erhalten. Nur die 15.000 Juden, für die die Deutschen Verwendung hatten, durften in Krakau bleiben. In der Lubicz-Straße wurde eine »Umsiedlungskommission« eingerichtet, wo die Juden mit einer »kriegswichtigen« Arbeit ihre Aufenthaltsgenehmigungen erhalten sollten. Auch die jüdischen Kriegsveteranen der deutschen und der österreichisch-ungarischen Armeen erhielten solche Genehmigungen. Diejenigen, die nicht benötigt wurden oder den angegebenen Termin verstreichen ließen, sollten mit nur einem Koffer und 2.000 Zloty in bar deportiert werden. Als Leiter der Kommission fungierte der *Volksdeutsche* Reichert; ihm zur Seite standen Biberstein, der Präsident des *Judenrats*, und sein Stellvertreter Goldblat.

Unsere Lage war sehr kritisch. Nur Vater als Kriegsteilnehmer und Fela, die bei der Parkverwaltung arbeitete, hatten eine Arbeitsstelle.

Deshalb wandten wir uns an einen alten Freund meines Vaters, Herrn Hochwald, dessen Sohn den größten Installationsbetrieb im Distrikt leitete und unter einem *Treuhänder* fast ausschließlich für die Deutschen Aufträge ausführte. Wir gingen davon aus, daß ein Arbeitsplatz in dieser Firma bestimmt als kriegswichtig anerkannt werden würde. Unter den Juden herrschte Panik: Nur wer für den *Judenrat* oder die jüdische Polizei arbeitete, konnte seiner Sache sicher sein, und niemand wußte, welche Arbeiten als kriegswichtig eingestuft würden. Hochwald setzte sich bei seinem Sohn für uns ein und ermutigte uns, ihn aufzusuchen. Er empfing uns herzlich und stellte uns nicht nur sofort ein, sondern schrieb uns auch eine Bescheinigung aus, die besagte, daß wir schon vor vier Monaten von ihm angestellt worden waren. Fela erhielt ebenfalls eine Arbeitsbescheinigung von ihrem Arbeitgeber. Am nächsten Morgen gingen wir in die Lubicz-Straße und füllten unsere Aufenthaltsanträge aus, aber die Schlange war so lang, daß wir sechs Stunden anstehen mußten, bis wir an die Reihe kamen. Danach konnten wir nur noch hoffen.

Am nächsten Tag meldeten Nathan, Szymon und ich uns im Büro von Herrn Hochwald zur Arbeit. Er gab uns Werkzeug und schickte uns mit einer Gruppe Klempner in ein deutsches Bürogebäude. Die Arbeit war hart und schmutzig, aber wir bemühten uns, und unsere Arbeitskollegen waren zufrieden. Niemand hetzte uns, wir konnten Pausen machen und erhielten einen Lohn.

Panik gehörte für die Juden immer mehr zum Alltag. Jeder versuchte, so schnell wie möglich eine kriegswichtige Arbeit zu finden, gleichzeitig Verwandte in anderen Städten ausfindig zu machen, falls man keine Aufenthaltserlaubnis bekam, und genügend Bargeld für einen möglichen Umzug zur Seite zu legen. Die Verwandten meiner Mutter entschlossen sich, nach Tarnów zu ziehen, wo ihre Tante gelebt hatte. Mutter ging jeden zweiten Tag zum Postamt, um einen Brief nach Amerika zu schicken. Die Post war voller Juden, die dasselbe taten. Aber es kam nie eine Antwort, und wir fühlten uns von Gott und der ganzen Welt im Stich gelassen.

Aufgrund des harten Winters und der schlechten Lebensbedingungen brach unter den Armen im jüdischen Viertel eine Typhus-Epidemie aus. Jeden Sonntag sahen wir viele Juden mit hoch beladenen Last- und Pferdewagen davonziehen. Viele junge Leute wanderten zur russischen Grenze, in der Hoffnung, daß man sie passieren ließe.

Praktisch über Nacht entstand der neuer Berufszweig der *Macher.* Diese »Geschäftsleute« wußten, wen man sprechen mußte, um eine Gefälligkeit zu erbitten, aber sie verlangten einen hohen Preis für ihre Dienste. Sie waren in der Lage, ihren »Kunden« zumindestens für kurze Zeit Arbeitsstellen bei einflußreichen Deutschen zu verschaffen. Diese entließen ganz einfach ihre jüdischen Arbeiter und schafften damit Platz für gut zahlende neue Arbeitskräfte. Je näher der Termin rückte, desto verschwiegener wurden die Leute. Aus Angst vor Spitzeln verrieten sie noch nicht einmal, wohin sie umziehen wollten – und noch weniger sprachen sie darüber, welche Arbeitsstelle sie sich hatten sichern können. Täglich kam es zu neuen Tragödien. Viele Juden hatten ihre Wertsachen und ihr Geld polnischen Freunden zur Aufbewahrung anvertraut. Jetzt, da sie es brauchten, um die bevorstehende »Umsiedlung« aus Krakau zu finanzieren, mußten sie feststellen, daß sich ihre alten »Freunde« schlicht weigerten, ihnen ihr Eigentum zurückzugeben. Wer auf der Herausgabe seines Geldes bestand, dem wurde mit der Gestapo gedroht. Die Geschädigten konnten nichts anderes tun, als auf das Kriegsende zu warten, um sich zu rächen – falls sie so lange überlebten.

Unsere Arbeit als Klempner machte gute Fortschritte. Die Kollegen erklärten uns alles, was wir wissen mußten, und unsere deutschen »Kunden« waren zufrieden. Aber wie alle anderen wußten auch wir nicht, ob uns die Aufenthaltsgenehmigung für Krakau erteilt werden würde. Deshalb schrieben wir an den Bruder unseres Vaters in Rzeszów, um ihn auf unser mögliches Kommen vorzubereiten und schickten viele Pakete mit unseren notwendigsten Sachen voraus. Allerdings wußten wir nicht, ob sie ihn je erreichen würden.

Der Gestapo ging der geplante jüdische Exodus nicht schnell genug, und sie befahl dem *Judenrat*, die Unterkünfte der Armen und Flüchtlinge sowie die Gemeindeküche zu schließen. Daraufhin organisierte eine Gruppe wohlhabender Juden ein Hilfskomitee, das Nahrungsmittel, Kleidung und Geld an umsiedlungswillige Obdachlose verteilte. Der *Judenrat* versicherte ihnen, daß im Osten des Bezirks Lublin Arbeitsplätze auf sie warten würden. Häufig sahen wir, wie Obdachlose mit ihren Habseligkeiten zum Bahnhof gingen; die Kinder hielten ihre Abschiedsgeschenke in der Hand. Jeder Jude, der umsiedelte, brachte die Offiziellen des *Judenrats* ihrer eigenen Sicherheit etwas näher. Verzweifelte reiche Juden zahlten jeden Preis für einen kriegswichtigen Arbeitsplatz; dabei schien es sie nicht zu kümmern, was mit den armen Leuten geschah, denen sie die Arbeit wegnahmen. Die polnischen Hausmeister erwiesen sich als besonders bösartig: Sie warteten, bis die Juden ihr Hab und Gut gepackt hatten, und präsentierten ihnen dann fiktive Reparaturrechnungen. Anschließend zwangen sie sie, diese mit hohen Bestechungssummen oder ihren besten Möbelstücken zu zahlen, damit sie überhaupt umziehen durften. Danach ließen sie Polen in die freigewordenen Wohnungen einziehen und verdienten so noch mehr Geld. Andere Polen warteten in der Nähe der Häuser, und wenn die Juden nicht alle ihre Möbel auf die Lastwagen laden konnten, kauften sie sie ihnen zu einem Bruchteil des wahren Wertes ab. Wie Geier stürzten sie sich auf die verzweifelten, hilflosen Opfer. Den Deutschen kamen diese chaotischen Bedingungen nur gelegen, denn die verängstigten, nervösen Juden würden keinen Widerstand leisten. Und die Polen freuten sich, daß die Juden verschwanden – auch deshalb, weil sie sich an deren Eigentum bereichern konnten.

Gelegentlich kamen wir auf der Suche nach Klempnermaterial auch in das jüdische Viertel. Es glich einem hektischen Ameisenhaufen im Schatten eines sich herabsenkenden Stiefels. Überall liefen Juden hastig umher und verhandelten mit den herumstehenden Polen und Bauern, die nur darauf warteten, für sehr wenig Geld an jüdisches Eigentum zu kommen. Eines Abends hörten wir, daß der Vorsitzende der Umsiedlungskommission, Reichert, und seine jüdischen Mitarbeiter Biberstein und Goldblat in den Räumen der Kommission verhaftet worden waren, ebenso wie die Mitglieder des *Judenrats* Leinkram, Goldfluss und Mayer. Die Gestapo beschuldigte die jüdischen Kommissionsmitglieder, Reichert bestochen und selbst Bestechungsgelder angenommen zu haben. Dies überraschte uns. Natürlich wußten wir, daß die *Macher* korrupt waren, aber wir hatten nicht geahnt, bis in welche Kreise die Korruption reichte. Gerüchte sprachen davon, daß die Kommission dreißigtausend Aufenthaltsgenehmigungen ausgestellt hatte – das Doppelte der von den Deutschen bewilligten Zahl –, um durch den Verkauf soviel wie möglich an den Juden zu verdienen, die ihnen vertrauten und glaubten, sich mit den Genehmigungen ihr Überleben zu sichern. Die gesamte Kommission wurde ausgetauscht und mit Nichtjuden besetzt, die in Tag- und Nachtarbeit alle von ihren Vorgängern ausgestellten

Genehmigungen prüften. Nun gerieten diejenigen Juden in Panik, die die Kommission mit Hilfe ihrer *Macher* bestochen hatten, und boten jeden Preis für eine Umsiedlung. Die Nachricht von den deutschen Blitzsiegen in Westeuropa verschlimmerte unsere verzweifelte Situation zusätzlich. Europa gehörte nun Hitler, und alle Juden waren seiner Gnade ausgeliefert – dabei wußten wir nur zu gut, daß er keine Gnade kannte.

Als wollten sie die Tatsache unterstreichen, daß sie für immer zu bleiben gedachten, begannen die Deutschen in Krakau, die Denkmäler aller polnischen Helden zu zerstören. Als erstes stürzten sie die Statue des geliebten Nationaldichters Adam Mickiewicz um, die auf dem Hauptmarkt gegenüber der Marienkirche stand. Dann rissen sie die Gedenktafel zu Ehren von Tadeusz Kościuszko – eines polnisch-amerikanischen Helden, der Polen an dieser Stelle am 24. März 1794 einen Treueid geschworen hatte – aus dem Boden des Hauptmarktes heraus. Und um die polnische Vaterlandsliebe noch mehr zu beleidigen, benannten sie den Platz um in »Adolf Hitler-Platz«.

Allen jüdischen Ärzten und Zahnärzten wurde befohlen, ihre Praxisschilder mit dem Judenstern zu versehen. Der deutsche Direktor des Gesundheitsamtes, Dr. Waldbaum, verfaßte eine Anordnung, in der er die Beschlagnahme von Kliniken und Praxen in Ärztewohnungen legalisierte. Damit bestätigte er auch offiziell, was bereits vollzogen war. Jüdische Anwälte durften nicht mehr vor Gericht erscheinen. Gerüchten zufolge wollte Pavlu, der neue Vorsitzende der Umsiedlungskommission, anstatt der offiziell genehmigten fünfzehntausend nur zehntausend Aufenthaltsgenehmigungen für Juden ausstellen lassen. Dies bedeutete, daß sich die Chancen auf eine Aufenthaltsgenehmigung um ein Drittel verringerten und führte erneut zu einer Panik. Die reicheren Juden zogen um, während wir anderen nach Kräften versuchten, unseren Besitz auf dem Tandetta zu verkaufen. Dort zahlten die Bauern bessere Preise als die Aasgeier, die vor den jüdischen Häusern herumlungerten und auf Panikverkäufe hofften.

Zum ersten Mal erschien eine jüdische Zeitung, die *Gazeta Zydowska*. Das Ganze wirkte wie eine Tragikomödie: Nun, da fast die Hälfte der Krakauer Juden »umgesiedelt« waren, erschien eine jüdische Zeitung. Allerdings fand man darin nur die Bekanntmachungen und offiziellen Erlasse des *Judenrats*. Der Herausgeber war ein sehr feiner deutscher Jude namens Seifert.

Die Deutschen warnten die polnische Bevölkerung erneut, daß das Hören ausländischer Sender streng verboten sei und mit dem Tode bestraft würde. Darüber hinaus war es Nichtdeutschen untersagt, Naziembleme oder -fahnen zu tragen. Hitler ernannte Franks Stellvertreter Seyß-Inquart zum Reichskommissar für die besetzten Niederlande. Gleichzeitig entfernte Hitler den Namen Polens sogar aus der von ihm selbst geprägten Bezeichnung »Generalgouvernement für die besetzten polnischen Gebiete« und verkürzte den Begriff auf »Generalgouvernement«. Für die Deutschen hatte Polen aufgehört, zu existieren.

In den Ferienorten im Gebirge südlich von Krakau wurde allen Juden befohlen, die Gegend sofort zu verlassen, um Platz zu schaffen für deutsche Urlauber aus dem Generalgouvernement und Familien aus dem von den Engländern bombardierten Deutschland.

Inzwischen kehrten einige der ärmeren Juden aus den Nachbargemeinden, in die sie umgesiedelt worden waren, nach Krakau zurück. Sie beklagten sich bitter, daß die örtlichen *Judenräte* sich nicht um sie gekümmert hätten und ihnen weder Verpflegung noch eine Unterkunft oder eine Arbeit verschaffen konnten. Am schlechtesten ging es denjenigen, die aus der Gegend um Lublin zurückkamen: Ihre Kleidung bestand nur noch aus Fetzen; sie trugen keine Schuhe mehr, waren ausgehungert und völlig erschöpft. Sie mußten den ganzen Weg zurück zu Fuß gehen, sofern sie nicht das Glück hatten, einem ehrlichen Bauern zu begegnen, der sie ein Stück auf seinem Wagen mitnahm. Nur die Jungen und Kräftigen hatten die lange Strecke überhaupt zurücklegen können. Sie erzählten uns die Wahrheit über das angebliche »Industrie- und Landwirtschaftszentrum« Lublin, mit dem sie aus Krakau fortgelockt worden waren: Es existierte überhaupt nicht. Als sie mit dem Zug in Lublin ankamen, wollte ihnen niemand helfen oder eine Auskunft erteilen. Man riet ihnen, in die nächstliegenden Städte zu ziehen, in denen noch Juden lebten. Dort fanden sie Tausende von Flüchtlingen aus dem Wartheland, aus Łódź und aus Kalisz vor, die in Hütten und Zelten ohne Wasser oder Strom an den Stadträndern lebten. Hunger und Tod waren allgegenwärtig, und in den Straßen lagen die Leichen, während die Kranken vergeblich auf medizinische Hilfe warteten. In Lublin selbst lebten viele heimatlose Juden in den Straßen, ohne daß es auch nur eine Gemeindeküche gab. Bettlerhorden – meist kleine Kinder und alte Menschen –

bedrängten die Juden, die selbst nichts mehr hatten. Die Neuankömmlinge aus Krakau wurden vom *Judenrat* nicht beachtet – nicht weil die Offiziellen so herzlos waren, sondern weil es so viele Juden gab, die Hilfe benötigten, daß die kleine Gemeinde nichts mehr für sie tun konnte.

Das war also das sogenannte Lubliner »Reservat« der Deutschen, das Paradies der Juden von Krakau. Die jungen Heimkehrer hatten viele Menschen sterben sehen, darunter auch ihre eigenen Verwandten. Aber sie erzählten auch, daß es immer noch viele strenggläubige Juden gab, die gewissenhaft ihren religiösen Verpflichtungen nachgingen und Gott mit ganzem Herzen dienten.

Die größte Ironie lag darin, daß ein Großteil der Nazimörder, die für dieses Elend verantwortlich waren, Koppelschlösser trugen, auf denen das Motto *Gott mit uns* stand – während sie die Juden umbrachten, die mit Seinem Namen auf den Lippen starben.

Wir versorgten die armen Rückkehrer mit Kleidung, Schuhen und Lebensmitteln und rieten ihnen, die Stadt sofort wieder zu verlassen und ihr Glück in Wieliczka, Bochnia oder Tarnów zu versuchen, wo nach unseren Informationen die Lage noch nicht so hoffnungslos aussah. Wenn sie in Krakau geblieben wären, hätten die Spitzel sie sehr bald an die Gestapo verraten. Sie verließen uns innerhalb weniger Tage, und ihre Erlebnisse machten überall in der jüdischen Gemeinde die Runde. Danach gab es keine Freiwilligen mehr für das »Reservat Lublin«. Langsam wurde uns der Boden unter den Füßen zu heiß, und diejenigen, die sich schon auf eine Umsiedlung eingestellt und ein Ziel ausgewählt hatten, beeilten sich, einen Ort zu finden, an dem es ihnen noch verhältnismäßig gutgehen würde. Viele konnten es sich nicht mehr leisten, einen Lastwagen zu mieten. Statt dessen entschieden sie sich für die preiswerteste Transportmöglichkeit, ein Boot auf der Weichsel. Sie brachten ihren Besitz an die Anlegestellen in der Nähe der Debnicki-Brücke, aber auch die Bootsverleiher witterten ihre Chance, den Juden Geld abzunehmen, und die Preise schnellten in die Höhe.

Mutters Tante und zwei ihrer Onkel besuchten uns, um sich zu verabschieden. Sie wollten am nächsten Tag mit dem Zug nach Tarnów fahren, wo die Kinder der Tante lebten. Meine Mutter war sehr traurig; sie konnte ihre Tränen nicht zurückhalten und weinte herzerweichend. So hatten wir sie noch nie erlebt. Unter Tränen versuchte sie, ihre Verwandten zurückzuhalten und schluchzte immer wieder, daß wir sie nie wiedersehen würden und dies das Ende für uns alle sei. Voller Trauer rissen die drei sich schließlich los, und wir begleiteten sie noch bis an die Straßenecke. Mutter weinte und schluchzte die ganze Nacht, rief Gott an und bat Ihn um Hilfe.

Wir erhielten eine Nachricht von unseren Verwandten in Rzeszów, die uns mitteilten, daß keines unserer Pakete bei ihnen angekommen war. Wahrscheinlich hatten die Postbeamten alles gestohlen, weil sie sicher sein konnten, daß Pakete mit jüdisch klingenden Absendern ungestraft »verlorengehen« durften.

Täglich verabschiedeten sich unsere Eltern von weiteren Freunden, die die Stadt verließen, und kamen traurig von diesen Besuchen zurück. Sie alterten zusehends in diesen schlimmen Tagen. Mutter schrieb weitere Briefe nach Amerika, erhielt aber nie eine Antwort.

Wir hörten Berichte darüber, daß die Deutschen ein Ghetto in Warschau planten. Die jüdische Einwohnerzahl der Stadt hatte sich im vergangenen Jahr auf sechshunderttausend verdoppelt. Angeblich waren die ersten Juden bereits damit beschäftigt, die baufälligsten Viertel der Stadt zu umzäunen.

Zu dieser Zeit wurden die Entscheidungen der Umsiedlungskommission den einzelnen Juden per Post ausgehändigt. Wer eine positive Antwort erhielt, konnte sich freuen, aber alle anderen wurden immer nervöser. Wir machten Pläne für den Fall einer Absage. Herr Lopatowski – ein wirklich ehrenhafter Mann, der aus seiner Hilfsbereitschaft den Juden gegenüber keinerlei Vorteile zog – war zu unserem Schutzengel geworden. Abends, wenn wir von der Arbeit nach Hause kamen, konnten wir im Gesicht unserer Eltern ablesen, daß noch keine Nachricht eingetroffen war. Einige Nachbarn hatten zusammen mit der Absage die Aufforderung erhalten, sich binnen vierundzwanzig Stunden im Umsiedlungszentrum auf der Mogilska-Straße zu melden, mit nicht mehr als 25 Kilo Gepäck und 2.000 Zloty pro Person.

Wieder erfaßte eine Welle der Panik die jüdische Gemeinde. Die Absagen wurden jetzt von deutschen und polnischen Polizisten persönlich ausgehändigt, die den betroffenen Familien befahlen, sich sofort fertigzumachen, sie beim Packen zur Eile anhielten und ihnen nur einen einzigen Koffer pro Person erlaubten. Die Juden durften sich nicht einmal von ihren Nachbarn oder den Verwandten verabschieden, die sich zu diesem Zeitpunkt auf der Arbeit befanden, sondern wurden gleich in das Mogilska-Zeughaus mitgenommen. Einige verzweifelte Juden, die nicht in die Lubliner Todesfalle geraten wollten, liefen durch die Stadt und versuchten, irgendein Fahrzeug aufzutreiben, mit dem sie Krakau schnellstens verlassen konnten. Andere luden sich ihren Besitz auf den Rücken oder in einen Kinderwagen und machten sich auf zu den Weichselbooten. Bevor wir zur Arbeit mußten, rieten wir unseren Eltern dringend, zu den Lopatowskis zu gehen. Wir befürchteten, daß die Polizei vorbeikommen könnte, um sie ebenfalls in das Mogilska-Zeughaus zu bringen, aus dem ein Entkommen so gut wie unmöglich war.

Dies waren die schwersten Tage, die wir bis dahin erdulden mußten. Aber eines Abends, als wir von der Arbeit kamen, begrüßten uns Vater und Mutter glücklich lächelnd, umarmten uns und sagten immer wieder: »Wir dürfen alle bleiben.« Wahrscheinlich hatten unsere Arbeitsplätze bei Herrn Hochwalds Firma den Ausschlag gegeben. Wir gingen nach unten und überbrachten den Lopatowskis die gute Nachricht. Daraufhin berichteten sie, daß Frau Gelb ebenfalls eine Aufenthaltsgenehmigung für ihren Mann bekommen hatte, da seine Arbeit scheinbar auch als kriegswichtig galt. Wir rieten Mutter, die Genehmigung an einem besonders sicheren Platz aufzubewahren, zusammen mit Vaters österreichischen Militärpapieren.

Inzwischen herrschte im jüdischen Viertel das absolute Chaos. Wenn die Menschen sich auf den Weg machen wollten, versperrten ihnen die Hausmeister die Türen und verlangten Bestechungsgelder. Die Bauern kamen mit ihren Wagen, um den Juden mit ihrem Gepäck zu helfen – aber zu Preisen, die sie selbst bestimmen konnten. Juden, deren Antrag abgelehnt worden war, suchten verzweifelt nach einem Wagen oder Karren: Sie wollten so schnell wie möglich die Stadt verlassen, denn morgen konnte es schon zu spät sein. Sie waren bereit, sich von ihrem wertvollsten Besitz zu trennen, wenn man sie nur aus der Stadt herausbrachte – ganz egal wohin, solange sie auf die andere Seite der Weichsel kamen. Hunderte von Bauernwagen und Lastern waren vollgepackt mit Juden und ihrem Gepäck. Die Polen kämpften miteinander um die besten Geschäfte, Wohnungen und Möbelstücke, die die gehetzten Flüchtlinge zurückließen. Am nächsten Tag traf uns ein weiterer Schlag: Ein neuer Befehl verbot den Juden, die Stadt mit dem Zug zu verlassen. Damit zog sich das Netz der Hilflosigkeit noch enger um uns zusammen. Viele der älteren strenggläubigen Juden, die sich nicht um eine Aufenthaltsgenehmigung bemüht hatten, lebten nun illegal in Krakau – illegal in einer Stadt, in der sie und ihre Vorväter geboren waren. Die Razzien nach diesen Menschen und all denen, die Absagen erhalten hatten, folgten in kurzen Abständen aufeinander. Polnische und deutsche Polizisten durchsuchten alle Häuser im jüdischen Viertel. Die Polen zeigten sich nur zu gern bereit, den Deutschen zu helfen; aber was uns wirklich entsetzte, war die Tatsache, daß unsere jüdischen Polizisten – mit der eigenen Aufenthaltserlaubnis in der Tasche – sich an dieser Jagd auf ihre Brüder beteiligten. Wer gefaßt wurde, kam nach Mogilska und von dort nach Lublin, dem schwarzen Loch des polnischen Judentums.

Die Zustände im Mogilska-Zeughaus waren schrecklich. Das Gebäude hatte seit langem leergestanden, und es gab weder hölzerne Fußböden noch Gas oder Strom, Wasser oder Toiletten. Die von bewaffneten Wachen eingelieferten »Illegalen« waren völlig von der Außenwelt abgeschlossen, denn niemand durfte sich diesem Gebäude nähern. Nur die Gemeindeküche des *Judenrats* brachte ihnen eine wäßrige, fast kalte Suppe und etwas Brot. Aber für einen guten Preis schmuggelten die jüdischen Polizisten Nachrichten der Eingeschlossenen an ihre Familien. Gerüchten zufolge war es für sehr viel Geld möglich, dort herauszukommen. Aber diese Möglichkeit bot sich natürlich nur den Reichsten; die armen Juden waren auf sich selbst gestellt und von Gott und aller Welt verlassen.

Abends brachte Herr Lopatowski den neuesten Rundbrief der Untergrundbewegung mit, in dem zu lesen war, daß die Ghettos von Warschau und Lublin abgeriegelt wurden. In Warschau schloß man das Ghetto am 15. November 1940. Es lag im heruntergekommensten Teil der Hauptstadt, war von 3,50 Meter hohen Mauern mit einer Krone aus Glassplittern umgeben und wurde von außen von deutschen und polnischen Polizisten und im Inneren von der jüdischen Polizei überwacht. Einige wenige Juden, die eine Sondererlaubnis erhalten hatten, durften das Ghetto für wenige Stunden am Tag verlassen. Jeden Morgen marschierten Tausende von Arbeitern unter schwerer Bewachung zu ihren Arbeitsplätzen außerhalb des Ghettos, und jeden Abend kehrten sie wieder zurück. Unter den Juden, die in diesem viel zu kleinen Areal leben mußten, grassierten Hunger und

Seuchen. Jeder Raum war mit einer ganzen Familie belegt; häufig lebten zwei Familien in einer Küche. Sämtliche Schulhäuser, Synagogen, ehemaligen Fabrikgebäude und Lagerhäuser dienten als Unterkünfte für Tausende von Menschen, die von dem erbärmlichen Essen abhängig waren, das die Gemeindeküche ihnen liefern konnte. Wer über die Mauer zu klettern versuchte, wurde erschossen. Dennoch krabbelten täglich Tausende kleiner Kinder unter zwölf Jahren – die noch nicht verpflichtet waren, die Armbinde zu tragen, die sie als Juden identifiziert hätte – unter den Mauern hindurch in den polnischen Bereich der Stadt, um Brot und Essensreste für sich und ihre Familien zu erbetteln. Hunderte starben durch Hunger, Unterkühlung und Seuchen. Ihre Leichen legte man hinaus auf die Straße, wo sie von den *Sonderkommandos* abgeholt werden konnten. Die Leichname wurden von den Ärmsten der Lebenden völlig entkleidet, die Schuhe und Kleidung brauchten, um ein paar Tage länger leben zu können. Die Familien der Toten gaben dagegen ihre verwandtschaftliche Beziehung nicht zu erkennen, damit man sie nicht zwingen konnte, das Begräbnis zu bezahlen.

Die Ausrottung der polnischen Juden war in vollem Gang, und die Deutschen brauchten nicht einmal ihre Kugeln für uns zu verschwenden. Sie zwangen die Juden einfach in die überfüllten Ghettos, wo sie dann starben, bewacht von der jüdischen Polizei und dem *Judenrat*, die noch zu überleben hofften, weil die Deutschen ihnen ihre Wohnungen ließen und ihnen sogar erlaubten, sie zu heizen.

Eines Tages, als ihr Sohn auf der Arbeit war, kam die deutsche Polizei zu unseren Nachbarn, den Hackers, und teilte ihnen mit, daß ihre Aufenthaltsgenehmigung abgelehnt worden sei. Man gab ihnen nur ein paar Minuten, das Notwendigste zu packen, und führte sie ab. Mutter hatte die Tragödie miterlebt und erzählte uns, wie man sie weggeführt hatte – wie betäubt, ängstlich und gezwungen, alles zurückzulassen, was sie besaßen. Als der Sohn nach Hause kam, erzählte Mutter ihm, was geschehen war. Daraufhin lief er auf die Straße und versuchte, irgend etwas zu unternehmen. Aber bald darauf kam er zurück, weil Verwandte ihn gewarnt hatten, daß es keine Möglichkeit gab, die Eltern aus dem Mogilska-Zeughaus herauszuholen und er nur Gefahr liefe, selbst festgenommen zu werden. Am folgenden Tag ging er nicht zur Arbeit, sondern begann seine ganze Habe zu verkaufen in einem letzten, verzweifelten Versuch, seine Eltern durch Bestechung zu befreien. Leider gelang es ihm nicht.

Zum ersten Mal wagten sich nun auch die jüdischen Spitzel ans Tageslicht, die der Polizei halfen, versteckte Juden ausfindig zu machen. Einige Tage später führten die Deutschen die bisher größte Razzia in Kazimierz durch, an der mehr als 400 Polizisten beteiligt waren. Sie hielten alle Passanten an und überprüften deren Papiere. Viele Polen wurden festgenommen und zur Zwangsarbeit geschickt. Juden, die keine Aufenthaltsgenehmigung besaßen, wurden auf Lastwagen geladen und in das Mogilska-Zeughaus gebracht. Viele der jüdischen Spitzel waren den Krakauer Juden gut bekannt; einige von ihnen stammten sogar aus strenggläubigen Familien. Sie hatten ihre Seelen den deutschen Teufeln verkauft. Wir kannten die meisten von ihnen, und wenn wir ihnen auf der Straße begegneten, sahen wir durch sie hindurch, als ob sie nicht existierten. Sie wurden genauso verachtet wie die jüdische Polizei und der *Judenrat*. Immer noch gab es polnische Lastwagenfahrer, die den Juden anboten, sie in die Nachbardörfer zu bringen. Die armen Teufel tauschten ihr ganzes Hab und Gut für eine Fahrgelegenheit ein, nur damit sie nicht in das Mogilska-Zeughaus kamen, während andere immer noch versuchten, auf den billigeren Flußbooten zu entkommen.

Eines Sonntags stürzte einer unserer Nachbarn herein, so atemlos und aufgeregt, daß er kaum ein Wort hervorbrachte. Er erzählte uns, daß wenige Stunden zuvor die letzten beiden Krakauer Rabbiner, Kornitzer und Rappaport, von der Gestapo festgenommen worden waren. Ihr Verbrechen bestand darin, daß sie es gewagt hatten, bei einigen einflußreichen Polen vorzusprechen und sie zu bitten, sich bei Gouverneur Frank für die Juden der Stadt zu verwenden. Zu diesem Zweck waren sie zu Sapiecha, dem Erzbischof von Krakau, und zu Graf Roniker, dem Vorsitzenden des Städtischen Hilfskomitees gegangen und hatten beide um Hilfe bei der Rettung der noch überlebenden Krakauer Juden gebeten. Die Gestapo antwortete schnell und mit aller Härte: Beide Rabbiner wurden verhaftet und ins Lager Oświęcim geschickt, das mittlerweile unter dem Namen Auschwitz bekannt war. Wenige Tage später erhielten beide Familien Post vom Lagerkommandanten, der ihnen mitteilte, daß ihre Verwandten an einer Lungenentzündung gestorben seien und sie bat, je 25 Zloty für ihre Asche zu schicken. Obwohl keine Beerdigung erlaubt war, als die

Asche eintraf, trauerten wir alle aus ganzem Herzen um die beiden tapferen Geistlichen, die den Versuch, ihre Herde zu retten, mit dem Leben bezahlt hatten. Als wir noch in Kazimierz wohnten, lebten sie nur einen Häuserblock von uns entfernt, und ich hatte sie oft am Sabbat und an den jüdischen Feiertagen gesehen, wenn sie an der Spitze ihrer Gemeinde zur Synagoge gingen.

Die Suche nach »Illegalen« ging unaufhörlich weiter. Auf dem Weg zur Arbeit wurden wir regelmäßig angehalten und mußten unsere Papiere vorzeigen. Es gab noch ungefähr fünfzehntausend Juden in der Stadt. Da Mutter keine Verwandten mehr besuchen konnte, gingen wir oft zu den Lopatowskis. Eines Tages hielten einige Lastwagen der SS vor dem Mogilska-Zeughaus. Die SS-Männer suchten etwa vierhundert junge Männer aus und brachten sie in das Lager Pustkow in der Nähe von Dębica, östlich von Krakau. Wir hatten noch nie von diesem Lager gehört und wußten nicht, was dort vor sich ging.

Als die Schneestürme begannen und der frühe Frost viele Rohre zum Platzen brachte, hatten wir sehr viel zu tun: Wir arbeiteten achtzehn Stunden täglich, an sieben Tagen in der Woche. Aus den Rundbriefen der Untergrundbewegung wußten wir von den Bombenangriffen auf deutsche und englische Städte. Dort erfuhren wir auch, daß der polnische Widerstand seine Kontaktleute in London darüber informierte, was im Generalgouvernement geschah – über die Festnahmen und Hinrichtungen polnischer Patrioten, über die »Umsiedlung« der Juden in Ghettos und ihr Leiden. Wir waren sicher, daß unsere Vertreter in London die englische und amerikanische Regierung sowie den Vatikan benachrichtigen würden, aber niemand half uns. Papst Pius XII, der ehemalige Nuntius des Vatikans in Deutschland, verdammte Hitler nie für die Morde, die seine Helfershelfer in Polen begingen.

Das Heizen stellte ein immer größeres Problem dar. Den Juden wurde keine Kohle zugeteilt, und die Bauern, die Brennholz in die Stadt brachten, verlangten sehr hohe Preise dafür. Die Deutschen begannen nun, ein eigenes Stadtviertel aufzubauen und befahlen vielen polnischen Familien, die Wohnungen zu räumen, die sie für sich selbst ausgesucht hatten. Aber im Gegensatz zu den Juden durften die Polen ihr Hab und Gut mitnehmen.

Ein neuer Erlaß gab den »Illegalen« noch bis zum 2. Dezember Zeit, sich im Mogilska-Zeughaus zu melden. Die starken Schneefälle machten es ihnen unmöglich, die Stadt schnell zu verlassen – außer auf den Schlitten, mit denen die Bauern ihre Waren in die Stadt brachten. Aber sie verlangten viel Geld dafür. Da die Polizei sich bei diesem Wetter nicht auf die Straße wagte, konnten sie es riskieren, einige Juden mitzunehmen. Als sich der Schnee dann zu wahren Gebirgen türmte, erklärte der Bürgermeister den Schnee-Notstand und ordnete an, daß sich alle Juden zum Schneeräumen melden mußten. Unser Chef stellte uns notgedrungen frei, und wir meldeten uns im jüdischen Teil des Arbeitsamtes, der Arbeitsverwaltung. Dort gab man uns große Schaufeln, und polnische Vorarbeiter marschierten mit uns an den Stadtrand. Die Arbeitsbedingungen waren schrecklich – eiskalter Wind und fast keine Sicht. Aber da wir diese Arbeit schon vom Vorjahr kannten, hatten wir uns vorbereitet und trugen unsere dickste Winterkleidung. Unsere Vorarbeiter erwiesen sich als anständige Männer, die uns ab und zu zum Aufwärmen in ein Haus gehen ließen. Die polnischen Bewohner, meist gewöhnliche Arbeiter, waren ebenfalls sehr freundlich und boten uns manchmal heißen Tee an – eine wahre Wohltat. Am Abend kehrten wir mit schmerzenden Rücken nach Hause zurück. Und wie im Vorjahr wurden wir für diese Arbeit nicht bezahlt.

Das Wetter zwang die Deutschen, ihre Suche nach Illegalen zeitweilig einzustellen. Aber sobald die Schneefälle aufhörten, setzten sie ihre Durchsuchungen mit ungebrochenem Eifer fort. Die größte Razzia fand in Podgorze statt: Hunderte von deutschen und polnischen Polizisten sperrten die Hauptstraßen und kontrollierten alle Erwachsenen. Sie suchten hauptsächlich Polen, die als Zwangsarbeiter nach Deutschland geschickt wurden. Da es in Krakau nur noch wenige Juden gab, mußte die polnische Bevölkerung feststellen, daß die Deutschen nun viel mehr Zeit hatten, sich auf sie zu konzentrieren. Etwa zur gleichen Zeit ernannte die Gestapo einen gewissen Dr. Rosenzweig zum neuen Präsidenten des *Judenrats*.

Für kurze Zeit kehrten wir zu unserer Klempnerarbeit zurück; aber als die Schneestürme wieder einsetzten, wurden wir erneut zum Schneeräumen abkommandiert. Bürgermeister Schmidt hatte sich etwas einfallen lassen, um noch mehr Juden an diese harte Arbeit zu treiben: Jeder Jude zwischen sechzehn und sechzig Jahren mußte sich für zwölf Tage von morgens früh bis zum Dunkelwerden zum Schneeräumen melden. Am Ende jedes Arbeitstages sollten unsere

Bescheinigungen von der jüdischen Polizei abgestempelt werden. Wenn die vorgeschriebenen zwölf Arbeitstage um waren, hatte man die erforderlichen zwölf Stempel auf seiner Bescheinigung – und nur diejenigen mit allen zwölf Stempeln konnten einen Antrag auf eine Erneuerung der Aufenthaltsgenehmigung stellen. Es entging uns nicht, daß die Deutschen bereits von der nächsten Erneuerung sprachen, obwohl unsere Aufenthaltsgenehmigung gerade erst ausgestellt worden war. Schmidts Methode funktionierte, da viele Menschen, die sich bisher nicht zum Schneeräumen gemeldet hatten, nun eifrig daran teilnahmen. Dies stellte sich auch für uns als Vorteil heraus, da wir die Schneemassen nun schneller beseitigen konnten. Natürlich war auch hier Bestechung im Spiel: Niemals sah man einen der reicheren Juden bei dieser Arbeit. Die jüdische Polizei konnte die Bestechungsgelder ungestört einkassieren. Sie wußten, daß die Beamten der Arbeitsverwaltung ihnen nie auf die Schliche kommen würden, weil sie gar nicht daran dachten, sich aus der Wärme ihrer Büros hinaus in die Kälte zu begeben. Abends, nachdem unsere Bescheinigungen gestempelt waren, stellten wir uns vor der Gemeindeküche nach einer heißen Suppe an – die einzige Bezahlung für unsere Arbeit.

Wir arbeiteten unsere zwölf Tage ab und meldeten uns am nächsten Morgen bei Herrn Hochwald. Er war froh, uns wiederzusehen, da es eine Menge Klempnerarbeit gab. Außerdem hatte er Angst davor, unsere deutschen Herren nicht zufriedenstellen zu können, die weder auf Juden noch auf Polen warten wollten.

Aber der Schnee fiel weiter, und der Bürgermeister kommandierte erneut alle Juden zu zwölf Tagen Schneedienst ab. Wer danach nicht alle vierundzwanzig Stempel vorweisen konnte, sollte sofort deportiert werden. Natürlich kamen wir alle, denn niemand wollte Krakau verlassen. Wenn das Leben in Krakau auch schlecht war – woanders konnte es noch schlechter sein. Bisher hatten wir kaum Nachrichten von den freiwillig oder gezwungenermaßen Umgesiedelten erhalten. Nur manchmal brachten uns die Bauern aus den nahe gelegenen Dörfern seltsame und vage Nachrichten derjenigen, die dorthin gezogen waren. Von unseren Verwandten in Tarnów hatten wir nichts mehr gehört, und Mutter machte sich deshalb große Sorgen.

Im Februar 1941 gingen Gerüchte um, daß auch in Krakau ein Ghetto entstehen sollte. Man versuchte zu erraten, welches Viertel dafür ausgesucht würde. Das beschäftigte unsere immer stärker schrumpfende Gemeinde, bis wieder neue Anträge für eine Aufenthaltsgenehmigung ausgefüllt werden mußten. Wir hatten unsere vierundzwanzig Stempel, und deshalb war Vater recht zuversichtlich, als er zur Kommission ging, um unsere Anträge auszufüllen. In der Zwischenzeit arbeiteten wir weiter, und als das Wetter sich besserte, ließ auch der Arbeitsdruck etwas nach. Da nun auch die Bauern wieder Nahrungsmittel und Brennholz in die Stadt brachten, schien sich die Lage für uns ein wenig zu verbessern. Aber es dauerte nicht lange, bis uns der nächste Schock traf. Eines Morgens wurde ein neuer Erlaß von Dr. Wächter, dem Distriktgouverneur, ausgehängt, der völlig neue Anträge für Aufenthaltsgenehmigungen vorschrieb; das Vierundzwanzig-Stempel-Privileg war damit ungültig. Dieses Mal durften nur diejenigen einen Antrag stellen, die nachweisen konnten, daß sie einer für die Deutschen kriegswichtigen Arbeit nachgingen. Wächter gab bekannt, daß selbst der *Judenrat* und die jüdische Polizei Anträge stellen mußten; Ausnahmen für Kriegsveteranen wurden nicht mehr erwähnt. Alle Anmeldungen mußten bis zum 10. März ausgefüllt sein. Sämtliche Versprechungen an diejenigen, die für ihre vierundzwanzig Stempel arbeiten gegangen waren, hatten nur dazu gedient, uns in den Schnee hinauszulocken. Wie oft hatten die Deutschen nun schon ihr Wort gebrochen! Unser Problem bestand darin, daß nur wir drei Brüder kriegswichtige Arbeit hatten, oder besser glaubten, kriegswichtige Arbeit zu haben. Fela arbeitete nicht, da die Parkanlagen bei diesem Wetter geschlossen blieben. Unsere Eltern waren arbeitslos, und nun wurden auch Vaters Militärpapiere wertlos. Als wir abends von der Arbeit nach Hause kamen, besprachen wir die Lage. Es bestand keinerlei Hoffnung, daß wir alle zusammen in Krakau bleiben konnten. Wir drei Brüder hätten einen Antrag stellen können, wollten aber nicht von Fela und den Eltern getrennt werden. Aus diesem Grund beschlossen wir, Krakau zu verlassen und nach Rzeszów zu ziehen. Am nächsten Morgen ging Vater einen Freund besuchen, einen polnischen Lastwagenfahrer, der die Strecke Krakau – Rzeszów befuhr. Aber obwohl er wußte, wo der Mann wohnte, traf er ihn nicht an. Am folgenden Tag gingen wir nicht zur Arbeit, sondern versuchten, den Fahrer zu finden und unseren »Umzug« vorzubereiten. Dann überprüften wir unsere Habe und sortierten alles aus, was wir nicht dringend brauchten, um es zum bestmöglichen Preis zu verkaufen. Wir Geschwister gingen mit den

Sachen zum Tandetta und verkauften sie an die Bauern, die immer noch bessere Preise zahlten als die örtlichen Wucherer. Abends besuchten wir die Gelbs und erzählten ihnen von unserem Vorhaben. Herr Gelb, der einen sicheren Arbeitsplatz besaß, bedauerte unsere mißliche Lage zutiefst. Dann gingen wir zu den Lopatowskis und baten sie, unsere Möbel zu nehmen. Zuerst lehnten sie ab, aber wir überzeugten sie mit dem Argument, daß sie sie uns nach dem Krieg zurückgeben könnten.

Am 3. März verkündete ein neuer, von Dr. Wächter unterzeichneter Erlaß die Errichtung eines jüdischen Wohnviertels in Podgorze, einem Stadtteil im Osten Krakaus. Für den Umzug gewährte Wächter den Juden siebzehn Tage. Aber das Ganze betraf uns nicht mehr; wir waren bereit, die Stadt zu verlassen.

Am nächsten Morgen fanden Vater und ich unseren Lastwagenfahrer, der gerade ein Warenhaus belieferte, und baten ihn, uns nach Rzeszów zu bringen. Wir einigten uns auf einen hohen Preis, aber der – mittlerweile verbotene – Transport von Juden bedeutete ein großes Risiko. Der Fahrer bat uns, nicht viel Gepäck mitzubringen; wir sollten am Abend in einer ruhigen Seitenstraße auf ihn warten. Wir gaben ihm die Adresse von Vaters bestem Freund. Dann packten wir unsere Sachen, während Mutter ein wenig Brot für die Reise backte. Anschließend verabschiedeten wir uns von den Gelbs und den Lopatowskis. Es war ein sehr trauriger Augenblick für uns alle. Am späten Abend verließen wir die Wohnung und gingen zu zweit, jeder mit seinem Bündel, zu dem Treffpunkt, den wir mit dem Fahrer vereinbart hatten. Ich verließ unser Haus zusammen mit unserer weinenden Mutter. Ein paar polnische Nachbarn, deren Neugier geweckt war, folgten uns. Wir mußten besonders vorsichtig sein, denn ab jetzt befanden wir uns auf der Flucht. Als wir das Haus verließen, fragte ich mich, ob wir die Stadt oder unsere Wohnung jemals wiedersehen würden. Die Frau unseres Freundes hatte eine leichte Mahlzeit vorbereitet, aber wir brachten kaum einen Bissen herunter. Ängstlich warteten wir auf die Dunkelheit, die unseren Fahrer bringen würde. Wir begannen, auf Motorengeräusche oder Schritte auf der Treppe zu warten. Endlich hörten wir beides, verabschiedeten uns eilig von unseren Freunden – den letzten Menschen, die wir in Krakau sahen – und gingen zur Tür hinaus. Der Fahrer hatte seinen Laster an einer dunklen Stelle geparkt und trieb uns zur Eile an. Dann fuhr er mit uns zum Lagerhaus, wo er seinen Wagen belud. Dabei stapelte er seine Waren so um uns herum, daß wir völlig versteckt waren. In Kälte und Dunkelheit saßen wir auf dem Wagenboden. Aber dies alles störte uns nicht: Wir wollten nur so schnell wie möglich und von der Ausgangssperre unbemerkt aus Krakau herauskommen. Vor der Stadt lag noch Schnee, und die Straßen waren sehr holprig. Wir wußten, daß die Fahrt normalerweise etwa fünf Stunden dauerte, aber bei diesen winterlichen Bedingungen mußte der Fahrer besonders vorsichtig sein. Er wollte Rzeszów am frühen Morgen erreichen und uns schnellstens absetzen, noch bevor jemand entdeckte, daß er Juden transportierte. Da uns keine Möglichkeit geblieben war, unsere Verwandten von unserer Ankunft zu benachrichtigen, konnten wir nur hoffen, daß es ihnen gutging. Schweigend saßen wir im Laster, jeder in seine Gedanken vertieft. Immer wenn der Laster langsamer fuhr, blieb uns das Herz fast stehen aus Angst, angehalten und von einer Militärkontrolle entdeckt zu werden. Es war nicht nur gefährlich für uns, sondern auch für den Fahrer, der sein Fahrzeug und seine Freiheit riskierte, weil er Juden transportierte. Er nahm dieses Risiko auf sich, weil er ein guter Freund der Familie noch aus den Zeiten war, als er geschäftlich mit Vater zu tun hatte und uns oft in Krakau besuchte. Endlich hielt der Wagen an, und der Fahrer kam nach hinten und teilte uns mit, daß wir am Stadtrand von Rzeszów seien. Er bat Vater, seine weiße Armbinde abzunehmen und sich nach vorne neben ihn zu setzen, damit er ihn zum Hause unseres Onkels führen konnte. Nach zwanzig Minuten voller Angst erreichten wir das Haus, stiegen aus und versuchten, keinerlei Aufmerksamkeit zu erregen, auch wenn die Straße leer war. Der Fahrer half uns, unsere Bündel hinaufzutragen, ohne dabei die Nachbarn zu wecken. Wir bedankten uns flüsternd und verabschiedeten uns von diesem guten Menschen.

3
Rzeszów, 1941

Vater klopfte leise an die Tür, und kurz darauf öffnete völlig verschla-
fen unsere Cousine Franka. Sie war überrascht und sagte nichts.
Vater erklärte ihr, daß wir aus Krakau hatten fliehen müssen, woraufhin sie uns hereinbat und in die Küche führte. Dann kamen mein
Onkel und meine Tante in den Raum, und auch sie waren so
erstaunt, uns zu sehen, daß sie vergaßen, meine Eltern zu umarmen.
Sie schienen sich zu fragen, warum wir sie so früh am Morgen überfallen mußten. Vater entschuldigte sich und erklärte ihnen, er habe
keine Zeit gehabt, unser Kommen anzukündigen. Sie stellten keine
Fragen und machten einen erstaunlich gleichgültigen Eindruck.
Schließlich fragte uns die Tante, ob wir einen heißen Tee wollten,
den wir gerne annahmen. Für uns Kinder war es das erste Mal, daß
wir unserer Tante und unserer Cousine Franka begegneten. Den
Onkel kannten wir von seinen früheren Geschäftsreisen nach Krakau, bei denen er immer als willkommener Gast bei uns gewohnt
hatte. Er war älter als Vater, und ich erinnerte mich, daß sie einander
immer sehr nahegestanden hatten, was ihr distanziertes, beinahe
feindseliges Verhalten um so unverständlicher machte. Vater berichtete ihnen von unserem Leben in Krakau und sagte, daß eine Flucht
unvermeidlich geworden war, weil wir keine Aufenthaltsgenehmigung mehr bekommen hatten. Aber da seine Geschichte offensichtlich keinen Eindruck auf sie machte, hörte er mit seiner Erzählung
auf und fragte nur, wo wir unser Gepäck abstellen könnten. Die
Tante führte uns in ein Zimmer und erklärte, daß dies unsere vor-
übergehende Unterkunft sei. Ich fragte mich, was sie wohl mit »vor-
übergehend« meinte, sagte aber nichts, solange wir nur weit von Krakau entfernt waren und ein Dach über dem Kopf hatten. Im ganzen
Raum gab es nur ein schmales Bett; also setzten wir uns auf den
Fußboden, um uns von unserer strapaziösen Reise zu erholen. Zumindest war das Zimmer warm. Wir spürten, daß Vater – der freund-
lichste Mensch, den man sich vorstellen konnte – von der Gleichgültigkeit seiner Verwandten verletzt war, aber er sagte nichts. Mutter
und Fela machten sich daran, unsere Sachen auszupacken, und wir

drei anderen schauten aus dem Fenster und beobachteten die Menschen unten auf der Straße. Nach einiger Zeit kam der Onkel herein und bat uns zum Frühstück in die Küche. Wir hofften, das Eis sei jetzt gebrochen, da der Onkel uns von seinen beiden Söhnen erzählte. Sie waren auf der russischen Seite der neuen Grenze festgehalten worden und hatten beschlossen, dort zu bleiben. Zum ersten Mal erfuhr Vater etwas über ihre gemeinsame Schwester und deren Familie, die, so erzählte der Onkel, sehr kurzfristig aus ihrer Heimatstadt Jarosław ausgewiesen worden waren und kaum mehr als die Kleidung mitnehmen konnten, die sie am Leib trugen. Er hatte mit ihnen durch Briefe Kontakt, die von Schmugglern aus Przemyśl auf der russischen Seite überbracht wurden.

Aber unsere Verwandten betrachteten uns immer noch als sechs ungebetene und unerwünschte Eindringlinge. Sie schienen sich in unserer Gegenwart nicht wohl zu fühlen; also dankten wir ihnen für das Essen und gingen in unser Zimmer zurück. Dort bekannte Vater, daß er von dem kalten Empfang sehr verletzt gewesen sei. Er gab der Tante die Schuld, die er als sehr reservierte Person kannte. Aber wir befanden uns im Krieg, und wir waren enge Verwandte, Flüchtlinge in Not, die Schutz suchten. Nachdem die anderen zur Arbeit gegangen waren, baten wir Vater, uns die Stadt zu zeigen, die er von seinen Geschäftsreisen her gut kannte. Allem Anschein nach lag die Wohnung unseres Onkels in einem schönen Haus in einem wohlhabenden polnischen Viertel. In den Straßen sahen wir viele Juden, die durch ihre weißen Armbinden sofort zu erkennen waren. Vater ging in mehrere Läden und wurde herzlich willkommen geheißen von den Inhabern, mit denen er vor dem Krieg lange Jahre Geschäfte gemacht hatte. Sie freuten sich mehr darüber, ihn zu sehen, als unsere eigenen Verwandten. Dann erzählten sie uns, daß unsere Verwandten jetzt ein Geschäft führten, das dem Bruder der Tante gehört hatte, ebenso wie die große Sechszimmerwohnung. Er hatte alles zurückgelassen, als er in die von Russen besetzte Zone geflohen war. Der Tante war es gelungen, einen freundlichen *Treuhänder* für den Laden zu finden, einen *Volksdeutschen*, den sie schon vor dem Krieg kannte, und mit dem zusammen sie dort arbeiteten. Für unseren Onkel bedeutete dies eine große Verbesserung; vor dem Krieg hatte er als Handelsvertreter gearbeitet und nur wenig verdient. Vaters Freunde versicherten ihm, er brauche sich keine Sorgen zu machen: Das

Geschäft der Tante sei groß genug, um uns alle zu beschäftigen, und sie würden uns bestimmt eine Arbeit geben.

Im jüdischen Viertel bemerkten wir, daß das Leben normaler ablief als in Krakau. Es war keinerlei Nervosität beim Geräusch herannahender Lastwagen zu spüren, und man begegnete kaum Deutschen, obwohl die Juden darauf achteten, jeden von ihnen zu grüßen und zur Seite zu treten, um sie vorbeizulassen. Außerdem sahen wir nur wenige polnische Polizisten, Bettler oder schlecht gekleidete Juden. Zwischen Rzeszów und dem Krakau der vergangenen Monate bestand ein Unterschied wie Tag und Nacht. Hier fühlten wir uns sicher, und als wir nach Hause kamen, erzählten wir Mutter, daß wir es auch ohne die Hilfe unserer Verwandten schaffen würden. Sie waren zum Mittagessen zu Hause gewesen und hatten Mutter und Fela der Form halber dazu eingeladen, aber beide lehnten ab. Fela ärgerte sich besonders über das wortkarge Verhalten ihrer Cousine Franka. Obwohl sie nur wenig älter war als Fela, hatte sie ihr überhaupt keine persönlichen Fragen gestellt oder sich danach erkundigt, ob sie irgend etwas brauchte.

Nachdem sie von der Arbeit zurückgekommen war, lud Franka uns zum Abendessen ein. Wir wollten ablehnen, aber sie bestand darauf. Entgegen unseren Erwartungen blieb sie uns gegenüber jedoch weiterhin ziemlich kühl und gleichgültig und zeigte keinerlei Reaktion, als wir von unserem Besuch in der Stadt berichteten. Da wir nicht unhöflich sein wollten, blieben wir am Tisch sitzen, solange das Essen dauerte, zogen uns aber sofort danach in unser Zimmer zurück. Vater und Mutter schliefen im Bett, und wir legten uns mit unseren Wintermänteln auf den Fußboden, da die Tante uns – absichtlich, wie wir meinten – keine Decken oder Kissen angeboten hatte. Vielleicht befürchtete sie, daß sie auf dem Fußboden schmutzig werden könnten.

Am nächsten Morgen gingen wir alle zum *Judenrat*, um uns registrieren zu lassen und Ausweispapiere zu beantragen, und anschließend zur Arbeitsverwaltung. Nachdem wir eine Zeitlang gewartet hatten, stellten uns die Beamten in ein paar Minuten mehr Fragen als unsere Verwandten an einem Tag – wie wir hierher gekommen waren und warum, ob wir Möbel besaßen und ähnliches mehr. Schließlich händigten sie uns Dokumente aus, die uns einen legalen Status verliehen, und schickten uns weiter, damit wir uns für die Zuteilung von

Zwangsarbeiten eintragen ließen. Man sagte uns, es gäbe Tagelöhnerarbeiten bei deutschen Armee-Einheiten, für die wir uns vor sieben Uhr morgens anstellen müßten. Vater besuchte einen seiner alten Großhandelskunden, der ihm eine gutbezahlte Arbeit in seinem Geschäft anbot, wodurch zumindest ihm das tägliche Schlangestehen erspart blieb. Es war unser erster Erfolg in Rzeszów. Als unsere Verwandten nach Hause kamen, umgingen sie mögliche Fragen nach einer Arbeit in ihrem Geschäft, indem sie uns mitteilten, sie selbst seien nur einfache Angestellte des *Treuhänders* und hätten keinen Einfluß auf die Geschäftsleitung.

Am nächsten Morgen stellten wir vier uns nach Arbeit an. Fela wurde vor uns zugeteilt und fuhr mit einigen anderen Frauen auf einem Lastwagen davon. Kurze Zeit später kam ein großer Militärlaster an, und man befahl uns, aufzusteigen. Die Ladefläche war nicht überdacht und es gab keine Sitze, so daß wir stehen und uns aneinander festhalten mußten. Nach einer kurzen Fahrt erreichten wir einen großen Gutshof, Staromiescie, der am Rande der Stadt lag. Die anderen Juden erzählten uns, daß das Anwesen vor dem Krieg als Hauptquartier des polnischen Generals Kazimierz Fabrycy, des Kommandeurs der Karpaten-Armee, gedient hatte und jetzt von der deutschen Armee genutzt wurde. Wir mußten in einem großen Lagerhaus militärische Ausrüstung abladen, und als wir damit fertig waren, brachte man uns zum Staroniwa-Güterbahnhof. Ich war erstaunt, daß eine so kleine Stadt einen so großen Güterbahnhof besaß. Wir wußten, daß Rzeszów seit 1936 das Zentrum von Polens sogenanntem »Industriedreieck« gewesen war, eines großen militärischen und zivilen Industrie- und Handelskomplexes. Das Projekt wurde 1937 in Betrieb genommen und hatte mit den Tausenden von Ingenieuren und Facharbeitern, die dort Arbeit fanden, nicht nur Rzeszów, sondern der gesamten Region zu Wohlstand verholfen. Unter den Facharbeitern aus den westlichen Gebieten befanden sich auch viele Antisemiten, und bereits vor dem Krieg waren viele Straßen Rzeszóws für Juden geschlossen.

Auf dem Bahnhof herrschte reger Betrieb, und viele Militärzüge wurden be- und entladen. Offensichtlich war dies ein wichtiger Knotenpunkt für die Deutschen. Als wir unsere Lastwagen entladen hatten, wurden wir zum Lager zurückgebracht, wo wir uns zum Essen anstellen sollten. Ich traute meinen Ohren nicht: Keine Flüche, niemand, der uns schubste oder trat, nur klare Arbeitsanweisungen. Das Essen war wirklich gut, und uns kam es wie ein Festmahl vor. Nachher bemerkte ich, daß einige unserer Arbeitskollegen mit den Soldaten Geschäfte machten und hauptsächlich Zigaretten von ihnen kauften. Als wir mit dem Entladen fertig waren, mußten wir die Baracken reinigen. Ich brachte den Mut auf, einen deutschen Feldwebel zu fragen, ob er mir ein paar Zigaretten verkaufen würde. Er sagte mir, ich solle warten, und kam bald darauf mit ein paar Päckchen zurück. Ich wußte nicht, wieviel sie kosten sollten, aber er nannte mir den Preis, den die anderen Juden bezahlten. Es erschien mir fair, und ich war glücklich, weil ich wußte, daß Vater als starker Raucher ohne seine Zigaretten nicht auskam. Der Feldwebel verkaufte mir auch ein paar Konservenbüchsen. Ich konnte nicht glauben, daß es noch immer Deutsche gab, die sich so verhielten. Das Personal des Komplexes bestand offenbar aus älteren Männern der regulären Armee. Nach der Arbeit wurden wir zur Arbeitsverwaltung zurückgefahren. Was für ein Unterschied zu Krakau, wo wir gerannt waren, um rechtzeitig zur Sperrstunde zu Hause zu sein. Man zahlte uns 5 Zloty für diesen Tag. Vater freute sich sehr über die Zigaretten, und Fela erzählte uns, sie bekäme vielleicht eine feste Anstellung in einem großen Uniformlager, wo sie Uniformen der verschiedenen Einheiten der Wehrmacht und der Waffen-SS sortieren mußte. Auch sie wurde gut behandelt, und Fela war glücklich. Wir aßen schnell zu Abend, so daß wir die zu erwartende halbherzige Einladung unserer Verwandten ablehnen konnten, und gingen früh zu Bett.

Als wir uns am nächsten Morgen wieder anstellten, erzählten uns unsere Arbeitskollegen, überwiegend Flüchtlinge aus Kalisz, daß sie im Dezember 1939 nach Rzeszów gekommen seien. Nachdem die Deutschen in Kalisz einmarschiert waren, hatten sie sofort dreißigtausend Juden ausgewiesen und in offenen Kohlewaggons deportiert, in denen viele an Kälte und Hunger starben. Der *Judenrat* von Rzeszów wies diesen Flüchtlingen verlassene Gebäude und Synagogen als Unterkünfte zu und versorgte sie in der Gemeinschaftsküche mit Essen. Aber nach einiger Zeit kam ein Teil von ihnen bei den ortsansässigen Juden unter, und viele fanden eine Arbeit, teilweise sogar gutbezahlte Stellen für Facharbeiter. Wir fragten sie, wie wir mit den deutschen Soldaten umgehen sollten und welche Preise wir zahlen müßten, um den Markt nicht zu verderben.

An diesem Morgen luden wir sehr schweres Gerät ab, und nach dem Mittagessen in der Feldküche kauften wir viele Dinge von den Soldaten, darunter Armeebrot und Kosmetikartikel, die manche Soldaten von ihrer vorherigen Stationierung in Frankreich mitgebracht hatten. Wir gaben unser ganzes Geld aus, erhielten aber auch gute Waren dafür, und am Abend warteten wir nicht einmal unsere Bezahlung ab, weil wir mehr Geld mit dem Verkauf unserer Schätze verdienen konnten. Aber als wir nach Hause kamen, wurde unsere Freude getrübt. Mutter weinte und erzählte uns, daß am Morgen zwei jüdische Polizeibeamte einen Umsiedlungsbefehl vom *Judenrat* überbracht hätten. Unsere Verwandten wollten uns loswerden und hatten sich offenbar an den *Judenrat* um Hilfe gewandt. Wir waren bestürzt, beruhigten Mutter aber, daß wir bald eine eigene Wohnung finden würden. Selbst wenn sie nicht so komfortabel war, kam es jetzt nur darauf an, den Krieg zu überleben. Wir blieben den ganzen Abend über in unserem Zimmer, um eine Begegnung mit unseren Verwandten zu vermeiden, die uns nicht wollten und selbst in einer Zeit wie dieser nicht bereit waren, ihre große Wohnung mit uns zu teilen. Am nächsten Morgen meldeten wir uns beim *Judenrat*, und ein jüdischer Polizist brachte uns zu einer Wohnung im ersten Stock eines verfallenen alten Hauses im jüdischen Viertel, wo eine junge Frau den Befehl erhielt, uns eines ihrer vier Zimmer zur Verfügung zu stellen. Neben ihr stand ein etwa elfjähriger Junge. Sie war sehr nett und bat uns, am Abend einzuziehen, wenn ihr Mann von der Arbeit zurückkam. Wir gingen zu dem Geschäft, in dem Vater arbeitete, erzählten ihm von unserer neuen Wohnung und baten ihn, einen Handkarren zu leihen, damit wir unsere Sachen holen konnten, bevor unsere Verwandten nach Hause kamen. Mutter war schockiert beim Anblick des Hauses, aber ich versicherte ihr, daß es im Inneren sehr schön sei und wir eine nette Vermieterin hätten. Wir warteten in der Arbeitsverwaltung, bis Fela zurückkam, und gingen mit ihr direkt in unsere neue Wohnung. Sie sagte uns, daß der Aufseher des deutschen Lagerhauses ihr eine feste Anstellung angeboten hatte – eine sehr gute Nachricht. Als wir in der neuen Wohnung eintrafen, war der Vermieter zu Hause und begrüßte uns. Während wir unsere Sachen auspackten, kam er hinüber und lud uns zum Tee ein. Er erzählte uns, er sei Maßschneider und arbeite für eine große jüdische Schneiderwerkstatt im Zentrum des polnischen Viertels, die jetzt von einem deutschen *Treuhänder* geleitet wurde. Ihre Kunden waren gutsituierte polnische Bürger und Geschäftsleute, und er hatte sein Auskommen, was angesichts der Schwarzmarktpreise nicht einfach war. Er stellte meinen Eltern ein großes Doppelbett zur Verfügung, versprach, für uns Feldbetten zu besorgen, und seine Frau brachte uns Decken.

Beim Tee erzählte er, daß die Deutschen am 8. September in Rzeszów einmarschiert waren, nur zwei Tage nach der Einnahme von Krakau. Sie hätten sofort mit der Verfolgung der Juden begonnen. Dabei waren sie von Polen unterstützt worden, die sie zu jüdischen Wohnungen mit jungen Mädchen führten, von denen die Deutschen viele vergewaltigten. Die Polen zeigten ihnen auch die Häuser der reicheren Juden, deren Besitztümer sie konfiszierten.

Der Vermieter erzählte uns, daß an den Bußtagen viele strenggläubige Juden getötet worden seien. Deutsche Soldaten in Begleitung der SS und der Gestapo waren während der Gottesdienste in die Synagogen gekommen und hatten alle nach draußen befohlen. Dann schossen sie in die Luft und trieben die Juden, die noch ihre Gebetsmäntel und zum Teil auch die weißen Kittel darunter trugen, zum Fluß Wisłok. Den ganzen Weg über machten sie Fotos und stießen und traten die Älteren, die nicht schnell genug laufen konnten. Am Fluß angekommen, zwangen sie die verängstigten Juden, ins Wasser zu springen und trieben sie mit Schüssen zur Eile an. Dabei ertranken viele von ihnen, besonders die Älteren. Dann zogen die Deutschen lachend ab. Solche Zwischenfälle waren an der Tagesordnung, bis ein neuer Kommandant eintraf und der Anarchie und der willkürlichen Suche nach Juden für Zwangsarbeiten ein Ende machte. Er befahl, daß alle Vorgänge ab jetzt über den *Judenrat* abgewickelt werden müßten. Unser Vermieter hatte selbst viele Angehörige in der nahe gelegenen Kleinstadt Dynow verloren. Am Tag ihres Einmarschs befahlen die Deutschen allen jüdischen Männern, sich vor der Synagoge zu versammeln. Dann schnitten sie den älteren Männern die Bärte ab, während ihre Kameraden das brutale Treiben fotografierten. Anschließend zwangen sie die Juden, Bocksprünge zu machen und amüsierten sich damit, sie zu quälen. Schließlich trieben sie sie in die Synagoge, verriegelten das hölzerne Gebäude, begossen es mit Benzin und zündeten es an. Die Schreie der armen Menschen, die bei lebendigem Leib verbrannten, stiegen zum Himmel auf – die schrecklichsten Feiertagsgebete, die man je gehört hatte. Als die jüngeren Männer versuchten, der Flammenhölle durch die Fenster zu entkommen, wurden sie von den Deutschen erschossen. Dann suchten die Deutschen nach weiteren Juden. Sie jagten sie durch die Stadt und zwangen einige, in einen Brunnen zu springen, und die übrigen, sie dort lebendig zu begraben. Diese Mörder waren Angehörige der regulären Armee und gehörten nicht zu den gefürchteten »Einsatzgruppen«, den speziellen Vernichtungseinheiten der SS.

Der Gestapochef des jüdischen Viertels von Rzeszów, Adolf Schuster, ernannte einen *Judenrat* mit einem gewissen Herrn Kleinman als Präsidenten, Benno Kahana als dessen Stellvertreter sowie drei weiteren, sehr unbeliebten Mitgliedern: Hirschhorn, Spiro und Landau. Schusters Spießgesellen, Johann Gawron und Heinmann, forderten vom *Judenrat* häufig Abgaben und Geschenke. Ein Österreicher namens Pablu wurde zum Bürgermeister ernannt. Er erwies sich schon bald als Sadist, der eifrig darauf bedacht war, seine Loyalität gegenüber dem Reich unter Beweis zu stellen. Nur der Militärkommandant behandelte die Juden fair. Die Gestapo terrorisierte auch die polnischen Intellektuellen durch mutwillige Festnahmen, um sie in ständiger Angst zu halten.

Am nächsten Morgen stellten wir uns wieder nach Arbeit an. Da der Lastwagen von unserer vorherigen Arbeitsstelle nicht auftauchte, wurden wir zu einer Nachrichteneinheit transportiert, um Löcher für Telefonmasten zu graben. Der gefrorene, schlammbedeckte Boden machte die Arbeit sehr anstrengend. Wir waren dem kalten Wind und dem Eisregen schutzlos ausgesetzt, und der schwere Lehm klebte bald über und über an unseren Schuhen. Man gab uns nichts zu essen und erlaubte uns auch keine Pausen. Wir arbeiteten, bis es dunkel wurde; dann brachte man uns zum *Judenrat* zurück, wo wir ein wenig heiße Suppe aus der Gemeinschaftsküche bekamen. Vater hatte gehört, daß die jüdische Arbeitsverwaltung unter Druck stand und zahlreiche Juden bereitstellen mußte, die für die Armee und die SS arbeiten sollten. Die Beamten arbeiteten die ganze Nacht und stellten Listen auf, aber der Bedarf an Sklavenarbeit wuchs, da die Deutschen unzählige Soldaten und ihre Ausrüstung erwarteten, die in dieser Region untergebracht werden sollten. Glücklicherweise kam am nächsten Tag unser alter Feldwebel von der Armee, um Arbeiter abzuholen. Wir baten ihn, uns mitzunehmen und uns, wenn möglich, eine feste Arbeitsstelle zu geben. Er war einverstanden und arrangierte das Notwendige mit einem Beamten der Arbeitsverwaltung. Fela erzählte uns, daß sie in ihrem Depot ebenfalls schwer arbeiten mußte, weil große Mengen von Uniformen zu sortieren waren. Rzeszów war ein wichtiger deutscher Militärknotenpunkt. Von unserem Vermieter erfuhren wir, daß alle verfügbaren jüdischen Schreiner, Mechaniker und Elektriker mobilisiert worden waren, um vor der Stadt neue Baracken zu bauen und die vielen Gebäude zu renovieren, welche die Deutschen zur Beherbergung der Truppen konfisziert hatten. Der *Judenrat* mußte für deren Einrichtung sorgen.

Ich kam sehr gut mit dem Feldwebel zurecht, der mir alles verkaufte, was er in seiner Kantine erstehen konnte. Eines Tages fragte ich ihn, warum so viele Deutsche so grausam zu den Juden waren. Er antwortete, als die Deutschen die polnische Grenze überquert hätten, wäre das »Warum« gestorben, und riet mir, nie mehr danach zu fragen. Es war ein guter Rat.

An den Sonntagen mußten wir nicht arbeiten und gingen mit unseren Eltern und Fela in der Stadt spazieren. Wir beneideten die Polen, die auf ihrem Weg zur Kirche so unbekümmert, gut gekleidet und gut genährt aussahen. Die Cafés und einige Restaurants waren voller Menschen, und man sah nur wenige Bettler auf den Straßen. Mutter erzählte uns, daß die Juden auf den öffentlichen Märkten, wo sie in der Woche einkaufte, nur zwischen elf Uhr morgens und drei Uhr nachmittags Zutritt hätten, weil die polnische Bevölkerung sich beschwert hatte, daß die Bauern ihre Waren lieber zu höheren Preisen an die Juden verkauften. Jetzt durften sie erst die Märkte betreten, nachdem die Polen die besten Sachen gekauft hatten, und mußten sich mit dem zufriedengeben, was übrig war.

Als wir am nächsten Tag zur Arbeit kamen, teilte uns unser Feldwebel mit, daß seine Einheit aus Rzeszów abgezogen werde. Dies traf uns hart, weil die Arbeit gut war und viele Vorteile bot. Aber wir fanden sofort und mühelos eine andere Arbeit. Viele Lastwagen warteten auf jüdische Arbeiter, und bei unserer ersten Zuweisung fuhr man uns weit vor die Stadt in Richtung des Jasłow-Distrikts, wo wir einen langen, tunnelförmigen Bunker mit Erde bedecken mußten. Außerhalb des Bunkers bemerkten wir viele Stromerzeuger, und im Inneren waren Hunderte von Soldaten und Männer der Organisation Todt beschäftigt. Juden durften den Tunnel nicht betreten. Wir erfuhren, daß alle ansässigen Bauern das Gebiet vor einigen Monaten hatten räumen müssen und das Dorf Stepina, das sich auf diesem Gelände befunden hatte, dem Erdboden gleichgemacht worden war, um für einen Militärflugplatz und den Bunker Platz zu machen. Unser Vermieter erzählte uns, die Deutschen seien in Jugoslawien und Griechenland einmarschiert und würden schnell vorrücken, um beide Länder zu besetzen, während General Rommel mit seinem sogenannten Afrikakorps in der Wüste in Richtung Ägypten und Suezkanal vorrückte und die Briten in die Flucht schlug. Wir schlossen schnell Freundschaft mit dem Vermieter und seiner Familie; sie waren Mutter eine große Hilfe, wenn sie während des Tages allein zu Hause bleiben mußte.

Eines Morgens wurden wir und eine große Gruppe anderer Arbeiter auf Lastwagen der SS verfrachtet, die uns weit nach Süden in Richtung des Gebiets von Dębica brachten. Nach einer langen Fahrt bog der Laster schließlich von der Hauptstraße ab und fuhr in einen Wald zu einem sehr großen Lager, das von hohen Stacheldrahtzäunen und Wachtürmen mit Maschinengewehren umgeben war. Wir sahen junge SS-Männer, vermutlich Rekruten in der Ausbildung, während Panzer über Hindernisse und durch Wassergräben fuhren und tieffliegende Flugzeuge Bomben auf Bodenziele abwarfen. Man brachte uns zu einem großen, im Freien gelegenen Lagerbereich, wo Tausende von Kisten vor einigen Baracken standen. Unser Befehl lautete, die Kisten hineinzutragen; allerdings sollten wir vorsichtig sein, weil sie Sprengstoff enthielten. Die Kisten waren schwer, aber man trieb uns nicht zur Eile an, und da unsere Gruppe fast ausschließlich aus jungen Männern bestand, schafften wir es. Die vielen Juden, die schon länger hier arbeiteten, erzählten, daß sie aus Dębica und Tarnów hierher gebracht worden waren. Einige kamen sogar aus Krakau, wo man sie im Jahr zuvor im Mogilska-Zeughaus für diese Arbeit ausgewählt hatte. Sie erzählten uns, dies sei das Lager Pustkow der Waffen-SS für Spezialausbildung und Waffentests. Als wir das Lager am Abend verließen, waren bereits die Suchscheinwerfer der Wachtürme eingeschaltet, und Patrouillen mit Wachhunden machten ihre Runden. Am nächsten Morgen schickte man uns zusammen mit einigen Frauen zum Haus des Distriktgouverneurs Ehaus. Wir bemerkten, daß diejenigen, die sich auskannten, diese Arbeit zu umgehen versuchten. Das Haus war ein schöner alter Palast, der einem polnischen Adligen gehört hatte. Ich erhielt einen Eimer Wasser und ein Bündel alte Zeitungen, um die Fenster zu putzen. Dann begann ich im Obergeschoß des dreistöckigen Gebäudes und arbeitete mich nach unten vor. Es war eine gefährliche Arbeit. Ich mußte mich mit einer Hand festhalten und mit der anderen die Fenster putzen, aber man ließ mich in Ruhe und warnte mich nur, ich müsse vor Einbruch der Dunkelheit fertig sein. Die deutschen Zivilisten schrien und fluchten die ganze Zeit und traten jeden Juden, der ihrer Ansicht nach nicht schnell genug arbeitete. Inzwischen war mir klar, warum die alten Hasen versuchten, sich vor dieser Arbeitszuteilung zu drücken. Wenn Ehaus persönlich anwesend sei, erzählten sie mir, nahm er die Mißhandlung der Juden oft selbst in die Hand – vor allem bei jungen Frauen, die er gern mit einem Gummiknüppel schlug. Nach Beendigung der Arbeit mußten wir langsam an einer Feuerwache vorbeigehen, vor der einige Polen standen, die die Anweisung hatten, uns mit Feuerwehrschläuchen abzuspritzen. Es war eine unangenehme Prozedur, aber man sagte uns, daß wir noch Glück hätten: Im Winter, wenn das Wasser fast gefroren war, sei es schlimmer. Als wir an einem weiteren Gebäude im Park des Palastes vorbeikamen, erfuhren wir, daß es sich um das Bezirksgefängnis handelte, in dem viele polnische Patrioten und Juden gefangengehalten und gefoltert wurden; nur wenige von ihnen kamen lebendig wieder heraus. Wir waren froh, daß unsere Arbeit hier erledigt war.

Zu Hause untersuchte Vater unsere Schuhe und stellte fest, daß sie durch die Kälte und Nässe verrottet waren. Wir mußten *drewniaki* (holzbesohlte Schuhe) kaufen, die den bekannten holländischen Klompen ähnelten, aber nicht so gut waren. Vater bekam jetzt Prozente auf seine Verkäufe in dem Geschäft, und von unseren gemeinsamen Einkünften konnten wir, wenn auch bescheiden, leben. Darüber hinaus bestand für ihn die Möglichkeit, Brot und andere Lebensmittel von seinen polnischen Kunden zu kaufen. Täglich sahen wir mehr deutsche Soldaten und Flieger in der Stadt. Unser polnischer Lastwagenfahrer erzählte Vater von den Veränderungen, zu denen es seit unserem »Umzug« in Krakau gekommen war. Die Juden durften jetzt das Ghetto von Podgorze nicht mehr verlassen, und viele waren von der Gestapo umgebracht worden. Dennoch lebten sechzehntausend Juden im Ghetto – weitaus mehr als die elftausend, die Wächter ursprünglich vorgesehen hatte. Viele waren illegal hineingekommen, und die Deutschen kümmerten sich offenbar nicht um sie. Das alte jüdische Viertel Kazimierz wurde jetzt von Polen bewohnt.

Am nächsten Morgen brachte uns ein Lastwagen der SS nach Osten zu einem wunderschönen Herrenhaus, aus dem wir Möbel und Kunstgegenstände heraustragen und auf besonders gepolsterte Anhänger laden mußten. Es waren die schönsten Stücke, die ich je gesehen hatte, alles Antiquitäten, darunter auch herrlich geschliffene Spiegel, die mit vier Mann getragen werden mußten. Die ganze Zeit über schrien die SS-Männer uns an, mit den Sachen vorsichtig zu sein, und drohten, uns wegen Sabotage zu erschießen, wenn auch nur ein Stück beschädigt würde. Als die Anhänger beladen waren, fuhr man uns zum Bahnhof. Als wir erfuhren, daß es der Bahnhof von Lancut war, wurde uns klar, daß wir das Anwesen des legendären Grafen Potocki ausgeräumt hatten.

An diesem Abend, dem 10. Mai 1941, berichtete unser Vermieter aufgeregt, Hitlers Stellvertreter Rudolf Heß sei allein in einem Flugzeug nach England geflogen, dort mit dem Fallschirm abgesprungen und dann gefangengenommen worden. Wir wußten nicht, was wir von dieser außergewöhnlichen Nachricht halten sollten. Sie konnte vieles bedeuten, aber wir hofften, daß in Deutschland etwas geschah, das vielleicht zum Frieden und unserer Rettung führen würde. Alle waren aufgeregt, aber unser Leben blieb unverändert: Wir arbeiteten den ganzen Tag und fielen abends erschöpft in den Schlaf.

Eines Tages wies man uns eine neue Arbeit bei der *Ostbahn* zu, wo Deutsche in schwarzen Uniformen und Armbinden mit der Aufschrift *Deutsche Reichsbahn* das Kommando führten. Ich wurde für die Arbeit in einer Wartungsgrube für Lokomotiven eingeteilt, während Szymon und Nathan schwere Schienen tragen mußten. Die Vorarbeiter waren alte polnische Eisenbahnarbeiter, anständige Männer, die uns zeigten, was wir zu tun hatten. Meine Arbeit in der Grube bestand darin, die Rohre der Loks zu säubern, die zum Bunkern von Kohle und Wasser hereingebracht wurden. Dabei sollten die Rohre von unten gereinigt werden, und meine polnischen Arbeitskollegen warnten mich vor dem heißen Dampf und dem tropfenden Öl. Die Arbeit war hart und mußte schnell erledigt werden, da für jede Lokomotive eine festgelegte Zeit zur Verfügung stand. Anscheinend arbeiteten wir gut, denn unser deutscher Vorarbeiter sagte uns, er wolle uns als feste Arbeiter. Er gab uns Anforderungsbefehle mit, die wir zur Arbeitsverwaltung brachten, wo man sie abzeichnete und bestätigte. Wir waren froh, nicht mehr jeden Morgen vor dem Amt anstehen zu müssen, um zu immer neuen Arbeiten gebracht zu werden. Jetzt konnten wir morgens allein zur *Ostbahn* gehen. Schon bald duzten wir uns mit den polnischen Arbeitern, die ihr Essen mit uns teilten und uns alles beibrachten, was wir wissen mußten. Als wir am Abend nach Hause kamen, erfuhren wir, daß die Gestapo von den Juden eine weitere Abgabe in Höhe von 500.000 Zloty verlangt hatte, die der *Judenrat* innerhalb von vierundzwanzig Stunden eintreiben mußte. Als die Deutschen kamen, um das Geld zu zählen, stellten sie fest, daß 500 Zloty fehlten. Daraufhin erschossen sie die beiden Juden, die für die Beschaffung der Abgabe verantwortlich waren, und vier jüdische Polizisten, die gerade Dienst hatten. Sechs Juden tot wegen 500 Zloty!

Einer der polnischen Eisenbahn-Vorarbeiter fragte uns, ob wir mit einem gewissen Lonek Herzog aus Rzeszów verwandt seien. Als wir ihm erzählten, er wäre unser Cousin, der zusammen mit seinem Bruder in die russische Zone geflohen war, stellte der Mann sich als Herr Zwolinski vor und sagte uns, Lonek sei vor dem Krieg Leiter der Jugendorganisation der PPS gewesen und hätte mit ihm in der PPS zusammengearbeitet. Unter strengster Geheimhaltung teilte er uns mit, daß er noch immer einer der Führer der hiesigen PPS im Untergrund sei, und wenn wir etwas bräuchten, sollten wir nicht zögern, zu ihm zu kommen. So freundeten wir uns mit Herrn Zwolinski an, der seit fünfundzwanzig Jahren bei der Bahn arbeitete.

Auf dem Bahnhof herrschte jeden Tag hektisches Treiben, weil zahllose Truppenzüge auf ihrem Weg nach Osten sowie Güterzüge mit russischen Produkten abgefertigt wurden, die nach Westen unterwegs waren. Wir hatten sehr viel zu tun, und ich mußte viele Überstunden machen und verbrachte jeden Tag mehr als zwölf Stunden damit, die Maschinen zu reinigen. Unsere Pausen wurden gekürzt. Spät in der Nacht kam ich ölverschmiert nach Hause, und bald waren alle meine Kleidungsstücke ruiniert. Ich konnte froh sein, daß ich die Holzschuhe gekauft hatte.

Von unserem Vermieter erfuhren wir, daß auf den Hauptstraßen ebenfalls lange Marschkolonnen, von Pferden gezogene Artillerie, motorisierte Einheiten und Panzer nach Osten zogen. Da wir nur achtzig Kilometer von der russischen Grenze entfernt waren, nahmen wir an, daß die Deutschen ihre Front gegen die Russen verstärkten, die Finnland angegriffen und die baltischen Staaten Estland, Lettland und Litauen sowie den nördlichen Teil von Rumänien besetzt hatten. Herr Zwolinski erzählte uns, daß die letzten britischen Truppen sich von Kreta zurückgezogen und die Insel den deutschen Fallschirmjägern überlassen hatten, so daß sich ganz Westeuropa in deutscher Hand befand. Reinhard Heydrich, Hitlers Lieblingsoffizier bei der SS – ein Schlächter, der zynischerweise den Titel »Protektor von Böhmen und Mähren« trug – war von tschechischen Patrioten ermordet worden. Zur Vergeltung hatten die Deutschen das Dorf Lidice dem Erdboden gleichgemacht, alle Männer getötet und die Frauen und Kinder ins Konzentrationslager gebracht.

Eines Sonntagmorgens im Juni wurden wir um vier Uhr morgens vom Geräusch fahrender Lastwagen geweckt, die in das jüdische Viertel fuhren. Nur wenige Minuten später klopften jüdische Polizisten an die Türen und befahlen allen Männern unter sechzig, herauszukommen. Vater, meine Brüder und ich wurden auf den Lastern zum Bahnhof gebracht, wo bereits viele andere Juden damit beschäftigt waren, militärische Ausrüstung auszuladen, die auf Lastwagen und Güterzügen ankam. Die Soldaten waren sehr grob, stießen uns herum und schrien »*Los, los, schnell, schnell!*« Wenn jemand etwas fallen ließ – meist war es einer der älteren Juden – wurde er geschlagen, mußte aber weiterarbeiten. Es gab nicht eine Minute Pause, da immer neue Lastwagen und leere Waggons eintrafen. Den Mittag über machten uns die Sonne und die Hitze sehr zu schaffen, und es war schon lange dunkel, als wir endlich völlig erschöpft nach Hause gehen durften. Wir hatten wie Sklaven gearbeitet, und bevor ich einschlief, fiel mir die biblische Geschichte der Juden in Ägypten ein, die als Sklaven des Pharaos Vorratshäuser für ihn bauen mußten.

Als wir am nächsten Tag wieder zur Arbeit kamen, erzählten uns unsere polnischen Kollegen aufgeregt, daß die Deutschen am Tag zuvor, dem 22. Juni 1941, ohne Kriegserklärung oder irgendeine Vorwarnung Rußland überfallen hatten. Mächtige deutsche Armeen mit Tausenden von Panzern waren mit Unterstützung der Luftwaffe um 3.15 Uhr auf einer über tausend Kilometer breiten Front über die Grenze eingefallen. Wir sahen und hörten die nach Osten fliegenden Flugzeuge, und nun wußten wir auch, wohin all die Züge in den letzten Wochen gefahren waren. Wir alle freuten uns – selbst die Polen, trotz ihrer traditionell feindlichen Einstellung gegenüber Rußland. Einen Vorteil hatte dieser Überfall bereits: Viele der Polen, die zuvor offen antisemitisch gewesen waren, behandelten die Juden jetzt freundlicher, für den Fall, daß die Russen bald kämen. Wir glaubten, daß der russische Riese, sobald er sich von diesem Überraschungsschlag erholt hatte, die Deutschen in die Schranken verweisen würde. Wir wagten sogar, davon zu träumen, daß die Russen bald nach Rzeszów kommen würden, um uns von dem deutschen Joch zu befreien. In der Stadt schüttelten Polen und Juden sich die Hände. Die Russen waren nur ein paar Panzerstunden entfernt. In der Zwischenzeit wurde die Verdunklung angeordnet, und wir verhängten unsere Fenster mit Decken, aber da wir keine genauen Nachrichten erfuhren, lebten wir von Gerüchten.

Als die Tage vergingen, ohne daß wir einen Russen zu Gesicht bekamen, schlug unsere freudige Erwartung in Verwirrung um. Was war mit dem russischen Riesen und all den Panzern und Flugzeugen passiert, die die Russen zur Besetzung des polnischen Ostens stationiert hatten? Uns blieb nicht viel Zeit für Spekulationen, da wir am Bahnhof hart arbeiten mußten. Pausenlos trafen Truppenzüge aus dem Westen ein, wurden von uns abgefertigt und fuhren weiter in Richtung Osten. Wir mußten bis spät in die Nacht arbeiten, und die Verdunklung machte die Arbeit gefährlich. Die Nachrichten wurden von Tag zu Tag schlechter – nur deutsche Vorstöße. Sie besetzten eine ehemalige polnische Stadt nach der anderen: Wilno, Brest-Litowsk und viele kleinere, unbekannte Städte, die sie den Russen so großzügig überlassen hatten, als sie Polen vor zwanzig Monaten zerstückelten.

Herr Zwolinski versorgte uns mit genauen Informationen, aus denen sich ein düsteres Bild ergab. Große Teile der Bevölkerung von Lettland, Litauen, Estland und Weißrußland unterstützten die vorrückenden Deutschen und hießen sie mit Blumen willkommen. Noch schlimmer waren die Berichte von den Massakern an Juden durch Spezialeinheiten der SS – die »Sonderkommandos« und »Einsatzgruppen« –, die der Wehrmacht auf dem Fuß folgten und ein nie dagewesenes Blutbad anrichteten. Dies war kein wahlloses Töten und Abschneiden von Bärten zur Belustigung mehr, sondern grausamer Völkermord.

Die polnischen Ingenieure erzählten uns, die Deutschen müßten ihre Züge wegen der größeren Spurbreite der russischen Schienen schnell umrüsten, da ihre Panzer mit unglaublichem Tempo nach Osten vorrückten. Die Russen erlitten ungeheure Verluste, und täglich wurden Tausende von ihnen gefangengenommen. Herr Zwolinski meinte, daß die Engländer sich jetzt sicherer fühlen konnten. Sie waren jetzt nicht mehr die einzigen, die den Deutschen offen entgegentraten. Die Gefahr einer Invasion hatte sich verringert, und sie unterzeichneten einen Bündnisvertrag mit der Sowjetunion, den sie zuvor lange Zeit abgelehnt hatten.

An unserem Bahnhof sahen wir die ersten Züge des Roten Kreuzes, die von der Front zurückkamen und Schwerverwundete in die Militärhospitäler brachten, die die Deutschen in Rzeszów gebaut hatten. Viele von ihnen waren beim Transport gestorben. Dieses Mal gab es kein fröhliches Singen bei den Deutschen, und niemand machte Fotos von gedemütigten Juden. Zu den vielen Verwundeten und Toten gehörten sicherlich auch einige Mörder von russischen und polnischen Juden. Es war der Beginn einer Rache, von der wir geträumt hatten – Blut um Blut. Wenn sie nur alle so leiden würden, wie sie uns hatten leiden lassen! Aber sie drangen weiterhin »siegreich« vor, und in den Zeitungen erschienen immer neue Namen von Städten, die wir so gut kannten. Lwów, die größte Stadt in Ostpolen, wurde ebenso eingenommen wie Równe, Stanisławów, Kolomyja und Białystok. Wir machten uns größte Sorgen um die Hunderttausende von Juden, die in diesen Städten lebten. Viele Rzeszówer Juden hatten nahe Verwandte dort und fürchteten um deren Sicherheit. Außerdem wuchs auch unsere Angst, daß der deutsche Terror uns erfassen und das Leben noch schwerer machen würde, als es bereits war. Unsere Befürchtungen wurden fast umgehend bestätigt durch das Erscheinen großer Plakate mit Karikaturen von häßlichen, blutschlürfenden Juden, brennenden Kirchen und zerbrochenen Kreuzen. Die Aufschriften in Polnisch und Deutsch besagten, dies seien die jüdischen Bolschewiken bei der Arbeit. Darüber hinaus zogen die von den Deutschen kontrollierten Radiosender und Zeitungen alle Register, um den Angriff auf Rußland als einen »totalen Krieg« gegen die Bolschewiken darzustellen, die darauf aus waren, das Christentum zu vernichten; als Speerspitze der Antichristen hoben sie besonders die »jüdischen Kommissare« hervor. Die Deutschen mußten die Bevölkerung nicht sonderlich aufhetzen. Sobald sie in eine Stadt oder ein Dorf einmarschierten, fielen die örtlichen Antisemiten über die Juden her und töteten viele von ihnen, bevor die Nazis sie in die Finger bekamen. Die Nazis massakrierten die Juden entsprechend eines sorgfältig vorbereiteten Plans. In Lwów, wo einhundertfünfzigtausend Juden lebten, kam es zu einem Blutbad, das ohne Unterbrechung vom 29. Juni, dem Tag des deutschen Einmarschs, bis zum 3. Juli andauerte. Banden von Ukrainern schlachteten jüdische Männer, Frauen und Kinder ab, die sie aus ihren Wohnungen zerrten. Für ihre Exzesse erhielten sie Beifall von den Deutschen, die lachten, während sie das Massaker fotografierten. In Vilnius wurden fünfunddreißigtausend Juden von Litauern umgebracht. In Białystok verbrannten eintausend Juden in Synagogen, und weitere eintausend wurden lebendig in Massengräbern begraben. Aber obwohl wir um unsere Brüder trauerten, wurde unser Überlebenswille durch diese Greueltaten nur noch verstärkt. Wir mußten leben, um Rache zu nehmen. Gouverneur Frank kündigte die Erweiterung des Generalgouvernements um drei weitere Distrikte – Lwów, Stanisławów und Tarnopol – in den neu besetzten Gebieten in Südostpolen an, wo sechshunderttausend Juden lebten.

Am Bahnhof trafen die ersten Züge mit russischen Kriegsgefangenen ein, die in völlig überfüllten Viehwaggons transportiert wurden. Sie standen unter strenger Bewachung, und niemand durfte sich ihnen nähern, aber wir konnten ihre Rufe nach Wasser und Essen hören. Die Gleise waren mit toten Russen übersät, die man aus dem Zug geworfen hatte. Hier lagen die Soldaten, auf die wir unsere Hoffnungen auf eine Befreiung gesetzt hatten.

Manchmal gelang es uns, einige Lebensmittel mit nach Hause zu bringen, die wir von unseren Arbeitskollegen gekauft hatten, und als das Wetter allmählich kälter wurde, stahlen wir Kohlen am Bahnhof und schmuggelten sie unter unseren Jacken nach Hause. Wir teilten alles mit unserem Vermieter. Als wie durch ein Wunder die ersten jüdischen Flüchtlinge aus den neu besetzten Gebieten eintrafen, erzählten sie haarsträubende Geschichten. Die Deutschen hatten die Juden der Gnade der Ukrainer überlassen, die zusammen mit der SS und der Gestapo eine Schreckensherrschaft führten. Sie ernannten *Judenräte* und erschossen viele Mitglieder bereits kurz danach wegen irgendeines Vergehens oder nahmen Geiseln aus der jüdischen Bevölkerung. Wenn sie Russen an der Front gefangennahmen, suchten die Deutschen zuerst nach Juden und Kommissaren und fanden immer

Männer, die bereit waren, ihre Kameraden zu verraten. Wir fragten die Flüchtlinge, warum die Juden nicht zusammen mit den Russen nach Osten gegangen seien, und sie erklärten uns, daß die deutschen Truppen den Juden in vielen Städten keine Zeit zur Flucht gelassen hätten. Viele wollten ihre Familien und Häuser nicht verlassen, und niemand von ihnen glaubte wirklich die Geschichten über die Massaker, die die Deutschen im September 1939 in unserem Teil Polens begangen hatten.

Als wir am nächsten Morgen zur Arbeit kamen, fanden wir unsere polnischen Kollegen sehr aufgeregt vor. Sie hatten gehört, daß die Japaner einen Überraschungsangriff auf die amerikanische Flotte in Pearl Harbor gestartet hatten. Es war der 7. Dezember 1941. Der japanische Angriff hatte ungeheure Zerstörungen und zahlreiche Tote zur Folge, und die USA befanden sich jetzt im Krieg mit Japan und Deutschland. Für uns war das ein neuer Hoffnungsschimmer. Die Amerikaner würden wieder einmal kommen, um Europa vor den Deutschen zu retten, wie sie es bereits 1917 getan hatten. Und wir hofften, daß der russische Winter die Deutschen ebenso in die Flucht schlagen würde wie Napoleons Armee im Jahre 1812, falls die zurückweichenden russischen Truppen dieser Aufgabe nicht gewachsen sein sollten. Unser Vermieter erzählte uns, daß er an seinem Arbeitsplatz Gelegenheit hatte, einen Blick in deutsche Zeitungen zu werfen, wo er Hunderte von Todesanzeigen deutscher Soldaten fand, die an der russischen Front gefallen waren. Dies war eine gute Nachricht – nicht gut genug, aber ein Anfang. Alles Blut der Deutschen konnte ihre Hände niemals von dem jüdischen Blut reinwaschen, das sie vergossen hatten.

Es gab hartnäckige Gerüchte, daß in Rzeszów ein Ghetto entstehen sollte, und manche behaupteten sogar, sie würden den genauen Ort bereits kennen. Die gleichen Gerüchte hatten wir auch vor der Errichtung des Ghettos in Krakau gehört, und während ich mich fragte, woher diese Gerüchte stammten, konnte ich die Tatsache nicht übersehen, daß bisher jeder, der eine neue Katastrophe für die Juden vorausgesagt hatte, von den nachfolgenden Ereignissen bestätigt worden war. Vielleicht verbreiteten die Deutschen selbst solches Gerede, um dafür zu sorgen, daß die Juden zuviel Angst hatten, um an Flucht oder Widerstand zu denken.

Kurze Zeit später sahen wir auf unserem Weg zur Arbeit eine Menschenmenge, die sich um ein neues Wandplakat versammelt hatte.

Darauf kündigte der *Judenrat* die Bildung eines jüdischen Wohnbezirks an – das Ghetto, von dem in den Gerüchten die Rede gewesen war. Offiziell wurde es »aus gesundheitlichen Gründen« eingerichtet. Auf dem Plakat waren die Straßen und Plätze aufgelistet, die in den Bereich des Ghettos fielen. Es sollte am 31.12.1941 geschlossen werden, womit uns und den konvertierten Juden, die nicht davon ausgenommen waren, zehn Tage Zeit blieb, um dorthin umzuziehen. Nur diejenigen mit einem gültigen, von den deutschen Behörden ausgestellten Paß erhielten die Erlaubnis, das Ghetto zu verlassen, um zur Arbeit zu gehen. Jeder, der nach der Schließung außerhalb des Ghettos angetroffen wurde, sollte erschossen werden. Den Polen war der Zutritt nur mit einer Sondergenehmigung erlaubt; bei Zuwiderhandlung hatten sie mit Verhaftung und hohen Geldstrafen zu rechnen. Wir stellten fest, daß das Haus, in dem wir lebten, sich innerhalb der Grenzen des Ghettos befand, so daß wir nicht umziehen mußten, während die Wohnung unserer Verwandten außerhalb lag. Sie taten uns nicht besonders leid. Aber das Geschäft, in dem Vater arbeitete, lag im polnischen Viertel, und er würde seine Arbeit verlieren. Viele Juden mußten ihre Wohnungen verlassen, eine Unterkunft im Ghetto finden und mit ihrem Hab und Gut umziehen. Jüdische Geschäftsleute mußten neue Läden und Werkstätten finden, alles innerhalb von zehn Tagen und ohne die Hilfe polnischer Lastwagenfahrer, denen es verboten war, jüdischen Besitz zu transportieren.

Wir hatten solche Paniksituationen zweimal in Krakau durchgemacht, einmal im Sommer 1940, als fünfzigtausend Juden die Stadt innerhalb von drei Monaten verlassen mußten, und ein weiteres Mal im März 1941, als die Errichtung des Ghettos in Podgorze angekündigt wurde. Wir rieten all unseren Bekannten, die ihre Wohnungen verlassen mußten, sie sollten zuerst eine Unterkunft im Ghetto zu finden versuchen und dann genügend Helfer organisieren, um möglichst viel von ihrem Besitz zu retten.

Unser deutscher Aufseher sagte uns, daß wir Pässe bekämen, mit denen wir weiterhin für die *Ostbahn* arbeiten könnten; unsere Gruppen würden unter Bewachung zur Arbeit geführt werden. Als wir an diesem Abend nach Hause gingen, herrschte in der Stadt rege Betriebsamkeit, wie in einem Bienenstock. Juden und Polen machten Geschäfte miteinander, verkauften ihre Habe und tauschten Wohnungen und Läden, wofür sie eine Genehmigung des *Judenrat*s und des Bürgermeisters brauchten. Vor beiden Gebäuden standen endlose Menschenschlangen im kalten und feuchten Wetter. Jeder wollte der erste sein, um eine gute Unterkunft zu bekommen, und viele Juden beeilten sich, Geschäfte mit Polen zu machen, deren Wohnungen und Läden innerhalb der neuen Ghettogrenzen lagen. Die Polen befanden sich im Vorteil, da es viele Juden gab, die bereit waren, jeden Preis zu bezahlen. Die schlammigen Straßen füllten sich mit Handkarren, Schubkarren und sogar mit Kinderwagen, mit denen Möbel in das Ghetto transportiert wurden. Auch hier tauchten wie aus dem Nichts die *Macher* auf und verlangten hohe Gebühren, um die Formalitäten bei den Behörden für diejenigen zu regeln, die zahlen konnten, um nicht in der Kälte anstehen zu müssen. Viele Mitglieder des *Judenrats* und Polizisten nutzten ebenfalls die Gelegenheit, um Geld zu machen. Hier und da boten Bauern ihre Karren verzweifelten Juden an. Gott allein wußte, wie sie so schnell herausgefunden hatten, daß sich hier eine weitere Gelegenheit zum Geldverdienen bot. Auch Hausmeister brachten ihr Schäflein ins Trockene. Da sie nur zu gut wußten, daß den Juden die Zeit davonlief, konnten sie problemlos hohe Summen erpressen. Viele Polen, die Häuser innerhalb des Ghettos besaßen, machten phantastische Geschäfte und tauschten Bruchbuden gegen schöne Wohnungen und erstklassige Läden im polnischen Teil der Stadt. Einige von ihnen waren noch nicht einmal mit diesen einseitigen Tauschgeschäften zufrieden und räumten ihre Wohnungen bis auf die Mauern aus, bevor sie sie übergaben. Dazu kam, daß sie über Transportmöglichkeiten verfügten, um Sachen wegzuschaffen. Die Geschehnisse von Krakau schienen sich zu wiederholen: Auch in Rzeszów gab es wieder Polen, denen die Juden ihre Wertgegenstände zur Aufbewahrung anvertraut hatten und die sich einfach weigerten, sie zurückzugeben, als die Juden sie am dringendsten brauchten. Es war offensichtlich, daß sich die Polen über diese Gelegenheit freuten. Auf einen Schlag waren sie ihre jüdischen Freunde los und behielten deren Besitztümer. In den Straßen lauerten gewöhnliche Ganoven darauf, Sachen von den vorbeikommenden Karren und Kinderwagen der Juden zu stehlen. Polen und Deutsche hatten ihre Freude daran, die Juden dabei zu beobachten, wie sie sich durch die schlammigen Straßen kämpften, aber das Schlimmste war der jüdische Abschaum, der darauf wartete, daß seine unglücklichen Brüder ihre Habe auf dem Bürgersteig abstellten, sich darauf stürzte und mit den besten Sachen, die er zu fassen bekam, davonlief. Wenn die neuen Wohnungen zu klein waren, um alle Besitztümer darin unterzubringen, tauchten wie durch eine Geheimtür Polen auf, um für die restliche Habe lächerliche Summen zu bieten. Manchmal schnappten ihnen gerissene Bauern das Geschäft weg, indem sie Brennholz und Lebensmittel anboten, die für die Juden wertvoller waren als Geld.

Nachdem die Polen den festgelegten Bereich der Stadt verlassen hatten und die Juden eingezogen waren, wurde das Ghetto von jüdischen Handwerkern eingezäunt. Der *Judenrat* war rund um die Uhr damit beschäftigt, Unterkünfte zuzuteilen und Pässe auszustellen. Abends vergaben einige der Mitglieder und jüdische Polizisten die besten Wohnungen ganz unverhohlen an diejenigen, die am meisten dafür bezahlen konnten. Besonders hart traf es die konvertierten Juden, von denen einige keinerlei Verbindungen mehr zur jüdischen Gemeinde hatten: Sie wurden von den Juden als Abtrünnige verachtet, schauten aber selbst auf ihre ehemaligen Glaubensbrüder herab. Nun waren sie jedoch gezwungen, als Juden mit uns zusammenzuleben.

Unser Vermieter mußte eine weitere Familie aufnehmen: Die Horns waren sehr gläubige Juden, die aus dem nahe gelegenen Tyczyn kamen. Jede Familie bewohnte jetzt ein einziges Zimmer, und alle mußten sich eine gemeinsame Küche und eine Toilette teilen. In fast jedem Hause kam es zu lauten und erbitterten Streitigkeiten, und der *Judenrat* und die jüdische Polizei mußten in vielen Fällen eingreifen, um die Ordnung wiederherzustellen. Immer noch waren die Juden leidenschaftlich um ihre Möbel und die Größe ihrer Zimmer besorgt. Vielleicht war es alles in allem sogar besser, daß uns diese weniger wichtigen Dinge beschäftigten; auf diese Weise dachten wir nicht darüber nach, was uns noch bevorstand.

Noch bevor sich alle eingerichtet hatten, wurde am 24. Dezember 1941, am Heiligabend, ein neuer Erlaß angeschlagen, der den Juden befahl, alle Pelze und pelzgefütterten Mäntel sowie eventuell vorhandene Skiausrüstungen an die Deutschen auszuhändigen. Wir hatten vierundzwanzig Stunden Zeit, die Sachen zum *Judenrat* zu bringen. Viele Juden gaben sie lieber den Polen oder verkauften sie für wenig Geld an die Spekulanten, statt sie den Deutschen zu überlassen, die damit ihre Soldaten vor der russischen Kälte schützten. Wir beteten darum, daß sie alle erfroren, bevor sie sich in die unrechtmäßig erworbenen jüdischen Pelze hüllen konnten. In unserer Familie besaß niemand einen Pelz oder eine Skiausrüstung. Am nächsten Tag fuhr die Gestapo zur Werkstatt eines jüdischen Kürschners, um seine gesamten Lagerbestände zu konfiszieren. Als er ihnen sagte, daß er all seine Pelze bereits abgeliefert habe, erschossen sie ihn vor den Augen seiner Familie.

Unsere neuen, strenggläubigen Nachbarn versicherten uns, die Zeiten seien jetzt so schwer, daß der Messias sicher bald erscheinen würde, um uns zu retten. Sie trösteten sich selbst damit, daß sie im Ghetto von den Deutschen und Polen in Ruhe gelassen wurden, so daß sie beten und wieder ihre Bärte und Schläfenlocken wachsen lassen konnten. Uns gelang es jedoch nicht, so viel Zuversicht aufzubringen, denn wir wußten, daß nur ein Wunder uns eine bessere Zukunft bescheren konnte, und wir glaubten nicht daran, daß ein solches Wunder geschehen würde. Schließlich wurde die Umzäunung des Ghettos fertiggestellt: Es gab drei Zugangstore, und über einem Warnschild mit Totenköpfen, das den Zutritt »aus gesundheitlichen Gründen« streng untersagte, war die große Aufschrift *ARBEIT MACHT FREI* angebracht. Wir erlebten einige herzzerreißende Abschiedsszenen zwischen Juden und Polen, bevor man die Tore schloß. Nun waren wir den Deutschen vollkommen ausgeliefert, übersichtlich zusammengepfercht, so daß sie mit uns machen konnten, was sie wollten, und sie hatten kein Geheimnis daraus gemacht, welches Schicksal auf uns wartete. Schließlich gaben sie dem Ghetto den deutschen Namen *Ghetto Reishof* – kein vielversprechendes Omen.

4
Im Ghetto.
Rzeszów, Dezember 1941 – März 1942

Viele Juden, von deren Wohnungen aus man auf den polnischen Teil der Stadt blicken konnte, beobachteten, wie deutsche und polnische Wachen vor den drei Toren in der Mickiewicza- und der Lwowska-Straße sowie am Plac Wolnosci Posten bezogen, während die jüdische Polizei innerhalb der Tore stationiert wurde. Auch die SS unterhielt einen Posten im Ghetto, der in einem Gebäude in der Garncarska-Straße untergebracht war.

Alle, die ihren Arbeitsplatz außerhalb des Ghettos hatten, wurden von deutschen Wachen zur Arbeit gebracht. Herr Zwolinski versorgte Fela mit Lebensmitteln, die sie nach Hause mitbrachte, und unsere Arbeitskollegen sagten uns, sie würden Essen gegen bestimmte Waren tauschen, die wir im Ghetto kaufen konnten. Auf den Straßen außerhalb des Ghettos gaben uns einige Polen Botschaften für ihre jüdischen Freunde im Inneren mit. Die Wachen machten keine Anstalten, uns am Tor zu durchsuchen, so daß Schmuggel jederzeit möglich war. So konnten wir vielleicht ein wenig Geld dazuverdienen, um unsere mageren Einkünfte aufzustocken, die jetzt noch niedriger ausfielen, da Vater seine Arbeit verloren hatte. Innerhalb des Ghettos übte der *Judenrat* die eigentliche Amtsgewalt aus: Er stellte Pässe zum Verlassen des Ghettos aus, verteilte Essensmarken und Rationen, wies Läden und Räume für Büros und Werkstätten zu, verwaltete das Hospital, stellte Unterkünfte für Flüchtlinge zur Verfügung und leitete die Gemeinschaftsküchen sowie die Waisenhäuser. Der *Judenrat* verlegte seine Büros in ein großes Gebäude, das der Familie Schiff gehörte, und seine Mitglieder und die jüdischen Polizisten bezogen die besten und geräumigsten Wohnungen. Überall hörte man lautstarke Streitigkeiten, in denen es meist um Wohnraum und sanitäre Einrichtungen ging. Die Neuankömmlinge waren noch nicht mit der Situation vertraut, aber wir wußten aus Erfahrung, daß sich das zwangsläufig bald ändern würde. Allerdings entsetzte uns das herzlose Verhalten einiger Mitglieder des *Judenrats*, die Arme und Alte zwangen, ihre Wohnungen zu räumen und sie in dunklen, feuchten Kellern ohne Strom und Wasser einquartierten, damit sie anderen gegen Bezahlung eine bessere Wohnung vermitteln konnten. Einige Bewohner heizten ihre Zimmer nicht ausreichend, obwohl sie es gekonnt hätten, weil sie die anderen Familien in der Wohnung nicht in den Genuß ihrer Wärme kommen lassen wollten. Es war erschrekkend, wie schnell die Selbstsucht uns infiziert hatte, und unsere Laune besserte sich auch nicht, als wir auf unserem Weg zur Arbeit entdecken mußten, wie Polen ungeniert Geschäfte eröffneten, die noch vor einer Woche Juden gehört hatten. Also hatte Gouverneur Frank ihnen gegenüber sein Versprechen vom 26. Oktober 1939 gehalten, sie von den »jüdischen Blutsaugern« zu befreien. Wenn wir morgens zur Arbeit gingen, sahen wir, wie die Ärmsten des Ghettos, die man in licht- und luftlose Keller gesperrt hatte, aus ihren Behausungen herauskamen, nach Luft schnappten und umherliefen, um sich nach der Nacht in ihrem eisigen Quartier aufzuwärmen – Opfer einer Habgier, die sich in unseren traurigen neuen Lebensbedingungen niemals hätte ausbreiten dürfen. Dagegen trugen die jüdischen Polizisten Ledermäntel und Stiefel, in denen sie wie unsere deutschen Herren aussahen. Sie sorgten auch dafür, daß ihre Frauen und Freundinnen gut angezogen waren. Ihre Macht war ihnen zu Kopf gestiegen. Es blieb den anständigeren Juden überlassen, den armen Teufeln mit Essen, Kleidung und Brennholz zu helfen und ihre mageren Rationen mit ihnen zu teilen. Die Preise innerhalb des Ghettos lagen sehr viel höher als die außerhalb. Brot war besonders teuer und kostete fast zehnmal mehr als auf der polnischen Seite, so daß Bäcker, die Mehl beschaffen konnten, bald auf einer Stufe mit der Elite des *Judenrats* und der Polizei standen, die von Bestechungsgeldern lebten. Gleichzeitig tauchten auch immer mehr junge und alte Bettler in den Straßen des Ghettos auf.

Der Schmuggel entwickelte sich zum größten Handelszweig, und wir hatten keine andere Wahl, als uns daran zu beteiligen, weil darin unsere einzige Überlebenschance bestand. Da wir jeden Tag das Ghetto verlassen konnten und in engem Kontakt mit Polen standen, befanden wir uns in einer günstigen Lage. Andere betrieben den illegalen Handel über die Zäune, Dächer und Keller der an das polnische Viertel angrenzenden Gebäude. Die größten Schmuggler waren jedoch die jüdischen Polizisten. Nachts brachten ihnen polnische Spekulanten ganze Wagenladungen voller Grundnahrungsmittel, und sie bestachen die deutsche und die polnische Polizei auf der anderen Seite der Tore, bei ihren nächtlichen Aktivitäten ein Auge zuzudrücken.

Nur den strenggläubigen Juden schien das Leben im Ghetto nichts auszumachen. Sie hatten wieder die Möglichkeit, Religionsklassen für ihre Kinder zu organisieren, verbrachten viele Stunden im Gebet und Studium und redeten sich ein, ihr irdisches Leid sei ohne Bedeutung, sondern diene dem höheren Zweck, das Kommen des Messias herbeizuführen. Sie erwarteten jeden Augenblick das Wunder der Erlösung. Einige von ihnen wirkten sogar glücklich. Die konvertierten Juden dagegen konnten sich nicht an die feindliche Umgebung anpassen. Einige riskierten ihr Leben auf der Flucht in andere Städte, weil sie hofften, dort unerkannt leben zu können. Die Jungen waren nicht beschnitten, und sie kannten alle katholischen Gebete, so daß sie vielleicht eine Chance hatten.

Eines Tages wurden alle kranken Juden, die in Hospitälern auf der polnischen Seite behandelt worden waren, in das Ghetto verfrachtet, und Dr. Heller, der das kleine Ghetto-Krankenhaus leitete, gelang es irgendwie, sie alle zu versorgen. Seine Bemühungen brachten ihm die Dankbarkeit und Bewunderung aller ein. Das sich verschlechternde Winterwetter erschwerte unser Leben zusätzlich. Die Bauern konnten ihre Produkte nicht mehr in die Stadt bringen, und der tiefe Schnee machte den Schmuggel über die Zäune hinweg fast unmöglich. Immer häufiger brachen die Armen in die Wohnungen der Bessergestellten ein, um Lebensmittel und Brennmaterial zu stehlen – verzweifelte Taten ehrlicher Menschen, die keine andere Möglichkeit sahen, am Leben zu bleiben. Unsere polnischen Arbeitskollegen taten, was sie konnten, um uns etwas Brot mitzubringen. Sie selbst hatten zu dieser Zeit ebenfalls wenig zu essen. In meiner engen Arbeitsgrube war es zumindest warm, wenn auch feucht, aber meine Brüder und alle anderen, die im Freien arbeiteten, litten sehr unter der Kälte. Viele von ihnen bekamen Frostbeulen und konnten nicht zur Arbeit kommen, was sie um das bißchen Essen und Kohle brachte, das sie ihren Familien vielleicht hätten mitbringen können.

Unsere einzige Genugtuung waren die vielen kranken und verwundeten deutschen Soldaten, die in den Zügen von der Front kamen. Wir beobachteten heimlich, wie sie aus den Zügen in die Krankenwagen getragen wurden, die sie in die Militärhospitäler fuhren. Viele hatten erfrorene Gliedmaßen und Gesichter, manchen fehlte die Nase oder die Ohren, aber auf uns wirkte der Geruch von verwesendem Fleisch wie der Duft von Parfüm. Viele waren auch beim Transport gestorben und mußten zugedeckt werden, bevor man sie aus dem Zug holte. Die Natur und die Russen zahlten ihnen unsere Qualen heim.

Herr Zwolinski berichtete, daß den Russen viele erfolgreiche Gegenangriffe gelangen. Aber die Berichte aus dem Warschauer Ghetto waren tragisch: Täglich starben Hunderte von Juden an Kälte, Hunger und Krankheiten. Aus Krakau kam die Nachricht, daß die sechstausend Juden, die die Deutschen 1940 und 1941 in die umliegenden Dörfer verbannt hatten, zurückgeholt und ins Ghetto eingeliefert wurden, so daß es nun gänzlich überfüllt war. Die Deutschen spielten ein grausames Spiel mit ihnen: Zuerst hatten sie sie gezwungen, die Stadt zu verlassen, und nun brachten sie sie, mitten im harten Winter des Jahres 1942, wieder zurück und steckten sie in das bereits völlig übervölkerte Ghetto.

Einige Polen – hauptsächlich die Kontrolleure der Versorgungsunternehmen – hatten noch immer Zutritt zu unserem Ghetto. Es waren Besucher, auf die wir gut verzichten konnten. Sie zögerten nicht, ganze Gebäude von der Strom- und Wasserversorgung abzuschneiden, wenn nur eine arme Familie darin ihre Rechnung nicht bezahlen konnte. Die boshaftesten unter ihnen waren die Steuereintreiber. Sie verlangten die Begleichung angeblicher Steuerschulden, die schon vor langer Zeit bezahlt worden waren, und wenn die Leute ihnen ihre Quittungen zeigten, drohten sie damit, sie bei den Deutschen zu denunzieren. Anstelle von Geld akzeptierten sie nur Gemälde, Kunstgegenstände, Teppiche oder teure Möbel – herzlose Aasgeier, die von unserem Unglück lebten.

Trotz des hohen Schnees riskierten einige Männer ihr Leben, um Güter über die glatten, gefrorenen Dächer zu schmuggeln, während andere verzweifelt Tunnel zu den angrenzenden polnischen Häusern gruben – alles, um ein wenig länger zu überleben. Die Ärmsten unter uns wurden immer schwächer und waren bald nur noch Schatten ihrer Selbst, ausgezehrt von Hunger und Kälte. Wir taten, was wir konnten, um unseren unmittelbaren Nachbarn zu helfen – einst würdevolle menschliche Wesen, die zu Bettlern geworden waren. Als sich das Wetter besserte, brachten die polnischen Kontaktleute wieder

Waren, welche die Schwarzhändler bestellt hatten, und warfen sie über die Zäune. In den überfüllten Straßen kauften und verkauften die Leute offen jede denkbare Handelsware. Die Deutschen, die von Zeit zu Zeit durch die Straßen fuhren, griffen nicht ein. Sie fotografierten nur die eingesperrten Juden, und unsere Bettler verdienten sich Zigaretten, indem sie für sie posierten. Nur die strenggläubigen Juden hatten Angst und versteckten ihre Bärte, bis die Deutschen wieder verschwunden waren.

Dr. Heller und seine heroischen Helfer machten sich große Sorgen wegen der ständig anwachsenden Müllberge. Vor den Schutzkellern, in denen die Ärmsten der Armen ohne sanitäre Einrichtungen lebten, kamen zu den Abfällen noch Exkremente hinzu. Ratten und Mäuse liefen frei umher. Jede Nacht starben Menschen, deren Leichen am nächsten Morgen von Oszerowicz, dem Leichenbestatter des Ghettos, und seinen Leuten abgeholt wurden. Es stand zu befürchten, daß ohne vorbeugende Maßnahmen im heißen Sommer Seuchen ungehindert wüten würden. Aber die Beamten des *Judenrats* waren zu sehr mit unmittelbaren Problemen beschäftigt und um ihr eigenes Wohlergehen besorgt, um die Bitten der Ärzte zu beachten. Alte und Kranke starben, bevor man sich um ihre Not kümmern konnte. Andererseits unternahmen sie große Anstrengungen und mobilisierten sogar Schreiner, um hölzerne Überführungen über die polnischen Straßen zu bauen, die einige Bereiche des Ghettos voneinander trennten. Zuvor waren diese Straßen von der Polizei bewacht worden; jetzt mußten wir darüber hinweggehen.

Eines Abends trafen wir unseren Vermieter in blendender Laune an. Er hatte Arbeit in einer Kooperative gefunden, die von einem gewissen Herrn Eintracht neu gegründet worden war. Eintracht konnte die Deutschen dazu bringen, der Eröffnung einer Reihe von Werkstätten zuzustimmen, die er Kooperativen nannte und in denen Uniformen und Stiefel für die Wehrmacht, die SS, die Luftwaffe und andere deutsche Einrichtungen angefertigt und repariert werden sollten. Mit diesem Projekt wurden Hunderte von Arbeitsplätzen für Schneider, Schuhmacher und viele andere Handwerker geschaffen, Männer und Frauen, die nichts zu tun gehabt hatten und ihre wenigen Besitztümer verkaufen mußten, um Leib und Seele zusammenzuhalten. Jetzt erhielten sie Lohn, Sonderzuteilungsmarken und Essen am Arbeitsplatz. Nachdem er ein paar Tage dort gearbeitet

hatte, erzählte uns unser Vermieter, daß Eintracht sich etwas dazu-
verdiente, indem er fingierte Arbeitsstellen in seiner Kooperative an
reiche Juden verkaufte. Er erhielt sogar Passierscheine, die sie als
»Käufer« auswiesen. Andere, die nicht einmal wußten, wie man ein
Werkzeug hielt, beschäftigte er in der Geschäftsleitung oder als Büro-
angestellte. Inzwischen begann der *Judenrat*, Bewohner aus besseren
Erdgeschoßwohnungen zu vertreiben und die Räume Ärzten und
Zahnärzten für ihre Praxen zur Verfügung zu stellen. Viele der Vertriebenen wurden in die schrecklichen Schutzkeller verfrachtet. Da es
immer weiter schneite, befahlen die Deutschen dem *Judenrat*, Män-
ner zum Schneeräumen bereitzustellen. Vater mußte tagelang
Schwerstarbeit leisten, die für einen siebenundfünfzig Jahre alten
Mann sehr anstrengend war. Aber es traf nicht nur ihn allein; alle
Männer unter sechzig mußten mitarbeiten. Nur die Vermögenden
und Einflußreichen konnten sich freikaufen oder ihre Beziehungen
spielen lassen. Auf unserem Weg zur Arbeit kamen wir an diesen
Zwangsarbeitern vorbei. Es war ein mitleiderregender Anblick, wie
sich die armen Männer in ihren Lumpen abmühten, die bald durchnäßt waren und wie schwere Gewichte an ihren ausgemergelten Körpern hingen. Die Lebensmittelversorgung wurde immer schlechter
und die Menschen zunehmend egoistischer, so daß sie die Ärmsten
der Armen vergaßen. Jetzt halfen Hunger und Kälte den Deutschen
dabei, die Juden auszurotten: Sie brauchten sich nur zurückzulehnen,
Befehle zu erteilen und sie vom *Judenrat* und der jüdischen Polizei
ausführen zu lassen.

Unsere polnischen Arbeitskollegen erzählten uns, die Russen hätten im Schutze des schrecklichen Winters eine Gegenoffensive
begonnen und den deutschen Soldaten schwere Verluste zugefügt.
All ihre gestohlenen jüdischen Pelze hatten sie nicht schützen können. Tief im Inneren Rußlands, wohin ihr »siegreicher« Vormarsch
sie geführt hatte, waren ihre Panzer, Waffen und Soldaten festgefro-
ren. Mutter Natur rächte sich für uns an diesen unmenschlichen Mördern. Im Westen bombardierten die Alliierten jetzt deutsche Städte,
und sogar die Russen begannen, Bomben über Berlin abzuwerfen
und es den Deutschen mit gleicher Münze heimzuzahlen. In Moskau
unterzeichnete General Sikorski, Ministerpräsident der polnischen
Exilregierung, ein Freundschaftsabkommen mit Stalin. Um des
gemeinsamen Zieles willen – des Sieges gegen die Nazis – überwand

er die traditionelle Feindschaft zwischen Rußland und Polen und übersah Stalins stillschweigendes Einverständnis der Teilung Polens durch die Deutschen im Jahr 1939. Stalin erlaubte einhunderttausend Polen die Ausreise aus Rußland, damit sie sich in England General Anders' Armee anschließen konnten.

Auf unserem Bahnhof fertigten wir viele ostwärts fahrende Züge ab. Uns fiel auf, daß die Soldaten in letzter Zeit entweder sehr jung oder schon älter waren. Anscheinend gingen Hitler die menschlichen Reserven aus. Die Elite seiner Armeen wurde unerbittlich von der Roten Armee und ihrem großen Verbündeten, General Winter, niedergekämpft. Wir waren froh darüber, aber unsere Freude hielt nicht lange an, denn unsere Kollegen berichteten uns von Massenmorden an Juden in Städten, die nicht weit von Rzeszów entfernt lagen. Sie erwähnten Bochnia, Mielec, Radom und Tarnów – Städte, in denen der Anteil der jüdischen Bevölkerung sehr hoch war. Uns beschlich das unheimliche Gefühl, daß bald der Jüngste Tag bevorstand, und wir wußten, daß wir nichts tun konnten, um uns davor zu schützen. Eines Abends erfuhren wir, daß der Distriktgouverneur Dr. Ehaus, in Begleitung seines Kollegen Major Weiß von der deutschen Polizei, in Rzeszów an die Tore des Ghettos gekommen war und den Deutschen und Polen befohlen hatte, ab sofort alle von der Arbeit heimkehrenden Juden gründlich zu durchsuchen. Dabei wurden große Mengen von Lebensmitteln und andere Artikel gefunden und konfisziert, und viele Juden mußten brutale Schläge erdulden; einige von ihnen erhielten bis zu fünfundsiebzig Peitschenhiebe. Für uns bedeutete das, jetzt noch vorsichtiger sein zu müssen. Wir kamen mit unseren polnischen Kontaktleuten überein, daß es sicherer für sie sei, die Sachen abends an den Zaun zu bringen und an vereinbarten Stellen hinüberzuwerfen. Die Rechnung würden wir dann am nächsten Tag begleichen.

Unsere Wachen bei der *Ostbahn*, die wir wegen ihrer schwarzen Uniformen die »Schwarze Polizei« nannten, waren fair und tolerant und drückten bei den vielen Transaktionen mit unseren polnischen Kollegen ein Auge zu. Verglichen mit anderen Arbeitsplätzen außerhalb des Ghettos hatten wir es sehr gut getroffen. »Unsere« Deutschen verlangten nur, daß wir unsere Arbeit gut und schnell erledigten. Aber der Druck stieg, und wir vermuteten, daß die Deutschen eine weitere Frühjahrsoffensive planten. Mutter, die vor den Razzien geschützt war, weil sie sich als Elternteil von Arbeitern in kriegswichtigen Berufen ausweisen konnte, kümmerte sich um unsere Kleidung, die ungeheuer schnell abnutzte, während Vater noch immer außerhalb des Ghettos Schnee räumte. Jeden Tag brachten Bauern auf offenen Pferdekarren weitere Juden ins Ghetto. Sie waren von den Deutschen aus den benachbarten Dörfern ausgewiesen worden und durften nur fünfundzwanzig Kilo Gepäck mitnehmen, an das sie sich klammerten, während sie frierend auf den Karren hockten. Die Bauern brachten sie zum *Judenrat*, wo sie sich nach einer Unterkunft anstellen mußten. Manche hatten Glück und fanden Verwandte, die sie in ihrer kleinen Wohnung aufnahmen. Sie boten einen schrecklichen Anblick, schmutzig, unrasiert und vollkommen verstört durch ihre so abrupt veränderten Lebensumstände. Viele von ihnen sprachen kein Polnisch und hatten noch nie zuvor ihre Dörfer verlassen, in denen sie seit Generationen in Armut lebten, aufrechterhalten nur durch ihren Glauben. Die Horns entdeckten ebenfalls Verwandte unter den neuen Flüchtlingen und brachten sie in ihre Wohnung. Am nächsten Morgen sahen wir auf unserem Weg zur Arbeit viele der armen Seelen, die vor dem *Judenrat* Schlange standen. Es erboste uns, daß die Beamten nicht früher zur Arbeit kamen, um es diesen verzweifelten Menschen ein wenig leichter zu machen. Darüber hinaus befanden sich viele Kranke unter den Männern, Frauen und Kindern, weil es polnischen Ärzten verboten war, Juden zu behandeln.

Der einzige Lichtblick in unserem tristen Leben waren die regelmäßig eintreffenden Lazarettzüge mit verwundeten deutschen Soldaten. Inzwischen gab es so viele von ihnen, daß einige wie die Juden 1939 in Viehwaggons transportiert wurden. Aber auch wir waren jetzt von Krankheiten bedroht, und Dr. Heller und seine Assistenten kämpften einen endlosen Kampf gegen Epidemien, Läuse und krankheitsübertragendes Ungeziefer. Es gab keine öffentlichen Badehäuser und kaum Desinfektionsmittel im Ghetto. Jüngere Männer und Frauen wurden als Arzthelfer eingeteilt, viele Häuser unter Quarantäne gestellt und die Schutzkeller streng von der jüdischen Polizei bewacht. Unsere Angst, der sadistische Ehaus würde von diesen Zuständen erfahren und uns alle umbringen, war so groß wie die Gefahr einer Seuche. Um die Situation zu verheimlichen, wurden Hunderte von Toten im Schutze der Nacht ohne Zeremonie begraben. Sogar die Bürokraten des *Judenrats* zeigten sich besorgt, da die Bedrohung immer näher rückte.

Eines Tages im März 1942 lud die Gestapo eine große Gruppe deutscher Juden vor dem *Judenrat* ab. Ihr Anblick überraschte uns: Gekleidet in ihre besten Sonntagsanzüge, mit Hut, Handschuhen und elegantem Gepäck wirkten sie, als seien sie zu Besuch oder auf Urlaub. Am Sonntag hatten wir Gelegenheit, mit einigen von ihnen zu sprechen. Die Deutschen hatten sie glauben lassen, sie würden in Passagierzügen nach Osten geschickt, um dort Arbeiten zu übernehmen, die ihre minderwertigen Vettern aus dem Osten nicht richtig erledigen konnten. Aber als sie in Rzeszów ankamen, konfiszierten die Deutschen ihre Wertsachen und den größten Teil ihres Gepäcks. Dennoch machten sie noch immer Pläne für eine Rückkehr nach Hause, sobald sie ihre Arbeit hier erledigt hatten. Kaum jemand von ihnen sprach Polnisch oder Jiddisch, was für sie sehr nachteilig war. Der *Judenrat* brachte sie alle in den Wohnungen der reicheren Juden unter.

Das Wetter war noch immer winterlich kalt und rauh, und unaufhörlich rollten die Militärzüge nach Osten. Eines Tages brachten unsere polnischen Arbeitskollegen die bisher erschütterndste Nachricht mit: Tausende von Juden aus Łódź und dem gesamten Wartheland waren an einen Ort namens Chelmno in der Nähe von Koło deportiert worden, angeblich, um dort Sonderarbeiten zu erledigen. Aber sobald sie eintrafen, verfrachtete man sie in speziell angefertigte, hermetisch abgeschlossene Lastwagen. Sobald ein Laster voll beladen war, fuhr er los; dabei wurden seine tödlichen Abgase in den versiegelten Laderaum geleitet, wodurch alle Insassen langsam und qualvoll an Vergiftung starben oder erstickten. Als die Laster das Lager erreichten, waren alle Insassen tot; ihre Leichen wurden von jüdischen Gefangenentrupps abtransportiert, die mit der Beseitigung der Toten beauftragt worden waren. Sie mußten sie ausziehen und ihre Kleidung für die Deutschen nach versteckten Wertgegenständen durchsuchen. Dann wurden die nackten Leichen in offene Gruben geworfen und mit ungelöschtem Kalk bedeckt. Wir weigerten uns, diese Geschichten zu glauben, aber der polnische Untergrund hatte sie eindeutig bestätigt. Dies waren keine wahllosen Exekutionen durch umherziehende Todesschwadronen der SS, sondern geplanter Massenmord. Daraus schlossen wir, daß die Deutschen seit ihrem Überfall auf Rußland am 22. Juni vorigen Jahres damit begonnen hatten, ihre langfristigen Pläne für die Juden in die Tat umzusetzen und immer mehr Massenmorde durchführten. Wir hielten es für besser, unseren Eltern und Fela nichts davon zu erzählen. Zu Hause trafen wir Mutter sehr glücklich an, denn zum ersten Mal seit Ausbruch des Krieges hatte sie, wenn auch indirekt, ein Lebenszeichen von ihren Verwandten in den USA erhalten. Über einen Spediteur in Lissabon waren aus Portugal ein paar kleine Lebensmittelpakete mit Schokolade, Kakao und Sardinen angekommen – für uns unvorstellbare Delikatessen. Sie mußten von unseren Verwandten geschickt worden sein, denn nur sie kannten unsere Adresse aus Mutters Briefen.

Aber schon bald standen uns neue Schwierigkeiten bevor. Der *Judenrat* reagierte endlich auf die Tatsache, daß die Berge aus gefrorenem Müll, die sich während des Winters angesammelt hatten, entfernt werden mußten, bevor sie in der Sommersonne zusammenfallen und sich in tödliche Seuchenherde verwandeln konnten. Die jüdische Polizei mußte für diese Aufgabe bestimmte Kontingente von Arbeitern mobilisieren, und da sie die Reichen, die sich bei ihnen freigekauft hatten, nicht behelligen konnten, traf es uns. Mitten in der Nacht befahlen sie uns, aufzustehen und mitzukommen, ohne auch nur einen Blick auf unsere Ausweise von der *Ostbahn* zu werfen. Zusammen mit den armen Seelen aus den Schutzkellern arbeiteten wir die ganze Nacht hindurch und gingen am Morgen zu unserer Arbeit am Bahnhof. Unser deutscher Aufseher bemerkte bald, daß wir drei nicht so gut arbeiteten wie sonst und schickte uns zum Rapport beim Chef der *Ostbahn*. Wir hatten Angst, daß er uns wegen unserer schlechten Leistungen entlassen würde; also sagten wir ihm die Wahrheit. Er war sehr aufgebracht und sandte am Abend einen seiner Stellvertreter mit uns ins Ghetto. Mutter und Fela bekamen schreckliche Angst beim Anblick des Deutschen in der schwarzen Uniform, aber wir erklärten ihnen die Situation. Der Mann wartete außer Sichtweite. Als unsere Polizei erschien und uns mitnehmen wollte, obwohl wir darum baten, uns für unsere Arbeit bei der *Ostbahn* ausruhen zu dürfen, gab er sich zu erkennen. Die beiden Polizisten waren starr vor Angst und versuchten mühsam zu erklären, daß sie einen Fehler gemacht hatten. Er befahl ihnen, ihm zur jüdischen Arbeitsverwaltung zu folgen, wo er mit Pfeifer sprach, dem deutschen Chef. Pfeifer war außer sich vor Wut. Er rief einen jüdischen Beamten herein und befahl ihm, den Polizisten ihre Papiere, Mützen und Dienstmarken abzunehmen und sie zur Müllbeseitigung zu schicken, wo sie die Arbeit tun mußten, zu der sie uns vorher gezwungen hatten. Wir gingen wieder zum Bahnhof zurück und wurden nicht wieder von der Ghettopolizei behelligt.

Als der Frühling kam, verkauften viele ihre Winterkleidung. Sie brauchten das Geld und hofften verzweifelt, daß der Krieg bis zum nächsten Winter vorüber sein würde und sie dann neue Kleidung kaufen könnten. Andere, die nichts mehr besaßen, was sich verkaufen ließ, mußten betteln. Ihre Zahl erhöhte sich durch arbeitslose Akademiker und Musiker, darunter auch einige bekannte Künstler, die in den Straßen für Brotkrumen und Pfennige spielten. Das Essen, das vom *Judenrat* und den Gemeinschaftsküchen verteilt wurde, war alles andere als ausreichend. Offiziell sollten die Juden die Hälfte der polnischen Rationen erhalten, die bereits nur halb so groß waren wie die der Deutschen. Aber selbst das wenige, was man uns zugestand, erreichte uns nicht immer, denn vieles davon ging unterwegs verloren. Nur die Bäcker, Lebensmittelhändler und Facharbeiter mit fester Anstellung bekamen genug. Alle anderen überlebten irgendwie von einem Tag zum nächsten, aber das wärmere Wetter ließ alles ein wenig erträglicher erscheinen.

Da der Zugverkehr immer mehr zunahm, wurde unsere Arbeit am Bahnhof mit jedem Tag anstrengender, und mir war klar, daß wir mit den uns zugeteilten Rationen nicht mehr lange durchhalten würden. Dann hatte ich eine Idee, von der ich annahm, daß sie uns retten könnte. Von unserer vorigen Arbeitsstelle wußten wir, daß in den Militärlagern große Mengen an Schrott herumlagen, und ich erinnerte mich daran, daß Herr Gelb, unser ehemaliger Nachbar in Krakau, im Auftrag eines großen deutschen Unternehmens Schrott für die Kriegsindustrie sammelte. Warum nicht in Rzeszów eine Filiale einrichten? Ich diskutierte die Idee mit der Familie, und wir beschlossen, daß es einen Versuch wert sei. Also schrieb ich eine Postkarte an Herrn Gelb, die ein polnischer Arbeitskollege für mich aufgab. Ein paar Wochen später, als wir von der Nachtschicht zurückkamen, trafen wir zu Hause einen älteren Deutschen an, der mit Vater sprach. Später erfuhren wir, daß sein Name Hermann Müller war. Wir nahmen an, daß Herr Gelb ihm von meinem Plan erzählt hatte, und offensichtlich hielt er die Idee für wichtig genug, um sich persönlich darum zu kümmern. Er bat uns, ihm alles zu erzählen, was wir über die Abfallstoffe wußten, die wir entdeckt hatten, und ging dann mit uns zu Pfeifer, der uns Ausweise ausstellte und uns auf unserer Arbeitsstelle bei der *Ostbahn* entschuldigte, damit wir Müller die Schrotthaufen zeigen konnten.

Vor dem Ghetto wartete ein Wagen mit Chauffeur auf Müller, und wir zeigten ihm den Weg zu verschiedenen militärischen Einrichtungen. Aus der respektvollen Reaktion der Wachen auf die Papiere, die er ihnen zeigte, schlossen wir, daß er ein wichtiger Mann sein mußte. Wir führten ihn hinter die Baracken und Lagerhäuser, und er machte sich Notizen, sagte aber kein Wort. Später fuhren wir zum SS-Lager Pustkow, dem größten Komplex weit und breit. Dort machte er zum ersten Mal eine Bemerkung und sagte, er könne nicht glauben, daß man soviel Material verrotten lasse. Danach fuhren wir zum SS-Stützpunkt in Szebnie, wo wir ein Lager mit russischen Kriegsgefangenen sahen. Die Gefangenen wurden offensichtlich schlecht behandelt; sie bestanden nur noch aus Haut und Knochen und lagen auf dem Boden oder schleppten sich dahin. Wenn die Deutschen so ihre Kriegsgefangenen behandelten, mußten all die Geschichten über die Juden, die wir nicht hatten glauben wollen, wahr sein. Wo war das Internationale Rote Kreuz?

Wir kehrten spät ins Ghetto zurück, und Müller sagte uns, er werde seine Hauptstelle in Berlin über seine Beobachtungen informieren. Am nächsten Morgen gingen wir in der Hoffnung zur Arbeit, daß sich aus unserem Treffen etwas ergeben würde; letztlich war es unsere einzige Überlebenschance. Eines Tages wurden strenge Sicherheitsmaßnahmen angeordnet, und eine Zugladung von SS-Männern traf ein, um den Bahnhof und die Umgebung zu überwachen, woraus wir schlossen, daß man eine sehr wichtige Persönlichkeit erwartete. Unsere Arbeitskollegen vermuteten sogar, Hitler selbst würde in seinem gepanzerten Reisezug kommen. Herr Zwolinski erzählte uns, Hitler habe sich tatsächlich 1941 in der Nähe von Rzeszów einen Bunker bauen lassen, und ich erinnerte mich, daß wir im Frühling dieses Jahres eine Woche lang an einem großen Bunker gearbeitet hatten.

Als wir eines Abends nach Hause kamen, begrüßten uns ungewöhnlich glückliche Mienen, und wir ahnten, daß endlich etwas

Gutes geschehen war. Vater erzählte uns, daß wir drei und er uns am nächsten Morgen in Pfeifers Büro melden sollten. Dies konnte nur bedeuten, daß unsere Idee der Schrottverwertung in die Tat umgesetzt werden sollte. Am nächsten Morgen sagte uns Pfeifer, er habe uns für die Arbeit bei der Rohmaterial- und Abfallorganisation RAVO abgestellt. Wir mußten unsere Arbeit bei der *Ostbahn* aufgeben, und er stellte uns individuelle Pässe aus, die nur von ihm, der Gestapo und dem Büro des Distriktgouverneurs unterzeichnet werden konnten. Müller, der bei unserem Treffen ebenfalls anwesend war, erzählte uns, Berlin und Krakau hätten seinem Projekt zugestimmt und er wolle persönlich eine Filiale in Rzeszów eröffnen. Er stellte Vater als Betriebsleiter ein und bat uns, ihn sofort zur Eintracht-Kooperative zu bringen, um Material und Handkarren für uns zu bestellen. Als wir der deutschen Polizei am Tor des Ghettos unsere neuen Pässe zeigten, prüften sie sie lange, bevor sie uns durchließen. Offensichtlich hatten sie noch nie solche Ausweise gesehen. Müller brachte uns in seinem Wagen zu einem großen Lagerhaus in der Nähe des Güterbahnhofs, das uns bereits von der RAVO zugeteilt worden war. Es handelte sich um ein großes, baufälliges Gebäude, das gründlich gereinigt und renoviert werden mußte. Müller ließ eine Gruppe von Handwerkern aus dem Ghetto kommen, und sie machten sich mit dem Material aus der Eintracht-Kooperative sofort an die Arbeit.

Mit unseren Pässen konnten wir das Ghetto ohne Bewachung verlassen, uns in ganz Rzeszów frei bewegen und hatten Zutritt zu den Militärlagern. Wir erhielten auch grüne Bänder mit der Aufschrift RAVO, die wir ohne unsere weißen Armbinden tragen sollten. Vater war nicht mehr wiederzuerkennen; er wirkte wie ein neuer Mensch, glücklich und stolz, wieder arbeiten zu können, noch dazu zusammen mit seinen drei Söhnen. Wir holten unsere Karren bei Eintracht ab, und nach einer weiteren eingehenden Prüfung unserer Pässe am Tor verließen wir das Ghetto und machten uns an die Arbeit. Wir begannen in einem großen Militärlager in einem der Vororte, wo wir im Jahr zuvor gearbeitet hatten. Ein Soldat brachte uns zu den Barakken, vor denen Schrott abgeladen worden war. Wir suchten die besten Stücke heraus und schätzten, daß es dort genügend Material gab, um uns eine Woche zu beschäftigen.

Als wir unsere Karren durch die Straßen schoben, starrten die Polen uns an. Sie waren es nicht gewohnt, Juden unbewacht durch ihr

Viertel gehen zu sehen. Sie schienen ein normales Leben zu führen und wirkten recht gut gekleidet und wohlgenährt. Hier gab es keine Bettler in Lumpen, niemanden, der sein letztes Hemd verkaufte oder für ein Stück Brot Musik machte oder sang. Das Geschäft, in dem Vater gearbeitet hatte, trug jetzt einen polnischen Namen – die Geier machten sich über ihre Beute her. Die Häuser sahen sauber aus, und Kinder spielten auf den Gehsteigen. Und nur einige hundert Meter weiter befand sich unser Ghetto, eine Welt des Elends und der Verzweiflung. Es schien, als sei der Zaun nicht nur dazu da, die Juden im Ghetto festzuhalten, sondern auch, um Hoffnung und Glück auszusperren.

Wir luden den Schrott am Lagerhaus ab, und Müller, den wir »Chef« nannten, untersuchte ihn, äußerte sich aber nicht dazu. Wir sagten ihm, daß wir zum Militärlager zurückgehen würden, und er überließ es uns, den besten Schrott zu finden. Bevor es dunkel wurde und nachdem wir uns davon überzeugt hatten, daß keine Kunden im Laden waren, gingen wir in ein polnisches Lebensmittelgeschäft und kauften etwas Brot. Fasziniert beobachteten wir, wie der Inhaber einen Laib in eine braune Tüte steckte, als sei es das Selbstverständlichste der Welt. Dann zahlten wir und gingen. Wir hatten nur Brot gekauft, aber wir fühlten uns, als hätten wir ein Wunder vollbracht.

Bevor wir am nächsten Tag das Lagerhaus verließen, um unsere Runde zu machen, sagte Müller zu Vater, er solle eine Liste der Sachen aufstellen, die wir für unsere Arbeit benötigten. Vater bat um ein paar Männer, die uns helfen sollten, und um mehr Handkarren, woraufhin Müller einen Anforderungsbefehl für die Kooperative ausstellte und versprach, Pfeifers Büro zu veranlassen, uns Sammler und Lagerhausarbeiter zu schicken. Vier der neuen Männer, die uns zugeteilt wurden, stammten aus Krakau: Herr Wiesenfeld und sein Sohn Artek, sein Schwager Herr Kranz und dessen Sohn Kuba. Wir kannten ihre Namen aus Krakau; es waren strenggläubige Juden, die einen Ledergroßhandel in der Dietla-Straße betrieben hatten. Durch die zusätzlichen Sammler wuchs unser Schrottplatz schnell an, und Müller schien zufrieden. Wir kauften weiterhin Lebensmittel in polnischen Geschäften unter dem Vorwand, ihre leeren Flaschen einzusammeln, und die Inhaber baten uns, ihnen Artikel zu bringen, die wir im Ghetto kaufen konnten. Da wir unsere Handkarren abends mit ins Ghetto nahmen und unsere Einkäufe unter dem Schrott versteckten, konnten wir einen netten kleinen Schwarzhandel betreiben. Die deutschen Polizisten kannten uns inzwischen und warfen nur einen flüchtigen Blick auf uns. Aber wir mußten uns vor der jüdischen Polizei und ihren Informanten in acht nehmen. Da Müller mit unserer Arbeit sehr zufrieden zu sein schien, schlug Vater vor, er solle uns erlauben, auch innerhalb des Ghettos Schrott zu sammeln. Er willigte ein, und auf diese Weise bot sich Vater die Möglichkeit, einigen der älteren Männer Arbeit zu geben, darunter auch seinem alten Chef aus dem Geschäft.

Als es an der Zeit war, den von uns gesammelten Schrottberg nach Deutschland zu schicken, kamen wir wieder einmal zum Bahnhof, weil wir dort unsere Ware abliefern mußten. Wir feierten ein fröhliches Wiedersehen mit Herrn Zwolinski und unseren alten Arbeitskollegen. Müller wies die Bauern an, der RAVO eine gewisse Anzahl ihrer Pferdewagen zur Verfügung zu stellen, auf denen der Schrott zum Bahnhof gebracht werden sollte. Wir betrieben einen einträglichen Handel mit den Bauern und tauschten Kleidung und andere Waren gegen Lebensmittel. Vater, den alle jüdischen Arbeiter gerne mochten, obwohl er Müllers rechte Hand war, warnte sie, nicht zu habgierig zu sein und dieses Glück zu genießen, solange es anhielt. Auf diese Weise herrschte Harmonie auf unserem Hof, und wir wurden nicht von Eifersüchteleien und Streitigkeiten geplagt.

Müller erklärte sich einverstanden, einige der Bauern mit ihren Pferdewagen anzustellen, um das Sammeln effektiver zu machen. Dies war eine große Erleichterung für uns, denn bei den Bauern bekamen wir nicht nur Brot und Lebensmittel viel billiger als in den Geschäften, sondern mußten auch die Handkarren nicht mehr ziehen. Im Ghetto wurde Vater von vielen Leuten, die uns zuerst als *Shmatte* (Lumpensammler) bezeichnet und auf uns herabgesehen hatten, gebeten, ihnen eine Anstellung zu geben. Manche boten sogar Bestechungsgelder, aber Vater wußte, daß man nichts übertreiben sollte und versuchte nicht, unser Glück herauszufordern. Bei unseren Besuchen am Bahnhof erfuhren wir von Herrn Zwolinski die neuesten und sehr schlechten Nachrichten: Die Juden wurden zu Tausenden zusammengetrieben und in Vernichtungslager abtransportiert, und viele Einwohner der Ukraine, Weißrußlands und der baltischen Staaten unterstützten die SS dabei als Hilfspolizisten.

Eines Nachts im April 1942 wurden wir durch die Ankunft eines Autokonvois geweckt. Wir liefen zum Fenster und sahen viele Deutsche, einige von ihnen in Uniform. Sie waren in Begleitung jüdischer Polizisten, denen sie Papiere gaben, die an Listen erinnerten; dann gingen sie in einige der Häuser. Ein paar Minuten später hörten wir Schüsse, und kurz darauf kamen die Deutschen wieder hinaus, gingen zu ihren Wagen zurück und fuhren davon. Wir wußten, daß sie einige Menschen erschossen hatten, aber nicht wen oder warum. Keiner von uns konnte noch schlafen, aber wir erfuhren erst am nächsten Morgen, daß Oszerowicz und seine Totengräber zweiundvierzig Leichen abtransportiert hatten. Bei allen Getöteten handelte es sich um ehemalige Kommunisten oder Mitglieder des Bunds, einer linksgerichteten jüdischen Partei. Sie waren vor den Augen ihrer Familien erschossen worden. Wo sie die Gesuchten nicht finden konnte, tötete die Gestapo – die offenbar von Informanten geführt worden war – einfach ein anderes Mitglied der Familie. Als wir dies bei unserem nächsten Besuch am Bahnhof Herrn Zwolinski erzählten, sagte er uns, in dieser Nacht wären in ganz Polen ähnliche Aktionen durchgeführt und mehrere Tausend Juden erschossen worden. Zur gleichen Zeit wurden auch polnische Patrioten gejagt und getötet und viele Polen in Arbeitslager nach Deutschland abtransportiert. Einige Wochen später fand mitten in der Nacht eine weitere Gestapo-Razzia statt. Diesmal gingen sie direkt in das Zimmer der Familie Lew und erschossen alle. Niemand wußte warum, aber das ganze Ghetto trauerte um die Familie, weil sie sehr wohltätig und hilfsbereit gewesen war. Bevor das Ghetto sich von diesem Verlust erholen konnte, fand ein weiterer nächtlicher Überfall statt, dessen Opfer die Familie Kanarek war, eine der wohlhabendsten des Ghettos. Die Gestapo befahl ihnen zunächst, ihr gesamtes Bargeld und ihre Wertsachen herauszugeben; dann zertrümmerte sie das Mobiliar, riß den Boden auf, um nach Geheimverstecken zu suchen, und ließ sie schließlich im Keller den Boden aufhacken, bevor sie alle erschoß. Von nun an breitete sich im Ghetto jedesmal Panik aus, wenn die schwarzen Autos mit der Aufschrift POL auf dem Nummernschild durch das Tor rollten. Offensichtlich war es genau das, was die Deutschen wollten: die Juden in einem Zustand der ständigen Angst und des Mißtrauens vor Verrätern in den eigenen Reihen zu halten, um sie so zu brechen und zu demütigen Opfern zu machen.

Gewöhnlich hatten wir am Sonntag frei. Als wir an einem dieser Tage durch das Ghetto spazierten, bemerkten wir erste ermutigende Anzeichen der Zusammenarbeit und der gemeinsamen Anstrengung: Überall pflanzten junge Männer und Frauen Gemüse in jedem Fleckchen Erde an, das sie auf Balkonen, Flachdächern und in den Höfen zusammentragen konnten. Es war ein bewegender Anblick, denn er ließ uns hoffen, daß es im Herbst wieder mehr zu essen geben würde.

Als das Frühlingswetter wärmer wurde, breiteten sich im Ghetto Typhus, Ruhr, Skorbut und Tuberkulose aus, zweifellos verursacht durch den Müll, der Ratten, Vögel und Ungeziefer anlockte. Täglich starben Dutzende von Menschen. Unsere Ärzte waren verzweifelt, und alle gesunden Männer und Frauen räumten gemeinsam den angesammelten Unrat zusammen und verbrannten ihn. Wir hatten besonders große Angst davor, was die Gestapo tun würde, wenn sie es herausfand. Dann bekam ich Fieber. Mutter war außer sich vor Sorge und rief Dr. Heller, der Diphtherie diagnostizierte und mich sofort ins Krankenhaus schicken wollte. Aber Mutter bat ihn inständig, mich zu Hause zu lassen, und kümmerte sich Tag und Nacht um mich, während die anderen Familienmitglieder bei Arbeitskollegen blieben, um die Ansteckungsgefahr zu verringern. Von Zeit zu Zeit sah Dr. Heller nach mir, trotz seines ungeheuren Arbeitspensums. Ich erholte mich langsam, während überall im Ghetto Menschen starben und ihre Leichen nachts von Oszerowicz und seinen Totengräbern abgeholt wurden. Die Familienangehörigen durften an den Beerdigungen nicht teilnehmen, um die Deutschen nicht auf die Seuchen aufmerksam zu machen. Dank der übermenschlichen Anstrengungen von Dr. Heller und seinem Assistenten, Dr. Hauptmann, sowie der Unterstützung durch viele aufopferungsvolle Juden wurden die Epidemien eingedämmt – aber die anderen Gefahren blieben uns erhalten.

Als ich wieder zur Arbeit gehen konnte, erledigte ich Büroangelegenheiten, bis ich wieder kräftig genug war, um körperliche Arbeit zu verrichten. Am Bahnhof erzählte uns Herr Zwolinski, die deutsche Frühjahrsoffensive habe begonnen und die Deutschen würden entlang der gesamten Front vorrücken. Nur Moskau, Leningrad und Sewastopol hielten noch stand. Müller trieb uns zur Arbeit an, da die deutsche Kriegsmaschinerie mehr Schrott brauchte. Wir besuchten

viele große deutsche Unternehmen und kamen sogar in das Gestapo-
gebäude in der Jagiellonska-Straße, in das Amt des Distriktkomman-
danten und ins Gefängnis. Dabei war uns bewußt, daß viele der Polen
und Juden, die diese Gebäude betraten, nicht lebend wieder herauskamen. Statt dessen wurde nach einigen Tagen Oszerowicz gerufen,
um ihre gefolterten Leiber zur Beerdigung im Ghetto abzuholen.
Manchmal begrub er polnische Patrioten zusammen mit Juden; sie
waren zusammen gestorben, weil sie keine Deutschen und daher
minderwertig waren.

Als wir in diesen Gebäuden arbeiteten, sahen wir den ganzen Tag
über die kalten Gesichter und die dunklen Uniformen mit den glänzenden Totenköpfen und waren wie gelähmt von ihrem bloßen
Anblick.

Eines Morgens entdeckten wir auf unserem Weg zur Arbeit ein
weiteres großes Plakat an der Wand. Es handelte sich um einen vom
Judenrat unterzeichneten Erlaß, nach dem alle Juden über zwölf
Jahre sich innerhalb von drei Tagen registrieren lassen mußten. Wir
fragten uns, was die Deutschen jetzt wieder mit uns vorhatten. Einige
ältere Männer färbten ihre Haare, um jünger auszusehen; andere
bestachen Beamte, damit diese ihre und die Geburtsdaten ihrer Kinder in den Papieren änderten. Jeder wollte gesund erscheinen, um zur
Arbeit eingeteilt werden zu können. Als wir am nächsten Morgen
zum Registrieren gingen, standen bereits lange Schlangen vor dem
Gebäude des *Judenrats*. Man schickte uns zu einem Schalter, an dem
diejenigen bearbeitet wurden, die außerhalb des Ghettos für die Deutschen arbeiteten. Mutter fiel ebenfalls in diese Kategorie, weil fünf
von uns eine solche Arbeit hatten.

Eines Tages trafen wir unseren Lastwagenfahrer aus Krakau auf der
Straße außerhalb des Ghettos. Er erzählte uns, das Ghetto in Krakau
sei von den Deutschen zehn Tage lang abgeriegelt worden, vom
31. Mai bis zum 10. Juni 1942. Ständig hatte man Schüsse gehört, und
jeden Tag waren große Gruppen von Juden aus dem Ghetto zum
Bahnhof von Prokocim geführt worden, wo man sie in Viehwaggons
pferchte, die mit unbekanntem Ziel nach Osten fuhren. Wir trauerten
um die Juden unserer Stadt, ahnten aber, daß die gleiche Todesfalle
auch auf uns wartete. Schon bald gab es Berichte, daß ähnliche Aktionen auch in Bochnia und Tarnów stattgefunden hatten; viele Menschen waren getötet oder in ein Schicksal befördert worden, das wir

uns gar nicht vorzustellen wagten. Tarnów lag nur sechzig Kilometer von Rzeszów entfernt. Einige Juden in unserem Ghetto richteten Bunker ein, um sich darin zu verstecken, und die Reichen wandten sich an polnische Freunde und baten sie um ein Versteck in ihren Wohnungen. Der *Judenrat* versuchte, das Ghetto zu beruhigen: Man behauptete, die Gerüchte seien übertrieben und die Juden aus diesen Städten wären in Arbeitslager umgesiedelt worden.

Aber die Wahrheit ließ sich nicht länger verheimlichen. Sogar die BBC, deren Sendungen einige wagemutige Polen hörten, berichtete darüber und nannte die Namen der Städte, in denen Juden getötet oder in Vernichtungslager gebracht worden waren. Die Berichte ließen uns erschauern, aber sie waren gleichzeitig auch eine makabre Ermutigung, die uns die Hoffnung gab, daß der Westen jetzt wußte, was die Deutschen taten. Tatsächlich wurden Warnungen ausgesprochen, daß man sie nach Kriegsende für ihre Taten zur Verantwortung ziehen wollte. Aber die einzige Veränderung bestand darin, daß die deutsche Polizei an den Toren des Ghettos alle Passanten noch gründlicher durchsuchte. Diese Durchsuchungen fanden unter der Aufsicht eines Gestapomannes statt, und wir hatten genug Erfahrung, um zu erkennen, daß dies kein gutes Zeichen war. Jede Veränderung, die von den Deutschen eingeführt wurde, war stets eine Veränderung zum Schlechteren. Bald wurden noch mehr Männer im Ghetto zusammengetrieben, um einen alten verlassenen Friedhof in der Mikoszka-Straße einzuebnen. Sie erhielten den Befehl, die Arbeit in drei Tagen abzuschließen. Wir bemerkten auch, daß die Lichter in den Gebäuden des *Judenrats* und der Arbeitsverwaltung die ganze Nacht hindurch brannten, obwohl die Registrierung schon lange beendet war. Als Pfeifer persönlich kam, um die Arbeiten auf dem Friedhof zu inspizieren, sahen wir darin ein weiteres schlechtes Omen, weil er sich normalerweise nicht um Arbeiten innerhalb des Ghettos kümmerte.

Aber wie unheilvoll unsere Ahnungen auch waren, wir mußten weiterarbeiten. Und da wir bestrebt waren, genügend Schrott für eine weitere Verladung zu sammeln, arbeiteten wir sogar noch härter. Auf diese Weise würden wir zum Bahnhof kommen, um dort mit Herrn Zwolinski sprechen zu können. Wir sammelten so viel Altpapier, daß Müller eine Maschine besorgte, mit der man es in handliche Bündel pressen und so besser verladen konnte. Die Ankunft der neuen

Maschine ließ uns wieder hoffen. Wir gingen davon aus, daß die Lage relativ entspannt sein mußte, wenn die Deutschen sich die Mühe machten, eine so teure Maschine für unsere Arbeit anzuschaffen. Es war eine angemessene Hoffnung, ein Strohhalm, an den wir uns klammern konnten, und sie heiterte uns auf. Aber unsere Freude war nicht von langer Dauer; letztendlich währte sie nur wenige Tage.

5
Deportationen.
Rzeszów, Juli – September 1942

Bei unserer Rückkehr ins Ghetto am Abend des 6. Juli 1942 hatte sich eine Menschenmenge um einen neuen Erlaß versammelt, einen »Umsiedlungs«-Befehl. Inzwischen wußten wir, was die Deutschen unter diesem Begriff verstanden. Dieser Erlaß teilte uns in zwei Gruppen. Zur ersten gehörten diejenigen, die nachweisen konnten, daß sie außerhalb des Ghettos für die deutschen Streitkräfte oder deutsche Unternehmen arbeiteten, sowie Mitglieder des *Judenrats*, der jüdischen Polizei, der Arbeitsverwaltung und der Eintracht-Kooperative. Diese Personen und ihre Familien hatten sich bei der Arbeitsverwaltung zu melden. Die zweite Gruppe umfaßte alle Arbeitslosen und ihre Angehörigen. Sie hatten sich mit höchstens fünfundzwanzig Kilo Gepäck und genügend Proviant für zwei Tage auf dem Gelände des alten jüdischen Friedhofs am Fluß Mikoszka einzufinden, und zwar schon am nächsten Tag, dem 7. Juli, um sechs Uhr morgens. Auf Nichterscheinen stand die Todesstrafe. Wir entschlossen uns, einfach davon auszugehen – und zu hoffen –, daß wir zur ersten Gruppe zählten.

Obwohl sie wie betäubt waren, verloren die Menschen keine Zeit, sondern eilten nach Hause, um alles vorzubereiten. Die Straßen erinnerten an einen Bienenstock, und die Leute in unserem Haus gerieten in Panik, liefen ziellos umher und fragten einander, was sie tun sollten. Mutter und Fela wußten bereits, worum es bei dem Befehl ging, denn die schlechte Nachricht hatte sich schnell im Ghetto verbreitet. Sogar die hohen und mächtigen Beamten des *Judenrats* und der Polizei hatten Angst, was die allgemeine Verwirrung nur noch verstärkte. Da wir nicht vollkommen sicher sein konnten, daß wir zur ersten Gruppe gehörten, packte Mutter Rucksäcke mit unserer persönlichen Habe und bereitete Proviant und füllte Thermosflaschen mit heißem Tee. Noch bevor sie damit fertig war, stürmte der jüngste Sohn unseres Vermieters herein, um uns mitzuteilen, daß die jüdische Polizei und Beamte des *Judenrats* dabei seien, mit Listen in der Hand ihre Runde durch das Ghetto zu machen. Die

Spannung stieg, als wir darauf warteten, endgültig zu erfahren, wer deportiert werden sollte und wer bleiben durfte. Unsere Ungewißheit wurde bald von einem jüdischen Polizisten beendet. Mit einer Liste in der Hand sagte er jedem, wo er sich am nächsten Tag einzufinden hatte. Wir sechs, unser Vermieter, die Horns und das neue Ehepaar, das in der Küche wohnte, sollten zur Arbeitsverwaltung kommen. Wir waren gerettet, aber wer konnte sagen, für wie lange? Als die anderen Nachbarn erfuhren, daß sie deportiert werden sollten, brachten wir nicht den Mut auf, ihnen ins Gesicht zu sehen. In dieser schrecklichen Stunde der Abrechnung dachte jeder nur an sich selbst, und diejenigen, die verschont geblieben waren, dankten ihrem gütigen Schicksal. Gedanken an Flucht wurden bald im Keim erstickt, denn viele deutsche, ukrainische und polnische Polizisten kamen und umstellten das Ghetto. Die Scheinwerfer ihrer Laster beleuchteten den Zaun, der über Nacht zu einer Klagemauer geworden war. Das gesamte Ghetto erschauerte, als diese letzte Verbindung zur Außenwelt abgeschnitten wurde. Kinder, die ihre Eltern weinen sahen, fingen an zu schreien, und niemand schlief in dieser Nacht. Hilflos lauschten wir dem Ticken der Uhr, deren Zeiger sich der schrecklichen sechsten Stunde näherten.

Es war noch nicht ganz hell, als die Polizisten auf polnisch und jiddisch schreiend den Befehl gaben, aufzustehen und sich zu den angegebenen Versammlungsplätzen zu begeben. Das dunkle Licht der Morgendämmerung verlieh den Straßen voller verzweifelter Menschen, die sich gegen ihr unausweichliches Schicksal sträubten, etwas Unheimliches. Am tragischsten waren die jungen Mütter, die mit ihren Kinderwagen den unerbittlichen Deutschen gegenübertraten, und die Alten und Kranken, die von freiwilligen Sanitätern auf dem Weg zu ihrer letzten Reise begleitet wurden. Dann marschierten die Kinder vom Waisenhaus vorbei. Sie wirkten so adrett, weil sie von ihren Lehrern so angezogen worden waren, die sie mit mütterlicher Fürsorge begleiteten. Wir sahen einige strenggläubige Juden, die in ihre Gebetsmäntel gehüllt waren oder ihre Gebetsriemen trugen und zu Gott beteten, während sie ihrem Schicksal entgegengingen. Da sie keine Notiz von der grausamen Realität nahmen, erschienen sie uns, als würden sie bereits in die nächste Welt hinübergehen, die Welt, die nach der jüdischen Überlieferung das »wahre Heil« bedeutet. Aber es war nicht der Messias, der sie an diesem furchtbaren Tag am Tor erwartete. Immer wieder schrien unsere Polizisten, daß jeder, der sich nach sechs Uhr in seiner Wohnung aufhielt, erschossen würde. Ihr Gebrüll sollte die Rufe der Menschen übertönen, die sich von Freunden und Verwandten verabschiedeten. Selbst in diesem Chaos kursierte noch ein letztes Gerücht, das besagte, daß sich die Gestapo bereits im Ghetto aufhielt. Es ließ uns allen das Blut in den Adern gefrieren.

Wir erreichten die Arbeitsverwaltung und setzten uns auf unsere Bündel. Der Anblick derer, die zur zweiten Gruppe gehörten, war herzzerreißend. Niedergeschlagen gingen sie an uns vorbei und hatten sich anscheinend mit ihrem unabänderlichen Schicksal abgefunden. Als letztes kamen die armen Teufel aus den Kellern; sie waren in Lumpen gehüllt, die kaum ihre ausgezehrten Körper bedeckten. Die kleinen Bündel, die sie bei sich trugen, enthielten alles, was sie besaßen. Einige hatten sie sich zur Sicherheit um den Hals gebunden. Die meisten besaßen überhaupt nichts, was sie mitnehmen konnten. Die Deutschen lachten, als sie sie mit ihren Gewehrkolben und Peitschen zur Eile antrieben. Seit Generationen hatten uns unsere Rabbis und Alten gelehrt, den Willen Gottes ohne Widerspruch zu akzeptieren. Wenn alles gut war, lag es daran, daß Gott mit uns zufrieden war, aber wenn die Dinge schlecht standen, bedeutete dies, daß wir weiterhin für unsere Sünden büßen sollten – eine Buße, die seit der Zerstörung des Zweiten Tempels vor fast zweitausend Jahren andauerte. Wir hatten gelernt, unser Schicksal als göttliches Urteil zu akzeptieren und ein besseres Leben erst in der nächsten Welt zu erwarten.

Pünktlich um sechs Uhr fuhren Lastwagen mit schwer bewaffneten Polizisten und SS-Männern durch die Tore. Die Mörder schwärmten aus, nahmen ihre Gewehre von der Schulter und traten vor hilflose Männer, Frauen und Kinder, die bereits mehr tot als lebendig waren. Sie befahlen unserer Gruppe, sich in einer Reihe aufzustellen und einer nach dem anderen an einen langen Tisch zu treten, den die Deutschen aufgestellt hatten. Dort verglichen sie jeden Ausweis mit ihrer Liste. Ich sah Pfeifer, Ehaus, Pablu und den gefürchteten Gestapo-Chef Schuster, die die Tragödie überwachten. Als wir an der Reihe waren, brauchten die Deutschen eine Ewigkeit, um unsere Papiere zu überprüfen, bevor sie widerwillig mit einem kalten Nicken bestätigten, daß wir bleiben konnten. Nicht alle in unserer Gruppe hatten so viel Glück, denn wir sahen, wie die Deutschen hämisch die Papiere zerrissen, die ihnen voller Zuversicht von den Leuten der Eintracht-Kooperative vorgelegt wurden. In diesem flüchtigen Augenblick, in dem das Stück Papier zerriß, brach ihre Welt zusammen. Sie versuchten zu bitten, aber die SS-Männer schoben sie mit ihren Gewehrkolben zum *Sammelplatz* für die Deportierten, von dem es keine Rückkehr gab.

Viele Familien wurden getrennt. Einige schienen zu Eis zu erstarren; sie ließen keine Gefühle erkennen, als die »Selektion« durchgeführt und sie getrennt wurden – wie Roboter. Andere brachen in Tränen aus oder begannen zu schreien, aber die Wachen der SS brachten sie schnell zum Schweigen. Wieder andere weigerten sich, von ihren Verwandten getrennt zu werden: Obwohl man ihnen erlaubte zu bleiben, schlossen sie sich ihren Liebsten in der anderen Gruppe an, weil sie lieber sterben wollten, als auseinandergerissen zu werden. Ab und zu waren Schüsse aus den Häusern zu hören, in denen die Deutschen einige Juden fanden, die versuchten, sich zu verstecken oder nicht rechtzeitig ihre Wohnungen verlassen hatten.

Als unsere Verwirrung schließlich der Ernüchterung wich, bemerkten wir, daß sich unter den SS-Männern viele Ukrainer befanden. Wir nannten sie *Junaki*. Neben ihren Gewehren trugen sie *batogis*, Peitschen aus langen, dicken Lederriemen, an deren Enden spitze Metallstückchen befestigt waren. Sie ließen die an ihnen vorüberziehenden Menschen diese *batogis* spüren und lachten über die Schmerzen und Wunden, die sie ihnen zufügten.

Als die »Selektion« beendet war, befahl man einigen der Deportierten, auf die Lastwagen zu steigen, die sie schnell fortbrachten. Wir sahen Mütter, die von ihren kleinen Kindern getrennt wurden, wenn ein Laster voll war, aber ihre Angstschreie brachten ihnen nur einen Schlag oder einen Tritt ein. Die Kinder schrien »*Mamusiu! Tatusiu! Ratuj!*« (»Mama! Papa! Hilfe!«), aber ihre Eltern wurden davon abgehalten, auf den Lastwagen zu springen. Invaliden und Greise wurden ebenfalls auf diese Laster verfrachtet. Als diese verschwunden waren, befahl man den übrigen Juden, sich zu viert nebeneinander aufzustellen, und die langen Reihen marschierten unter scharfer Bewachung der SS-Männer zum Haupttor hinaus. Einige waren tapfer und besaßen noch immer die Kraft, uns zuzuwinken, aber vielleicht wollten sie hinter ihren Händen auch nur ihre Tränen verbergen. Meine eigene Hand war schwer wie Blei, als ich versuchte, zurückzuwinken. Schließlich wurde das Tor geschlossen. Es war vorbei.

Wir Zurückgebliebenen erhielten den Befehl, in unsere Wohnungen zurückzugehen und dort auf weitere Anweisungen zu warten. Immer noch liefen viele SS-Männer mit schußbereiten Gewehren durch die Straßen. Als wir unser Haus betraten, sahen wir einige blutüberströmte Körper auf dem Boden liegen – die Leichen derjenigen, die nicht schnell genug gewesen waren oder bis zuletzt gehofft hatten, ihrem Schicksal entfliehen zu können. Vielleicht war dies die bessere Lösung: Sie mußten nicht mehr die lange, qualvolle Reise in den Tod antreten.

Als dieser schreckliche Tag endlich zu Ende ging, wagten wir uns hinaus auf die Straße. Überall lagen blutüberstömte, zu Tode geprügelte Körper. Nun wurde uns klar, was es mit den Schüssen im Morgengrauen auf sich gehabt hatte: Die Deutschen hatten alle Alten und Kranken aus dem Hospital und den Altenheimen sowie die Geisteskranken, die auf Speichern eingesperrt gewesen waren, erschossen oder aus dem Fenster geworfen, um die Kosten für den Transport in einen anderen Tod zu sparen. Die SS-Männer, die dieses blutige Werk vollbracht hatten, gehörten zu den sogenannten *Vernichtungs-* und *Ausrottungskommandos*. Bald darauf tauchten Oszerowicz und seine Totengräber auf, um die überall verstreuten Leichen einzusammeln.

So viele von Gottes Kindern waren gestorben, aber im Ghetto, in Rzeszów, selbst in ganz Polen gab es keinen Gott. Alle Frömmigkeit und alle Gebete waren umsonst gewesen, zumindest in dieser Welt. Vielleicht hatten sie in einer anderen, freundlicheren Welt ihren Frieden gefunden. Wir konnten es ihnen nur wünschen.

Mutter und Vater saßen auf ihrem Bett und schwiegen. Vater hatte an diesem Tag viele Freunde verloren, und wir alle hatten so viel Angst, Schmerz und Grausamkeit gesehen. Wir konnten gar nicht daran denken, etwas zu essen. Also gingen wir hungrig, aber lebendig ins Bett und hofften verzweifelt, daß morgen vielleicht bessere Zeiten anbrachen.

Am nächsten Tag machten wir uns müde und deprimiert auf den Weg zur Arbeit. Die polnischen Spekulanten, die immer wie Fliegen um uns herumgeschwirrt waren, ließen uns jetzt in Ruhe. Sie wußten, was im Ghetto passiert war und besaßen genügend Anstand, uns mit unserem Schmerz allein zu lassen. Wir zwangen uns zu arbeiten, und als wir zum Bahnhof kamen, wartete Herr Zwolinski schon auf uns. Er konnte seine Tränen nicht zurückhalten, während er uns inbrünstig die Hand schüttelte. Er hatte nicht gewußt, ob er uns jemals wiedersehen würde. Aber er brachte sehr schlechte Nachrichten für uns. Alle Alten, Invaliden und Kinder, die man in den Lastwagen abtransportiert hatte, sowie all jene, die nicht ohne fremde Hilfe zu den Bahngleisen gehen konnten, waren auf der Strecke von Rzeszów nach Dynow in den Wald von Glogow gefahren worden, wo sie aussteigen und sich ausziehen mußten. Dann wurden sie einer nach dem anderen erschossen. Polnische Arbeiter hatten ihre Leichen in lange Gruben geworfen, die sie am Tag zuvor ausheben mußten. Als die Gruben voll waren, warfen die SS-Männer Handgranaten hinein, um jeden zu töten, der vielleicht noch einen Funken Leben in sich hatte. Trotzdem bewegte sich die Erde, mit der die polnischen Arbeiter die Grube zuschütteten, noch viele qualvolle Augenblicke, bevor sie endlich zur Ruhe kam.

Die anderen waren zum Bahnhof des Vorortes Staroniwa marschiert, wo man sie in Viehwaggons ohne Wasser und Toiletten steckte – einhundertzwanzig Menschen in jeden Waggon, in dem normalerweise vierzig Soldaten oder acht Pferde transportiert wurden.

Kein Pole durfte sich am Bahnhof aufhalten, während die Juden verladen wurden, aber sie konnten aus der Entfernung beobachten, was vor sich ging. Nur der polnische Maschinist stand in seiner Lokomotive, bewacht von SS-Männern. Der Boden der Waggons wurde mit Stroh und Kalk bedeckt; dann spannte man Stacheldraht über die schmalen Lüftungsöffnungen, um eine Flucht zu verhindern. Als alle Juden eingestiegen waren, versiegelte die SS die Waggons. Der Zug stand bis zum Abend in der sengenden Hitze, bevor er in Richtung Osten abfuhr. Hunderte von Bündeln, verloren oder zurückgelassen, wurden am Bahnhof und entlang der Marschroute der Deportierten von ukrainischen Wachen eingesammelt und auf Lastwagen geworfen.

Ungeachtet unserer Gefühle mußten wir uns zwingen, weiterzuarbeiten. Müller hatte uns befohlen, in seinem Büro zu erscheinen, bevor wir am Abend nach Hause gingen. Vater erzählte, daß er und alle anderen deutschen Chefs, die Juden beschäftigten, den Befehl erhalten hatten, die Ausweise ihrer jüdischen Arbeiter einzuziehen, um sie von der Gestapo überprüfen und abstempeln zu lassen. Wir ahnten, daß diese ungewöhnliche Prozedur neues Unglück bedeutete – wie ein finsterer Schatten, der über unseren Köpfen schwebte. Den Tag über arbeiteten wir wie die Roboter. Als wir am Abend unsere Ausweise bei Müller ablieferten, versprach er uns, sein Möglichstes für uns alle zu tun. Er war wie ein kleiner Lichtstrahl, der meinen dunklen, unendlichen Haß auf alle Deutschen durchbrach.

Als wir ins Ghetto zurückkehrten, erwartete uns eine herzzerreißende Leere. Wir begegneten nur wenigen Menschen, und sie erzählten uns, daß auch ihre Ausweise eingezogen worden waren; dies galt auch für Fela. Eine neue Angst ergriff uns. Das konnte nur bedeuten, daß die Gestapo bereits ein neues Unglück für uns plante. Alle wußten, was in den Wäldern von Rudno geschehen war, und viele hatten enge Verwandte unter den Opfern. Gestern hatten wir noch zu glauben gewagt, die SS sei freundlich zu denen, die nicht gehen konnten, weil sie sie auf ihren Lastwagen mitnahm. Jetzt, da wir die Wahrheit kannten, waren wir wütend darüber, daß es im *Judenrat* und bei der jüdischen Polizei immer noch Männer gab, die mit den Deutschen in der törichten Hoffnung kooperierten, sie besänftigen zu können. Aber die Zukunft war jetzt wichtiger als die Vergangenheit. Die Ausweise der Kinder von Arbeitern in kriegswichtigen Berufen waren nicht eingezogen worden, und es gab noch immer einige Juden im Ghetto, die keine richtige Arbeit hatten. Sie versuchten jetzt, so schnell wie möglich eine sichere Anstellung zu finden.

Als wir am nächsten Morgen zur Arbeit gingen, sprachen die polnischen Spekulanten uns wieder an, aber wir machten lieber Geschäfte mit den Bauern. Müller sagte uns, er sei zum Büro der Gestapo bestellt worden, um unsere Ausweise abzuholen. Wir fragten uns, was es mit diesen mysteriösen Stempeln auf sich haben mochte.

Unsere Runde führte uns auch ins Ghetto, und wir konnten auf zwei unserer Pferdewagen einige Lebensmittel hineinschmuggeln. Unsere Schrottsammler im Ghetto berichteten uns, daß Lastwagen der SS vor ein paar Stunden eine Ladung von Bündeln und Koffern zur Eintracht-Kooperative gebracht hätten, deren Inhalt sortiert und nach Deutschland geschickt werden sollte. Als die Arbeiter sie öffneten, waren sie entsetzt: Vor ihnen lag die persönliche Habe der Menschen, die man gestern deportiert hatte. Einige erkannten sogar Gegenstände, die ihren Verwandten und Freunden gehört hatten. Angst und Verzweiflung breitete sich aus, und Eintracht, der eine Inspektion fürchtete, flehte seine Leute an, sich wieder an die Arbeit zu machen, wenn sie nicht alle von den Deutschen erschossen werden wollten.

Am Spätnachmittag kehrte Müller in unser Lagerhaus zurück, und an seinem Lächeln erkannten wir, daß er gute Nachrichten mitbrachte. Bis auf zwei Männer, die beide über sechzig Jahre alt waren, hatte er für alle einen Stempel bekommen. Müller sagte ihnen, er könne nichts tun, da er gegen eine Entscheidung der Gestapo machtlos sei. Wir anderen hielten unsere Ausweise fest an uns gedrückt und schauten auf dem Heimweg immer wieder auf den lebensrettenden roten Stempel. Zu Hause hatte unseren Vermieter eine Tragödie getroffen: Seine Frau und er erhielten den roten Stempel, aber ihrem Sohn und dem Ehepaar, das in der Küche wohnte, war er verweigert worden.

Kurz darauf erfuhren wir, daß auch viele Beamte des *Judenrats* und Arbeiter der Eintracht-Kooperative keinen Stempel bekommen hatten. Die *Macher*, die bisher gegen hohe Bezahlung so vieles hatten möglich machen können, taumelten jetzt selbst wie vergiftete Küchenschaben durch das Ghetto und suchten verzweifelt nach Hilfe.

Unser Vermieter und seine Frau beratschlagten, was sie tun sollten – ihren Sohn den Deutschen überlassen, oder mit ihm gehen? Wenn ja, sollten beide oder nur einer ihn begleiten, und wer sollte derjenige sein? Es war schrecklich mitanzusehen, wie diese beiden guten Menschen, die uns so anständig behandelt hatten, versuchten, für sich selbst und ihren Sohn eine Entscheidung auf Leben und Tod zu treffen. Wir konnten nichts für sie tun, ihnen nicht einmal einen Rat geben.

Wir fanden nur mit Mühe in den Schlaf, und kaum waren wir eingeschlafen, als Mutter uns wieder weckte. Sie hatte verdächtige Geräusche auf der Straße gehört. Wir liefen zum Fenster und sahen Menschen umherlaufen. Die Deutschen hatten das Ghetto umstellt, und wir saßen wieder einmal in der Falle. Überall im Ghetto brach Panik aus. Diejenigen mit dem lebensrettenden roten Stempel waren in der Minderheit, und alle anderen wußten, daß sie diese »Selektion« nicht überleben würden. Sie standen bereits auf der Liste und konnten nur zittern und wider besseres Wissen hoffen.

Sehr früh am Morgen machten Beamte des *Judenrats* und jüdische Polizisten die Runde und ordneten an, daß wir alle uns mit fünfundzwanzig Kilo Gepäck, ein wenig Proviant und sämtlichen Wertsachen auf dem Mikoszka-Platz zu versammeln hatten. Niemand durfte sein Zimmer oder seine Wohnung abschließen; die Deutschen wollten Durchsuchungen vornehmen. Draußen war es immer noch dunkel, und wir konnten keine Gesichter erkennen, nur eine verschwommene, stolpernde Prozession der Hilflosen. Während wir zum Mikoszka-Platz gingen, fuhren durch alle Tore Lastwagen in das Ghetto hinein. Dann sprangen Männer – einige von ihnen ukrainische *Junakis*, andere mit scharfen Hunden an der Leine – von den Lastern, schrien uns an und beschimpften uns mit demütigenden Namen, während sie mit ihren Peitschen und Knüppeln um sich schlugen. Als sie auf einen Juden stießen, der sich in seinen Gebetsmantel gehüllt hatte (ein letzter verzweifelter Versuch, sich vor dieser bösartigen Welt zu schützen), rissen sie ihm den Mantel herunter und schlugen dem Mann auf den Kopf. Das Knurren der Hunde jagte den Müttern und ihren zitternden Kindern Angst und Schrecken ein.

Auf dem Mikoszka-Platz befahlen die SS-Wachen allen, sich mit dem Gesicht nach unten auf den Boden zu legen und nicht zu sprechen oder aufzublicken. Ab und zu hörten wir Schüsse, und bald breitete sich ein furchtbarer Gestank von Exkrementen aus. Dann vernahmen wir leise Gebete – Gottes verlassene Kinder hielten immer noch im Glauben an ihm fest. Die Sonne ging auf und brannte uns unerbittlich auf den Rücken, aber alle Bitten um Wasser, hauptsächlich von den jungen Müttern, wurden von den SS-Männern ignoriert. Sie amüsierten sich damit, die Älteren zu quälen, indem sie sie Übungen machen ließen, zu denen ihre Körper nicht mehr imstande waren.

Schließlich befahl man uns, aufzustehen, uns in einer Reihe aufzustellen und zu einem langen Tisch zu gehen, hinter dem deutsche Beamte Platz genommen hatten. Alle versuchten, sich den Staub abzuwischen, um vor den deutschen Richtern über Leben und Tod einen guten Eindruck zu machen. Die SS-Wachen befahlen den wenigen, die noch immer ihre Gebetsmäntel und -riemen trugen, sie abzunehmen, aber ihre Offiziere sagten ihnen, daß sie sie in Ruhe lassen sollten. Wozu? Ich bemerkte, daß die »Selektion« diesmal viel schneller vonstatten ging und die Reihe mit ungewöhnlichem Tempo aufrückte. Am Tisch befahl man allen mit einem roten Stempel in ihrem Ausweis, sich auf die rechte Seite zu stellen, wo sie von bewaffneten SS-Männern umstellt waren. Die Ausweise der anderen, die keinen

Stempel besaßen, wurden zerrissen. Unter ihnen erkannte ich viele Beamte des *Judenrats*. Sie unternahmen einen letzten verzweifelten Versuch, mit den Offizieren zu sprechen, die sie kannten und denen sie so blind gedient hatten. Aber die Offiziere ignorierten ihre Bitten und schickten sie zur Deportation. Viele dieser SS-Entscheidungen waren eine Tragödie: Ehemänner wurden von ihren Frauen getrennt, Kinder von ihren Eltern fortgerissen, und die Entscheidung lag bei ihnen, nach dem Strohhalm zu greifen oder ihre Liebsten freiwillig zu begleiten und gemeinsam dem grausamen Schicksal entgegenzutreten. Die strenggläubigen Juden zeigten sich besonders würdevoll: Sie bettelten nicht um Gnade, sondern gingen langsam und leise betend zur Gruppe der Deportierten hinüber.

Die SS-Männer beschimpften uns und schrien uns an, schneller zu gehen und vor den Offizieren unsere Hüte abzunehmen.

Unter den Richtern erkannte ich Pfeifer, Bürgermeister Pablu und Weiß, den Kommandanten der Schutzpolizei. Sie stellten keine Fragen und sagten kein Wort, sondern überprüften nur die Ausweise und schauten ab und zu in ihre Listen, bevor sie nach rechts oder links, in das Leben oder in den Tod wiesen. Mit einem Fingerschnippen wurde über das Schicksal eines Menschen entschieden. Bald war klar, daß nur wenige den lebensrettenden Stempel besaßen, da die Gruppe der Verurteilten immer größer wurde. SS-Männer gingen durch die Reihen und griffen sich einige, besonders die besser Gekleideten, heraus, um sie zu durchsuchen. Dabei zögerten sie nicht, vor aller Augen Leibesvisitationen an Frauen vorzunehmen.

Eine vollkommene Stille senkte sich über den Platz, die nur von den gebrüllten Befehlen der SS-Wachen und gelegentlichen Schüssen aus den Häusern unterbrochen wurde. Immer wenn wir das wilde Bellen der Hunde hörten, wußten wir, daß sie einen weiteren verzweifelten Juden entdeckt hatten. Auf das Bellen folgte ein Schuß und dann wieder Stille. Schließlich kamen wir an die Reihe. Mutter und Vater gingen als erste am Tisch entlang, bis der letzte Offizier ihnen bedeutete, sich auf die rechte Seite zu stellen. Irgendwie kamen wir alle wieder zusammen und waren gerettet! Wir umarmten uns und weinten leise. Andere aus unserer Gruppe, die von ihren Angehörigen getrennt worden waren, riefen ihnen nach, aber die SS-Wachen brachten sie schnell zum Schweigen. Einige rannten plötzlich zu ihren Verwandten in der Gruppe der Verurteilten hinüber. Sie hatten sich entschieden, und die SS-Männer hielten sie nicht auf. Jetzt stand der Vorsitzende des *Judenrats*, Kleinman, der mächtigste Jude in ganz Rzeszów, mit seiner Familie am Tisch, wo er nur noch ein einfacher Jude war. Er und seine gesamte Familie wurden zur Deportation geschickt – alles, was er für die Deutschen getan hatte, war umsonst gewesen!

Die ganze Szenerie wirkte, als würde ich gegen meinen Willen einen Horrorfilm ansehen, weil ich aus Versehen in das falsche Kino geraten war. Plötzlich traten unser Onkel, unsere Tante und Franka an den Tisch. Ihre Eltern sollten deportiert werden, aber Franka, die eine Arbeit in Pfeifers Büro hatte, kam zu unserer Gruppe. In diesem Moment verschwand unser ganzer Groll, und wir weinten um sie. Vater winkte seinem Bruder zu und murmelte immer wieder leise dessen Namen vor sich hin. Viele Polizisten und ihre Familien wurden deportiert, und dennoch brachten ihre Kollegen den deutschen Richtern kalte Limonade und luden Körbe voll konfiszierter Wertsachen auf die Lastwagen. Welch unbeschreibliche Tragödie spielte sich hier ab! Einige SS-Offiziere nahmen eine weitere »Selektion« vor: Sie suchten die kräftigsten jungen Männer aus der Gruppe der Deportierten heraus und schickten sie zu den Lastern, weil sie weitere Arbeitskräfte benötigten. Um die Mittagszeit war alles vorüber; das Schicksal eines jeden hatte sich entschieden. Die deutschen Offiziellen standen auf und unterhielten sich beiläufig, während sie in die wartenden Autos stiegen. Nur die SS-Wachen blieben zurück.

Unsere Gruppe erhielt den Befehl, wieder nach Hause zu gehen und dort auf weitere Anweisungen zu warten. Die Straßen waren für uns verboten. Vom Fenster aus beobachteten wir die Viererreihen, die zum Haupttor hinaus in Richtung des Bahnhofs von Staroniwa marschierten. Die Zurückbleibenden riefen ihren Verwandten nach, und ihre Schreie gingen in ein unkontrolliertes Schluchzen über. Vater wiederholte immer wieder leise den Namen seines älteren Bruders, bis die Kolonne jenseits des Tores verschwand. Die jüdische Polizei warnte uns, wir sollten in unseren Wohnungen bleiben, bis die SS das Ghetto verlassen hatte. Wir sahen einige von ihnen mit ihren bösartigen Hunden und ihren nicht weniger bösartigen ukrainischen Helfern. Alle versteckten Juden, die sie aufspürten, wurden auf der Stelle erschossen. Einmal entdeckten sie einen Bunker mit einigen Juden, die sich versteckt hielten, und boten ihnen an, sie unbehelligt zu lassen, wenn sie ihre Wertsachen herausgaben. Als die verzweifelten Seelen ihnen das Verlangte ausgehändigt hatten, stürmte die SS den Bunker und erschoß einen nach dem anderen.

Die Hitze war unerträglich. Wir wuschen uns den Staub ab und tranken viel Wasser; dann ließen wir uns erschöpft und hilflos nieder und warteten. Die Stille wurde nur durch das Bellen der Hunde, Gewehrschüsse und Weinen aus dem Zimmer der Horns unterbrochen. Nur die beiden Söhne, Leon und Hersch, waren übriggeblieben; ihre Eltern und alle anderen Mitglieder der Familie hatte man an diesem Tag deportiert. Unser Vermieter und seine Frau kehrten ebenfalls nicht zurück. Sie mußten sich im letzten Augenblick dazu entschlossen haben, ihren Sohn nicht allein zu lassen, wobei sie sehr genau wußten, wohin die Reise ging. Das Ehepaar, das in der Küche gewohnt hatte, fehlte ebenfalls. Über die Hälfte der Bewohner unseres Hauses war verschwunden. Wir schauten vorsichtig aus dem Fenster und sahen, daß die Straße von SS-Männern und ihren ukrainischen Gehilfen bewacht wurde, während die jüdischen Polizisten ihre Befehle ausführten. Viele von ihnen schienen betrunken zu sein; wahrscheinlich hatten sie in den verlassenen Wohnungen Wodka gefunden. Die Straße war übersät mit Gepäckstücken, und überall verstreut standen leere Kinderwagen und Rollstühle. Ihre Besitzer würden sie nicht mehr brauchen. Endlich wurde es dunkel an diesem tragischen, pechschwarzen Tag, und wir beobachteten, wie die SS-Männer durch das Tor Nummer 3 hinausmarschierten, wo ihre Lastwagen warteten. Als der letzte gegangen war, erteilte uns die jüdische Polizei die Erlaubnis, unsere Wohnungen zu verlassen. Die Menschen liefen von Haus zu Haus, um zu sehen, wer von ihren Freunden und Verwandten vielleicht noch da war.

Ein paar jüdische Polizisten besuchten uns, und sie waren zum ersten Mal freundlich. Endlich hatten sie ihre Lektion gelernt: Es zahlte sich letztendlich nicht aus, den Deutschen zu dienen, weder für die Polizei noch für die Offiziellen des *Judenrats*. Für die Deutschen waren sie in letzter Konsequenz auch nur Juden, ungeachtet ihrer Position oder ihrer Aufgaben. Sie erzählten uns, wie die SS alle Bunker, die sie entdeckt hatte, überflutet oder mit Giftgas ausgeräuchert hat. Das Ghetto war noch immer umstellt und streng bewacht, und nur Oszerowicz und seine Totengräber durften hinein, um die vielen Leichen fortzuräumen.

In dieser Nacht schliefen wir sehr schlecht, und noch bevor sie vorüber war, wurden wir von einem weiteren ungewöhnlichen Ereignis verwirrt: Ein langer Konvoi von Pferdewagen traf im Ghetto ein, voll beladen mit Juden aus den umliegenden Orten. Sie wurden vor den Kellern abgesetzt, aus denen man vor wenigen Tagen die vorherigen Bewohner abtransportiert hatte. Als wir am nächsten Morgen zur Arbeit gingen, erzählten uns die Bauern, die die Juden ins Ghetto gebracht hatten, sie kämen aus kleinen Städten in der Umgebung von Rzeszów, aus Lancut, Kolbuszowa, Tyczyn und Błażowa. Es waren die letzten Juden aus diesen Orten. Die Polen bemächtigten sich schnell ihres Besitzes.

Wir erhielten die Warnung, daß die Gestapo Jagd auf angeblich aus dem Ghetto geflohene Juden machen würde. Aus diesem Grund baten wir Müller, er solle uns im Inneren des Lagerhauses arbeiten lassen. Er willigte ein, denn er war nicht daran interessiert, seine Arbeiter zu verlieren. Am selben Tag erfuhren wir, daß am Tag zuvor beim Marsch der Juden zum Bahnhof von Staroniwa ein SS-Mann zu einer Frau ging und sie vorwärts schieben wollte, weil sie nicht mit den anderen Schritt halten konnte. Als ihr Mann versuchte, sie zu beschützen, erschoß der SS-Mann ihn auf der Stelle. Die Schüsse alarmierten andere Wachen. Da sie nicht wußten, was passiert war, schossen sie wahllos in die Menge und töteten in wenigen Augenblicken zweihundert Juden. Ihre Leichen ließ man für Oszerowicz auf der Straße liegen. In der allgemeinen Panik ließen viele Juden ihre armseligen Bündel fallen, die dann von den Ukrainern eingesammelt wurden. Das Ganze hatte sich vor dem Postamt der Stadt abgespielt, unmittelbar vor den Augen der polnischen Bevölkerung. Es war das erste Mal, daß die Polen mit eigenen Augen sahen, wie Juden wahllos getötet wurden.

Aber die deutsche Todesmaschinerie stand nicht still. Als die vielen Leichen in einem riesigen Massengrab auf dem jüdischen Friedhof beerdigt wurden, schrieb ein Mann auf hebräisch an eine nahe gelegene Mauer: »Hier liegen anonyme jüdische Märtyrer.« Ein Gestapomann, der die Gräber inspizieren wollte, bemerkte die Inschrift und fragte, was sie zu bedeuten habe. Als man sie ihm übersetzte, wurde er zornig und befahl dem Verantwortlichen, vorzutreten. Der Mann, ein strenggläubiger Jude, der das Andenken an die Toten bewahren wollte, gab sich zu erkennen und wurde sofort von dem SS-Mann erschossen. Die anderen mußten die Inschrift entfernen, so daß nicht einmal eine Erinnerung zurückblieb.

Offensichtlich hatte es am Vortag nicht genügend Züge gegeben, um alle Juden fortzuschaffen, denn einige von ihnen wurden wieder in das Ghetto zurückgebracht und in die verlassenen alten Baracken der österreichischen Armee gesteckt, verfallene Überreste aus dem Ersten Weltkrieg, in denen weder Menschen noch Tiere hausen konnten. Die Hitze darin mußte unerträglich sein, aber niemand durfte sich den Juden nähern, und wir konnten ihre verzweifelten Bitten um Wasser nicht erfüllen.

Als wir am Abend von der Arbeit nach Hause kamen, erzählte Mutter uns, daß es einigen Leuten gelungen sei, die Ukrainer mit Geld oder Wodka zu bestechen, damit sie deren Verwandte aus den Baracken freiließen. Eine der geretteten Familien zog in unser Haus ein, und sie schilderten uns ihr Martyrium. Auf ihrem Marsch zum Bahnhof hatten viele Polen über ihre Verzweiflung gelacht. Als einige Familien beim Verladen in die Viehwaggons auseinandergerissen wurden, flehten sie die SS an, zusammenbleiben zu dürfen, worauf man ihnen jedoch nur barsch mitteilte, daß sie an der letzten Station, dem *Himmelskommando*, für immer vereint sein würden. Dann stieß man sie brutal in einen anderen Waggon.

Am nächsten Morgen begann eine weitere »Aktion«, und die jüdische Polizei befahl uns, in unseren Wohnungen zu bleiben. Alle verhielten sich ruhig. Es waren keine Kinder mehr da, die hätten weinen können, und die Erwachsenen hatten keine Tränen mehr. Erneut fuhr die SS vor, um die armen Seelen in den Baracken und die Juden aus der Umgebung von Rzeszów abzuholen, die am Tag zuvor eingetroffen waren. Wir durften nicht zur Arbeit gehen. Machtlos beobachteten wir von unserem Fenster aus, wie die inzwischen vertraute »Aktion« mit größter Brutalität durchgeführt wurde, bis der letzte der Deportierten durch die Tore marschiert oder gestolpert war.

Eines Tages begannen Zimmerleute damit, den Zaun um das Ghetto enger zu ziehen. Einige der Häuser, die direkt an die polnischen Viertel grenzten, wurden von den Deutschen aus den Begrenzungen des Ghettos ausgegliedert, weil sie jetzt nicht mehr so viel Platz benötigten. Der *Judenrat*, als dessen neuen Leiter die Gestapo inzwischen einen gewissen Benno Kahana eingesetzt hatte, der dafür bekannt war, daß er den Deutschen blind gehorchte, mußte die Bewohner der ausgesonderten Häuser ins Innere des Ghettos verlegen. Unser Haus stand mitten im Ghetto und erhielt weitere Mieter, denen wir beim Einzug halfen. Die Arbeitsverwaltung bildete Spezialeinheiten, die sogenannten *Räumungskolonnen*, welche die evakuierten Häuser räumen und säubern mußten, damit die ungeduldig wartenden Polen dort einziehen konnten. Die zurückgelassenen Besitztümer und Möbel wurden zum Aussortieren und zur Reparatur in die Eintracht-Kooperative gebracht. Jetzt lebten nur noch dreitausend Juden im Ghetto.

Unser Lagerhaus hatte sich wieder gefüllt, und wir begannen mit der Zusammenstellung einer neuen Ladung, was uns die Gelegenheit verschaffte, Herrn Zwolinski am Güterbahnhof zu treffen. Er berichtete uns, daß die Juden überall in Polen ein schreckliches Schicksal erlitten. Aus Lwów waren Tausende nach Belzec deportiert oder im nahe gelegenen Wald von Lesiencice und in den Sanddünen des Lagers Janowska erschossen worden. In der Nähe von Kiew hatten die Deutschen in einer Schlucht namens Babi Yar einhunderttausend Juden mit Maschinengewehren getötet; dort lebte jetzt kein einziger Jude mehr. Der polnische Untergrund lieferte genauere Informationen über das Lager Belzec. Es lag im östlichen Teil des Landes, und fast alle Juden wurden nach ihrer Ankunft dort vergast.

An diesem Abend trafen wir in unserem Haus zwei junge Männer, denen es wie durch ein Wunder gelungen war, aus den Viehwaggons des Deportationszuges zu fliehen, indem sie Löcher in den Holzboden bohrten und heraussprangen, als der Zug langsamer fuhr. Ihre Eltern hatten sie angefleht, diesen letzten verzweifelten Versuch zu unternehmen, um zu überleben, die Welt zu informieren und sie zu rächen. Viele andere überlebten diesen Absprung nicht, und selbst jene, die sicher landeten, sahen sich dem Risiko ausgesetzt, durch die feindliche polnische Umgebung wieder nach Rzeszów zurückfinden zu müssen. Für sie gab es jetzt nur noch ein Lebensziel – überleben und Rache nehmen. Einige Tage später brachte man weitere Juden aus den südlich von Rzeszów gelegenen Orten Jasło, Krosno, Rymanow, Sanok und sogar aus dem weit entfernten Nowy Sacz ins Ghetto. Sie waren glücklich, als die Deutschen ihnen in Rzeszów befahlen, aus dem Zug zu steigen, denn sie hatten befürchtet, auf dem Weg nach Belzec zu sein, wo bekanntlich die großen Gaskammern auf ihre Opfer warteten. Jetzt hofften sie auf ein weiteres Wunder, das sie den Krieg überleben ließ.

Am Bahnhof teilte uns Herr Zwolinski mit, daß seit dem 22. Juli 1942 täglich mindestens sechstausend Juden aus dem Warschauer Ghetto ins nahe gelegene Treblinka gebracht wurden, wo man ein Vernichtungslager eingerichtet hatte. Am nächsten Tag, dem 23. Juli, beging der Vorsitzende des Warschauer *Judenrats*, Czerniaków, Selbstmord, als er den Befehl erhielt, jeden Tag zehntausend Juden zu liefern. Die Deutschen arbeiteten mit Tricks und Lügen, um ihre Opferquoten zu erreichen. Über die jüdische Polizei versprachen sie all denen eine bessere Zukunft, die sich zur Arbeit auf dem Land melden würden, und einige halb verhungerte, verzweifelte Juden meldeten sich freiwillig zur Deportation, nur um in den Genuß des versprochenen Brotes und der Marmelade zu kommen. Am erstaunlichsten war die Tatsache, daß die Leitung der Deportationen völlig in Händen der jüdischen Polizei lag. Ihre Beamten lieferten die ausgewählten Opfer bei den SS-Mördern am Bahnhof ab. Das Ghetto war von der Wasser- und Stromversorgung abgeschnitten, und viele begingen Selbstmord, um dem Schicksal zu entgehen, das sie im Vernichtungslager erwartete.

Herr Zwolinski erzählte uns auch, daß zum ersten Mal bewaffnete polnische Partisanen, größtenteils ehemalige Mitglieder der antisemitischen Endek-Partei, in den Wäldern und Bergen gegen die Deutschen vorgingen. Sie nannten sich selbst *Armia Krajowa*, die »Heimatarmee«. Als Sozialist hatte Herr Zwolinski die Endek-Partei schon vor dem Krieg abgelehnt. Er schämte sich, uns zu sagen, daß einige Juden, die entkommen waren und sich der gemeinsamen Sache gegen die Nazis anschließen wollten, von Angehörigen der *AK* getötet worden waren. Sie haßten die Juden noch immer ebensosehr wie die Deutschen und waren nicht fähig, selbst in der gegenwärtigen verzweifelten Lage Polens ihre tiefverwurzelten Vorurteile zu überwinden. Diese Neuigkeit bestürzte uns, denn das bedeutete, daß wir nicht auf eine Rettung durch die Partisanen hoffen konnten. Eine weitere Rettungsleine war gekappt.

Voller Trauer betrachtete ich im Ghetto die Gemüsebeete, die erst vor wenigen Monaten von optimistischen jungen Menschen angelegt worden waren. Ihr Gemüse reifte jetzt heran, aber sie selbst waren verschwunden und konnten die Früchte ihrer Arbeit nicht mehr ernten. Sie hatten Monate im voraus geplant, aber inzwischen konnten wir nicht einmal ein paar Tage oder selbst ein paar Stunden vorausdenken; unser Schicksal rückte mit ungeheurer Geschwindigkeit näher. Gott hatte die Juden seit langem verlassen, und nun wandte sich sogar die Zeit gegen uns.

Die Gestapo forderte von Kahana immer häufiger Geld, Wertsachen und Luxusartikel, die innerhalb von vierundzwanzig Stunden geliefert werden mußten. Eintracht und er waren pausenlos damit beschäftigt, von den noch im Ghetto lebenden Reichen die verlangten Güter und das Geld zu beschaffen.

Irgendwie wurden die Forderungen erfüllt – ein hoher Preis für einen weiteren Tag des Überlebens im Ghetto. Inzwischen machte auf der Arbeit ein neues Gerücht die Runde, bei dem es um eine bevorstehende »Aktion« gegen junge Frauen ging. Angeblich suchten die Deutschen Frauen für die Arbeit auf deutschen Bauernhöfen, aber eine andere Version besagte, daß sie Mädchen für ihre Feldbordelle brauchten. Wir hatten schon früh begriffen, daß sich die schlimmsten Gerüchte am häufigsten bewahrheiteten; also befürchteten wir die zweite Version und dachten sofort an die Gefahr, in der sich unsere Schwester Fela befand. Wir vier waren uns einig, daß ihre einzige Chance darin bestand, sich ein paar Tage bei den Zwolinskis zu verstecken, und wir glaubten fest daran, daß dieser wundervolle Mensch uns diese Bitte erfüllen würde. An diesem Abend ließen wir uns auf dem Nachhauseweg Zeit und warteten, bis Felas Gruppe von der Arbeit kam. Während Szymon und Nathan nach Deutschen Ausschau hielten, ging ich zu ihr, erklärte ihr die Situation und sagte ihr, sie müsse unbedingt sofort von hier verschwinden. Ich gab ihr Herrn Zwolinskis Adresse, und nach kurzem Zögern willigte sie ein. Daraufhin riet ich ihr, sie solle ihre weiße Armbinde abnehmen, etwas zurückbleiben und sich an der nächsten Ecke verstecken, bis die Kolonne vorübergezogen war. Szymon und Nathan bedeuteten uns, daß alles in Ordnung sei; dann ließen wir sie zurück. Wir machten uns große Sorgen, nahmen aber an, daß sie mit ihrem »arischen« Aussehen eine Chance haben könnte. Zu Hause erzählten wir sofort Mutter davon. Sie war entsetzt, aber als sie ihren Schock überwunden hatte, gab sie zu, daß wir richtig gehandelt hatten. Um zu verhindern, daß die Spitzel etwas erfuhren, beschlossen wir, Felas Flucht geheimzuhalten. Wir verbrachten eine weitere schlaflose Nacht und gingen am nächsten Morgen mit unseren Handkarren zum Bahnhof, um Herrn Zwolinski zu treffen. Ich entdeckte ihn und schlich mich an ihn heran, um möglichst wenig Aufmerksamkeit zu erregen. Als er schließlich aufblickte und mich bemerkte, erkannte ich an seinem Gesichtsausdruck, daß Fela es geschafft hatte. Er versicherte mir, sie würden sich um sie kümmern wie um ihre eigene Tochter. Bei unserer Rückkehr zum Lagerhaus berichteten wir sofort Vater davon, und seine sorgenvolle Miene hellte sich auf.

Müller beschaffte uns Ausweise vom Distriktleiter der Gestapo, Hans Mack, die uns erlaubten, in einigen großen Fabriken im Bezirk Rzeszów und auch in den nahe gelegenen Militärlagern Schrott zu sammeln. Bei unserer ersten Station, den Eisenhütten von Huta Stalowa Wola, die vor dem Krieg zur Zentralen Industrieregion gehört hatten und jetzt Hermann Göring-Werke hießen, sahen wir viele Juden bei der Arbeit. Sie schleppten sich durch die Gegend und befanden sich in sehr schlechter körperlicher Verfassung – eher Skelette als Menschen. Unsere Herzen bluteten bei ihrem Anblick. Müller aber war sehr zufrieden mit unserer »Ernte« und sagte uns, daß wir als nächstes zu den Flugzeugfabriken Polskie Zaklady Lotnicze am Stadtrand von Rzeszów gehen sollten, die in Daimler Benz- und Heinkel-Werke umbenannt worden waren. Nach ein paar Tagen hatten wir unseren Hof wieder gefüllt und brachten die Lieferungen zum Bahnhof. Dort berichtete uns Herr Zwolinski, Fela sehe schon viel besser aus. Seine Frau hatte ihr einige Kleider und Nachthemden gegeben, und sie war eine große Hilfe für Frau Zwolinska. Wir versprachen, einige von Felas Kleidungsstücken zu ihm zu schmuggeln.

Als wir am Abend des 7. August 1942 ins Ghetto zurückkehrten, erwarteten uns die schrecklichen Nachrichten, die wir bereits befürchtet hatten. Während des Tages war die SS erneut ins Ghetto gekommen, und diesmal befahl sie den jüdischen Polizisten, alle jüngeren Frauen und Kinder für eine Sonderregistrierung zusammenzutreiben. Als sie sich alle vor der Arbeitsverwaltung aufgestellt hatten, wurden sie von der SS umringt. Dann kamen die Lastwagen, und man befahl ihnen, aufzusteigen. Panik brach aus, und die jungen Mütter schlugen alle Bedenken in den Wind: Sie wollten um ihre Kinder kämpfen und gingen mit bloßen Fäusten auf die SS-Männer los, während ihre zu Tode geängstigten Kinder zu schreien begannen. Natürlich war alles zwecklos. Einige Schüsse fielen, und kurz darauf hatte die SS alle in die Lastwagen getrieben, die sofort abfuhren. Die ganze »Aktion« vollzog sich so schnell, daß die Männer in der nahe gelegenen Eintracht-Kooperative nicht bemerkten, wie ihre Frauen und Kinder fortgebracht wurden. Als sie es kurz darauf erfuhren, legten sie sofort die Arbeit nieder, ganz egal, ob man sie der Sabotage anklagen und erschießen würde. Verzweifelt liefen sie in ihre Wohnungen, und als die leeren Zimmer die Gerüchte bestätigten, fingen sie an zu toben, und ein herzzerreißendes Jammern und Wehklagen begann. Als wir unsere Wohnung erreichten, waren wir ungeheuer erleichtert, Mutter in Sicherheit zu finden; Vater hielt sie lange fest umarmt. Als am Abend weitere Männer feststellten, daß ihre Frauen und Kinder nicht mehr da waren, und erfuhren, daß die jüdische Polizei an der »Aktion« beteiligt gewesen war, kam es zu einem letzten, verzweifelten Protest. Sie versammelten sich vor dem *Judenrat* und verlangten, man solle ihnen die Polizisten ausliefern. Aber schon bald fuhren Lastwagen der SS vor, die offensichtlich vom *Judenrat* alarmiert worden waren, und die Männer wurden schnell auseinandergetrieben. Sie kehrten in leere Wohnungen und zu den Erinnerungen zurück, die ihre Frauen und Kinder hinterlassen hatten.

Wir alle fühlten uns unendlich betrogen. Während wir fort waren, um für die Deutschen zu arbeiten, kamen andere Deutsche, um mit Unterstützung der jüdischen Polizei mehr als tausend unserer Frauen und Kinder fortzubringen. Der schweigende Himmel war auf uns herabgestürzt. Als wir am nächsten Morgen zur Arbeit gingen, hatten sich die Männer noch immer nicht damit abgefunden, daß ihre Frauen und Kinder fort waren. Entgegen allen Erwartungen schauten sie immer wieder zu den Fenstern zurück, als ob ihre Familien dort erscheinen würden, um ihnen nachzuwinken, so, wie sie es jeden Morgen getan hatten. Aber die Fenster blieben leer, so leer wie unser Leben und unsere Herzen. Für viele von uns hatte das Leben mit dem gestrigen Tag geendet. Wir versprachen den leidgeprüften Männern, uns irgendwie zum Bahnhof zu schleichen und herauszufinden, wo man ihre Frauen und Kinder hingebracht hatte. Aber das Glück war nicht auf unserer Seite: Niemand hatte die Frauen gesehen, und anscheinend waren sie auch nicht mit einem Zug abgeholt worden. Ihr Schicksal blieb ein Geheimnis. Erst Tage später erfuhr Herr Zwolinski durch seine Verbindungen zum Untergrund, daß die SS-Lastwagen sie direkt zum SS-Lager Pełkinia in der Nähe von Jarosław gebracht hatten, wo man sie unmittelbar nach ihrer Ankunft erschoß. Wir wußten, daß Pełkinia ein Kriegsgefangenenlager für russische Soldaten gewesen war, in dem fast alle Insassen an Hunger, Kälte oder Krankheiten gestorben waren. Nun hatte man es in ein weiteres Vernichtungslager umgewandelt. Es war furchtbar für uns, an diesem Abend über unsere Entdeckungen berichten zu müssen und damit die letzten Hoffnungen der Männer zunichte zu machen. Einige brachen zusammen, als sie die Nachricht erfuhren.

In der Zwischenzeit wurden immer mehr Juden, die letzten aus den benachbarten Orten, in unser Ghetto gebracht. In einigen Städten hatten die SS-Männer sich nicht die Mühe gemacht, sie zu deportieren: Sie ließen die Menschen auf den nahe gelegenen Feldern ihre eigenen Gräber ausheben und sich nackt ausziehen, bevor sie sie erschossen. Die jüdischen Begräbniskommandos waren nach Beendigung ihrer Arbeit ebenfalls erschossen worden. Die in der Nähe wohnenden Polen erhielten die Kleidung der Opfer, nachdem die SS sie nach Wertsachen durchsucht hatte.

Inzwischen hatten wir allen verfügbaren Schrott eingesammelt. Müller war unruhig, und wir befürchteten, unsere Arbeit und damit unsere Lebensversicherung zu verlieren. Bald darauf erhielt Müller aus Krakau den Befehl, den gesamten Schrott, den wir gesammelt hatten, zu verladen und die Filiale in Rzeszów aufzulösen. Die Verladung öffnete uns einen neuen Ausweg. Wir mußten jetzt häufiger zum Bahnhof gehen, so daß wir uns dort darum bemühen konnten, unsere alte Arbeit bei der *Ostbahn* wiederzubekommen. Ich ging zu dem deutschen Aufseher und bat ihn, uns drei und, wenn möglich, auch Vater zu übernehmen. Er sagte mir, daß zwar keine jüdischen Arbeiter mehr eingestellt würden, aber da er wisse, wie gut wir gearbeitet hatten, wollte er trotzdem mit seinem Vorgesetzten sprechen. Am nächsten Tag teilte er uns mit, wir drei könnten Arbeit bekommen, Vater aber nicht. Wieder einmal war sogar die beste Nachricht durch einen neuen Schock getrübt. Wir konnten unsere Tränen nicht zurückhalten, denn Vater saß in der Klemme. Wir wußten, daß ältere Juden keine Arbeit außerhalb des Ghettos mehr bekamen. Und innerhalb des Ghettos hatten sogar viele der jüngeren Männer, von denen die meisten seit der großen Deportation hinzugekommen waren, keine Arbeit. Nur einige der Kräftigsten wurden herangezogen, um die verlassenen Häuser auszuräumen.

Herr Zwolinski versuchte, uns mit guten Nachrichten von Fela aufzuheitern. Sie hatte sich in ihrem Haushalt eingelebt, und es ging ihr gut. Wir schlugen vor, er solle an Herrn Lopatowski in Krakau schreiben, der ebenfalls über gute Kontakte zum Untergrund verfügte, und ihn bitten, gefälschte Papiere für Fela zu besorgen, um sie zu »legalisieren«. Einige Tage später, nachdem wir den letzten Schrott verladen hatten, wurde die RAVO-Zweigstelle in Rzeszów geschlossen, und wir mußten unsere Ausweise in Pfeifers Büro abgeben. Aber die Anfrage der *Ostbahn* war genehmigt worden, und schon am nächsten Tag gingen wir wieder zur Arbeit. Ich bekam meine frühere Arbeit in der Grube wieder, und Nathan und Szymon mußten die Tender der Züge mit Kohle beschicken.

Mutter und Vater waren sehr niedergeschlagen, und neue Gerüchte über eine bevorstehende Deportationswelle im gesamten Generalgouvernement trugen auch nicht dazu bei, unsere gedrückte Stimmung zu heben. Zudem befanden sich die deutschen Armeen immer noch auf dem Vormarsch. Sie waren tief nach Rußland eingedrungen und hatten fast den Ural erreicht; gleichzeitig drängten sie die Briten ins Innere Ägyptens zurück. Herr Zwolinski erzählte uns, daß die Deutschen Stalingrad einzukreisen begannen, während ihre Luftwaffe diese strategisch wichtige Industriestadt systematisch zerstörte.

Eines Montagmorgens strahlte uns Herr Zwolinski entgegen, als wir zur Arbeit kamen, und erzählte, Herr Lopatowski habe ihn am Tag zuvor persönlich besucht und eine Geburtsurkunde und andere notwendige Papiere für Fela gebracht. Sie war jetzt ihre Nichte Felicia Zwolinska, geboren in einem Dorf, das die Deutschen bei ihrem Vormarsch im September 1939 zerstört hatten; es gab keine Aufzeichnungen mehr, die überprüft werden konnten. Als wir unseren Eltern am Abend davon erzählten, hellten sich ihre Gesichter zum ersten Mal seit vielen Tagen wieder auf. Aber wie so oft dauerte auch dieses ermutigende Zwischenspiel nicht lange an; anscheinend sollten wir immer wieder daran erinnert werden, daß es für die Juden kein Glück mehr gab. Die Gestapo kam ins Ghetto und führte Kahana und Gorelik, den Chef der jüdischen Polizei ab. Am späten Nachmittag kehrten beide zurück, aber keiner von ihnen wollte den Grund für dieses Verhör nennen – entweder, weil man es ihnen verboten hatte oder aus Angst. Aber wir wußten, daß es nichts Gutes bedeuten

konnte. Die reichen Juden begannen, Bunker zu bauen, und einige
der wenigen noch im Ghetto verbliebenen jungen Frauen riskierten
ihr Leben und kletterten über den Zaun auf die polnische Seite. Am
nächsten Tag kam die Gestapo wieder und verlangte vom Ghetto eine
Abgabe in Höhe von einer Million Zloty. Sie gaben Kahana vierundzwanzig Stunden, das Geld aufzutreiben, und sagten ihm, dies sei ihr
Preis dafür, daß man uns in Zukunft nicht mehr behelligen würde. Es
war eine ungeheure Summe, vor allem, weil nur noch wenige wohlhabende Juden im Ghetto lebten. Aber das Versprechen wirkte so ver-
lockend, daß alle ihre letzten Geldreserven zusammenkratzten, so
daß die Summe irgendwie aufgebracht werden konnte. Welch eine
Erleichterung, als wir die Gestapo mit vollgestopften Aktentaschen
verschwinden sahen! Die Spannung nahm allmählich ab, bis wir in
der Nacht vom 14. auf den 15. September 1942 von der jüdischen Polizei geweckt wurden, die uns mitteilte, die Deutschen seien wieder
dabei, das Ghetto zu umstellen.

Wir spürten, daß der seit langem gefürchtete Moment gekommen
war. Unsere Eltern genossen nicht länger den Schutz, den drei Söhne
mit kriegswichtigen Arbeitsstellen ihnen geboten hatten. Ironischer-
weise waren sie es, die uns zu trösten versuchten: Wir arbeiteten in
fester Anstellung bei der *Ostbahn*, und als letzte Zuflucht konnten
wir sicher auf Gott vertrauen, der uns schließlich seine Hand reichen
würde. Aber Mutter dachte auch praktisch und fing wieder an, für
jeden von uns einen Rucksack mit Proviant und etwas Winterkleidung zu packen. Alle stellten sich auf das Schlimmste ein, und am
nächsten Morgen kam die jüdische Polizei noch vor Tagesanbruch
und befahl uns alle mit fünfundzwanzig Kilo Gepäck und sämtlichen
Wertsachen hinaus auf die Straße. Alle, die noch in den Häusern angetroffen wurden, sollten erschossen werden. Gemeinsam verließen
wir unsere Wohnung und gingen zum Versammlungsplatz. Es
herrschte Totenstille. Selbst die wenigen Kinder, die noch im Ghetto
lebten, unterdrückten ihr Weinen; ihre Mütter hatten ihnen Bonbons
versprochen, wenn sie still sein würden. Der Platz war von SS-Männern umstellt, und ihre ukrainischen Gehilfen hielten ihre Gewehre
schußbereit. Als alle versammelt waren, befahl man uns, uns auf den
Boden zu legen. Da sich der Staub auf der Erde durch die Feuchtig-
keit der Nacht zu matschigem Schlamm verwandelt hatte, wurden
wir von Kopf bis Fuß schmutzig. Aber dies war unser geringstes

Problem. Die SS-Männer schrien und traten mit ihren schweren Stiefeln nach jedem, der den Kopf hob, bis sie schließlich allen befahlen, aufzustehen und ihre Papiere und Wertsachen vorzuzeigen. Wir drei standen in einer Reihe vor Mutter und Vater, ein nutzloser Schutzschild. Wieder der lange Tisch, den wir kannten und fürchteten, wieder versuchten alle, sich den Schmutz abzuwischen, um anständig auszusehen, und wieder der angehaltene Atem, als die »Selektion« begann.

Die Reihen bewegten sich vorwärts, und unsere Herzen krampften sich zusammen, als wir sahen, daß die Deutschen nicht einmal einen Blick auf die Papiere der älteren Leute warfen. Das bedeutete, daß unsere Eltern keine Chance hatten. Dann kamen wir an die Reihe. Ich zeigte als erster meine Papiere, und nach einer kurzen Überprüfung deuteten die deutschen Richter über Leben und Tod auf die Gruppe derer, die bleiben durften. Die ganze Zeit über fiel kein Wort. Szymon und Nathan folgten mir nach, und wir beobachteten voller Angst, wie Vater vor den Tisch trat. Der Beamte zerriß zuerst seine und dann Mutters Papiere. Unsere Welt stand still, als wir sahen, wie sie niedergeschlagen auf die andere Seite gingen. Wie abgesprochen stürzten wir drei, ungeachtet des Risikos, auf unsere Eltern zu, um sie zu umarmen und schwuren, bei ihnen zu bleiben, komme, was wolle. Aber davon wollten sie nichts wissen. Gefaßt sagten sie uns, sie hätten ihr Leben gelebt, und alles, was für sie noch zähle, sei der Gedanke, daß wir vier in Sicherheit waren. Ein SS-Mann lief zu uns hinüber, und wir mußten sofort eine Entscheidung treffen. Im Grunde war es keine Entscheidung, denn der Blick unserer Eltern glich einem Befehl. Wir gingen zu den Überlebenden zurück, jedoch nicht, bevor der SS-Mann ein paar Schläge mit seinem Gewehrkolben landen konnte.

Wir waren vollkommen niedergeschmettert. Was nutzte uns jetzt unsere kräftige Statur – drei große, starke junge Männer, gelähmt vor Angst und unfähig, einen Finger zu rühren, um unsere Eltern zu retten? Bald kehrte unser Bewußtsein wieder zurück, und wir hörten die vertrauten Schreie, die Schüsse in die Luft und das Trampeln der Schuhe, als die Verurteilten in Viererreihen dem sicheren Tod entgegenmarschierten. Als sie an uns vorbeikamen, winkten sie tapfer zum Abschied, und sowohl Vater als auch Mutter hoben ihre Hand, um den traditionellen Segen der Eltern für ihre Kinder anzudeuten. Wir warfen ihnen Kußhände zu und riefen ihre Namen. Es war das letzte Mal, das wir sie sahen.

Wir erhielten den Befehl, in unsere Wohnungen zurückzugehen, und wieder sahen wir Leichen auf den Straßen. Wir hatten die Schüsse der Mörder nicht wahrgenommen, mit denen sie diejenigen niederstreckten, die es gewagt hatten, sich vor den Deutschen zu verstecken; die Qual des Abschieds von unseren Eltern ließ uns blind und taub werden. Niemand war mehr da, der uns in der Wohnung willkommen hieß. Wir fielen mit dem Gesicht nach unten auf unsere Betten, um einander nicht ansehen zu müssen, und unsere Körper wurden von einem Schluchzen geschüttelt, das wir nicht zu verbergen versuchten. Ja, wir waren Männer, aber es gab Dinge, die selbst Männer nicht ertragen konnten, ohne zu weinen. Einige Nachbarn kamen, um uns zu trösten. Viele von ihnen hatten in den letzten Monaten ähnliche Erfahrungen gemacht, aber wir schickten sie fort, denn wir wollten mit niemandem sprechen und niemanden sehen. Schließlich fielen wir in einen unruhigen Schlaf, in dem wir den Alptraum ein weiteres Mal durchlebten. Müde und niedergeschlagen gingen wir am nächsten Morgen wieder zur Arbeit, denn unser Fehlen würde nicht entschuldigt werden. Mir wurde klar, daß ich jetzt das Oberhaupt der Familie und für meine jüngeren Brüder verantwortlich war. Ich fragte mich, welche Nachricht ich Herrn Zwolinski für Fela mitgeben sollte. Aber mein Gesicht verriet, was geschehen war, und er weinte mit mir. Ich sagte ihm, wir hätten versucht, mit unseren Eltern zu gehen, und er versicherte mir, unsere Entscheidung sei die richtige gewesen. Wir waren jung und kräftig und würden vielleicht überleben, um uns zu rächen. Dann bot er uns Brot und warmes Essen an, aber wir brachten nichts hinunter. Im Geiste erlebte ich immer und immer wieder die Ereignisse des gestrigen Tages und prüfte jede Einzelheit, um herauszufinden, ob wir vielleicht doch falsch gehandelt hatten. Wie konnten wir unsere Eltern nur im Stich lassen? War es Benommenheit, die Erschöpfung durch die ständigen Schicksalsschläge, die wir in den letzten zwei Jahren erlitten hatten, oder lag es an unserer jüdischen Erziehung, sich der Autorität zu beugen? Irgendwie erledigten wir unsere Arbeit, ohne einen Fehler zu machen, und gingen nach Hause, um eine weitere unruhige, alptraumgeplagte Nacht zu verbringen. Bevor die Arbeit am nächsten Morgen begann, flüsterte Herr Zwolinski uns zu, daß es Fela gutginge, aber mehr konnte er wegen der anderen Männer um uns herum nicht sagen. In der Pause erzählte er uns dann, daß Fela, als sie vom Schicksal unserer Eltern hörte, fast in Ohnmacht gefallen sei und dann lange bitterlich geweint habe. Er gab ihr auch unsere Briefe. Als sie sich einigermaßen erholt hatte und wieder sprechen konnte, sagte sie, daß wir unsere Eltern nie im Stich hätten lassen dürfen. Herr Zwolinski erklärte ihr, daß niemand sie habe retten können. Schließlich schrieb sie einen Brief, den Herr Zwolinski uns mitbrachte. Als ich ihn öffnete, sah ich, daß die Tinte von Tränen verwischt war. Aber Fela versicherte uns, daß sie akzeptierte, was wir getan hatten, und nur bedauerte, daß sie nicht dort gewesen sei, um Mutter und Vater ein letztes Mal zu umarmen. Später zeigte ich Szymon und Nathan den Brief und vernichtete ihn dann. Als ich Gelegenheit fand, in Ruhe darüber nachzudenken, kam ich zu dem Schluß, daß es besser war, daß Fela dies nicht miterlebt hatte. Zumindest war ihr die Qual erspart geblieben, zu sehen, wie unsere Eltern nebeneinander gestanden und sich an der Hand gehalten hatten, hilflos der feindlichen Welt ausgeliefert, bevor sie uns tapfer zuwinkten, als man sie fortbrachte. Jetzt mußten wir erst recht darum kämpfen, zu überleben und ihren Tod zu rächen. Einige Tage später teilten polnische Maschinisten Herrn Zwolinski mit, der Deportationszug vom 15. September habe am nächsten Morgen Belzec erreicht. Wir wußten, daß sie tot waren.

Die Horns und die Brüder Guttmann wohnten noch in unserem Haus, aber von den Wiesenfelds und der Familie Kranz, die mit uns für die RAVO gearbeitet hatten, war nur noch Kuba übrig. In den nächsten Tagen hatten wir sehr viel zu tun und mußten Überstunden machen, weil viele Züge mit Soldaten und Ausrüstung nach Osten abgingen. Wir hofften, daß die Russen schon auf sie warteten. Wenn es ihnen nicht gelang, sie auszulöschen, würde der Winter es bald schaffen.

Wieder wurden Juden in unser Ghetto gebracht, von denen die meisten aus dem Gebiet nahe der slowakischen Grenze kamen. Ich fragte sie, warum sie nicht in die Slowakei geflohen seien, aber sie erzählten, daß alle, denen die Grenzüberquerung gelungen war, 1942 zusammen mit Tausenden slowakischer Juden wieder zurück nach Polen deportiert worden seien. Wir freundeten uns mit Chaim Moshe Halberstam an, und es gelang uns, ihm ein paar Lebensmittel und alte deutsche Zeitungen mitzubringen, welche die polnischen Arbeiter beim Reinigen der Züge eingesammelt hatten. Die Halberstams, die aus Rzeszów stammten, wo Chaim auch geboren war, gehörten zu einer der ältesten Rabbinerfamilien Osteuropas. Chaim war viele Jahre zuvor in die USA ausgewandert und als Rabbi in Brooklyn tätig gewesen. Im April 1939 kehrte er nach Polen zurück, um seine Eltern und seine Familie zu besuchen und war vom Krieg überrascht worden. Die Gestapo erkannte seinen amerikanischen Paß nicht an, ebensowenig wie den anderer Juden, und die meisten von ihnen wurden nach Belzec geschickt.

Unter den Neuankömmlingen befanden sich auch einige Schneider und Schuhmacher, die man zur Arbeit in der Eintracht-Kooperative eingeteilt hatte. Sie brachten uns Kleidungsstücke und Bettzeug mit, die wir wiederum aus dem Ghetto herausschmuggelten und gegen Lebensmittel eintauschten, die wir dann mit ihnen teilten. Es war für alle ein gutes Arrangement. Manchmal brachte uns Herr Zwolinski sogar einen Kuchen zum Bahnhof mit, den Fela gebacken hatte. Er lehnte die Geschenke, die wir ihm geben wollten, immer ab, weil er die Ansicht vertrat, ein solches Verhalten sei für ein menschliches Wesen selbstverständlich. Er war ein gütiger Mensch in einer Welt voller Bestien. Eines Tages erzählte er mir von dem russischen General Wlassow, der sich 1941 zusammen mit Hunderttausenden russischer Soldaten den Deutschen ergeben hatte. Die Deutschen brauchten jede Hilfe, die sie bekommen konnten, und nahmen sie in ihre Streitkräfte auf. Wlassow behielt seinen Rang als General. Er stellte eine Armee von russischen Verrätern für die Deutschen auf und ließ von Flugzeugen aus hinter den russischen Linien sogar Handzettel mit dem Aufruf an die Soldaten abwerfen, ihre bolschewistischen Herren zu verlassen und sich ihm auf der deutschen Seite anzuschließen. Außerdem drängte er die Zivilbevölkerung, ihre deutschen »Befreier« zu unterstützen.

So lange wie möglich übermittelte Herr Zwolinski mir nur die guten Nachrichten – Hitlers Glück kehrte sich allmählich gegen ihn, und die deutschen Vorstöße in Rußland waren fast vollkommen zum Erliegen gekommen. Deutsche Städte wurden intensiv bombardiert. Rommel und sein Afrikakorps hatten ihre Vormachtstellung verloren; die Briten drängten ihn zurück, während Zehntausende seiner italienischen Soldaten sich ergaben. Aber schließlich mußte Herr Zwolinski mir auch die schlechten Nachrichten aus Polen mitteilen –

Zehntausende Juden aus den Ghettos der Großstädte waren deportiert oder bei Massakern in Warschau, Krakau, Bochnia, Tarnów und Wieliczka umgebracht worden. Das tödliche Netz zog sich immer enger um uns zusammen. In den Straßen des Ghettos, in den Massengräbern in den Wäldern und in den teuflischsten aller deutschen Erfindungen, den Vernichtungslagern, starb unsere Zukunft.

Mit dem Herbst kamen Kälte und Regen, und unsere Kleidung war zerschlissen. Als wir die Vorarbeiter der Eintracht-Kooperative um Winterkleidung baten, sagten sie nur: »Ohne Geld läuft nichts.« Dabei verarbeiteten sie Berge von Kleidungsstücken, die von den Tausenden Deportierten zurückgelassen worden waren, und hätten uns ohne eigenes Risiko einige davon geben können. Aber sie wollten Geld, und unser Lohn betrug nur 5 Zloty am Tag, sofern wir überhaupt bezahlt wurden. Ich selbst hatte ein weiteres Problem: Da ich für einen Juden ungewöhnlich groß war, fand ich nur schwer passende Schuhe. Mit zu engen Kleidungsstücken kam ich zurecht, aber die Schuhe mußten groß genug sein. Es tat weh, zu sehen, wie diese Männer gegenüber ihren eigenen Brüdern ein Herz aus Stein bewiesen – und dies, nachdem sie noch vor kurzem das Elend der Deportationen miterlebt hatten und selbst nur durch Glück gerettet worden waren.

Wir freundeten uns mit einigen der jungen Männer aus der Eintracht-Kooperative an, die in unserem Haus einquartiert worden waren. Aber sie konnten nichts hinausschmuggeln, bis auf ein paar kleine Kleidungsstücke, die sie unter ihren Mänteln versteckten. An den langen Abenden erzählten sie manchmal von den Dingen, die sie erlebt hatten. Einige von ihnen waren wie durch ein Wunder aus dem SS-Lager Pustkow in der Nähe von Dębica entkommen, wo man sie im Herbst 1940 zusammen mit anderen jungen Männern eingeliefert hatte. Dort mußten sie sieben Tage in der Woche und bei jedem Wetter vom Morgengrauen bis spät in den Abend arbeiten. Ihre Verpflegung bestand morgens aus einer undefinierbaren Flüssigkeit, die man Kaffee nannte, sowie ein wenig Brot, das wie Sägemehl schmeckte; abends bekamen sie eine sogenannte Suppe aus Kartoffelschalen und Steckrüben und dazu ein Stück »Sägemehl«-Brot.

Jedes »Vergehen« wurde sofort von den Vorarbeitern – Juden oder Polen – mit brutalen Schlägen bestraft. Die Lagerwachen waren Ukrainer, deren wichtigste Qualifikation für die Arbeit in ihrer Grausamkeit bestand. Sie erschossen jeden, der zu schwach oder zu krank zum Arbeiten war oder während der Arbeitszeit in den Baracken vorgefunden wurde. Die Häftlinge schliefen auf feuchten Strohmatratzen in hölzernen Kojen, übersät mit Wanzen und Läusen, die sich von ihren ausgezehrten Körpern ernährten und Krankheiten verbreiteten. Die Baracken hatten keine Fenster; die Dächer waren undicht, so daß es ständig feucht war, und die dünnen Bettdecken hielten die Winterkälte nicht ab. Neue Männer, die in das Lager kamen, wurden durchsucht und mußten alle Wertsachen abgeben, wenn sie und ihre Verwandten nicht erschossen werden wollten. Viele Gefangene wurden tatsächlich erschossen, und die jüngeren Männer mußten die Leichen im nahe gelegenen Wald begraben. Was sie durchgemacht hatten, übertraf jedes menschliche Vorstellungsvermögen; aber inzwischen mußten auch wir damit rechnen, in einem solchen Lager zu landen.

Mittlerweile platzte unser Ghetto wieder aus allen Nähten, da immer mehr Flüchtlinge aus Ortschaften zu uns gebracht wurden, die *judenrein* gemacht worden waren. Viele von ihnen hatten Läuse, und erneut griff die Angst vor Epidemien um sich. Im November wurde ein neuer Erlaß angeschlagen, demzufolge sich alle Arbeitslosen und diejenigen, die innerhalb des Ghettos arbeiteten, am nächsten Morgen zu melden hatten. Wer außerhalb des Ghettos arbeitete, mußte sich an den beiden darauffolgenden Tagen melden. Wie immer sorgte der Anschlag für wilde Gerüchte. Als wir an der Reihe waren, uns zu melden, bemerkten wir, daß es für die Arbeiter gesonderte Reihen gab, getrennt nach Arbeitsplatz, Beruf und Fähigkeiten. Wir waren beunruhigt, da wir nicht wußten, welchen Zweck diese Einteilung hatte.

Die Registrierung ging zu Ende, aber die ständige Unsicherheit machte die Leute egoistisch und verschlossen. Sie waren nur noch auf ihre eigenen Interessen bedacht und nicht bereit, die Bunker, die sie gruben, zu teilen oder etwas über ihre Pläne zur Flucht auf die polnische Seite zu verraten. Einige Eltern ließen bei den »Selektionen« sogar ihre eigenen Kinder im Stich – eine Entscheidung, zu der man keinen Menschen zwingen dürfte. Aber ich weigerte mich, sie zu verurteilen oder gar zu verdammen.

Eines Morgens wollten wir gerade zur Arbeit gehen, als die jüdische Polizei in die Häuser stürmte und allen Bewohnern befahl, sich sofort mit fünfundzwanzig Kilo Gepäck und genügend Proviant für

zwei Tage fertig zu machen. Sie kamen völlig überraschend. Die
SS-Wachen hatten das Ghetto bereits umstellt, so daß keine Chance
zur Flucht bestand. Es herrschte schrecklich feuchtes und kaltes Wetter, und die Mütter brachten ihre in Decken gehüllten Kinder zum
Versammlungsplatz. Die SS und die Ukrainer mit ihren schießwüti-
gen Gewehren und knurrenden Hunden waren bereits an der Arbeit.
Ebenso wie Pfeifer und die anderen Offiziellen, die zur »Selektion«
erschienen, trugen sie Mäntel, die sie vor dem kalten Regen schützten.
Es folgte die übliche Prozedur der Überprüfung der Papiere und des
Vergleichs mit der vorbereiteten Liste, die darauf hinauslief, daß jeder
von uns einer der beiden Gruppen zugeteilt wurde. Mir fiel auf, daß
diejenigen, die bleiben durften, sich zum sogenannten *Appellplatz* zu
begeben hatten. Aber ich sah auch, daß viele derjenigen, die außerhalb des Ghettos arbeiteten, zum gefürchteten *Sammelplatz* befohlen wurden. Nachdem ihre Kraft und ihre Fähigkeiten verbraucht
waren, warf man sie fort wie ausgepreßte Zitronen. Als die Arbeiter
der *Ostbahn* an die Reihe kamen, wurden wir ohne Ausnahme zum
Appellplatz geschickt. Wir sahen viele zur Deportation bestimmte
Mitglieder des *Judenrats* und der Polizei, die Pfeifer und seine Henker
vergeblich anflehten, bleiben zu dürfen. Sein Wort war Gesetz und
duldete keinen Widerspruch. Die jüdischen Beamten, die sich in
Sicherheit wähnten, traf dieser unerwartete Schlag besonders hart.
Ihre ungläubigen Gesichter verfärbten sich weiß wie Kalk. Die ganze
widerwärtige »Aktion« wurde begleitet von Gewehrschüssen und
Hundegebell, das immer dann zu hören war, wenn die SS-Männer
jemanden in einem Versteck entdeckten. Wie in einem Alptraum
marschierten die Verurteilten – darunter auch die Arbeiter der Eintracht-Kooperative, die uns warme Kleidung verweigert hatten, um
den Deutschen besser dienen zu können – ihrem Schicksal entgegen,
und das Tor schloß sich hinter ihnen, während die üblichen Körbe mit
Wertsachen auf einem Laster zurückblieben. Ich vergab ihnen: Es
waren törichte Menschen, die nur versuchten, sich selbst zu retten.
Aber sie hatten nicht verstanden, daß die Deutschen bei Juden keinen
Unterschied machten. Letzten Endes würden wir alle ausgelöscht.
Mir fiel auf, daß einige der SS-Wachen weder Deutsch noch Ukrai-
nisch sprachen. Es waren Freiwillige aus Estland, Lettland und
Litauen – eine neue Mörderbrut unter den Vernichtungskommandos
der Deutschen.

Als das Tor geschlossen wurde, schickte man uns sofort in unsere Wohnungen zurück; aber für diejenigen, die sich zu verstecken versuchten, ging die Jagd weiter. Zum ersten Mal sah ich mit eigenen Augen, wie die SS-Mörder Männer, Frauen und Kinder vor einer Mauer aufstellten und sie erschossen. Der grauenhafteste Augenblick kam, als sie kleine Kinder vor den Augen ihrer Eltern an den Füßen packten und mit den Köpfen gegen die Mauer schlugen; anschließend erschossen sie die Erwachsenen. Dann rissen die Mörder Armbanduhren und Schmuck von den noch warmen Körpern und steckten sie ein.

Der Regen spülte das Blut fort, während Oszerowicz und seine Männer die Leichen abtransportierten. Die ganze Nacht hindurch wiederholten sich in meinem Kopf immer wieder die Szenen, die ich gesehen hatte, und ich fragte mich, wie lange es dauern würde, bis auch wir den gleichen Weg gehen mußten. Am nächsten Morgen verließen die wenigen von uns, die noch übriggeblieben waren, das Ghetto und gingen zur Arbeit. Ich sah Herrn Zwolinski, hielt mich aber von ihm fern, weil ich ihn nicht noch mehr kompromittieren wollte. Er war ein sehr großes Risiko eingegangen, als er Fela bei sich aufnahm. Erst viel später, als wir allein miteinander sprechen konnten, gab ich ihm unsere Briefe mit den Einzelheiten der Ereignisse des Vortages. Er hatte von den Deportationen gehört, wußte aber nichts von den Grausamkeiten und schwor, den Leuten der Untergrundbewegung alles darüber zu berichten, für den Tag, an dem sie mit den Deutschen abrechnen konnten. Der Untergrund würde es auch dem Rest der Welt mitteilen, versprach Herr Zwolinski. Viele Polen fragten uns nach ihren jüdischen Freunden. Ihre Besorgnis rührte mich, bis ich erfuhr, daß es ihnen nur um die Wertsachen ging, die sie für ihre jüdischen Freunde aufbewahrten und die sie nicht zurückgeben mußten, wenn ihre Besitzer tot waren. Ich sagte ihnen, ich wisse nichts und hätte auch keine Möglichkeit, etwas in Erfahrung zu bringen. Zumindest wollte ich die Geier nicht auch noch ermutigen.

Die Kälte gab uns die Chance, mehrere Lagen Kleidung zu tragen, ohne verdächtig zu erscheinen, so daß wir einige der Kleidungsstücke gegen Lebensmittel, Seife und Medikamente eintauschen konnten – Dinge, die es im Ghetto kaum oder gar nicht gab.

Herr Zwolinski schien optimistischer Stimmung zu sein, und er erzählte uns, von überall seien Berichte über deutsche Niederlagen zu hören. Der Schnee und die eisige Kälte hatten den Russen geholfen, die deutschen Vorstöße aufzuhalten, und sie sorgten mit ihren Gegenangriffen für große Verluste. Stalingrad entwickelte sich zu einem Friedhof für die Nazis, und in der Cyrenaika befand sich Rommel auf der Flucht, seit die Amerikaner in Nordafrika gelandet waren. Aber für die Juden gab es keine guten Nachrichten. In ganz Polen fanden Massaker statt. Krüger, der Höhere SS- und Polizeiführer des Generalgouvernements, kündigte an, daß nur fünf Ghettos im Bezirk Krakau bestehen bleiben würden: Krakau, Bochnia, Przemyśl, Rzeszów und Tarnów. Alle anderen sollten aufgelöst werden, um die Orte *judenrein* zu machen. Zum ersten Mal wurde das Wort »Ghetto« in einer offiziellen Verlautbarung verwendet. Bis jetzt hatten die Deutschen immer versucht, die Ghettos als *jüdische Wohnbezirke* zu verharmlosen. Offensichtlich hielten sie es nicht länger für notwendig, die Wahrheit vor der Welt zu verbergen. Aber die Welt wußte bereits von den Ghettos, den Deportationen, den Massenerschießungen und den Vernichtungslagern in ganz Polen, und sie unternahm nichts. Wir waren von Gott und der Welt verlassen. Wir konnten uns nur eigennützig damit trösten, daß Krüger unser Ghetto stehen ließ.

Als wir eines Abends nach Hause kamen, erzählte uns Herr Horn, daß ein Wagen der Gestapo einen SS-Offizier ins Ghetto gebracht hatte, der der neue Kommandant des Ghettos Rzeszów werden sollte. Dieser Mann hätte Pfeifer und Benno Kahana, den Vorsitzenden des *Judenrats*, aufgesucht. Wir fragten uns, als Vorbote welcher neuen Tragödie *er* gekommen war. Sofort begannen unsere jüdischen Philosophen – also wir alle – darüber nachzugrübeln, welche neuen Pläne die SS wohl mit uns hatte. Als wir uns am nächsten Morgen auf dem *Appellplatz* einfanden, wartete dort bereits ein neuer, hochgewachsener SS-Offizier auf uns. Ich bemerkte, daß er die hohen Abzeichen eines Hauptscharführers trug. Der Mann hatte graue Haare; er war groß, schlank und etwa fünfzig Jahre alt. Seine Augen wirkten stahlblau, kalt und hart, als ob solche Augen die Norm für die Mörder der SS waren. Er stand einfach nur da, sagte kein Wort und beobachtete uns. Wir standen in der eisigen Kälte, aber nicht nur der beißende Frost ließ uns erzittern, sondern auch der Gedanke daran, was dieser neue Peiniger mit uns vorhaben mochte. Außerdem befürchteten wir, es könnte an diesem Morgen zu gründlichen Durchsuchungen kommen. Dies hätte viele von uns in

Schwierigkeiten gebracht, da wir Waren bei uns trugen, die wir gegen Lebensmittel eintauschen wollten. Glücklicherweise geschah nichts Außergewöhnliches, und wir wurden wie immer unter Bewachung zur Arbeit geführt. Bei der *Ostbahn* übergaben wir die Waren unseren polnischen Kontaktleuten, sagten ihnen aber, wir würden vorläufig nichts mehr schmuggeln, bis wir wüßten, was der Hauptscharführer mit uns vorhätte. Statt dessen verabredeten wir uns mit ihnen am späteren Abend an bestimmten Treffpunkten entlang des Zauns, um die Geschäfte über den Zaun hinweg abzuwickeln. Solange wir vorsichtig blieben, war dies der sicherere Weg.

6
Die Teilung des Ghettos.
Rzeszów, 1942–1943

Als wir nach Hause kamen, war der Kommandant nicht mehr zu sehen. Dafür fanden wir etwas völlig Neues vor: Auf der Baldachowska-Straße, die mitten im Ghetto lag, waren über drei Meter hohe Stacheldrahtzäune errichtet worden, und ringsum lagen noch weitere Stacheldrahtrollen. Das Ghetto wurde in zwei voneinander getrennte Sektoren geteilt, die den Namen Lager A und Lager B bzw. östlicher und westlicher Sektor trugen. So sah also die erste Anordnung des neuen Kommandanten aus. Offenbar war er in solcher Eile gewesen, daß er sie mündlich erteilt hatte und sich nicht einmal die Zeit nahm, sie schriftlich abzufassen.

Alle arbeitslosen Männer sowie die Frauen und Kinder der arbeitenden Männer sollten im Lager B zusammengefaßt werden. Alle arbeitenden Frauen mußten in ein frei stehendes Gebäude im Lager A ziehen, das eingezäunt und bewacht wurde, um Besuche zu verhindern. Der *Judenrat* hatte die notwendigen Vorkehrungen zu treffen, um die Betreffenden auf die beiden Lager zu verteilen. Wir konnten zwar in unserem Haus bleiben, aber alle Betten mußten entfernt und durch Etagenbetten ersetzt werden, die die Schreiner der Eintracht-Kooperative anzufertigen hatten.

Der Kommandant beschloß, sein Hauptquartier im Ghetto zu errichten und wählte dafür ein kleines, aber modernes Haus im Zentrum von Lager A, das der Familie Zucker gehörte. Die Bewohner wurden unsanft auf die Straße gesetzt, um Platz für ihn zu schaffen; dann konfiszierte man ihre Möbel.

Obwohl wir bereit waren, fast jedem neuen Unglück ins Auge zu sehen, sorgte diese letzte Anordnung für große Verwirrung und Entsetzen. Unsere Philosophen, die sonst immer viel zu sagen hatten, schwiegen an diesem Abend, denn sie waren ebenso bestürzt wie alle anderen. Vom Fenster aus konnten wir sehen, wie die Menschen ihre Habseligkeiten auf Karren oder auf dem Rücken in ihre neuen Wohnungen brachten.

Es handelte sich bereits um unsere zweite Teilung: Zuerst hatte man uns im Dezember 1941 von der »arischen« Welt ausgegrenzt, und jetzt wurde auch unsere eigene kleine Welt zerstückelt. Die Trennungslinie war eindeutig: Auf der einen Seite befanden sich alle, die für die SS noch von Nutzen sein konnten, auf der anderen Seite lebten diejenigen, die sie nicht mehr brauchte. Wir trugen unsere Betten hinunter auf den Bürgersteig, wo sie von den Räumungstrupps abgeholt wurden, die auch Strohsäcke für die Zeit verteilten, bis die Etagenbetten fertig waren. Wir trösteten uns damit, daß wir wenigstens Fela vor den Schwierigkeiten bewahrt hatten, die der neue Kommandant mit sich brachte.

Am nächsten Morgen erschien er in Begleitung von Pfeifer, Kahana, Gorelik und einigen anderen Offiziellen auf dem *Appellplatz*. Er stellte sich als Hauptscharführer Bacher vor und erklärte, das Ghetto hieße jetzt *Zwangsarbeitslager Reishof*. Dies sei der erste Morgenappell, und von jetzt an sollte es jeden Tag Anwesenheitsappelle geben, morgens und abends. Er warnte uns, daß er keine Rücksicht auf Drückeberger nehmen werde, verlangte maximalen Arbeitseinsatz und bedingungslose Befolgung seiner Befehle. Diejenigen, die arbeiteten, würden Essensrationen bekommen, nicht so jedoch der Rest der »jüdischen Parasiten« im Lager B. Er dulde weder Faulheit bei der Arbeit noch Schmutz in den Wohnungen und werde sich durch persönliche Inspektionen von der Einhaltung seiner Befehle überzeugen.

Dann bedeutete er einem jüdischen Polizisten, den Appell zu übernehmen. Der Polizist zog eine lange Liste hervor, von der er die Namen der Gruppen und der einzelnen Arbeiter vorlas und sie abhakte, nachdem jeder von uns seine Anwesenheit bestätigt hatte. Wir standen lange in der eisigen Kälte, bis man uns endlich den Befehl gab, in Begleitung unserer Wachen zur Arbeit zu marschieren. Als wir am Abend zurückkamen, hatte man die restlichen Stacheldrahtzäune aufgestellt und ein neues Tor eingebaut, das zu beiden Seiten von Wachhäuschen flankiert wurde, besetzt von jüdischen Polizisten. Man durfte sich ausschließlich mit einem Sonderausweis zwischen den beiden Lagern bewegen, und nur enge Verwandte konnten ihn an den Tagen beantragen, an denen sie nicht arbeiten mußten. Die Ausweise wurden vom *Judenrat*, der jüdischen Polizei und der Arbeitsverwaltung ausgestellt. Ich dachte verbittert, daß dies unseren

Offiziellen eine neue Gelegenheit bieten würde, Bestechungsgelder zu verlangen.

Dreistöckige Betten wurden in unser Zimmer gestellt, um mehr Juden auf weniger Raum unterbringen zu können. Die Guttmanns und Leon Horn waren ebenfalls bei unserer Gruppe. Leons Bruder Hersch hatte man den PZL-Werken vor der Stadt zugeteilt, wo eine große Zahl von ausgebildeten Mechanikern arbeitete, die in Baracken neben der Fabrik untergebracht waren und von Ukrainern bewacht wurden.

Wir absolvierten den Morgenappell ohne Probleme, denn alle meldeten sich zur gleichen Zeit. Er war schnell vorüber und daher erträglich. Aber wenn wir abends erschöpft von einem langen Tag harter Arbeit zurückkehrten, standen wir manchmal völlig durchgefroren in der Kälte und Nässe und warteten, bis die letzte Gruppe eintraf. Glücklicherweise brachten uns die Männer der Räumungstrupps, die man in unserem Zimmer einquartiert hatte, ein paar warme Kleidungsstücke und hochgeschlossene Schuhe mit; zum Tausch versorgten wir sie mit soviel Lebensmitteln und Kohlen, wie wir ins Ghetto schmuggeln konnten. Ich freundete mich mit einer der Köchinnen aus der Gemeinschaftsküche an: Frau Kleinmuntz war eine sehr nette Dame, deren Sohn Benek mit uns arbeitete. Sie schöpfte die Suppe für uns immer vom Boden des Kessels, weil sie dort dicker war, und schaffte Reste beiseite, die wir den armen Kindern am Zaun geben konnten.

Bacher erwies sich als dienstfiger und strenger Zuchtmeister. Wir erfuhren, daß er tagsüber zahlreiche Inspektionen in beiden Lagern durchführte; er erschien ganz plötzlich und paralysierte die Menschen mit seinem kalten, starren Blick und seinen Totenkopfinsignien, die sich auffallend ähnelten. Besonders hart traf seine Anwesenheit all jene Reichen, die sich durch Bestechung der Beamten des *Judenrats* und der Polizei von ihren Pflichten freigekauft hatten. Jetzt mußten sie arbeiten wie alle anderen auch. Aber unsere Offiziellen leckten Bacher die Stiefel und hofften auf seine Gunst. Er riß alle Befehlsgewalt an sich und degradierte Kahana zu einem einfachen Angestellten. Bacher wurde stets von einem sehr jungen jüdischen Polizisten namens Icek begleitet, der nicht aus Rzeszów stammte. Niemand wußte, wo er herkam. Bei den Appellen stand er neben Bacher und führte Leibesvisitationen durch. Unter den Augen

Bachers entdeckte Icek oft einige armselige Stücke Schmuggelware, worauf er dem Schuldigen befahl, die Hosen herunterzulassen. Dann schlug er ihn mit seiner Reitpeitsche, die er immer bei sich trug, fünfundsiebzigmal auf das nackte Hinterteil. Bacher schien der Anblick eines Juden, der einen anderen Juden auspeitscht, eine sadistische Befriedigung zu verschaffen. Er war sehr roh, und außer seinen knappen Befehlen hörten wir als einzige andere Worte nur Flüche. Falls irgend jemand sich der Hoffnung hingegeben hatte, ihn bestechen zu können, um unser Leid zu lindern, wurde dies durch Bachers Verhalten schnell zunichte gemacht. Wenn wir allein oder unter uns waren, verfluchten wir ihn.

Das Essen wurde von der Gemeinschaftsküche verteilt, und als unsere polnischen Kontaktleute aus irgendeinem Grund keine Lebensmittel über den Zaun werfen konnten, nahmen wir die warmen Mahlzeiten gerne an. Sie waren besser geworden, seit die Köche es nicht mehr wagten, sich selbst zu bedienen und die Nahrungsmittel zu verkaufen. Jeden Augenblick konnte Bacher auftauchen und eine Inspektion durchführen. Nichtsdestotrotz verkauften einige Polizisten immer noch einen Teil unserer Rationen an die verhungernden Juden im westlichen Sektor – sofern diese die astronomischen Summen, die verlangt wurden, bezahlen konnten. Wir sahen verhungernde Kinder, die um Essen bettelten. Wenn sie nahe genug an den Zaun herankamen, warfen wir ihnen hinüber, was wir gerade hatten, während die Männer des Räumungstrupps ihnen warme Kleidung und Decken brachten, wann immer sie konnten.

Die deutschen Juden enttäuschten uns. Weil Bacher sich mit ihnen verständigen konnte, ernannte er einige von ihnen zu Vorarbeitern. Sie erledigten ihre Aufgaben mit deutscher Gründlichkeit und drohten, jeden Drückeberger bei Bacher zu melden. Dies war keine leere Drohung, denn sie konnte das Opfer schnell das Leben kosten. Aber am meisten haßten wir die jüdischen Polizisten, die gut von ihren Bestechungsgeldern lebten, während so viele von uns verhungerten. Icek wurde von allen gehaßt: Klein und drahtig folgte er dem großen Bacher auf Schritt und Tritt. Wir nannten ihn Hund – wegen seines Verhaltens und weil er immer um Bacher herumstrich wie ein Schoßhund.

Heftige Schneestürme führten zu einem Chaos in Rzeszów, und Bacher beorderte die Männer aus dem Lager B zum Schneeräumen.

Obwohl die Arbeit hart war und die Männer keine angemessene Kleidung besaßen, hatten sie so wenigstens Gelegenheit, von den Polen einige Lebensmittel zu kaufen.

Von Zeit zu Zeit trafen neue Transporte ein. Bacher befahl die Neuankömmlinge sofort in den westlichen Sektor, der bald so überfüllt war, daß zwei Familien sich ein Zimmer teilen mußten. Dann ordnete er eine Registrierung in diesem Sektor an, was sofort eine Panik auslöste; aber Bacher war nur auf der Suche nach Facharbeitern für Pfeifer. Die wenigen, die in Frage kamen, wurden in unseren Sektor verlegt, überglücklich über ihre neue Überlebenschance. Im Lager B lebte ein Mann namens Serog, der sich in dieser Situation als wahrer Menschenfreund erwies. Er konnte Kahana überzeugen, daß wir alle die Pflicht hätten, uns um die weniger Glücklichen im Lager B zu kümmern, denen der Hungertod drohte. Daraufhin richtete Kahana eine kleine Küche ein, von der aus heimlich Essen über den Zaun gereicht wurde, wenn Bacher sich abends in sein gutgeheiztes Haus zurückzog.

Der Winter des Jahres 1942/43 war ungeheuer hart, und wir alle litten unter der Kälte. Aber die Nachricht, daß der Frost auch Tausende von Deutschen in Rußland tötete, wärmte unsere Herzen. Die russische Armee rückte an allen Fronten vor, berichtete Herr Zwolinski, und Stalingrad entwickelte sich zum Symbol des Untergangs der Nazis. Leider geschah dies alles für uns zu weit entfernt und zu spät! Nur die deutschen Viehwaggons mit den roten Kreuzen besänftigten uns. Wir jubelten innerlich über die Toten, Verwundeten und Erfrorenen, die ausgeladen wurden, und ich reinigte die Loks mit Freuden und besonders schnell, damit sie noch mehr von ihnen zu uns bringen konnten. Aber obwohl ich diesen Anblick genoß, war mir bewußt, daß wir selbst von geborgter Zeit lebten, die allmählich ablief. Ich bat Herrn Zwolinski inständig, uns bei der Flucht zu helfen, damit wir zur *Armia Ludowa*, der »Volksarmee« gelangen konnten – Partisanen, die nach unseren Informationen nicht antisemitisch waren. Er versprach uns, sein Bestes zu tun und sich mit der Bitte um Hilfe schriftlich an Herrn Lopatowski in Krakau zu wenden. Wir beteten um ein Wunder, denn obwohl es keine Gerüchte über neue »Aktionen« gab, wußten wir, daß es jederzeit dazu kommen konnte.

Als von einer Epidemie im westlichen Sektor berichtet wurde, brach eine Panik aus. Dr. Heller und seine Helfer taten, was sie konnten und baten selbst uns um Hilfe, um über unsere polnischen Kontaktleute Impfstoff und Desinfektionsmittel zu besorgen. Wir hatten Angst, daß Bacher die Epidemie entdeckte oder durch Spitzel davon erfuhr; dies hätte das Ende für uns alle bedeutet. Wir hielten unser Zimmer peinlich sauber und zogen sonntags die Etagenbetten von der Wand, um sie mit heißem Wasser abzuschrubben.

Immer, wenn Bacher bei seinen häufigen Inspektionen auf hebräische Gebetbücher, Bibeln, Ausgaben des Talmud oder andere religiöse Gegenstände stieß, befahl er, sie zu vernichten. Obwohl wir weltliche Juden waren, konnten wir nicht zulassen, daß unsere heiligen Bücher durch unsere Feinde entweiht würden. Daher sammelten wir zusammen mit Chaim Moshe Halberstam und Leon die Gebetsmäntel, Gebetsriemen und heiligen Bücher der noch lebenden strenggläubigen Juden ein und vergruben sie eines Nachts. Wir wußten, daß die Orthodoxen ihre abgenutzten heiligen Bücher vergruben, weil sie es für falsch hielten, sie zu zerstören; also stellte es auch keine Sünde dar, wenn wir es nicht so genau nahmen und die Gegenstände vergruben, obwohl man sie noch gebrauchen konnte. Außerdem war dies immer noch besser, als sie in die Hände der Deutschen fallenzulassen. Eine schlimmere Entweihung konnte es nicht geben. Aber auch ohne ihre heiligen Bücher beteten die strenggläubigen Juden weiter. Sie kannten die Gebete auswendig und hielten, so gut es ging, die Feiertage ein, im Vertrauen und der Hoffnung auf ein Wunder Gottes. Ich konnte es ihnen nicht verübeln. Obwohl ich der Ansicht war, daß ihre Gebete nicht viel nutzten, hielt ihr Glaube diese Menschen aufrecht und verhinderte, daß sie ihrem verzweifelten Leben selbst ein Ende setzten – was für Juden eine Todsünde bedeutet hätte.

Als wir eines Abends von der Arbeit zurückkamen und uns zum Appell aufstellten, bemerkten wir, daß der eiskalte Bacher ungewöhnlich gereizt wirkte. Er schlug ständig mit seiner Reitpeitsche an seine Stiefel und schrie Gorelik und seinen Stellvertreter Markuzy an. Offensichtlich stimmte irgend etwas nicht, aber wir konnten nicht herausfinden, was es war. Als endlich die letzten Arbeiter zurückkamen und unsere Anwesenheit durch den Appell bestätigt wurde, hielt Bacher eine Rede. Er sagte, sechs Beamte der jüdischen Polizei hätten seine Anweisungen nicht befolgt und seien nachsichtig mit Arbeitern gewesen, die gegen seine Befehle verstoßen hatten. Um ein

Exempel zu statuieren, entschied er, sie zu entlassen und als Arbeitslose in das Lager B zu schicken.

Dann rief er ihre Namen auf, und als sich die Polizisten niedergeschlagen vor ihm aufstellten, riß Bacher ihnen die Abzeichen, Armbinden und Mützen herunter und ließ sie unverzüglich in das Lager B bringen. Anschließend schlenderte er, auf der Suche nach Ersatz, durch die Reihen der versammelten Arbeiter und betrachtete jeden von uns genau. Eins, zwei, drei, vier, fünf; schließlich blieb er zu meinem Entsetzen vor mir stehen und bedeutete mir, vorzutreten. Ich hütete mich davor, mich zu weigern oder meinen Widerwillen offen zu zeigen. So sehr ich die Polizisten haßte, wußte ich doch, daß sie um ihre Position zwischen Hammer und Amboß nicht zu beneiden waren. Und jetzt sollte ich einer von ihnen werden – Gott bewahre! Gorelik befahl uns sechs, uns am nächsten Tag zum Dienstantritt bei ihm zu melden. Währenddessen gab er uns die Mützen, die Bacher den entlassenen Polizisten abgenommen hatte. Als ich nach Hause kam, war ich so aufgewühlt, daß ich weder essen noch sprechen konnte. Nachdem ich mir eine Weile über mein Pech den Kopf zermartert hatte, traf ich eine Entscheidung. Ich ging in Goreliks Büro und bat ihn, jemand anderen für den Posten zu ernennen. Höflich wie immer erwiderte Gorelik ruhig, er könne nichts für mich tun, da Bacher selbst mich ausgesucht habe. Die ganze Nacht warf ich mich unruhig auf meiner engen Pritsche hin und her und konnte mich nicht mit der Schande abfinden, die ich über mich und meine Brüder bringen würde. Schließlich hatte ich eine Idee. Ich stand ganz früh auf und ging direkt zum Tor, um auf den deutschen Wachmann zu warten, der jeden Morgen kam, um uns zur Arbeit bei der *Ostbahn* abzuholen. Er kannte uns sehr gut, und als er kam, nahm ich ihn beiseite, erzählte ihm von meinem Unglück und flehte ihn an, er möge Bacher bitten, mich von der Pflicht zu entbinden, weil meine Arbeit in der Lokomotivgrube für die *Ostbahn* sehr wichtig sei. Er versprach, es zu versuchen. Sobald Bacher erschien, ging er zu ihm hinüber und salutierte. Ich beobachtete angespannt und nervös, wie sie miteinander sprachen. Dann hörte ich, wie mein Name aufgerufen wurde und sah, wie der Wachmann mir bedeutete, herüberzukommen. Ich rannte zu ihm und nahm vor Bacher Haltung an. Er fragte mich, ob ich lieber bei der *Ostbahn* bleiben wolle. Ich bejahte die Frage so beiläufig wie möglich, um diese letzte Chance nicht zu verspielen, denn ich wußte, er würde ablehnen, wenn er den Eindruck hatte, ich sei zu sehr darauf erpicht. Darauf teilte er mir barsch mit, ich solle zur Gruppe der *Ostbahn*-Arbeiter zurückkehren. Ich konnte mein Glück kaum fassen, weil es niemals Anzeichen dafür gegeben hatte, daß der eiskalte Bacher Juden menschlich behandelte. Bevor er also seine Meinung ändern konnte, nahm ich die Polizeimütze ab, warf sie der Gruppe der Polizisten zu und lief zu meinen Arbeitskollegen zum Appell hinüber. Als wir losmarschierten, dankte ich dem Wachmann. Alle meine Kollegen gratulierten mir: Niemand mochte die jüdische Polizei, und alle verabscheuten ihre Mützen, ihre Abzeichen, ihre Armbinden und ihre Schlagstöcke. Ich genoß diesen Tag. Als wir am Abend von der Arbeit zurückkehrten, hatte sich die Nachricht von meiner wagemutigen Bitte an den unnachgiebigen Bacher herumgesprochen, und ein Strom von Gratulanten erschien, um mir ihre Bewunderung auszusprechen. Sie erzählten mir, die Polizisten seien von meinem Handeln verblüfft gewesen, aber jetzt wußten sie unmißverständlich, was wir von ihrer Arbeit hielten.

Als wir einige Tage später nach dem Morgenappell zur Arbeit marschierten, befahl man uns, stehenzubleiben. Der kleine Icek lief zu uns hinüber und bedeutete unserem Zimmergenossen Sender, vorzutreten und seine Hosen herunterzulassen. Sender trug zwei Paar Hosen, und Icek hatte es bemerkt. Mit offensichtlichem Vergnügen versetzte er dem armen Jungen fünfundsiebzig Peitschenhiebe, während Bacher kalt lächelnd zusah. Beinahe jeder von uns trug zusätzliche Kleidungsstücke, die er gegen Lebensmittel eintauschen wollte; es war die sicherste Art, zu schmuggeln. Alle hatten Mitleid mit Sender, der von dem verhaßten Icek entdeckt worden war. Es hätte jeden von uns treffen können.

Immer, wenn Bacher fort war oder sich in sein geheiztes Hauptquartier verkrochen hatte, verließen viele Menschen ihre Häuser, um sich mit polnischen Kontaktleuten am Zaun zu treffen. Andere wagten sich auf die Straße, um ihre Frauen oder Freunde zu besuchen. Aber sobald nur das geringste Zeichen von Bacher zu erkennen war, schienen sich alle blitzschnell in Luft aufzulösen und verschwanden, als wären sie durch einen Zauberstab unsichtbar gemacht worden. Manchmal erhielt Bacher sonntags Besuch von seinen Freunden, meist SS-Männer und ihre Familien. Bei schönem Wetter führte er sie durch seine beiden Ghettos, aber die meiste Zeit verbrachten sie im westlichen Sektor, wo sie sich besser amüsieren konnten. Unglückliche jüdische Kinder, Frauen, Alte und Arme eigneten sich besonders gut zum Fotografieren. Als besondere Attraktion nahm Bacher seine Gäste mit auf seine Terrasse und gab ihnen Gewehre, mit denen sie wahllos auf die ahnungslosen Juden auf der anderen Seite des Zauns schossen. Auch die Jungen, alles Angehörige der *Hitler-Jugend* in Uniform, ließ er Schießübungen auf lebendige Zielscheiben machen – Mörder allesamt, selbst die Kinder. Ich berichtete Herrn Zwolinski in meinen Briefen an Fela darüber, und er gab die Informationen an den Untergrund weiter.

Eines Abends erfuhren wir, daß Bachers Grausamkeit einen neuen Höhepunkt erreicht hatte. Zwei Männer sollten einen Abwasserkanal in der Nähe seines Hauptquartiers reinigen; einer von ihnen hockte im Schacht, während der andere auf der Straße stand und die Eimer voll Dreck entgegennahm, die sein Kollege ihm nach oben reichte. Unglücklicherweise schaute Bacher gerade in dem Augenblick aus dem Fenster, als der Mann auf der Straße untätig dastand und auf den nächsten Eimer wartete. Bacher kam mit der Pistole in der Hand aus dem Haus und lief auf den ahnungslosen jungen Mann zu, der erstarrte, als er die große schwarze Figur mit der schußbereiten Waffe sah. Bacher erschoß ihn auf der Stelle, ohne ihm auch nur eine Sekunde Zeit für eine Erklärung zu lassen, warum er scheinbar tatenlos herumstand. Dann steckte er seine rauchende Pistole ins Halfter und ging ohne ein Wort wieder ins Haus. Wenn fortan im Ghetto Arbeiten durchgeführt werden mußten, hielt immer einer der Arbeiter nach Bacher Ausschau.

Das Wetter verschlechterte sich zusehends. Wir alle froren und hungerten, weil der peitschende Schneesturm die Bauern daran hinderte, in die Stadt zu kommen, und wir keine Lebensmittel mehr mit ihnen tauschen konnten. Unsere Herzen weinten um die armen Seelen jenseits des Zauns, denen es noch viel schlechter ging als uns; aber wir konnten nichts für sie tun. Unser einziger Trost bestand darin, daß es in Rußland noch viel kälter war und die Deutschen dort ebenso frieren mußten wie wir.

Als wir am Morgen des 15. Dezember 1942 zum *Appellplatz* gehen wollten, wurden wir von der jüdischen Polizei angehalten, die uns befahl, wieder nach Hause zurückzukehren. Es war noch dunkel, aber wir konnten genau den furchterregenden kleinen Konvoi von

SS-Lastwagen erkennen, der in unser Lager einbog. Die Polizei befahl uns, in unsere Wohnungen zu gehen, zu packen und sofort zurückzukommen. Wieder einmal waren wir überrascht worden, obwohl uns inzwischen eigentlich nichts mehr hätte überraschen sollen. So schnell wir konnten, packten wir das Nötigste zusammen und gingen hinunter. Auf der Straße sahen wir, wie einige Lastwagen mit SS-Männern durch das Baldachowska-Tor in den westlichen Sektor fuhren, während ihre Kameraden in unserem Sektor ausgeschwärmt waren. Man befahl uns zum Versammlungsplatz, der bereits von der SS und ihren Hilfspolizisten aus der Ukraine und den baltischen Staaten umstellt worden war. Voller Entsetzen bemerkten wir, daß auf jedem LKW ein SS-Mann mit einem Maschinengewehr stand. Dies war eine unheilvolle Änderung der üblichen Prozedur. Wir hatten von so vielen aufgelösten Ghettos gehört, daß wir fast starr vor Angst waren. Aber wir konnten nichts tun, als in der Kälte zu stehen und zu warten – Gott allein wußte, worauf. Kurz darauf bog eine Wagenkolonne mit hohen deutschen Offizieren in ihren warmen Wintermänteln in das Ghetto ein, um die bevorstehende Aktion zu verfolgen. Aber der übliche »Selektionstisch« wurde nicht aufgestellt.

Bacher erteilte Gorelik einige Anweisungen, der daraufhin allen befahl, sich entsprechend der einzelnen Arbeitsgruppen aufzustellen und sämtliche Wertsachen in die Körbe zu werfen, die seine Polizisten vor uns stellten. Bacher und Pfeifer händigten Gorelik mehrere Listen aus, die dieser kurz studierte. Dann befahl er verschiedene ausgewählte Gruppen zum *Appellplatz*, wo sie von SS-Männern umstellt wurden. Als unsere Gruppe an die Reihe kam, erhielten wir den Befehl, uns den anderen anzuschließen. Andere Gruppen sowie einige Beamte des *Judenrats* blieben auf dem Versammlungsplatz zurück. Bacher und Pfeifer gingen zu ihnen hinüber, um persönlich eine »Selektion« vorzunehmen, und bedeuteten einigen von ihnen, sich zu unserer Gruppe zu begeben. Einige der zurückgebliebenen Beamten des *Judenrats* versuchten zu bitten, aber es war zwecklos. Die beiden Mörder wandten sich einfach der nächsten Gruppe zu, den Angestellten der Arbeitsverwaltung. Auch hier versuchten manche, mit Pfeifer zu sprechen, aber für ihn schienen sie gar nicht mehr zu existieren. Sie hatten ihm gedient, solange er sie brauchte; jetzt, da er keine Verwendung mehr für sie hatte, warf er sie fort wie ein verschlissenes Arbeitshemd. Unter den Zurückgelassenen entdeckten wir auch unsere Cousine Franka und empfanden Mitleid für sie. Als letzte kamen die jüdischen Polizisten und ihre Familien an die Reihe. Bacher selbst führte die »Selektion« durch. Er winkte diejenigen heraus, die ihm am eifrigsten gedient hatten und erlaubte ihnen, sich uns anzuschließen. Unter ihnen waren auch Icek und Markuzy. Ich erkannte einige der deutschen Offiziellen, die die »Selektion« verfolgten: Distriktgouverneur Dr. Ehaus, Bürgermeister Pablu, Mack, der Leiter der Rzeszówer Gestapo, sowie die leitenden Beamten seines Büros für jüdische Angelegenheiten, Schuster, Gawron, Gold und Pottenbaum. Neben ihnen standen einige höhere Parteifunktionäre der Nazis, die ich noch nie zuvor gesehen hatte; sie trugen braune Uniformen mit Hakenkreuzarmbinden, beobachteten das Geschehen und sprachen miteinander. Als alles vorüber war, gingen sie zusammen mit Bacher und Pfeifer in das Lager B, dessen Insassen sich in Erwartung ihres Schicksals bereits aufgestellt hatten. Die »Selektion« war sehr schnell beendet: Ein Offizier griff sich ein paar junge Männer heraus, und Bacher und Schuster wählten einige junge Leute aus, die als inoffizielle Führer des Sektors galten. Die Auserwählten wurden zu unserer Gruppe herübergebracht. Kurz darauf verschwanden die hohen Nazi-Bonzen, und das Schauspiel war vorüber.

Schweigend beobachteten wir, wie die Verurteilten des Lagers B durch unseren Sektor zum Ausgangstor gebracht wurden. Viele von ihnen waren in erbärmliche Lumpen gehüllt und schleppten sich nur mühsam dahin. Man befahl ihnen, alle Wertsachen abzugeben – ein bitterer Scherz für die meisten dieser armen Menschen. Und wie um diesen Scherz auf die Spitze zu treiben, führte die SS auch noch Leibesvisitationen durch. Sofort danach wurde denjenigen aus unserer Gruppe, die zur Deportation bestimmt worden waren, befohlen, sich in einer Reihe aufzustellen und hinauszumarschieren. Wir beobachteten mit fasziniertem Entsetzen, wie sie Bargeld, Goldmünzen, Armbanduhren und Schmuckstücke in die Körbe fallen ließen – ihr letzter Tribut an ihre deutschen Unterdrücker. Bacher, der neben den Körben stand, ordnete zahlreiche Leibesvisitationen an, weil die Körbe sich nicht schnell genug füllten. Die Männer mußten ihre Mäntel und Jacken ausziehen, und einige ihre Hosen für eine rektale Durchsuchung herunterlassen. Auch bei einigen der Frauen wurden Leibesvisitationen durchgeführt.

Einer der SS-Offiziere hielt eine junge Frau an und befahl ihr, sich auszuziehen. Als sie nackt war, steckte er seine Peitsche in ihre Vagina. Sie spuckte ihm ins Gesicht. Er war überrascht und wich einen Augenblick zurück, faßte sich dann aber wieder, wischte langsam seine Wange ab und erschoß sie. Ich erkannte die Frau: Es war die Tochter von Herrn Wiesenfeld, der mit uns bei der RAVO gearbeitet hatte. Er war zusammen mit allen übrigen Angehörigen und unseren Eltern deportiert worden. Seine Tochter hatte man damals im Ghetto behalten, weil sie für die Wehrmacht arbeitete. Ohne langes Federlesen befahlen die SS-Mörder der Reihe, an ihrem leblosen Körper vorbei aus dem Tor zu marschieren. Unter den Deportierten erkannten wir Franka und einige unserer Freunde, die bei den Räumungstrupps gearbeitet hatten, sowie einige der Facharbeiter aus der Eintracht-Kooperative. Als sie außer Sicht waren, hörten wir immer noch Bruchstücke des verzweifelten »*Sch'ma Jisrael*« (Höre, Israel! – das Glaubensbekenntnis). Der Westsektor war jetzt *judenrein*. Später erfuhren wir, daß es sich bei dem SS-Offizier, der Frau Wiesenfeld erschoß, um Amon Goeth gehandelt hatte, den Kommandanten des Lagers Płaszów.*

Als Bacher zurückkam, erteilte er der jüdischen Polizei den Befehl, zusammen mit seinen SS-Männern und ihren Hunden den gesamten westlichen Sektor noch einmal nach versteckten Juden zu durchsuchen – jeden Keller, alle Dachböden und sogar die Kamine. Dann befahl er uns, stehen zu bleiben und in der eisigen Kälte zu warten, bis die »Aktion« beendet war. Wir mußten mitansehen, wie die SS-Mörder alle, die sie fanden, erschossen und ihre Leichen im Schnee zurückließen. Dann trieben die Suchtrupps eine kleine Gruppe von Menschen auf die Straße, offensichtlich mehrere Familien, die sich zusammen versteckt hatten, stellten sie vor eine Mauer und erschossen einen nach dem anderen. Als das erste Opfer zu Boden sackte, bedeckten die anderen ihre Gesichter und sprachen laut ihr letztes Gebet. Dann durchsuchten die SS und ihre Helfer ihre Taschen und

---

* Amon Goeth, SS-Hauptsturmführer, wurde am 30. Juli 1946 vor dem Höchsten Nationaltribunal in Krakau als Kriegsverbrecher zum Tode verurteilt. Zwei jüdische Zeugen aus dem Ghetto Rzeszów bestätigten, daß Goeth im Juli 1942 zwei blutige Deportationen im Ghetto durchgeführt hatte. Sie erklärten außerdem, daß sie miterlebten, wie Goeth Frau Wiesenfeld kaltblütig erschoß.

befahlen der jüdischen Polizei, ihnen die Kleider für eine Durchsuchung auszuziehen. Der Abend nahte, und wir waren halb erfroren, als Bacher uns erlaubte, in unsere Wohnungen zurückzukehren. Endlich hatten wir Überlebenden Gelegenheit, unseren Gefühlen freien Lauf zu lassen, nachdem wir körperlich durch die Kälte und seelisch durch das gelähmt worden waren, was wir mitansehen mußten. Unser verzweifeltes Weinen bildete das seltsam passende Ende eines unvorstellbar grausamen Tages. Vom *Judenrat* blieben nur einige wenige Mitglieder übrig, unter ihnen auch Kahana. Wir konnten nichts essen, sondern tranken nur heißen Tee und badeten unsere Füße in warmem Wasser. Die brutale Deportation war durch das verabscheuungswürdige Verhalten einiger jüdischer Polizisten noch verschlimmert worden; sie versuchten noch immer, aus unserer gemeinsamen Tragödie Kapital zu schlagen, übernahmen verlassene Wohnungen und durchsuchten sie nach Wertsachen, die die Vormieter vielleicht zurückgelassen hatten.

Das Ghetto, das inzwischen so viele seiner Bewohner verloren hatte, erschien uns erschreckend still, bis wir eines Tages wieder durch laute Geräusche auf der Straße geweckt wurden. Vom Fenster aus sahen wir Reihen von Juden, die in den westlichen Sektor marschierten. Die Handlungen der Deutschen ergaben für uns keinen Sinn: Sie schoben die Menschen ohne ersichtlichen Grund wie Schachfiguren auf einem Brett hin und her, mit dem einzigen Ziel, uns alle auszulöschen.

Am Morgen fanden wir heraus, daß es sich bei den Neuankömmlingen um Flüchtlinge handelte; etwa eintausend von ihnen kamen aus den Ghettos in Krosno, Sanok und Jasło. Einen Tag später suchten Bacher und Pfeifer in Begleitung einiger jüdischer Beamter nach Facharbeitern, hauptsächlich Schuhmacher und Schneider. Noch vor wenigen Stunden hatten sie viele Facharbeiter in den Tod geschickt, und jetzt suchten sie nach neuen. Die Ausgewählten wurden in unseren Sektor gebracht, und zwei von ihnen, Altman und Goldberg, die vor dem Krieg in Krosno als Anwälte gearbeitet hatten, kamen in unser Zimmer. Sie hatten sich als ausgebildete Mechaniker registrieren lassen, um einer sofortigen Deportation zu entgehen. Ihre Angehörigen waren ermordet worden, aber zumindest konnten sie das *Kaddisch*, das Trauergebet für sie sprechen. Hunderttausende weiterer Juden waren ermordet worden, ohne einen Verwandten zu hinterlassen, der das Kaddisch für sie sprach.

Der westliche Sektor oder Lager B wurde von uns »*Schmelzghetto*« genannt, denn es war ein Schmelztiegel der Verdammten, und die Menschen versuchten alles, um ihm zu entkommen. Der Winter hatte zwar die deutsche Kriegsmaschine in Rußland zum Stillstand gebracht, aber die Todesmaschinerie in Polen konnte er nicht aufhalten. Die Gaskammern und Krematorien, die Wälder und Massengräber, sie alle arbeiteten auf Hochtouren und verschlangen Massen von Juden.

Wir erfuhren, daß zwei Männer aus Krakau in unserem Haus einquartiert worden waren, Maciek Fiedler und Herr Brand. Brand war Ende fünfzig, und ich erinnerte mich an ihn. Er hatte eine Pelzhandlung in der Grodzka-Straße gehabt und war ausgewählt worden, um in der Eintracht-Kooperative Pelzmäntel für die Front anzufertigen. Bei der Schließung des Ghettos in Krosno hatte er sämtliche Angehörigen verloren. Fiedler war ein wenig älter als ich und besaß einen Zwillingsbruder namens Ludwik. Er stammte aus einer sehr angesehenen Krakauer Familie. Sein Vater war ein bekannter Lehrer und Rektor einer Hochschule gewesen, die im Herzen des jüdischen Viertels auf der Miodowa-Straße lag. Fiedler konnte von Krakau nach Tarnów und dann nach Krosno fliehen, wo die Deutschen ihn schließlich festnahmen. Er kannte Eintracht und wurde in der Kooperative als Polsterer eingestellt. Herr Brand wirkte sehr niedergeschlagen und sagte nicht viel, aber Maciek öffnete sich, nachdem er sein anfängliches Mißtrauen überwunden hatte. Er erzählte uns, daß seine junge Frau im Juli 1942 von Tarnów aus deportiert worden war. Sein Zwillingsbruder, der ebenfalls wie ein typischer Pole wirkte, lebte als »Arier« im rechtsgerichteten polnischen Untergrund.

Die Arbeiter der *Ostbahn* waren eine verschworene Gemeinschaft geworden, und wir vertrauten einander vollkommen. Hin und wieder konnten wir etwas Brot ins Ghetto bringen, das wir gegen Bettund Kissenbezüge eintauschten, die sich leicht unter den Winterkleidern hinausschmuggeln ließen. Die Bettwäsche bekamen wir von den Arbeitern in einem der Lagerhäuser der Eintracht-Kooperative, in denen Federbetten und Kissen aus den Wohnungen der Deportierten sortiert wurden. Sie mußten die Decken prüfen und reinigen und sie zur Verladung nach Deutschland verpacken, aber es gelang ihnen, uns die Bezüge zukommen zu lassen. Einige Arbeiter der Eintracht-Kooperative betrieben ihren eigenen Handel von ihrem Arbeitsplatz auf der anderen Seite des Zauns aus. Die Gebrüder Breitowicz waren darin besonders erfolgreich, und aufgrund ihrer Einnahmen hatten sie immer reichlich zu essen. Ihre Abende verbrachten sie beim Kartenspiel um hohe Einsätze. Eines Abends wurden sie von einer Polizeipatrouille unter Führung von Markuzy überrascht. Er wollte das Geld auf dem Tisch konfiszieren, aber Jankiel Breitowicz bedrohte ihn mit dem Messer und warnte ihn davor, das Geld anzurühren. Markuzy ignorierte die Drohung, worauf ihm Jankiel mit dem Messer den Arm aufschlitzte. Markuzy lief schreiend vor Schmerzen hinaus, und Jankiel wurde verhaftet. Seine Brüder versuchten, ihn freizukaufen, aber Markuzy war unerbittlich und meldete sie bei Bacher, der Jankiel zu sich befahl. Aber als er dem großen, kräftigen Mann gegenüberstand, geschah etwas Außergewöhnliches: Die beiden erkannten einander plötzlich wieder. Beide hatten als Metzger in der polnischen Stadt Katowice in Schlesien gearbeitet, wo auch viele Deutsche lebten. Daraufhin befahl Bacher Markuzy, Jankiel freizulassen. Die Geschichte sorgte im Ghetto für eine Sensation. Selbst Bacher zeigte menschliche Züge! Aber Markuzy schwor, sich an Jankiel zu rächen.

Die SS kam regelmäßig ins Ghetto, um Arbeiter aus dem Lager B mitzunehmen. Uns fiel auf, daß sie manchmal von einem älteren Zivilisten im grünen Lodenmantel und federgeschmücktem Tirolerhut begleitet wurden. Dieser Mann hieß Schmidt; er war der Leiter des Lagers Biesiadka und stand im Ruf, selbst nach SS-Maßstäben äußerst brutal zu sein. Er suchte nach Arbeitskräften, und Bacher konnte sie liefern. Viele Frauen verloren ihre Männer und Söhne an ihn, denn wenn Bacher seiner »Selektion« zustimmte, gab es keine Einwände. Durch ihn bekam Markuzy schließlich seine Rache. Eines Tages, als Schmidt kam, um neue Arbeiter anzufordern, wählte Markuzy sofort Jankiel Breitowicz aus und übergab ihn Schmidt und seinen SS-Männern, die ihn nach Biesiadka brachten.

Aus der stets verläßlichen Gerüchteküche erfuhren wir, daß Bacher wegen Zuständigkeitsfragen Ärger mit der Gestapo hatte. Kurze Zeit später wurde er auch tatsächlich abgesetzt. Wir jubelten, aber unsere Freude wurde durch die älteren Männer gedämpft. Sie erinnerten uns daran, daß die jüdische Tradition uns gebot, stets für den regierenden König zu beten, da sein Nachfolger schlechter sein konnte.

Kurz darauf fuhr Bacher in einem Wagen der Gestapo davon. Sein Nachfolger Schupke, ebenfalls Hauptscharführer, traf zusammen mit seinem Stellvertreter Oester ein, einem jungen Mann im Rang eines Oberscharführers. Einige unserer Freunde aus Sanok kannten Schupke als Kommandanten des SS-Lagers Zaslaw. Gerüchten zufolge handelte es sich dabei um eine Außenstelle eines Vernichtungslagers, ähnlich wie Pełkinia nahe Jarosław oder Rozwadow und Trawniki in der Nähe von Lublin. Zaslaw war ursprünglich für fünftausend Gefangene gebaut worden, aber die SS pferchte elftausend Juden hinein, von denen viele kein Dach über dem Kopf hatten. Sie arbeiteten und lebten unter unmenschlichen Bedingungen, bekamen Abfälle zu essen und schmutziges Wasser als Kaffee oder Suppe zu trinken. Die Menschen starben an Kälte, Hunger und allen Arten von Seuchen und Krankheiten und wurden in großen Massengräbern beerdigt. Nur die spezialisierten Facharbeiter erhielten etwas bessere Bedingungen, obwohl auch ihre Angehörigen wie die Fliegen starben. Die jüngeren und kräftigeren Männer wurden für die Erledigung der grausamen Aufgabe ausgewählt, die vielen tausend Toten zu begraben, unter denen sich oft auch ihre eigenen Angehörigen befanden. Schließlich kamen die letzten Überlebenden, mit Ausnahme der wenigen hundert Facharbeiter, zur schnellen Ausrottung ins Todeslager Belzec.

Schupke enthob Icek seiner bevorzugten Stellung, die er unter Bacher genossen hatte. Er wurde zu einem weiteren Niemand, von seinen ehemaligen Kameraden gemieden und von uns allen aus tiefstem Herzen verachtet. Auch Markuzy verlor seine Machtbefugnisse.

Einige der Angestellten aus Schupkes Büro erzählten uns, er sei ein älterer, grauhaariger Mann, der sich ihnen gegenüber überraschend nett und fair verhielt, ihnen zulächelte und sich sogar manchmal mit ihnen unterhielt. Er hatte sich einen persönlichen Barbier ausgesucht, eine Jüdin aus Český Těšín (Cieszyn) namens Hilda.*

---

* Im Oktober 1996 begegneten meine Frau und ich in Jerusalem zum ersten Male Hildas Sohn, Dr. Schmuel Huppert. Niemand von uns hatte Hildas Familiennamen gekannt oder gewußt, daß sie mit ihrem sechsjährigen Sohn in Rzeszów lebte, den sie damals Tommy nannte. Dr. Huppert erzählte uns, daß sie zu dieser Zeit die britische Staatsbürgerschaft besaßen und die SS und die Gestapo ihnen ständig

Zu seinem Butler bestimmte er Berkowicz, einen gelernten Schuhmacher, und dessen Sohn machte er zu seinem persönlichen Bediensteten.

Die Lebensbedingungen im Ghetto entspannten sich ein wenig, und man erhielt jetzt leichter eine Besuchserlaubnis für das Lager B. Die jüdische Polizei, die von den neuen Umständen profitierte, wurde menschlicher und hörte auf, uns zu terrorisieren. Aber Oester, der sich hauptsächlich mit dem westlichen Sektor befaßte, führte dort eine sehr strenge Herrschaft. Er kam regelmäßig ins Lager, um die Wohnungen und die Stacheldrahtzäune zu inspizieren, denen sich niemand nähern durfte. Aber da Schupke und er sonntags häufig wegfuhren, gingen Szymon, Nathan und ich zum ersten Mal seit der Teilung des Ghettos hinüber in den westlichen Sektor. Die Polizisten an den Toren erlaubten uns den freien Durchgang. Selbst uns, denen das Elend nicht fremd war, schien es, als würden wir eine Welt des Elends betreten. Aufgrund der vielen Kinder, alten Frauen und Männer herrschte mehr Leben auf den Straßen als in unserem Sektor. Überall machten Menschen Tauschgeschäfte, und die Armut war in ihren traurigen Augen und betrübten Gesichtern, an ihren jämmerlichen Kleidern und Lumpen zu erkennen. Wir sahen viele alte und junge Bettler und begegneten einigen Bekannten, mit denen wir uns eine Weile über alte Zeiten unterhielten.

Wenige Tage danach wurden wir nachts erneut durch das Geräusch von Autos geweckt, die ins Ghetto rollten. Von unserem Fenster aus sahen wir, wie Gestapo-Männer in Begleitung von Beamten der jüdischen Polizei aus den Autos stiegen. Sie teilten sich in kleine Gruppen und schwärmten aus, um kurz darauf mit einigen halb angezogenen Männern und Frauen zurückzukommen, die sie mit ihren Waffen in Schach hielten. Dann stellten sie diese Menschen vor eine Wand und erschossen sie aus nächster Nähe. Anschließend ging einer der Gesta-

zusicherten, sie bei nächster Gelegenheit gegen deutsche Kriegsgefangene auszutauschen. Statt dessen durchliefen sie jahrelang eine Reihe von Gefängnissen, Ghettos und besonders grauenhaften Lagern. Es war ein Wunder, daß sie überlebten. Wenige Monate vor Kriegsende ließ man sie schließlich nach Palästina ausreisen, wo sie Hildas Ehemann wiedersahen. Nach unserem Treffen mit Dr. Huppert rief ich Hilda und ihren Mann an, und seit dieser Zeit stehen wir in regelmäßigem Kontakt mit Dr. Huppert.

po-Männer zu den Leichen hinüber und gab ihnen einen Tritt, um sich davon zu überzeugen, daß keiner mehr lebte. Danach fuhren sie ab, während die jüdischen Polizisten warteten, bis Oszerowicz und seine Männer die Leichen abholten. Die Gestapo hatte diese Morde in Schupkes Abwesenheit begangen. Als höherrangige Mörder konnten sie den Tod über die Köpfe der Amtsgewalt hinweg anordnen. Sie waren mit vorbereiteten Listen der ausgewählten Opfer angekommen und wußten genau, wo sie zu finden waren. Nach all den Deportationen und Umzügen konnte dies nur das Werk von Spitzeln gewesen sein. Bei den meisten der Getöteten handelte es sich um junge Menschen, Angehörige der Haschomer Hazair, einer linksorientierten jüdischen Jugendorganisation, deren Ziel die Immigration in einen Kibbuz in Palästina war. Gerüchten zufolge hatten sie eine Geheimgesellschaft gegründet, die den Widerstand gegen die Nazis plante.

Einmal im Monat kamen Lastwagen der SS aus Biesiadka in den westlichen Sektor, um die jungen Männer zurückzubringen, die man aus dem Ghetto mitgenommen hatte, und sie gegen frischere und gesündere Männer »auszutauschen«, die im Lager Biesiadka und den Huta Komorowska-Werken arbeiten sollten. Immer war Schmidt persönlich anwesend, um den Austausch zu überwachen. Die jungen Männer, die er zurückbrachte, wirkten wie lebende Tote – lebendige Skelette mit Schädeln, aus deren großen Höhlen die Augen hervorstanden. Schmidt beutete die jungen Körper bis auf den letzten Funken Kraft aus und ließ sie dann einfach fallen. Er brachte alle verbrauchten »Körper« zu Schupke zurück, die dieser durch die gleiche Anzahl geeigneter junger Männer zu ersetzen hatte; so blieb die Bilanz ausgeglichen. Die wenigen, die an diesem Abend zurückkamen, waren so schwach, daß die jüdische Polizei sie direkt vom LKW in das Krankenhaus bringen mußte. Kaum jemand unter ihnen konnte den kurzen Weg ohne fremde Hilfe zurücklegen.

Schmidt stand daneben und schaute ruhig zu, wie die Laster mit frischen jungen Männern beladen wurden. Als sie losfuhren, ließen sie ein klagendes Ghetto und weinende Angehörige zurück, die wußten, was ihre Liebsten erwartete. Die halbtoten Körper, die sie ersetzen mußten, sprachen Bände. Von den Gebrüdern Breitowicz erfuhren wir, daß man auch Jankiel an diesem Abend zurückgebracht hatte. Er war in sehr schlechter Verfassung, und sie hatten ihn aus dem

Krankenhaus abgeholt und in die Wohnung einiger enger Freunde gebracht, die versuchen wollten, ihn am Leben zu erhalten.

Als wir am nächsten Abend nach Hause kamen, erzählte uns Herr Brand, daß es während des Tages im westlichen Sektor zu einem schrecklichen Massaker gekommen war. An diesem Morgen fuhr die Gestapo ins Lager ein, parkte ihre Wagen in der Nähe des Krankenhauses und befahl allen Männern, die man am Tag zuvor zurückgebracht hatte, auf die Straße hinauszutreten. Als sie herauskamen, erschoß die Gestapo einen nach dem anderen, stieg in ihre Wagen und fuhr davon. So sehr wir es auch versuchten, wir konnten das Ausmaß der deutschen Verderbtheit nicht begreifen. Zuerst brachte die SS gesunde junge Männer zur Sklavenarbeit in ihre Lager; dann transportierte sie die verbrauchten Hüllen ihrer Körper zurück, um sie durch frische Sklaven zu ersetzen, und ermordete schließlich jene, die das Martyrium überlebt hatten – und zwar in Handschuhen, um nicht mit ihren verfallenen Körpern in Berührung zu kommen.

Dann suchte uns eine neue Katastrophe heim, die wir schon lange hatten kommen sehen: Im westlichen Sektor brach eine Typhusepidemie aus, die vermutlich durch die armen Sklavenarbeiter eingeschleppt worden war. Dr. Heller und sein Assistent Dr. Hauptmann, die für die ärztliche Versorgung im westlichen Sektor zuständig waren, leisteten zusammen mit ihren aufopferungsvollen Krankenschwestern Übermenschliches, um das Fieber zu stoppen und zu verhindern, daß es sich auf den östlichen Sektor ausbreitete. Aber als Dr. Hauptmann selbst dem Fieber erlag, wurde die Situation katastrophal. Dr. Heller arbeitete allein weiter und leistete Unglaubliches bei der Bekämpfung der Krankheit. Schupke und Oester durften nichts erfahren, denn sie hätten nicht gezögert, uns alle zu töten, um die Seuche zu stoppen. Hunderte von Bewohnern starben und wurden nachts heimlich beigesetzt, aber einige Tage später hatte Dr. Heller ein Wunder vollbracht, und die Epidemie ging zurück.

Als wir eines Tages an dem Stacheldrahtzaun vorbeikamen, der das Ghetto teilte, rief jemand unsere Namen, und als wir näher kamen, sahen wir Jankiel dort stehen. Wir hätten ihn nicht wiedererkannt: Er war nur noch ein Schatten seiner Selbst, und seine traurigen Augen standen groß aus den Höhlen hervor. Wir konnten kaum verstehen, was er sagte, aber offensichtlich hatte er großen Hunger. Wir sagten ihm, er solle warten, und ich lief in die Gemeinschaftsküche, wo Frau

Kleinmuntz mir ein wenig heiße Suppe gab, während Szymon und Nathan nach Hause liefen und unser restliches Brot holten. Wir wußten, daß diejenigen, die das Typhusfieber irgendwie überlebt hatten, furchtbar hungrig sein mußten, und im westlichen Sektor gab es kaum etwas zu essen. Wir beobachteten Jankiel, wie er gierig aß, und rieten ihm zu seinem eigenen Besten, langsam zu essen. Er nickte, aß das Brot und trank die Suppe. Dann versprachen wir ihm, ihn jeden Abend auf unserem Rückweg von der Arbeit am Zaun zu treffen und ihm Essen zu bringen. Wir hielten unser Versprechen und waren glücklich zu sehen, wie er sich erholte, bis man ihm schließlich erlaubte, in unseren Sektor zurückzukommen und seine alte Arbeit bei den Räumungstrupps wiederaufzunehmen. Markuzy tat so, als sehe er ihn nicht; unter Schupke war er ein kleiner Mann ohne jegliche Macht.

Jankiel war uns sehr dankbar, daß wir ihm das Leben gerettet hatten. Eines Tages erzählte er uns von seinen Erlebnissen in den Lagern von Biesiadka und Huta Komorowska. Die dort inhaftierten Juden mußten bei jedem Wetter arbeiten und Bäume mit Handsägen im angrenzenden Wald fällen, um die Stämme dann auf dem Rücken ins Werk zu bringen. Der Komplex stand unter der Leitung der deutschen Firma F. Fischer, die auf Holz- und Betonarbeiten spezialisiert war. Johann Robert Schmidt war lange Jahre Geschäftsführer der Gesellschaft gewesen und nach Polen geschickt worden, um die dortige Filiale zu leiten. Aus ganz Europa wurden Juden als Sklavenarbeiter dorthin gebracht, bewacht von brutalen Ukrainern unter der Führung von SS-Offizieren, welche die Pustkower Mörderschule absolviert hatten.

Die Sklaven mußten jeden Tag in der Woche achtzehn Stunden arbeiten. Morgens und abends erhielten sie eine dürftige Mahlzeit, die aus undefinierbarem heißen Wasser bestand – angeblich Kaffee am Morgen und Suppe am Abend. Der geringste Fehler bei der Arbeit wurde mit dem sofortigen Tod bestraft. Hunderte starben an Hunger und Erschöpfung und wurden in Massengräber geworfen. Allerdings fanden danach nur noch selten Erschießungen statt, weil Schmidt lebendige »Körper« brauchte, um sie gegen frische Sklaven aus unserem Ghetto einzutauschen.

Es war März 1943, und unsere Kollegen von der *Ostbahn* erzählten uns, daß die Nachrichten von der russischen Front immer besser wurden. Sie hatten sogar einige Deutsche sagen hören, daß die Niederlage bei Stalingrad ein schlechtes Omen sei und Hitler den Krieg verlieren würde. Herr Zwolinski informierte uns darüber, daß in Rußland eine weitere polnische Armee aufgestellt worden war – die Kościuszko-Armee unter Führung eines gewissen Oberst Szyling.

Da jetzt an den Toren des Ghettos keine Durchsuchungen mehr erfolgten, begannen einige, mit Gold und Devisen zu handeln. Wir nannten sie *Waluciarzes* (Devisenmänner). Leon Horn war einer von ihnen. Gorelik, ein gerechter Mann, hatte Einfluß auf Schupke, und wir bekamen etwas mehr zu essen. Der westliche Sektor litt jedoch weiter, weil der strenge Oester stets anwesend war, um sich davon zu überzeugen, daß seine Befehle ausgeführt wurden.

Eines Tages bat Gorelik uns in sein Büro. Als er sah, daß uns seine Einladung ängstigte, versicherte er uns, er wolle nur Fußball- und Volleyballmannschaften in beiden Sektoren zusammenstellen und habe von den beiden Kommandanten die Erlaubnis für dieses Projekt erhalten. Er hatte gehört, daß wir früher beim Krakauer Sportverein Maccabi gewesen waren und wollte uns als Spieler aufstellen. Am nächsten Abend hielt er eine Versammlung mit den jungen Männern ab und traf Vorkehrungen für das Training. Schupke lieferte die Bälle, und die Eintracht-Kooperative gab uns gute Hemden, Hosen, Schuhe und Socken. Das Projekt war eine Sensation im Ghetto und sorgte zusammen mit dem besseren Wetter und den Nachrichten von den deutschen Niederlagen in Rußland für gehobene Stimmung und vorsichtigen Optimismus. Schupke war »in Ordnung«, aber Oester durfte man nicht aus den Augen lassen.

Eines Abends sahen wir Oester mit einem großen Dalmatiner an der Leine durch das Ghetto gehen. Es war eine bösartig aussehende Hündin, fast so groß wie ein junges Kalb, die Oester »Lottie« nannte. Ein jüdischer Polizist schlug ihm vor, den Hund abrichten zu lassen und empfahl dafür einen Mann namens Zahn, der vor dem Krieg professioneller Hundetrainer gewesen war. Oester engagierte ihn, und bald machten wir Witze über Zahn und Lottie, zwei Hunde, die einander gefunden hatten. Aber es dauerte nicht lange, bis der Hund abgerichtet war und der Witz sich gegen uns richtete. Wenn irgend jemand aus dem westlichen Sektor zu nahe an den verbotenen Stacheldrahtzaun herankam, hetzte Oester Lottie auf ihn. Sie verbiß sich so lange in dem armen Teufel, bis Oester sie zurückpfiff. Es bereitete ihm Vergnügen, sich damit Zeit zu lassen und das vor Schmerz und Angst schreiende Opfer zu beobachten. Lottie wurde zum Schrecken des westlichen Sektors, und wir alle mieden Zahn, der zu einem regelrechten Aussätzigen geworden war, wenn auch kaum durch seine eigene Schuld. Einige der Ghettoführer sprachen mit Schupke, aber er griff nicht ein. Es schien, als könne niemand einen SS-Offizier daran hindern, die Juden zu quälen. Oester machte sich einen Spaß daraus, Lottie Juden jagen zu lassen.

Eines Abends brachte uns ein Beamter des *Judenrats* eine Postkarte, die an »Herzog« adressiert war. Sie stammte von unserem Cousin Awrumek aus Vaters Heimatstadt Jarosław, abgeschickt aus dem berüchtigten Lager Janowska in der Nähe von Lwów und offenbar für unseren Onkel bestimmt. Die Karte schien mit Blut geschrieben zu sein und war ein einziger verzweifelter Hilfeschrei. Aber es gab nichts, was wir tun konnten.

In den Truppenzügen, die auf ihrem Weg zur Front den Bahnhof passierten, befanden sich jetzt auch viele Ausländer – Belgier, Franzosen, Ungarn, Italiener und Spanier. Offensichtlich schien Hitler jede Hilfe zu brauchen. Halberstam, der in den deutschen Zeitungen, die die Polen in den Zügen fanden, zwischen den Zeilen las, war der Ansicht, die Nazis wußten, daß sie in Schwierigkeiten steckten. Sie prahlten jetzt nur noch mit ihren U-Booten, die alliierte Schiffe versenkten; aber es erschienen auch viele Todesanzeigen mit den Namen ihrer Gefallenen.

Wir nutzten das bessere Wetter für unser Fußballtraining, und an einem sonnigen Sonntag hatten wir unser erstes Spiel auf der westlichen Seite des Ghettos gegen eine Mannschaft junger Männer aus dem westlichen Sektor. Es überraschte uns, daß so viele Zuschauer das Spiel sehen wollten. Wir wußten, daß wir nicht sehr gut spielten, und verhungernde Juden waren nicht unbedingt große Fußballfans, aber offensichtlich brauchten diese Menschen etwas, das sie von ihrem Elend ablenkte. Das Spiel war hart umkämpft, aber fair. Wir gewannen und verschafften unseren Mitinsassen ein paar Stunden Unterhaltung. Am nächsten Sonntag spielten wir gegen eine Mannschaft jüdischer Polizisten, und Schupke und Oester kamen, um zuzusehen. Wir gewannen erneut. Am besten gefiel uns, wie die Menge die jüdischen Polizisten ausbuhte. Die Spiele machten uns drei im Ghetto berühmt, und bald waren wir als die »drei spielenden Brüder aus Krakau« bekannt.

Wir erzählten Herrn Zwolinski von den Spielen, und er freute sich für uns. Aber keiner von uns vergaß, daß die Zeit allmählich ablief, und wir baten ihn dringend, alles nur Mögliche zu versuchen, um uns herauszuholen. Gerüchteweise erfuhren wir, daß die Ghettos von Częstochowa, Kielce, Kolomyja, Lublin und im nahe gelegenen Nowy Sacz aufgelöst worden waren. Gleichzeitig hatte man in Bochnia, Krakau und Tarnów blutige »Aktionen« gegen die Juden durchgeführt. Das Ende rückte näher.

Herr Zwolinski informierte uns, daß es am 19. April 1943 im Warschauer Ghetto zu einem Aufstand gekommen war. Es erfüllte uns mit Stolz, daß unsere Brüder sich wehrten, auch wenn sie gegen die mächtige Wehrmacht keine Chance hatten; sie besaßen nur lächerliche Waffen und selbstgemachte »Molotow-Cocktails«, mit Benzin gefüllte Flaschen, die beim Aufprall explodierten. Viele jüdische Kämpfer fielen in Warschau; aber sie starben nicht umsonst, denn sie töteten Deutsche. Unsere polnischen Arbeitskollegen kamen, schüttelten uns voll aufrichtiger Bewunderung die Hand und gratulierten uns. Aber wie immer gab es auch schlechte Nachrichten: Tausende waren im Lager Janowska getötet worden, und man hatte die alten Massengräber wieder geöffnet und die Leichen verbrannt, um alle Spuren des Verbrechens zu beseitigen. Bedeutete dies, daß die Deutschen bereits ihre Niederlage fürchteten? Die sowjetischen Armeen rückten unaufhaltsam in Richtung der polnischen Grenze vor – aber zu spät für die Juden, die in Janowska, Krakau, Warschau und überall in Polen starben.

Dann traf uns ein weiterer Schicksalsschlag: Der Oberaufseher teilte uns und einigen anderen mit, daß wir uns nicht mehr zur Arbeit melden sollten. Wir waren entsetzt. Wir hatten keinen Fehler begangen, und unsere Arbeit war unsere einzige Lebensversicherung. Unsere polnischen Arbeitskollegen bedauerten uns aufrichtig, und es fiel schwer, sich von Herrn Zwolinski zu verabschieden, der unsere Verbindung zu Fela und zur Außenwelt bildete. Er versprach uns, alles in seiner Macht Stehende zu tun, um uns sicher aus dem Ghetto herauszubringen. Am nächsten Morgen stellten wir uns wieder vor Pfeifers Arbeitsverwaltung im Ghetto an und waren froh, als wir den Räumungstrupps zugeteilt wurden, um Gebäude zu reinigen, die seit den letzten Deportationen leer standen. Zumindest vorerst war uns erspart geblieben, als Arbeitslose in den westlichen Sektor geschickt zu werden, der letzten Station vor dem Tod. Wir hatten uns schon lange daran gewöhnt, von einem Tag zum nächsten zu leben, ganz im Geiste des Psalms: »Preiset den Herrn Tag für Tag.« Die Arbeit selbst war schrecklich, aber das machte uns nichts aus. Einige der Häuser waren bereits mit Brettern vernagelt; in ihrem Inneren wimmelte es von Ratten und Mäusen, die sich von den Lebensmitteln ernährten, welche die von der jüdischen Polizei und der SS in den Tod geschickten Juden zurückgelassen hatten. Überall stank es furchtbar, und Millionen von Insekten aller Farben und Größen krabbelten und flogen über uns hinweg. Wir öffneten alle Türen und Fenster und verjagten die Mäuse, aber die Ratten setzten sich zur Wehr. Verbittert dachten wir, daß selbst die Ratten keine Angst mehr vor Juden hatten. Wir mußten die Häuser fast bis auf die Grundmauern ausräumen, um damit fertig zu werden, und waren bald von Insektenstichen übersät. Aber als es uns gelang, ein wenig Lysol zu beschaffen, besserte sich die Lage etwas. Unsere Aufgabe bestand darin, sämtliche Möbel und Haushaltsgeräte aus den Häusern zu holen, die dann zum Aussortieren und Reparieren zur Eintracht-Kooperative gebracht wurden. Wir behielten die besten Kleidungsstücke für uns und teilten das Silber auf; es war leichter zu verstecken und ließ sich gegen andere Schätze eintauschen. Religiöse Gegenstände hielten wir zurück und vergruben sie am Abend mit Hilfe von Leon Horn und Halberstam, um sie vor den blutigen Händen der Deutschen zu retten. Unsere Vormänner waren hauptsächlich deutsche Juden, die es nicht lange in den Häusern aushielten. Sie waren immer noch zu zartbesaitet, um soviel Schmutz zu ertragen, so daß wir mehr oder weniger allein arbeiteten. Wir erfuhren, daß die Gestapo Schupke drängte, die Räumungen schnell zu beenden, damit die polnischen Familien einziehen konnten, deren Wohnungen wiederum für die Familien deutscher Beamter vorgesehen waren. Außerdem hörten wir, daß viele deutsche Familien nach Polen kamen, um der Bombardierung ihrer Städte durch die Alliierten zu entfliehen.

Einige der besten Möbelstücke wurden für den Transport nach Deutschland beiseite gestellt, und das verschaffte uns erneut die Gelegenheit, am Bahnhof Herrn Zwolinski zu treffen. Er erzählte uns, nach unserer Entlassung seien neue jüdische Arbeiter in die Magazine am Bahnhof gebracht worden, aber niemand konnte die bizarre Logik dieses Austauschs ergründen. Außerdem berichtete er, daß der Warschauer Aufstand zu Ende sei und die jüdischen Kämpfer sich heroisch gegen die Deutschen unter Führung eines gewissen General Stroop zur Wehr gesetzt hatten. Herr Zwolinski sagte, er wolle versuchen, unsere Verbindung zu Fela durch Briefe aufrecht zu erhalten und einen seiner Freunde mit ihrer Überbringung zu betrauen. Dann gab er uns eine exakte Beschreibung des Mannes, und wir sagten ihm, wo er uns am Zaun treffen könnte. Wir warteten jeden Abend auf ihn.

In einem Haus, dessen Front zum polnischen Viertel zeigte, entdeckten wir ein großes Loch in der Wand, durch das die Mieter offensichtlich einen Tauschhandel mit den Polen betrieben hatten. Wir warteten, bis ein Pole vorbeikam und riefen ihn zu uns hinüber. Er wollte nur zu gern mit uns handeln und erzählte, daß er mit den Bewohnern dieses Hauses Geschäfte gemacht hätte, bis sie deportiert worden waren. Wir sagten ihm, was wir zu bieten hatten und verlangten dafür Lebensmittel, mit denen er kurz darauf zurückkehrte. Dies war die sicherste Handelsmöglichkeit, die wir bisher gefunden hatten; aber um ganz sicherzugehen, stellten wir einen aus unserer Gruppe als Wachtposten auf. Unser Glück währte jedoch nicht lange. Als wir die Reinigung des Hauses beendet hatten, durften wir es nicht mehr betreten. Schupke befahl uns, alle zweitklassigen Möbelstücke und Haushaltsgegenstände zum *Sammelplatz* zu bringen. Am nächsten Morgen wurde das Tor unseres Sektors geöffnet und die polnische Bevölkerung eingelassen; sie durften sich nehmen, was sie wollten. Hunderte von ihnen kamen mit allen möglichen Karren; es waren auch einige Bauern mit Pferdewagen darunter. Diese Güter gehörten einst jüdischen Familien, die sie sicher sehr geschätzt hatten; jetzt wurden sie zu Beutestücken dieser Geier. In unglaublich kurzer Zeit war alles leergeräumt, bis auf die letzte Sicherheitsnadel. Dann erhielten unsere Handwerker den Befehl, den Zaun enger zu ziehen und das Ghetto erneut zu verkleinern.

Die mit Herrn Zwolinskis Kurier vereinbarte Zeit war gekommen, und wir beobachteten die Straße im polnischen Viertel. Schon bald kam der auffällig hinkende Mann vorbei, und wir riefen seinen Namen, Jozef Magrys. Nachdem wir uns davon überzeugt hatten, daß niemand in Sichtweite war, kam er näher, gab uns Felas Brief, nahm unser Schreiben entgegen und versprach, in einer Woche genau zur gleichen Zeit wiederzukommen. Es tat gut, von Fela zu hören. Sie schrieb, daß sie sich Sorgen um uns machte und zusammen mit den anderen alles tun würde, um uns herauszuholen. Nachdem wir den Brief mehrere Male gelesen hatten, vernichteten wir ihn.

Am nächsten Sonntag organisierte Gorelik ein weiteres Fußballspiel, und bei warmem und schönem Wetter kamen noch mehr Zuschauer als zuvor. Es war eine ideale Gelegenheit, in der Aufregung des Spiels unsere Sorgen zumindest für ein paar Stunden zu vergessen.

Da das Ghetto jetzt kleiner war, bot sich uns kaum noch eine Möglichkeit, Sachen hinauszuschmuggeln, um sie gegen Lebensmittel einzutauschen, und wir mußten neue Stellen entlang des Zauns finden. Im westlichen Sektor hatte sich die Lage etwas verbessert, denn Oester war zum Inspektor des PZL-Lagers in Lysia Gora abkommandiert worden. Hunderte hochqualifizierter jüdischer Mechaniker wurden dort festgehalten und arbeiteten in der Flugzeugfabrik, bewacht von brutalen Ukrainern. Oester mußte jeden Tag dort anwesend sein, kehrte aber am Abend zurück, um mit seinem Hund Lottie seine Runde zu machen und das Ghetto zu terrorisieren.

Wieder mußten wir Möbel zum Bahnhof bringen und trafen Herrn Zwolinski, um mit ihm über unsere geplante Flucht zu sprechen. Er bat uns um ein paar kleine Fotos von uns, die er Herrn Magrys geben wollte. Die Flucht aus dem Ghetto bildete das geringste Problem, aber dann würden wir einer feindlichen Bevölkerung ausgeliefert sein, die nur allzu eifrig darauf bedacht war, Juden an die Deutschen zu verraten. Und die antisemitische Partisanengruppe in den Wäldern, die *Armia Krajowa*, tötete ebenso gerne Juden wie Deutsche. Herr Zwolinski erzählte uns, daß viele Polen Jagd auf Juden machen würden, die es wagten, in ihre »arische« Welt einzudringen. Zuerst erpreßten sie sie, und nachdem sie ihnen alles abgenommen hatten, übergaben sie sie der Gestapo. In diesem perfiden Doppelspiel erhielten sie schließlich auch noch eine Belohnung dafür, daß sie einen Juden auslieferten. Der Untergrund sammelte Informationen über diese sogenannten *Schmalzowniks*, und einige von ihnen waren zur Warnung bereits erschossen worden, aber sie gaben nicht auf.

Als ich in einem der verlassenen Häuser meine Arbeit erledigte, kam plötzlich ein Kollege angerannt, um mir zu sagen, daß Nathan in Schwierigkeiten steckte. Er hatte unter den Kleidungsstücken in dem

Haus, das er reinigte, einen guten Overall gefunden und ihn angezogen. Ein deutscher jüdischer Vorarbeiter, der ihn beobachtete, befahl ihm mit typisch deutschem Ordnungssinn den Overall wieder auszuziehen. Nathan erklärte, daß er niemandem schaden würde, aber der Vorarbeiter bestand darauf und versuchte schließlich, ihn zum Ausziehen zu zwingen. Aber Nathan, der sehr stark war, stieß ihn weg. Der Mann ging zu Boden, stand wütend wieder auf und sagte, er werde ihn unverzüglich bei den *Schupo*-Wachen melden. Eine solche Meldung hätte für Nathan sehr gefährlich sein können. Als ich angelaufen kam, sah ich, daß der Vorarbeiter sich bereits auf dem Weg zu den *Schupos* befand. Ich versuchte, mit ihm zu reden, aber er war sehr wütend und verlangte, daß Nathan bestraft werden müsse, weil er sich Befehlen widersetzt habe und gegen seinen Vorarbeiter handgreiflich geworden sei. Ich entschuldigte mich für ihn, aber er ließ sich nicht erweichen. Daraufhin versprach ich ihm, dafür zu sorgen, daß Nathan sich vor den gesamten Räumungstrupps bei ihm entschuldigen würde. Schließlich lenkte er ein, und als wir in das Haus zurückkamen, rief ich Nathan, schlug ihm ins Gesicht und befahl ihm, sich zu entschuldigen. Er tat es, zog den Overall aus und legte ihn auf den Kleiderberg zurück. Zum ersten Mal hatte ich die Hand gegen meinen Bruder erhoben, und ich fühlte mich so furchtbar deswegen, daß ich mir am liebsten die Hand abgehackt hätte. Es war ein sehr trauriger Moment für mich, aber mir blieb keine andere Wahl. Die deutschen Juden waren gefährlich, weil sie so naiv waren. Obwohl es Berge von Kleidern gab, die unsere unglücklichen Brüder zurücklassen mußten, sahen sie es als ihre Aufgabe an, sie für die Deutschen sicherzustellen, in deren Dienst sie standen. Sie befolgten die Befehle automatisch, wie aus einem Reflex, ohne über die Konsequenzen nachzudenken. Das war ihr Charakter. Wir nannten sie *Yeke Nar* (dumme deutsche Juden).

Erneut wurden die Tore geöffnet, und erneut strömten die Polen ins Ghetto, um sich über die zurückgelassenen jüdischen Besitztümer herzumachen. Die Bauern waren so vernünftig, uns Eßwaren mitzubringen, damit wir ihnen dabei halfen, die besten Stücke zu finden. Auf diese Art bekamen wir einige Nahrungsmittel, die uns ein wenig länger am Leben erhielten. Ich war mir sicher, daß unsere toten Brüder es uns nicht verübeln würden.

Während wir den Bauern dabei halfen, ihre neuen Schätze aufzuladen, kam eine junge Frau zu uns herüber und flüsterte uns zu, sie sei

Jüdin und lebe als »Arierin« in Rzeszów. Sie hätte kein Geld mehr und brauchte dringend Hilfe. Wir vermuteten instinktiv einen Trick der Gestapo, aber auf unsere Nachfrage sagte sie ein paar Worte auf jiddisch und nannte uns ihren hebräischen Vornamen. Wir hatten kein Bargeld bei uns und sagten ihr, sie solle warten, damit wir unsere Mitbewohner um eine Notsammlung bitten konnten. Sie halfen gern, und wir bekamen ein paar tausend Zloty zusammen. Schließlich übergaben wir ihr das Geld in einem Päckchen, wobei wir so taten, als hätten wir ihr etwas von den jüdischen Besitztümern aufgehoben. Sie war zu Tränen gerührt und dankte uns mit brüchiger Stimme. Wir sahen ihr nach, bis sie durch das Tor zurück in ihre feindliche Welt verschwunden war. Ich hoffte, daß wir ihr geholfen hatten, ein wenig länger durchzuhalten.

Da man das Ghetto erneut verkleinert hatte, boten sich uns nur wenig Möglichkeiten, Herrn Magrys am Zaun zu treffen; wir sagten ihm, daß wir einen anderen Weg finden würden. Leon Horn arbeitete noch immer außerhalb des Ghettos. Wir vertrauten ihm, und er war der erste Mensch, dem wir erzählten, daß Fela als »Arierin« in der Stadt lebte. Damit legten wir unser und ihr Leben sowie das von Herrn Zwolinski und seiner Familie, die sie schützten, in Leons Hand. Aber wir vertrauten ihm stillschweigend, und er diente uns gerne als Kurier, wobei er auch sein eigenes Leben riskierte.

Schupke schien sich zum Schlechteren zu verändern. Er ließ sich häufiger im Ghetto sehen, machte zahlreiche Inspektionen an unserem Arbeitsplatz und kam manchmal im Morgengrauen in unsere Quartiere. Wenn er religiöse Juden in ihren Gebetsmänteln und den Gebetsriemen über Stirn und linkem Arm beim Gebet erwischte, wurde er sehr wütend, riß ihnen die Gebetbücher aus der Hand, warf sie auf den Boden und trampelte mit seinen schwarzen Stiefeln darauf herum. Dann befahl er ihnen, die Gebetsrequisiten abzulegen und sagte ihnen, ihre Gebete seien nutzlos, denn offensichtlich würde Gott ihnen keine Beachtung schenken.

Als ich mich eines Morgens rasierte, spürte ich, wie mich jemand von hinten anstarrte. Ich drehte mich um und erkannte Schupke. Nachdem ich meinen ersten Schock überwunden hatte, begrüßte ich ihn mit den Worten: » *Guten Morgen, Herr Hauptscharführer.* « Er nickte zurück und fragte mich, warum ich beim Rasieren solchen Lärm machen würde. Ich erklärte ihm, daß Rasierklingen im Ghetto schwer zu bekommen waren, weshalb ich immer wieder eine alte Klinge verwenden müsse, die ich nur schärfen konnte, indem ich sie über die Innenseite einer feuchten Glasscherbe zog. Er sah mir eine Weile zu und sagte dann, ich solle nach der Arbeit in sein Büro kommen und mir ein paar neue Rasierklingen abholen. Ich traute meinen Ohren nicht, vermutete aber, daß er mich vom Fußballspiel kannte und ihm mein Spielstil gefiel. Nach der Arbeit wusch ich mich und ging zu seinem Hauptquartier, wo ich seine Sekretärin und Friseuse Hilda traf, die mich gut kannte. Sie teilte Schupke mit, daß ich da wäre, und er kam heraus. Nachdem ich meinen Namen genannt hatte, ging er wieder in sein Büro und brachte mir ein paar Päckchen Rasierklingen mit. Es war schwer zu glauben, aber dieser ältere SS-Mann konnte noch immer menschliche Züge zeigen – einer unter den vielen Tausenden dieser schwarzen Bestien.

Abends spielte Icek Goldberg aus Krosno, der jetzt in unserem Zimmer wohnte, Violine, und mein Bruder Szymon begleitete ihn auf der Mundharmonika und sang.*

Szymon hatte eine sehr schöne Stimme, und ihre gemeinsamen Darbietungen entwickelten sich bald zum kulturellen Höhepunkt des Ghettos. Die Zuhörer füllten unser Zimmer und den Flur. Eines Abends, während sie spielten, kamen Schupke und Gorelik herein. Wir sprangen auf und standen stramm, aber Schupke sagte uns, wir sollten uns rühren und weitermachen. Er setzte sich auf eine der Pritschen, um zuzuhören, und nickte zustimmend mit dem Kopf. Er blieb lange, und als er ging, sagte er: »*Danke schön.*« Daß ein SS-Offizier diese beiden kleinen Worte an uns richtete, war für uns eine Sensation.

---

* Im Juni 1996 fanden meine Frau und ich heraus, daß Icek Goldberg und seine Frau Lotka in Tel Aviv lebten, und kurz darauf besuchten wir sie in ihrer Wohnung. Für mich war es ein sehr bewegendes Wiedersehen – die Begegnung mit einem Freund, der im Ghetto Rzeszów mein Zimmergenosse gewesen war. Es war unser erstes Treffen seit 53 Jahren. Lotka hatte ich 1943 ebenfalls im Ghetto Rzeszów gesehen, aber Icek und Lotka waren einander dort nie begegnet. Sie lernten sich kurz nach ihrer Befreiung aus dem Lager Bergen-Belsen kennen, heirateten und entschlossen sich, nach Palästina zu gehen. Ich treffe Icek regelmäßig in Tel Aviv, und wir sprechen über unsere Erlebnisse. Neben Leon Horn ist er der einzige, den ich noch aus dem Ghetto Rzeszów kenne.

Als wir eines Tages mit Aufräumarbeiten in einem der Häuser beschäftigt waren, hörten wir einige Wagen der Gestapo vorfahren. Vom Fenster aus sahen wir, wie ein paar SS-Männer in Schupkes Büro gingen. Ein paar Minuten später kamen sie mit ihm und Gorelik wieder hinaus und gingen in ein benachbartes Haus. Kurz darauf trieben sie eine große Gruppe von Juden hinaus, ältere Männer, einige Frauen und ein paar Kinder. Die Gestapo-Männer stellten sie vor die Wand ihres Hauses, zogen ihre Pistolen und erschossen sie einen nach dem anderen aus nächster Nähe. Der ganze Alptraum dauerte nicht länger als eine Viertelstunde. Dann salutierten sie vor Schupke und fuhren davon. Am Abend fanden wir heraus, was geschehen war. Die Juden hatten sich in dem Haus versteckt, und irgendein unbekannter Spitzel mußte sie verraten haben, denn die Gestapo-Mörder waren zielstrebig in ein bestimmtes Zimmer gegangen, hatten eine der Pritschen beiseite geschoben und unter dem Teppich eine Geheimtür gefunden, die zu ihrem Versteck führte. Bei den Opfern handelte es sich um die Verwandten arbeitender Juden, die in den Räumen über dem Versteck wohnten; vermutlich hatten sie es angelegt, um ihre Familien dort zu verbergen. Die betreffenden Arbeiter wurden später von der Gestapo an ihrem Arbeitsplatz abgeholt und nie mehr gesehen.

Daraufhin trafen wir drei uns heimlich mit einer Gruppe junger Männer, um zu beratschlagen, wie wir die Spitzel ausfindig machen konnten, bevor sie uns alle dem Tod auslieferten. Es gab zu viele Dinge, für die wir erschossen werden konnten: Schmuggel, der Handel mit Polen über den Zaun, einfach alles, was wir taten, um am Leben zu bleiben. Im Grunde durften wir nur noch atmen; alles andere war illegal. Wir beschlossen, die Augen offenzuhalten und besonders darauf zu achten, wer mit den deutschen Wachen sprach. Da niemand im Ghetto ein Telefon besaß, konnte ein Verrat nur durch mündliche Übermittlung begangen werden. Nach einige Tagen bemerkte einer unserer Wachtposten einen Jungen, der zum Haupttor hinüberging und dem wachhabenden deutschen *Schupo* einen kleinen Gegenstand übergab. Vielleicht war es Geld, aber es konnte auch eine schriftliche Botschaft sein. Wir kannten den Jungen. Er hatte den Spitznamen Kuchenjunge, weil er sich im Ghetto herumdrückte und kleine Kuchen und Brötchen verkaufte, die heimlich im westlichen Sektor gebacken und nachts in unser Lager geschmuggelt wurden. Im westlichen Sektor gab es viele solcher Jungen, Waisen deportierter Eltern, die so klein und dünn waren, daß sie sich überall verstecken und durch die kleinste Ritze schlüpfen konnten. Einige von ihnen bettelten am Zaun um Essen, und wir gaben ihnen, was wir konnten. Dieser Kuchenjunge war der einzige in unserem Sektor, und er machte gute Geschäfte, weil wir alle gern etwas Süßes aßen.

In dieser Nacht fuhr die Gestapo wieder vor, ging in zwei Häuser und kam mit fast fünfzig dürftig bekleideten Männern, Frauen und Kindern wieder hinaus. Die Mörder befahlen ihnen, sich an die Wand zu stellen, und erschossen sie. Wir zählten eins und eins zusammen und vermuteten, daß das Papier, welches der Kuchenjunge der Wache übergeben hatte, eine Nachricht für die Gestapo gewesen sein mußte. Wenn er mit seinen Kuchen die Runde machte, kam er in alle Häuser und konnte leicht herausfinden, was dort vor sich ging. Wir warteten, bis der Kuchenjunge mit seinen Waren in dem Haus erschien, das wir gerade reinigten; dann schickten wir ihn hinauf in den dritten Stock. Als wir ihn dort packten und verhörten, fing er an zu weinen und stritt alles ab; aber wir sagten ihm, er sei beobachtet worden, wie er dem *Schupo* eine Botschaft übermittelt habe. Mit den Beweisen konfrontiert, bat er um Gnade. Aber wir wußten, daß er zu gefährlich war, und obwohl er uns wirklich leid tat, mußte er verschwinden. Einer der Männer erstickte ihn mit einem Kissen und versenkte seine Leiche in einer Jauchegrube. Wir schworen, den Zwischenfall geheimzuhalten. Nicht einmal unsere engsten Freunde durften davon etwas erfahren, weil uns sonst eine tödliche Gefahr drohte. Aber unsere Erleichterung darüber, daß wir nun keine Spitzel mehr zu befürchten hatten, hielt nicht lange an, denn es war bereits ein anderer am Werk. Als die Männer, die außerhalb des Ghettos arbeiteten, eines Abends zurückkamen, wartete die Gestapo schon und verlas fünfunddreißig Namen von einer Liste, alles Arbeiter bei der *Ostbahn*. Dann stellte sie die Männer – allesamt Angehörige einflußreicher Familien – vor den Zaun und erschoß sie.

Die Gestapo verhaftete Brunner, den Chef der *Ostbahn*, in seinem Büro und warf ihm vor, Arbeitsplätze an reiche Juden verkauft zu haben. Einer der *Macher*, die Zugang zu Brunner hatten, hatte ihn verraten und eine komplette Liste aller Personen angefertigt, von denen er Bestechungsgelder angenommen hatte. Aber nur die Gestapo und diejenigen, die ihre Arbeitsstellen durch die Vermittlung dieses *Machers* gekauft hatten, kannten seinen Namen. Die Gestapo verriet nichts, und die Juden waren tot. Zumindest wußten wir nun, daß man uns bei der *Ostbahn* entlassen hatte, um Platz für sie zu schaffen. Jeder im Ghetto war wieder auf der Hut und ganz besonders vorsichtig, und wir ließen Fela eine Nachricht zukommen, sie solle alles daransetzen, uns so schnell wie möglich herauszuholen. Auf einige ruhige Tage folgte ein weiterer nächtlicher Besuch: Die Gestapo und die jüdischen Polizisten schwärmten aus und trieben zahlreiche Juden aus den Häusern, die sie auf Lastwagen fortbrachten. Wieder hatten sie Listen, und wieder waren ihre Opfer Angehörige angesehener Familien. Kurz danach sprach sich herum, daß sie alle planten, mit Hilfe eines polnischen Schmugglers nach Ungarn zu fliehen. Sie hatten ihn im voraus bezahlt, und er hatte sie an die Gestapo verraten.

Erneut wurden aus dem westlichen Sektor Männer, darunter viele Facharbeiter, zur Zwangsarbeit abgeholt. Diesmal brachte man sie in das SS-Lager Szebnie, wodurch viele Familien ihren Ernährer verloren. Ich hatte Gelegenheit, die SS-Lastwagen zu beobachten und erkannte einen der Fahrer, einen Mann aus Krakau namens Lolek Kluger, der einer der Stars des Maccabi-Radrennstalls gewesen war.[*]

Auch er erkannte mich, aber da ein SS-Mann bei ihm in der Fahrerkabine saß, konnte er nur nicken und mir zuflüstern, daß er beim nächsten Mal mit mir sprechen würde. Ich war erstaunt, daß ein Jude einen SS-Laster fuhr.

Wir erhielten den Befehl, ein Lagerhaus für zurückgelassenes Eigentum einzurichten, und entdeckten, daß das Gebäude an das polnische Viertel grenzte und eine gemeinsame Wand mit einem polnischen Haus besaß. Das eröffnete uns die Möglichkeit, Handel zu treiben. Wir beobachteten die Mieter des polnischen Hauses genau, und als wir einen von ihnen allein antrafen, riefen wir ihn zu uns hinüber und schlugen ihm vor, Waren gegen Lebensmittel zu tauschen. Als er zustimmte, vereinbarten wir, ihn jeden Morgen um sieben Uhr zu treffen, bevor er zur Arbeit ging. Dann schlugen wir ein Loch in die Verbindungswand im Keller und betrieben einen schwungvollen Handel, der uns alle mit Lebensmitteln versorgte. Aber eines Tages, als unser Wachtposten nicht auf seinem Platz war, kam Schupke ins

---

[*] Kluger überlebte den Krieg in Ungarn und wanderte nach Südamerika aus. Er trat als Zeuge gegen die SS-Mörder des Lagers Szebnie auf.

Lagerhaus und erwischte uns dabei, wie wir ein paar Sachen in den Keller hinunterreichten. Er hatte uns vollkommen überrascht, und bei seinem Anblick blieben wir wie paralysiert stehen. Aber Schupke warnte uns nur, mit dem Schmuggeln aufzuhören, und ging wieder. Wir konnten unser Glück kaum fassen, als der Wachtposten jedoch zurückkam, brachten wir ihn fast um: Er hatte uns um einen guten und sicheren Tauschplatz gebracht. Allerdings macht Not erfinderisch, und schon bald entdeckten wir eine neue Möglichkeit.

Eines Morgens kam ein Arbeitskollege zu mir und sagte, daß ein LKW-Fahrer der SS nach mir suchen würde. Natürlich war es Lolek Kluger. Er hatte einige SS-Männer gefahren, die für das Lager Szebnie Material aus der Eintracht-Kooperative holen sollten. Das verschaffte uns die Gelegenheit, miteinander zu sprechen. Er erzählte mir, er habe seine ganze Familie in Krakau verloren und sei im Sommer 1942 zusammen mit einer großen Gruppe nach Szebnie verlegt worden. Dort setzte man ihn als LKW-Fahrer ein. Sie waren die ersten Juden im Lager gewesen, nachdem man die meisten der dort untergebrachten russischen Kriegsgefangenen getötet und in einem nahe gelegenen Wald begraben hatte. Kluger war froh über diese gute Stelle. Er hatte ein relativ angenehmes Leben als Fahrer, und einige andere jüdische Männer erhielten ebenfalls eine passable Arbeit zugeteilt, aber die übrigen waren seit dem Tag ihrer Ankunft allen möglichen Qualen, Schikanen und Erniedrigungen ausgesetzt und mußten beschämende Durchsuchungen nach Wertsachen über sich ergehen lassen. Jede Woche durchsuchte man ihre Baracken, und wer noch immer mit Wertsachen erwischt wurde, war ein toter Mann. Die Getöteten ersetzte man durch Facharbeiter aus den umliegenden Ghettos. Sie waren bis auf die Knochen abgearbeitet und wurden von den Deutschen erschossen, wenn sie für sie nicht mehr von Nutzen waren. Der Tod im Lager war im Grunde eine Gnade, denn die sogenannten »Lebensbedingungen« waren mehr als beklagenswert, das Essen wenig und schlecht, und das geringste Vergehen wurde mit Folter, Tod durch den Strang oder – wenn der arme Übeltäter Glück hatte – durch Erschießen bestraft. Es gab keine Krankenstation im Lager; wer krank war, wurde einfach erschossen. Der Lagerkommandant war ein *Volksdeutscher* namens Jozef Grzymek, der vom Lager Janowska hierher versetzt worden war. Die Insassen nannten ihn sarkastisch »Onkel«, weil er sehr freundlich mit den Gefangenen sprach; aber unter seinem höflichen Äußeren verbarg sich ein unvorstellbarer Sadist. Im Lager durften sich keine Kinder aufhalten, aber viele Eltern schmuggelten ihre Kinder trotzdem hinein und hielten sie versteckt. Als Grzymek davon erfuhr, ließ er durch die jüdischen *Kapos* (die Lagerpolizei) das Gerücht verbreiten, daß ein von jüdischen Mädchen geleiteter Kindergarten eröffnet werden sollte. Viele Mütter ließen sich täuschen und schickten ihre Kinder dorthin. Aber ihr Glück währte nur wenige Tage, denn als die Eltern bei der Arbeit waren, verfrachteten Grzymek und seine SS-Männer alle Kinder auf Lastwagen, brachten sie in einen nahe gelegenen Wald und erschossen sie. Sie wurden von einem jüdischen *Sonderkommando* in einem großen Massengrab beerdigt. Als die Eltern von der Arbeit zurückkamen, waren sie außer sich vor Verzweiflung, aber sie konnten nichts tun; die ukrainischen Wachen sorgten dafür. Lolek erzählte mir, daß Grzymek oft wilde Parties für hohe Tiere der SS abhielt, die zu Besuch kamen. Bei diesen Gelegenheiten versorgte er sie auch mit jungen jüdischen Mädchen, die nach der Party erschossen wurden. Zu den Besuchern Grzymeks gehörte auch sein Vorgesetzter Amon Goeth. Meine Brüder und ich waren diesem kaltblütigen Mörder zweimal in Rzeszów begegnet, als er die Deportationen leitete.

Ich erzählte meinen Brüdern davon, und wir waren alle sehr aufgebracht, weil wir wußten, daß die jungen Männer aus dem Lager B vor kurzem ins Lager Szebnie gebracht worden waren. Den letzten hartnäckigen Gerüchten zufolge sollte auch unser Ghetto bald aufgelöst werden; wenn uns also nicht bald die Flucht gelang, würden wir ebenfalls in Szebnie landen. Sogar die jüdischen Polizisten waren niedergeschlagen und rechneten mit dem Schlimmsten. Als Schupke die Schließung der Lagerhäuser der Eintracht-Kooperative anordnete, gerieten alle Arbeiter in Panik. Wir mußten alle Geräte und Maschinen zum Bahnhof bringen, wo sie zur Versendung ins Lager Szebnie verladen werden sollten. Aber dadurch bot sich uns wieder die Gelegenheit, Herrn Zwolinski zu treffen. Er versuchte uns mit seinen guten Nachrichten von der Front zu beruhigen. Vielleicht würden die vordringenden Russen bald die polnische Grenze erreichen und uns alle retten. Er erzählte uns auch, daß Mussolini von den eigenen Leuten abgesetzt worden sei und die Alliierten auf Sizilien gelandet waren. Aber all das geschah weit entfernt von unserem Ghetto, und wir benötigten die Hilfe sofort. Denn wir befürchteten, daß es schon bald zu spät sein könnte.

Kurz danach erfuhr ich, daß Lolek Kluger in die Slowakei geflohen war. Er war einfach mit einem SS-Lastwagen zur Grenze gefahren und wegen seines SS-Nummernschilds durchgewinkt worden. Grzymek tobte vor Wut angesichts dieser unverschämten Flucht und ließ zur Vergeltung fünfzig Lagerinsassen foltern und aufhängen. Zur Abschreckung der überlebenden Insassen hingen ihre Leichen noch tagelang am Galgen.

Früh am Morgen des 3. September 1943 – vier Jahre, nachdem der verfluchte Krieg begonnen hatte – weckten jüdische Polizisten uns mit der Mitteilung, die Deutschen seien dabei, das Ghetto zu umstellen. Obwohl wir dies schon die ganze Zeit erwartet hatten, erschütterte uns die Tatsache, daß es tatsächlich soweit war. Wir zogen uns rasch an und packten unsere Rucksäcke mit Winterkleidung, den stärksten Schuhen, die wir besaßen, sowie etwas Brot und Thermosflaschen mit heißem Tee. Niemand sagte ein Wort. Wir rechneten mit dem Schlimmsten. Im Ghetto wimmelte es von SS-Männern. Noch nie zuvor hatten wir so viele von ihnen gesehen, ungeachtet der Tatsache, daß das Ghetto inzwischen bereits sehr klein war. Ich überlegte, ob sie immer noch fürchteten, wir könnten Widerstand leisten, zermürbt von vier Jahren Angst, Schmerz und Leid. Schon bald waren stoßweise Schüsse aus dem westlichen Sektor zu hören, wo Ukrainer und SS-Männer Amok liefen und wahllos Menschen schlugen und erschossen. Als wir wie befohlen zum Versammlungsplatz kamen, waren die Selektionstische bereits aufgestellt. Schupke und Pfeifer sagten etwas zu Gorelik, und er befahl uns, uns nach Arbeitsgruppen geordnet aufzustellen. Unser Räumungstrupp war die größte dieser Gruppen. Nachdem sich alle versammelt und wie befohlen aufgestellt hatten, stiegen die hohen Beamten aus ihren Wagen und nahmen an den Tischen Platz: Ehaus, Pablu, Schuster von der Gestapo sowie ihre Helfer. Pfeifer gab Gorelik eine Liste, und er verlas die Namen der Gruppen, wobei er mit denen begann, die als vollständige Einheit deportiert werden sollten. Leon Horns Gruppe war die erste, gefolgt von der *Ostbahn*-Gruppe. Als die Arbeiter der Eintracht-Kooperative an die Reihe kamen, standen einige Gestapo-Beamte vom Tisch auf, um persönliche »Selektionen« vorzunehmen und sich einige Schuhmacher und Schneider herauszugreifen.

Dann kamen wir an die Reihe. Zu unserer Gruppe gehörten etwa fünfhundert Männer und Frauen. Wir hatten uns in Zweierreihen aufzustellen; die »Selektion« führte Pablu durch, der entschied, wer bleiben durfte. Wir drei Brüder standen nebeneinander in der ersten Reihe. Als Pablu zu mir kam, bedeutete er mir, ich solle mich zu denjenigen begeben, die bleiben durften, überging aber Szymon und Nathan und verurteilte sie zur Deportation. Ich war wie gelähmt, wartete ein paar Sekunden und hob dann die Hand, um die Erlaubnis zu erhalten, mit Pablu zu sprechen. Ich bat ihn, meine Brüder mit mir kommen zu lassen. Pablu sagte kein Wort, sondern hob nur seine Peitsche und schlug mir mit voller Wucht auf den Kopf. Ich blutete stark und stand da wie festgenagelt. Schupke kam hinzu und fragte, warum ich mich nicht wie befohlen zum Versammlungsplatz begeben würde. Ich sagte es ihm, wies auf meine Brüder und fügte hinzu, wir seien noch nie voneinander getrennt gewesen und hätten als Team immer gute Arbeit geleistet. Er schaute zu Pablu und befahl uns dreien dann, zum Exerzierplatz zu gehen. Wir zögerten keine Sekunde und liefen hinüber, bevor sie ihre Meinung vielleicht änderten. Von unserem Standort aus konnten wir die »Selektion« beobachten und sahen die resignierten, von Sorgen gezeichneten Gesichter unserer Brüder, die bereits vollkommen apathisch waren und sich allem Anschein nach in ihr Schicksal ergeben hatten. Unter ihnen waren auch unsere Zimmergenossen Leon Horn und die Brüder Guttmann, Herr Brand und die meisten der jungen Männer, mit denen wir Fußball gespielt hatten. Frau Kleinmuntz aus der Gemeinschaftsküche, die von Pablu übergangen, aber von Schupke herausgegriffen worden war, stand neben mir, und Hilda gehörte ebenfalls zu den Geretteten. Viele jüdische Polizisten blieben für die Deportation zurück, und nur einige wenige wurden in unsere Gruppe geschickt. Icek Goldberg kam zu uns, aber Jankiel und seine Brüder wurden verurteilt. Ebenso erging es dem deutschen jüdischen Vormann, der Nathan verboten hatte, sich einen Overall zu nehmen. Aber ich konnte weder Halberstam, seinen Neffen und seine Schwägerin, noch Maciek Fiedler entdecken und hoffte, daß sie sich verstecken konnten und nicht gefunden wurden. Es war ein Wagnis auf Leben und Tod, denn die Hundeführer der SS und ihre Bluthunde machten sich schon bereit.

Als die jüdischen Polizisten die Körbe für die Wertsachen brachten, wußten wir, daß die »Selektion« vorüber war und die Verurteilten bald ihre letzte Reise antreten würden. Nur etwa einhundert Männer und zehn Frauen blieben im Lager zurück. Auf der westlichen Seite wurde erst gar keine »Selektion« durchgeführt: Alle Insassen mußten sich mit dem Gesicht nach unten auf den schlammigen Boden legen und warten. Nachdem alle Verurteilten aus unserem Sektor das Ausgangstor passiert hatten, durften sie aufstehen und erhielten ebenfalls den Befehl zum Abmarsch. Einige Männer und Frauen wurden wahllos herausgegriffen und mußten sich für eine Leibesvisitation ausziehen. Das genügte, um die bereitstehenden Körbe schnell zu füllen.

Als der letzte von ihnen verschwunden war, breitete sich Totenstille über dem Gelände aus. Wir durften wegtreten und kehrten in unsere Zimmer zurück, wo uns beim Anblick der leeren Pritschen bewußt wurde, daß wir überlebt hatten. Unser Haus war fast leer, aber die Suche nach versteckten Juden ging in beiden Sektoren des Ghettos weiter, bis sich die Dunkelheit über unser Trauerhaus senkte. Vom Fenster aus sahen wir, wie einer der zur Deportation bestimmten Männer auf einen SS-Offizier zuging, um mit ihm zu sprechen. Ein paar Minuten später beobachteten wir, wie einige SS-Männer zusammen mit diesem Mann und in Begleitung jüdischer Polizisten mit Schaufeln eines der Häuser betraten. Es dauerte lange, bis wir zu unserem Schrecken sahen, wie eine große Gruppe von Männern, Frauen und Kindern aus dem Gebäude kam; hinter ihnen gingen die SS-Männer. Die Gruppe wurde an die Hauswand gestellt und einer nach dem anderen erschossen. Anschließend erschoß die SS auch den Juden, der neben dem SS-Offizier gestanden hatte. Bei diesem Mann handelte es sich um einen Architekten, einen deutschen Juden. Er hatte dem SS-Offizier von einem Bunker erzählt, den er selbst gebaut hatte. Daraufhin versprach man, ihn zu verschonen. Den Polizisten zufolge, die den Bunker gestürmt hatten, war es das beste Versteck, das sie je gesehen hatten. Aber der Architekt hatte die Juden verraten, die ihm vertraut und ihm vermutlich ein Vermögen bezahlt hatten.

Am nächsten Morgen sahen wir, daß das westliche Ghetto, das Lager B, nicht mehr existierte. Alle waren fort, bis auf ein paar Leichen, die Oszerowicz bald abtransportieren würde. Als wir uns auf den Weg zur Arbeit machen wollten, sahen wir vierhundert Frauen, die die SS am Tag zuvor aus dem Lager B ausgesucht hatte und die noch immer im Streifen zwischen den Zäunen standen – naß und durchgefroren, bewacht von SS-Männern, die keine Deutschen waren. Wir erfuhren, daß auch Icek und Markuzy zu den Deportierten gehörten, und wir weinten ihnen nicht nach. Schupke befahl die Hälfte unserer Gruppe in die Gebäude der Eintracht-Kooperative, um die SS-Lastwagen mit den Gütern zu beladen, die per Bahn abtransportiert werden sollten. Am Bahnhof hielten wir nach Herrn Zwolinski Ausschau, fragten aber sicherheitshalber nicht nach ihm. Als wir ihn fanden, sagte er, er habe bereits gehört, daß nur noch einige Juden im Ghetto zurückgelassen worden waren und er glücklich sei, daß wir dazugehörten. Dann erzählte er uns, daß der gestrige Deportationszug nicht wie üblich nach Osten, sondern nach Auschwitz gefahren sei. Die Alliierten waren in Italien gelandet, und die Deutschen befanden sich entlang der gesamten russischen Front auf dem Rückzug und setzten alles hinter sich in Brand. Aber dies alles interessierte uns kaum: Es geschah viel zu weit entfernt für uns und kam sicher zu spät für die Unglücklichen, die man gestern fortgebracht hatte.

Als wir ins Ghetto zurückkehrten, erfuhren wir, daß man die vierhundert Frauen ins Lager Szebnie gebracht hatte. Wir erhielten den Befehl, in den Häusern zu bleiben, bis die Jagd nach den Versteckten beendet war; sie wurde noch bis zum Morgengrauen fortgesetzt. In unserem Lagerhaus trafen wir auf Maciek Fiedler. Es war wie ein Wiedersehen mit einem Auferstandenen von den Toten. Als das Ghetto am Tag zuvor umstellt worden sei, erzählte er, habe er beschlossen, alles auf eine Karte zu setzen und sich in dem Gemüsefeld hinter den Gebäuden der Eintracht-Kooperative versteckt.

Im westlichen Sektor ertönten von Zeit zu Zeit noch immer Schüsse der SS-Männer, und wir hörten die Schreie der Menschen, die sie aufstöberten und brutal schlugen, bevor sie sie erschossen. Einige der SS-Männer kamen in unser Lagerhaus, um sich auszuruhen und etwas zu trinken, und wir hörten, wie sie sich gefühllos darüber unterhielten, daß sie vor einigen Tagen die Juden im Ghetto von Przemyśl abtransportiert hatten. Sie sprachen über die von ihnen begangenen Morde, als handele es sich um irgendeine Routinearbeit, die sie zur Zufriedenheit erledigt hatten. Wir erfuhren, daß die SS am Vortag kleine polnische Jungen mitgebracht hatte, die ihr bei den Durchsuchungen helfen sollten. Die mageren kleinen Kinder konnten sich durch die schmalsten Spalten zwängen, um versteckte Bunker zu finden, die die SS dann in die Luft sprengte. Zur Belohnung durften die Jungen einige der Wertsachen aus den Trümmern mit nach Hause nehmen. Die SS hatte jeden Dachboden und jeden Kamin zertrümmert, Fußböden aufgerissen und Wände aufgestemmt, um dafür zu sorgen, daß kein Jude entkam. Wir glaubten, daß es den Erschossenen besser erging als den armen Seelen, die fortgebracht worden waren. Ihr Leiden hatte nun ein Ende, denn die Deutschen konnten sie nicht länger quälen. Oester und sein Hund wurden aus dem jetzt menschenleeren Lager B in das PZL-Werk versetzt. Halberstam und seine Familie tauchten aus ihrem Versteck auf, und wir brachten sie in unserem Haus unter. Sobald die SS einmal verschwunden war, kümmerte sich Schupke nicht mehr darum. Er wußte nur zu gut, welches Ende uns ohnehin alle erwartete.

Die Berichte über Deportationen im ganzen Distrikt lösten eine Panik bei den wenigen Juden aus, die noch immer heimlich in Rzeszów und anderen kleinen Städten lebten. Sie baten ihre polnischen Freunde, denen sie ihre Wertsachen anvertraut hatten, ihnen Unterschlupf zu gewähren. Vieler dieser »Freunde« verrieten sie, und sie wurden von den Deutschen verhaftet und ermordet. Die Glücklicheren erhielten für ein paar Tage Unterschlupf und wurden dann hinausgeworfen. Wundersamerweise kehrten sie ins Ghetto zurück und wurden von Gorelik verhört, der ihre Geschichten an Schupke weitergab. Schupke ging mit ihnen zu ihren polnischen Gastgebern und zwang diese, den Juden ihre Wertsachen zurückzugeben. Einige Tage später gelang es einer Frau aus unserem Ghetto, der späteren Lotka Goldberg, aus dem Lager Szebnie zu fliehen; sie war die einzige Person aus Rzeszów, der dies gelang. Aber die deutsche Wache verweigerte ihr den Zutritt zum Ghetto, und sie brach am Tor zusammen. Schupke, der zum Tor gerufen wurde, befahl der Wache, sie hineinzulassen. Diese Anzeichen von Menschlichkeit bei Schupke erstaunten und erfreuten uns; es war mehr, viel mehr, als wir von einem SS-Offizier erwarten konnten. Ein Arbeitskollege von uns, der die Frau gut kannte, brachte sie in unser Zimmer, und sie erzählte uns von den Grausamkeiten in Szebnie. Die dorthin deportierten Juden wurden bis ans Ende ihrer Kräfte ausgebeutet und dann umgebracht. Ihre Flucht war das reinste Wunder. Sie flehte uns an, so schnell wie möglich zu fliehen, denn in den Lagern erwartete uns der sichere Tod. Die Frau war in schrecklicher körperlicher Verfassung, nur noch die gebrochene Hülle eines menschlichen Wesens, und ihre Verzweiflung berührte uns zutiefst und stimmte uns sehr traurig. Obwohl sie noch eine sehr junge Frau war, konnte sie nicht mehr arbeiten, und wir hielten sie mit geschmuggeltem Essen am Leben.

Durch die letzte Deportation war das Ghetto wieder zu groß geworden und wurde erneut verkleinert. Wir mußten unser Haus räumen, um Platz für Polen zu machen, die auf Wohnungen warteten. Unsere Arbeit bestand darin, die verlassenen Häuser auszuräumen und zu reinigen. Diesmal beschlossen wir, die Möbel nicht den Polen zu überlassen: Ihre Kinder hatten den Deutschen geholfen, versteckte Juden zu finden, vielleicht sogar die Besitzer dieser Möbel. Wir zerschlugen sie Stück für Stück, und die jüdischen Polizisten, die uns dabei beobachteten, kümmerten sich nicht mehr darum. Die Deportation vom 3. September hatte ihnen zumindest die Augen darüber geöffnet, daß auch sie nicht immun waren, und sie durchsuchten die Trümmer nur nach Wertsachen, die ihnen neue Mittel verschafften, sich zu betrinken und um hohe Einsätze zu spielen. Wir ließen uns Zeit, und Schupke drängte uns nicht. Er ernannte uns drei zu Vorarbeitern des Räumungstrupps, womit wir an die Stelle der deutschen Juden traten, die abtransportiert worden waren. Ich sorgte dafür, daß Halberstam und sein Neffe in meiner Gruppe waren und ließ nicht zu, daß sie schwere Sachen trugen. Nur die jüdischen Polizisten bereiteten uns Schwierigkeiten; sie wollten einen Anteil der wertvollsten Gegenstände, die wir fanden. Eines Tages fand Szymon ein schönes Hemd und zog es an. Einer der Polizisten sah das und wollte das Hemd gerne für sich haben. Er befahl Szymon, es auszuziehen und ihm zu geben. Als Szymon sich weigerte und der Polizist anfing, ihn zu bedrängen, versetzte Szymon ihm einen heftigen Schlag. Der Mann rannte zu Gorelik und verlangte, er solle Szymon bei Schupke melden. Ich bat Hilda, mit Schupke zu reden, und er ließ Szymon gehen. Seitdem erlaubten wir keinem Polizisten mehr, in die Häuser zu kommen, die wir ausräumten.

Eines Morgens erschien Maciek, der in unserer Gruppe war, nicht zur Arbeit, und unmittelbar danach erfuhren wir die sensationelle Nachricht, daß auch Eintracht geflohen war. Ich dachte mir, daß die beiden als enge Freunde zusammen über den Zaun verschwunden waren, und daß entweder Macieks Bruder Ludwik im polnischen Untergrund ihre Flucht arrangieren konnte oder daß Eintracht, der bekanntlich sehr reich war, ihren Weg nach draußen erkauft hatte.

Die Gestapo kam, um Nachforschungen über Eintrachts Flucht anzustellen. Niemand kümmerte sich um Maciek. Einige Tage später verschwand auch Halberstam zusammen mit seinem Neffen und seiner Schwägerin, vermutlich mit Hilfe einiger Bauern, mit denen er befreundet war.

Das Ghetto war jetzt so klein, daß uns allein aufgrund der geringen Abmessungen bewußt wurde, daß eine Flucht für uns lebenswichtig geworden war. Zehntausende von Juden, die irgendwann im Ghetto gelebt hatten, waren verschwunden und würden nie mehr zurückkehren; die Kinder, die auf den Straßen gespielt hatten, die Mütter und Väter, die übermenschliche Anstrengungen unternommen hatten, um Brot nach Hause zu bringen – alle fort. Nicht einmal der sprichwörtliche Sonnenschein nach einem Regen war uns vergönnt.

Und hinter den schrumpfenden Zäunen warteten die Polen ungeduldig auf die verlassenen Wohnungen und den »Tag der offenen Tür«, an dem sie ins Lager kommen und die zurückgelassenen jüdischen Besitztümer an sich reißen durften, die den Deutschen für einen Transport nach Deutschland nicht gut genug waren. Zumindest konnten wir ihre Beute gering halten, denn wir sorgten dafür, daß sie nur Schrott bekamen. Indem wir die schweren Möbelstücke zerhackten und die Trümmer aus dem Fenster warfen, schlugen wir außerdem zwei Fliegen mit einer Klappe: Wir machten sie nicht nur wertlos für die Geier, sondern brauchten sie auch nicht mehr die Treppen hinunterzutragen, womit wir unsere Rücken schonten.

Einige der Geflohenen kehrten freiwillig ins Ghetto zurück, weil ihre Erfahrungen außerhalb des Lagers noch grauenhafter waren. Von ihnen erfuhren wir, wie sie von Erpressern bedrängt wurden, die ihnen ihr gesamtes Geld und ihren Schmuck abnahmen und sie dann an die Deutschen verrieten. Zudem ging die Jagd der Gestapo nach Juden rund um die Uhr weiter, als sei dies die einzige Sorge der Deutschen. Ungeachtet dieser haarsträubenden Geschichten wurden weitere Fluchtversuche unternommen, und immer wieder verschwand jemand.

Eines Morgens fuhren ein paar Wagen mit dem verhaßten POL-Kennzeichen ins Ghetto und hielten vor Schupkes Büro. Wir wußten, daß die Gestapo nie kam, um nur guten Tag zu sagen: Etwas Großes mußte im Gang sein. In Schupkes Büro herrschte ein ständiges Kommen und Gehen, und schließlich erfuhren wir, daß Oszerowicz, der

Totengräber des Ghettos, verschwunden war. Die Gestapo hatte nach ihm geschickt, damit er Leichen aus ihren scheußlichen Kellern holte, aber er ließ sich nicht auftreiben. Oszerowicz war der einzige Jude, den die Gestapo wirklich brauchte, und der einzige, der Tag und Nacht Zutritt zum Ghetto hatte. Und sie mußten ihn dringend finden, denn er wußte zuviel – wie viele Opfer er begraben hatte und wie sie aussahen, wenn die Gestapo mit ihnen fertig war. Für Informationen, die zu seiner Ergreifung führten, wurde eine hohe Belohnung ausgesetzt. Aber es würde nicht leicht sein, ihn ausfindig zu machen. Er hatte ein makabres Vermögen angehäuft, den Toten Wertsachen abgenommen und in seinem Leichenkarren Lebensmittel geschmuggelt – demselben Karren, den er einige Wochen zuvor auch dafür benutzt hatte, seine beiden Töchter aus dem Ghetto zu bringen. Oszerowicz konnte jene Art von Verbindung mit den Polen außerhalb des Ghettos knüpfen, die nur mit Geld zu kaufen war. Schupke tobte vor Wut und hatte vermutlich auch Angst. Die ganze Angelegenheit führte dazu, daß er sich veränderte und zunehmend nervöser und fordernder wurde. Nur Gorelik konnte noch mit ihm sprechen, denn zwischen den beiden Männern herrschte seit der Zeit, als Schupke das Kommando des Ghettos übernommen hatte, ein nahezu unheimliches Einverständnis.

7
Unsere Flucht.
Rzeszów, Anfang November 1943

Es war Anfang November, der Winter kam, und wir mußten befürchten, ihn nicht zu überleben, wenn uns nicht die Flucht gelang. Von den fast dreißigtausend Juden, die durch das Ghetto von Rzeszów gegangen waren, lebten nur noch etwa einhundert hier. Es war offensichtlich, daß die endgültige Liquidation kurz bevorstand. Auch die Gebäude der Eintracht-Kooperative standen nun fast alle leer, und als wir zum Bahnhof gingen, um die letzten Maschinen zu verschicken, begegneten wir Herrn Zwolinski. Er versicherte uns, daß es ihm mit Herrn Lopatowskis Hilfe gelingen würde, uns sicher von hier wegzubringen. Es mußten nur noch einige Kleinigkeiten geklärt werden. Herr Zwolinski erzählte uns, daß die Deutschen in Polen langsam nervös wurden, da die Russen bereits am Dnjepr standen, und sich immer mehr gegen die polnische Bevölkerung wandten. Gouverneur Frank hatte in einer Bekanntmachung verkündet, daß er die Polen kollektiv für jede Aktion gegen die Deutschen verantwortlich machen würde, und drohte mit strengster Bestrafung. Vor allem in Warschau waren bereits Hunderte polnischer Geiseln in aller Öffentlichkeit aufgehängt worden. Wir verabredeten mit Herrn Zwolinski, daß wir jeden Abend an einem bestimmten, relativ sicheren Ort im Ghetto warten würden. Wenn er also eine Nachricht für uns hätte, könnte Herr Magrys sie uns gefahrlos überbringen. Außerdem versteckten wir eine Leiter an einem abgelegenen Ort und bereiteten uns darauf vor, im Ernstfall sofort fliehen zu können. Wir verbrachten viele Abende damit, auf Magrys zu warten, aber er kam nicht. Eines Abends sahen wir ihn endlich; er ging schneller als gewöhnlich und war offensichtlich sehr erregt. Nachdem er sich vergewissert hatte, daß wir nicht beobachtet wurden, kam er zu uns und erzählte, daß er zwar keinen Brief, dafür aber gute Nachrichten hätte. Wir sollten das Ghetto noch heute abend verlassen, vor Beginn der Ausgangssperre in der Stadt, und zum Haus der Zwolinskis gehen. Er gab uns gefälschte Ausweispapiere, schärfte uns noch einmal ein, besonders vorsichtig zu sein, damit nicht alles in letzter Minute scheiterte, und wünschte uns Glück. Er hoffte sehr, uns nach dem Krieg wiederzusehen – jeden einzelnen und bei Tageslicht. Dann machte er sich davon, wobei er trotz seines Hinkens noch schneller ging als vorher. Wir beeilten uns, in unsere Wohnung zurückzukommen; dort studierten wir unsere neuen Papiere. Jeder hatte einen neuen Namen bekommen, den wir so schnell wie möglich auswendig lernten, aber unsere Geburtsdaten und -orte waren unverändert. Wir zogen unsere schmutzige Arbeitskleidung an, die wir für die Flucht bereitgelegt hatten, und schmierten uns Dreck ins Gesicht, damit wir wie Arbeiter auf dem Heimweg aussahen. Danach verließen wir unsere Zimmer und versteckten uns für eine Weile im Dunkeln, um sicherzugehen, daß niemand zufällig über uns stolperte. Kurz nach acht Uhr gingen wir zu dem von uns präparierten Stück im Zaun und blickten uns um. Es war kalt und still und niemand weit und breit. Wir holten unsere Leiter hervor und kletterten über den Zaun in die »arische« Welt. Ich ging als letzter und zog die lange Leiter hinter mir her. Dann nahmen wir drei die Leiter, gingen damit mitten auf der Straße und versuchten, wie Arbeiter auf dem Heimweg auszusehen. Es war ein dunkler und sehr kalter Novemberabend, und wir begegneten nur wenigen Menschen und glücklicherweise keiner Polizeipatrouille. Wir gingen rasch, aber nicht zu schnell, um keine Aufmerksamkeit zu erregen. Aus unseren Tagen als Schrottsammler kannten wir die Stadt gut, und als wir den Häuserblock erreichten, in dem die Zwolinskis lebten, hielten wir einen Moment an und setzten die Leiter ab – zum einen, um zu überprüfen, ob uns jemand beobachtete, zum anderen, weil wir unsere laut klopfenden Herzen etwas beruhigen wollten.

Die Straße war leer, und wir suchten nach der Hausnummer der Zwolinskis. Als wir das Haus gefunden hatten, stellten wir die Leiter ab, und Nathan klopfte an der Tür. Herr Zwolinski öffnete und zog uns schnell in die Wohnung. Als wir ihm von der Leiter erzählten, ging er hinaus und brachte sie in seinen Garten hinter dem Haus.

Dann stürzte Fela auf uns zu, und wir vier umarmten und küßten uns und weinten, klopften uns auf die Schultern und weinten noch mehr. Schließlich konnte sie sich befreien und trat einen Schritt zurück, um uns zu betrachten und unsere Gesichter zu studieren. Nach einiger Zeit stellte sie fest, wir seien alle ziemlich dünn geworden. Uns fiel auf, daß sie jetzt hellblond gefärbte Haare trug und sehr gut aussah. Als sich die erste Aufregung gelegt hatte, bemerkten wir

Frau Zwolinska, der wir bisher noch nicht begegnet waren, und gingen zu ihr, um ihr die Hand zu küssen. Sie war weniger förmlich, küßte und umarmte uns und sagte, daß sie uns durch Fela und ihren Mann gut kennen würde. Die ganze Zeit über hatte Herr Lopatowski, unser alter Freund aus Krakau, daneben gestanden und geduldig darauf gewartet, daß wir ihn ebenfalls begrüßten. Nun wandten wir uns alle ihm zu und umarmten ihn. Jeder von uns weinte, aber Herr Lopatowski brachte uns mit seinen Plänen wieder auf den Boden der Tatsachen zurück. Wir sollten das Haus etwa in einer Stunde verlassen und ihm und Fela, die uns vorangehen würden, zum Bahnhof folgen. Dort wollte er für uns alle Fahrkarten kaufen. Herr Lopatowski warnte uns davor, am Bahnhof oder im Zug mit irgend jemandem zu sprechen und sagte, wir sollten nur dann eine höfliche Antwort geben, wenn man uns etwas fragte. Darüber hinaus empfahl er uns, gut aufeinander aufzupassen. Da es zu auffällig gewesen wäre, ohne Gepäck zu reisen, hatte Fela für jeden von uns ein kleines Bündel vorbereitet. Wir wuschen uns den Dreck von den Gesichtern und waren bereit.

Nun war es an der Zeit, sich von den Zwolinskis zu verabschieden. Aber wie bedankte man sich bei Menschen, die ihr Leben aufs Spiel gesetzt hatten, um unseres zu retten? Uns blieb nichts anderes, als ihre Hände zu umklammern, zu weinen und ihnen zu versprechen, daß wir von nun an nur noch für den Tag leben würden, an dem wir uns nach dem Krieg wiedersähen. Fela weinte wie ein kleines Kind; sie konnte sich nicht von ihren beiden Lebensrettern trennen, bis Herr Lopatowski sie praktisch aus ihren Händen riß. Nach einem letzten Blick zurück gingen wir hinter Fela und Herrn Lopatowski hinaus. Die Straßen waren fast völlig menschenleer. Wir begegneten keinem Polizisten und gelangten sicher zum Bahnhof, der aufgrund der Verdunkelung ja völlig düster war. Wir warteten, bis Herr Lopatowski unsere Fahrscheine gelöst hatte, und gingen wieder zu Fela. Auf den Bahnsteigen sahen wir viele Menschen, die fast alle große Gepäckstücke mit sich führten. Während des Krieges fuhren die polnischen Händler mit ihrer Handelsware bis in die entlegenen Dörfer, wo man noch Lebensmittel bekommen konnte. Als der Zug eintraf, mußten wir drängeln und schieben, um zusammen mit Fela und Herrn Lopatowski in ein Abteil zu kommen. Der verdunkelte Zug war nahezu bis auf den letzten Platz besetzt. Bei jedem Halt quetschten sich noch mehr Menschen hinein, die alle große Bündel trugen. Wir taten so, als würden wir im Stehen schlafen. Am frühen Morgen erreichte der Zug unser Ziel, den Bahnhof Krakau-Płaszów, und mit einigem Geschiebe und Entschuldigungen gelang es uns, auszusteigen. Unter dem Vorwand, unsere Bündel noch einmal fest nachziehen zu müssen, ließen wir Fela und Herrn Lopatowski vorgehen und folgten ihnen in geringem Abstand. Es war immer noch dunkel, und bis auf einige Arbeiter auf dem Weg zur Fabrik begegneten wir keinem Menschen. Schließlich blieb Herr Lopatowski vor einem Haus stehen, klopfte an die Tür, und wir alle traten ein. Unsere Gastgeber waren ein älterer Mann und seine Frau, die keine Kinder hatten. Sie nickten uns lächelnd zu und baten uns, Platz zu nehmen und auszuruhen. Hier waren wir sicher. Herr Lopatowski sprach einige Zeit mit dem Ehepaar und unterrichtete uns dann über seinen Plan. Wir würden noch heute verteilt werden und bei verschiedenen Familien polnischer Patrioten unterkommen, um dort auf weitere Instruktionen zu warten. Am nächsten Tag wollten wir uns wieder treffen; dann sollte es mit dem Zug zur slowakischen Grenze gehen. Dort würde uns ein Kontaktmann der Untergrundbewegung über die Grenze führen und einem jüdischen Komitee übergeben, daß uns bei der Weiterreise nach Ungarn helfen konnte. Dort wiederum sollte uns ein weiteres jüdisches Komitee einen sicheren Unterschlupf besorgen. Wir waren nicht die ersten Juden, die man auf diesem Weg ins Ausland gebracht hatte, und alle hatten es geschafft. Herr Lopatowski versicherte uns, daß wir in guten Händen seien und uns nicht allzu große Sorgen machen müßten. Dann schüttelte er unseren Gastgebern die Hand, küßte uns zum Abschied, wünschte uns alles Gute und machte sich auf den Weg, weil er noch zur Arbeit gehen mußte. Wir dankten ihm, so gut wir es in diesen kurzen Augenblicken vermochten, und ich sagte ihm, daß ich mir nichts mehr wünschte, als ihn nach dem Krieg besuchen zu können, um mich für alles zu bedanken, was er für unsere Familie getan hatte.

Wenige Minuten später kamen zwei Jungen, die uns auf sichere Häuser verteilen sollten. Fela ging zuerst; danach machten sich Szymon und Nathan auf den Weg. Ich sollte hier bleiben. Nach kurzer Zeit kehrten die Jungen zurück und berichteten, daß sie meine Schwester und meine Brüder sicher abgeliefert hätten.

Die Frau des Hauses machte Frühstück, aber ich war zu müde und zu aufgeregt, um zu essen. Was hatten wir in nur vierundzwanzig

Stunden erlebt, und wie schnell hatte sich alles verändert! Gestern um die gleiche Zeit saßen wir noch im Ghetto und grübelten, ob es uns gelingen würde, noch rechtzeitig zu fliehen, bevor die Gestapo ihre letzte Razzia durchführte – und jetzt waren wir wieder zurück in Krakau und warteten darauf, unseren Weg in die Freiheit fortzusetzen. Ich schlief am Tisch ein; als ich erwachte, war es bereits spät am Nachmittag. Meine Gastgeber erzählten mir, daß wir vier uns am nächsten Morgen in einem bestimmten Haus treffen sollten, von dem aus man uns am Abend zum Bahnhof bringen würde. Danach bekam ich eine warme Mahlzeit und legte mich zum Schlafen auf die Couch.

Am nächsten Morgen um acht Uhr sagte mein Gastgeber, es wäre Zeit, sich auf den Weg zu machen. Ein Junge kam vorbei und brachte mich zu einem zweistöckigen Haus, in dem meine Brüder übernachtet hatten. Dann gab er mir den Namen der Bewohner und die Nummer der Wohnung und machte sich so schnell davon, daß ich ihm kaum danken konnte. Ich betrat die Vorhalle. Während ich nach dem Namen suchte, bemerkte ich das Schild einer Arztpraxis im Erdgeschoß. Schließlich fand ich die richtige Tür – im zweiten Stock – und klopfte an. Die Tür öffnete sich, und ich trat ein.

Dann stürzte die Welt um mich zusammen. Szymon, Nathan und ein anderer Unbekannter lagen in der Mitte des Raums auf dem Boden; ihre Hände waren mit Handschellen auf den Rücken gefesselt. Als die Tür sich schloß, hoben sie die Köpfe und erkannten mich. Die Verzweiflung in ihren Augen traf mich wie ein Schlag. Dann bemerkte ich zwei Männer, die neben dem Mann standen, der mich eingelassen hatte, sowie weitere Menschen im angrenzenden Zimmer. Ich vermutete, daß die drei Männer Gestapo-Beamte in Zivil waren, und tatsächlich befahlen sie mich in das Nachbarzimmer, wo sie mich durchsuchten und nach meinen Papieren fragten. Diese schienen ihnen zu genügen. Dann fragten sie mich auf deutsch, warum ich hierhergekommen sei. Ich zögerte nur einen winzigen Augenblick; dann antwortete ich ihnen auf polnisch, daß ich zum Doktor wollte und nannte ihnen den Namen, den ich auf dem Arztschild in der Halle gelesen hatte. Aufgrund meiner Arbeit im Ghetto hatte ich immer noch einige nicht verheilte Schnitte an den Händen, die ich hochhielt, um sie den Männern zu zeigen. Die ganze Zeit über fühlte ich die verzweifelten Blicke meiner Brüder auf mir, die hilflos auf dem Boden lagen. Dann traf es mich wie ein Blitz, daß Fela jeden

Moment kommen mußte. Ich war mir sicher, daß sie nicht meine Kraft besaß und beim Anblick unserer in Handschellen auf dem Boden gefesselten Brüder zusammenbrechen und alles verraten würde. Also wandte ich mich zum Gehen, und die drei Männer, offensichtlich überzeugt von meiner Geschichte und meinen Wunden, ließen mich passieren. Es kostete mich all meine Kraft und meinen ganzen Willen, ein unbeteiligtes Gesicht aufzusetzen, und ich erlaubte nur meinen Augen, meinen geliebten Brüdern einen schweigenden letzten Abschiedsgruß zu übermitteln.

Dann flog ich fast die Treppen hinab, um Fela aufzuhalten, bevor sie auch in die Falle gehen konnte. Als ich auf die Straße heraustrat, sah ich, wie sie in Begleitung eines der Jungen von gestern auf das Haus zukam. Ich ging schnell zu ihnen hinüber und befahl ihnen, sich umzudrehen, wegzugehen und vor dem Ende dieser Straße nicht mehr anzuhalten. Sie waren verwundert, taten aber, was ich ihnen gesagt hatte. Als ich wieder zu ihnen stieß, bat ich den Jungen, uns so schnell wie möglich zu dem Haus zurückzubringen, in dem er mich abgeholt hatte. Ich kam Felas Fragen zuvor, indem ich ihr leise, aber eindringlich mitteilte, daß etwas schiefgegangen war und sie einfach weitergehen sollte, um keine Aufmerksamkeit zu erregen. Der Junge klopfte an der Tür, und die Polen erkundigten sich sofort voller Angst, was geschehen war. Ich erzählte ihnen alles und ließ kein Detail aus. Fela brach zusammen, und wir beide weinten hemmungslos. Ich versuchte nicht, meine Gefühle zu unterdrücken. Ich weinte für all die Jahre, die wir bis zu diesem Tag irgendwie überstanden hatten, an dem wir kurz vor unserer Errettung standen. Ich wußte nicht, woher ich die Stärke und Geistesgegenwart genommen hatte, mich selbst zu beherrschen, während Szymon und Nathan gefesselt auf dem Boden lagen. Vielleicht hatte mir die Angst, daß Fela hereinkommen und uns beide ebenfalls verraten könnte, eine innere Stärke verliehen, von der ich nicht wußte, daß ich sie besaß.

Im Augenblick hielt ich Fela in den Armen und versuchte, sie zu beruhigen, aber wie konnten wir ruhig bleiben im Angesicht unserer großen Tragödie? Beide wiederholten wir ihre Namen immer und immer wieder, während unsere Gastgeber, die ebenfalls tief getroffen waren, versuchten, unsere Aufmerksamkeit von diesem Unglück abzulenken. Sie brachten unsere Gedanken wieder in die Gegenwart zurück und sagten, daß wir unbedingt wieder mit dem Mann

Kontakt aufnehmen müßten, der uns aus Rzeszów hierhergebracht hatte. Es wäre gefährlich, wenn wir noch nach Einbruch der Dunkelheit in ihrer Wohnung bleiben würden. Sie kannten Herrn Lopatowskis Namen nicht – eine lebensnotwendige Vorsichtsmaßnahme für eine Untergrundbewegung, die unter den Augen der Deutschen operierte.

Am Nachmittag teilte uns unser Gastgeber mit, daß er für ein Pferd und einen Wagen sorgen wollte; der Fahrer würde uns dann zu unserem Mann bringen. Die Fahrt durch die nassen, dunklen, menschenleeren Straßen schien eine Ewigkeit zu dauern. Während die Pferdehufe durch die Straßen klapperten, die ich so gut kannte, zog mein Leben an mir vorüber, und ich zermarterte mir den Kopf darüber, was mit Szymon und Nathan geschah. Ich nahm an, daß die Gestapo sie wahrscheinlich in ihr Hauptquartier in der Pomorska-Straße gebracht hatte und sie foltern würde, um genauere Informationen über die gefälschten Papiere und ihre Helfer zu erhalten. Aber ich kannte meine Brüder und war mir sicher, daß sie unsere Wohltäter nicht verraten würden, egal wie sehr man sie quälte. Als wir die Straße erreichten, in der die Lopatowskis lebten, bezahlte ich den Fahrer, und nach einigen prüfenden Blicken die Straße hinunter gingen wir zu ihrem Haus und klopften an der Tür. Der junge Lopatowski öffnete uns, und nachdem er seine Überraschung überwunden hatte, rief er seinen Vater. Als Herr Lopatowski unsere tränenverschwollenen Gesichter sah, wußte er sofort, daß etwas Schreckliches geschehen war und führte uns zu ein paar Sesseln. Frau Lopatowska küßte uns und wollte Tee aufsetzen, aber wir lehnten ab. Die drei hörten sich alles genau an und nahmen den Blick nicht von unseren Gesichtern, während ich ihnen unsere tragische Geschichte erzählte. Als ich alles berichtet hatte, versicherte ich ihnen, daß sie sich keine Sorgen zu machen brauchten: Unsere Brüder würden sie nicht verraten. Frau Lopatowska zeigte sich erleichtert, und ihr Mann sagte mit fester Stimme, daß er ihnen vertraue und keine Angst haben würde. Er wolle sich sofort auf den Weg machen und herausfinden, was schiefgegangen sei, um sicherzugehen, daß es keinen Verräter gab. Außerdem müsse er mit seinen Kameraden neue Pläne für uns beide ausarbeiten, damit wir wie geplant in die Slowakei gelangen konnten. Voller Trauer und Ungeduld warteten wir auf seine Rückkehr. Wenn ich an meine Brüder dachte, schien ich ihre Qualen zu fühlen, denn ich wußte, was die Gestapo war.

Als Herr Lopatowski wenige Stunden später zurückkam, berichtete er uns sofort, daß es keinen Verrat gegeben habe. Wir waren Opfer eines tragischen Zufalls geworden. Die Besitzer der Wohnung, in der wir uns alle treffen wollten, waren Juden, besaßen aber argentinische Pässe und wurden im Register der Gestapo als »Staatsbürger neutraler Staaten« geführt. Dank des unglücklichsten aller Zufälle führten einige Gestapomänner gerade in dem Augenblick eine routinemäßige Paßkontrolle durch, als unsere Brüder und der dritte Mann, ebenfalls ein Jude auf der Flucht, eingetroffen waren, um auf uns und unseren Begleiter zu warten – eine Verkettung von Umständen, die nur ein wirklich grausames Schicksal für uns geplant haben konnte. Aber wir konnten nichts dagegen tun und mußten uns auf die Zukunft konzentrieren. Die Partei hatte Herrn Lopatowski befohlen, uns persönlich zur Grenze zu begleiten und dort dem Führer zu übergeben, der uns in die Slowakei schmuggeln sollte. Der junge Lopatowski ging hinaus, um uns einen Wagen zu besorgen, und seine Mutter machte uns schnell ein paar Brote und schenkte uns Pullover für den Weg über die Berge. Die Fahrt zum Bahnhof Krakau-Podgorze dauerte etwa eine halbe Stunde. Ich kannte jeden Fußbreit des Weges: Vor dem Krieg war dies mein täglicher Weg zur Arbeit gewesen, und die Schokoladenfabrik hatte nur einen halben Häuserblock vom Bahnhof entfernt gestanden. Herr Lopatowski kaufte die Karten, und als der Zug einlief und sich alle um einen Sitzplatz stritten, versuchten wir gar nicht erst, uns Plätze zu sichern, sondern blieben lieber im dunklen Gang stehen. Als der Zug einige Kilometer weit gefahren war, stellte sich ein junger Mann neben mich und sagte leise, er wisse, daß ich ein Jude auf dem Weg zur Grenze sei. Wenn ich ihm mein ganzes Geld und alle Wertsachen aushändigen würde, die ich bei mir hätte, würde er mich in Ruhe lassen; andernfalls würde er mich am nächsten Bahnhof der Gestapo ausliefern. Der junge Lopatowski bemerkte, daß etwas nicht in Ordnung war, und er kam zu uns herüber. Ich war nervös, erzählte ihm aber alles. Daraufhin holte er schnell seinen Vater, und sie beide drückten den Fremden gegen eine Tür. Dann sagten sie ihm, sie seien Polen, die mich beschützten, und warnten ihn, daß sie ihn bei der ersten falschen Bewegung aus dem fahrenden Zug werfen würden. Der Fremde schwor, mich nicht weiter zu belästigen und versprach, an einem kleinen Haltepunkt auszusteigen, an dem keine Polizeipatrouillen standen. An der nächsten

Haltestelle ließen ihn die beiden gehen. Sogar in den Zügen gab es also *Schmalzowniks*, die nach hilflosen Juden Ausschau hielten, um sie zu erpressen, und sie dann nichtsdestotrotz an die Gestapo auslieferten, um die Belohnung zu kassieren. Herr Lopatowski erzählte mir, daß die Untergrundbewegung über diese Schufte informiert war und sogar einige von ihnen umgebracht hatte, um ein Exempel zu statuieren. Er hatte den Fremden gewarnt, daß er von nun an mit den Patrioten rechnen könne.

8
Slowakei,
November 1943

Fela war sehr aufgeregt, als ich ihr erzählte, was geschehen war. Aber ich erklärte ihr, daß alles vorüber sei und wir nur an die Zukunft denken dürften. Schließlich erreichten wir unser Ziel, einen kleinen Bahnhof, an dem keine Patrouillen standen. Herr Lopatowski erkannte seinen Kontaktmann, und wir folgten ihm zu einem kleinen Haus am Rande der Kleinstadt, wo wir den Mann trafen, der uns über die nahe gelegene Grenze bringen sollte. Die beiden Lopatowskis hielten sich nicht lange auf; sie verabschiedeten sich so schnell, daß uns kaum Zeit blieb, uns erneut bei ihnen zu bedanken, und verließen das Haus. Unser Führer sagte, daß wir uns sofort auf den Weg machen sollten, um die Dunkelheit auszunutzen. Wir folgten ihm durch einen Teil der Stadt in einen Wald. Dort bat er uns, nicht mehr zu sprechen und sehr langsam und vorsichtig zu gehen; außerdem sollten wir ihn die ganze Zeit beobachten und all das tun, was er tat, falls wir auf eine Patrouille stoßen würden. Es war eine dunkle Novembernacht, aber wir machten uns keine Sorgen wegen der Kälte und fühlten keine Nässe. Schweigend marschierten wir mehrere Stunden durch schwieriges Gelände; dann hielt unser Führer an, wartete, bis wir herangekommen waren und teilte uns mit, daß wir uns bereits in der Slowakei befanden. Er würde uns für kurze Zeit verlassen, um sich mit seinem slowakischen Kontaktmann zu treffen. Wir fühlten uns erleichtert, daß wir Polen hinter uns gelassen hatten. Kurz darauf kehrte unser Führer mit einem anderen Mann zurück, den er uns als unseren neuen Führer vorstellte. Dann verabschiedete er sich von uns und verschwand in der Dunkelheit. Unser neuer Führer erzählte uns, daß auf dieser Seite der Grenze keine Gefahr durch die Deutschen bestand, aber er warnte uns vor den seltenen slowakischen Grenzpatrouillen, die sich in der Gegend aufhalten könnten. Er versicherte uns, daß er sich gut auskannte, bat uns, hier im dunklen Wald dicht hinter ihm zu bleiben und versprach, daß wir nicht sehr weit zu gehen hätten. Tatsächlich liefen und stolperten wir mehrere Stunden lang weiter, bis wir in der Ferne einige Lichter erblickten.

Unser Führer sagte, daß dies die Lichter seines Dorfes wären, und kurz darauf gingen wir durch die verlassenen Dorfstraßen, nur vom Bellen der Hunde gestört, zu seinem Haus. Seine Frau begrüßte uns, gab uns etwas Brot und Tee und hängte unsere nassen Sachen zum Trocknen auf. Wir bemerkten, daß ihre Kinder in tiefem Schlaf lagen. Unser Führer sagte, er wäre sehr dankbar, wenn wir ihm unsere restlichen Zloty überlassen könnten, da sie für uns jetzt nicht mehr von Nutzen seien. Außerdem würde er sich über alle Arten von Wertsachen freuen, mit denen er den kleinen Betrag aufbessern könnte, den ihm das jüdische Komitee für seine gefährliche Arbeit zahlte. Ich gab ihm die wenigen Zloty, die ich noch besaß, und obwohl er seine Enttäuschung nicht verbergen konnte, sagte er mir, er habe schon geahnt, daß wir nicht reich seien. Er bat mich nur darum, seine Bitte nicht den Juden gegenüber zu erwähnen, die wir bald treffen würden. Wir versprachen ihm, nichts zu sagen, bedauerten, daß wir ihm nicht mehr geben konnten, und drückten noch einmal unseren tief empfundenen Dank aus.

Dann setzten wir uns an den Herd und fielen in einen tiefen Schlaf, aus dem wir erst erwachten, als die Kinder aufstanden und laut zu plappern begannen. Unsere Kleidung war inzwischen trocken, und unsere Gastgeber baten uns dringend, uns warm anzuziehen. Dann servierten sie uns ein Frühstück mit Brot und Tee, und unser Führer brachte uns zum Bahnhof. Es war der 4. November, ein weiterer dunkler Wintermorgen. Auf dem Weg zum Bahnhof geschah nichts Unerwartetes, aber die ganze Zeit über nagte der Gedanke an mir, daß unsere Brüder jetzt bei uns sein könnten, wenn wir nicht so ein außergewöhnliches Pech gehabt hätten. Dieser hartnäckige Schmerz bohrte sich wie ein Dorn in unser Glück und die Erleichterung darüber, endlich frei zu sein. Während unser Führer die Fahrkarten kaufte, fiel uns auf, daß die wenigen Bauern, die auf dem kleinen Bahnsteig standen, besser gekleidet waren und sich besser benahmen als polnische Bauern. Es gab kein Geschiebe, als der Zug einfuhr, so daß wir unserem Führer ohne Schwierigkeiten in ein Abteil folgen konnten. Wir fuhren etwa zwei Stunden durch eine gebirgige Landschaft, bis wir schließlich an einem kleinen Bahnhof in einem Ort namens Poprad ausstiegen. Auf den Straßen begegneten wir nur wenigen Menschen, die sich offensichtlich auf dem Weg zur Arbeit befanden, und bald darauf blieb unser Führer vor einem Gebäude stehen. Er brachte uns in eine Wohnung im ersten Stock, wo wir von einem Ehepaar in mittleren Jahren auf jiddisch begrüßt wurden. Die Frau versicherte uns, daß wir hier sicher wären, und forderte uns auf, unsere Mäntel abzulegen und für etwas Tee und Brot in die Küche zu kommen. Unser Führer wünschte uns alles Gute und verließ die Wohnung, um nach Hause zurückzukehren.

Nach dem Frühstück nahmen wir beide ein Bad und legten uns zum Schlafen in frischen Pyjamas in saubere Betten. Als wir am Nachmittag aufwachten, erzählten uns unsere Gastgeber, daß sie uns am nächsten Morgen zum Einkaufen mitnehmen wollten. Am Abend kamen einige jüdische Männer vorbei und stellten uns viele Fragen. Einer von ihnen konzentrierte sich auf mich und fragte nach jedem Detail, an das ich mich über die Lager und die deutschen Beamten erinnern konnte, denen ich während der vier Jahre der Besatzung begegnet war. Vor allem war er an genauen Namensangaben interessiert. Er schrieb alles auf, was ich erzählte und sagte, daß dieser Bericht per Kurier in die Schweiz gehen würde, damit die ganze Welt informiert werden könne. Sie litten mit uns, während wir uns unsere schrecklichen Erlebnisse wieder ins Gedächtnis riefen, konnten aber nicht verstehen, warum wir immer noch so traurig waren, obwohl wir uns nun in Sicherheit befanden. Schließlich brach Fela zusammen und erzählte ihnen von dem Unglück, daß uns vor wenigen Tagen in Płaszów ereilt hatte. Daraufhin weinten sie mit uns.

Schließlich gaben sie uns einen kurzen Überblick über die Situation in der Slowakei, die nun von Jozef Tiso regiert wurde, einem katholischen Priester, der als Präsident wie eine schamlose Marionette Hitlers funktionierte. In Bratislava, der Hauptstadt der Slowakei, hatten die Nazis einen Bevollmächtigten namens Dieter Wisliceny, der sich offiziell als »Beobachter« im Land aufhielt, aber in Wirklichkeit die Befehle erteilte, die die faschistische Hlinka-Garde vollstreckte. Insgesamt hatten im ganzen Land über neunzigtausend Juden gelebt, als Ungarn einen Teil der Ostslowakei – mit etwa fünfzigtausend jüdischen Bewohnern – besetzte, aber heute waren nur noch neununddreißigtausend Juden in der Slowakei übriggeblieben. Die faschistischen Hlinka-Garden hatten ihnen das Leben zur Hölle gemacht und waren willkürlich in ihre Wohnungen und Geschäfte eingedrungen, um zu rauben und zu prügeln. Die Juden mußten gelbe Sterne tragen; sie wurden aus dem Staatsdienst entlassen, und jüdische Ärzte und Rechtsanwälte erhielten Arbeitsverbot. Seit dem 25. März 1942 waren insgesamt vierzigtausend kerngesunde Männer und Frauen nach Polen deportiert worden. Die Behörden versicherten den jüdischen politischen Führern, daß sie nur zum Arbeitsdienst dorthin geschickt worden seien, und eine Zeitlang schickten sie wirklich optimistische Postkarten nach Hause, in denen stand, daß sie sich wohl fühlten. Aber die Gerüchte, nach denen die Deutschen sie in die Vernichtungslager Majdanek, Trawniki und Auschwitz geschickt hatten, erschienen wahrscheinlicher. Viele junge Juden entschieden sich dafür, den Deutschen und ihren Hlinka-Marionetten keinen Glauben zu schenken und flohen nach Ungarn. Nach einer Intervention durch die katholische Kirche der Slowakei und den vatikanischen Gesandten wurde eine Kommission ins Leben gerufen, die die Wahrheit ans Licht bringen sollte. Sie fand heraus, daß in Wirklichkeit nur noch dreihundert der nach Polen deportierten Juden am Leben waren. Daraufhin protestierten einige wenige gewissenhafte katholische Priester wiederholt bei Tiso, bis die Deportationen schließlich gestoppt wurden. Außerdem schrieb Tiso vielen Juden »Schutzbriefe« aus, die ihnen erlaubten, weiterhin zu arbeiten und ihren Geschäften nachzugehen.

Ich konnte sie nur um ihre aufopferungsvolle politische Führung beneiden, die *Ustredna Zydowska* (Judenzentrale), die aus Rabbi Weissmandel, Rabbi Armin Frieder und Gisi Fleischmann bestand; letztere hatte sich vor allem der Rettung jüdischer Kinder aus Polen verschrieben. In Polen hatten die Deutschen sofort nach dem Einmarsch alle unsere politischen und geistlichen Führer eliminiert. Wer nicht geflohen war, wurde durch Opportunisten ersetzt, die bedenkenlos deutsche Befehle ausführten.

Nun waren auch die Pläne für unsere Flucht fertig. Zwei jüdische Männer sollten uns zur ungarischen Grenze bringen; dort würde uns ein slowakischer Führer übernehmen und nach Ungarn zu einem jüdischen Komitee in Košice bringen. Von dort aus sollten wir mit der Eisenbahn nach Budapest fahren, wo sich schließlich die polnisch-jüdischen Komitees unserer annehmen würden. Wir verbrachten den Tag mit einem Bummel durch die Stadt, verblüfft darüber, wie normal alles wirkte. In den jüdischen Geschäften statteten uns die Eigentümer von Kopf bis Fuß mit einer neuen Garderobe aus. Wir waren überwältigt von ihrer Großzügigkeit und Hilfsbereitschaft. Zusätzlich kauften wir einige Koffer, da man uns gesagt hatte, daß es in Ungarn sicherer sei, wenn man gut gekleidet und mit Gepäckstücken reisen würde. Am Abend baten uns unsere Gastgeber, uns auf die Weiterreise vorzubereiten, da die beiden jungen Männer vorbeikommen würden, die uns als Führer dienten. Zum ersten Mal in vier Jahren zog ich neue Kleidung an und nicht irgendwelche alten Kleidungsstücke, die die Deportierten und Getöteten zurückgelassen hatten. Aber es fiel uns schwer, uns von unseren alten Kleidern zu trennen; also legten wir sie in unsere Koffer.

Unsere Führer brachten uns zum Bahnhof, kauften die Fahrkarten und stiegen mit uns in den Zug. Er war nicht so voll wie in Polen, und die Menschen wirkten viel entspannter und höflicher. Die Passagiere in unserem Abteil waren gut gekleidet und freundlich, aber wir vermieden jede Konversation, indem wir uns schlafend stellten. Wir wollten nicht, daß sie uns Polnisch oder Jiddisch sprechen hörten, obwohl uns die Juden erzählt hatten, daß dies in der Slowakei problemlos möglich sei. Unser Instinkt verbot uns, ein Risiko einzugehen. Wir fuhren über fünf Stunden, bis unsere Führer uns ein Zeichen gaben, daß wir an der nächsten Station, einem kleinen Bahnhof, aussteigen würden. Sie geleiteten uns durch die Dunkelheit zu einem kleinen Haus, dem Heim unseres slowakischen Führers. Dort übergaben sie uns in seine Obhut und gingen. Der Slowake sagte uns, daß er uns sofort zur ungarischen Grenze bringen wollte. Wir gingen in ein Wäldchen, und nach einem kurzen Fußmarsch teilte uns unser Führer mit, daß wir die Grenze überquert und die ungarische Seite erreicht hatten. Er trug uns auf, hier zu warten, und kam bald darauf mit einem anderen Mann zurück, unserem ungarischen Führer. Dann verabschiedete er sich und ging.

Meine Familie in Krakau, 1938

Meine Mutter, mein Vater, meine Schwester Fela und ich im Ghetto Rzeszów

Bescheinigung.
Poświadczenie.

Herzog c Armin

wohnhaft in *Krakau* Strasse *Kotlarska* Z. *11.*
zamieszkały *Kraków* ulca *1.*

hat der Anordnung des Chefs der Zivilverwaltung vom 22 September 1939
zadość uczynił zarządzeniu Szefa Zarządu cwilnego z 22 września i tutaj się zameldował.

entsprochen und sich hier gemeldet.

Krakau, den *23-X-* 1939.
Kraków, dnia

Siegel
pieczęć

ZARZĄD MIEJSKI
w stoł. król. miescie
KRAKÓWIE

Karm Monakim
Leiter des Bezirksamtes der Stadtverwaltung.
Kierownik Miejskiego Urzędu Obwodowego.

Deutsche Ausweispapiere, Krakau 1939

Aufenthaltsgenehmigung für Krakau, 1940

Der Stempel der Gestapo auf meiner Freistellung
von der Deportation, Ghetto Rzeszów, 1942

HENRY schreibt: Wir hoffen und glauben ungebrochen an Gott, und ich versichere Dir ein weiteres Mal, daß wir trotz all dieser Ereignisse den Mut nicht sinken lassen. Unsere Liebste, ich bitte auch Dich, den Mut nicht sinken zu lassen und achtsam und vorsichtig zu sein, damit Du mit Gottes Hilfe überlebst und Dich an diesen Mördern rächen kannst. Wir wissen ganz genau, daß Du unsere tapfere, geliebte Schwester bist, und wenn wir »verreisen« müssen, wird es mit dem Gedanken geschehen, daß unsere Liebste in guten Händen ist. Ich habe für morgen früh um 1.30 Uhr einen Termin vereinbart, um Dich wissen zu lassen, wie es uns geht und um einen Brief von Dir zu erhalten, in dem Du uns versichern wirst, daß Du den Mut nicht sinken läßt. Außerdem werde ich ein paar Dinge mitbringen, die wir für Dich vorbereitet haben. Ich schreibe zur gleichen Zeit auch an die PBs und übermittle ihnen unsere besten Wünsche. Ein weiteres Mal bitte ich Dich, tapfer zu sein und Dir unseretwegen keine Sorgen zu machen.
Mit den allerbesten Wünschen von uns an Dich

Mein Brief an meine Schwester Fela

7) Nadzieję naszą jest i Boże
Bóg i zapewniam Cię za-
jśnieć, że jak nas znasz trzymamy
się w takich wydarzeniach dzielnie.
Proszę Cię raz jeszcze Najdroższa
Abyś się trzymała nadal
dzielnie, bądź nadal ostrożna
ciągle i wytrwała a Bóg Ci
dopomoże wytrwać i poniesie
się w tych mordęrach.
My doskonale wiemy, co jest
Ah, dzielną Kochaną Siostrzą
i dlatego gdy się Nadziejemy to
z tą myślą że w Dobrych Ręka
postawiamy to co nam
porostało Najdroższa o.
Umawiałm się na pewno
1:30 aby Ci donieść o dolarzym
ciągu co dzieje u nas i
aby od Ciebie dostać list w
którym nas zapewnisz o swej
dzielności i aby odebrać
ewentualne zamówione przez
do M. i B. jeśli osobno lecz
z każdym razie przyszłem
im Najserdeczniejsze podziek
Jeszcze raz błagam Cię Najdroższa
Silna bądź Dzielna i o nas się
nie martwi. Najserdeczniej się
Cię pozdrawiam Ay

Domyślę Ci że naprawdę jeszcze niedobrze na mnie
ale nie wiemy jak długo możemy dzisiej jesz
pojechać ale i też że 2-4 tygodnie?
Piszę Ci prawdę bo nie ma co do bawienia
wikłać. Wroż czytmnyg wojeną, która
się to ania na obrcić poleprze po jesz re
się nasza sytuacja, ale u nas
tu w lagrze jeszcze jest dobrze
ale jak tym ludziom co strelają
jakim ludziom, to Panie u których
wystrielato, starych jobrecó, ale
w biegiem czasu kien wojny
tamie jakto nie dworeko, chyba
jak uciekać ale małe szanse
ucieczka p Nagora strzerowego
nawet i w nocy. Piszę Ci o tego
nie po to, żeby cie zmartwiau
w większym złości przeciwnie
żebyś uzyta w przygotowa

się z tym i ich przygotowała
się my może do przyjaciemy
Niechcemy żadnego wygodnego
miejsca, chcemy jak wszyscy
co się ratuje teraz jak ogoś
straszcku jakiejś powinny)
żeby tylko 1 raz dziennie
jedzenia przynieść może przypotowcem
żeby 12 i goddalej żwiec ty mosz
gdzie, albo do lasu to żwiec
Rapytoj się delikatnie ich
na otwarcie jak oni ich
możeto rozpatrują, ek oni się
Jak to obraca, bo może żyłek
Ratuj wiemas, jak możesz
Kochana siostra to bo
mogli zapytajcie M. bo drasz
Pocałowani co serdecznie camera 100

K. F.   D. F.   I. X. 43 r. (Jahr).

NATHAN schreibt:

Ich möchte Dir mitteilen, daß wir immer noch wie auf hei-
ßen Kohlen sitzen, weil wir nicht wissen, wie lange es dauert.
Beginnt unsere Reise schon heute, oder erst in zwei bis vier
Wochen? Ich schreibe Dir die Wahrheit, weil es keinen
Zweck hat, etwas beschönigen zu wollen. Je besser die militärische Lage, desto schlechter wird unsere Situation hier.
Dabei geht es uns in diesem Lager immer noch besser als
denjenigen, die man nach Szebnia geschickt hat. Die Hälfte
von ihnen, die Alten und die Kinder, wurden erschossen.
Auf lange Sicht gesehen würde im Lager Szebnia niemand
von uns den Krieg lebendig überstehen; eine Flucht wäre
die einzige Hoffnung. Dabei stehen die Chancen, aus

diesem Tag und Nacht gut bewachten Lager zu entkommen, sehr schlecht. Ich schreibe Dir, damit Du Dich nicht sorgst. Ganz im Gegenteil: Bereite Dich auf unseren Besuch vor. Wir brauchen keine Bequemlichkeit. Wir wären froh, genau wie alle anderen untergebracht zu werden, die bereits fliehen konnten. Ein Platz auf dem Speicher oder in einem Keller und einmal am Tag etwas zu essen. Wir möchten nur von hier fliehen, vielleicht sogar in die Wälder. Bitte versuche vorsichtig und taktvoll herauszufinden, was sie davon halten; beleidige sie nicht und jage ihnen auch keine Angst ein. GELIEBTE SCHWESTER, BITTE RETTE UNS, GANZ EGAL WIE, DENN DIE ZEIT LÄUFT UNS DAVON. Wir wünschen Dir 100 mal beste Gesundheit. Vielleicht solltest Du auch Herrn M. aufsuchen.

Ein Brief meines Bruders Nathan an unsere Schwester Fela

SZYMEK schreibt: Unseren aufrichtigen Dank für Deinen letzten Brief und das bescheidene Päckchen. Heute ist mein Geburtstag – ein besonders denkwürdiger Tag in meinem Leben, weil ich ihn ohne unsere Lieben feiern muß, die sicher genauso an diesen Tag denken, wie wir alle. Wo immer sie auch sein mögen, sie feiern ihn bescheiden, im Gedanken daran, daß wir den nächsten Geburtstag eines Mitglieds unserer Familie alle gemeinsam verbringen werden und uns dann gegenseitig von der schwierigen Zeit unserer Trennung berichten. Heute sind wir zufrieden, das heißt, ich bin zufrieden mit den Glückwünschen und habe keine anderen Wünsche. Aus diesem Grunde danke ich Dir, den PBs und Herrn M. für die Glückwünsche zum Geburtstag und versichere Dir und ihnen, daß ich überzeugt davon bin, daß dies der letzte Geburtstag unter solchen Umständen sein wird. Und daß die Zeit näherrückt, in der wir uns bei solchen Menschen wie den PBs und Herrn M. erkenntlich zeigen können für ihre Hilfe und Unterstützung. Aber damit genug – ich würde gern etwas über uns schreiben, aber es gibt nichts Neues zu berichten. Alles ist in Ordnung, wir brauchen nichts und haben von allem genug. Hier ist es friedlich. Wir freuen uns über Deine netten Briefe. Was gibt es Neues bei Euch? Wie fühlst Du Dich?
Ich grüße von ganzem Herzen Dich, die PBs und Herrn M.

S.

K. F.   D. F.

R.F.

Za ostatni list i skromny paczkę poślę serdecznie ci
dziękujemy. Dzisiaj jest dzień moich urodzin. Dzień
ten o tyle pamiętny w moim życiu że obchodzą
go bez Naszych Najdroższych, którzy napewno
ten dzień moich urodzin pamiętają jak my wszyscy.
Tem gdzie są obchodzą po kole składnie z myślą
że to jest ostatni ale nawet myślą że następne
urodziny kogoś z nas będziemy obchodzić już wszyscy
razem, zapomniawszy sobie z naszej ciężkiej rozłąki.
My się zadowalamy się t. zw. po za dowolnym że
dzisiaj potulny nie mamy innej opinacji.
Dlatego też dziękuję Tobie jak i P.B. i p.M za
życzenia urodzinowe i zapewniam Ciebie i Ich że
Jestem przekonany że to ostatnie urodziny w takim
czasie że przychodzi już czas kiedy to będzie moim
się urodzić że takim ludziom jak P.B. i p.M za
Ich pomoc i dobre otuchy. Dosyć może o tem i nie
Ci napisać coś o nas, ale nic nowego. Jest wszystko
w porządku, mamy wszystkiego pod dostatkiem, mamy
spokój i cieszymy się stale Twoimi pomyślnemi listo-
-mi. Co słychać u Ciebie nowego? Jak się czujesz?
Serdecznie pozdrawiam Ciebie i P.B. i p.M.
K.F.
Pozdrawiam Cię serdecznie i całuję 1009 N.

Gestempeltes Foto des Ausweises für die Arbeitsstelle bei der Firma RAVO Rohprodukte

Im Lager Csorgo, Ungarn 1944

ÁTMENŐ TÁVIRAT

+ bratislava 3197 9 20 15/20 -

tadeus kavecky satoralja ujhely gitetabor

= ertesits felahoz valaszolj i mikulasra = adam +

20. VII. 1944 (19.53)

Mein Telegramm an meine Schwester Fela zur Information,
daß meine Flucht aus Ungarn erfolgreich war

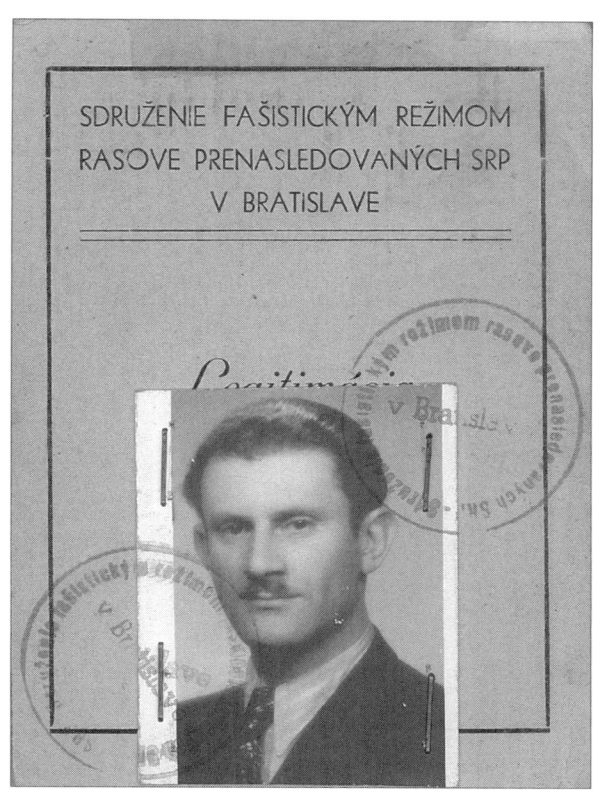

SDRUŽENIE FAŠISTICKÝM REŽIMOM
RASOVE PRENASLEDOVANÝCH SRP
V BRATISLAVE

Legitimácia

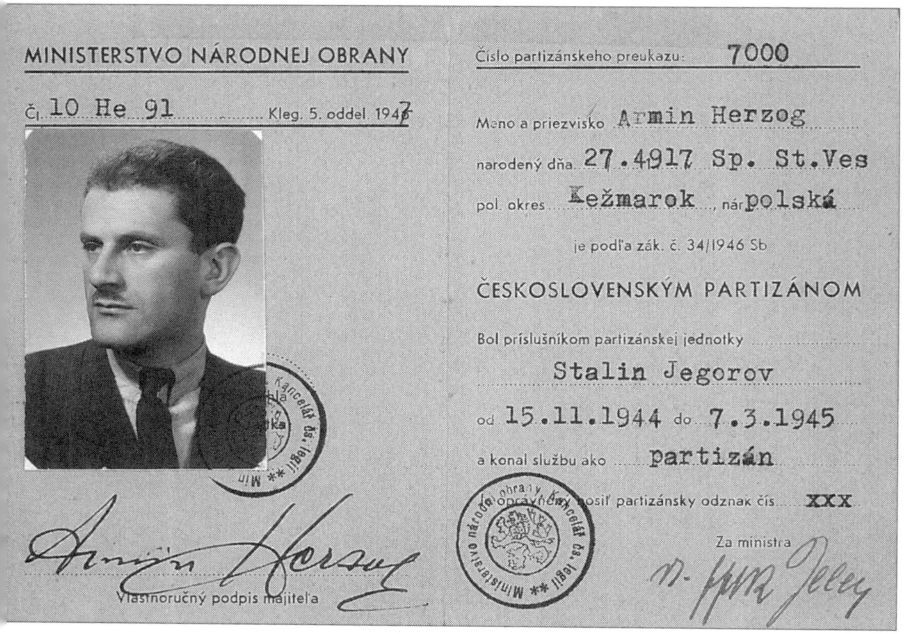

MINISTERSTVO NÁRODNEJ OBRANY

Čj. 10 He 91 Kleg. 5. oddel. 1947

Číslo partizánskeho preukazu: 7000

Meno a priezvisko Armin Herzog

narodený dňa 27.4917 Sp. St.Ves

pol. okres Kežmarok, nár polská

je podľa zák. č. 34/1946 Sb

ČESKOSLOVENSKÝM PARTIZÁNOM

Bol príslušníkom partizánskej jednotky

Stalin Jegorov

od 15.11.1944 do 7.3.1945

a konal službu ako partizán

Je oprávnený nosiť partizánsky odznak čís. XXX

Za ministra

Vlastnoručný podpis majiteľa

Meine tschechoslowakischen Partisanen-Ausweise

Als Partisan in den slowakischen
Bergen, 1944–1945

Budapest 1945

MINISTERSTVO NÁRODNEJ OBRANY

Čj.: 10-He 91 Kleg 1947

Vec: Priznanie charakteru čs. partizána.

Prílohy: 1 part. preukaz

Od kolkového oslobodené podľa § 8, zák. č. 34 zo dňa 14. febr. 1946, ktorým sa vymedzuje pojem čs. partizána.

Podľa § 41 vládneho nariadenia č. 106 zo dňa 17. júna 1947 považuje sa toto potvrdenie za osvedčenie podľa § 8 zák. čís. 255/46 Sb.

Potvrdenie

Ministerstvo národnej obrany potvrdzuje, že pán — pani — slečna

Armin Herzog

nar. dňa 27. apr. 1917   v obci Spišská Stará Ves

okres Kežmarok   zem Slovensko

domov. prísl. do Bratislava   okres dtto

zem Slovensko   je v smysle § 1. zákona č. 34/1946 Sb. z. a n.

československým partizánom

Charakter čs. partizána nadobudol(dla) službou v partizánskej jednotke

Stalin - Jegorov

kde zastával(a) funkciu veliteľa družstva

Jako služobná doba započíta sa doba v part. jednotke Stalin Jegorov

od 15.11.1944   do 7.3.1945   a v part. jednotke ————————

———————————————————————— od ———————————— do ————————

celkom ————— rok tri mesiac 22 dní.

MNO súčasne vydáva menovanému partizánsky preukaz čís. 7000

V Prahe dňa 9. 7. 1947

Za ministra

Pán — pani — slečna Armin Herzog

v Bratislave, Ďurkovičova lc

pošta

Tlačiareň MNO Praha — 46-2097

Bescheinigung über die Zugehörigkeit zu den tschechoslowakischen Partisanenverbänden vom 15.11.1944 – 7.3.1945

MINISTR NÁRODNÍ OBRANY

UDĚLUJE VÁM

NA PAMĚŤ PARTYZÁNSKÝCH BOJŮ

ZA OSVOBOZENÍ ČESKOSLOVENSKÉ REPUBLIKY

ODZNAK

ČESKOSLOVENSKÉHO PARTYZÁNA

PRAHA ___3.července___ 194_7_ ·

H E R Z O G Armin
7000

MNO—46-2078

Auszeichnung des tschechoslowakischen Verteidigungsministeriums
als tschechoslowakischer Partisan

Władysław Lopatowski
und seine Familie

Luiza und Tytus Zwolinski

Am Grab von Luiza und Tytus Zwolinski während meines Besuchs in Rzeszów 1998

Gedenkstein auf den Hügeln, wo meine Brüder exekutiert
und in Massengräbern begraben worden sind

Gideon Frieder vor dem Haus der Familie, bei der ihn die Partisanen untergebracht hatten

THE UNITED STATES HOLOCAUST
MEMORIAL MUSEUM

gratefully acknowledges a contribution
In Honor of the 75th Birthday of Henry A. Herzog, for
giving my life a second chance on October 27,1944.
from

Gideon and the Frieder Family

This gift will be used to create an American institution that will insure
that the Holocaust and its lessons are forever remembered.

9
Verrat in Ungarn.
November 1943

Der ungarische Führer teilte uns auf slowakisch mit, daß wir sehr
dicht hinter ihm bleiben sollten, da in diesem Gebiet Grenzpatrouillen unterwegs seien. An einer Stelle bedeutete er uns, stehen zu bleiben und ganz ruhig zu warten, während er vorgehen und die Gegend
erkunden wollte. Wir warteten immer noch auf seine Rückkehr, als
wir plötzlich laute Stimmen hörten. Noch bevor wir uns dies erklären
konnten, standen zwei ungarische Grenzpolizisten vor uns, in Begleitung unseres Führers. Einer von ihnen befahl uns auf slowakisch, aufzustehen und vor ihnen herzugehen; beim geringsten Fluchtversuch
würden wir erschossen. Als ich mich kurz umsah, bemerkte ich, daß
sie tatsächlich ihre Gewehre auf uns gerichtet hielten.

Wir waren völlig fassungslos und sicher, daß unser Führer uns verraten hatte. Aber warum? Wir hatten kaum ein Wort gewechselt und
er hatte kein Geld von uns verlangt. Nach einem kurzen Marsch vor
den Gewehren entdeckten wir Lichter in der Ferne, und bald darauf
erreichten wir einen Grenzposten. Im Inneren saß ein Offizier an
einem Tisch, und nachdem er sich ein oder zwei Minuten lang auf
ungarisch mit unseren Wachen unterhalten hatte, wurde uns befohlen, unsere Papiere auszuhändigen und unsere Taschen auf dem Tisch
auszuleeren. Außerdem durchsuchte man unser Gepäck. Der Offizier, der so etwas wie einen Bericht zu schreiben schien, sagte nichts
und blickte uns auch nicht an. Als er fertig war, erteilte er einen kurzen Befehl, und die slowakisch sprechende Wache befahl uns, unsere
Mäntel anzuziehen, die Koffer zu nehmen und ihm zu folgen. Wir
marschierten durch ein kleines, dunkles Dorf zu einer kleinen Bahnstation, wo ein paar Bauern auf Bänken hockten und auf den Zug
warteten. Wir hielten uns abseits und blieben in einer Ecke stehen. Als
der Zug eintraf, warteten wir, bis alle anderen eingestiegen waren; erst
dann geleiteten unsere Wachen uns in ein Abteil. Einer von ihnen ging
wieder, aber der andere setzte sich zu uns und behielt das Gewehr im
Anschlag. Die anderen Fahrgäste starrten uns neugierig an, aber niemand sagte etwas. Nach etwa einer Stunde bedeutete uns die Wache

aufzustehen, und ich bemerkte, daß der Bahnhof, an dem wir hielten, den Namen »Kassa« trug. Ich wußte, daß dies die ungarische Bezeichnung für Košice war, der größten Stadt der Ostslowakei, die Hitler 1938 an Ungarn abgetreten hatte. Auf dem Bahnhof herrschte Hochbetrieb, mit Hunderten von Menschen und vielen Zügen. Zum ersten Mal sahen wir auch ungarische Polizisten sowie Männer in uns unbekannten Uniformen, die Hüte mit langen Federn trugen. Ich entdeckte einige meiner Ansicht nach jüdische Menschen, konnte deren Aufmerksamkeit aber nicht auf uns lenken. Es war immer noch relativ früh am Morgen, während wir durch die belebten Straßen gingen. Ich sah viele Juden unter den Ladenbesitzern, die ihre Geschäfte öffneten, und viele jüdisch wirkende Menschen auf der Straße, so daß ich annahm, daß wir uns im jüdischen Viertel befanden. Aber meine Versuche, mit einigen von ihnen Kontakt aufzunehmen, wurden ignoriert. Verzweifelt schaute ich mich nach Hilfe um. Meine größte Angst war, daß man uns nach Polen zurückschicken würde, wo unser Leben keinen Pfifferling wert war, aber die Juden wichen unseren Blicken aus. Was für ein Unterschied zu ihren Brüdern in der Slowakei, die wir gerade verlassen hatten – es war, als ob die Grenze, die die Nazis errichtet hatten, auch durch ihre Herzen führte. Während wir weitergingen, unterhielt ich mich flüsternd mit Fela, und wir kamen überein, daß wir uns aufgrund der unterschiedlichen Namen in unseren Pässen als verlobtes Paar und nicht als Bruder und Schwester ausgeben sollten.

Als das jüdische Viertel hinter uns lag, erreichten wir ein großes, modernes Gebäude, das von der Polizei bewacht wurde – das örtliche Gefängnis. Unsere Wache brachte uns in ein Büro, wo ein Offizier uns etwas auf ungarisch fragte. Als ihm klar wurde, daß wir ihn nicht verstanden, wechselte er ins Slowakische. Aber er las nur unsere Namen in den Papieren, die vor ihm auf dem Tisch lagen, und als wir sie bestätigten, befahl er der Wache, uns aus dem Raum zu bringen. Er brachte uns in den dritten Stock, wo man uns trennte. Fela küßte mich; dann wurde sie von einer Wärterin weggeführt, während mich ein weiterer Wächter in eine Zelle steckte, die auf der anderen Seite des Korridors lag. Hier traf ich auf mehrere andere Männer, von denen einige auf breiten Holzbänken lagen. Sie begrüßten mich auf ungarisch, aber als sie bemerkten, daß ich sie nicht verstand, schenkten sie mir keine weitere Aufmerksamkeit. Stundenlang hockte ich zusammengekauert in der Zelle, bis ein Wächter uns heiße Suppe und Brot auf einem Zinnteller brachte. Das Essen schmeckte gut, aber ich machte mir keine Gedanken über meine Nahrung. Ich versuchte, etwas auszuruhen, legte meinen Mantel auf eine Bank und machte mir aus meiner Jacke ein Kissen. Aber ich konnte nicht einschlafen: Ständig gingen mir die Ereignisse der letzten achtundvierzig Stunden durch den Kopf, und außerdem machte ich mir Sorgen um Fela.

Am nächsten Morgen wurden wir zum Frühstück geweckt; es gab dünnen schwarzen Kaffee und etwas Brot. Dann rief man mich aus der Zelle – zum ersten Mal mit meinem neuen »arischen« Namen, Adam Budkowski. Ich stand auf und sammelte meine Sachen zusammen, aber der Wärter forderte mich durch einen Wink auf, alles in der Zelle zu lassen, und brachte mich in ein Büro im Erdgeschoß, wo einige Männer in Zivilkleidung an einem Tisch saßen. Sie befahlen mir, mich mit dem Gesicht zu ihnen an den Tisch zu setzen, und begannen mit der Befragung. Als erstes fragte man mich, ob ich Slowakisch oder Deutsch sprechen wolle. Ich antwortete, daß ich Pole sei und Polnisch spräche. Weil meine Antworten jetzt übersetzt werden mußten, blieb mir ein wenig Zeit zum Nachdenken. Ich behauptete, daß ich Katholik sei, woraufhin einer der Männer mich aufforderte, die Hosen herunterzuziehen. Aber auch als er darauf hinwies, daß ich beschnitten sei, blieb ich bei meiner Geschichte. Die Männer waren wütend und sagten, daß sie mir kein Wort glaubten und meine Papiere für gefälscht hielten. Auf die Frage, warum ich nach Ungarn gekommen sei, erzählte ich ihnen, daß ich auf der Suche nach meiner Familie war, daß Fela meine Verlobte sei und wir hoffen würden, in Ungarn einen neuen Anfang machen zu können. Während meine Antworten übersetzt wurden, konnte ich die Gesichter der Männer studieren und erkannte, daß es sich um professionelle Ermittler handelte, die mir wirklich nicht glaubten. Ich schätzte, daß sie annahmen, wir wären aus Polen geflohen, denn man konnte davon ausgehen, daß wir nicht die ersten Flüchtlinge waren, die von ihren Führern verraten wurden.

Nachdem man meine Antworten notiert hatte, riefen die Männer einen Polizisten, der mich zurück in die mittlerweile leere Zelle brachte. Wieder kauerte ich mich auf einer Bank zusammen. Als ich laute Stimmen aus dem Hof unter mir hörte, schaute ich aus dem winzigen Fenster und sah junge Männer beim Exerzieren, zweifellos neue Polizeirekruten in der Ausbildung. Ein neuer Mann, der Deutsch sprach, wurde in die Zelle gebracht. Er erzählte mir, daß es sich bei den Männern, die mich befragt hatten, um Offiziere der Geheimen Staatspolizei handelte, der höchsten und am meisten gefürchteten Behörde innerhalb der ungarischen Polizei. Ich verbrachte eine weitere, nahezu schlaflose Nacht, bevor man mich am nächsten Morgen zu einem weiteren Verhör in das gleiche Büro brachte. Aber diesmal saß nur noch einer der Offiziere vom gestrigen Tag am Tisch, und alle Anwesenden sprachen slowakisch. Sie bombardierten mich mit Fragen, aber ich erinnerte mich an meine Geschichte und hielt daran fest.

Am nächsten Tag, einem Sonntag, fanden keine Verhöre statt. Das Essen war besser, und es schwamm sogar ein Stück Fleisch in der Suppe. Mein deutsch sprechender Zellengenosse, ein älterer, sehr intelligenter Mann, erzählte mir, daß er ein politischer Gefangener sei und als Kommunist angeklagt worden war. Außerdem sagte er mir, daß wir nicht in einem gewöhnlichen Gefängnis saßen, sondern im Hauptquartier der Geheimpolizei in Košice, in dem die Gefangenen nur für die Dauer ihrer Verhöre blieben. Er stellte mir keinerlei persönliche Fragen, und ich folgte seinem Beispiel. In den nächsten zwei Tagen geschah nichts, aber am dritten Morgen führte mich ein Wächter in das Büro, in dem man uns in Empfang genommen hatte. Dort erhielt ich all meine persönlichen Sachen zurück, mit Ausnahme meiner Papiere. Wenige Minuten später wurde Fela in den Raum gebracht. Wir küßten uns, sprachen aber nicht miteinander, und als wir vollständig angezogen waren, eskortierten uns zwei bewaffnete Polizisten aus dem Gebäude und marschierten mit uns durch die morgendlich leeren Straßen. Während dieses Marsches bot sich die Möglichkeit für eine kurze, geflüsterte Unterhaltung. Fela sagte, daß sie wohlauf sei, aber Angst davor hatte, was mit uns geschehen würde. Schließlich erreichten wir den Bahnhof, und eine der Wachen bestieg mit uns den Zug und führte uns in ein Abteil, aus dem er alle anderen Passagiere fernhielt. Fela und ich waren beide sehr nervös; wir befürchteten, daß der Zug, bei dem es sich aufgrund seiner hohen Geschwindigkeit anscheinend um einen Schnellzug handelte, zur polnischen Grenze fahren würde. Aber schließlich schloß die Dauer der Reise eine Fahrt nach Polen aus, das ja nur wenige Stunden von Košice entfernt lag. Nach etwa fünf Stunden stand die Wache auf und befahl uns, auszusteigen. Wir waren überglücklich, daß es sich bei dem großen Bahnhof, in den wir einfuhren, um Budapest handelte, und nicht wie befürchtet um irgendeine polnische Bahnstation. Die Wache geleitete uns zu einer Straßenbahn und zwang uns, auf der offenen hinteren Plattform stehenzubleiben, entfernt von den anderen Passagieren. Budapest war eine wunderschöne Stadt, die mit ihren geöffneten Geschäften, den gutgekleideten Passanten mit ihren Päckchen und den belebten Cafés und Restaurants schon fast schmerzhaft normal wirkte. Das Ganze erschien mir wie ein Traum. Wir waren nur wenige hundert Kilometer vom verfluchten Polen entfernt, und die Juden gingen in Frieden ihren Geschäften nach und schienen ihre eigenen Läden und Synagogen offensichtlich für selbstverständlich und normal zu halten.

Nach einer langen Fahrt befahl uns die Wache, auszusteigen, und führte uns zu einem sehr großen und einen Häuserblock langen Gebäude, an dessen Vorderfront einige von Polizisten besetzte Wachhäuschen standen. Ein weiteres Gefängnis. Der Wächter geleitete uns hinein und übergab unsere Papiere einem Offizier, der uns mit einer Handbewegung zum Sitzen aufforderte, als er erkannte, daß wir keine Ungarn waren. Später mußten wir ihm in einen anderen Raum folgen, wo man uns befahl, unser Gepäck und unsere persönliche Habe zurückzulassen. Im zweiten Stock trennte man Fela und mich erneut; sie wurde einer Wärterin übergeben, und wir weinten beim Abschied. Ich wurde nach oben in ein anderes Stockwerk mitgenommen und in einen großen Raum gebracht, der sich als eine Zelle mit eng vergitterten Fenstern herausstellte. In ihm saßen oder standen eine ganze Reihe von Männern, aber ich konnte unter ihnen keine jüdisch wirkenden Gesichter erkennen. Ein Wächter kam herein, und nachdem er das Sprachproblem begriffen hatte, wies er mich durch ein Zeichen an, ihm zu folgen. Dann führte er mich in einen Lagerraum und gab mir eine grüne Decke, auf die er mit weißer Farbe meinen Namen schrieb. Außerdem bekam ich einen Löffel und einen Teller aus Zinn und wurde wieder in die Zelle geschickt. Da es im ganzen Raum keine Betten oder Bänke gab, setzte ich mich mit meiner Decke auf den kalten Kachelfußboden. Eine Stunde später gab es Essen; dem Beispiel meiner Zellengenossen folgend, stellte ich mich in die Reihe und bekam etwas Brot und heiße Suppe. Als ich fertig war, wusch ich meinen Löffel und meinen Teller genau wie alle anderen unter dem Wasserhahn. Kurz darauf ertönte ein lautes Summen, offensichtlich das Signal zum Löschen der Lichter, und wie alle anderen breitete ich meine Decke auf dem Boden aus und legte mich darauf. Dann machte ich aus meiner Jacke ein Kopfkissen und deckte mich mit meinem Mantel zu. Der Raum war kalt und laut, erfüllt von Schnarchen, Husten und störenden Unterhaltungen, aber ich war körperlich und geistig so erschöpft, daß ich schnell einschlief. Am nächsten Morgen wurden wir vom Summer geweckt und stellten uns vor dem Wasserhahn an, um uns zu waschen und zu rasieren. Danach reinigten wir die Zelle, die mir trotz der großen Anzahl der Gefangenen bemerkenswert sauber und ordentlich erschien.

Kurz darauf rief ein Wärter meinen Namen und brachte mich in einen Raum, in dem einige Beamte in Zivil an einem Tisch saßen. Ich mußte ihnen gegenüber auf einem Stuhl Platz nehmen. Der Mann, der mir direkt gegenübersaß, begann, mir auf deutsch Fragen zu stellen, und ich bat ihn, sehr langsam und deutlich zu sprechen, da ich diese Sprache nicht sehr gut beherrschte. Zuerst las er von einem vor ihm liegenden Blatt Papier ab und wiederholte die Fragen, die man mir schon in Košice gestellt hatte; danach wurden von allen Seiten Fragen auf mich abgefeuert, die hauptsächlich meinen politischen Hintergrund betrafen. Ich sagte ihnen, daß die einzige Vereinigung, der ich je angehört hatte, ein Sportclub in Krakau gewesen sei und fügte hinzu, daß ich Sport liebte und Fußball und Volleyball spielte und gerne zum Eislaufen und zum Bergsteigen ging. Schließlich befragten sie mich zu Fela, und ich hielt an unserer Verlobungsgeschichte fest. Die Männer waren kurz angebunden, aber höflich. Sie bedrohten mich nicht, und als sie genug gehört hatten, wurde ich wieder in die große Zelle gebracht. Dort ging ich umher in der Hoffnung, irgendwo Polnisch oder Jiddisch zu hören, bis ich schließlich zwei Männer fand, die sich in polnischer Sprache unterhielten. Ich fragte sie, ob ich mich zu ihnen gesellen könnte, und sie zeigten sich sehr erfreut, einer weiteren, polnisch sprechenden Person zu begegnen. Wir stellten uns gegenseitig vor, und zum ersten Mal benutzte ich bei einem Gespräch mit Zivilisten meinen angenommenen Namen. Die beiden anderen waren Mieczysław (Mietek) Kuczera aus Przemyśl und Henry Lubelski aus Katowice. Keiner von uns erwähnte seine Religion, aber ich hatte das Gefühl, daß es sich bei beiden um Juden handelte. Kuczera saß seit zwei Wochen in diesem Gefängnis, das

Tolonzhaz genannt wurde, während man Lubelski eine Woche später eingeliefert hatte. Ebenso wie ich warteten beide auf die Entscheidung über ihr weiteres Schicksal.

Zum Mittagessen bekamen wir eine grüngefärbte Suppe und etwas Brot, und nachdem wir unsere Teller abgewaschen hatten, brachte man uns in einen Hof, der von hohen, mit Stacheldraht gekrönten Wänden umschlossen war. Zu viert nebeneinander gingen wir dort auf und ab – mehrere hundert Männer, von denen einige trotz der Kälte nur sehr leichte Kleidung trugen, weil sie wahrscheinlich schon seit dem Sommer im Gefängnis waren. Henry erzählte mir, daß viele professionelle Kriminelle, Diebe und sogar Mörder hier einsaßen, aber in unserer Zelle nur politische Gefangene untergebracht waren. Es tat mir gut, einmal die Beine auszustrecken und nach den Gerüchen der übervölkerten Zelle die klare kalte Luft einatmen zu können, und ich war froh, als ich hörte, daß wir jeden Tag im Hof unseren Spaziergang machen mußten, eine Stunde nach dem Mittagessen. Ich wurde noch mehrmals verhört und eines Tages aus der Zelle gerufen und in den Innenhof gebracht, wo ich Fela wiedersah. Wir küßten uns, blickten uns prüfend an und stellten fest, daß es uns beiden relativ gutging. Wir waren nicht das einzige Pärchen im Hof, und Fela erzählte mir, daß sie ebenfalls mehrere Male verhört worden war, aber keine Schwierigkeiten mit den Antworten hatte. Sie lag mit etwa vierzig Frauen zusammen in einer sehr sauberen Zelle und hatte gehört, daß es den Paaren gestattet war, sich zweimal in der Woche zu sehen. Als ich in meine Zelle zurückkam, erzählte ich Henry und Mietek von meinem Treffen mit Fela und blieb dabei, daß sie meine Verlobte sei. Bei unserem nächsten Treffen strahlte Fela vor Freude und erzählte, daß sie als polnische Staatsbürgerin in zwei Tagen entlassen werden sollte. Aber ihr Glück wurde von der Tatsache getrübt, daß ich immer noch in Tolonzhaz einsitzen mußte. Ich fragte mich, wie sie in der großen fremden Stadt zurechtkommen würde, ohne Sprachkenntnisse, Freunde und Geld. Aber meine neuen Freunde versicherten mir, daß es in Budapest viele Organisationen gäbe, die sich um Flüchtlinge aus Polen kümmerten.

Am nächsten Morgen wurde ich erneut zum Verhör gebracht, das diesmal nur sehr kurz ausfiel. Der Mann, der den Vorsitz zu haben schien, eröffnete mir, daß ich in ein Lager gebracht werden würde. Er nannte auch einen komplizierten ungarischen Namen, den ich aber nicht behielt. Als ich Kuczera und Lubelski davon erzählte, sagten sie mir, daß sie ebenfalls dorthin geschickt werden sollten. Henry kannte sogar den Namen, Csorgo Internalo Tabor. Beide vertrauten mir an, daß sie Juden seien, und ich tat das gleiche. Tatsächlich handelte es sich um ein Lager ausschließlich für Juden. Ich versuchte, leider ohne Erfolg, Fela eine Nachricht zukommen zu lassen und machte mir Sorgen, weil sie nicht erfuhr, was mit mir geschah.

Einmal in der Woche kam ein Mann mit einem weißen Kittel, ein Arzt oder Pfleger, mit einer großen Menge identischer Pillen in einer großen weißen Schüssel in unser Stockwerk. Wenn irgend jemand ein Leiden hatte – ganz egal, was es war –, gab er ihm eine dieser Pillen, ohne dabei einen Blick auf den »Patienten« zu verschwenden. Er untersuchte nie jemanden. Außerdem gab es einen Friseur, der ebenfalls für diesen Korridor zuständig war. Er rasierte jedem unsanft die Haare ab und sagte nie etwas anderes als »*Kevet keze*«, was »Der Nächste« bedeutet. Als er fertig war, wirkten wir alle wie gewöhnliche Kriminelle, oder, wie die Optimistischeren unter uns sagten, wie junge Rekruten. Um die Zeit totzuschlagen, erzählte Mietek mir seine Geschichte. Seine Familie war aus einer kleinen Stadt ins Ghetto Przemyśl geschickt worden, und von dort aus hatte man seine Eltern im Sommer 1942 in einem Viehwaggon ins Vernichtungslager Belzec abtransportiert. Ein Jahr später, im September 1943, wurden auch seine Brüder und er in einen Zug gesteckt, der nach Belzec ging. Als gelernter Mechaniker hatte er jedoch einige Werkzeuge mitgenommen, mit denen sie die Waggontür öffnen und aus dem Zug springen konnten. Mietek schaffte es, aber seine Brüder und einige andere, die ebenfalls den Sprung wagten, hatten nicht so viel Glück: Sie wurden gegen Telegrafenmasten oder Steine geschleudert und getötet. Als einziger Überlebender seiner Familie wanderte er allein durch Polen. Er mied die Städte, ging aber in einige Dörfer und bettelte um Nahrung. Da er nie lange an einem Ort blieb, und so Verrat vermied, gelang es ihm, die ungarische Grenze zu erreichen und schließlich zu überqueren. Aber nur wenige Kilometer weit im Land wurde er verhaftet und durchlief eine Reihe von Gefängnissen, bis er in Tolonzhaz ankam. Henry erzählte uns, daß er kurz nach dem Einmarsch der Deutschen aus seiner Heimatstadt Katowice geflohen war. Er ging nach Kolomyja an der rumänischen Grenze, in das von den Russen besetzte Gebiet, daß schließlich im Juni 1941 von den

Deutschen eingenommen wurde. Aber Henry war es schon einige Wochen früher gelungen, sich aus Kolomyja abzusetzen. Ganz allein rettete er sich über die ungarische Grenze, wurde aber dort ebenfalls gefangengenommen und nach Tolonzhaz gebracht.

Die Weihnachtszeit kam näher, und im Gefängnis kursierte das Gerücht, daß eine Kommission, wahrscheinlich vom Internationalen Roten Kreuz, unser Gefängnis inspizieren sollte. Wir wurden damit beauftragt, das Gebäude zu säubern, angeblich für die Festtage, und für kurze Zeit entdeckten wir sogar winzige Fleischstückchen in unserer monotonen Mittagsmahlzeit, der grünen *Borszo levez* (Linsensuppe). Aber die Kommission kam nie, und das Fleisch verschwand so schnell, wie es gekommen war. Ich war nicht besonders enttäuscht. Aus meinen Erfahrungen in Polen wußte ich, daß das Rote Kreuz sich nie besonders um die Juden gesorgt hatte. Die Kälte wurde immer grimmiger, und da viele Gefangene nur Sommerkleidung trugen, gab es eine ganze Reihe von Kranken mit Erkältungen und Fieber, und das dauernde Husten und Niesen machte die Nächte sehr unruhig. Wie gewöhnlich wurden alle Erkrankungen mit der bekannten »Wunderpille« kuriert, die der Mann mit dem Doktorkittel aus seiner Schüssel verteilte.

Eines Morgens kam ein Wärter mit einer Liste in unsere Zelle. Er rief Henry, Mietek und mich und brachte uns nach unten, wo wir unsere Habe an uns nehmen konnten. Dort trafen wir auf weitere Gefangene aus anderen Zellen, und zusammen wurden wir von bewaffneten Polizisten aus dem Gefängnis in eine leere Straßenbahn eskortiert, die uns zum Bahnhof brachte. Der Richtungsanzeiger des Zuges, in dem man uns unterbrachte, zeigte mir, daß es nach Westen in Richtung Kassa ging, woher ich im November gekommen war. Wir hatten ein Abteil für uns, bewacht von den Wärtern, die in aller Ruhe ihr Frühstück aßen, während wir, die an diesem Morgen noch nicht einmal den üblichen dünnen Kaffee und Brot erhalten hatten, ihnen hungrig dabei zusahen. Schlimmer als der Hunger war jedoch meine Sorge um Fela und die Frage, wie sie ganz allein in der Großstadt zurechtkommen würde. Die Reise dauerte mehrere Stunden. Schließlich befahl man uns, an einem Ort namens Sátoraljaújhely auszusteigen, der nach Auskunft unserer ungarischen Mitgefangenen in der Nähe der slowakischen Grenze lag. Die Wachen führten uns durch die schneebedeckten Straßen der Stadt zu einer Landstraße.

Der Schnee erschwerte das Gehen. Die armen Männer in Sommerkleidung mußten auf und ab hüpfen und mit den Armen um sich schlagen, um sich warm zu halten, aber es gab nichts, was sie gegen ihre leichten Schuhe tun konnten, die sofort völlig durchnäßt waren. Wir marschierten durch ein Dorf und in die Hügel und erreichten schließlich ein Gebäude, das ganz allein mitten im Niemandsland stand.

10
Lager Csorgo.
Ungarn, Januar 1944

Das Gebäude stand etwa dreihundert Meter von einer Eisenbahnlinie entfernt, und als es in Sicht kam, gingen wir alle schneller, begierig darauf, an einen wärmeren Ort zu kommen. Es war ein moderner, dreistöckiger Bau, umgeben von einem hohen Holzzaun mit Stacheldrahtkrone und gesichert von Wachhäuschen, in denen bewaffnete Wärter standen. Ein Polizist öffnete uns das Tor, und wir marschierten in einen Hof auf der Rückseite des Gebäudes. Dort mußten wir uns in einer Reihe aufstellen und warten, unter den neugierigen Augen der Gefangenen, die aus den kleinen vergitterten Zellenfenstern auf uns herabschauten.

Ein Polizeikommandant und zwei Feldwebel traten auf den Hof hinaus. Sie nahmen die Listen von unserer Eskorte in Empfang, ließen sie wegtreten, riefen und kontrollierten unsere Namen und marschierten mit uns ins Gebäudeinnere. Bis auf den Appell war nur wenig gesprochen worden: Die beiden Feldwebel übernahmen das Reden, und der Kommandant sagte kein einziges Wort. Ich verstand jedenfalls überhaupt nichts. Im Inneren wurden wir einigen Männern in Zivilkleidung übergeben, offensichtlich Kalfakter, die Kopfkissen, Decken und Zinnteller an uns austeilten. Einer der Ungarn in unserer Gruppe erzählte ihnen, daß wir den ganzen Tag noch nichts zu essen gehabt hätten; danach bekamen wir etwas heißen Kaffee und reichlich Brot. Als wir mit dem Essen fertig waren, brachte man uns nach oben und teilte uns Zellen und Pritschen zu. Henry und ich kamen in eine Zelle, und Mietek wurde in der Nachbarzelle untergebracht. Mir fiel sofort auf, daß die Gitterstäbe vor den Fenstern besonders massiv waren. Offensichtlich befanden wir uns in einem schwer bewachten Gefängnis, aber es gab keine Türen vor unseren Zellen. Dann kamen die länger einsitzenden Gefangenen vorbei, um sich vorzustellen. Sie informierten uns darüber, daß wir uns im Csorgo-Gefängnis befanden und erzählten uns, daß es sich um ein jüdisches Lager handelte. Die Insassen kamen zum größten Teil aus Ungarn; der Rest stammte aus den von den Deutschen besetzten Gebieten. Ich begegnete sogar zwei jungen Männern aus Krakau. Einer von ihnen, Romek Singer, war der Bruder von Emil, einem ehemaligen Klassenkameraden. Seine Familie lebte jetzt in Budapest. Sie mußten 1940 von Krakau nach Bochnia umziehen, als die Deutschen die Reduzierung der jüdischen Gemeinde angeordnet hatten. Im letzten Jahr war es ihnen gelungen, gegen eine sehr große Geldsumme einen deutschen Lastwagen zu mieten, der sie nach Budapest brachte. Dort wurde Romek von der Geheimpolizei verhaftet, weil er in einem Café unglücklicherweise neben einem gesuchten politischen Verdächtigen saß. Aber er wirkte nicht entmutigt. Seine Familie, die über großen Reichtum verfügte, hatte bereits einen einflußreichen Rechtsanwalt engagiert, und er ging davon aus, in Kürze entlassen zu werden. Der andere Mann aus Krakau, Richard Green, hatte nur einen Häuserblock von dem Haus entfernt gelebt, in dem ich aufwuchs. 1942 wurden seine Eltern aus dem Ghetto Krakau deportiert, während er und seine Schwester auf die »arische« Seite entkommen konnten. Aber ihr Leben dort hatte sich als unerträglich und qualvoll herausgestellt: Ständig mußten sie sowohl vor der Gestapo als auch vor Spitzeln auf der Hut sein. Kaum weniger beunruhigend waren die Erpresser, die sogenannten *Schmalzowniks*, die sie zur Zahlung von Schweigegeld zwangen; aus diesem Grund konnten sie nur wenige Wochen an einem Ort wohnen. Sie erlernten die katholische Liturgie, was in einem Notfall seine Schwester retten konnte, während er sich vor dem Moment fürchtete, an dem man ihm befahl, seine Hosen herunterzuziehen. Jedes Mal, wenn ihnen jemand auf der Straße mehr als den üblichen flüchtigen Blick schenkte, waren sie zu Tode erschrocken, und obwohl keiner von beiden wirklich jüdisch aussah, zermürbte sie die ständige Unsicherheit, bis sie es nicht mehr ertragen konnten. Im Sommer 1943 gelang es ihnen, Kontakt zu jemandem aufzunehmen, der ihnen gegen Bezahlung half, in die Slowakei zu entkommen. Dort hatten sie von einem jüdischen Komitee Unterstützung erhalten und waren, genau wie wir, an der ungarischen Grenze verraten worden. Richards Schwester lebte genau wie Fela in Budapest und bemühte sich, ihn wieder freizubekommen. In diesem Lager war Briefwechsel erlaubt, auch wenn er sich nur auf ein paar kurze Zeilen beschränkte. Beide Männer versprachen, ihre Verwandten nach Fela suchen zu lassen, aber mir war klar, daß meine Chancen auf Entlassung ohne eine erhebliche Geldsumme für einen einflußreichen Anwalt äußerst gering waren.

In diesem Gefängnis saßen etwa fünfhundert Männer; drei Viertel von ihnen waren Ungarn. In unserem sehr sauberen und relativ gut beheizten Raum hatte man dreißig Mann untergebracht. Zum ersten Mal seit dem Verlassen der Slowakei zog ich mich vor dem Schlafengehen aus. Aber obwohl ich erschöpft war, erwachte ich häufig vom Schnarchen, Husten und von den lauten Schreien der armen Männer, die ihre alptraumhaften Erlebnisse in ihren Träumen immer wieder durchleben mußten. Am nächsten Morgen gab es Frühstück in einer großen Halle im Erdgeschoß, wo wir heißen Kaffee und einfaches, dunkles Brot bekamen. Wir durften uns innerhalb des Gefängnisses frei bewegen, aber nicht ins Freie gehen. Als Mittagessen bekamen wir die gleiche grüne Linsensuppe, die ich schon aus Tolonzhaz kannte; allerdings schmeckte sie hier besser, und es gab reichlich Brot dazu. Nach dem Essen wurden wir in den Hof gebracht, wo wir in Dreiergruppen im Kreis laufen und Leibesübungen machen mußten. Auf der anderen Seite des Zauns entdeckte ich einen Gemüse- und Blumengarten und erfuhr, daß dieser dem Kommandanten gehörte. Hinter dem Garten wühlten einige schwarze Schweine im Schlamm, die jedes mindestens dreihundertfünfzig Pfund wogen. Ich hatte nie zuvor Schweine dieser Farbe oder Größe gesehen; sie waren kaum in der Lage, sich im matschigen Schlamm zu bewegen.

Nach dem Abendessen versammelten sich die polnischen und die slowakischen Gruppen in ihren Zellen und berichteten von ihren Erfahrungen vor ihrer Ankunft im Lager Csorgo. Gelegentlich sangen wir auch jiddische Lieder. Zum ersten Mal hörten ich und einige andere davon, wie naiv und nahezu gefühllos einige der ungarischen Juden sich verhielten. Dies galt vor allem für die sogenannten Máramarossziget-Juden, die an der ungarisch-polnischen Grenze am Rande der Karpaten lebten.

Viele polnische Juden waren froh, den Máramarossziget-Juden zu begegnen, nachdem sie auf wundersame Weise den Deutschen entkommen und den ukrainischen Mördern auf beiden Seiten der Grenze ausgewichen waren. Aber die Máramarossziget-Juden weigerten sich nicht nur, den Flüchtlingen zu helfen, sondern übergaben sie in vielen Fällen auch der ungarischen Polizei. Nur die Glücklichsten erreichten das Tolonzhaz-Gefängnis und das Lager Csorgo, während man wenige Kilometer entfernt ihre Brüder, die polnischen Juden, abschlachtete, auf Viehwaggons in die Todeslager verschickte, vergaste und ihre Körper zu Asche verbrannte.

Die slowakischen Kameraden erzählten uns von ihren ungarischen Verwandten. Als sie die Häuser ihrer Verwandten erreichten, beschrieben die jüdischen Flüchtlinge aus der Slowakei die gefährliche Situation in ihrer Heimat, wo junge, unverheiratete jüdische Männer und Frauen nach Polen in die Todeslager deportiert wurden. Diese Flüchtlinge waren von der Reaktion ihrer ungarischen Verwandten entsetzt, die ihre Geschichten als einen Haufen Lügen bezeichneten: Wahrscheinlich hätten die Deportierten irgendein Verbrechen begangen oder waren aus der slowakischen Armee desertiert. Letztlich waren die Flüchtlinge gezwungen, im Land umherzuziehen, bis sie von der ungarischen Polizei aufgegriffen und zur Untersuchungshaft in das Tolonzhaz-Gefängnis in Budapest gebracht wurden.

Wenn man das neue Lager mit dem schrecklich überfüllten Tolonzhaz-Gefängnis verglich, hatten sich meine Lebensumstände verbessert. Hier gab es keine Kriminellen oder Mörder mehr, nur noch Juden. Ich erkundete vorsichtig die Lage und stellte fest, daß man in nicht allzu großer Entfernung Berge sehen konnte. Der Gedanke an eine mögliche Flucht begann in meinem Geist Gestalt anzunehmen. Ich wußte, daß die Slowakei nicht sehr weit entfernt sein konnte, und wenn ich es über die Zäune schaffte, hatte ich vielleicht eine Chance. Es lohnte sich, darüber nachzudenken, und als ich Mietek und Henry davon erzählte, waren sie bereit mitzumachen, wenn sich die Gelegenheit bot. Der Ungar auf der Pritsche unter mir hieß Laszlo Kittay. Er war etwa so alt wie mein Vater, saß seit über einem Jahr hier und erzählte mir, daß es sich bei den meisten der ungarischen Gefangenen um angebliche Kommunisten handelte. Die anderen waren zum Großteil Schwarzhändler, die über genug Geld verfügten, um die Wächter wegen Vergünstigungen zu bestechen. Sie erhielten üppige Lebensmittelpakete von ihren Verwandten und gingen davon aus, nur kurz im Gefängnis bleiben zu müssen, weil sie sich Anwälte leisten konnten, die wußten, wie man mit den Behörden umzugehen hatte. Laszlo riet mir, mit niemandem über meine Fluchtpläne zu sprechen, weil es überall Spitzel gab. Außerdem erzählte er, daß bis jetzt noch niemandem ein erfolgreicher Fluchtversuch gelungen war, weil das Gefängnis sehr gut bewacht würde. Aber die meisten

Wachen machten einen freundlichen Eindruck und brachten den Gefangenen gegen Bezahlung Papier, Zeitschriften, Zigaretten und Süßigkeiten aus dem nahe gelegenen Sátoraljaújhely mit. Lazlo berichtete auch, daß die ungarische Regierung sich trotz ihrer antisemitischen Haltung bisher geweigert hatte, dem deutschen Druck nachzugeben und Gesetze gegen die Juden zu erlassen.

Eines Morgens, als die Post verteilt wurde, erlebte ich eine sehr angenehme Überraschung – ich erhielt einen Brief von Fela. Irgendwie hatte sie herausgefunden, wo ich war. Sie schrieb mir, daß sie nach ihrer Entlassung aus dem Tolonzhaz-Gefängnis in Budapest zusammen mit einigen anderen jüdischen Mädchen aus Polen Janek begegnet sei, einem jungen polnischen Juden aus Kosow, der als »arischer« Pole in Budapest lebte. Er besorgte ihnen Unterkünfte bei jüdischen Familie und eine Arbeitsstelle in einem jüdischen Waisenhaus für polnische Kinder, von denen die meisten von Gisi Fleischmanns slowakischer Gruppe gerettet worden waren. Die Arbeit war hart, aber Fela war froh und glücklich darüber, den auf wunderbare Weise geretteten Waisen helfen zu können. Es ging ihr gut, aber sie machte sich Sorgen um mich. Laszlo gab mir etwas Wechselgeld, damit ich Schreibpapier und einige Umschläge kaufen konnte, und ich antwortete Fela, daß mit mir alles in Ordnung sei und ich – abgesehen von der Tatsache, daß ich im Gefängnis saß und nicht sehr viel zu essen bekam – unter vergleichsweise paradiesischen Umständen lebte. Ab diesem Zeitpunkt schrieben wir uns regelmäßig, und schließlich erwähnte ich auch die Anwälte, die für die Entlassung von Gefangenen sorgten und bat sie, sich bei einer jüdischen Organisation um einen Rechtsbeistand für mich zu bemühen.

Als kurz darauf eine weitere Gruppe von Gefangenen ins Gefängnis eingeliefert wurde, traf ich unter ihnen einen Mann aus Krakau mit dem Namen Kozma. Bei unserem Gespräch erfuhr ich, daß er der Schwager des argentinischen Juden war, in dessen Wohnung meine Brüder gefangengenommen wurden. Er konnte mir nichts über ihr weiteres Schicksal erzählen. Er selbst hatte vor kurzem fliehen können, als deutlich wurde, daß die Deutschen auf dem Rückzug vor den näher rückenden Russen jeden Juden in ihren Lagern ermordeten. Die SS konnte keine überlebenden Zeugen gebrauchen.

Als die beiden Feldwebel, die praktisch das Gefängnis leiteten, nach Freiwilligen für die Gartenarbeit und die Schweinezucht suchten, meldete ich mich zusammen mit einem Jugoslawen namens Jozko. Da er der »Rangältere« war, erhielt er die bessere Arbeit im Garten, während ich zu den Schweinen abkommandiert wurde. Aber ich hatte erreicht, was ich wollte – eine Arbeit im Freien, außerhalb der Mauern. Und obwohl alle Gefangenen eine Flucht als unmöglich ausschlossen, wollte ich einen Versuch wagen. Die Arbeit im Schweinestall war hart. Aufgrund des üblen Gestanks mußte ich mich gründlich waschen, bevor ich in meine Zelle zurückkehren konnte. Dort erhielt ich den Beinamen »Schweinehirt« und wurde zur Zielscheibe vieler Witze. Aber das machte mir nichts aus. Ich bekam besseres Essen, direkt aus der Küche, und war von den nachmittäglichen Übungen im Hof befreit. Gelegentlich durfte ich sogar unter Bewachung das Lager verlassen, um den Schweinemist wegzuschaffen. Ich lernte die Wachen und ihre Zeitpläne kennen, und dank des Essens gewann ich meine frühere Kraft und mein Gewicht zurück. Jozko und ich wurden enge Freunde, und er vertraute mir an, daß es sein Traum sei, zusammen mit Titos Partisanen in seinem Heimatland zu kämpfen. Also träumten wir beide den Traum von der Freiheit. Eines Tages schickte mir Fela einen selbstgebackenen Kuchen, zusammen mit einer Entschuldigung: Es war ihr nicht gelungen, einen Anwalt für meinen Fall zu interessieren, weil sie nicht über genügend Geld verfügte. Ich war entäuscht, tröstete mich aber mit dem Kuchen, den ich nach alter Sitte mit meinen Zellengenossen teilte.

Eines Morgens fehlte Jozko beim Appell. Daraufhin wurden wir sofort in unsere Zellen zurückgeschickt, während das Gefängnispersonal mit der Suche begann. Wie sich herausstellte, hatten sie ein tiefes Loch unter dem äußeren Zaun entdeckt, wo Jozko gearbeitet hatte. Die Suche dauerte den ganzen Tag über an, blieb aber ergebnislos. Die Feldwebel waren sehr wütend und zeigten es auch. Zum ersten Mal war ein Fluchtversuch erfolgreich gewesen, und sie drohten uns mit der Federhut-Polizei. Wir waren alle sehr nervös, aber niemand konnte etwas verraten, weil niemand etwas wußte. Jozko war schlau genug gewesen, seine Pläne für sich zu behalten.

Meine Arbeit bei den Schweinen wurde jetzt strenger beaufsichtigt. Wenige Tager später, als ich gerade bei den Tieren arbeitete, sah ich zu meinem Entsetzen, wie Jozko von zwei Gendarmen mit Federhut zurückgebracht wurde. Die Polizisten mußten ihn stützen, weil er kaum allein gehen konnte. Er wurde zur Einzelhaft in eine Zelle im Keller gebracht, und als man ihn ein paar Tage später daraus entließ, schleppte er seinen grün und blau geschlagenen Körper auf seine Pritsche und blieb völlig leblos liegen. Jeder litt mit ihm, und alle brachten ihre besten Sachen, um ihn zu trösten. Als er sich erholt hatte, erzählte er uns, daß er fast bis zur jugoslawischen Grenze gekommen war, aber von einer Patrouille gefangengenommen und gefoltert wurde, bis er ihnen erzählte, woher er kam.

Als ich hörte, daß einer der Schwarzhändler, der bis dahin die Polizeikantine geführt hatte, entlassen werden sollte, bat ich einen der Feldwebel, der mich von meiner Arbeit bei den Schweinen kannte, mir diese Arbeit zu übertragen, die als eine der besten Arbeitsstellen im Gefängnis galt. Mit meinem einfachen, gebrochenen Ungarisch gelang es mir, ihn zu überzeugen. Ich mußte nur vier oder fünf Stunden am Tag in der Kantine arbeiten und durfte auch in die Polizeiküche kommen, wo ich hin und wieder eine gute Mahlzeit erbetteln konnte. Außerdem bediente ich mich bei einigen der Süßwaren, die ich verkaufte, und verdiente sogar ein wenig Geld, indem ich ganz bewußt den Schwarzhändlern zuviel berechnete, die Waren aus der Kantine kaufen durften. Dies konnte nützlich sein, falls mir je die Flucht gelingen sollte. Darüber hinaus verlor ich den Spitznamen »Schweinehirt« und wurde »Adam, der Cantinosz«.

Kurze Zeit später erhielten Green und Singer von ihren Familien die Nachricht, daß ihre Entlassung kurz bevorstand. Ich freute mich für sie und bat sie dringend, in Budapest Kontakt mit Fela aufzunehmen und ihr von mir zu erzählen. Etwa eine Woche später bekam ich einen Brief von Fela, in dem die beiden aber nicht erwähnt wurden. Diese »Freunde« vergaßen mich in dem Augenblick, in dem sie freigelassen wurden. Mit dem nächsten Päckchen schickte Fela mir einen Kuchen, in dem auf meinen Namen ausgestellte Dokumente eingebacken waren. Diese Papiere bestätigten, daß ich ein christlicher Pole war, 1939 nach Ungarn geflohen war und dort den Status eines legalen Flüchtlings besaß. Nun hatte ich nicht nur genug Geld, sondern auch die Papiere für meine Flucht und mußte nur noch sehen, wie ich aus dem Gefängnis entkam. Nach Jozkos Erlebnissen wußte ich genau, wie schwer es werden würde. Wenige Tage danach wurde es sogar noch schwerer, als wir erfuhren, daß die Deutschen, die durch die russischen Erfolge unruhig wurden und das Vertrauen in ihre ungarischen Alliierten verloren hatten, am 19. März 1944 in Ungarn einmarschiert waren. Dies stellte für uns alle eine verheerende, tragische Entwicklung dar. Ich wußte, daß bald auch die SS und die Gestapo kommen würden. Die Neuigkeiten erschütterten uns alle zutiefst, vor allem die polnischen Juden, die diese Mörder schon aus erster Hand erlebt hatten. Vorsichtig nahm ich Kontakt mit Mietek, Henry und Jozko auf, und wir kamen überein, die Flucht zur slowakischen Grenze zu wagen. Es hatte keinen Sinn, an einen möglichen Aufstand im Gefängnis zu denken, da die meisten Insassen naive Ungarn waren, die die Deutschen noch nicht so gut kannten und daher nicht zu einem so verzweifelten Versuch bereit waren. Außerdem besaßen wir keine Waffen. Wir entschlossen uns, den Fluchtversuch so bald wie möglich zu wagen. Aus den Zeitungen, die unsere Wärter für die ungarischen Gefangenen mitbrachten, erfuhren wir, daß der pro-deutsche Ministerpräsident Sztójay ein neues Kabinett zusammengestellt hatte, das sich aus vielen Antisemiten zusammensetzte, die tun würden, was die Deutschen verlangten. Nichtsdestotrotz übernahmen SS und Gestapo die wichtigsten Ämter in den neuen Ministerien, bis sie schließlich de facto das Land regierten. Die Anzahl der Wachen in unserem Gefängnis erhöhte sich, und der Ton wurde rauher. Man entzog mir meinen Posten in der Kantine, und bei unseren täglichen Leibesübungen mußten wir im matschigen Hof Liegestützen und andere anstrengende Übungen ausführen. Wer nicht mithielt, wurde gezwungen, alle Übungen noch einmal zu machen. Um uns noch weiter zu demütigen, änderten die Wärter den Namen des Lagers spöttisch von Vidias Tabor (Schutzlager) in Zido Tabor (Judenlager). Die Post wurde nun sorgfältiger zensiert, und ich wagte nicht mehr, Neuigkeiten mit Fela auszutauschen, nicht einmal in der verschlüsselten Sprache, von der wir glaubten, daß nur wir sie verstehen konnten. An einigen Adressen der als unzustellbar an die ungarischen Gefangenen zurückgesandten Briefe konnten wir absehen, daß die Ungarn in großer Eile die Juden Ungarns »umsiedelten«, die bisher die letzte, relativ unangetastete jüdische Volksgruppe im besetzten Europa gewesen war. Gott hatte den Deutschen mehr als vier Jahre gewährt, um ihre Methoden der Ermordung von Juden zu perfektionieren. Es schien, als ob die ungarischen Juden nun auch unser Schicksal teilen würden.

Im Mai 1944 entwickelten sich unsere Leibesübungen, die bisher ein Vergnügen gewesen waren, zu einem Martyrium. Es schmerzte mich, mitansehen zu müssen, wie die sadistischen Feldwebel die älteren Männer demütigten. Dennoch war dies alles nur ein Kinderspiel, verglichen mit dem, was uns als nächstes bevorstand. Eines Tages erregte ein Güterzug, der auf den nur dreihundert Meter entfernten Gleisen vorüberfuhr, unsere Aufmerksamkeit. Wir hörten, wie menschliche Stimmen daraus hervordrangen. Wir sahen, daß man quer über die engen Belüftungsschlitze Stacheldraht gezogen hatte und daß sich zwischen den Strängen Hände ins Freie streckten, ein schweigender, verzweifelter Hilferuf, der keine Antwort erhielt. Wie gut ich diese Todeszüge von meiner Arbeit bei der *Ostbahn* kannte! Jetzt brachten sie die Juden Ungarns in die Vernichtungslager. Wir erzählten den ungarischen Gefangenen von diesen Zügen, und ihre Befürchtungen wuchsen, daß ihre Verwandten sich in diesem Zug befanden. Die strenggläubigen Juden versammelten sich und rezitierten Psalmen – der traditionelle Weg, das Böse abzuwehren –, aber ich hätte ihnen sagen können, daß die Psalmen keinen einzigen Vernichtungszug aufgehalten hatten. Von einem freundlichen Wärter erfuhren wir, daß einige sehr hochrangige deutsche Offiziere in Begleitung hoher ungarischer Beamter das Ghetto in Košice besucht hatten und dann nach Sátoraljaújhely gekommen waren. Das Ganze erinnerte mich an die Katastrophe, die nach Himmlers Besuch in Krakau über uns hereingebrochen war, und ich wußte, daß dies nichts Gutes bedeutete. Wir Flüchtlinge aus Polen würden die ersten sein, gegen die die Deutschen sich richteten. Die SS und die Gestapo vergaßen nie einen Juden, der es gewagt hatte, sich dem Schicksal zu entziehen, das die Herrenrasse für ihn ausersehen hatte. Wir waren Augenzeugen ihrer schrecklichen Verbrechen. In der Nacht hörten wir, wie weitere Züge mit ihren körperlosen Stimmen vorüberfuhren, und jeder von ihnen verstärkte unsere Befürchtungen. Die strenggläubigen Juden drängten uns, mit ihnen zu beten, aber ich hatte miterlebt wie wirkungslos Gebete geblieben waren. Selbst die gottesfürchtigsten Rabbiner und ihre treuesten Schüler mußten einen grausamen Tod erleiden, während sie noch ihre Gebetsmäntel trugen.

Eines Morgens standen beim Appell mehr als die übliche Anzahl von Polizisten auf Wache. Der Gefängniskommandant kam auf den Hof und übergab einem der Feldwebel eine Liste. Dieser las sie durch und teilte uns mit, daß all jene, deren Namen er aufrief, im Hof bleiben sollten. Die übrigen mußten in ihre Zellen zurückkehren, ihre Sachen packen und wieder nach unten kommen. Als er die Liste vorgelesen hatte und mein Name nicht aufgerufen worden war, wurde mir mit einem Schaudern klar, daß ich deportiert werden sollte. Henry erging es ebenso, während Mietek, Kawecki und Jozko, unsere engen Freunde, im Lager bleiben würden. Wir verabschiedeten uns von ihnen und gingen hinauf in unsere Zelle. Ich gab mich keinen Illusionen hin; es war soweit. Das Netz hatte sich schließlich um mich geschlossen, und diesmal gab es kein Entkommen. Ich machte mir nur Sorgen um Fela. Als wir nach unten kamen, wurden die anderen in ihre Zellen zurückgeschickt, und von den Fenstern aus riefen sie uns einen Abschiedsgruß zu. Ich winkte zurück. Dann marschierten wir aus dem Lager, etwa zweihundertfünfzig Gefangene, eskortiert von zwanzig bewaffneten Wachen auf beiden Seiten und hinter unserer Kolonne. Man warnte uns, daß bei einem Fluchtversuch sofort geschossen würde, und ich wußte, daß sie es ernst meinten.

Auf dem Marsch sagte ich Henry, daß wir versuchen sollten, aus dem Zug zu fliehen. Wir besaßen beide eine Feile, die wir von Mietek, der nie ohne irgendein Werkzeug war, erhalten hatten. Vielleicht gab es eine Möglichkeit, unseren Weg ins Freie zu erzwingen. Es war etwa zehn Uhr morgens, als wir die Bahnstation von Sátoraljaújhely erreichten. Wir sahen keinen einzigen Zugreisenden, nur eine große Abteilung Polizisten mit Federhüten. Dies war ein schlechtes Zeichen; anscheinend hatte man die Bahnstation geräumt. Wir wurden in den großen Wartesaal kommandiert, und ich bemerkte sofort, daß vor jedem Fenster und jeder Tür Wachen standen. Kurz darauf marschierte eine lange Kolonne gutgekleideter Männer, Frauen und Kinder in den Bahnhof, bewacht von Polizisten und begleitet von einigen Juden mit besonderen Erkennungszeichen auf ihren gelben Armbändern; wahrscheinlich handelte es sich um Offizielle des *Judenrats*. Ich war völlig überrascht, als ich feststellte, daß nirgendwo ein deutscher Beamter zu finden war, weder in Uniform noch in Zivil. Noch erstaunlicher war die Tatsache, daß all diese Juden völlig entspannt zu sein schienen und sich ruhig miteinander unterhielten, während sie neben ihrem Gepäck warteten. Kinder spielten sorglos zu Füßen ihrer Eltern, und die gesamte surrealistische Szenerie wirkte eher wie ein Vereinsausflug als eine Deportation in den Tod. Nur aufgrund ihrer Unwissenheit konnten diese Menschen so ruhig sein.

Langsam wurde es Abend, und wir standen immer noch im Warte-saal herum, durstig und hungrig. Der Anblick der Polizeiwachen, die bereits ihre zweite Mahlzeit zu sich genommen hatten, trug auch nicht dazu bei, unsere nagenden Hungergefühle zu beruhigen. End-lich trafen einige Offiziere ein und gingen in das Büro des Fahrdienst-leiters. Als sie herauskamen, befahlen sie der Ghettokolonne, nach Hause zurückzumarschieren. Dies ging über meinen Verstand hinaus. Allerdings behaupteten die strenggläubigen Juden sofort aus tiefster Überzeugung und mit großer Erleichterung, daß Gott letzt-endlich doch ein Wunder vollbracht hatte. Uns blieb nicht viel Zeit, darüber nachzudenken, denn sobald die Kolonne abgezogen war, befahl man uns, uns in einer Reihe aufzustellen und loszumarschieren – allerdings nicht zum Gefängnis zurück, sondern in die Stadt. Wir nahmen an, daß wir ebenfalls zum Ghetto geführt würden, und ich hoffte, daß sich dort eine reelle Möglichkeit für einen Fluchtversuch bieten würde – die Chance, auf die wir gehofft hatten. Egal wie sorg-fältig das Ghetto bewacht wurde: Henry und ich wußten nur zu gut, wie wir unsere Flucht einfädeln konnten. Aber wir marschierten nicht ins Ghetto. Statt dessen brachten die Polizisten uns in ein klei-nes Gefängnis in der Stadt und befahlen uns, im Hof zu warten. Wir setzten uns auf unser Gepäck, und ich fragte mich, ob wir von den Ghettojuden getrennt blieben, weil man uns als Kriminelle betrach-tete, als Knastbrüder, auf die man besonders aufpassen mußte. Wir bekamen heißen Kaffee und Brot, das uns die Sträflinge aus dem Gefängnis brachten. Nach einem langen, hungrigen Tag schmeckte es wie Manna, und erst als ich den letzten Krümel aufgegessen hatte, schaute ich mich um und stellte fest, daß es keine Möglichkeit gab, aus dem ummauerten und von unseren sehr disziplinierten Wachen abgeriegelten Hof zu entkommen. Die Nacht war kalt und feucht, aber es gelang mir, einige Stunden zu schlafen. Am nächsten Morgen erhielten wir erneut Kaffee und Brot und stellten uns dann zum Waschen auf. Daneben gab es eine zweite Warteschlange vor einer pri-mitiven Toilette. Anschließend setzten wir uns wieder hin und warte-ten. Wir grübelten darüber nach, ob der Deportationszug gestern vielleicht einen Maschinenschaden gehabt hatte und heute kommen würde. Aber der Morgen verstrich, ohne daß irgend etwas geschah; nur die Strenggläubigen unter uns waren nun völlig überzeugt von einem Wunder und besonders fröhlich. Ich wußte es besser. Gott hätte schon viele Jahre lang Seine Wunder vollbringen können, aber trotz der Leiden, die ich miterlebt hatte, und der Hunderttausenden von Toten hatte Er sich nicht als bereitwilliger Wundertäter gezeigt. Zum Mittagessen bekamen wir heiße Suppe und Brot; danach verbrachten wir eine weitere Nacht im Innenhof. Sehr früh am nächsten Morgen wurden wir von den Wachen geweckt und aus dem Hof geführt. Sie behielten ihre Gewehre im Anschlag, um sofort davon Gebrauch machen zu können, und als sie uns zurück in Richtung des Lagers Csorgo führten, wußten wir nicht, ob wir erleichtert sein oder etwas Schreckliches befürchten sollten. Als wir das Lager erreichten, wurden wir im Hof in einer Reihe aufgestellt, und der Kommandant und die Feldwebel hielten einen Appell ab. Niemand fehlte; dennoch durften wir nicht in unsere Zellen zurückkehren, sondern mußten im Hof warten. Wir konnten unsere Kameraden sehen, die uns von den Zellenfenstern aus beobachteten, und als die Wachen den Hof verließen, flogen viele Fragen zwischen uns und unseren Zellengenossen an den Fenstern hin und her. Es tat gut, wieder zurück zu sein, aber wir fragten uns, was als nächstes kommen würde.

Bei Einbruch der Dunkelheit trat der Kommandant auf den Hof hinaus und befahl uns, in unsere Zellen zurückzukehren. Wir feierten ein fröhliches Wiedersehen. Vielleicht hatte es doch ein Wunder gegeben. Wir schliefen auf unseren alten Pritschen, und das Ganze wirkte beinahe wie eine Rückkehr nach Hause. Beinahe, denn die ganze Nacht hindurch konnten wir die Züge hören. Die Deportationen waren nicht beendet, sondern nur unterbrochen worden. Der folgende Tag brachte nur ereignislose Routine, aber früh am Nachmittag, nach dem Appell, zog der Kommandant seine Liste hervor, verlas erneut unsere Namen und befahl uns, unsere Sachen auf den Hof zu bringen. Innerhalb weniger Augenblicke herrschte im vorher noch fröhlichen Gefängnis Grabesstimmung. Unsere Zellengenossen weinten, als sie sich erneut von uns verabschiedeten. Wir standen nur da und warteten, resigniert bis an die Grenze der Gleichgültigkeit.

11
Lager Csorgo, Selbstmordversuch und Flucht.
Ungarn, Ende Mai 1944

Als der Kommandant und die beiden Feldwebel auf den Hof kamen, entschloß ich mich, nicht länger zu warten, sondern den Plan auszuführen, der seit unserer Rückkehr aus Sátoraljaújhely in meinem Kopf Gestalt angenommen hatte. Ich holte meine Rasierklingen aus meinem Koffer hervor, rollte den linken Ärmel hoch und schnitt mir die Pulsadern auf. Das Blut spritzte hervor, und die Männer um mich herum begannen zu schreien. Das letzte, an das ich mich erinnerte, war ein Polizist, der auf mich zurannte. Als ich wieder zu mir kam, lag ich in einem Bett; im Nachbarbett konnte ich Henry erkennen. Mit schwacher Stimme fragte ich ihn, wo wir waren, und er antwortete ebenso schwach, daß wir immer noch im Lager seien, und zwar im Krankenzimmer. Als er gesehen hatte, wie ich von der Polizei weggetragen wurde, fühlte er sich so verzweifelt, daß er Benzin aus einer kleinen Flasche trank, die er für Notfälle immer mit sich führte. Das letzte, das er noch wahrnahm, war, wie eine allgemeine Panik ausbrach, die der Feldwebel dadurch beendete, daß er die Männer sofort durch das Tor in Richtung Sátoraljaújhely losmarschieren ließ.

Ich blickte auf meinen Arm und sah, daß man ihn dick mit weißen Bandagen umwickelt hatte. Meine Finger waren geschwollen, und ich entdeckte Blut auf meinem Arm und auf meiner Kleidung. Dann kam unser Kommandant herein und fragte, warum wir so eine Dummheit begangen hätten. Wir antworteten fast gleichzeitig, daß uns der Gedanke an eine Rückkehr nach Polen, wo unsere Familien ums Leben gekommen waren, zur Verzweiflung gebracht hätte. Darauf gab er keine Antwort, sondern wünschte uns gute Besserung und ging. Später am Abend schlichen sich Mietek und Laszlo in den Raum. Sie erzählten uns, daß niemand außer den Kranken in das Krankenzimmer kommen durfte, das nicht bewacht war und keine Gitter vor den Fenstern besaß. Für ihren Besuch hatten sie sich die Tatsache zunutze gemacht, daß die Hälfte der Wachen Gefangene nach Sátoraljaújhely eskortieren mußte.

In diesem Augenblick traf es mich wie ein Schlag, daß dies die Gelegenheit war, auf die wir gewartet hatten. Wir konnten nicht erwarten, noch einmal so günstige Umstände vorzufinden, sagte ich zu den anderen. Sie begannen, darüber zu diskutieren, aber ich fiel ihnen ins Wort. Mein Entschluß stand fest: Ich würde in dieser Nacht fliehen, ob sie mitkommen wollten oder nicht. Henry war dafür und auch Mietek stimmte zu, aber Laszlo lehnte ab. Er sagte, er sei zu alt für eine Flucht. Dann ging er hinaus, kam aber sofort danach zurück und hielt mir seine goldene Taschenuhr mit Kette hin, wobei er bemerkte, daß diese uns bei der Flucht nützlich sein könnte und sich leicht zu Geld machen ließe. Als ich mich weigerte, die Uhr anzunehmen, ging er einfach aus dem Zimmer und ließ sie auf dem Bett liegen. Aber als ich ihm ein »Danke schön« hinterherrief, kam er zurück und umarmte mich lange. Wir weinten beide und verabschiedeten uns in der Hoffnung, einander als freie Männer wiederzutreffen, hoffentlich in einer nicht allzu weit entfernten Zukunft.

Henry stand auf und überprüfte das Zimmer. Dann zog er alle Laken von den Betten, rollte sie eng zusammen und verknotete sie zu einem langen Seil. Zusammen überprüften wir die Fenster und entdeckten einen schweren Metallstab, wahrscheinlich ein Blitzableiter, der an der Außenmauer befestigt war und ganz bis zum Erdboden führte. Er konnte uns beim Herabklettern als zusätzlicher Handgriff dienen. Wir warteten auf den Licht-aus-Summer, blieben noch eine Weile sitzen, um sicherzustellen, daß das ganze Lager schlief, und dann half Henry mir beim Anziehen. Um Lärm zu vermeiden, schlug ich vor, daß wir unsere Schuhe an den Gürtel binden sollten, bis wir über den Zaun waren. Als nächstes banden wir das Ende der Laken an einem Pfeiler im Zimmer fest und nach einem letzten Belastungstest war ich bereit. Dank meiner Beobachtungen aus der Zeit als Schweinehirt kannte ich den Hof sehr gut und wußte, an welcher Stelle der Zaun sich am leichtesten überwinden ließ. Wir kamen überein, daß ich zuerst gehen würde. Wenn ich am Boden ankam, sollte ich zweimal fest am Seil ziehen, als Signal, daß die anderen folgen konnten. Ich ergriff das Laken-Seil mit meiner rechten Hand; dann hielt ich mich mit meiner bandagierten Linken am Blitzableiter fest und kletterte langsam nach unten. Sicher unten angekommen, zog ich zweimal am Seil und rannte schnell zum Zaun, um dort auf die anderen zu warten. Henry folgte als nächster und begann, den

Stacheldraht auf dem Zaun zusammenzubinden, um so eine Öffnung zu schaffen. Ich half ihm, die Drähte zusammenzuziehen. Nun warteten wir auf Mietek, aber statt seiner Ankunft hörten wir Geräusche aus dem Krankenzimmer, und ein Licht ging an.

Irgend etwas war schiefgegangen, aber wir wußten, daß uns keine Zeit blieb, es herauszufinden. Henry half mir durch den Stacheldraht und über den Zaun und folgte mir. Dann liefen wir über das freie Feld. In diesem Augenblick gingen überall im Lager die Lichter an, und eine Alarmsirene begann zu heulen. So schnell uns unsere Füße trugen, rannten wir in Richtung der Eisenbahnlinie. Die Berge, in die wir ursprünglich hatten fliehen wollen, lagen zu weit entfernt. Hinter uns tanzten bereits die Lichter der Taschenlampen der Wärter auf und ab. Wir legten uns auf den Boden, preßten uns auf den kalten, feuchten Erdboden und dankten unserem Schicksal, daß die Nacht so dunkel war. Wir konnten die Rufe der Wachen hören, die mit Taschenlampen und Laternen nach uns suchten, aber schließlich verschwanden die Stimmen in der Ferne. Daraufhin krochen wir weiter, ganz dicht über dem Erdboden, bis wir kurz vor den Eisenbahnschienen innehielten, weil wir dort einige vage Silhouetten wahrzunehmen schienen. Wir blieben mehrere Stunden auf dem Boden liegen, bevor wir uns entschlossen, über die Straße in das dichte Unterholz entlang der Bahnstrecke zu laufen.

Aus den Büschen sahen wir, wie die Lichter im Lager erloschen, und wußten, daß uns die Flucht gelungen war. Bald darauf hörten wir einen Zug näher kommen. Als er vorüberfuhr, bemerkten wir die Stimmen und wußten, daß es sich um einen weiteren Deportationszug handelte. Nachdem der Zug uns in ganzer Länge passiert hatte, standen wir auf und folgten ihm, denn er hatte uns den Weg nach Westen gewiesen. Mit den Schienen als Wegweiser gingen wir, so schnell wir konnten, und kümmerten uns nicht um die Nässe und den Schmutz an unserer Kleidung. Wir waren frei und planten, die Slowakei zu erreichen. Als die Morgendämmerung kam, suchten wir uns ein Versteck im Dickicht der Büsche, weil wir davon ausgingen, daß die Suche nach uns über ein großes Gebiet ausgedehnt werden würde. Wir blickten uns um, aber das Lager war nicht mehr zu sehen. In der Nacht waren wir weiter gekommen, als wir erwartet hatten, angespornt von Angst und Hoffnung. Nun waren wir erschöpft und wechselten uns beim Schlafen und Wachen ab. Den ganzen Morgen über sahen wir, wie Züge in beiden Richtungen vorbeifuhren – einige Personen- und Güterzüge, aber auch die verfluchten Deportationszüge, die ihre unselige Fracht nach Westen brachten und leer zurückkamen, um weitere Juden aufzunehmen.

Henry übernahm die erste Wache, während ich mich zum Schlafen niederlegte. Zum ersten Mal dachte ich an meinen verletzten Arm, und sofort begannen die Schmerzen. Meine Finger waren purpurrot und angeschwollen, und ich befürchtete eine Entzündung, aber schließlich schlief ich ein und wachte erst am Spätnachmittag wieder auf. Wir hatten keine Lebensmittel bei uns, aber trotz unseres Hungers fühlten wir uns froh und glücklich, frei zu sein, auch wenn dieses Glück durch Mieteks fehlgeschlagene Flucht getrübt wurde.

Als es dunkel wurde, gingen wir weiter und blieben in der Nähe der Gleise, die uns nach Westen führten. Wir marschierten die ganze Nacht und machten nur wenige Pausen. Als der Morgen dämmerte, suchten wir ein Versteck und machten uns ein Lager. Es war sehr ruhig. Nicht weit entfernt sah man einige Berghänge, und kurze Zeit später erschienen dort einige Bauern und begannen zu arbeiten. Wir bahnten uns vorsichtig einen Weg zu ihnen hinauf. Als sie uns erblickten, erschreckte sie unser Aussehen, aber Henry beruhigte sie auf ungarisch, bis sie uns schließlich widerwillig etwas Brot und Milch anboten.

12
Zurück in der Slowakei.
Juni 1944

Als wir gegessen hatten, fragte Henry die Bauern, wie weit es zur slowakischen Grenze sei. Wir waren angenehm überrascht, als sie uns erzählten, daß wir uns bereits in der Slowakei befanden. Mein Handgelenk hatte wieder angefangen zu bluten, und wir baten sie, uns den Weg zum nächsten Dorf zu zeigen. Wir gingen mit großer Vorsicht weiter, weil wir uns immer noch im Grenzgebiet befanden, was durchaus gefährlich sein konnte. In einiger Entfernung vom Dorf hielten wir an, suchten uns ein Versteck und warteten auf die Dunkelheit. Wir mußten uns besonders davor hüten, einer Patrouille zu begegnen. Nach Einbruch der Dunkelheit schlichen wir verstohlen zum Dorf und gingen langsam hindurch, bis wir ein einzelnes Haus fanden. Dort klopften wir an die Tür und erzählten in polnischer Sprache dem Mann, der uns öffnete, daß wir Flüchtlinge seien und Hilfe brauchten. Ich zeigte ihm meinen Arm und bat um heißes Wasser. Er ließ uns ein, obwohl sowohl er als auch seine Frau verängstigt wirkten. Aber als beide sich an unsere Gegenwart gewöhnt hatten, forderte er uns auf, unsere Jacken und Schuhe zum Trocknen auszuziehen, während sie Wasser erhitzte. Ihre Kinder schliefen im Nebenraum.

Mit schmerzverzerrtem Gesicht riß ich die Bandagen ab und stellte fest, daß mein Handgelenk leicht blutete, meine Finger immer noch geschwollen waren, aber die purpurne Färbung verschwunden war. Ich wusch die Wunde mit heißem Wasser aus, und die Frau half mir, mein Handgelenk mit einigen sauberen weißen Tüchern zu umwickeln. Während unsere Kleidung am Ofen trocknete, brachte sie uns etwas heiße Suppe und Brot, und sie beide beobachteten fasziniert, wie wir unser Essen gierig herunterschlangen. Aber wir wollten nicht riskieren, zu lange zu bleiben, und das Ehepaar schien erleichtert, als wir früh am Morgen unsere trockenen Sachen anzogen, ihnen dankten und uns auf den Weg machten. Wir marschierten zurück in die Berge. Als es dunkel wurde, legten wir uns unter einige Büsche und schliefen bis zum nächsten Morgen. Wir entschieden uns dafür, unseren Weg durch die Berge fortzusetzen: Es erschien uns sicherer, als entlang der ungeschützten Bahngleise zu marschieren, und von hier aus bot sich uns ein Überblick über alles, was im Tal geschah. Wir folgten der Sonne nach Westen und zogen in Richtung Poprad. Obwohl wir unten in der Ebene einige Dörfer entdeckten, entschlossen wir uns, jedes unnötige Risiko zu vermeiden und wanderten weiter durch die Berge, wobei wir soviel Abstand wie möglich zwischen uns und die Grenze brachten. Nachmittags trafen wir auf einige Bauern, die in den Hügeln arbeiteten und uns etwas Brot und Milch gaben. Wir gingen bis zur Dunkelheit weiter; dann legten wir uns in das weiche Gras und schliefen, nur gelegentlich von umherstreifenden Tieren gestört. Früh am nächsten Morgen machten wir uns wieder auf den Weg und gingen im Schutz der Bäume am Waldrand entlang. Henry erzählte mir, daß seine Magenschmerzen, die er durch das geschluckte Benzin bekommen hatte, verschwunden waren, aber meine Wunde tat immer noch weh und wir kamen überein, daß wir am Abend erneut in einem Dorf um Hilfe bitten wollten. Am späten Nachmittag entdeckten wir im Tal ein Dorf, aber entschlossen uns zu warten, bis es dunkel war. Bis dahin hatten uns schwere Regenfälle bis auf die Haut durchnäßt. Als es dunkel genug war, stiegen wir den Hang hinab und kletterten in die Scheune eines abseits gelegenen Bauernhofs. Sie war leer, bis auf eine einzelne Kuh, so daß wir unsere nassen Sachen und die Schuhe auszogen und es uns in dem trockenen Stroh gemütlich machten. Aber die Kuh begann laut zu muhen; anscheinend hatte sie über unser Eindringen nachgedacht und war zu dem Entschluß gekommen, daß es ihr nicht gefiel. Der Lärm lockte den Bauern herbei, der sehr zornig wirkte. Als wir uns erhoben – zwei beinahe nackte, unrasierte Männer, von denen einer den Arm in einem blutigen Verband trug –, bekam er es mit der Angst zu tun. Glücklicherweise machte er keine Szene, sondern gab nur seiner Kuh etwas Futter und ging hinaus. Wir beobachteten ihn, um festzustellen, ob er wirklich ins Haus zurückging. Danach wechselten wir uns beim Wachen und Schlafen ab, um sicherzugehen, daß er nicht doch zur Polizei ging.

Am nächsten Morgen schmerzte meine Wunde so sehr, daß ich Henry sagte, ich müsse den Bauern um Hilfe bitten. Zusammen gingen wir zum Haus. Seine Frau gab uns heißes Wasser, einen frischen Verband und etwas zu essen. Ich stellte erfreut fest, daß meine Wunde heilte und auch die Schwellung zurückging. Es regnete immer noch, aber wir entschlossen uns, in die Sicherheit der Berge zurückzukehren. Der nasse Boden erschwerte das Vorwärtskommen, und da wir keine Sonne sahen, die uns als Orientierung dienen konnte, legten wir uns für den Rest des Tages unter einen großen Baum. Am nächsten Morgen hatte der Regen aufgehört, und wir konnten die Sonne hinter den Wolken gut genug ausmachen, um unsere Marschrichtung zu erkennen. Am Nachmittag begegneten wir in den Hügeln einigen Bauern, von denen wir erneut etwas zu essen bekamen, und kurz vor Anbruch der Dunkelheit hatten wir das Glück, in der Ferne die Lichter einer Stadt zu entdecken. Am nächsten Morgen machten wir uns dorthin auf den Weg, in der Hoffnung, einige Juden zu finden, die uns helfen konnten. Aber die meisten Geschäfte waren geschlossen, und wir begegneten nur sehr wenigen Menschen. Anscheinend mußte es sich um einen Feiertag handeln. Nur in der Stadtmitte waren eine Bar, ein Restaurant und ein Süßwarenladen geöffnet. Wir gingen in den Laden, und ich fragte den Besitzer auf polnisch, ob sich Juden in der Stadt aufhielten. Der Mann schreckte zunächst vor unserem schmutzigen Äußeren zurück, erzählte uns aber, daß die nächsten Juden in Liptovský Svätý Mikuláš lebten und wir nur mit dem Zug dorthin kommen könnten.

Jetzt war die Zeit gekommen, die goldene Taschenuhr zu verkaufen. Ich bot dem Ladenbesitzer die Uhr samt Kette an. Er nannte eine Summe, und da ich keine Möglichkeit hatte, seinen Preis zu überprüfen und wir das Geld sofort brauchten, schlug ich ein. Er erklärte uns, wie wir zum Bahnhof kamen, und den ganzen Weg über wurden wir von Passanten angestarrt, deren Festtagskleidung uns noch schäbiger und schmutziger erscheinen ließ, als wir tatsächlich waren. Auf der Bahnstation entdeckten wir, daß wir uns in Prešov befanden. Henry kaufte zwei Fahrkarten nach Liptovský Svätý Mikuláš, und während wir den Fahrplan an der Wand studierten, erschienen plötzlich wie aus dem Nichts zwei Polizisten. Sie fragten nach unseren Papieren, aber da diese im Büro des Kommandanten in Csorgo lagen, sahen wir sie nur töricht an. Da die beiden Männer bewaffnet waren, unternahmen wir keinen Fluchtversuch. Sie brachten uns zu einem Gebäude in der Stadtmitte, dem örtlichen Gefängnis, das nicht weit vom Süßwarengeschäft entfernt lag. Dort befahl man uns, unsere Taschen auszuleeren, durchsuchte uns, nahm uns die Gürtel ab und steckte uns in eine Zelle im Erdgeschoß.

Wir waren völlig entgeistert von dieser plötzlichen Pechsträhne und fragten uns, ob man uns verraten hatte – als ob dies etwas geändert hätte. Nur der Mann aus dem Süßwarenladen konnte sie so schnell informiert haben, denn nur er wußte, daß wir zum Bahnhof wollten. Wir waren noch zu keiner Schlußfolgerung gelangt, als ein Polizist uns unser Mittagessen brachte, heiße Suppe und Brot. Zumindest hatte man nicht vor, uns verhungern zu lassen. Während wir noch darüber diskutierten, was schiefgegangen war und was wir als nächstes tun konnten, hörten wir ein energisches Klopfen an der Wand der Nachbarzelle. Irgend jemand versuchte offensichtlich, mit uns Kontakt aufzunehmen. Wir suchten überall und fanden schließlich kurz über dem Erdboden eine Metallröhre, wahrscheinlich ein Heizungsrohr, das durch die Wand führte. Wenn wir uns auf den Boden legten, konnten wir uns mit unserem unbekannten Nachbarn unterhalten. Er erzählte uns, er sei ein polnischer Jude aus einer Kleinstadt nahe der slowakischen Grenze. Nach seinem Grenzübergang war er vor einer Woche von einer Grenzpatrouille aufgegriffen worden. Er hatte der Polizei wahrheitsgemäß erzählt, daß er ein aus Polen geflohener Jude sei. Daraufhin wurde er in dieses Gefängnis gebracht und jeden Tag von der Geheimpolizei, der sogenannten USB, verhört. Gestern hatte man ihn darüber informiert, daß er nach Polen zurückgebracht würde, und er wußte, daß dies sein Ende war.

Ohne zu fragen, wer wir waren oder uns auch nur zu Wort kommen zu lassen, drängte er uns, falls wir Juden seien, kein Polnisch zu sprechen, Polen nicht einmal zu erwähnen und niemals einzugestehen, daß wir Polen wären. Unsere einseitige Unterhaltung durch die Wand wurde durch die Wachen unterbrochen, die mit Decken, heißem Kaffee und Brot in die Zelle kamen. Aber ihre freundliche Behandlung war nur ein schwacher Trost dafür, daß wir uns wieder hinter Gittern befanden.

Nachdem die Wachen gegangen waren, legten wir uns wieder auf den Boden und fragten unseren Nachbarn, ob es eine Möglichkeit gäbe, seine Familie zu verständigen, aber er erzählte uns, daß man seine gesamte Familie in Polen umgebracht hatte. Daraufhin versuchten wir, ihn zumindest ein wenig aufzumuntern und äußerten die Hoffnung, daß er vielleicht gar nicht zurückgeschickt werden würde. Wir schuldeten ihm großen Dank: Obwohl selbst verurteilt, war er nichtsdestotrotz eifrig darauf bedacht, andere Juden zu retten,

Menschen, die er nicht kannte und noch nicht einmal sehen konnte. Henry und ich verständigten uns sofort darauf, nur noch Deutsch oder Jiddisch miteinander zu sprechen. Falls man uns danach fragte, wollten wir behaupten, daß Henry Ungar sei und ich in Spiska Stara Ves geboren war und auch in der Karpato-Ukraine lebte, die bis 1938 zur Tschechoslowakei gehört hatte. Die dort lebenden Juden sprachen meist Jiddisch untereinander. Um in keiner Weise mit Polen in Verbindung gebracht zu werden, wollten wir zugeben, aus Csorgo geflohen zu sein und nicht versuchen, unser Judentum zu leugnen. Wir wußten, daß sie es überprüfen konnten, indem sie uns nur zwangen, die Hosen herunterzulassen. Jeder Polizist kannte diese Methode.

Die Zelle war sauber und warm, und wir legten uns auf die Pritschen und schliefen die ganze Nacht hindurch. Am nächsten Morgen erhielten wir ein Frühstück aus Kaffee und Brot, bevor man uns in die erste Etage brachte und in getrennte Zimmer führte. In meinem Raum saßen einige Männer in Zivilkleidung rund um einen Tisch. Ein älterer Mann, der mit dem Gesicht zu mir an der Wand saß, forderte mich auf slowakisch auf, mich auf den freien Stuhl zwischen die vier jüngeren Männer zu setzen. Dann begann er, mich auf slowakisch zu verhören, und ich antwortete auf deutsch, daß ich nicht verstand. Daraufhin wechselte er ins Deutsche, was auch die meisten der anderen Männer zu verstehen schienen. Ich sagte ihnen, daß ich in der Slowakei geboren sei, aber meine Familie nach Munkaczewo in Ungarn umzog, als ich noch ein kleiner Junge war. Dann erzählte ich von meinem Selbstmordversuch in Csorgo, und nachdem der ältere Mann meinen Arm untersucht hatte, um sicherzugehen, daß ich kein Theater spielte, fragte er mich, warum. Weil ich sein Mitgefühl spürte, berichtete ich ihm von den Deportationszügen. Danach befragten sie mich zu meiner politischen Zugehörigkeit und meiner Haltung gegenüber Rußland. Ich erzählte ihnen, daß ich Buchhalter wäre und in meiner Freizeit Sport trieb, nie zu einer politischen Versammlung gegangen war oder einem Russen begegnet sei und kein Interesse an der Politik hätte. Wie vorhergesehen, fragten sie nach Csorgo, und ich sagte ihnen, daß ich Henry dort getroffen hätte, daß wir zusammen geflohen waren und ein dritter Partner bei unserem Fluchtversuch gefangengenommen wurde. Als das Verhör beendet war, bat ich darum, einen Arzt sprechen zu dürfen und erhielt zur Antwort, daß es keinen Arzt im Gefängnis gab, aber daß ich Jod und frische Bandagen erhalten würde. Bei meiner Rückkehr in die Zelle wartete Henry schon auf mich, und wir erzählten einander in Jiddisch alles über unsere Verhöre und unsere Antworten. Wir glaubten, daß alles gutgegangen sei. Dann versuchten wir, Kontakt zu unserem Nachbarn aufzunehmen, erhielten aber keine Antwort auf unser Klopfen. Wir hofften, daß der Mann, dessen Ratschläge von so großem Nutzen für uns waren, nicht nach Polen zurückgeschickt worden war, befürchteten aber das Schlimmste.

Die Wärter waren sehr höflich, und wir erhielten an diesem Tag drei recht gute Mahlzeiten. Am nächsten Morgen wurden wir erneut verhört. Mir fiel auf, daß einige der Beamten gewechselt hatten. Aber der ältere Mann, von dem ich annahm, daß er der Chef sei, stand erneut im Zimmer und nickte mir zu. Diesmal stellte er keine Fragen, aber seine Augen waren während meiner Antworten die ganze Zeit über auf mein Gesicht geheftet. Das Verhör drehte sich um unsere Flucht und unsere Taten bis zu unserer Gefangennahme in Prešov. Diesmal fiel das Antworten leicht: Ich erzählte ihnen einfach die Wahrheit. Die Männer fragten mich, ob wir auf unserer Wanderung durch die Berge entflohene russische Kriegsgefangene gesehen hatten, und ich konnte wahrheitsgemäß antworten, daß wir nur auf Bauern getroffen waren, die uns etwas zu essen gegeben hatten. Bevor ich gehen durfte, erhielt ich wieder frische Bandagen.

In den nächsten zwei Tagen rief man uns nicht zum Verhör, und wir hockten nur in unserer Zelle oder gingen auf und ab, um unsere Beine in Form zu halten und Krämpfen vorzubeugen. Das Fenster lag zu hoch, als daß wir einen Blick auf die Straße hätten werfen können. Am dritten Morgen wurde ich allein nach oben gebracht. Wieder befanden sich fünf Männer im Zimmer, aber sie teilten mir nur mit, daß sie keine weiteren Fragen hatten. Ich sollte nur die Aussagen unterschreiben, die ich bisher gemacht hatte. Als ich in die Zelle zurückkam, war sie leer, und das Herz blieb mir stehen. Aber wenige Minuten später brachte man auch Henry zurück; er hatte ebenfalls nur seine Aussage unterschreiben müssen. Am nächsten Tag bekamen wir unser Mittagessen etwas früher als gewöhnlich; dann sagte man uns, daß wir uns zum Aufbruch vorbereiten sollten. Die dadurch ausgelöste Angst verdarb uns das gute Essen. Zwei bewaffnete Wärter brachten uns zum Bahnhof, und einer von ihnen folgte uns auch in den Zug. Er setzte sich an die Tür des Abteils und achtete nicht auf unser Gespräch, das er sowieso nicht verstand. Ich sagte Henry, wir müßten fliehen, weil wir nicht wußten, wohin dieser Zug fuhr – es konnte sich um eine Rückfahrt nach Polen handeln. Wir entschlossen uns, unseren Versuch beim nächsten Halt zu wagen, bevor es zu spät war. Sobald der Zug anfuhr, wollten wir springen. Ich verfügte über einige Erfahrungen aus der Zeit vor dem Krieg: Die Schokoladenfabrik, bei der ich arbeitete, lag zwischen zwei Straßenbahnhaltestellen, und ich war jeden Morgen aus der fahrenden Bahn gesprungen, um mir den Fußweg zu ersparen.

Der Zug hielt, und als er wieder anfuhr, baten wir die Wache um die Erlaubnis, auf die Toilette gehen zu dürfen. Er ließ uns aus dem Abteil und beobachtete uns, während wir den Gang entlanggingen. Als wir an der Wagentür vorbeikamen, riß ich sie auf und sprang. Henry kam sofort danach, und zusammen schlugen wir auf dem Boden auf. Meine Hosen zerrissen, aber keiner von uns beiden war verletzt. Wir rappelten uns auf, stolperten zu einigen nahe gelegenen Büschen und versteckten uns, weil wir damit rechnen mußten, daß unsere Wache die Notbremse zog. Aber zu unserer Erleichterung fuhr der Zug weiter. Wir waren in Sicherheit. Nachdem wir noch eine Weile abgewartet hatten, um uns Gewißheit zu verschaffen, gingen wir zurück zu den Schienen und folgten ihnen, nicht wissend, wohin sie uns führen würden. Aber uns blieb nicht viel Zeit, darüber nachzudenken, denn als wir um eine Biegung kamen, liefen wir direkt zwei bewaffneten slowakischen Grenzsoldaten in die Arme. Sie wirkten ebenso überrascht wie wir, aber bevor wir uns zur Flucht wenden konnten, waren ihre Gewehre auf uns gerichtet. Sie befahlen uns weiterzugehen und marschierten dicht hinter uns, in die gleiche Richtung, die auch der Zug genommen hatte. An ihren Uniformen erkannten wir, daß es sich um Slowaken handelte. Als wir sie fragten, wohin sie uns bringen würden, gaben sie keine Antwort, sondern winkten uns nur mit ihren Gewehren zu, weiterzugehen. Langsam wurde es dunkel, und während des Marschierens entwickelten Henry und ich einen neuen Fluchtplan. Wir verabredeten ein »Jetzt«-Signal – einer von uns sollte sich am Kopf kratzen –, nach dem wir so schnell wie möglich in die nächstbesten Büsche stürmen wollten; aber zunächst mußte es vollkommen dunkel werden. In der Zwischenzeit gingen wir langsam immer schneller, um einen größeren Abstand zwischen uns und die

Wachen zu bringen. Als die Dunkelheit gekommen und wir meiner Meinung nach weit genug entfernt waren, kratzte ich mich am Kopf, und wir beide sprangen in die Büsche und rannten wie die Hasen. Die Wachen begannen zu schießen, und wir hörten, wie sie einander etwas zuriefen. Aber wir entfernten uns von ihnen, und nachdem wir einige Zeit gerannt waren, warf ich mich auf den Boden. Henry und ich hatten uns bei unserer Flucht getrennt, aber ich wagte nicht, ihn zu rufen. Ich war mir sicher, daß er nicht weit entfernt sein konnte und ich ihn finden würde, sobald es hell war. Ich hockte in den Büschen, konnte aber nicht schlafen. Beim ersten Licht der Morgendämmerung rief ich nach Henry und hörte kurz darauf, wie er zurückrief. Wir entschlossen uns, ab jetzt die Städte zu umgehen, und nachdem wir uns an der Sonne orientiert hatten, wanderten wir wieder nach Westen in Richtung der Berge. Wir hatten genug von Bahngleisen; sie schienen uns kein Glück zu bringen.

Auf unserem Weg sahen wir Bauern auf dem Feld arbeiten, entschieden uns aber, im Augenblick keine Begegnung zu riskieren; statt dessen wollten wir uns schnell weiter von der Grenze entfernen. Wir wanderten am Rande eines Waldes entlang, und erst als wir einige Stunden später erneut einige Bauern auf dem Feld sahen, fühlten wir uns sicher genug, um um etwas Nahrung zu bitten. Sie luden uns ein, mit ihnen zu essen. Dabei sagten sie kein Wort, fragten noch nicht einmal, wer wir waren, und schienen erleichtert, als wir danach wieder weiterzogen. Nichtsdestotrotz war uns bewußt, wie freundlich sie uns behandelten – ganz anders als die Polen, die uns als Juden verdächtigt und verraten hätten. Da der Wald unserer Meinung nach am sichersten war, gingen wir zwischen den Bäumen weiter. Dann wurde das Wetter schlechter, ein starker Regen setzte ein, und innerhalb weniger Minuten waren wir völlig durchnäßt und froren. Wenn wir keine Erkältung oder sogar eine Lungenentzündung riskieren wollten, waren wir gezwungen, uns ein abgelegenes Dorf zu suchen. Leider waren weit und breit keine Häuser zu sehen; also marschierten wir weiter. Als wir am Abend an eine Straße kamen, waren wir so erschöpft, daß wir uns einfach auf den Boden legten und neben dem Weg einschliefen. Dies erwies sich als schwerer Fehler: Obwohl wir es nicht wußten, befanden wir uns in unmittelbarer Nähe einer Schnellstraße und wurden von zwei Polizisten, einer bewaffneten Patrouille, geweckt – ein wahrhaft unsanftes Erwachen. Sie bedeuteten uns, aufzustehen und vorwärts zu gehen, ohne sich die Mühe zu machen, uns zu befragen oder unsere Papiere sehen zu wollen.

Henry und ich wechselten kein Wort miteinander. Wir ärgerten uns beide über unseren dummen Fehler. Die Polizisten führten uns in ein kleines Dorf und befahlen einem Bauern, uns mit seinem Pferdekarren mitzunehmen. Obwohl wir uns wegen unserer Gefangennahme immer noch Selbstvorwürfe machten, bemerkten wir, daß die Fahrt zumindest nach Westen und nicht in den gefürchteten Osten ging. Nach einigen Stunden, am späten Nachmittag, kamen wir in eine Kleinstadt, und Henry und ich wurden in das örtliche Gefängnis gebracht. Wir gaben andere Namen an als diejenigen, die wir in Prešov benutzt hatten, denn da wir keine Papiere besaßen, bestand für die Polizei keine Möglichkeit, unsere Aussage zu überprüfen. Ein Wärter brachte uns in einen Raum, wo wir einem älteren Mann gegenüberstanden; aufgrund seiner Haltung nahm ich an, daß es sich um den Richter oder Bürgermeister handeln mußte. Er schaute uns an und verurteilte uns ohne weitere Umstände zu sieben Tagen Gefängnis wegen Landstreicherei. Eigentlich war dies ein Glücksfall für uns: Es handelte sich um ein kleineres Vergehen, das keine weiteren Gefahren mit sich brachte, solange die Polizei nicht herausfand, wer wir in Wirklichkeit waren.

In der Zelle, in die man uns brachte, trafen wir auf einen jungen Bauern von etwa dreißig Jahren. Wir grüßten ihn und zogen unsere nasse Kleidung bis auf die Unterwäsche aus. die sich aber ebenfalls als völlig durchweicht erwies. Die Zelle war warm, aber es gab keine Pritschen, nur einige sehr schmale Bänke. Der Bauer hatte einen ganzen Korb voller Eßwaren und bot uns etwas an. Es war das beste, was wir seit langer, langer Zeit gegessen hatten. Dann erzählte er uns, daß er aus einem kleinen Dorf stammte, etwa dreißig Kilometer westlich gelegen, und den fünften seiner sieben Tage Strafe absaß, weil er seine Steuern nicht bezahlt hatte. Er sagte uns, er sei ein armer Bauer, der auf einem kleinen Stück Land seinen Lebensunterhalt zusammenkratzte und kein Geld für die Regierung erübrigen konnte. Er hatte alles ausgegeben, was er besaß, um das Dach auf seinem neuen Haus zu bezahlen. Wir erzählten ihm, wir seien jüdische Flüchtlinge aus Ungarn, die nach slowakischen Juden suchen würden. Daraufhin antwortete er, daß er nicht viel über Juden wüßte. Er kam aus einem kleinen, abseits gelegenen Dorf und wußte nicht, ob er jemals einen

Juden gesehen hatte. Wir überdachten unsere Lage: Es hätte sehr viel schlimmer sein können. Wir waren weit von der Grenze entfernt, saßen in einer sauberen und warmen Zelle, unsere Kleidung trocknete, der Wärter brachte uns Abendessen, und wenn die Polizei nicht weiter in unserer Vergangenheit nachforschte – was sie wahrscheinlich bei einem derart unbedeutenden Vergehen nicht tun würde –, konnten wir darauf hoffen, nach einer Woche frei zu sein. Also legten wir uns auf die schmalen Bänke und schliefen ruhig und ungestört bis zum nächsten Morgen.

Am nächsten Tag erfuhren wir, daß es bereits der 7. Juni 1944 war. Denn als der Wärter uns an diesem Morgen unser Frühstück brachte, wirkte er sehr aufgeregt. Er schwenkte eine Zeitung und erzählte uns, daß die Alliierten am Tag zuvor in der Normandie gelandet waren. Wir alle konnten die Neuigkeit vor Freude kaum fassen, auch wenn die Slowaken offiziell als Verbündete der Deutschen galten. Aber Henry und ich hofften natürlich am meisten auf ein schnelles Kriegsende, das jetzt möglich zu sein schien, und während wir aßen, fragten wir uns, ob dieses Ende für uns noch rechtzeitig kommen würde. Unser Zellengenosse war dagegen bester Laune: Er wurde in Kürze entlassen, und mit ein wenig Glück war auch der Krieg bald zu Ende. Er bestand darauf, daß wir sein Rasierzeug benutzten, und zum ersten Mal seit unserer Flucht sahen wir wieder einigermaßen präsentabel aus. Er nannte uns auch den Namen seines Dorfes und lud uns ein, ihn zu besuchen, wenn wir jemals in seine Gegend kämen. Auch unsere Wärter waren plötzlich demonstrativ freundlich und brachten uns Süßigkeiten und Zigaretten. Das allgemeine Hochgefühl half uns, unsere Zeit im Gefängnis schnell abzusitzen, und am achten Tag wurden wir entlassen.

Dieses Mal entschlossen wir uns, die immer gut bewachten Bahnstationen und Hauptstraßen zu meiden und statt dessen in die Berge zurückzukehren. Wir gelobten uns, ab jetzt besonders vorsichtig zu sein, denn wir hatten genug Gefangennahmen erlebt. Die Bauern, denen wir auf den Feldern begegneten, teilten großzügig ihr eigenes Brot mit uns. Wir fragten sie nach dem Dorf, daß uns unser Zellengenosse genannt hatte, und ihre Informationen führten uns zu dem Schluß, daß es das Beste wäre, auf die Einladung zurückzukommen anstatt unser Glück auf den Hauptstraßen und in unbekannten Dörfern und Städten zu versuchen. Ein dreitägiger strammer Marsch brachte uns zu einem Platz fast genau oberhalb des Dorfs, und da wir uns daran erinnerten, was er uns über sein Dach erzählt hatte, entdeckten wir sein Haus, das abseits in einiger Entfernung vom Dorfplatz stand. Wir warteten, bis es dunkel wurde, und stiegen dann den Hang hinunter. Der Bauer war sehr überrascht, uns zu sehen, aber seine praktisch denkende Frau – der er wahrscheinlich von uns erzählt hatte – bot uns einen Sitzplatz an und servierte uns eine großartige warme Mahlzeit. Nach dem Essen brachte er uns zu seiner Scheune, machte uns ein Bett aus trockenem Stroh und lud uns ein, einige Tage zu bleiben und auszuruhen, während seine Frau unsere Kleidung waschen und flicken würde. Wir zogen uns bis auf die Haut aus, und während wir im gemütlichen, wenn auch stechenden, Strohbett langsam einschliefen, verglich ich diesen einfachen, großherzigen Mann in Gedanken mit den bigotten, antisemitischen Polen. Der Zufall hatte uns in einer Gefängniszelle zusammengebracht, aber auf seine unkomplizierte Art war dies Grund genug für ihn, uns als Freunde zu betrachten. Instinktiv begriff er, daß wir alle Freundlichkeit brauchten, die wir bekommen konnten. Am nächsten Tag ging er zum Einkaufen in die nahe gelegene Stadt, und wir baten ihn, vorsichtig Erkundigungen darüber einzuziehen, wo hier in der Gegend Juden wohnten. Als er am Abend zurückkehrte, waren unsere Sachen bereits gewaschen und geflickt. Er brachte uns eine große Schüssel mit heißem Wasser, damit wir uns waschen konnten, und erzählte uns, daß wir die nächsten Juden in einer Stadt namens Mikuláš fänden, die westlich von seinem Dorf lag.

Wir entschlossen uns sofort, dorthin zu gehen, und baten ihn, uns früh am nächsten Morgen zu wecken. Dann gingen wir mit ihm hinüber zum Haus und dankten den beiden Bauersleuten für ihre große Güte. Der Bauer weckte uns am nächsten Morgen auf seinem Weg in die Felder und schenkte uns noch einige Lebensmittel für den Weg. Außerdem bekamen wir eine alte Decke für die kalten Nächte in den nordwestlich gelegenen Bergen, durch die unser Weg führen würde. Wir marschierten sofort auf die Berge zu und hielten uns dann westlich in Richtung Mikuláš. Die Tage waren wieder länger, und wir kamen schnell voran, wobei wir alle Kontakte mit Bauern vermieden, so lange unsere Lebensmittel ausreichten. Erst danach wandten wir uns wieder an einige Bauern auf dem Feld, die uns etwas zu essen gaben und uns sagten, daß wir noch einen vier- bis fünftägigen Fußmarsch vor uns hatten, bis wir nach Mikuláš kämen. Zwei Tage danach wurden wir morgens von den Geräuschen einer fahrenden Zigeunersippe geweckt. Sie hielten an und unterhielten sich mit uns in jeder Sprache, die wir beherrschten; danach zogen sie weiter. Eine knappe Stunde später entdeckten wir zwei Polizisten, die genau auf uns zuhielten, geführt von einem der jungen Zigeuner. Diesmal waren wir von Zigeunern verraten worden, die ihrem Ruf als Gauner und Diebe gerecht wurden, obwohl sie selbst das Schicksal der Juden teilten, wo immer die Nazis ihrer habhaft werden konnten. Das Ganze war eine grausame Wendung des Schicksals, aber wir wußten, daß Widerstand zwecklos war und hoben die Hände. Nachdem die Polizisten uns durchsucht hatten, ketteten sie uns aneinander und brachten uns in ein Dorf. Dort befahlen sie einem Bauern, uns mit seinem Karren den langen, holprigen Weg nach Kežmarok zu bringen. Dieser Ort lag an der polnischen Grenze nahe der Stadt Nowy Targ, in der meine Großmutter geboren wurde, und nicht weit von meinem eigenen Geburtsort Spiska Stara Ves entfernt. Damit schwebten wir in ebenso großer Gefahr wie damals in Prešov, weil wir uns sehr dicht an der polnischen Grenze und in bedrohlicher Nähe der Gestapo befanden. Jetzt wurde uns klar, daß wir einen großen Fehler begangen hatten, so weit nach Norden zu wandern.

Spätabends erreichten wir die Stadt, und die Gendarmen lieferten uns im Gefängnis ab. Ein Polizist führte uns in eine Zelle, die teilweise im Souterrain lag. Durch die geöffneten Fenster konnten wir die Beine der Fußgänger auf der Straße erkennen. Wir riefen um Hilfe, und nachdem unsere Rufe eine scheinbare Ewigkeit lang kein Gehör fanden, beugte sich schließlich ein Mann herunter, um mit uns zu sprechen. Wir fragten ihn, ob irgendwelche Juden in Kežmarok leben würden, und er antwortete, daß er einige jüdische Familien in der Stadt kenne. Wir baten ihm, ihnen mitzuteilen, daß zwei jüdische Männer im Gefängnis saßen und dringend Hilfe benötigten. Er versprach uns, dafür zu sorgen. Bald darauf kehrte er zurück, in Begleitung einer älteren Frau, die glücklicherweise aus Spiska Stara Ves kam, aus der auch die Familie meiner Mutter stammte, und die meine Familie sogar kannte. Sie versprach uns, sich beim jüdischen Komitee dafür zu verwenden, daß wir freigelassen wurden.

Wir hatten Angst, daß sich Deutsche in der Stadt aufhalten würden, aber als uns der Wärter am nächsten Morgen die Tür öffnete, begleiteten ihn keine Deutschen, wie wir es erwartet hatten, sondern ein kleiner jüdischer Mann. Er begrüßte uns auf jiddisch, wechselte aber, sobald die Wache uns verlassen hatte, in die deutsche Sprache. Der Mann stellte sich uns als Herr Bergmann vor, Leiter des jüdischen Komitees von Kežmarok. Er versicherte uns, daß wir uns nicht in Gefahr befanden und so bald wie möglich entlassen würden, wenn nicht heute, dann morgen. Es hinge davon ab, ob sein Freund, der örtliche Richter, anwesend sei, der trotz seiner deutschen Abstammung den Juden freundlich gesinnt wäre. Bergmann blieb lange in unserer Zelle und stellte viele Fragen über unsere Erlebnisse. Nachdem er gegangen war, brachte uns jemand vom jüdischen Komitee ein ausgezeichnetes Essen. Später kehrte Bergmann zurück, erzählte uns, daß unser Fall in zwei Stunden vor den Richter käme und riet uns, uns in allen Punkten für schuldig zu erklären. Der Richter, so versprach er, würde uns daraufhin unter die Aufsicht des jüdischen Komitees von Mikuláš stellen. Die Verhandlung verlief genau so, wie Bergmann vorausgesagt hatte – trotz unserer Zweifel in dem Moment, als wir uns für schuldig erklärten –, und wir wurden unter die Aufsicht von Bergmanns Stellvertreter gestellt, der gekommen war, um uns zur Seite zu stehen. Der Richter überreichte ihm das Urteil in Form eines Schriftstücks, daß uns als provisorischer Ausweis dienen konnte, falls wir auf der Straße angehalten würden. Während wir am Bahnhof auf den Zug warteten, vertraute Henry mir an, daß er in Csorgo meinen Erzählungen über die großartige Hilfsbereitschaft der slowakischen Juden immer skeptisch gegenübergestanden hätte, jetzt aber wirklich überzeugt sei. Die dreistündige Fahrt verging ohne Zwischenfälle, und in Mikuláš brachte unser Führer uns zu einem Gebäude, das früher als Schulhaus gedient hatte und heute ein Wohnheim für Flüchtlinge aus Polen war. Dort bekamen wir ein kleines Zimmer für uns beide zugeteilt, in dem Feldbetten standen. Letztendlich hatten wir es doch noch nach Mikuláš geschafft – oder genauer Liptovský Svätý Mikuláš, wie der volle Name der Stadt lautete, die unser ursprüngliches Ziel gewesen war, bevor unser Martyrium von Flucht und erneuter Gefangenschaft begann. Am nächsten Morgen trafen wir einige der Flüchtlinge, darunter auch ganze polnisch-jüdische Familien, die nahe der slowakischen Grenze gelebt hatten und denen es 1942 gelungen war, die Grenze zu überqueren. Ich beneidete sie um ihr Glück, denn in meinen Augen war es wirklich ein Wunder, einer jüdischen Familie aus Polen zu begegnen, die keines ihrer Mitglieder verloren hatte.

Nach dem Frühstück, das auf richtigen Tellern an einem sauberen Tisch serviert wurde, teilte man uns mit, daß der Vorsitzende der jüdischen Gemeinde, Herr Rosenzweig, uns in seinem Büro zu sprechen wünsche. Er war ein großer und vornehm wirkender Mann, der uns viele Fragen über Ungarn stellte, vor allem über die Lage zur Zeit des deutschen Einmarschs, aber auch über das Lager Csorgo, und von uns die Namen aller slowakischen Juden wissen wollte, an die wir uns erinnern konnten. Als wir alles niedergeschrieben hatten, kamen wir überein, meiner Schwester auf indirektem Wege ein Telegramm zu senden, am besten mit Hilfe unseres Freundes in Csorgo, Kawecki, der ihre Adresse kannte. Er schrieb ihr eine unverfängliche Nachricht, nur um sie zu informieren, daß ich gesund war. Danach bat Rosenzweig seine Assistenten, uns neue Papiere auszustellen. Ich trug mich als Adam Budkowski ein, während Henry seinen richtigen Namen benutzte. Nach einem heißen Bad mit Läusepulver wurden wir in die Stadt gebracht und in den jüdischen Geschäften von Kopf bis Fuß neu eingekleidet. Nach dem Mittagessen gab das Komitee uns etwas »Taschengeld« für kleinere Ausgaben. Für ihre Flüchtlinge dachten sie an alles. In den Tagen danach lernten wir viele der in der Stadt lebenden Juden kennen. Wir hörten, daß viele ortsansässige Slowaken große Mühen auf sich genommen hatten, um ihren jüdischen Mitbürgern zu helfen. Sie durchkreuzten die anti-jüdischen Erlasse der Marionettenregierung in Bratislava und gingen sogar so weit, fiktive Übernahmen jüdischer Unternehmen zu tätigen, um diese vor der Konfiszierung durch die Hlinka-Garden zu retten. Im Gegensatz zur polnischen Amtskirche unterstützte die regionale katholische Kirche die Juden nach besten Kräften und intervenierte häufig in deren Namen. Nach dem D-Day, dem Tag der alliierten Landung in der Normandie, begannen sogar die antisemitischen Behörden, die Juden wieder freundlicher zu behandeln.

Eines Tages entspannten wir uns nach dem Mittagessen im großen Hof unseres Wohnheims, als ich plötzlich eine große Gestalt am anderen Ende des Platzes erblickte. Ich rieb mir die Augen, aber ein Irrtum war ausgeschlossen – dort stand Mietek! Er hatte uns ebenfalls entdeckt, und alle drei liefen wir aufeinander zu, um ein tränenreiches Wiedersehen zu feiern. Mit seinem typisch jüdischen Galgenhumor sagte er mit unbewegtem Gesicht zu mir: »Aber Adam, ich dachte, daß Henry und du längst im Himmel Schweine hüten würdet.« Er war völlig abgemagert, und wir beschafften ihm eine ausgiebige Mahlzeit und stellten ein Feldbett in unser Zimmer.

Als wir alle sicher sein konnten, daß dieses Wunder tatsächlich Wirklichkeit geworden war, erzählte Mietek uns, wie er bei unserer Flucht aus Csorgo in Gefangenschaft geriet. Er war gerade aus dem Fenster gestiegen, als zwei Wachen, die durch den Hof patrouillierten, ein Geräusch hörten und ihn entdeckten. Sie packten ihn, als er auf dem Boden ankam und schlugen Alarm. Kurz darauf wurde unsere Flucht entdeckt. Die beiden Feldwebel brachten Mietek in den Keller und schlugen ihn brutal zusammen, aber er weigerte sich, ihre Fragen zu beantworten. Er sagte uns, daß selbst ihre härtesten Schläge kein Vergleich zu dem Schock waren, den er erlitt, als eine der Wachen hereinkam und berichtete, man hätte Blutspuren am Zaun entdeckt. Danach befürchtete er, daß wir erschossen worden waren. Anschließend wurde er für mehrere Tage ohne Nahrung in Einzelhaft gesperrt. Die Feldwebel benahmen sich den Gefangenen gegenüber immer brutaler, und kurz danach trafen Polizisten mit Federhüten ein und begannen mit der Auswahl für die Deportationen. Mietek wurde für den ersten Transport eingeteilt; Kawecki blieb in Csorgo. In Sátoraljaújhely steckte man sie in Viehwaggons, aber die Bedingungen waren nicht so schrecklich wie 1942 in Przemyśl in den überfüllten Wagen. Was die Situation für Mietek vollends irreal machte, war die Tatsache, daß die naiven ungarischen Juden immer noch glaubten, daß sie in Arbeitslager geschickt würden, und für diese schreckliche Reise tatsächlich ihre besten Kleidungsstücke angezogen hatten. Als erstes suchte er sich einen Platz in der Nähe der Tür; dann sprach er mit den Männern aus Csorgo. Aber zu seinem Erstaunen lehnten sie es ab, ihn bei seiner Flucht zu begleiten und distanzierten sich sogar von ihm. Einige der ungarischen Juden, die ahnten, was er vorhatte, versuchten, ihm abzuraten oder wollten ihn sogar festhalten, aber sie waren ihm nicht gewachsen. Mietek war ein großer, starker Mann, und sein Überlebenswillen verlieh ihm zusätzliche Kräfte. Dabei taten ihm diese Menschen leid. Er sagte ihnen, sie sollten aufhören, sich so blind zu stellen und warnte sie, weil er aus eigener Erfahrung wußte, daß sie sich auf dem Weg nach Auschwitz befanden, einem grauenhaften Vernichtungslager, wo sie ebenso gnadenlos ermordet werden würden wie viele Hunderttausende von Juden vor ihnen. Bis zum Einbruch der Dunkelheit redete er auf sie ein; dann begann er mit den Vorbereitungen zur Flucht. Er hatte seine üblichen Werkzeuge bei sich, und es gelang ihm, die Waggontür zu öffnen. Bevor er sprang, drehte er sich noch einmal um und fragte, ob irgend jemand mit ihm kommen wollte. Anstatt aber diese letzte Chance mit beiden Händen zu ergreifen, begannen einige der armen, irregeleiteten Juden nach den Wachen zu rufen. Glücklicherweise ging ihr Geschrei im Lärm des fahrenden Zuges unter, und Mietek sprang allein. Trotz der Dunkelheit landete er mehr oder weniger unversehrt und entfernte sich schnell von den Bahngleisen. Er wußte nicht, wo er war, ging aber davon aus, daß er sich nach einer Bahnfahrt von beinahe sieben Stunden nicht mehr in Ungarn, sondern in der Slowakei befinden mußte. Am nächsten Morgen fand er ein Dorf, aber schon beim ersten Haus, an das er kam, wurde ihm klar, daß er im südöstlichen Polen war, nicht allzu weit von der Hohen Tatra und der slowakischen Grenze entfernt. Weil er sich an die Geschichten erinnerte, die die polnischen Gefangenen in Csorgo erzählt hatten, hielt er Abstand zu den Polen und hungerte lieber. Er marschierte meist bei Nacht, erbettelte bei den Bauern auf den Feldern gelegentlich etwas zu essen – wobei er davonlief, sobald sie ihm etwas gegeben hatten – und gelangte schließlich in die Slowakei. Dort wurde er von einer Patrouille aufgegriffen, hatte aber das Glück, daß einige Juden sahen, wie man ihn ins Gefängnis brachte. Als sie sich beim Richter für ihn verwandten, wurde er wie wir nach Mikuláš geschickt. Er kam immer noch nicht über die Naivität der ungarischen Juden hinweg und sprach wieder und wieder von ihnen – mit glühendem Zorn und tiefempfundenen Mitleid zugleich.

Herr Rosenzweig, von dem wir erfahren hatten, daß er ein bekannter Industrieller war, entwickelte sich zu unserem Gönner. Er bewunderte unseren Mut, nicht aufzugeben und immer wieder zu fliehen, bis wir an unser Ziel gelangt waren. Wann immer er unser Wohnheim besuchte, lud er uns in sein Büro ein und informierte uns über die aktuelle Kriegslage, die sich langsam zu verbessern schien. Die Russen hatten die Deutschen bereits aus der Ukraine vertrieben und stießen nach Polen vor; die westlichen Alliierten standen in Rom und waren auch in Frankreich auf dem Vormarsch, während die

Deutschen in einem letzten Aufbäumen London mit einem neuen, zerstörerischen Raketentyp bombardierten.

Eines Morgens teilte er uns mit, daß er von einem Freund, einem einflußreichen slowakischen Beamten im örtlichen Polizeipräsidium, gehört hatte, ein hochrangiger slowakischer Beamter wollte Mikuláš einen offiziellen Besuch abstatten. Dies bereitete ihm Sorgen. Wenige Nächte danach wurde unser Wohnheim von der Polizei umstellt, und die Flüchtlinge gerieten in Panik. Vom Fenster aus konnte ich die Polizei sehen: Sie waren nur mit Revolvern bewaffnet und befahlen uns allen, in die Sporthalle zu kommen. Viele brachten ihre Habe und Decken mit, weil sich das Gerücht verbreitete, daß wir weggeschickt würden; niemand wußte genau, warum, und die Panik machte ein klares Denken unmöglich. Als die Lichter ausgingen, sprachen wir drei sofort miteinander und entschieden uns zur Flucht. Wir befanden uns im Erdgeschoß. Die Fenster waren nicht vergittert, und in der Dunkelheit stellte die Polizei mit ihren Pistolen keine allzu große Gefahr dar. Außerdem gingen wir davon aus, daß sie wahrscheinlich nicht auf Zivilisten, nicht einmal auf Juden, schießen würden. Also entkleideten wir drei uns nicht, sondern zogen nur unsere Schuhe aus. Ich schlief ein, und als Mietek mich weckte, waren meine Schuhe verschwunden. Ich wußte, daß ich nicht in der Lage war, barfuß einen Ausbruch zu versuchen, aber Henry und Mietek wollten mich nicht im Stich lassen und verschoben unsere Flucht bis zur nächstmöglichen Gelegenheit. Am nächsten Morgen brachte eine der Flüchtlingsfrauen, Frau Schwert, mir meine Schuhe. Sie hatte sie mir weggenommen, weil sie vermutete, daß ich zusammen mit Henry und Mietek fliehen wollte, und sie befürchtete, daß wir dadurch das Leben von Herrn Rosenzweig und aller anderen gefährdet hätten. Kurz darauf traf ein sehr erregter Herr Rosenzweig im Wohnheim ein. Der Würdenträger, der auf Besuch kam, war Macho, Innenminister der Marionettenregierung und ein bekannter Antisemit. Er hatte am selben Morgen angeordnet, daß alle polnischen Flüchtlinge in ein Arbeitslager im Südwesten der Slowakei deportiert werden sollten. Herr Rosenzweig versicherte uns allen, daß wir nicht nach Polen gebracht würden und daß viele slowakische Juden während der vergangenen zwei Jahre in diesen Arbeitslagern gelebt hätten. Auch wenn die Bedingungen schwer waren, befand sich dort niemand in Gefahr.

Die Polizisten eskortierten uns zum Bahnhof und stiegen zusammen mit uns in einen Zug. Wir drei beschlossen, keinen Fluchtversuch zu unternehmen. Wir wollten die Juden von Mikuláš nicht in Gefahr bringen, die so gut zu uns gewesen waren, und abwarten, wie das Leben im Arbeitslager verlaufen würde. Auf der Fahrt kam Frau Schwert zu mir und entschuldigte sich, daß sie meine Schuhe »beschlagnahmt« hatte. Ich antwortete ihr, sie hätte das Richtige getan. Mit Sicherheit hätte eine Flucht Herrn Rosenzweig, seiner Gemeinde und wahrscheinlich auch allen anderen Flüchtlingen geschadet. Wir durften uns frei in dem Teil des Zuges bewegen, der für die Flüchtlinge reserviert worden war; dabei stellten wir fest, daß sich etwa einhundert von uns im Zug befanden, verteilt auf fünf Abteile.

Nach einer fünfstündigen Reise befahl man uns, auszusteigen, und nach einem Fußmarsch von weiteren eineinhalb Stunden erreichten wir am späten Nachmittag das Lager Novaky. Es lag abgeschieden in der Landschaft – nur am Horizont sah man Berge – und bestand aus einigen langen Baracken, umgeben von Stacheldrahtzäunen. Nirgendwo war eine Wache zu erkennen. Wir stellten uns zum Appell auf, den der Kommandant selbst durchführte. Er teilte jedem von uns eine Arbeit zu, die unseren Berufen und Fertigkeiten entsprach. Als Zuckerbäcker wurde ich in die Küche eingeteilt, Mietek ging als Mechaniker in die Metallwerkstatt und Henry als Lederexperte in die Schusterei.

Wir kamen in die Baracke für Junggesellen, wo uns ein Lagerältester Decken und ein Kopfkissen aushändigte und jedem einen Platz in einem der doppelstöckigen Holzbetten zuwies. Ich wurde vor allen anderen geweckt, um das Frühstück für die mehr als zweitausend Gefangenen und die Wachen zuzubereiten. Es gab zwei nebeneinander liegende, aber getrennte Küchen, eine für die Wärter, eine für die Inhaftierten. Nach dem Essen mußte ich die riesigen Kupfertöpfe reinigen – die zu den größten gehörten, die ich je gesehen hatte –, und vor dem Essen transportierte ich die Vorräte vom Lager in die Küche. In den Küchengebäuden herrschte eine freundliche und höfliche Atmosphäre. Es fiel kaum ein lautes Wort, und niemand trieb uns zur Eile an. Der Küchenchef erlaubte mir zu essen, was ich wollte. Wenn wir die Töpfe und die Küche gereinigt hatten, mußten wir den Müll hinausbringen. Da ich immer auf der Suche nach einer Fluchtmöglichkeit war, fiel mir auf, daß das Tor für den Abfall nicht bewacht wurde. Auf der anderen Seite des Drahtzauns erstreckten sich Felder mit hohem Gras bis hin zu den malerischen Bergen. Aber wir lebten in einem Gefangenenlager, und niemand konnte sagen, wie lange die Ruhe anhalten würde. Ich erzählte Mietek und Henry von meiner Entdeckung und drängte darauf, unsere Flucht zu organisieren, bevor die Sicherheitsmaßnahmen verschärft wurden. Im Augenblick war eine Flucht kein Problem – man konnte einfach durch das Mülltor spazieren. Wir kamen überein, in fünf Tagen, am nächsten Sonntag, unseren Fluchtversuch zu wagen. In dieser Zeit erfuhren wir, daß die strenggläubigen Juden an Samstagen von der Arbeit befreit waren. Für die Kinder hatte man einen Kindergarten und eine Schule eingerichtet. Das Lager wurde im Grunde nach einer stillschweigenden Übereinkunft geführt: Die Gefangenen unternahmen keine Fluchtversuche, und im Gegenzug verlangte der Kommandant nichts als eine gute Arbeitsleistung von ihnen. Unter der milden Führung des Kommandanten und seines gleichermaßen anständigen und fairen Wachpersonals taten Gefangene und Wärter alles, um so gut wie möglich miteinander auszukommen. Aber Gefangenschaft war nichts für uns; wir zogen die Freiheit selbst dem besten Lager vor. Wir besaßen aus der Zeit in Mikuláš genügend Geld, um eine Fahrkarte dorthin zurück zu kaufen. Danach wollten wir versuchen, uns den russischen Partisanen anzuschließen, die nach unseren Informationen im Osten der Slowakei aktiv waren.

Am Sonntag, an dem als Feiertag nicht gearbeitet wurde, nahmen wir unsere schmalen Bündel und legten uns, so als ob wir den Tag im Freien genießen wollten, in das Gras in der Nähe des Mülltors. Dort versteckten wir unsere Bündel und kehrten anschließend in die Baracke zurück. Abends erzählten wir den anderen Lagerinsassen, daß wir Freunde in einer anderen Baracke besuchen wollten, gingen zum Tor, holten unsere Bündel und verließen das Lager. Da ich in den Tagen zuvor das Gelände studiert hatte, führte ich die beiden anderen in Richtung der Berge. Wir stiegen ein Stück die Hänge hinauf, legten uns dann in das weiche Gras und schliefen in der warmen Nachtluft ein. Am nächsten Morgen standen wir sehr früh auf und marschierten in Richtung der aufgehenden Sonne weiter. Mittags befanden wir uns hoch über einem Dorf und stiegen dorthin hinab, um herauszufinden, wo die nächste Bahnstation lag. Sie befand sich etwa fünfzehn Kilometer weiter nördlich und war mit einem dreistündigen Fußmarsch über eine Straße zu erreichen. Aber wir entschieden uns, die Straße zu meiden, und wählten statt dessen die schwierigere, aber sichere Route durch die Berge. Am Spätnachmittag sahen wir eine Stadt und gingen direkt zum Bahnhof. Da wir gut gekleidet und sauber waren, konnten wir uns frei bewegen und erregten keine Aufmerksamkeit. Wir setzten uns in verschiedene Abteile, um das Risiko einer Gefangennahme zu verteilen, und verließen uns auf das einzige Dokument, das wir besaßen: den Gerichtsbeschluß, der uns nach Mikuláš beorderte. Während unserer Reise mußten wir einmal umsteigen und warteten eine Stunde lang auf einem Anschlußbahnhof. Tief in der Nacht kamen wir schließlich in Mikuláš an und gingen direkt zu unserem Wohnheim. Der Mann am Eingang wirkte durch unser Erscheinen völlig aus der Fassung gebracht, erlaubte uns aber, diese eine Nacht in unserem alten Zimmer zu verbringen. Er wollte keinen Ärger mit dem Gericht, weil er flüchtigen Gefangenen Unterschlupf gewährt hatte.

Am nächsten Morgen wurden wir von Herrn Rosenzweig persönlich geweckt. Zunächst wirkte er sehr verärgert, versprach aber schließlich, eine zeitweilige Unterkunft für uns zu finden. Er war der Ansicht, daß es zu gefährlich für uns sei, weiter im Wohnheim zu bleiben. Dann brachte er uns zu einer slowakischen Familie, die uns ein Zimmer zur Verfügung stellte, und warnte uns davor, bei Tageslicht auf die Straße zu gehen. Als wir ihm anvertrauten, daß wir uns den Partisanen anschließen wollten, erzählte er uns, daß sich die Situation in der Slowakei geändert hätte und es für die Juden nun wesentlich schlechter aussähe. Die Russen waren bereits über die rumänische Nordgrenze vorgedrungen, und Rumänien versuchte, einen Separatfrieden mit den Alliierten zu schließen. Die Deutschen hatten begonnen, sich aus Rumänien nach Ungarn zurückzuziehen. Wenn ihre Lage dort unhaltbar werden sollte, was abzusehen war, würden sie in die Slowakei zurückweichen, das eine Art Korridor nach Böhmen und Österreich bildete. Diese Möglichkeit beunruhigte die jüdische Gemeinde, und zum ersten Mal bemühten sich viele Juden um Verstecke bei christlichen Familien. Herr Rosenzweig bat uns, am selben Abend zu einer Gemeindeversammlung in die Schule zu kommen. Als wir dort eintrafen, war der Saal bis auf den letzten Platz besetzt. Zunächst wurde die Situation in Ungarn besprochen. Mehrere Männer, die vor kurzem von dort zurückgekommen waren, berichteten, daß die Deportationen nach Auschwitz zeitweilig ausgesetzt werden mußten, weil mehr als vierhundertfünfzigtausend Juden dorthin geschickt worden waren. Die SS hatte bereits das »Amt für Jüdische Angelegenheiten« übernommen, und die Situation in Ungarn war verzweifelt. Wir alle mußten nun damit rechnen, daß die Slowakei als nächstes an die Reihe kam. Henry, Mietek und ich berichteten, daß sich nach unserer eigenen Erfahrung jedes unheilvolle Gerücht über den drohenden Untergang der Juden auf tragische Weise als wahr herausgestellt hatte. Wir forderten jeden dazu auf, zu fliehen, so lange noch die Möglichkeit bestand, und warnten die Anwesenden, daß auf die Wehrmacht unweigerlich die SS folgte, um sich mit den Juden zu befassen. Wir drei würden versuchen, uns den Partisanen anzuschließen. Nach der Versammlung wollten viele junge Leute sich uns anschließen. Sie erzählten, daß die Partisanen bestätigten Informationen zufolge in den Bergen der Niederen Tatra in der Zentralslowakei sowie im Osten der Slowakei operierten. Unser Ziel war die Niedere Tatra, weil sie näher an Mikuláš lag, aber wir kamen überein, zwei Tage zu warten, damit die anderen ihre Angelegenheiten erledigen konnten. Einige vertrauten ihr Eigentum slowakischen Freunden an, die sich als zuverlässig erwiesen hatten.

Ein paar Tage später trafen wir uns am Bahnhof und erreichten nach einer vierstündigen Bahnfahrt ohne Zwischenfall den Umsteigebahnhof, an dem wir unseren Anschlußzug nehmen wollten. Da wir noch drei Stunden auf den Zug warten mußten, entschlossen sich einige von uns, in die Stadt zu gehen und einige Einkäufe zu erledigen. Dort angekommen, hörten wir plötzlich eine laute Explosion in unmittelbarer Nähe: Deutsche Flugzeuge bombardierten den Bahnhof, den wir eben erst verlassen hatten! Wir rannten zurück und sahen, wie das Gebäude in Flammen aufging. Als wir, kurz nach der Feuerwehr, dort ankamen, lagen überall Tote und blutende Verwundete. Einige unserer Gruppe waren tot, andere verletzt und manche schwer verbrannt. Diesmal war der Zufall auf unserer Seite gewesen und hatte uns ein glückliches Entkommen ermöglicht. Die überlebenden Mitglieder unserer Gruppe entschlossen sich, in der Stadt und bei ihren ins Krankenhaus eingelieferten Freunden zu bleiben. Henry, Mietek und ich zogen allein weiter, nachdem wir uns im Krankenhaus von den anderen verabschiedet hatten. Wir entschieden uns dafür, auf die Weiterfahrt mit dem Zug zu verzichten; außerdem wollten wir ab jetzt die Städte meiden und statt dessen zu Fuß in Richtung der Berge weitermarschieren. Die folgende Nacht verbrachten wir in den Hügeln oberhalb der Stadt, und am nächsten Morgen machten wir uns auf den Weg in Richtung der Niederen Tatra.

13
Anschluß an die russischen Partisanen.
Slowakei, Juli 1944

Wir stiegen höher in die Berge hinauf. Kurze Zeit später stießen wir überraschend auf ein Dorf, das nahezu völlig von Wald umgeben hoch auf den Bergen thronte. Wir beschlossen, dorthin zu wandern. Plötzlich wurde die Stille vom scharfen Bellen einer Maschinengewehrsalve zerrissen. Wenige Augenblicke später bot sich uns aus unserem Versteck zwischen den Bäumen ein Anblick, von dem wir lange geträumt hatten: Deutsche Soldaten, die mit erhobenen Händen auf ihren Lastwagen saßen und sich der Zivilbevölkerung ergaben. Die Angreifer riefen die Bauern herbei, damit diese sich die Gewehre holen konnten, die sie den Deutschen abnahmen. Ich zögerte keine Sekunde, sondern lief dorthin und ergriff hastig ein Gewehr. Es war der größte Schatz, den ich mir wünschen konnte: Ich besaß ein Gewehr und zielte damit auf deutsche Soldaten. Henry, Mietek und ein paar Bauern folgten meinem Beispiel. Die Deutschen hockten auf insgesamt vier Lastwagen, und als ich näher kam, erkannte ich, daß die meisten von ihnen SS-Uniformen trugen. Die Partisanen, die sie gefangengenommen hatten, waren Russen – genau die Widerstandskämpfer, nach denen wir gesucht hatten. Der kommandierende Russe befahl den Deutschen, von den Lastwagen herunterzusteigen. Dies erwies sich als Fehler, denn beim Herabspringen gelang einigen von ihnen die Flucht in Richtung des Dorfes. Aber der Partisanenführer war wachsam: Er befahl den Zivilisten barsch, zur Seite zu gehen, und erteilte dann den Feuerbefehl. Wir schossen auf sie, während die anderen, die nicht geflohen waren, mit den Händen über dem Kopf daneben standen. Der Kommandant befahl einigen von uns, mit ihm zu kommen, und ging mit uns zu der Stelle, an der die erschossenen Deutschen lagen. Dann trat er jeden von ihnen, um sicherzugehen, daß sie alle tot waren. Ich blieb in seiner Nähe, weil ich gespannt darauf war, einen toten SS-Mann zu sehen. Als wir zu einigen Verwundeten kamen, übersetzte ich ihre Bitten um Gnade, aber der Kommandant gab mir nur kurz zu verstehen, daß ich sie erschießen sollte. Ich hielt mein Gewehr dicht an ihren Kopf und sah das Flehen in ihren Augen, bevor ich abdrückte und ihnen zwischen die Augen schoß. Wenn man mir eine Axt gegeben hätte, hätte ich sie benutzt. Für einen SS-Mann war nichts schrecklich genug. Es waren zwar nur wenige, aber zumindest empfand ich Genugtuung und Stolz bei dem Gedanken, ihnen endlich alles zurückzahlen zu können. Als wir die Erschießungen beendet hatten, fragte der Kommandant, wer von uns seiner Truppe beitreten wollte, und außer uns dreien hoben auch einige Slowaken die Hand. Dann versorgten wir uns mit Granaten und Munition aus den deutschen Lastwagen. Die Russen befahlen den unverletzten SS-Männern, auf die Wagen zu steigen, und bewachten sie mit deren eigenen Waffen. Der Kommandant folgte dem Konvoi in einem kleinen Auto; es war derselbe Wagentyp, den die Deutschen in Rzeszów benutzt hatten, als sie 1941 in Richtung der russischen Front rollten. Wir fuhren auf einem schmalen Weg tief in den Wald hinein. Je höher wir kamen, desto enger wurde der Pfad, bis die Lastwagen schließlich nicht mehr weiterkamen. Der Kommandant befahl uns, auszusteigen, die Deutschen aus den Lastwagen zu holen und zu bewachen, während er mit seinen eigenen Männern sprach. Dann bedeutete er den Deutschen, sich in einer Reihe vor einem der Lastwagen aufzustellen und erteilte seinen Männern und uns den Befehl, sie alle zu erschießen. Wir kamen seinen Anweisungen mit Freude nach und versicherten uns danach, daß jede einzelne dieser SS-Bestien tot war. Anschließend übergossen wir die Lastwagen mit Benzin und steckten sie in Brand. Als die Wagen kurz danach explodierten, verbrannten die toten SS-Männer in den Flammen – ein herrlicher Anblick in meinen Augen.

Dies war es, wofür ich gelebt hatte, was mich die ganzen schrecklichen Jahre am Leben gehalten hatte: Ich wollte das Blut der Juden rächen, daß sie wie Wasser vergossen hatten. Ich bedauerte lediglich, daß es diesmal nur so wenige gewesen waren, aber ich war dazu bereit, es immer wieder zu tun, Tag und Nacht, bis zum letzten Atemzug.

Wir marschierten tiefer in den Wald hinein, und als es völlig dunkel geworden war, ließ der Kommandant die Truppe haltmachen. Wir hockten uns in einem großen Kreis auf den Boden und entzündeten ein Feuer, um uns zu wärmen und etwas Fleisch zu braten, das wir mit viel Brot zusammen aßen. Die Russen hatten auch Wodka, aber ich lehnte ab.

Zum ersten Mal war ich freien Russen begegnet, und ich betrachtete sie genau. Die meisten von ihnen schienen älter zu sein als ich. Der Kommandant war ein kleiner, kräftig gebauter Mann von etwa fünfunddreißig Jahren. Alle waren schwer bewaffnet: Sie hatten automatische Waffen geschultert, wie ich sie noch nie zuvor gesehen hatte, mit einem kreisrunden Magazin über einem kurzen Gewehrlauf, dazu Pistolen am Gürtel und Handgranaten über der Brust. Jeder von ihnen trug Zivilkleidung und hatte eine Kappe auf dem Kopf. Sie sprachen Russisch mit uns – eine Sprache, die ich hier zum ersten Mal hörte und relativ gut verstand, so lange sie sehr langsam redeten. Ich antwortete auf polnisch, was sie sehr gut zu verstehen schienen. Russische Soldaten hatte ich früher schon einmal am Bahnhof von Rzeszów gesehen. Aber damals handelte es sich um Kriegsgefangene, eingepfercht in Viehwaggons, viele von ihnen tot oder auf dem Weg in ein Kriegsgefangenenlager, hungrig, geschlagen und zum Tode durch die SS verurteilt. Diese Russen wirkten ganz anders: stolze, zähe und entschlossene Kämpfer, bereit, den deutschen Unterdrückern ihres Volkes mit unbeugsamem Mut entgegenzutreten.

Bevor wir uns zum Schlafen niederlegten, stellte der Kommandant Wachen auf und teilte mich ebenfalls dazu ein. Ich hielt mein Gewehr eng an den Körper gepreßt, wie einen schwachen, pflegebedürftigen Säugling, und dankte immer wieder meinem Glücksstern, daß ich den heutigen Tag noch hatte erleben dürfen. Dann schaute ich in den Himmel und hoffte, daß meine Eltern gesehen hatten, wie ich sie rächte.

Früh am nächsten Morgen zogen wir weiter, in Richtung Westen, und gegen Mittag hatten wir beinahe den Bergkamm erreicht, als der Kommandant die Kolonne anhalten ließ. Mit einigen seiner Männer ging er in den Wald, kam nach wenigen Minuten zurück und sagte uns, daß die Freiwilligen jetzt einzeln den Bunker betreten dürften. Als ich an der Reihe war, führte man mich in eine tiefe, in die Bergwand gehauene Höhle. In ihrem Inneren hockten einige Männer auf Bänken. An einem Tisch saß ein einzelner Mann, wahrscheinlich ein Offizier, der mich zu sich hinüberrief und mir Fragen stellte. Ich gab als Name Adam Budkowski an, geboren in Polen und römisch-katholischen Glaubens. Die Ghettos und die Lager erwähnte ich mit keinem Wort. Als das Verhör beendet war, stand der Mann auf, umarmte mich und teilte mir feierlich mit, daß ich nun ein Mitglied der russischen Partisaneneinheiten sei, die in der Slowakei operierten, ein Teil der Zweiten Ukrainischen Front. Nach mir wurden Henry und Mietek verhört. Anschließend brachte man uns vor einen kleinen, stämmigen Mann Anfang Vierzig, der allein in einem abgelegenen Winkel saß. Er hieß Velicko und war der Kommandeur dieser Einheit. Der Mann schüttelte uns die Hand und gab damit zu verstehen, daß er uns drei als Waffengefährten akzeptierte. Es war ein stolzer Augenblick.

Später erfuhren wir, daß es sich bei dem Mann, der uns verhört hatte, um den politischen Kommissar der Einheit handelte. Er mußte sehr sorgfältig vorgehen, da einige Deserteure der Wlassow-Armee – die die Deutschen im Stich ließen, als sie ahnten, daß diese den Krieg verloren – versucht hatten, sich den Partisanen anzuschließen. Diese Männer galten als unverbesserliche Verräter; sie wurden abgewiesen und, wie ich annahm, erschossen. Daneben gab es auch andere Überläufer: Ukrainer, Kalmücken, Tartaren, Wolgadeutsche und sogar einige Kosaken, die zunächst auf deutscher Seite kämpften, nun aber feststellen mußten, daß sie letztendlich doch auf das falsche Pferd gesetzt hatten. Die Partisanen verabscheuten diese Männer nicht nur für das, was sie getan hatten, sie fürchteten sie auch als mögliche Doppelagenten, die ausgerottet werden mußten. Die meisten von ihnen gaben sich als entflohene Kriegsgefangene aus, dienten aber in Wahrheit ihren deutschen Herren als Spione. Am nächsten Morgen wurden wir im Umgang mit Granaten und Sprengstoffen ausgebildet. Danach bekamen wir den Befehl, mit der gesamten Truppe und sämtlicher Ausrüstung zu einem unbekannten Bestimmungsort zu marschieren. Es war warm, obwohl wir uns so hoch in den Bergen befanden, und wir nahmen nur kaltes Essen zu uns, da ein Feuer uns an die deutschen Flugzeuge verraten hätte, die gelegentlich das Gebiet überflogen. Unser Trinkwasser erhielten wir aus den Bächen, die wir überquerten. Erst als wir unser Nachtlager aufschlugen, entzündeten wir ein Feuer, und als wir im Kreis um die Flammen saßen, erzählten uns einige unserer neuen Kameraden von ihren eigenen Erlebnissen. Ihr Haß auf die Deutschen war dem meinen ebenbürtig. Sie hatten miterleben müssen, wie ihre eigenen Dörfer von den einfallenden Deutschen dem Erdboden gleichgemacht und ihre Familien getötet wurden. Manche hatten an verschiedenen Fronten gekämpft, einige wenige seit dem Beginn des deutschen Überfalls 1941. Es gab sogar ein paar unter ihnen, die irgendwie aus Kriegsgefangenenlagern oder Zwangsarbeitslagern entkommen waren, wo man sie gezwungen hatte, zuzusehen, wie russische Patrioten gehängt wurden. Es war der Haß auf die Deutschen, der die Partisanenbewegung entstehen ließ. Bewaffnet zunächst nur mit Äxten und alten Flinten, bedienten sie sich der Waffen, die sie den Deutschen bei Überfällen abnahmen, bis sie schließlich von der Roten Luftwaffe mit Nachschub versorgt wurden. Die Männer erzählten uns, daß die Deutschen Millionen von Russen ermordet hatten. Aus diesem Grund waren sie nicht darauf aus, Gefangene zu machen, sondern wollten jeden Deutschen töten, dem sie begegneten. Ich stimmte ihnen aus ganzem Herzen zu.

Am nächsten Morgen marschierten wir weiter nach Südwesten, in Richtung Banská Bystrica. Den Befehl dazu hatten wir über Funk aus dem Kiewer Hauptquartier von Marschall Malinowski erhalten, dem Oberkommandierenden der Zweiten Ukrainischen Front. Wir erreichten Banská Bystrica etwa um die Mittagszeit und wurden dort von anderen russischen Partisanen und slowakischen Soldaten begeistert empfangen. Auch die Zivilbevölkerung war überglücklich, uns zu sehen. Die Stadt selbst lag mitten in den Bergen und bot einen malerischen Anblick. Wir wurden zum Militärhauptquartier geführt, wo unsere Offiziere weitere Befehle erhielten; danach marschierten wir an den Stadtrand zu einem großen slowakischen Militärlager, wo man uns in Baracken einquartierte. In einem großen Eßsaal bekamen wir eine ausgiebige Mahlzeit, und in der Nacht schliefen wir zum ersten Mal seit langem unter einem Dach und in sauberen Betten. Am nächsten Morgen wurde uns mitgeteilt, daß wir den Tag in der Stadt verbringen dürften; allerdings mußten wir unsere Waffen tragen und vor Anbruch der Dunkelheit wieder in der Kaserne sein. Außerdem wurde uns befohlen, nicht zuviel zu trinken und die öffentliche Ordnung zu wahren – dies galt vor allem für die Russen, da wir keine großen Trinker waren.

Als wir in die Stadt gehen wollten, überreichte mir der Kommandant, der den Angriff auf die Deutschen geführt hatte, eine große deutsche Pistole als persönliches Geschenk. Es war die Anerkennung dafür, daß ich mich als erster freiwillig gemeldet und aktiv an diesem Einsatz beteiligt hatte. Diese Geste berührte mich tief: Endlich war mein Traum, gegen die Deutschen kämpfen zu können, Wirklichkeit geworden – bestätigt von einem erfahrenen Partisanenführer. Darüber hinaus fühlte ich mich mit meiner eigenen Pistole im Gürtel wieder wie ein Mann, nachdem ich vier Jahre lang wie ein Sklave behandelt worden war.

In der Stadt begannen wir, nach anderen Juden zu suchen, aber da es noch früh war, begegneten wir nur wenigen Menschen. Also entschlossen wir uns, einen Kaffee trinken zu gehen, und als sich das Café langsam füllte, bemerkten wir an einem der Nachbartische einige Gäste, die auf uns wie Juden wirkten. Als sie unsere Annahme bestätigten, setzten wir uns zu ihnen. Es waren slowakische Juden, die uns erzählten, daß der slowakische Widerstand sich organisierte, um der Welt zu zeigen, daß nicht alle Slowaken Anhänger des Marionettenpräsidenten Tiso seien. Sie waren zu einem Aufstand bereit, falls die Deutschen in großer Zahl in der Slowakei einfallen würden. Die Ankunft russischer Partisanen, zunächst auf dem Landweg über die Karpaten und später mit dem Fallschirm, hatte ihrer Bewegung neuen Schwung verliehen. Am gleichen Abend feierte unsere Einheit ein Fest. Bei dieser Gelegenheit begegneten wir zum ersten Mal weiblichen Partisanen – zähe Frauen, die den Männern in nichts nachstanden, weder im Kampf noch beim Transport schwerer Lasten durch die Berge. Als das Trinken begann, nahm ich mir ein Glas Wodka, ging aber danach ins Bett. Ich wußte, daß die anderen Wodka tranken wie ich Wasser; also hatte es keinen Sinn, mich an diesem einseitigen Wettbewerb zu beteiligen.

In den nächsten Tagen begegneten wir durch Zufall einem Mann, der in der Redaktion der örtlichen Radiostation arbeitete. Er war ein Jude, der sich als »Arier« ausgab und uns ausgiebig über die aktuelle Kriegslage informierte. In der Slowakei wuchs die Partisanenbewegung rapide an und führte eine steigende Anzahl von Operationen im Osten und in der Mitte des Landes aus. An der Ostfront schlugen die Russen die Deutschen an allen Frontabschnitten in die Flucht und hatten bereits Lwów eingenommen. Kurz nach dem Einmarsch der Russen war in Lublin eine neue demokratische polnische Regierung ins Leben gerufen worden; außerdem hatte die Rote Armee das in der Nähe der Stadt gelegene Vernichtungslager Majdanek befreit. Die Truppen waren so schnell vorgerückt, daß es der SS nicht gelang, das Lager zu zerstören. Aber sie trafen keine lebenden Juden mehr an, sondern nur einige polnische und russische Kriegsgefangene. Dennoch gelang es ihnen, die meisten der SS-Wachen zu verhaften, die nach einer eintägigen, öffentlichen Gerichtsverhandlung – bei der man überwältigendes Beweismaterial gegen sie vorlegte – gehängt wurden. Die Russen legten Wert darauf, daß ihr Urteil von der Weltöffentlichkeit als gerecht anerkannt wurde; aus diesem Grund luden sie westliche Reporter nach Majdanek ein, um das Beweismaterial mit eigenen Augen zu begutachten. Endlich würde die zivilisierte Welt die wahre Arbeitsweise von Hitlers teuflischer *Endlösung* sehen: die Gaswagen, die Gaskammern, die Krematorien und die Massengräber.

Auch von den Fronten im Westen, sagte der Journalist, gab es gute Neuigkeiten. Die Alliierten rückten langsam, aber stetig aus der Normandie vor; außerdem waren sie in Südfrankreich gelandet, was die Schlinge um Hitlers Hals weiter zuzog. Aber der deutsche Rückzug aus dem Osten bedeutete eine große Gefahr für uns. Wahrscheinlich planten die Deutschen, ihre Truppen aus Ungarn abzuziehen und in die Slowakei zurückzuweichen. Wie ein verwundetes Tier würden sie wahrscheinlich noch tödlicher sein als zuvor, und dies brachte vor allem die restlichen slowakischen Juden in große Gefahr.

In der Zwischenzeit arbeiteten unsere russischen Kameraden wie eine gut geschmierte Propagandamaschine und erzählten uns unaufhörlich, wie überlegen ihr kommunistisches politisches System sei. Dennoch hatte ich bisher nur ihre Partisanen als gut organisierte und hervorragend funktionierende Einheit erlebt. Am 25. August hörten wir eine sensationelle Neuigkeit: Slowakische Partisanen hatten in voller Stärke ihre Angriffe auf die Deutschen begonnen. Am Bahnhof von Turčiansky Svätý Martin, einer Stadt im Zentrum der Slowakei, sprengten sie einen Tunnel und stoppten dadurch einen deutschen Zug voller hochrangiger deutscher Offiziere, die sich auf dem Rückweg ihrer militärischen Mission in Rumänien befanden. Bevor die Deutschen reagieren konnten, umstellten die Partisanen den Bahnhof und forderten die Offiziere auf, sich zu ergeben und ihre Waffen niederzulegen. Als sich einige von ihnen weigerten, erschossen die Partisanen sie alle, darunter auch einen General, Paul Otto, und seinen Stab. Zur gleichen Zeit wurden die Städte Turčiansky Svätý Martin, das nahe gelegene Ružomberok und Liptovský Svätý Mikuláš sowie einige kleinere Orte von den Partisanen besetzt, mit voller Unterstützung der dortigen slowakischen Garnisonen und der Polizei. In Diviaky stürmten die Partisanen, unterstützt von der Bevölkerung, ein großes Munitionsdepot und transportierten das Material in die Berge.

Vier Tage danach, am 29. August 1944, strömten die Menschen ins Freie und tanzten auf den Straßen: Der örtliche Radiosender gab bekannt, daß in der Slowakei ein nationaler Aufstand begonnen hatte. Bilder von Tiso und seinen sogenannten Ministern wurden zerrissen, weggeworfen und durch patriotische Plakate ersetzt, die die Bevölkerung dazu aufriefen, sich der Armee der Freien Slowakei anzuschließen. Die spontanen Feste gingen in einen wahren Feiertag über, und in den Restaurants und Bars gab es alle Getränke umsonst. Die russischen Partisanen wurden fröhlich zum Mittanzen gezwungen. Überall sah man nur glückliche Gesichter, und am glücklichsten waren die Juden.

Aber uns stand ein böses Erwachen bevor: Am nächsten Tag fielen die Deutschen – zumeist Einheiten der Waffen-SS, unterstützt von Panzern und Flugzeugen – aus allen Richtungen in der Slowakei ein. In der Tatra besetzten sie das Gebiet um Spis und die Stadt Kežmarok, während der Westen des Landes seine Loyalität zu Tiso erklärte. Er und seine Handlanger verurteilten den Aufstand und bezeichneten dessen Führer als jüdische Bolschewiken. Was für eine bittere Ironie – die wenigen überlebenden Juden mußten immer noch als Sündenböcke herhalten. Aber während man Tisos pathetische Phrasen vorhersehen konnte, war die Bevölkerung entsetzt darüber, daß der slowakische General Malar sein Versprechen brach und seine beiden Divisionen zurückhielt, anstatt zur Unterstützung des Aufstandes in den Osten des Landes zu marschieren. Die Deutschen machten sich sein Zögern sofort zunutze: Sie rückten in Prešov ein, besetzten sein Hauptquartier und nahmen ihn und seine Männer gefangen. Einigen von ihnen gelang es, sich den Partisanen anzuschließen, während andere ihre Uniformen auszogen und voller Abscheu nach Hause zurückkehrten, aber die meisten gerieten in deutsche Gefangenschaft. Die geplante Öffnung des Dukla-Passes, den Malars Truppen für die Russen halten wollten, kam nicht zustande. Sämtlicher Nachschub für die Aufständischen mußte über den einzigen vorhandenen Militärflughafen Tri Duby bei Banská Bystrica eingeflogen werden. Dadurch erhielten die Deutschen eine Atempause und konnten gegen die slowakischen Partisanen vorgehen, die schwere Verluste erlitten, bevor sie sich in kleinen Gruppen ins Gebirge zurückzogen. Dort verfügte die Freie Slowakische Armee über eine große Zahl von Soldaten – etwa sechzigtausend Mann, von denen ein Drittel bei den Partisanen kämpfte –, die aber nur schlecht ausgebildet waren und gegen die kampferfahrenen deutschen Truppen keine Chance hatten. Außerdem konnte die russische Luftbrücke nicht die schweren Waffen liefern, die wir gegen die näher rückenden deutschen Panzer benötigt hätten. Die Deutschen versuchten verzweifelt, die Slowakei und das »Protektorat Böhmen und Mähren« zu halten, die die letzte Pufferzone vor dem Deutschen Reich und Österreich bildeten. In Banská Bystrica wimmelte es mittlerweile von Flüchtlingen, von denen die meisten Juden waren.

Unsere Radiostation wurde von deutschen Flugzeugen bombardiert, nahm aber sofort danach mit einem provisorischen Sender den Betrieb wieder auf. Überall spann man politische Intrigen. Einige Gruppen unterstützten den demokratischen Präsidenten Beneš, der im Exil in London lebte, während andere, politisch links gerichtete Gruppierungen und vor allem die Kommunisten danach strebten, den Kommunistenführer Karol Schmidke an die Macht zu bringen, der eng mit den Russen zusammenarbeitete und den Großteil der Partisanentruppen kommandierte. Zeitungen unterschiedlichster Meinung erschienen und veröffentlichten die gegensätzlichen Standpunkte, und an jeder Wand schienen Flugblätter zu wachsen, die die verschiedenen Richtungen befürworteten. Die Juden versuchten, sich aus dieser Rivalität herauszuhalten; sie wollten nur überleben, und die Entwicklungen der letzten Tage wirkten nicht sehr ermutigend. Die SS rückte immer näher, verbrannte bei ihrem Vormarsch ganze Dörfer und erschoß Dutzende von Einwohnern unter dem Vorwand, sie hätten die Partisanen unterstützt. Und was die Juden betraf, verhielten sich diese Verbände, als ob sie kein anderes Ziel hätten, als alle Juden zu jagen und zu töten.

Unter den Flüchtlingen waren auch drei Juden aus Bochnia bei Krakau, die mit der Unterstützung eines polnischen Komitees als »Arier« in Budapest gelebt hatten. Als die Deutschen die ungarische Hauptstadt besetzten, hielten sie den Zeitpunkt für eine Flucht für gekommen. Es handelte sich um zwei Brüder namens Finder und den Rechtsanwalt Morgenbesser, und sie entschlossen sich, ihre »arische« Identität aufrecht zu erhalten, weil wir alle wußten, daß auch die Russen keine großen Freunde der Juden waren. Im Laufe der Zeit schlossen sich unserer kleinen Gruppe weitere polnisch-jüdische Flüchtlinge an, darunter auch ein Mann namens Kargul, der Leutnant in der polnischen Armee gewesen war, sowie Józef Jakubowicz, ein ehemaliger Feldwebel. Sie zeigten sich beeindruckt von den Abzeichen der ausländischen Alliierten, die einige Soldaten in der Stadt trugen, und kamen auf die Idee, eine freiwillige Freie Polnische Einheit zu gründen, die sich der Freien Tschechoslowakischen Armee anschließen sollte. Als sie uns fragten, ob wir uns ihnen anschließen wollten, dachten wir über ihren Vorschlag nach und stimmten schließlich zu. Leutnant Kargul wandte sich ans Hauptquartier und traf dort auf begeisterte Zustimmung. Unser Partisanenkommandant erlaubte uns zu gehen, verlangte aber, daß wir unsere Waffen zurückließen, mit Ausnahme der deutschen Pistole, die er mir geschenkt hatte. Wir wurden als polnische Einheit der Freien Tschechoslowakischen Armee vereidigt und zu den in Banská Bystrica stationierten Einheiten abkommandiert. Anschließend führte man uns zu einer Baracke, wo wir Uniformen und Waffen erhielten. Zunächst kamen wir uns gegenseitig merkwürdig und ungewohnt vor – es war das erste Mal, daß wir Militäruniformen trugen. Aber wir gewöhnten uns schnell daran, richtige Soldaten zu sein, und waren stolz darauf.

Eines Tages begegneten wir unter den vielen slowakischen Juden einer jungen Mutter mit ihrem kleinen Sohn und ihrer Tochter. Sie war die Frau des Oberrabbiners der Slowakei, Dr. Armin Frieder, eines bemerkenswerten religiösen Führers, der bei der Rettung der polnischen Juden eine sehr aktive Rolle spielte. Der schnelle Verlauf der Ereignisse in der Slowakei hatte beide getrennt. Sie war eine besonders liebenswürdige Frau, und wir fühlten uns geehrt, unsere Hilfe anbieten zu können und mit ihr und ihren Kindern in Kontakt bleiben zu dürfen.

Bei einer anderen Gelegenheit hörte ich plötzlich, wie in unserem Café Englisch und Französisch gesprochen wurde. Ich ging hinüber zu dem Tisch, an dem diese Männer saßen, und versuchte mich mit ihnen zu unterhalten, so gut es meine geringen Englischkenntnisse zuließen. Es handelte sich um geflohene Kriegsgefangene – Australier, Neuseeländer und Franzosen –, die sich in die Slowakei durchgeschlagen hatten und nun hofften, zu ihren eigenen Truppen zurückkehren zu können. Wir fanden jemanden, der Englisch sprach, und seine Übersetzung erleichterte unser Gespräch. Sie erzählten uns, daß sie darauf warteten, mit der ersten englischen oder amerikanischen Maschine ausgeflogen zu werden, die in Tri Duby landete, um nach Italien oder England gebracht zu werden. Die Führer des Aufstandes erwarteten militärische Unterstützung von den westlichen Alliierten. Ich bat die Männer, meinen Verwandten in den USA eine Nachricht zu überbringen, und gab ihnen eine Adresse, an die ich mich erinnerte. Sie wollten keinen Brief annehmen, versprachen mir aber, meine Verwandten zu suchen, um sie wissen zu lassen, daß sie mich gesehen hatten. Ich schrieb mir die Adressen der Franzosen auf und versprach, mich nach dem Krieg mit ihnen in Verbindung zu setzen.

Kurz danach erlebten wir noch eine größere Überraschung: Wir hörten von den slowakischen Juden der Stadt, daß eine Gruppe jüdischer Fallschirmspringer aus Palästina, die über der Slowakei abgesprungen waren, Banská Bystrica erreicht hatte und sich mit uns treffen wollte. Am nächsten Morgen warteten sie auf uns. Es war ein unvergeßlicher Augenblick: Vor uns standen drei Männer und eine Frau in englischen Uniformen mit palästinensischen Abzeichen. Es fiel uns nicht leicht, die Beherrschung zu bewahren, als wir tatsächlich jüdischen Offizieren aus unserem Heiligen Land begegneten. Sie waren vor dem Krieg aus Ungarn und der Slowakei als Pioniere nach Palästina gegangen, um dort in einem Kibbuz zu leben. Alle hatten sich freiwillig für die Aufgabe gemeldet, mit dem Fallschirm über dem besetzten Europa abzuspringen, dort Kontakt mit noch lebenden Juden aufzunehmen und so viele wie möglich zu retten. Darüber hinaus sollten sie Zeugenaussagen und Beweise für die Greueltaten der Nazis sammeln, um sie einem internationalen Kriegsverbrechertribunal vorzulegen, das die Alliierten nach dem Gewinn des Krieges ins Leben rufen wollten. Ihr Auftrag wurde von der *Jewish Agency for Palestine* (dem Jüdischen Büro für Palästina) bezahlt und von den Engländern unterstützt. Die vier gehörten einer größeren Gruppe an, die mit dem Fallschirm über Jugoslawien abgesprungen war und sich dann aufgeteilt hatte, um nach Italien, Ungarn und in die Slowakei zu gehen. Die ungarische Abteilung wurde von einer Frau geführt, Hannah Szenes. Die slowakische Einheit bestand aus Haviva Reik, Chaim Hermesh, Rafael Reiss und Zvi Ben Ya'acov. Sie alle gehörten zu den Kibbuznik. Die jugoslawischen Partisanen nahmen sie in Empfang und begleiteten sie auf ihrem Weg, und Hermesh hatte tatsächlich sogar Tito getroffen. Alle vier besaßen einen britischen Offiziersrang und waren überzeugte Zionisten, bereit, ihr Leben zu geben, um die letzten Juden Europas zu retten.

In der Slowakei setzten sie sich als erstes mit gleichgesinnten Kirchenführern in Verbindung und versuchten, mit deren Hilfe falsche Geburts- und Taufurkunden für slowakische Juden ausstellen zu lassen. Es berührte uns tief, als wir aus erster Hand erfuhren, daß wir nach so vielen Jahren des Schweigens nicht völlig von der zivilisierten Welt vergessen worden waren, und sei es auch nur von unseren jüdischen Brüdern und Schwestern. Sie baten uns, von unseren Erlebnissen unter den Nazis zu berichten und zeigten sich von unseren Erzählungen sichtbar bewegt. Chaim Hermesh und ich wurden enge Freunde und trafen einander häufig. Wir tauschten gegenseitig Fotos und unsere Adressen aus, in der Hoffnung, mit Gottes Hilfe diesen Krieg zu überleben.

Bald darauf hörten wir, daß Hitler mit seinem Befehlshaber in der Slowakei, General Berger, unzufrieden war, weil es diesem nicht gelang, den Aufstand niederzuschlagen. Berger wurde durch den SS-Sturmbannführer Hermann Höfle ersetzt. Mehrere Male griffen deutsche Bomber unsere Stadt an, aber die Schäden blieben gering. Ein viel größeres Problem ergab sich aus der Tatsache, daß die nur leicht bewaffneten slowakischen Widerstandskämpfer und Partisanen den Divisionen der Waffen-SS weit unterlegen waren, die im Osten die Städte Telgárt und Spišská Nová Ves angriffen und im Süden im Hron-Tal durchbrachen und damit Zvolen und Banská Bystrica bedrohten. Es kursierten bereits Gerüchte, daß sich die slowakische Armee in die Berge zurückziehen wollte, wo sie eine bessere Chance hatte, einen Guerillakrieg weiterzuführen. Auf diese Weise wäre der Weg für den deutschen Vormarsch frei gewesen.

Die Nachrichten von den vorrückenden Deutschen sorgten für Spannungen in der Stadt, die noch vor kurzer Zeit so überglücklich gewesen war; und unter den Juden erreichte die Angst panische Ausmaße. Es war schrecklich, darüber nachdenken zu müssen, daß wir in die bösartigen Hände der SS fallen sollten, nachdem wir so lange und unter so grausamen Umständen überlebt hatten – jetzt, da der Krieg fast vorüber war und die Befreiung der Slowakei durch die schon an der Grenze stehenden russischen Truppen kurz bevorstand. Als ich eine Pause während unserer Ausbildung dazu nutzte, in die Stadt zu gehen, riet ich allen Juden, denen ich begegnete, sich in der Nähe unseres Lagers aufzuhalten. Falls wir uns ebenfalls ins Gebirge zurückziehen mußten, sollten sie mit uns kommen. Außerdem besuchte ich Frau Frieder und riet ihr, sich an Chaim zu wenden und für sich und ihre beiden Kinder »arische« Papiere ausstellen zu lassen.

In der Zwischenzeit rückten die Deutschen immer näher. Unsere Truppen räumten den Flughafen Tri Duby, und am 25. Oktober hörten wir, daß die Deutschen das nur zwanzig Kilometer entfernte Brezno eingenommen hatten. Nun lagen nur noch Zvolen und ein schmaler Landstreifen zwischen ihnen und uns. Der letzte Befehl von General Viest lautete, daß alle Einheiten der Freien Tschechoslowakischen Armee den russischen Partisanenbrigaden unterstellt wurden.

14
Rückzug in die Berge.
Slowakei, Ende Oktober 1944

Unsere Hoffnungen erhielten einen weiteren Dämpfer, als die Deutschen am nächsten Tag Zvolen einnahmen und unsere Truppen den Befehl erhielten, Banská Bystrica zu evakuieren, das nach dem Fall von Zvolen ohne Gegenwehr aufgegeben werden mußte. Wir stürzten in die Stadt, um unseren Freunden mitzuteilen, daß wir ins Gebirge ziehen würden, aber ich konnte Chaim nirgends finden. Frau Frieder bat uns, sie mitzunehmen, aber wir befürchteten, daß die Berge kein geeigneter Ort für sie und ihre kleinen Kinder waren. Dort oben würde es rauh und sehr kalt sein. Aber sie bestand darauf. Schließlich übernahm einer aus unserer Truppe, Morgenbesser, die Verantwortung für sie, und wir brachten sie ins Lager. Im Laufe der Nacht schlossen weitere Juden sich uns an und berichteten, daß sofort nach dem Abzug der Soldaten der Pöbel die Stadt übernommen hatte und nun alle Geschäfte plünderte, vor allem die Spirituosenläden. Am frühen Morgen des 28. Oktober 1944, dem Jahrestag der Gründung der Tschechoslowakei, machten sich die kämpfende Truppe und viele Zivilisten auf den Weg. Zu Fuß und mit einer Vielzahl von Fahrzeugen und Karren versuchten wir, das Staré Hory-Tal zu erreichen, das den einzigen Zugang zur Niederen Tatra bot. Dort hofften wir, uns größeren Partisanenverbänden anschließen zu können. Es war ein kalter und nebliger Tag mit Graupelschauern, und der Himmel blieb lange dunkel. Unsere Einheit teilte sich in zwei Gruppen und nahm die Flüchtlinge in die Mitte, damit niemand verloren ging. Der ganze Zug bestand aus etwa fünfundsiebzig Soldaten und Flüchtlingen, zumeist Männern, sowie der Familie Frieder. Vor uns gingen eine große Zahl slowakischer Soldaten und verschiedene Partisanengruppen. Aufgrund der vielen Menschen und Militärfahrzeuge kamen wir auf der schmalen Bergstraße nur langsam vorwärts. Immer wieder mußten wir anhalten, um Fahrzeuge vorbeizulassen. Gegen Mittag hob sich der Nebel, und wir konnten die Berge sehen, die unser Tal wie hoch aufragende Zelte einrahmten. Plötzlich tauchten deutsche Flugzeuge über uns auf und begannen, Bomben auf die

Kolonnen zu werfen und im Tiefflug aus ihren Maschinengewehren zu feuern. Die völlig verängstigte Menge hatte viele Opfer zu beklagen. Jeder floh und suchte Deckung abseits der ungeschützten Straße. Einige von uns fanden Schutz unter einer kleinen Steinbrücke, die über einen Bach führte, und als ich mich auf den Boden warf, fiel ein anderer Mann auf mich. Ich hörte die Schreie der Verwundeten, die Explosionen der Bomben und das Stakkato der Maschinengewehre, aber als die Flugzeuge abdrehten, konnte ich nicht aufstehen. Der Mann lag quer über meinen Beinen. Ich rief um Hilfe, und einige andere Männer zogen mich heraus. Der Mann war tot, entweder von einer Kugel oder einem Schrapnell getroffen. So knapp war ich bisher noch nie davongekommen. Als ich wieder ins Freie kam, bot sich mir ein Bild der Verwüstung: Überall lagen Tote und Verwundete, Blut floß in Strömen und zwischen den brennenden Fahrzeugen und zerfetzten Pferdeleichen sah man abgerissene Körperteile. Die Sanitäter waren nicht in der Lage, sich um die vielen Verletzten zu kümmern. Wir befürchteten, daß die Deutschen sich kurz hinter uns befanden und daß ihre Flugzeuge zurückkommen würden, um das Massaker zu vollenden. Henry und Mietek waren unverletzt; sie konnten sich unter einen großen Baum retten, aber viele aus unserer Gruppe hatten den Tod gefunden. Als wir umhergingen, um ihre Körper zuzudecken, entdeckten wir die Leichname von Frau Frieder und ihrer Tochter. Der kleine Sohn Gideon stand neben ihnen und weinte verzweifelt; er begriff nicht, was geschehen war. Es gelang mir nicht, ihn wegzuziehen, und erst als ich ihm versprach, daß wir bald zurückkommen würden, um seine Mami zu besuchen, ergriff er meine Hand und kam mit mir. Viele der Verwundeten wären am Leben geblieben, wenn wir Ärzte und Medizin oder ein Krankenhaus in der Nähe gehabt hätten, aber in dieser Situation konnten wir nichts für sie tun. Wir versuchten, unsere Ohren vor ihren mitleiderregenden Rufen zu verschließen und unsere Blicke von ihren flehenden Augen abzuwenden. Das einzige, was uns übrigblieb, war, diejenigen zu retten, die noch laufen konnten. Für alle anderen kam jede Hilfe zu spät, und obwohl dies grausam erschien, hatte es einfach keinen Zweck, darauf zu warten, daß uns ein ähnliches Schicksal widerfuhr. Daher suchten wir nach einem Weg in die Berge, abseits der Straße, die sich als Todesfalle erwiesen hatte. Schließlich entdeckten wir eine Lücke zwischen den Felsen und begannen zu klettern. Der Aufstieg war steil und gefährlich, und wir mußten einzeln hintereinander gehen und dabei die Verwundeten stützen und schieben. Aber die Aussicht, daß jeder Schritt uns der Sicherheit ein Stück näher brachte, trieb uns an.

Je höher wir kamen, desto kälter wurde es, und als es zu regnen begann, waren wir in kurzer Zeit durchnäßt und durchgefroren. Abwechselnd trug jeder von uns den kleinen Gideon, der immer noch weinte und nach seiner Mutter rief. Und niemand kannte den Aufenthaltsort seines Vaters, der ihn nach Banská Bystrica in Sicherheit geschickt hatte.

Gegen Abend hielt einer der Partisanenkommandeure die Kolonne an, und seinen erfahrenen Kämpfern gelang es, trotz der Nässe ein Lagerfeuer zu entzünden. Wir ließen die Verwundeten und die Kinder nahe am Feuer schlafen, während wir wechselseitig die Wache übernahmen. Als ich an der Reihe war, konnte ich unten im Tal viele Feuer leuchten sehen. Ich wußte, daß die Deutschen sie ebenfalls entdecken würden, aber das spielte keine Rolle. Ihre Piloten hatten diese Information mit Sicherheit an die Truppen auf dem Boden weitergegeben. Zumindest würden sie uns nicht während der Nacht bombardieren. Am nächsten Morgen löschten wir in aller Frühe das Feuer und machten uns wieder auf den Weg, immer weiter und höher ins Gebirge. Es regnete stark, aber das störte niemanden. Der Regen, der sich in Schneeregen verwandelte, je höher wir kamen, war der beste Schutz gegen Überfälle aus der Luft. Aber aufgrund der Kälte und des glatten Bodens kamen wir nur noch im Schneckentempo voran. Viele der vor uns Gehenden ließen ihre Habe zurück, weil sie nur noch die lebenswichtigsten Dinge tragen konnten.

Aus meiner Zeit als Bergsteiger vor dem Krieg kannte ich die Gefahr, die drohte, wenn man zu lange in der Eiseskälte stehenblieb. Die Erholung, die eine solche Pause bietet, ist trügerisch und kann leicht zum Tod durch Erfrieren führen. Dazu kam, daß wir alle naß waren und schwitzten. Also riet ich jedem in unserer Gruppe, bei einer Pause weiter mit den Armen zu schlagen und mit den Füßen aufzustampfen; außerdem sollte sich niemand abseits von den anderen ausruhen, damit wir uns gegenseitig im Auge behalten konnten. Die anderen sahen, wie recht ich hatte, als wir an einigen erfrorenen Körpern von Menschen vorbeikamen, die vor uns gegangen waren und für eine Rast Halt gemacht hatten. Sie saßen völlig steif auf ihrem Platz, als ob sie schliefen. Auf unserem Weg passierten wir immer größere Mengen zurückgelassener Habseligkeiten, ließen aber alles liegen. Wir konnten keine weiteren Lasten tragen. Aber jedesmal, wenn ich eine Waffe sah, nahm ich sie auf und gab sie einem der Flüchtlinge, in der Hoffnung, daß dieser sie im Notfall benutzen könnte. Weiter unten im Tal hörten wir gelegentlich Gewehrfeuer. Die Deutsche holten das Ende unserer Flüchtlingskolonne ein, und der unheilvolle Klang verlieh uns zusätzliche Kraft. Als es dunkel wurde, fanden wir einen ebenen Lagerplatz und entzündeten ein großes Feuer, an dem sich alle warm halten konnten. Ich hatte noch etwas Brot, daß ich mit geschmolzenem Schnee hinunterspülte. Dann setzte ich mich ans Feuer und ruhte mich aus, bis meine Wache begann. Die angenehme Wärme des Feuers machte mich schläfrig, und ich mußte eingenickt sein, denn plötzlich wurde ich von einem stechenden Schmerz geweckt und sah, daß mein Schuh in Brand geraten war. Ich sprang auf, stampfte meinen Schuh in den Schnee und löschte das Feuer, aber meine Sohle hatte ein großes Brandloch. Ich war verzweifelt, denn mit nur einem Schuh konnte ich unmöglich durch die rauhe, eiskalte Gebirgslandschaft weitermarschieren. Mietek und ein anderer Mann aus meiner Einheit, Stefan Kocan, sahen, was geschehen war und riefen einen der russischen Partisanen zu uns herüber. Der Mann erfaßte die Situation mit einem Blick, maß meinen Fuß mit einem Stück Schnur und sagte mir, ich solle beim Feuer auf ihn warten. Kurz darauf kehrte er mit einem Paar Stiefel zurück, die mir genau paßten. Im Grunde waren sie sogar ein klein wenig zu groß, so daß ich noch ein weiteres Paar Socken darin tragen konnte. Daraufhin nahm Stefan spontan seine Armbanduhr ab und schenkte sie dem Russen. Er hätte sich nicht besser bedanken können: Wir alle wußten, wie sehr die Russen Armbanduhren liebten. Ich war mir nicht sicher, woher meine neuen Stiefel stammten; aber ich wollte auch nicht danach fragen, weil ich annahm, daß er sie einem Toten ausgezogen hatte. Diese Unkenntnis ließ mir zumindest die Hoffnung, daß es sich um einen Deutschen gehandelt haben könnte. Stefan sagte ich, daß ich ihm – falls wir überlebten – sofort nach Kriegsende die beste Armbanduhr besorgen würde, die ich bekam, egal ob ich sie kaufen oder stehlen mußte. Er war einverstanden.

Am nächsten Morgen zogen wir auf dem Kamm des Gebirges in Richtung Prasiva nach Nordosten. Wir wußten, daß in der Nähe einige Partisaneneinheiten ein Lager aufgeschlagen hatten und hofften, sie dort anzutreffen. Leider trafen wir niemanden mehr an, aber als wir einen Platz für die Nacht suchten, fanden wir eine Stelle, die zum Bau eines Bunkers geeignet schien. Die Russen, die in diesen Dingen Erfahrung hatten, waren der gleichen Meinung, aber wir benötigten Werkzeug für eine derart große Aufgabe, und die einzige Möglichkeit bestand darin, zurück ins Tal zu gehen, um es dort zu holen. Dies war eine gefährliche Aufgabe, die nur starke junge Männer bewältigen konnten, denn neben der Gefahr durch die Deutschen mußten auch noch schwere Lasten weit nach oben ins Gebirge getragen werden. Dennoch meldeten sich viele Freiwillige, unter ihnen auch Henry, Mietek und ich. Wir sorgten uns nicht darum, was mit uns geschehen würde, sondern um den kleinen Gideon Frieder, der immer noch wegen seiner Mutter weinte. Als wir ihm sagten, daß wir sie im nächsten Dorf treffen würden, beruhigte er sich.

In dieser Nacht wurden wir vom Wachdienst befreit, um uns für die harte Arbeit des nächsten Tages ausruhen zu können. Am nächsten Morgen brachen wir in aller Frühe auf und gingen ohne Pause weiter, bis wir uns direkt oberhalb der Straße befanden. Dort hatte sich nichts verändert, bis auf die Tatsache, daß die toten Körper mittlerweile steifgefroren waren. Vorsichtig stiegen wir den Hang hinunter und sammelten alles, was wir brauchen konnten, aus den Wracks; wenn nötig, schnitten wir einzelne Teile aus den Lastwagen. Als Mechaniker wußte Mietek genau, wonach wir suchen mußten und wo wir es fanden. Wir sammelten, soviel wir tragen konnten, und machten uns auf den langen Rückweg. Das Gewicht unserer Last zwang uns zu häufigen Pausen, aber wir achteten darauf, dabei mit den Füßen aufzustampfen und die Arme zu bewegen, um den Blutkreislauf anzuregen. Als wir schließlich unsere Vorposten erreichten, baten wir sie darum, weitere Männer herunterzuschicken, um uns beim letzten Stück zu helfen. Den Tag über hatten die auf dem Berg Zurückgebliebenen die Habseligkeiten entlang des Pfades durchsucht und dabei alles, was nützlich erschien, ins Lager gebracht. Die erfahrenen Russen schnitten große Fleischstücke aus den Kadavern der Pferde, die bei dem Luftangriff umgekommen waren. Sie wußten, daß wir es uns nicht leisten konnten, Nahrungsmittel zu vergeuden, und begruben das Fleisch unter einer Schneeschicht, damit es nicht verdarb.

Dank der mitgebrachten Werkzeuge konnte sofort mit dem Bau des Bunkers begonnen werden. Einige Männer fällten Bäume, die sie

als Bauholz verwandten, während sich andere in den Berghang hinein-
gruben – eine harte Arbeit, da sie sich durch gefrorene Erde und
Gestein vorarbeiten mußten. Aber unsere Moral war ungebrochen,
und wir arbeiteten wie besessen. Wir beschlossen, am nächsten Tag
noch einmal ins Tal hinabzusteigen und brachen lange vor Sonnenaufgang auf, um an Ort und Stelle zu sein, bevor die Deutschen kamen
und alles Brauchbare zerstörten. Als wir oberhalb der Straße angelangt
waren, schickten wir zwei Männer hinab, um zu sehen, ob die Luft
rein war; danach folgten wir ihnen so schnell wie möglich. Ohne auch
nur einen kurzen Augenblick zu rasten, nahmen wir alles an uns, was
uns nützlich erschien, und machten uns wieder auf den Rückweg. Da
unsere Last diesmal nicht so schwer war, kamen wir schneller vorwärts. Am Mittag des nächsten Tages war der Bunker fertig und mußte
nur noch überdacht werden; aber zunächst trugen wir einen kleinen
Ofen hinein, um den schlammigen Boden zu trocknen. Dann holten
wir die Planen, die wir von den Lastwagen abgeschnitten hatten, und
spannten sie straff über den Bunker. Als nächstes bedeckten wir die
Plane mit der ausgegrabenen Erde, um die Spuren der Erdarbeiten zu
beseitigen und um unseren Bunker zu tarnen, und zum Schluß
bedeckten wir alles mit Schnee. Das einzige Problem bildete der
Kamin. Die erfahrenen Russen rieten davon ab, ein Loch in das Dach
zu schneiden, da dieses leicht von Tiefffliegern entdeckt werden
konnte. Schließlich entschieden wir uns für einige Luftlöcher an der
Seite, was bedeutete, daß wir den Ofen nur bei Nacht, zum Kochen
und zum Schmelzen von Schneewasser gebrauchen konnten. Inzwischen hatten wir uns gut organisiert, beinahe wie eine Großfamilie. Es
war ein sehr schönes Gefühl, und wir verbrachten viele Stunden damit,
uns gegenseitig unsere Erlebnisse zu erzählen.

Nachdem wir uns eingerichtet hatten, beschlossen wir, Kontakt zu
anderen Partisaneneinheiten aufzunehmen. Wir waren sicher, daß sie
sich genau wie wir im Gebirge versteckt hielten. Als ich auf Wache
ging, bewunderte ich den Frieden und die Schönheit dieses Ortes,
der so hoch über allem lag, daß er schon fast die Sterne berührte. Hier
zeigte die Natur sich von ihrer besten Seite. Nur die verfluchten Deutschen, deren Maschinengewehrfeuer gelegentlich als Echo bis zu
unserem Versteck drang, störten die Idylle.

Da das Wetter immer rauher und sehr kalt wurde, beschlossen
Henry, Mietek und ich, den kleinen Gideon Frieder in ein Dorf zu

bringen. Dies war kein Ort für ein Kind. Stefan wollte mitgehen, um uns zusätzlichen Schutz zu gewähren, und früh am nächsten Morgen machten wir alle uns auf den Weg. Wir trugen den Jungen abwechselnd huckepack, aber als wir zu unserem Platz oberhalb der Todesstraße kamen, stellten wir sofort fest, daß dort Menschenhände am Werk gewesen waren. Jemand hatte die ganze Straße geräumt. Wir fanden eine Reihe schlichter Gräber, und auch die zusammengeschossenen Fahrzeuge waren auf die Seite geschoben worden. Wir schauten uns um und warteten, bis wir sicher sein konnten, daß niemand in der Nähe war. Dann überquerten wir schnell die Straße und gingen im Schutz der baumbestandenen Hügel weiter, wobei wir immer die Straße im Auge behielten. Spätabends entdeckten wir Lichter in der Ferne, ein kleines, abgelegenes Dorf am Fuß des Gebirges. Als wir uns direkt oberhalb des Dorfs befanden, hielten wir an, um die Lage zu sondieren, und als alles ruhig erschien, gingen wir zum ersten Haus. Mietek und ich klopften an der Tür, während Henry und Stefan uns deckten und den Jungen bei sich hatten. Als sich die Tür öffnete, jagte unser Anblick den Leuten im Haus offensichtlich einen Schrecken ein. Wir hatten ganz außer acht gelassen, daß zwei fremde, wild aussehende Männer mit Gewehren und Handgranaten um die Hüften nicht unbedingt zu den Gästen gehören, die man nach Anbruch der Dunkelheit besonders gern willkommen heißt. Aber ich wußte, daß lange Erklärungen keinen Sinn hatten, und teilte den Bewohnern barsch mit, daß wir einen Jungen mit uns führten, der Unterkunft und Pflege benötigte und daß wir von ihnen erwarteten, ihn aufzunehmen. Ohne eine Antwort abzuwarten, schob ich Gideon dem Mann in die Arme. Ich sagte Gideon, daß diese Menschen unsere Freunde wären und er bei ihnen bleiben sollte, bis wir wiederkämen, um ihn zu seiner Familie zurückzubringen. Wir gaben den Bauern keine Möglichkeit, nein oder auch ja zu sagen. Mietek und ich erzählten ihm leise, daß der Junge eine Halbwaise war und vor wenigen Tage bei einem deutschen Luftangriff Mutter und Schwester verloren hatte. Sein Vater sei ein bedeutender jüdischer Führer. Sie alle wären verantwortlich für die Sicherheit und das Wohlbefinden des Jungen; falls ihm irgend etwas zustöße, würde unsere Partisaneneinheit zurückkehren und ihr Haus mitsamt allen Bewohnern niederbrennen. Die Bauern schienen von unserer »geschäftsmäßigen« Haltung beeindruckt zu sein; sie akzeptierten ohne

Widerrede, und die Bauersfrau bot uns sogar noch eine warme Mahlzeit an, die wir nicht ausschlugen. Mir fiel auf, daß der Bauer auch als Schuhmacher arbeitete, und ich notierte mir seinen Namen und den des Dorfes, Buly. Der kleine Gideon war vom schnellen Ablauf der Ereignisse so überwältigt, daß er nicht einmal weinte, als wir uns verabschiedeten. Ich glaube, daß wir trauriger waren als er, aber als wir ins Gebirge zurückmarschierten, wußte ich, daß wir ihn in gute Hände gegeben hatten. Es wäre mit Sicherheit unmöglich gewesen, ihn den Winter über im Gebirge zu behalten. Ich betete, daß wir uns bald der russischen Armee anschlossen und ihn zu seinem Vater zurückbringen konnten, der sich hoffentlich irgendwo in der Slowakei in Sicherheit befand. Vielleicht war ich zu rauh mit den Bauern umgesprungen, aber ich hatte genug Erfahrung gesammelt, um zu wissen, daß ihre Furcht vor Vergeltung die beste Lebensversicherung für Gideon bildete.

Wir kehrten ohne Zwischenfälle in unser Feldlager zurück und stellten erfreut fest, daß der frisch gefallene Schnee unseren Bunker selbst aus kürzester Entfernung nahezu unsichtbar machte. Gleichzeitig ermöglichte es seine dominierende Lage, jede Art von Angriff zurückzuschlagen, den dieses Gelände zuließ. Es bestand keine Gefahr, daß ein Panzer jemals bis hier oben kommen würde. Aber unser Hauptziel war kein idyllisches Leben in einem Bergbunker, sondern der Kampf gegen die Deutschen, und um wirkungsvoll kämpfen zu können, mußten wir mit anderen Einheiten Kontakt aufnehmen. Also machte sich eine Gruppe unserer Männer, unter Führung einiger erfahrener russischer Partisanen, in nordöstliche Richtung auf. Wir kamen nur sehr langsam vorwärts – zum einen wegen des tiefen Schnees, zum anderen, weil wir unliebsame Überraschungen vermeiden wollten. Wir fanden keine Fußspuren im Schnee, was sehr beruhigend war. In der Nacht suchten wir nach Feuern oder Rauch, konnten aber ebenfalls nichts entdecken. Die Nacht verbrachten wir rund um ein kleines Feuer. Am nächsten Morgen entdeckten wir einige Männer und riefen zu ihnen hinüber. Sie waren ebenso mißtrauisch wie wir, und zwei von ihnen näherten sich mit schußbereitem Gewehr, während wir mit unseren Gewehren auf sie zielten. Die Männer sprachen Russisch, und nachdem wir gegenseitig unsere Papiere überprüft hatten, umarmten wir uns, und die beiden Gruppen vermischten sich fröhlich. Dann führten sie uns zu einem gut bewachten Bunker, um den herum sich viele Männer und Frauen aufhielten, die alle Russisch sprachen. Es handelte sich um einen großen, gut organisierten Partisanenverband, die sogenannte Stalinbrigade unter Führung von Major Jegorow. Er war mit ein paar Männern im August mit dem Fallschirm über der Slowakei abgesprungen und hatte in wenigen Wochen alle kleinen Partisanengruppen, die er finden konnte, um sich gesammelt und zu einer kämpfenden Brigade vereinigt, einem der größten Partisanenverbände in der Zentralslowakei. Sie hatten bereits in der Niederen Tatra und in Fatras gekämpft und sich dabei tapfer geschlagen. Jegorow zeigte sich gern bereit, uns in seine Brigade aufzunehmen und versprach, uns einen seiner Offiziere zu schicken, um den Befehl zu übernehmen. Wir übernachteten bei ihnen und stellten fest, daß unser Bunker viel sauberer war als der ihre. Allerdings verfügten sie über schwere Waffen und eine große Zahl kämpfender Männer und Frauen. Jegorow erhielt seine Befehle direkt aus Kiew, und die ihm unterstellten Partisanenverbände bekämpften die Deutschen bei jeder Gelegenheit.

Wir waren froh, daß wir nach ihnen gesucht hatten, anstatt darauf zu warten, daß sie uns fanden. Ein solches Verhalten hätte gefährlich sein können, da in diesen Tagen jeder vor Spionen und Verrätern auf der Hut war. Dazu kam, daß wir glücklicherweise sofort bei unserem ersten Versuch auf einen der ranghöchsten Kommandeure gestoßen waren. Also kehrten wir bester Laune zurück und teilten unseren Kameraden die gute Nachricht mit, daß wir ab sofort Teil einer Partisanenarmee waren.

Einige Tage danach kam Jegorows Vertreter, Hauptmann Marcuk, in unser Lager. Er wurde von einigen bewaffneten Männern begleitet. Marcuk, ein Polnisch sprechender Ukrainer, übernahm sofort das Kommando über unsere Einheit. Er zeigte sich sehr zufrieden über unseren Bunker und die Mengen an Waffen und Munition, die wir gesammelt hatten, und versprach, uns ein Funkgerät, Sprengstoff und einige Maschinenpistolen mitzubringen. Als nächstes erhielten wir sehr unangenehmen Besuch – Läuse. Ich wußte nicht, auf welchem Weg sie uns erreicht hatten, aber sie waren eine Plage und vermehrten sich explosionsartig vor unseren ungläubigen Augen. Wir nahmen an, daß die Russen aus Jegorows Lager sie mitgebracht hatten. Was wir auch versuchten: Wir konnten sie nicht loswerden. Selbst wenn man sein Hemd im Schnee eingrub, fanden sie noch einen Weg ins Freie. Das Problem verschlimmerte sich, weil wir in unseren Kleidern auch schlafen mußten, um gegen einen Überraschungsangriff gerüstet zu sein. Marcuk riet uns unbekümmert, uns daran zu gewöhnen, da Läuse zum Leben eines Partisanen gehörten. Er riet uns, sehr vorsichtig zu sein, weil einige Einheiten bereits von Verrätern der Wlassow-Armee und der Hlinka-Garden betrogen worden waren, die sich ihren Weg in die Lager erschlichen hatten und dort alle ermordeten. Die Deutschen waren ebenfalls aktiv: Sie warfen über den Bergen Flugblätter ab, auf denen sie den Slowaken bei einer Kapitulation eine sichere Rückkehr nach Hause versprachen. Diejenigen, die dem Aufruf folgten, wurden zunächst gefoltert, bis sie Informationen preisgaben, und dann erschossen. Selbst die Generäle Viest und Golian der Freien Slowakischen Armee, die sich in einem Bauernhaus in Bukowec versteckt hielten, fielen einem Verrat zum Opfer. Außerdem kam aus relativ verläßlichen Quellen die Nachricht, daß die Mitglieder der amerikanischen Einsatztruppe, ebenso wie einige andere ausländische und tschechoslowakische Offiziere, in Gefangenschaft geraten, der Gestapo übergeben und nach Deutschland gebracht worden waren. Die Deutschen massakrierten alle Slowaken, die sich weigerten, zu kooperieren. Sie hatten die Dörfer Nemecka und Hronom dem Erdboden gleichgemacht und alle Bewohner getötet.

Marcuk erzählte uns auch, daß laut einigen an Jegorow gesandten Berichten Präsident Tiso und ein hoher Würdenträger der Kirche am 30. Oktober nach Banská Bystrica gekommen waren, um den SS-Sturmbannführer Höfle auszuzeichnen und einen Dankgottesdienst zu feiern, bei dem Höfle höchstpersönlich mit seinen blutbefleckten Händen die Orgel spielte. Wenn es nicht so traurig gewesen wäre, hätte man darüber lachen können: Eine Versammlung von Dieben und Mördern, die zu Ehren Gottes und Adolf Hitlers einen Gottesdienst abhält. Und der Priester Tiso behängte die Brust der Mörder seines eigenen Volkes mit vielen Medaillen und segnete sie im Namen des Vaters und des Sohnes und des Heiligen Geistes.

Jegorows Lager verfügte über mehrere Radiogeräte, und Marcuk gab uns einen Überblick über die Lage an den Fronten. Die einzige schlechte Nachricht lautete, daß der Warschauer Aufstand gescheitert war. Über einhunderttausend Polen waren tot, die Stadt ein Trümmerfeld, und viele Überlebende wurden in die Konzentrationslager verschleppt. Aber die Russen hatten das Baltikum abgeschnitten, sich mit Titos Partisanen vereinigt und die Adria erreicht. Athen war befreit. Außerdem schloß die Rote Armee Ungarn ein, drang von Norden und Süden in die Slowakei vor und hatte im Osten bereits einige slowakische Städte befreit.

Marcuk begann sofort damit, unsere militärischen Fähigkeiten zu verbessern. Er organisierte ein neues Wachsystem, gab jeden Morgen und Abend neue Kennwörter aus, exerzierte den ganzen Tag über mit uns und unterrichtete uns in den neuesten Guerilla-Taktiken. Außerdem beschloß er, sein Hauptquartier in unserem Bunker aufzuschlagen und suchte sechs Männer aus, die ihn in Jegorows Lager begleiten und dort Sprengstoffe und automatische Waffen abholen sollten. Mietek und ich gehörten zu dieser Gruppe. Aus einem Magazinbunker erhielten wir mehrere Munitionskisten und zehn automatische Gewehre, von denen wir drei Stück zugeteilt bekamen. Einige unserer Kameraden waren enttäuscht, als wir ihnen keine automatischen Waffen mitbrachten, aber Marcuk versprach uns, bald weitere Gewehre dieser Art zu beschaffen. Darüber hinaus nahmen wir Tausende von Flugblättern in slowakischer Sprache mit, auf denen die Arbeiter und Bauern dazu aufgefordert wurden, sich den Partisanen anzuschließen und ihre Feinde zu vernichten – die Deutschen, die Hlinka-Garden und die Regierung von Tiso und seinen Handlangern. Bei unseren Einsätzen verteilten wir die Flugblätter in den Dörfern. Unser erster Auftrag lautete, die Berge nach weiteren Gruppen zu durchkämmen, die ebenso isoliert lebten, wie wir es noch vor kurzem getan waren, und sie dazu zu bewegen, sich Jegorows Brigade anzuschließen. Jeden Tag machten wir uns in den Bergen auf die Suche und entdeckten einige Bunker. Sobald wir die Bewohner überzeugen konnten, daß wir wirklich Partisanen waren, fiel alles andere leicht: Sie wollten sich nur zu gern einer größeren Gruppe anschließen. In einem der Bunker, die wir entdeckten, lebte eine große Zahl von Juden; einige von ihnen stammten aus Polen. Ihr Bunker war in einem schlechten Zustand, und sie erzählten uns, daß vor wenigen Tagen einige Männer in russischen Uniformen sich dem Bunker genähert und darum gebeten hatten, zu ihnen stoßen zu dürfen. Aber da ihren Wachen die Situation verdächtig erschien, schickten sie die Männer weg. In derselben Nacht wurde ihr Bunker mit Granaten und Maschinengewehren attackiert, und einige Bewohner kamen ums Leben, bevor es den anderen gelang, die Angreifer zu vertreiben.

Wir drängten sie, sich Marcuks Einheit anzuschließen, rieten ihnen aber, aus Sicherheitsgründen nichtjüdische Namen zu verwenden. Nur zwei Männer aus der Gruppe, die Gebrüder Zeller aus Sanok in Polen, die bei dem Angriff einen dritten Bruder verloren hatten, bestanden darauf, weiterhin ihre jüdischen Namen zu verwenden. Marcuk war dies alles einerlei. Auf dem Rückweg erzählte er mir, daß Jegorow Waffen und Nachschub aus der Luft erhielt; sie wurden mit dem Fallschirm abgeworfen oder mit kleinen Leichtflugzeugen gebracht, die auf kleinen ebenen Flächen in den Bergen landen konnten.

Kurze Zeit später trafen zwei Männer an unserem Bunker ein. Marcuk sprach mit ihnen und erzählte uns, daß sie vor wenigen Tagen mit dem Fallschirm über der Slowakei abgesprungen waren. Es handelte sich um zwei Ausbilder, die uns im Gebrauch der neuen Sprengstoffe unterweisen sollten, die Jegorow uns geschickt hatte und die er bei der nächsten, von ihm geplanten Operation verwenden wollte. Dieser Einsatz begann am nächsten Morgen, und Henry, Mietek, Stefan und ich gehörten zu denjenigen, die zu diesem Zweck ausgewählt wurden. Wir brachen früh auf und sollten auf unserem Weg weitere Männer aus anderen Bunkern abholen, für die wir Gewehre und Sprengstoff mitführten. Aus jedem Bunker suchte Marcuk sich einige Männer für die Operation aus; unter ihnen befanden sich auch einige Juden. Als die Gruppe ihre volle Stärke erreicht hatte, marschierten wir zu unserem Ziel, einer Eisenbahnlinie, die den Osten und Westen der Slowakei miteinander verband. Als wir uns der Hauptstraße näherten, entdeckten wir auf der anderen Seite des Tales einen langen deutschen Armeekonvoi, der nach Westen zog und sich in unsere Richtung bewegte. Wir nahmen an, daß er aus Ungarn oder Polen kam und nach Österreich oder Mähren gehen sollte. Marcuk entschied, daß dieses Ziel viel zu einladend war, als daß wir es auslassen könnten. Wir verteilten uns auf beiden Seiten der Straße, und auf Marcuks Zeichen bewarfen wir den Konvoi mit Granaten. Als die überraschten Soldaten in völliger Verwirrung aus den Lastwagen sprangen und blindlings in den Wald zu schießen begannen, erschossen wir sie einzeln mit unseren Maschinengewehren. Diese Deutschen umzubringen machte mich glücklicher als je zuvor. Danach gab Marcuk den Befehl zum Weitermarschieren, und wir stiegen höher in die Berge hinauf, weg von der Straße, und bewegten uns in Richtung der von uns anvisierten Eisenbahnlinie. Dort bezogen wir Deckungspositionen mit Blick über die Gleise, während unter uns die beiden russischen Sprengstoffexperten, in Begleitung einiger unserer Männer, die Ladungen anbrachten. Anschließend zogen wir uns höher in die Berge zurück und warteten auf den Zug. Es schien eine Ewigkeit zu dauern – vielleicht waren wir auch nur ungeduldig –, aber als der Zug kam und der Sprengstoff explodierte, flog die Lokomotive mit einem Riesenkrach in die Luft, und die Waggons rasten ineinander und gingen in Flammen auf. Während wir den Berg hinaufstiegen, blickte ich mich immer wieder um, um die Verwüstung zu genießen, die wir dem Feind unseres Volkes beigebracht hatten. Wieder war eine weitere kleine Rechnung beglichen, und ich dachte an meine Eltern und an alle anderen hilflosen Opfer der Deutschen. Nun war ich nicht länger hilflos, und ich freute mich auf die nächste Gelegenheit, den Nazis alles heimzuzahlen.

Marcuk legte eine kurze Rast ein und teilte uns mit, daß wir in das nächste Dorf gehen würden, um uns dort Nahrungsmittel und Informationen über die Deutschen zu verschaffen. Unsere Kameraden bezogen Deckung, während Marcuk zusammen mit einem der Slowaken und drei von uns ein abseits gelegenes Haus betrat. Sofort danach kamen einige Bauern mit leeren Säcken aus dem Gebäude. Marcuk sagte uns, er habe ihnen eine Stunde gegeben, um alle Vorräte zu beschaffen, die wir benötigten; andernfalls drohte er ihnen damit, das ganze Dorf niederzubrennen. Die Bauern kamen schnell zurück, begleitet von weiteren Bauern, die ihnen beim Tragen der Lasten halfen. Wir nahmen die Vorräte in Empfang und stiegen sofort wieder in die Berge hinauf, da es langsam hell wurde. Erst als wir hoch am Berg waren, legten wir eine kurze Rast ein; danach marschierten wir weiter zu unserem Bunker.

Marcuk berichtete, daß ihm die Bauern von einer SS-Einheit berichtet hätten, die in diesem Gebiet operierte. Außerdem hatte er Informationen von einem Massaker im Dorf Kremnica erhalten. Die Opfer waren zumeist Juden, darunter auch einige Mitglieder der palästinensischen Einsatzgruppe. Am nächsten Morgen ging er mit drei von uns zu Jegorows Lager, um über unsere Operation Bericht zu erstatten und um die Informationen weiterzugeben, die er über das SS-Feldlager gehört hatte. Es lag nicht weit vom Ort unserer letzten

Operation entfernt und sollte einen Eisenbahnknotenpunkt sichern, der für den Rückzug der Wehrmacht von Bedeutung war. Jegorow gab sechzehn weitere Maschinenpistolen für die Männer in anderen Bunkern heraus und schickte vier russische Offiziere mit uns, die dort das Kommando übernehmen sollten. Am nächsten Morgen führten wir sie zu den ihnen zugeteilten Bunkern.

Als wir zu unserem Bunker zurückkehrten, waren unsere Frauen damit beschäftigt, aus Fallschirmseide weiße Overalls zu nähen, die uns bei Einsätzen im Schnee als Tarnung dienen konnten. Dann trafen die Befehle für eine weitere große Operation ein, und wir bestanden darauf, mitzugehen, obwohl Marcuk uns eine Ruhepause gönnen wollte. Das Angriffsziel war ein wichtiger Eisenbahnknotenpunkt, der mitsamt einem in der Nähe gelegenen Tunnel gesprengt werden sollte. Wir marschierten die ganze Nacht hindurch und machten nur sehr kurze Pausen, aus Angst vor dem sogenannten »Weißen Tod«. Als wir uns in unmittelbarer Nähe des Knotenpunkts befanden, teilten wir uns in zwei Gruppen. Eine Gruppe, geführt von den vier Russen, sollte den Tunnel sprengen, während die größere Gruppe unter Marcuks Kommando den Knotenpunkt zerstören wollte. Als die Dunkelheit hereinbrach, rückte unsere Gruppe, mit den weißen Overalls, langsam in Richtung der Gleise vor, und nachdem wir die Weiche und den Weichenhebel überprüft hatten, plazierten wir unseren Sprengstoff und verdrahteten ihn mit einem Sprengzünder. Auf ein Signal von Marcuk zogen wir uns in den Wald zurück und ließen die Sprengladung hochgehen. Der Anblick der Stichflammen, die sich in den dunklen Himmel erhoben, war uns eine wahre Freude, aber auf Marcuks Befehl schossen wir nicht auf die Männer, die in Panik aus dem Stellwerk rannten, da es sich bei ihnen wahrscheinlich um slowakische Eisenbahnarbeiter handelte. Wir stiegen weiter den Berg hinauf, um uns dort mit der anderen Gruppe zu treffen. Nach wenigen Metern hörten wir, wie eine weitere Explosion die Stille der kalten Nacht zerriß. Kurz danach stießen die anderen zu uns, und wir marschierten schnell weiter. Ich fühlte mich, als ob ich schwebte – so glücklich war ich darüber, den deutschen Mördern eine weitere tödliche Botschaft überbracht zu haben. Endlich hatte sich der Wind gedreht.

Nach diesen Einsätzen ruhten wir uns einige Tage aus, bis wir aus Jegorows Hauptquartier den Befehl erhielten, in kleinen Gruppen in die Dörfer der Umgebung zu gehen und Informationen über die Aufstellung der deutschen Einheiten zu sammeln, die in diesem Gebiet operierten. Sobald Marcuk nach Freiwilligen fragte, sprangen Mietek und ich auf. Unser einziger Lebenszweck war es, die Deutschen zu bekämpfen.

Am späten Abend hatten wir eine Position über dem ersten Dorf erreicht. Als wir uns darauf zu bewegten, stellten wir überrascht fest, daß eine große Gruppe deutscher Soldaten das örtliche Wirtshaus besuchte. Wir konnten nicht riskieren, das Dorf zu betreten, während sich so viele Deutsche dort aufhielten; also beschlossen wir, uns auf die Lauer zu legen, bis sie genug getrunken hatten und sie anzugreifen, wenn sie herauskamen. Zahlenmäßig waren sie uns weit überlegen, aber das Überraschungsmoment war auf unserer Seite, und außerdem konnten wir davon ausgehen, daß sie mehr oder weniger betrunken sein würden. Also rückten wir so weit vor, wie es die Vernunft erlaubte, und legten uns auf die Lauer. Als die Soldaten schließlich aus dem Wirtshaus kamen, warteten wir, bis der letzte von ihnen aus der Gaststube getreten war und die Tür geschlossen hatte. Dann eröffneten wir das Feuer. Alle fielen zu Boden, aber wir konnten uns nicht sicher sein, daß sie alle tot waren; vielleicht hatten sich einige beim ersten Schuß instinktiv auf die Erde geworfen. Wir liefen zu ihnen hinüber und sahen, daß einige in der Tat nur verwundet waren. Aber als wir näher kamen und mit unseren Maschinenpistolen auf sie zielten, hoben sie die Hände. Wir ignorierten ihre Bitte, sie gehen zu lassen, und trieben sie im Laufschritt vor uns in die Berge, denn es bestand die Gefahr, daß die Schüsse andere deutsche Truppen alarmiert hatten. Als unsere Gefangenen wegen ihre Wunden klagten und uns um eine Pause baten, sagte ich ihnen, daß ihre Wunden nicht der Rede wert wären und sich die Russen um sie kümmern würden, sobald wir unser Lager erreicht hätten. Es handelte sich um Männer einer Nachschubkompanie, und unter ihnen befand sich auch ein Feldwebel. Während ich die furchtsamen Gesichter dieser Mörder betrachtete, sah ich vor meinem inneren Auge, wie sie Juden in Polen mißhandelten oder töteten. Ich dankte meinem Glücksstern, daß ich diesen Tag erleben durfte.

Nach unserer Rückkehr meldeten wir uns bei Marcuk. Er gratulierte uns zum Gelingen dieser Unternehmung und entschied, daß die Deutschen am nächsten Morgen zu Jegorow zum Verhör geschickt werden sollten. Ich bat ihn darum, uns mit ihnen gehen zu lassen und überzeugte ihn, daß unsere Deutschkenntnisse eine große Hilfe sein würden. Schließlich stimmte er zu.

Als wir Jegorows Bunker erreichten, wurden Henry und ich als Dolmetscher herangezogen. Bei ihrem Verhör sagten die Deutschen als erstes, daß sie nur gewöhnliche Wehrmachtssoldaten wären und nichts mit der SS oder der Gestapo zu tun hätten. Der Vernehmungsoffizier versprach ihnen, daß ihre Wunden verbunden würden, sobald sie ihm die gewünschten Informationen gaben – über ihre Einheiten, wo sie lagen, und alles über den Rückzug der deutschen Truppen aus Polen und Ungarn. Die Deutschen stellten sich unwissend, bis er ein paar rauh aussehende Russen hereinrief, die seinen Worten nach Wege kannten, sie zum Sprechen zu bringen, wenn sie es nicht freiwillig taten. Daraufhin kapierten die Deutschen und begannen, zunächst zögernd, zu erzählen, bis der Kommissar alles gehört hatte, was er wissen wollte und ihre Informationen überprüfen konnte. Wir übersetzten so schnell wie möglich, und nach dem Ende des Verhörs baten die Deutschen um medizinische Hilfe und eine faire Behandlung. Der Kommissar versprach ihnen, daß man sich bald um sie kümmern würde. Und er hielt sein Versprechen: Er befahl ihnen, sich auszuziehen, und zwang sie, nackt durch den Schnee in den Wald zu laufen, wo man sie erschoß. Am nächsten Morgen gingen wir zurück und nahmen einige Munitionskisten und einen Brief für Marcuk mit. Als er ihn gelesen hatte, sagte er, daß Jegorow sehr froh darüber war, wie unsere Gruppe ihren Auftrag ausgeführt hatte. Danach befahl er uns, zum Dorf zu gehen und die Informationen der Deutschen zu überprüfen.

Die Dorfbewohner erzählten uns, was sie über die Stationierung der Deutschen in der Gegend wußten. Sie berichteten uns auch, daß einige große SS-Verbände und Tiroler Gebirgsjäger Partisaneneinheiten in Lucerna, Horna, Lehota und Bukowec angegriffen und viele von ihnen getötet hatten. Sie hatten die Partisanen ausfindig gemacht, indem sie einigen Bauern folgten, die ihnen Lebensmittel brachten. Anschließend zündeten sie auch deren Dörfer an, wobei einige Dorfbewohner bei lebendigem Leib verbrannten. Außerdem war eine jüdische Partisaneneinheit unter dem Kommando von Karol Adler, den wir in Banská Bystrica kennengelernt hatten, überfallen und getötet worden, nachdem eine als Bauern verkleidete Gruppe von Hlinka-

Gardisten sie überraschte und angriff. Diese Aktion hatte sich in der Nähe von Ružomberok abgespielt. Adler und seine Männer kämpften tapfer und töteten oder verwundeten viele Hlinka-Gardisten und Deutsche, obwohl sie an Zahl und Waffen unterlegen waren. Schließlich wurden Karol Adler und zwanzig seiner tapferen Männer gefangengenommen und in das nächste Dorf gebracht. Die SS-Männer folterten sie stundenlang und hängten sie danach alle vor den Augen der versammelten Dorfbewohner auf. Das Pech der Juden, die noch in diesem Stadium des Krieges ihr Leben verloren, nachdem sie so viele Greueltaten überlebt hatten, traf mich tief. Zumindest waren sie kämpfend untergegangen.

Wir kehrten so schnell wie möglich zurück, um Marcuk zu informieren. Er hielt die Angelegenheit für so ernst, daß er Jegorow sofort informieren wollte. Wir meldeten uns freiwillig als Eskorte, und Jegorow versetzte alle Einheiten sofort in höchste Alarmbereitschaft. Er war vor kurzem vom Hauptquartier in Kiew zum Oberst befördert worden und zeigte sich besonders zufrieden mit unserer Arbeit. Wir waren stolz auf sein Lob, aber Marcuk verließ das Hauptquartier sehr enttäuscht, weil er mit einer Beförderung zum Major gerechnet hatte.

Am nächsten Tag wurden wir wieder ins Dorf geschickt, um Vorräte zu holen. Unterwegs entschlossen wir uns, nicht in dasselbe Dorf zurückzugehen. Gegen Abend stießen wir auf einige Fußspuren im Schnee und folgten ihnen zu einem kleinen Bunker, der überraschenderweise unbewacht war. Unsere Überraschung wuchs, als wir im Inneren nur Zivilisten antrafen, einige Familien mit Kindern. Wir drei bemerkten sofort, daß es sich um Juden handelte, und nahmen an, daß die anderen in unserer Gruppe dies auch feststellen würden. Wir wußten, daß die Ukrainer Juden haßten und aus ihren Gefühlen keinen Hehl machten. Da Marcuk mir die Leitung dieses Einsatzes übertragen hatte, konnte ich den Ukrainern Befehle erteilen. Daher befahl ich ihnen, vorzugehen und an einer bestimmten Stelle auf uns drei zu warten, denn ich wollte allein mit den Juden im Bunker reden und sie warnen, daß sie durch ihre Sorglosigkeit ihr Leben riskierten. Sobald die Ukrainer sich auf den Weg gemacht hatten, erzählte ich ihnen, daß wir drei ebenfalls Juden waren, und ich konnte die Erleichterung erkennen, die dieses Bekenntnis bei ihnen auslöste. Dann machte ich ihnen Vorwürfe, weil sie ihren Bunker nicht bewachten, schenkte ihnen die meisten unserer Granaten und erklärte ihnen, wie man damit umging. Außerdem zeigte ich ihnen, wie und wo sie ihre Wachposten aufstellen sollten. Wir berichteten ihnen von den Gefahren durch die SS, die Tiroler Gebirgsjäger-Einheiten, die Wlassow-Armee und die Hlinka-Garden, die alle in diesem Gebiet operierten. Unsere Warnungen waren ein Schock für sie, aber sie mußten die Wahrheit erfahren und lernen, sich selbst zu schützen. Wir rieten ihnen, darauf zu achten, daß die Bauern, die ihnen Lebensmittel brachten, nicht verfolgt wurden; außerdem sollten sie immer in ihren Kleidern und Schuhen schlafen, um im Notfall sofort bereit zu sein. Dann versprachen wir ihnen, wieder vorbeizukommen, erzählten ihnen auch von dem kleinen Gideon Frieder und gaben ihnen die Adresse des Bauern, bei dem wir ihn zurückgelassen hatten. Wir wollten, daß einige Juden informiert waren, falls uns etwas zustoßen sollte.

Anschließend schlossen wir schnell zum Rest unserer Gruppe auf und näherten uns vorsichtig dem Dorf. Nachdem wir die Umgebung überprüft hatten, stellten wir Wachen um das erste Haus am Dorfrand auf und gingen mit einigen Männern hinein. Die Bauern waren wie vom Blitz gerührt, als wir wie echte Geister aus der Dunkelheit auftauchten, ganz in Weiß gekleidet. Wir machten ihnen eine Liste von Vorräten, die wir benötigten, und gaben ihnen eine Stunde, um sie zu besorgen. Die Bauern erzählten uns, daß viele slowakische und ausländische hohe Militärs und Zivilpersonen an die Hlinka-Garden und die SS verraten worden waren, und man sie kurz danach erschossen oder nach Deutschland geschickt hätte.

In jedem Dorf, daß wir auf der Suche nach Vorräten besuchten, versprachen wir den Bauern, nicht mehr zurückzukommen, wenn sie uns das Gewünschte lieferten, und wir hielten uns an unser Versprechen. Das stimmte sie unseren Forderungen gegenüber etwas günstiger, aber wir wußten, daß sie verärgert waren, vor allem, weil wir nicht die einzige Partisaneneinheit blieben, die sich bei ihnen mit Nachschub versorgte.

Bei unserer Rückkehr zeigte sich Marcuk besonders erfreut über den Wodka, den wir mitgebracht hatten. Er war immer noch verstimmt über die entgangene Beförderung, aber während er uns gegenüber seine Unzufriedenheit gelegentlich durchblicken ließ, erwähnte er sie niemals in Gegenwart russischer Partisanen. In der Tat war mir aufgefallen, daß die Russen sich niemals zu beklagen schienen. Sie alle lobten Stalin bei jeder Gelegenheit, als ob er ein Heiliger wäre, und sprachen mit Bewunderung von ihren Marschällen und Kriegshelden. Marcuk begann, kleine Gruppen von Männern aus verschiedenen Bunkern auszuschicken, die Überfälle auf die Deutschen durchführen sollten. Eines Morgens sandte er mich als Führer einer kleinen Gruppe ins Tal, mit dem Auftrag, einige Deutsche gefangenzunehmen und zu Jegorows Nachrichtenkommissaren zu bringen. Ich erinnerte mich, daß uns die Bauern kurze Zeit zuvor von einem Platz erzählt hatten, an dem die Deutschen ein Lager unterhielten. Also brachen wir in diese Richtung auf, allerdings auf einer völlig neuen Route. Als wir das Zielgebiet erreichten und aus den Bergen ins Tal hinabstiegen, entdeckten wir Fußabdrücke im frischen Schnee. Wir folgten ihnen vorsichtig und sahen, daß sie zu einem kleinen Bunker führten. Als wir die Gegend erkundeten, stellten wir fest, daß keine Wachen aufgestellt waren; außerdem erschien uns der Bunker ein wenig zu ruhig. Vorsichtig ging ich näher heran, bis ich voller Entsetzen die menschlichen Glieder bemerkte, die aus einem Erd- und Schneehaufen herausschauten, der vor dem Eingang aufgehäuft worden war. Ich rief die anderen heran und entdeckte im Inneren des Haufens die Körper von Männern, Frauen und Kindern, die man kaltblütig ermordet hatte. Offensichtlich waren sie vor oder nach ihrem Tod ausgeraubt worden, denn ich fand keinerlei Ringe, Uhren oder Schmuckstücke bei ihnen. Wir konnten nicht riskieren, hier zu bleiben und Gräber für sie auszuheben; außerdem verfügten wir nicht über das nötige Werkzeug. Also bedeckten wir die Leichen hastig mit weiterem Schnee, damit sie nicht verwesten, bis wir zurückkehren und sie anständig begraben konnten. Zweifellos hatten in diesem geplünderten Bunker Juden gelebt, denn ich fand jüdische Gebetsbücher im Inneren. Die großen Blutpfützen deuteten darauf hin, daß die Juden sich gewehrt hatten. Ich hegte den starken Verdacht, daß das Massaker auf das Konto ukrainischer Antisemiten ging. Als wir die nähere Umgebung gründlich untersuchten, stellten wir fest, daß alle Fußspuren zurück in die Berge führten, was bestätigte, daß es sich bei den Mördern um Partisanen handelte. Da ich nicht die Möglichkeit hatte, Nachforschungen anzustellen, sondern statt dessen Marcuks Operationsbefehle ausführen mußte, befahl ich den Männern schweren Herzens, weiterzumarschieren. Wir stiegen den Berg hinab in Richtung des Dorfes und schauten uns nach einem abseits gelegenen Haus um. Da es in der Zwischenzeit stockdunkel geworden war, ging ich mit Mietek dorthin und betrat das Haus, während der Rest der Gruppe Wache stand. Ich fragte die Bauern, ob sie mir Informationen über die Standorte der Deutschen in dieser Gegend geben könnten. Ein junger Mann erzählte uns, daß er am Nachmittag auf dem Heimweg gesehen hatte, wie einige deutsche Lastwagen und gepanzerte Fahrzeuge repariert wurden. Er beschrieb mir den Ort, und ich bat ihn, uns die Stelle zu zeigen. Daraufhin führte er uns durch die Hügel, bis wir einige erleuchtete Zelte entdeckten. Ich dankte dem Bauern und schickte ihn nach Hause; dann stiegen wir leise den Hang hinab und umstellten die Zelte. Es gab keine Wachen, und wir konnten hören, wie sich die Soldaten im Inneren unterhielten. Daraufhin liefen wir auf die Zelte zu, warfen einige Granaten hinein und griffen mit unseren Maschinenpistolen an. Die verwundeten Deutschen kamen mit erhobenen Händen hinaus. Im Inneren der Zelte lagen viele getötete Deutsche auf dem Boden; wir hatten also gut gezielt. Wir durchsuchten die Fahrzeuge und fanden Kisten mit Nahrungsmitteln, die unsere Gefangenen für uns tragen mußten. Bevor wir den Ort verließen, sprengten wir die Fahrzeuge mit Handgranaten. Dann marschierten wir mit den Leichtverletzten los.

Als wir zum Lager zurückkehrten, war Marcuk nicht zu finden, und wir hörten, daß er in Jegorows Lager sei. Dies war ein glücklicher Zufall, denn nun konnten wir die Gefangenen in Jegorows Lager bringen. Dort berichtete ich von meiner Entdeckung, dem Massaker im jüdischen Bunker, und betonte, daß die Mörder aus den Bergen gekommen sein mußten. Die Russen aus unserer Gruppe bestätigten meinen Bericht. Aber der Offizier, dem ich alles erzählte, zuckte nicht mit der Wimper und sagte nur, daß ich wegtreten könne. Ich war tief enttäuscht und beschloß noch an Ort und Stelle, daß das russische System nichts für mich sei. Solange ich an ihrer Seite Deutsche töten konnte, würde ich kooperieren, aber nicht einen Moment länger als nötig.

Als ich Marcuk von dem Massaker erzählte, schien er ernsthaft betrübt zu sein. Er gratulierte uns zu unserem erfolgreichen Einsatz gegen die Deutschen. Ich sagte ihm, daß wir alle davon überzeugt waren, daß das Massaker von Partisanen aus dem Gebirge verübt worden sei, erwähnte aber keine Ukrainer, da er selbst aus der Ukraine stammte. Aber Marcuk war ein anständiger Mann, und er erlaubte uns, am nächsten Tag zum Bunker zurückzukehren, um die Opfer ordentlich zu bestatten. Stefan, ein strenggläubiger Jude, rezitierte die passenden Gebete, während ich für die Bestrafung der Mörder betete. Als wir zu unserem Bunker zurückkehrten, bekam ich Fieber, das im Laufe der Nacht immer schlimmer wurde, und starken Durchfall. Wir hatten keine Medizin, und das einzige Mittel, das uns zur Verfügung stand – heißer Tee –, erwies sich als nutzlos. Mein Zustand verschlechterte sich so sehr, daß Henry, Mietek und Stefan Angst bekamen und Marcuk um die Erlaubnis baten, aus einem Dorf Arzneimittel zu holen. Als sie am Abend zurückkehrten, machte Mietek mir ein Getränk aus der dunklen Flüssigkeit, die sie mitgebracht hatten. Ich war bereits so schwach, daß er es mir einflößen mußte. Zusätzlich legte er mir kalte Kompressen auf die Stirn. Am nächsten Morgen fühlte ich mich etwas besser und konnte sogar etwas trockenes Brot zu mir nehmen – meine erste feste Nahrung seit mehreren Tagen. Mietek erzählte mir, daß die dunkle Medizin, die er mich zu schlucken gezwungen hatte, *Borowczak* (Blaubeerensaft) war – ein altes Heilmittel, was wir schon in Polen gegen Durchfall benutzt hatten. Zwei Tage danach fühlte ich mich bereits kräftiger. Wieder einmal hatten Mietek und Stefan mein Leben gerettet; ich schuldete ihnen bereits etwas für die Stiefel, die sie für mich besorgt hatten, als mein Schuh verbrannt war. Tatsächlich standen wir seit Tolonzhaz wie Brüder zueinander, und dieses Erlebnis brachte uns sogar noch enger zusammen.

Nach und nach erholte ich mich, und Marcuk entband mich von meinen Pflichten, bis ich wieder völlig gesund war. Er erzählte mir auch, daß er mich zu seinem Verbindungsoffizier in Jegorows Hauptquartier ernennen wollte. Bis dahin vergingen einige Tage, in denen ich voller Angst auf die sichere Rückkehr meiner Einheit von ihren verschiedenen Einsätzen wartete. Wir erhielten Berichte über Einheiten der SS- und der Wlassow-Armee, die in den Bergen Bunker durchsuchten und die Partisanen, die sie vorfanden, töteten oder gefangennahmen. Dabei war die Gefangenschaft schlimmer als der Tod: Sie bedeutete, daß man zuerst gefoltert und dann umgebracht wurde. Eine Woche später stand ich wieder fest genug auf den Beinen, um eine kleine Einheit zu Jegorows Hauptquartier zu führen und Vorräte und Berichte mitzubringen. Nach kurzer Zeit fühlte ich mich in Jegorows Lager heimisch, und als wir dort übernachteten, konnte ich einige Filme und Wochenschauen sehen, die aus Rußland einge-flogen worden waren. Darin wurden vor allem die Greueltaten der Deutschen gezeigt, und an manchen Stellen gerieten die Partisanen so in Rage, daß sie auf die Deutschen auf der Leinwand schossen. Ich konnte es ihnen nicht übelnehmen: Mir ging es ebenso.

Eines Tages befahl Jegorow seinen Männern und uns, den frisch gefallenen Schnee mit den Füßen festzustampfen, um eine Lande-fläche für ein Leichtflugzeug zu schaffen, das einen hochrangigen rus-sischen Offizier einfliegen sollte. Es war sehr aufregend, so hoch im Gebirge eine Landung mitzuerleben, und als der Propeller stehen-blieb, stiegen ein General und sein Stab aus der Maschine. Außerdem konnten wir noch weitere Neuankömmlinge begrüßen – sibirische Fallschirmjäger. Es waren rauhe Männer, denen es nichts ausmachte, draußen im Schnee zu übernachten. Sie erzählten uns, wie Leningrad befreit und Stalingrad gerettet worden war. Außerdem brachten sie die letzten Neuigkeiten von der Front mit: Die Deutschen hatten Krakau und auch Rzeszów geräumt. Ich war glücklich bei dem Gedanken, daß sich die Lopatowskis, Zwolinskis und Magrys nun in Sicherheit befanden, wenn sie – was ich inbrünstig hoffte – den Krieg überlebt hatten. Ebenso hoffnungsvoll war die Neuigkeit von der Befreiung der Städte Košice, Poprad und Prešov. Sie lagen nur wenige hundert Kilometer entfernt, was bedeutete, daß jeder Tag die Rote Ar-mee und unsere Befreiung näher brachte. Keiner der Männer erwähn-te die westlichen Alliierten. Wenn man ihnen zuhörte, gewann man den Eindruck, als ob nur die Russen gegen die Deutschen kämpften.

Unsere Operationen konzentrierten sich jetzt auf Einsätze gegen die zurückweichenden Deutschen, die auf ihrem Rückzug die Slowa-kei durchquerten. Wir sollten Panzer und Lastwagen zerstören, Eisenbahnstrecken, Tunnel und Brücken sprengen und vor allem möglichst viele Deutsche töten. Ein Sonderbefehl lautete, Offiziere und Mannschaften der Wlassow-Armee zu fangen, die verzweifelt versuchten, sich in unsere Einheiten einzuschleichen, um ihre Haut zu retten. Die Russen betrachteten sie als Verräter am eigenen Volk. Nach einem gründlichen Verhör erschossen die Kommissare jeden dieser Männer.

Anfang Februar 1945 erhielten wir den Befehl für einen großen Ein-satz. Wir bekamen Rationen für vier Tage – länger, als wir je zuvor im Einsatz gwesesen waren – und den Auftrag, auf unserem Weg zum

Einsatzort weitere Männer aus anderen Bunkern mitzunehmen. Unser Ziel war das Gebiet um Ružomberok, wo bedeutende Eisenbahn- und Straßenknotenpunkte lagen, die die Deutschen bei ihrem Rückzug aus Polen, Ungarn und dem Osten der Slowakei nach Österreich und Mähren benutzten. Unsere große Kolonne bahnte sich ihren Weg durch die Berge und umging Täler, Straßen und Dörfer, um das Überraschungsmoment nicht zu verlieren. Wir trugen unsere weißen Overalls, und Rauchen und laute Gespräche waren verboten. Zum ersten Mal hatte man nicht einmal Wodka mitgenommen, denn wir konnten uns keinen Fehlschlag erlauben. Gegen Mittag des nächsten Tages meldete unsere Vorhut eine große Anzahl von Männern. Es handelte sich um die Abteilung aus Jegorows Lager, die sich uns anschloß. Die Kampftruppe wurde in zwei Gruppen unterteilt, von denen eine unter Marcuk die Straße angreifen sollte und die andere, unter Leitung eines Offiziers aus Jegorows Lager, die Eisenbahnschienen, Tunnel und Brücken zu sprengen hatte. Als wir uns unserem Zielgebiet näherten und aus dem Gebirge hinabstiegen, teilte Marcuk unsere Gruppe in kleine Einheiten. Diese verteilten sich über ein großes Gebiet, das unsere Hauptziele, die Hauptstraße und einige Brücken, umfaßte.

Wir warteten, bis es dunkel wurde, und rückten dann langsam vor; dazu ließen wir uns in den Schnee sinken und krochen die letzten Meter über den Boden. Die Pioniere folgten dicht hinter uns. Wir sahen, daß die Brücke gut bewacht war und warteten, bis die Pioniere die andere Seite der Brücke erreicht hatten. Dann eröffneten wir mit allem, was wir hatten, das Feuer und beschossen die Deutschen auf und um die Brücke sowie ihre Kameraden in den Zelten. Als wir sicher sein konnten, daß alle tot waren, gaben wir den Pionieren ein Zeichen. Sie plazierten schnell ihren Sprengstoff, und danach zogen wir uns wieder in die Berge zurück. Dort zündeten die Pioniere die Sprengladungen, und wir beobachteten, wie die Brücke mit viel Lärm und Rauch explodierte. Anschließend zogen wir uns noch weiter in die Berge zurück, um uns wieder der Kolonne anzuschließen. Jede Gruppe, die zurückkehrte, berichtete glücklich von Erfolgen. Wir hatten die Deutschen überrascht, ihnen schwere Verluste beigebracht und selbst keine Gefallenen zu beklagen. Als wir spätabends den Bergkamm erreichten, entzündeten wir ein großes Feuer und aßen mit Genuß. Wir waren in Festtagsstimmung, aber da wir es alle eilig

hatten, blieben wir nicht lange zusammen. Marcuk mußte Jegorow
Bericht erstatten, und wir wollten zurück zum Bunker, um uns auszuruhen. Jetzt bemerkte ich zum ersten Mal, daß ich noch nicht völlig
gesund war. Meine Beine gaben nach, aber die Freude über unseren
Angriff gegen die Deutschen hielt mich aufrecht. Ich schlief lang und
tief und träumte davon, wie ich meinen Eltern von unserer erfolgreichen Aktion gegen die Deutschen berichtete. Es war, als ob ich ihnen
versicherte, daß ich unsere Schulden für ihre Leiden beglich.

Als ich am nächsten Morgen erwachte, schickte Marcuk mich mit
einigen Depeschen zu Jegorows Hauptquartier. Dort erfuhr ich, daß
die Rote Armee Auschwitz eingenommen, viele Gefangene befreit
und sie damit im letzten Augenblick vor dem sicheren Tod bewahrt
hatte. In Ostpreußen flohen Hunderttausende von Deutschen, Soldaten ebenso wie Zivilisten, in Panik nach Westen, und viele von
ihnen starben auf dem Weg.

Russische Bomber griffen Tag und Nacht Berlin an. Die russische
Artillerie säte Zerstörung unter den deutschen Truppen, und ihre
Katjuscha-Raketen, die sogenannten »Stalinorgeln«, versetzten sie in
Angst und Schrecken. Es konnte nicht mehr lange dauern, bis die
Russen sich mit unseren Verbänden vereinigen würden.

Ich brachte Marcuk versiegelte Befehle mit zurück, und nachdem
er sie gelesen hatte, befahl er uns, uns auf eine weitere Operation vorzubereiten. Wir sollten das Kraftwerk im Jesenska-Tal besetzen, das
den Strom für ein großes Gebiet lieferte, welches für die Deutschen
und ihre Tiso-Marionetten von großer Bedeutung war. Marcuk
wählte vierzig Mann aus und leitete den Einsatz selbst. Aufgrund des
starken Neuschnees kamen wir nur langsam und mühselig vorwärts
und erreichten erst am späten Abend ein kleines Dorf, wo Marcuk bei
den Bauern weitere Informationen über die Deutschen einholte.
Dann marschierten wir weiter durch die Berge, bis wir uns oberhalb
des Kraftwerks befanden, und umstellten es heimlich, getarnt durch
unsere weißen Overalls. Wir stellten fest, daß der Eingang von zwei
Soldaten bewacht wurde, während sich weitere Männer, wahrscheinlich zusätzliche Wachen, in einem kleinen, erleuchteten Gebäude
unmittelbar hinter dem Tor aufhielten. Allerdings konnten wir nicht
feststellen, ob es sich um Deutsche oder um Hlinka-Gardisten handelte. Auf ein Signal hin eröffneten wir das Feuer auf die Wachen und
stürmten durch das Tor. Die Männer im Inneren des Gebäudes

kamen sofort mit erhobenen Händen heraus. Sie waren zu sechst, und an ihrem gebrochenen Deutsch identifizierten wir sie sofort als Soldaten der Wlassow-Armee. Wir fesselten ihnen die Hände hinter dem Rücken und sperrten sie in einen Lagerraum, bewacht von einem unserer Männer. Marcuk stellte Wachen rund um das Kraftwerk auf, und einige unserer Männer, die sich mit Maschinen auskannten, hielten die Generatoren an und stellten den Strom ab. Marcuk ließ die Hälfte der Männer zur Bewachung des Kraftwerks zurück; wir anderen gingen wieder mit ihm in die Berge und nahmen die sechs Gefangenen mit. Jeder von uns wußte, was die Kommissare mit ihnen machen würden, aber niemand hatte Mitleid mit ihnen; dies waren die Verräter, die Partisanen ausfindig machten, ihnen als angebliche Russen zu Hilfe kamen und sie dann der Gestapo auslieferten.

In Jegorows Lager herrschte große Aufregung. Man erwartete, daß die Rote Armee schon bald eintreffen würde. Als einer der Kommissare mir die neuen Befehle für Marcuk aushändigte, sagte er, daß dies die letzten sein könnten. Bald würden wir Teil der regulären Armee sein. Dann lächelte er und gab mir die Hand. Es war die längste Unterhaltung, die ich je mit einem der Kommissare führte. Ansonsten wirkten sie immer verschlossen und sagten nur das Nötigste, um ihre Befehle zu erläutern.

Die neuen Befehle besagten, daß wir unsere Überfälle auf deutsche Konvois auf unsere unmittelbare Umgebung beschränken sollten. Jeden Tag stieg eine unserer Einheiten ins Tal hinab, legte sich auf die Lauer, bis deutsche Fahrzeuge vorbeikamen, feuerte auf sie und zog sich danach wieder in die Berge zurück. Jedes Mal, wenn ich an diesen Aktionen teilnahm, fühlte ich mich großartig, denn immer, wenn meine Kugeln ihr Ziel erreichten, zahlte ich damit eine weitere Rate meiner Schulden ab. Wenn wir Deutsche gefangennahmen, behandelten wir sie nach Art der russischen Kommissare: Wir zwangen sie, sich auszuziehen, nackt in den Schnee hinauszulaufen und erschossen sie. Es tat mir gut, sie um Gnade betteln zu hören und sie dann niederzuschießen, so wie sie wehrlose Juden im Ghetto erschossen hatten.

Eines Morgens hörten wir im Nordosten das erste, weit entfernte Artilleriefeuer. Es klang wie Musik in unseren Ohren, und wir freuten uns darauf, endlich unsere Kameraden begrüßen zu können. Wir alle waren glücklich, umarmten und küßten uns und ließen unseren lang unterdrückten Gefühlen und unserer tiefen Erleichterung freien Lauf. Viel Zeit war vergangen, seit wir uns selbst den Luxus erlaubt hatten, unsere Gefühle offen zu zeigen. Als wir für die Gruppe eingeteilt wurden, die ins Tal gehen und unsere Männer am Jesenska-Kraftwerk ablösen sollte, entschlossen wir uns, einen Umweg zu dem Bunker zu machen, in dem sich die slowakischen Juden versteckt hielten. Erfreut stellten wir fest, daß sie unsere Warnungen beherzigt und Wachen aufgestellt hatten. Wir riefen nur die Männer heraus, weil wir die Frauen nicht in Panik versetzen wollten, und ich berichtete ihnen von dem Massaker in einem der Flüchtlingsbunker und riet ihnen dringend, noch aufmerksamer zu sein als vorher, weil die ukrainischen Judenhasser sich immer noch in der Gegend aufhielten. Aber ich erzählte ihnen auch, daß unsere Rettung kurz bevorstand, da die russische Artillerie, angekündigt vom wunderbaren Donner ihrer Kanonen, immer näher rückte. Auch die Flüchtlinge hatten sie schon gehört. Wir hinterließen ihnen alle Granaten und Munition, die wir erübrigen konnten, und marschierten dann weiter zum Kraftwerk. Unsere Männer berichteten uns, daß eine deutsche Einheit versucht hatte, die Anlage zu stürmen, aber von ihnen zurückgeschlagen werden konnte. Bei diesem Gefecht war eines der Gebäude beschädigt worden.

Bei unserer Rückkehr erfuhren wir, daß Marcuk sofort in Jegorows Hauptquartier befohlen worden war. Er kehrte am nächsten Tag zurück, und bevor wir ein Wort sagen konnten, lasen wir die gute Neuigkeit in seinem Gesicht. Jegorow hatte ihm befohlen, sich auf den Marsch hinunter ins Tal vorzubereiten. Marcuk befahl unseren Frauen, große Mengen Brot zu backen, die Rationierung aufzuheben und großzügigere Portionen auszuteilen. Zwar stand noch kein definitiver Termin fest, aber Marcuk wirkte sehr glücklich und lud uns zu einem Umtrunk ein. Zum ersten Mal sagte niemand nein. Obwohl die übliche Routine des Lagerlebens beibehalten wurde, konnte man das Gefühl gespannter Erwartung fast mit Händen greifen. Um uns für den großen Tag vorzubereiten, wuschen wir alle unsere Kleidung in heißem Wasser und gingen auf große Läusejagd; niemand wollte in die Zivilisation zurückkehren und sich dabei kratzen. Ich selbst begann im Geiste Pläne zu schmieden: Zuerst wollte ich Fela finden und mich dann auf die Suche nach Szymon und Nathan machen.

Im Grunde fühlten wir uns mittlerweile recht sicher. Die Deutschen waren in sehr schlechter Verfassung und hatten es so eilig, in ihre *Heimat* zurückzukommen, daß sie uns in diesem Durcheinander wahrscheinlich kaum noch belästigen würden. Außerdem waren die Russen ihnen dicht auf den Fersen und ließen sie keinen Augenblick zur Ruhe kommen. Sie hatten zuviel auf dem Gewissen, sowohl was uns als auch die Russen betraf. Ich versuchte, an jeder unserer Operationen teilzunehmen, über die zurückweichenden Nazis herzufallen und möglichst viele von ihnen zu töten, bevor wir uns wieder in die Sicherheit der Berge zurückzogen. Manchmal trafen wir in einem Dorf auf Deutsche, die dort Nahrungsmittel plünderten oder sich betranken, und da wir nicht mehr auf die Informationen angewiesen waren, die sie uns geben konnten, töteten wir sie, bevor sie wußten, wie ihnen geschah.

Marcuk führte unsere Akten, sogenannte *sprawkas*, in denen er peinlich genau die Aktivitäten jedes einzelnen Mannes festhielt. Diese Dokumente waren von Bedeutung, wenn wir uns mit den regulären Truppen vereinigten: Mit ihnen ließ sich nachweisen, was wir während der fünf Monate in den Bergen getan und wie wir uns am Kampf gegen den Feind beteiligt hatten. Außerdem konnten wir uns mit ihrer Hilfe von der Armee registrieren lassen – was von jedem von uns verlangt wurde – und uns so von dem Verdacht befreien, ein Verräter der Wlassow-Armee zu sein, deren Soldaten jetzt zu Tausenden desertierten. Nachdem Marcuk diese *sprawkas* fertiggestellt hatte, schickte er mich in Jegorows Hauptquartier, um sie abtippen und unterschreiben zu lassen.

In Jegorows Lager erfuhr ich, daß die Russen die Oder-Neiße-Linie erreicht hatten und Königsberg und Danzig einkesselten, Hitlers Vorwand für den Einfall in Polen. Kurz danach kam der große Tag. Ein Kurier brachte den Befehl, daß wir am nächsten Tag die Berge verlassen sollten. Marcuk teilte uns mit, daß wir die Straße an der Südseite der Niederen Tatra in Richtung des Jesenska- und des Bukewska-Tals nehmen sollten, um uns dort mit der Roten Armee zu treffen. Wir begannen zu packen, aber Marcuk riet uns, nicht zuviel mitzunehmen, da die Route gefährlich war und wir immer noch winterliches Wetter hatten, auch wenn wir uns bereits in der zweiten Märzwoche befanden. In dieser Nacht schlief ich unruhig, vor lauter Vorfreude auf die Stunde X.

Als wir abmarschbereit waren, warf ich noch einmal einen Blick auf die Berggipfel. Wie sehr liebte ich diese Berge: Sie hatten uns beinah ein halbes Jahr lang Schutz geboten und uns die Möglichkeit gegeben, unsere Rechnung mit den Deutschen zu begleichen. Die mächtigen Gipfel des Ďumbier und des Prasiva erhoben sich majestätisch über uns. Voller Bewunderung schaute ich zu ihnen auf und dankte ihnen im Geiste.

Dann setzten wir uns in Bewegung und ließen alles zurück, was wir nicht mehr brauchen konnten. Sechs Männer bildeten die Vorhut, danach folgte Marcuk. Henry, Mietek und ich gingen direkt hinter ihm, gefolgt vom Rest unseres Lagers. Wir hielten an jedem Bunker entlang des Weges, und unsere Kameraden schlossen sich uns an. Als wir den Bunker der jüdischen Partisanen erreichten, empfingen sie uns mit glänzenden Augen, leuchtend wie Sterne in einer kalten, klaren Nacht. Ich weinte fast beim Anblick ihrer glücklichen Gesichter, die einfach nur zu sagen schienen: »Wir haben es geschafft.« Dann mußte ich an den jungen Frieder denken und überlegte, ob wir ihn abholen und zu seinem Vater oder einer jüdischen Organisation bringen könnten. Aber wir umgingen auf unserem Marsch alle Dörfer, so daß ich diesen Gedanken im Augenblick zurückstellen mußte. Bald darauf tauchten vor meinem inneren Auge Erinnerungen an Krakau und Rzeszów auf, an die Zwolinskis, Magrys und Lopatowskis, und ich fragte mich, wo ich Fela finden würde und wie groß die Chancen waren, Szymon und Nathan lebend wiederzusehen. Auch Henry und Stefan hofften. Mietek sprach ebenfalls von seiner Familie, aber er gab sich keinen Illusionen hin. Er erwartete nicht, einen von ihnen lebend wiederzusehen. Seine Erinnerung an sie war beherrscht von dem Deportationszug, der sie nach Belzec brachte.

Wir hatten immer noch zwanzig Stunden Marsch vor uns, und Marcuk ließ in einem ruhigen Tempo gehen und legte viele Essens- und Ruhepausen ein, damit alle mitkamen und keine Nachzügler zurückblieben. Am späten Nachmittag hörten wir von unserer Vorhut, daß sie unten im Tal eine Ansammlung bewaffneter Männer gesichtet hatte. Wie sich herausstellte, handelte es sich um die Hauptmacht von Jegorows Stalinbrigade.

Die meisten unserer Männer hatten Brigadekommandeur Jegorow noch nie persönlich kennengelernt, und als er uns begrüßte, antworteten wir mit einem so lauten Hurra, daß es vom Gebirge widerhallte und keinen Zweifel daran ließ, daß dies nun unsere Berge waren. Aber Jegorow bestand auf ungebrochener Aufmerksamkeit, da sich immer noch einige verzweifelte Elemente der SS oder der Tiroler Gebirgsjäger in der Umgebung aufhalten konnten. Spätabends errichteten wir ein riesiges Lagerfeuer, setzten uns im Kreis darum und genossen unsere Mahlzeit. Wir blieben dicht bei den jüdischen Partisanen, denn wir sehnten uns nach dem Gefühl, zusammen mit anderen Juden frei sein zu können. Am nächsten Tag kamen wir an einem der Dörfer vorbei, die ich während der letzten fünfeinhalb Monate besucht hatte. Leider lag das Dorf, in dem der junge Frieder lebte, auf der anderen Seite des Gebirges. Inzwischen marschierten wir ohne Aufenthalt weiter, denn jeder von uns war gespannt darauf, endlich der Roten Armee zu begegnen. Ich fühlte mein Herz schlagen – nicht aus Erschöpfung, sondern in freudiger Erwartung. Als ich unter uns im Tal eine kleine Stadt entdeckte, wußte ich, daß wir das Ende der Straße erreicht hatten. Jegorow hielt uns nicht zurück, als wir nur noch mit dem Anschein einer Marschordnung vorwärts stürmten, aber als wir den Stadtrand erreichten, ließ er die Kolonne anhalten. Dann befahl er uns, in einer ordentlichen Viererreihe anzutreten; wir sollten wie Soldaten und nicht wie eine Horde Wilder in die Stadt marschieren. Als er den Marschbefehl erteilte, war es mir, als ob ich fliegen würde.

15
Zusammenschluß mit der Roten Armee.
Slowakei, März 1945

Endlich entdeckte ich einige große Panzer vor uns; die roten Sterne auf den Seiten waren deutlich zu erkennen. Neben ihnen standen einige Soldaten in grünen Uniformen, mit seltsamen Lederhelmen auf dem Kopf, wie ich sie noch nie zuvor gesehen hatte. Manche trugen die Maschinenpistolen des Typs, den auch wir benutzten. Als sie uns bemerkten, kletterten sie auf ihre Panzer, um eine bessere Sicht zu haben. Wir winkten ihnen zu, und sie winkten zurück. Es war der 18. März 1945 – ein Tag, den ich nie vergessen werde.

Als wir herankamen, sprangen die Soldaten von ihren Panzern und umarmten jeden, der sich in ihrer Nähe befand. In der Stadt selbst befanden sich noch weitere Panzer und viele russische Soldaten, die auf uns warteten. Wir erhielten den Befehl, uns in einem großen Kreis aufzustellen, und ein russischer General trat auf ein kleines Podest und begrüßte uns im Namen der Roten Armee, des sowjetischen Volkes und des Genossen Josef Stalin. Als er fortfuhr, uns für unsere heroischen Taten und Opfer zu danken, brach ein Hurra los, das die Panzer erzittern ließ. Dann hielt Jegorow eine Ansprache. Er dankte dem General und der Zweiten Ukrainischen Front, der unsere Brigade unterstellt war, und sprach in unser aller Namen den sowjetischen Fliegern unseren Dank aus, die die Partisanen mit Nachschub und Sprengstoffen versorgt hatten. Schließlich verabschiedete er sich von jeder seiner Einheiten, und die anschließenden Hochrufe übertrafen den Beifall, den wir dem sowjetischen General gespendet hatten. Wir wußten, als wir uns von Jegorow verabschiedeten, daß wir einem tapferen Mann Lebewohl sagten, der unserem Willen zum Kampf gegen die Deutschen eine Richtung gegeben und ihn in zusammenhängenden Aktionen kanalisiert hatte. Ich persönlich dankte ihm dafür, daß er mir die Chance gegeben hatte, mich selbst, meine Familie und Millionen namenloser Juden zu rächen, deren Blut auf so brutale Weise von den deutschen Bestien vergossen worden war.

Danach wurde jeder unserer Einheiten ein russischer Offizier zugeteilt, der uns Anweisungen erteilte, wohin wir zu gehen und was wir zu tun hatten. Zunächst bekam jeder von uns ein Bett in einer der Baracken zugewiesen; dann erhielten wir ein wunderbares warmes Essen, das uns auf sauberen Tellern in einem großen Speisesaal serviert wurde. Es war meine erste russische Armeemahlzeit. Nach dem Essen nahmen wir ein heißes Bad, wurden mit einigen Chemikalien eingesprüht und bekamen die Haare kurz geschoren, damit wir die Läuse verloren. Danach erhielten wir unsere alten Uniformen zurück, die in der Zwischenzeit desinfiziert worden waren. Marcuk erzählte uns, daß wir offiziell aus der Partisanenarmee entlassen würden und unsere persönlichen Akten erhielten, bevor wir die Stadt verließen.

Am nächsten Morgen meldeten wir uns nach dem Frühstück bei Marcuk, der uns zusammen mit einigen Adjutanten Jegorows unsere *sprawkas* und Identitätspapiere aushändigte. Danach mußten wir alle unsere Waffen abgeben. Man erlaubte mir nicht einmal, die Pistole zu behalten, die ich als persönliches Geschenk von unserem Kommandeur erhalten hatte. Dann wurden wir, unserer Nationalität entsprechend, in Gruppen aufgeteilt, wobei die Russen die größte Gruppe stellten. Schließlich kam Jegorow zu uns, um sich noch einmal bei uns zu bedanken und sich zu verabschieden. Marcuk folgte ihm und schüttelte jedem Mann und jeder Frau die Hand. Am längsten hielt er sich bei unserer Gruppe, den Polen auf, die sich fast ausschließlich aus Juden zusammensetzte. Er erklärte uns, daß wir einen Monat Urlaub bekommen würden, um nach Polen zurückzukehren und nach unseren Familien zu suchen. Meiner Meinung nach wußte er, daß wir Juden waren, aber selbst in diesem Augenblick ging er mit keinem Wort darauf ein. Aber die Tatsache, daß er unserer Gruppe den längsten Urlaub gewährt hatte, weil unsere verzweifelte Suche nach unseren Familien am längsten dauern würde, sprach für sich. Dann umarmte und küßte er jeden von uns.

Während die Russen, Slowaken und Tschechen den Befehl erhielten, sich zum regulären Dienst zu melden und sofort in die jeweiligen Armeen übernommen wurden, gab man uns einen Monat Urlaub. Wir tauschten unsere letzten Adressen in Polen aus und versprachen, einander zu besuchen. Mietek, Henry und ich beschlossen, zusammenzubleiben, und verabschiedeten uns tränenreich von Stefan und den Gebrüdern Zeller. Ich sagte Stefan, daß wir uns treffen würden, sobald der Krieg vorüber war; dann bekäme er die Uhr von mir, die ich ihm in den Bergen versprochen hatte.

In der Schreibstube des russischen Hauptquartiers erhielten wir Freifahrtscheine für alle öffentlichen Verkehrsmittel in den Gebieten unter russischer Kontrolle. Wir entschlossen uns, zunächst nach Liptovský Svätý Mikuláš zurückzukehren, wo wir so viele gute Freunde unter den slowakischen Juden gefunden hatten. Ich hoffte außerdem, den jungen Gideon Frieder zu finden, um ihn in ihre Obhut geben zu können, erfuhr aber, daß das Dorf, in dem wir ihn zurückgelassen hatten, immer noch Kampfgebiet war. Auf dem Weg zum Bahnhof fragten wir, ob irgendwelche Juden in der Stadt leben würden. Als man uns erzählte, daß sich einige hier aufhielten, entschlossen wir uns, sie zu suchen. Während wir durch das Stadtzentrum gingen, rief plötzlich jemand unsere Namen, und als wir uns umschauten, sahen wir, wie eine kleine Gruppe von Männern und Kindern auf uns zulief. Sie fragten, ob wir sie nicht erkennen würden. Als wir verneinten, erzählten sie uns, daß sie zu den Juden gehörten, denen wir im Bunker in der Niederen Tatra geholfen hatten. Ich betrachtete sie sehr genau, konnte mich aber nicht an ihre Gesichter erinnern. Dann fiel mir ein, daß es bei unseren Besuchen immer dunkel gewesen war. Es war ein bewegendes Wiedersehen für uns alle. Welch eine Freude, Juden zu treffen, die das Grauen überlebt hatten! Sie bestanden darauf, daß wir sie zu Hause besuchten, um all die Menschen zu treffen, die mit ihnen im Bunker gewesen waren. In kurzer Zeit war eine Feier im Gang, bei der die Frauen all die Köstlichkeiten auftischten, die sie mit den vorhandenen Lebensmitteln zubereiten konnten – mit Rezepten, die in keinem Kochbuch standen.

Ich erzählte ihnen noch einmal von dem jungen Frieder, und sie versprachen mir feierlich, nach ihm zu suchen, sobald das Dorf nicht mehr im Kriegsgebiet lag; danach würden sie alles versuchen, seinen Vater, den Rabbi Frieder, zu finden. Schließlich überredeten sie uns, bei ihnen zu übernachten. Am nächsten Morgen nahmen sie uns mit zu einem Geschäft, das vor dem Krieg einen jüdischen Eigentümer gehabt hatte und nun zum Teil einem »arischen« Slowaken gehörte. Dieser Mann hatte 1940 das Geschäft offiziell auf seinen Namen eintragen lassen und auf diese Weise für den jüdischen Inhaber gesichert. Selbst in meiner Hochstimmung wurde ich nachdenklich und bitter, als ich sah, wie sehr die Slowaken sich von den Polen unterschieden. Diese hatten jüdisches Eigentum an sich gebracht, sobald sich eine Möglichkeit bot – ohne die leiseste Absicht, es jemals zurückzugeben.

Im Laden stattete man uns mit Hemden, Socken und Unterwäsche aus, aber wir lehnten Anzüge im Tausch für unsere Uniformen ab, weil wir darin problemloser reisen konnten.

Auf unserem Weg begegneten wir weiteren Juden, die unser Gastgeber wiedererkannte, so daß es mitten auf der Straße zu weiteren Wiedersehensfeiern kam. Dann rief jemand den Namen unseres Gastgebers, und die beiden fielen sich in die Arme. Der andere Mann hieß Schwarz; er war in dieser Stadt geboren und nach mehreren Jahren in Rumänien vor kurzem zurückgekehrt. Diese Rückreise hatte ihn zehn Tage gekostet.

16
Auf der Suche nach Fela.
Slowakei, März 1945

Unser Gastgeber stellte uns als junge polnische Juden vor, die ebenfalls bei den Partisanen gekämpft und viele jüdische Menschenleben in den Bergen gerettet hatten. Während wir uns unterhielten, unterbrach Schwarz das Gespräch und erklärte, er suche einen jungen Juden aus Polen. Er holte ein kleines Notizbuch hervor, das den Namen des jungen Mannes enthielt. Tatsächlich waren zwei Namen darin notiert, beides meine Namen – Herzog und Adam Budkowski, der »arische« Name, den ich angenommen hatte. Ich erstarrte. Es dauerte ein paar Sekunden, bevor ich in der Lage war, »Das bin ich!« zu rufen. Ich mußte mich selbst in den Arm kneifen, um sicherzugehen, daß ich diesen phantastischen Zufall nicht nur träumte. Dann sprang ich auf, umarmte ihn, bevor er sich in Luft auflösen konnte, und bestürmte ihn, mir zu erzählen, von wem er diese beiden Namen erfahren hatte. Denn ich wußte, es gab nur einen Menschen, der meine beiden Namen kannte – meine geliebte Schwester!

»Von einer jungen Frau namens Fela«, antwortete er. Mietek, Henry und unser Gastgeber waren sprachlos. Das schien zu schön, um wahr zu sein. Aber Schwarz konnte seine Behauptung durch weitere Einzelheiten beweisen. Er erzählte mir, daß Fela mit einem jungen Mann namens Janek verheiratet sei, und daß sie in einem Haus in Bukarest lebten, in dem er selbst auch gewohnt hatte. Ich erinnerte mich an den Namen Janek: Es war der junge Mann, der sich in Budapest um Fela und andere jüdische Mädchen gekümmert hatte, nachdem sie aus dem Tolonzhaz-Gefängnis entlassen worden waren. Ich freute mich, daß Fela geheiratet hatte, machte mir aber sofort Sorgen, als ich erfuhr, daß ihr Ehemann am Bein verletzt worden war und an Krücken gehen mußte. Auf dem Weg von Timişoara im Norden Rumäniens, wo sie geheiratet hatten, nach Bukarest hatten deutsche Flugzeuge ihren Zug angegriffen. Dabei erlitt Janek schwere Verletzungen, so daß er lange Zeit im Krankenhaus von Timişoara verbringen mußte.

Schwarz erzählte uns, daß ihn der schwierigste Teil seiner langen Heimreise durch Ungarn geführt hatte, das furchtbar unter den Kämpfen zwischen den sowjetischen und deutschen Truppen litt. Er mußte sehr häufig die Züge wechseln und viele Kilometer zu Fuß zurücklegen, um gesprengte Tunnel und zerstörte Eisenbahnknotenpunkte zu umgehen. Schwarz gab mir Felas Adresse, und ich entschloß mich, am nächsten Morgen nach Bukarest aufzubrechen. Mit Tränen in den Augen umarmte ich den Überbringer dieser wundervollen Nachrichten.

Mietek und Henry beschlossen, mich zu begleiten, da in Polen sowieso niemand mehr lebte, den sie hätten suchen können. Ich war gerührt über diese freundschaftliche Geste. Am nächsten Morgen standen wir sehr früh auf und verabschiedeten uns von unseren slowakischen Freunden, versprachen aber, bald zurückzukehren. Am Bahnhof erfuhren wir, daß vor Mittag kein Zug fahren würde; daher wandten wir uns an das russische Hauptquartier und baten um Unterstützung für unsere Reise nach Rumänien. Der Kommissar wollte wissen, warum wir dorthin wollten, und ich erzählte ihm einfach die Wahrheit. Meine Geschichte bewegte ihn sehr, und er stellte uns Dokumente aus, in denen die russischen Behörden dazu aufgefordert wurden, uns alle erdenkliche Hilfe zu leisten. Als uniformierte Soldaten ließ man uns als erste in den Zug und gab uns gute Sitzplätze. Sobald der Zug sich in Bewegung setzte, gingen slowakische Militärpolizisten in Begleitung von russischen Beamten der NKWD-Geheimpolizei durch die Abteile und überprüften die Papiere. Als wir ihnen unsere Dokumente überreichten, waren sie offensichtlich sehr beeindruckt und gaben sie uns mit den besten Wünschen für eine gute Reise zurück. Die Aussicht aus dem Zugfenster war wunderschön; der Schnee bedeckte die gesamte Landschaft mit einer weißen Decke, und in der Ferne sah ich die phantastischen Berge der Niederen Tatra, die uns so viele Monate Schutz gewährt hatten. Sie erinnerten mich an die vielen Juden, die unter dem Schnee dort oben begraben lagen – ermordet von Antisemiten, als sie der Freiheit schon so nah waren. Ich mußte auch an die Menschen denken, die von der SS, der Wlassow-Armee und der Hlinka-Garde verhaftet, gefoltert und erhängt worden waren. Und ich machte mir Sorgen um die letzten Überlebenden der slowakischen Juden sowie um Chaim Hermesh und die anderen palästinensischen Fallschirmspringer, und fragte mich, was wohl aus ihnen geworden war. Aufgrund des schlechten Zustands der vielen, noch nicht vollständig reparierten Schienen, Brücken und Tunnel kam unser Zug nur sehr langsam voran. Hier und dort lagen ausgebrannte Panzer und Laster neben den Gleisen.

Am Nachmittag fuhr der Zug in einen Bahnhof ein, und der Schaffner verkündete, daß dies die Endstation sei und alle aussteigen müßten. Hier endeten die Gleise, bis der nahe gelegene, vollständig zerstörte Tunnel repariert würde. Wir mußten uns durch den Schnee kämpfen, um den Tunnel zu umgehen, und dann einige Stunden entlang der Schienen bis zum nächsten Bahnhof laufen. Mietek, Henry und ich waren ziemlich erleichtert, daß wir nur wenige Habseligkeiten mit uns schleppen mußten. Am nächsten Bahnhof erfuhren wir, daß es keine Zugfahrpläne gab; sobald ein Zug eintreffen würde, könnten wir weiterfahren. Dies erschien uns zu unsicher, und wir gingen in die Stadt, um einen Lastwagen zu finden, der uns nach Osten bringen konnte. Wir marschierten zu einem Paßkontrollpunkt, der mit tschechischen und russischen Militärpolizisten besetzt war, präsentierten unsere Dokumente und erkundigten uns nach einer Transportmöglichkeit in Richtung Rumänien. Sie erklärten uns, daß vor dem nächsten Morgen kein Transport mehr abginge, und besorgten uns für die Nacht ein Zimmer in einem kleinen Hotel. Am frühen Morgen kehrten wir zurück und beobachteten, daß sie alle Fahrzeuge anhielten und die Papiere von jedem Soldaten und Zivilisten sorgfältig überprüften. Bei einem Laster ließen sie einige Männer aussteigen und von der NKWD abführen. Sie erklärten uns, daß die Männer verdächtigt würden, zur Wlassow-Armee oder Hlinka-Garde zu gehören, nach denen sie besonders Ausschau hielten. Wir mußten einige Zeit warten, bis sie uns Plätze in einem leeren russischen Lastwagen verschafften, der nach Košice fuhr. Wir hatten großes Glück. Die Gegend, durch die wir fuhren, war früher dicht bebaut gewesen, aber nun vollkommen verwüstet. Die Häuser lagen in Trümmern, und Tunnel und Brücken waren in die Luft gesprengt, wobei man letztere eher behelfsmäßig durch Pontonbrücken ersetzt hatte, die russische Militäringenieure konstruierten. Am Abend erreichten wir Košice und schauten uns nach einem Restaurant und jüdischen Einwohnern um. Wir fragten eine Reihe von Passanten, aber niemand kannte auch nur irgendeinen Juden. Als wir jedoch ein großes Restaurant fanden, waren wir uns ziemlich sicher, daß es sich bei den jungen Leuten am Nebentisch um Juden handelte. Wir gingen hinüber und fragten sie offen nach ihrer Herkunft, wobei wir erklärten, daß wir selbst polnische Juden waren, die mit den Partisanen in der Slowakei gekämpft hatten. Dies beruhigte sie, und sie räumten ein, daß auch sie jüdischen Glaubens seien. Sie waren in Ungarn gewesen, und einige von ihnen hatten ebenfalls mit den Widerstandskämpfern im Osten der Slowakei gekämpft und waren mit der Roten Armee zurückgekehrt. Jetzt hatten sie eine Anstellung bei der tschechoslowakischen Regierung gefunden, deren provisorischer Sitz sich in Košice befand. Unserem Gespräch entnahm ich, daß die Stadt jetzt in kommunistischer Hand war; Beneš wurde mit keinem Wort erwähnt.

Sie berichteten uns von dem tragischen Schicksal der Juden in der Slowakei nach dem Aufstand von 1944 und darüber, wie die Deutschen, die Tisos Marionettenregierung bei der Unterdrückung des Aufstands halfen, die Juden zu ihren ersten Opfern machten. Himmler hatte Bratislava besucht und einen seiner »Chefmörder«, Alois Brunner, dorthin beordert, der bei der Vernichtung der Juden in allen besetzten Ländern beteiligt war. Tiso machte die Juden für den Aufstand verantwortlich und drohte mit ihrer Vernichtung. Diese Drohung wurde mit der Razzia unter den Juden von Bratislava am 20. November in die Tat umgesetzt. Im Anschluß daran kam es in der gesamten Slowakei zur Verfolgung und Deportation jüdischer Bürger. Unter den Deportierten befanden sich viele jüdische Führungspersönlichkeiten, darunter auch Gisi Fleischmann, die Frau, die so viele polnische Kinder gerettet hatte. Nachdem sie fünf Jahre überleben konnten, waren die slowakischen Juden knapp vier Monate vor Ende des Krieges in die Todesmaschinerie der Nazis geraten und zahlten den Preis für den Aufstand. Nach Schätzungen wurden zehntausend Juden in der Slowakei umgebracht, und weitere vierzehntausend während dieser tragischen Monate deportiert.

Am Bahnhof empfahl man uns am nächsten Morgen erneut, über die Straßen weiterzureisen, da der Zugverkehr noch sehr unzuverlässig war. Beim Kontrollpunkt bekamen wir eine Mitfahrgelegenheit auf einem leeren Armeelaster, der nach Ushgorod fuhr, einer großen Stadt in der Karpato-Ukraine. Obwohl wir dadurch nach Nordosten gelangten, stiegen wir ein. Der Fahrer erzählte uns, daß wir von dort aus problemlos über Budapest nach Bukarest kommen konnten. Auf den holprigen Straßen lag noch Schnee, und nach kurzer Zeit wurde mir klar, daß wir die ungarische Grenze passierten. Mit Macht kam die Erinnerung an das Jahr 1943 zurück, als Fela und ich diese Grenze überschritten hatten und von unserem Führer verraten worden waren. Nun kehrte ich als freier Mann zurück.

Die Zeichen des Krieges waren überall noch deutlich sichtbar. An den Straßenrändern sah man ausgebrannte deutsche und russische Panzer und Fahrzeuge, und überall entdeckte ich Behelfsgräber, auf denen deutsche Stahlhelme lagen. In meinen Augen schmückten sie die Landschaft – mich störte nur, daß es nicht noch mehr waren.

Wir passierten viele teilweise oder vollständig zerstörte Dörfer und Städte. Als wir eine Essenspause einlegten, fiel uns auf, wie eifrig sich die Ungarn bemühten, die Russen zu bedienen, ängstlich darauf bedacht, jeglichen Ärger mit ihnen zu vermeiden. Da sie auch unsere Uniformen für russische hielten, wurden wir sofort bedient. Sie wollten noch nicht einmal Geld von uns, so erleichtert waren sie, als wir schließlich aufbrachen. Am Nachmittag erreichten wir Ushgorod und der Fahrer ließ uns in der Stadtmitte aussteigen. Wir sahen einige jüdische Geschäfte, die jedoch alle geschlossen waren, und die Passanten, die wir befragten, kannten keine Juden. Die Stadt lag in dem Teil der Tschechoslowakei, den Hitler nach der Okkupation des Landes im Jahr 1939 an Ungarn übergeben hatte. Nun wurde der Landstrich Karpato-Ukraine genannt und gehörte zur Sowjetunion, die das Gebiet nach dem Einmarsch der Roten Armee annektiert hatte. Schließlich fanden wir ein jüdisches Geschäft, das geöffnet hatte, und unterhielten uns mit dem Besitzer auf jiddisch. Er war erst kurze Zeit zuvor aus einem Versteck zurückgekehrt und immer noch ziemlich mitgenommen. Während des Krieges hatte er fast seine gesamte Familie verloren. Er erzählte uns, daß wir an der nahe gelegenen Synagoge vielleicht einige Juden finden könnten, die dort zum Abendgebet zusammenkommen würden. Das Gebäude war ziemlich klein; einige Männer hatten sich bereits darin versammelt, darunter auch ein paar russische Soldaten. Normalerweise sind in den Synagogen ältere Männer in der Mehrzahl, aber hier fanden wir nicht einen von ihnen: Sie hatten nicht überlebt. Nach dem Gottesdienst wurden wir – gemäß der traditionellen jüdischen Gastfreundschaft gegenüber Fremden, die zum Gebet gekommen waren – zum Abendessen eingeladen, und man bot uns an, im Hause eines der Mitglieder dieser jüdischen Gemeinde zu übernachten. Nach dem Essen saßen wir um den Tisch versammelt und berichteten ausführlich von unseren Erlebnissen. Unsere Gastgeber hatten sehr unter den antisemitischen Ungarn, Ukrainern und Deutschen gelitten. Einigen Juden war von mitfühlenden christlichen Nachbarn geholfen worden; eine Familie hatte man sogar auf einem Friedhof versteckt und ihnen nachts oder tagsüber unter dem Vorwand, das Grab der Verwandten mit Blumen zu schmücken, Lebensmittel gebracht. Die schlimmste Zeit brach an, als die Deutschen das Land 1944 übernahmen und die Massendeportationen begannen. Ich nickte, denn ich erinnerte mich an die verzweifelten Schreie und flehenden Hände aus den Deportationszügen, die im Jahr zuvor an unserem Gefängnis in Csorgo vorbeigefahren waren. Wir redeten bis tief in die Nacht. Jeder Jude war ein Buch, eine unbeschreiblich traurige Autobiographie.

Der Zugang zum Bahnhof wurde von russischen Soldaten und Beamten der NKWD streng kontrolliert. Nur Reisende mit besonderen Reisedokumenten, die Wochen im voraus beantragt werden mußten, durften ihn überhaupt betreten. Ein Jahr zuvor hatten die Ukrainer und Ungarn dieser Region erfreut zugesehen, als die Juden von den Deutschen abtransportiert wurden, und jetzt waren sie selbst Gefangene der Russen. Wie schnell sich das Blatt für sie gewendet hatte! Unsere Ausweise waren in Ordnung, und als der Zug schließlich einlief, gab man uns Sitzplätze direkt neben einigen russischen Soldaten. Der Zug kam nur langsam voran, und die NKWD-Polizisten führten häufige Kontrollen durch, aber unsere Dokumente bereiteten uns keinerlei Schwierigkeiten. Die auf sechs Stunden kalkulierte Zugfahrt dauerte letztendlich zehn Stunden, und als der Schaffner schließlich alle zum Aussteigen aufforderte, hatten wir Budapest noch nicht erreicht und mußten die letzten Kilometer zu Fuß zurücklegen, bevor wir in einer kleinen Stadt vor Budapest ankamen. Ein Militäroffizier wies uns für die Nacht ein Zimmer in einem kleinen Hotel zu, und dort stellten wir fest, daß wir alle drei wieder Läuse hatten. Wir brachten so viele wie möglich zur Strecke und wuschen unsere Kleidung, bis wir das Gefühl hatten, entlaust zu sein. Allerdings stand zu befürchten, daß dies nicht der Fall war.

Am nächsten Morgen erreichten wir Budapest und stiegen in eine überfüllte Straßenbahn, die uns zum jüdischen Viertel brachte.

Nahezu jedes Gebäude, an dem wir vorbeifuhren, war beschädigt, manche sogar vollständig dem Erdboden gleichgemacht – stumme Zeugen der fürchterlichen Straßenkämpfe. Es schmerzte mich, diese Stadt, die ich von meinem letzten Besuch als wunderschön in Erinnerung hatte, in einem solchen Zustand der Verwüstung zu sehen. Aber ich konnte kein Mitleid für die Ungarn empfinden, die sich als so grausam erwiesen hatten. Im jüdischen Viertel war es furchtbar deprimierend, durch die Straßen zu wandern, in denen die Häuser noch den gelben Stern auf der Fassade trugen und die Geschäfte mit jüdischen Namen über der Eingangstür geschlossen waren. Die wenigen jüdisch aussehenden Menschen, die wir trafen, wirkten wie Gespenster – schäbig gekleidet, hungrig und eilig ihres Weges gehend, den Blick auf den Boden gerichtet und zu verängstigt, um Männer in Uniformen direkt anzuschauen. Henry, der ein wenig Ungarisch sprach, fragte einen der Passanten nach dem Weg zu einem jüdischen Restaurant, und man führte uns zu einem Wirtshaus in der Kiraly-Straße. Dort erkundigten wir uns bei dem Kellner an der Kasse, ob vielleicht polnische oder slowakische Juden im Restaurant seien, und er wies auf einen Tisch, an dem einige junge Leute saßen. Ich erkannte einen der jungen Männer, Kranz, der aus Krakau stammte und Mitglied des Sportvereins Maccabi gewesen war. Auch er erkannte mich wieder. Er saß neben einer jungen Katholikin und erzählte mir, daß sie ihn in ihrer Wohnung versteckt gehalten und sie nach der Befreiung geheiratet hatten. Die Gruppe lud uns zum Tee ein. Während wir uns unterhielten, spürte ich eine schreckliche Traurigkeit – alle hier Anwesenden hatten ihre gesamte Familie verloren und waren die einzigen Überlebenden. Die Jagd auf die Juden hatte bis zum letzten Moment angedauert, als die Russen bereits den Stadtteil Pest eingenommen hatten. Aber das Morden ging auf der anderen Seite der Donau weiter, bis die Russen vier Wochen später am 13. Februar den Fluß überquerten. Einer der schlimmsten Verbrecher war ein Mönch, Bruder Andreas Kuhn, der mit einem über seiner Ordenskleidung geschulterten Gewehr nach Juden suchte und sowohl diese als auch die »Arier« umbrachte, die ihnen Unterschlupf gewährt hatten. Kuhn war einer der Führer der grausamen Pfeilkreuzler-Partei (Nyilaskeresztes Párt).

Am Abend fanden wir drei Plätze in einem Zug nach Bukarest. Die geringe Geschwindigkeit, mit der er sich vorwärts bewegte, machte mich schläfrig, und schließlich nickte ich ein, wurde aber hin und wieder von der Militärpolizei geweckt, die unsere Papiere überprüfte. Noch vor dem Morgengrauen erreichten wir einen Ort namens Debrecen, nicht weit von der rumänischen Grenze, wo sämtliche Passagiere den Zug verlassen mußten. Zusammengekauert hockten wir auf einer Bank im kalten, schwer beschädigten Bahnhof und warteten auf den Zug nach Bukarest. Am späten Morgen erfuhren wir, daß es keinen Zug nach Bukarest gab und wir versuchen sollten, über die Straßen weiterzukommen. In der Stadt trafen wir einen alten Juden, der uns zu sich nach Hause einlud. Die Gesichter seiner Familie erzählten die jüdische Tragödie eindringlicher als jedes Buch. Sie gehörten zu den wenigen Familien, die überlebt hatten – gerettet von einer hilfsbereiten ungarischen Familie. Auf unserem Weg zum Kontrollpunkt, wo wir uns nach einer Mitfahrgelegenheit erkundigen wollten, stellten wir fest, daß auch diese Stadt von schweren Kämpfen stark zerstört war. Die zahlreichen ausgebrannten Panzer an den Straßenrändern deuteten darauf hin, daß hier eine Panzerschlacht stattgefunden haben mußte. Wir fanden einen russischen Lastwagen, der uns in eine Stadt namens Oradea-Mare mitnahm, und dort erhielten wir nach Überprüfung unserer Papiere durch Polizisten der NKWD Sitzplätze in einem Zug nach Bukarest. Einige russische Soldaten, die auf dem Heimweg waren, begrüßten uns herzlich und teilten großzügig ihren Proviant mit uns.

Als wir den Bahnhof Bukarest erreichten, versuchten wir jemanden zu finden, der uns verstand; aus diesem Grund hielten wir nach jüdischen Menschen Ausschau, die Jiddisch sprachen. Aber zum ersten Mal in meinem Leben mußte ich feststellen, daß mein untrüglicher Instinkt für jüdische Gesichter mich im Stich ließ. Denn es fiel keineswegs leicht, unter den Rumänen Juden zu erkennen. Alle Menschen hier waren klein und besaßen dunkle Haare und einen dunklen Teint. Schließlich fanden wir einen Juden, der Deutsch sprach. Ich zeigte ihm den Zettel mit Felas Anschrift, aber er meinte, daß es für Fremde unmöglich wäre, diese Adresse zu finden. Also nahm er mit uns die nächste Straßenbahn, um uns dorthin zu begleiten. Bevor wir das Haus in der Mosilur-Straße erreichten, kamen wir an einem mächtigen Gebäude vorbei, das nach Auskunft unseres Begleiters als wichtigste Unterkunft für jüdische Flüchtlinge diente. Mietek und Henry beschlossen, dort auf mich zu warten, um das langersehnte Wiedersehen mit meiner Schwester nicht zu stören.

17
Wiedersehen.
Rumänien, April 1945

Mit jedem Schritt, der mich näher zu Felas Haus brachte, schlug mein Herz schneller. Ihre Wohnung befand sich im dritten Stock, und ich rannte die Treppen hoch, drei Stufen auf einmal nehmend. Als ich den Treppenabsatz vor ihrer Tür erreichte, hielt ich einen Moment inne, um wieder zu Atem zu kommen. Dann klopfte ich an und wartete. Schließlich wurde die Tür geöffnet und mir gegenüber stand ein junger Mann mit Krücken, der mich neugierig ansah. Ich wußte dank Schwarz' Beschreibung, daß dies Janek sein mußte, Felas Ehemann. Er fragte mich auf rumänisch, wen ich suchte, und ich antwortete auf polnisch, daß ich Adam sei und zu meiner Schwester wollte. Er lächelte und ließ mich herein. Wir umarmten einander herzlich und er erzählte mir, daß Fela einkaufen sei, aber bald zurückkommen müßte. Eine Weile unterhielten wir uns über unsere jeweiligen Erlebnisse, und ich entschuldigte mich, daß ich nicht in der Lage gewesen war, meinen Besuch anzukündigen, aber im Grunde lauschte ich die ganze Zeit auf Felas Schritte. Endlich hörte ich sie die Treppe heraufsteigen und den Schlüssel im Türschloß umdrehen.

Wir standen auf und blickten zur Tür. Fela kam herein, mit Paketen beladen, aber als sie mich sah, ließ sie sie fallen und rief meinen Namen. Wir fielen einander in die Arme, immer wieder unsere Namen rufend, und weinten vor Freude. Auch Janek stand bei uns und weinte. Als wir uns schließlich losließen, ging Fela einen Schritt zurück, um mich genau zu betrachten, und stellte fest, daß ich sehr abgemagert war. Ich sagte ihr, wie froh ich sei, daß sie Janek zum Ehemann genommen hatte. Er war ein feiner Kerl, ungeachtet seiner Verletzung. Sie erzählte mir, daß er sich seit ihrer ersten Begegnung um sie gekümmert und sie von Ungarn nach Rumänien gebracht habe, wo sie in einer Stadt namens Timişoara geheiratet hatten.

Wir setzten uns, unfähig, die Augen voneinander abzuwenden, und sagten einige Minuten lang gar nichts. Wir erwähnten weder unsere Eltern noch unsere Brüder, sondern hielten es für klüger, die Wunden, die niemals verheilen würden, nicht bei unserem ersten

Wiedersehen aufzureißen. Janek war der einzige seiner großen Familie, der diesen schrecklichen Krieg überlebt hatte. Sein Vater starb an einem gebrochenen Herzen im Alter von 43 Jahren. Janek und sein Cousin Lipinski begruben ihn in der Nacht auf einem jüdischen Friedhof. Seine 42 Jahre alte Mutter, seine jüngere Schwester und seine vier Brüder waren deportiert und am 7. September 1942 im Todeslager vergast worden. Damals war er gerade siebzehn Jahre alt.

Ich erzählte Fela, daß ich unter Läusen litt, und während ich ein heißes Bad nahm, wusch sie meine Kleidung. Janek hatte ungefähr meine Größe und gab mir einige seiner Kleidungsstücke. Dann nahm ich Fela mit, um Mietek und Henry zu suchen; Janek, der sich nicht so sicher auf den Beinen fühlte, wartete zu Hause auf uns. In einem großen Saal in der Flüchtlingsunterkunft fand ich die beiden mitten in einer kleinen Gruppe von Flüchtlingen, die alle gleichzeitig aufeinander einredeten. Ich stellte Fela den beiden vor, aber sie lehnten es wegen ihrer Läuse ab, mit in ihre Wohnung zu kommen. Fela versprach, uns drei am nächsten Tag zur Desinfektion zu bringen.

Wieder zurück in Felas Wohnung lernte ich ihren Nachbarn, Duda, kennen, der aus Stryj im polnischen Ostgalizien stammte. Janek hatte ihn in Budapest vor einigen Schlägern gerettet. In Bukarest waren sie sich wieder begegnet: Duda hatte Janek gesehen, wie er sich auf seinen Krücken durch den Schnee kämpfte, und ihm spontan sein eigenes Zimmer überlassen.

Sie berichteten uns von ihren Erfahrungen in Budapest, als der Alptraum begann. Die Flüchtlinge wußten, daß die Deutschen zuerst mit Hilfe ihrer Geheimagenten, der ungarischen Keogh (Geheimpolizei), nach ihnen suchen würden. Die polnischen Juden wandten sich nach Rumänien, während die slowakischen Flüchtlinge versuchten, in die Slowakei zurückzukehren. Janek lernte Maciek Fiedler kennen, und zusammen halfen sie den Juden, indem sie gefälschte Papiere besorgten und einige Ärzte dazu brachten, die Beschneidungen der Männer auf chirurgischem Wege zu kaschieren, damit diese eine »arische« Identität annehmen konnten. Aber einer ihrer »Klienten« wurde gefangengenommen und gab unter der Folter Janeks Namen preis, was zu seiner Verhaftung und Einkerkerung im SS-Gefängnis Schwabhed führte. Dort steckte man ihn zu einigen führenden jüdischen und ungarischen Persönlichkeiten in die Zelle. Hinrichtungen durch ein Exekutionskommando gehörten hier zur Tagesordnung.

Schließlich ergriff Janek die Initiative: Er durchbrach die schweren Gitter am Fenster und sprang in den Hof, gefolgt von einigen anderen Gefangenen. Trotz der schweren Bewachung gelang allen die Flucht. Er und Fela tauchten zusammen unter und wechselten häufig die Adressen, bis sie nach Rumänien entkommen konnten. Noch im Zug wurden sie von einem deutschen Polizisten angesprochen, aber es gelang ihnen zu fliehen, als Fela ihn mit ihrem Schuh schlug. Sie überquerten zu Fuß die Grenze und erreichten Timişoara, wo sie von einigen Juden aufgenommen wurden. Kurze Zeit später heirateten sie bei dem Rabbi dieser Gemeinde. Als der König am 23. August 1944 Rumänien an die Rote Armee übergab, entschlossen sie sich zusammen mit vielen anderen Juden der Region, das Grenzgebiet zu verlassen und nach Bukarest zu gehen. Auf dem Weg dorthin wurde ihr Zug von deutschen Bombern angegriffen. Fela, Janek und einigen anderen Flüchtlingen gelang es, in einem Feld Schutz zu suchen. Als Janek jedoch das Wimmern eines Kindes hörte, lief er zurück zum Zug. Während er den Jungen zu den anderen in das Feld trug, explodierte eine Bombe in seiner Nähe, und er wurde schwer verwundet. Das Kind kam unverletzt davon, aber Janek mußte mehrere Wochen im Krankenhaus verbringen. Die Juden in dieser Gegend nannten ihn einen Helden. Nach seiner Entlassung aus dem Krankenhaus setzten er und Fela ihren Weg nach Bukarest fort. In Anbetracht seiner Krücken machten ihnen einige russische Offiziere in ihrem Abteil Platz. Während der Reise schliefen sie ein, und als sie aufwachten, waren die russischen Offiziere zusammen mit all ihren Habseligkeiten verschwunden.

Ich empfand Bukarest als eine wunderbare Stadt, und das Leben verlief hier nahezu normal. Die Lebensmittel waren zwar rationiert, aber gegen entsprechende Bezahlung konnte man alles bekommen. In den Geschäften gab es reichlich Waren und fast ebenso viele Kunden. Als ich Fela fragte, ob sie Nachrichten von unseren Verwandten in Amerika habe, erzählte sie mir, sie hätte ihnen mehrere Briefe geschrieben, aber noch keine Antwort bekommen. Ich überprüfte die Adresse und stellte fest, daß sie falsch war. Sofort schickte ich ein Telegramm an unseren Onkel.

In der vom *American Jewish Joint Distribution Committee* unterhaltenen Flüchtlingsunterkunft, in der Mietek und Henry untergebracht waren, lernte ich einige ausgezehrte Juden kennen, die pyjamaähnliche Kleidung mit breiten Streifen trugen. Sie waren Überlebende aus den Konzentrationslagern in Deutschland und Österreich und warteten darauf, nach Palästina auswandern zu können. Ich betrachtete jeden einzelnen von ihnen als ein lebendes Wunder. Wir wußten, welche Hölle auf Erden diese Konzentrationslager gewesen waren. Und wir hatten auch davon gehört, daß die Deutschen bei ihrem Rückzug aus Polen die Konzentrationslager dem Erdboden gleichgemacht und noch den letzten Gefangenen umgebracht hatten, um keine Spuren ihres Verbrechens zu hinterlassen. Dennoch hatten diese Menschen überlebt. Sie erzählten uns, daß sie nach ihrer Befreiung nach Polen zurückgekehrt waren, um nach ihren Familien zu suchen, und zu ihrer größten Bestürzung feststellen mußten, daß die Polen sich ihnen gegenüber extrem feindlich verhielten. Daher verließen sie Polen erneut und machten sich auf den Weg nach Rumänien.

Mietek und Henry gefiel es in Bukarest, und sie beschlossen, in der Stadt zu bleiben. Aber ich war fest entschlossen, nach Polen zurückzukehren, um nach Informationen über meine Brüder zu suchen und die Lopatowskis, die Zwolinskis und Herrn Magrys zu besuchen. Nachdem wir drei desinfiziert und offensichtlich frei von Läusen waren, nahm ich die beiden mit zu Fela und Janek. Mietek fesselte sie mit den haarsträubenden Geschichten unserer Flucht und unseren anschließenden Aktivitäten als Widerstandskämpfer. (Ich selbst konnte nicht über meine Kriegserlebnisse sprechen, da sie in mir Erinnerungen weckten, die alte Wunden aufrissen und mich in tiefe Verzweiflung stürzten.) Fela servierte uns das Essen – es war das erste Mal, daß ich ihre Kochkünste bewundern konnte. Und als ich ihr gratulierte, erklärte sie, daß sie bei Frau Zwolinska kochen gelernt habe.

Am nächsten Morgen kam ein Bote von der HIAS (einer jüdischen Auswanderungsorganisation) und bestellte uns zu ihrem Verwaltungsbüro. Dort händigte man uns einhundert Dollar aus, die unser Onkel telegrafisch über das HIAS-Büro in New York hatte anweisen lassen. Für rumänische Verhältnisse war dies ein kleines Vermögen, aber zusammen mit diesem unverhofften Glücksfall kam auch die Frage nach Nachrichten über die Familie. Wir wußten nicht, wie wir unserer Großmutter mitteilen sollten, daß unsere Eltern – ihre Tochter Antonia und ihr Schwiegersohn Emil – tot waren, ermordet in einem Vernichtungslager, und daß wir keine Ahnung hatten, was mit unseren geliebten Brüdern geschehen war. Daher gingen wir den bequemsten Weg und schickten ein Telegramm, in dem wir uns für das Geld bedankten und versprachen, daß ein Brief mit Neuigkeiten über die Familie bald folgen würde.

Fela fühlte sich mit all dem Geld sehr reich und begann sofort mit den Überlegungen, wie man es am besten ausgeben könnte. Zuerst kaufte sie einige teure Delikatessen, um ein Festmahl für uns alle vorzubereiten, zu dem sie auch Duda einlud. Duda erzählte mir, daß sich in Rumänien ein blühender Schwarzmarkt zwischen den verschiedenen Teilen des Landes entwickelt hatte und daß unsere Uniformen und unsere russischen Papiere es uns ermöglichen würden, viel Geld zu machen. Da wir natürlich alle Geld brauchten, beschlossen wir, darüber nachzudenken. Nach dem Essen nahmen Fela und Duda mich mit in die Stadt, um mir das Nachtleben von Bukarest zu zeigen. Die Altstadt pulsierte, mit ihren zahlreichen, überfüllten Cafés, Restaurants, Tanzlokalen und Nachtclubs und den langen Schlangen vor den Kinokassen. Die Menschen wollten den Krieg vergessen, und für die Dauer dieses Abends gab ich mich selbst auch diesem wunderbaren Gefühl hin.

Am nächsten Morgen suchten Duda und ich Mietek und Henry in der Flüchtlingsunterkunft auf, und Duda erzählte ihnen von seinen Schwarzmarktplänen. Sie waren einverstanden, und während Duda und Mietek die Waren besorgten, die wir mit Gewinn zu verkaufen gedachten, gingen Henry und ich zum russischen Gefechtsstand und beschafften uns Transitpapiere durch Ungarn und die Slowakei nach Polen. Unsere eigenen Dokumente beeindruckten den NKWD-Beamten sehr, und er wünschte uns eine gute Reise.

Am nächsten Morgen machten wir vier uns mit vollgepackten Koffern von Felas Wohnung aus auf den Weg. Aber wir hatten noch nicht einmal die Straßenbahnhaltestelle erreicht, als uns eine russische Patrouille anhielt und trotz unserer Papiere mit auf die Polizeiwache nahm. Wir befürchteten, daß sie unser Gepäck durchsuchen würden, aber unsere Dokumente stellten sie zufrieden. Dudas Anwesenheit erklärten wir damit, daß er uns beim Transport unserer Koffer zum Bahnhof helfen sollte. Nach einer zehnstündigen Zugfahrt erreichten wir Arad in der Nähe der ungarischen Grenze, wo wir unsere Waren, Tuche und Kleidungsstücke verkauften. Wir erzielten sehr gute Preise und kauften auf Dudas Geheiß hin Speiseöl, nach dem in Bukarest eine große Nachfrage bestand. Danach kehrten wir ohne Zwischenfälle zurück und verkauften das Öl am nächsten Morgen mit großem Gewinn. Anschließend legten wir eine zweitägige Pause ein, erwarben mit unserem Kapital noch mehr Waren und weitere Koffer für den Transport und kehrten mit noch mehr Geld zurück. Um unseren Erfolg zu feiern, luden wir Fela und Janek in ein jüdisches Restaurant ein.

Aber wir vergaßen keineswegs, daß der Krieg noch nicht beendet war. Die Deutschen leisteten den Alliierten, die sie von Osten und Westen immer weiter einschlossen, erbitterten Widerstand. Zum ersten Mal trafen wir Juden, denen man wie Vieh Nummern auf den Arm tätowiert hatte: Es handelte sich um Überlebende aus Auschwitz. Eines Morgens erreichte uns die Nachricht, daß Präsident Roosevelt gestorben sei. Mir fiel auf, daß keiner der Flüchtlinge um ihn trauerte. Das gleiche galt auch für uns; wir waren alle der Ansicht, daß er sehr viel mehr hätte tun können, um die Juden vor den Nazis zu schützen. Auch die anderen Führer der Alliierten und selbst der Papst waren nicht ohne Schuld. Ich überließ es der Geschichte, ein Urteil darüber zu fällen. Persönlich würde ich ihnen niemals verzeihen, daß sie uns den schrecklichsten Massenmördern überlassen hatten, die die Geschichte je gesehen hatte. Die Flüchtlinge erzählten mir, daß sich die Russen bei der Befreiung der Vernichtungslager nicht mit Gerichtsverhandlungen aufgehalten hatten. Sie erschossen einfach alle SS-Männer und -Frauen, die sie finden konnten. Das war meine Art von Gerechtigkeit.

Einige Tage später nahm ich Abschied von Fela, und wir drei brachen in Begleitung von Duda nach Polen auf. Diesmal beschlossen wir, auf den Schwarzmarkt zu verzichten, und nahmen nur wenige Gepäckstücke mit, die wir mit Zigaretten füllten, um uns den Weg durch Ungarn, die Slowakei und Polen freizukaufen. Nachdem ich eine ganze Reihe von Überlebenden kennengelernt hatte, war ich etwas zuversichtlicher, was die Chancen betraf, Szymon und Nathan noch lebend zu finden. Wir saßen in einem Abteil mit einigen russischen Offizieren. Duda, der in Rußland gelebt hatte und ihre Sprache beherrschte, führte eine lebhafte Diskussion mit den Russen. Aber er wußte auch, daß sie den Ruf besaßen, Gepäck zu stehlen, und schlief vorsichtshalber auf seinem Koffer. Als er jedoch aufwachte, waren die Russen fort – zusammen mit seinen Zigaretten. Sie hatten den Koffer an der Seite aufgeschlitzt und die Zigaretten herausgenommen. Duda war so entmutigt, daß er beschloß, nach Bukarest zurückzukehren, und den Zug an der nächsten Haltestelle verließ. Wir drei setzten unsere Reise ohne ihn fort.

Während unserer langen Zugfahrt sahen wir zahlreiche, mit Maschinen beladene Güterzüge nach Osten fahren. Es handelte sich um deutsche Fabriken, die die Russen demontiert hatten und als Entschädigung für die Zerstörungen der Deutschen in ihrem Land nach Rußland brachten. Sie waren nicht gewillt, auf solche Feinheiten wie Friedensverhandlungen zu warten. Auf unserem Weg durch Ungarn saßen wir eine Zeit in einem Abteil mit Zivilisten, die sich offensichtlich vor uns fürchteten, bis Henry ihnen erklärte, daß wir polnische Uniformen trugen. Dann schütteten sie uns ihr Herz aus mit Beschwerden über die Russen, die alles stahlen und vergewaltigten, aber da sie das Gesetz waren, nicht zur Wiedergutmachung vor Gericht gestellt werden konnten. Schließlich erreichten wir Kežmarok, in der Nähe der slowakischen Grenze, wo man uns mitteilte, daß von hier aus kein einziger Zug nach Polen fuhr. Wir gingen in die Stadt und fanden eine jüdische Familie. Henry und ich waren bestürzt, als wir erfuhren, daß der Vorsitzende der jüdischen Gemeinde, Bergmann, der uns so sehr geholfen hatte, deportiert worden und nicht zurückgekehrt war, und daß beinahe alle anderen Juden der Stadt ebenfalls tot waren. Aber es gab auch einige gute Nachrichten. Die Deutschen standen kurz vor der Kapitulation. Mussolini, der italienische Diktator, und seine Geliebte waren von Widerstandskämpfern gefangengenommen und erschossen worden, und ihre Leichen hatte man an den Füßen aufgehängt der Öffentlichkeit präsentiert. Einer der Diktatoren der Achsenmächte war weg, und das Kriegsende näherte sich mit schnellen Schritten. Nach diesen Nachrichten machten wir uns, mit neuem Mut erfüllt, zu Fuß auf den Weg zur polnischen Grenze.

18
Rückkehr nach Polen.
1945

Die tschechoslowakischen Grenzposten überprüften unsere Papiere und ließen uns passieren, und auch auf der polnischen Seite gab es keine Schwierigkeiten. Ich kehrte mit gemischten Gefühlen nach Polen zurück: Einerseits hoffte ich, Szymon und Nathan wiederzufinden, aber andererseits erinnerte ich mich an den November 1943, als ich zusammen mit Fela diese Grenze überquert hatte. Ein leerer russischer Armeelastwagen nahm uns mit nach Krakau. Hin und wieder hielt der Fahrer an und ließ ein paar polnische Anhalter einsteigen – eine bunte Mischung aus Flüchtlingen und Schwarzmarkthändlern, schwer bepackt mit Bündeln und Paketen. Aber sie alle kannten den Preis – eine Flasche Wodka –, den sie zahlen mußten, bevor sie einsteigen durften. Nach wenigen Kilometern gab es eine Fehlzündung, und der Lastwagen hielt an. Die Eskorte des Fahrers kletterte aus dem Fahrerhäuschen, ließ alle Polen aussteigen und bat sie, den LKW anzuschieben, damit er wieder ansprang. Alle folgten bereitwillig. Aber als der Motor ansprang, gaben die beiden Betrüger Vollgas und rasten davon, mit allen Habseligkeiten der Polen, die fassungslos am Straßenrand standen. Einige versuchten noch, hinter dem Laster herzulaufen; aber sie hatten keine Chance, denn der LKW fuhr viel zu schnell. Offensichtlich war die Motorpanne geplant gewesen. Uns betraf das Ganze nicht, da wir eine Uniform trugen. Nach kurzer Zeit erreichten wir eine kleine Stadt, wo man uns mitteilte, daß der Zug nach Krakau bald eintreffen würde. Unsere Papiere verschafften uns auch diesmal wieder gute Sitzplätze. Wir bemerkten, daß alle Passagiere schwer mit Gepäck beladen waren; offensichtlich handelte es sich um Schwarzmarkthändler.

Nach einer ereignislosen zweistündigen Zugfahrt hielten wir auf dem Bahnhof von Krakau-Podgorze, den ich so gut kannte, und fuhren dann weiter bis zum Krakauer Hauptbahnhof. Der Bahnhof sah noch genauso aus, wie ich ihn in Erinnerung hatte. Wir erkundigten uns nach dem russischen Hauptquartier und wurden in die Stadtmitte verwiesen. Auf dem Weg dorthin fiel mir auf, daß die Stadt sehr wenig sichtbare Schäden erlitten hatte. Wir fanden das Hauptquartier in einem beeindruckenden Gebäude, dem ehemaligen Palast eines Prinzen. Ein Offizier überprüfte unsere Papiere und schickte uns ins nahe gelegene Hotel Francuski, einem der besten am Platz, wo wir ohne jede Bezahlung ein großes Zimmer erhielten.

Am nächsten Morgen erkundigten wir uns nach dem örtlichen Schwarzmarkt und wurden tatsächlich zu einem nahe gelegenen Platz geführt, auf dem eine polnische Bauersfrau vor dem Krieg Blumen verkauft hatte. Wir überließen unsere Zigaretten dem Händler mit dem höchsten Gebot und erhielten dafür eine Menge Zloty. Dann schauten wir uns um, in der Hoffnung, ein jüdisches Gesicht in der Menge zu erblicken, aber da wir niemanden sahen, gingen wir in das jüdische Viertel Kazimierz. Uns fiel auf, daß man bei den meisten Geschäften polnische Namen über die Namen der ursprünglichen jüdischen Besitzer gepinselt hatte. Obwohl ich wußte, daß damit zu rechnen war, tat der Anblick dennoch weh. In diesen alten, vertrauten Geschäften pflegten wir früher regelmäßig unsere Einkäufe zu erledigen, und ich hatte gehofft, ich würde die alten Namen wiedersehen. Die neuen polnischen Händler wirkten gelassen und nicht so verängstigt wie die Ungarn. In den Straßen von Krakau gab es mehr Russen als in der Slowakei – und mehr Patrouillen, zu Fuß oder in offenen Militärfahrzeugen. Bei den Russen in den Militärwagen handelte es sich um Einheiten der NKWD, und die polnischen Soldaten trugen Uniformen, die denen der Russen sehr ähnelten. Tatsächlich gehörten diese Polen zu der in Rußland gegründeten Kościuszko-Armee unter Oberst Berling, die zusammen mit den Russen gekämpft hatte. Ich zeigte meinen Freunden einige Sehenswürdigkeiten der Stadt, unter anderem auch den Platz an der Grodzka-Straße, an dem die Deutschen im September 1939 mit den ersten Massenverhaftungen und -morden begonnen hatten, sowie das Gelände am Wawelschloß, wo Gebäude von jüdischen Besitzern abgerissen worden waren, um Platz zu schaffen für Generalgouverneur Frank. Aber unsere Suche nach jüdischen Gesichtern blieb fruchtlos, bis wir die Krakowska-Straße erreichten, wo ich eine kleine Gruppe jüdisch wirkender Leute vor einem Geschäft sah. Ich fragte sie auf jiddisch, wer der Besitzer sei, und sie schickten uns in das Geschäft. Ich kannte den Mann nicht, aber er erzählte mir, daß das Geschäft seinem verstorbenen Vater gehört habe, und ich erinnerte mich wieder an den Familiennamen. Er selbst hatte in einem Versteck überlebt, und als er zurückkehrte, weigerte sich der Pole, der das Geschäft übernommen hatte, den Laden zurückzugeben. Der Sohn des früheren Inhabers ging vor Gericht und gewann, aber der polnische Nachbar boykottierte nun sein Geschäft und beleidigte ihn und seine jüdische Kundschaft. Seine Geschichte war keineswegs ein Einzelfall. Die wenigen Juden, die den Krieg überlebt hatten und ihr Eigentum zurückforderten, mußten fast immer vor Gericht gehen und das Gerichtsurteil mit Hilfe der Miliz durchsetzen – falls sie gewannen. In den kleinen Städten stießen die Juden, die es wagten, ihren Besitz zurückzufordern, auf eine Welle der Gewalt, und wenn sie nicht gleich umgebracht wurden, mußten sie um ihr Leben laufen. Die Polen hatten sich nicht geändert.

Nur noch die Synagoge in der nahe gelegenen Miodowa-Straße war geöffnet. Vor dem Krieg waren wir immer Freitag abends dorthin gegangen, um den inspirierenden Predigten von Rabbi Dr. Osias Thon zuzuhören, einem Zionisten und Mitglied des Parlaments. Im Tempel teilte man uns mit, daß sich in der Dluga-Straße ein jüdisches Komitee befand, das die zurückkehrenden Juden registrierte. Wenn überhaupt, würde ich dort Informationen über meine Brüder erhalten können. Wir fuhren mit der nächsten Straßenbahn dorthin, und ich stellte fest, daß sich in Krakau nichts verändert zu haben schien – wenn man davon absah, daß es keine Juden mehr gab. Wir fanden das Büro des Komitees, vor dem zahlreiche Leute warteten, auf der Rückseite eines großen Gebäudes. Man zeigte uns, wo wir uns eintragen konnten, und ich gab meinen richtigen Namen und den angenommenen »arischen« Namen an. Außerdem vermerkte ich Felas Adresse in Bukarest, für den Fall, daß mich jemand kontaktieren wollte. Als wir an die Reihe kamen, durchsuchte die Dame hinter dem Schalter ihr Register nach den Namen meiner Brüder und erklärte mir schließlich, daß sie weder den einen noch den anderen finden konnte. Ihr »Nein« versetzte mir einen Stich mitten ins Herz. Hier erhielt ich die grausame Bestätigung, die ich befürchtet, aber unterdrückt hatte, weil ich hoffen wollte. Sie spürte meinen Kummer und ließ mich in ihrem Register nach mir bekannten anderen Familiennamen suchen. Als ich keine fand, sagte sie mir, ich solle nicht verzweifeln, denn jeden Tag kehrten immer mehr Juden zurück und ließen sich registrieren, wo auch immer sie gestrandet waren. Das Zentralbüro des Komitees lag in Łódź, wo nun die größte Zahl der Juden lebte. Dort sammelte man die Namen aller jüdischen Komitees in ganz Polen. Sie wies darauf hin, daß jeder Überlebende ein Wunder war – was ich sehr wohl wußte – und bedrängte mich, nicht die Hoffnung auf zwei weitere Wunder aufzugeben, die Heimkehr meiner Brüder. Außerdem riet sie mir, noch nicht nach Rzeszów zurückzugehen, da sich dort einige häßliche antijüdische Vorfälle ereignet hatten und es waghalsig wäre, ein unnötiges Risiko einzugehen.

Auf unsere Bitte hin wurden wir von den neuen jüdischen Gemeindevorsitzenden empfangen: Gemeindevorsitzender Dr. Isydor Horowitz und seine Stellvertreter Michał Borwicz, Maria Mariańska und Dr. Henry Reichman. Ich konnte mich nur an Borwicz erinnern, der vor dem Krieg unter dem Namen Maksymilian Boruchowicz ein bekannter Schriftsteller und Aktivist der PPS gewesen war. Sie erkundigten sich nach unseren Kriegserlebnissen und unserem jetzigen Wohnort. Danach fragten sie uns, ob wir einige Juden nach Rumänien mitnehmen könnten – ungarische und rumänische Juden, die nach Hause wollten, und andere, die in Konstanza am Schwarzen Meer ein Schiff nach Palästina zu finden hofften. Wir waren einverstanden und erklärten ihnen, welche Dokumente die Reisewilligen benötigten, um durch alle Kontrollen und Patrouillen zu kommen.

Zurück im Hotel schrieb ich einen ausführlichen Brief an die Zwolinskis in Rzeszów und versprach, sie zusammen mit Fela so bald wie möglich zu besuchen. Ich brachte den Brief zum Hauptpostamt, und als ich das Gebäude betrat, überwältigte mich ein Gefühl der Trauer. Wie oft war ich mit Mutter hierhergekommen, um Post nach Amerika aufzugeben. Anschließend ging ich in die Kollataja-Straße, um die Lopatowskis zu besuchen. Das Eckgebäude, in dem wir gewohnt hatten, kam langsam in Sicht. Aber jetzt stand niemand am Fenster im dritten Stock, um mir zuzuwinken. Ich mußte mich daran erinnern, daß meine Familie fort war. Als ich das Gebäude betrat, fiel mir wieder der Abend ein, an dem wir nach Rzeszów geflohen waren und ich immer noch die Hoffnung hegte, daß wir eines Tages alle zurückkehren würden. Ich beschloß, nicht in den dritten Stock zu unserer alten Wohnung zu gehen, denn die Wohnung ohne meine geliebte Familie war mehr, als ich ertragen konnte. Die Lopatowskis wohnten im Erdgeschoß, und als Frau Lopatowska auf mein Klopfen hin die Tür öffnete, erkannte sie mich nicht, sondern stand wie versteinert und starrte auf meine Uniform. Ich sagte: »Ich bin's, Henry«, und sie wiederholte meinen Namen und machte dann einen Schritt nach vorn, um mich zu umarmen. Wir küßten einander herzlich, und ihr Sohn, der durch ihre Rufe aufmerksam geworden war, kam in Begleitung einer jungen Frau ebenfalls auf den Flur und umarmte mich. Aber als sie mich hereinbaten, fiel mir auf, daß Herr Lopatowski nicht da war. Ohne nachzudenken, erkundigte ich mich nach ihm. Frau Lopatowskas Gesicht verdunkelte sich, und sie bat mich, Platz zu nehmen. Nachdem ich mich gesetzt hatte, erzählte sie mir, daß ihr Ehemann, mein lieber, teurer Freund und wunderbarer Mensch, Władysław Lopatowski, tot sei. Er war zehn Monate zuvor von der Gestapo verhaftet und am 24. Juni 1944 zusammen mit neunundvierzig anderen polnischen Patrioten öffentlich hingerichtet worden. Ihre Worte trieben mir das Wasser in die Augen, bis ich vor Tränen fast nichts mehr sehen konnte. Sie erzählte mir, daß er von einer jüdischen Frau verraten worden sei, für die er gefälschte Papiere beschafft hatte. Sie war von der Gestapo gefangengenommen worden, hatte unter der Folter seinen Namen preisgegeben und war anschließend erschossen worden.

Als Frau Lopatowska sich wieder gefaßt hatte, erzählte sie mir stolz, daß ihr Mann einer der Anführer der »Żegota«-Organisation gewesen sei, die den Juden in den Lagern geholfen hatte. Außerdem war er in der »Rada Pomocy Żydom« (Deckname der Żegota) aktiv, die sich auf die Fluchthilfe für jüdische Bürger spezialisiert hatte. Sie versicherte mir, daß sie sich nicht eine Minute gefürchtet hatten, als meine Brüder verhaftet wurden, weil sie davon überzeugt waren, daß diese niemals ihren Wohltäter verraten würden – ungeachtet der Torturen, die sie durch die Gestapo erlitten. Außerdem berichtete sie mir, daß Herr Gelb 1943 abgeholt worden war und nie zurückkehrte. Über das Schicksal seiner deutschen Frau, die später wegzog, wußte sie nichts.

Ihr Sohn hatte geheiratet; die junge Frau auf dem Flur war seine Ehefrau, und er arbeitete nun in der Zieleniewski-Metallfabrik, wo sein Vater als Vorarbeiter und Leiter der örtlichen PPS tätig gewesen war.

Sie erzählten mir, daß die Deutschen beim Anmarsch der Roten Armee auf Krakau ruhig ihre Sachen gepackt und alles vorbereitet hatten, um die Stadt zu zerstören. Aber der letzte Vorstoß der Russen kam so unerwartet, daß sie keine Zeit zur Durchführung ihrer Pläne hatten und die Stadt Hals über Kopf verlassen mußten, wobei sie nur einige Munitionsdepots und die Brücken über die Weichsel zerstörten. Die Stadt blieb verschont, als die Russen am 19. Januar einmarschierten, und alle Einwohner waren gerettet. Aber zwischen den Polen und Russen herrschte kein freundschaftliches Verhältnis, da die Russen fast ebenso verhaßt waren wie die Deutschen; seit Jahrhunderten zählten beide zu Polens traditionellen Feinden. Und die Polen waren besonders verärgert über die Weigerung der Roten Armee, ihnen während des Warschauer Aufstands im Herbst 1944 zu Hilfe zu kommen. Die Armee hatte auf der anderen Seite der Weichsel gelegen und sich nicht vom Fleck gerührt, als die Deutschen die polnischen Aufständischen massakrierten. Es handelte sich ganz offensichtlich um einen politischen Schachzug. Außerdem hatten das NKWD (»Volkskommissariat für innere Angelegenheiten«, die russische Geheimpolizei) und ihre polnischen Handlanger, der USB (der polnische Geheimdienst), nach der Befreiung systematisch alle Anführer sowie zahlreiche einfache Mitglieder der polnischen rechtsgerichteten Untergrundbewegung und sogar der sozialistischen PPS deportiert, die seitdem nicht mehr gesehen worden waren. Die Bilder von Hitler, die die Deutschen überall in der Stadt aufgestellt hatten, wurden ersetzt durch ebenso große Bildnisse von Stalin. Die Polen waren jetzt genauso erbittert über die westlichen Politiker, die die Bevölkerung den Sowjets überließen und die Aufteilung des Landes stillschweigend hinnahmen, wie wir Juden darüber verbittert waren, daß sie uns den Nazi-Mördern überlassen hatten.

Es war ein trauriger Tag für mich. Der Tod meiner Brüder stand so gut wie fest, und ich hatte vom schrecklichen Ende erfahren, das der hilfsbereite Herr Lopatowski und Herr Gelb gefunden hatten. Wir gingen zu unserer Verabredung mit Herrn Borwicz in einem Restaurant, das voll mit ausgelassenen russischen Soldaten war. Die wenigen polnischen Gäste starrten auf unsere unbekannte Uniform. Borwicz bemerkte meine bedrückte Stimmung, und ich erzählte ihm von Herrn Lopatowski und wieviel er und die PPS-Untergrundbewegung für meine Familie getan hatten. Daraufhin berichtete mir Borwicz, daß er selbst durch den PPS-Untergrund gerettet worden war, der ihn aus dem Lager Janowska in der Nähe von Lwów befreit hatte. Das war im November 1943, fast zum gleichen Zeitpunkt, als man uns aus Rzeszów herausgeholt hatte. Für Borwicz war es die zweite

Errettung: Die Deutschen hatten ihn bereits aufgehängt, aber das Seil riß, und der offensichtlich abergläubische Henker ließ ihn am Leben. Nach seiner Flucht schickte ihn die PPS in die Gegend von Miechów, wo er der Kommandant einer PPS-Partisaneneinheit wurde und den Spitznamen Zygmund erhielt. Zum Zeitpunkt des deutschen Überfalls auf Polen 1939 hatte er sich in der Schweiz aufgehalten, sich jedoch zur Rückkehr entschlossen. Er zog nach Lwów, das die Russen als Teil ihres Abkommens mit Hitler besetzt, aber 1941 wieder an die Deutschen verloren hatten. Borwicz war Zeuge zahlreicher Greueltaten der Deutschen geworden und nun damit beschäftigt, seine persönlichen Erfahrungen in einem Buch festzuhalten, das bald veröffentlicht werden sollte.

Er teilte uns mit, daß er – ungeachtet der Tatsache, daß er noch aktiver Sozialist war – uns als Jude darüber informieren müsse, daß die Situation für die Juden in Polen wieder sehr schlecht und in Krakau besonders gefährlich sei, weil sich die Stadt nach der Zerstörung Warschaus zum Zentrum antisowjetischer und antijüdischer Agitation entwickelt hatte. Krakau galt auch als die Hochburg einer Oppositionsbewegung gegen die neue Regierung und bildete damit einen deutlichen Kontrast zur allgemeinen passiven Haltung der polnischen Bevölkerung gegenüber der deutschen Besatzung im Jahre 1939. Jetzt verteilten Studenten in ganz Polen Flugschriften der Untergrundbewegung, und die Rechten stellten sich mit der vollen Unterstützung der Kirche sowohl gegenüber den Juden als auch gegenüber den Russen feindlich auf, die während der Befreiung Polens von den Deutschen sechshunderttausend Mann verloren hatten. In Krakau wurden Juden und Russen gesellschaftlich geächtet, und auf den öffentlichen Plätzen sowie in den Restaurants, die sie frequentierten, waren häßliche Bemerkungen an der Tagesordnung. Allerdings erkannte die neue Regierung die Juden jetzt offiziell als Bürger mit gleichen Rechten an, und zwei Juden bekleideten hohe Posten im Kabinett: Hilary Minc, der Wirtschaftsminister, und Jacob Berman, der stellvertretende Außenminister. Die Regierung bemühte sich sehr, den überlebenden Juden beim Aufbau eines neuen Lebens und bei der Reorganisation der jüdischen Institutionen im neuen Polen zu helfen. Aber auch die jüdischen Institutionen selbst waren damit beschäftigt, die vielen jüdischen Kinder zurückzuholen, die von ihren Eltern (von denen die meisten umgekommen waren) bei christlichen Familien versteckt worden waren.

Die polnische Exilregierung und die rechten polnischen Kreise in London verbreiteten bösartige antisemitische Propaganda. In ganz Polen wurden Juden angegriffen, was am 10. April in der Ermordung von fünf Juden in Polaniec, in der Nähe von Kielce, gipfelte. Aber bald darauf folgten weitere, ähnliche Gewaltausbrüche.

Borwicz erzählte mir, daß der Leiter des jüdischen Bunds, Samuel Zygelbojm, einer der beiden jüdischen Mitglieder der polnischen Exilregierung in London, in der Nacht vom 11. auf den 12. Mai 1943 in seinem Hotelzimmer Selbstmord begangen habe, nachdem er vom Tod seiner Kameraden während des Aufstands im Warschauer Ghetto erfahren hatte. Er hinterließ einen Brief an den polnischen Präsidenten und die Führungskräfte der westlichen Alliierten, in dem er erklärte, daß es ihm unmöglich wäre, passiv zuzusehen, wie die polnischen Juden, deren Vertreter er sei, vernichtet wurden und die Alliierten nicht einschritten, um sie zu retten. Durch die Aufopferung seines eigenen Lebens wollte er seinen Protest gegen die Gleichgültigkeit der Welt angesichts des Mordes an den Juden in Europa zum Ausdruck bringen. Borwiczs Nachforschungen hatten die Fakten und Zahlen der Vernichtung bestätigt und deutlich gezeigt, daß die Alliierten bereits zu Beginn des Jahres 1943 von Kurieren informiert worden waren, die unter Einsatz des eigenen Lebens Berichte über die deutschen Vernichtungsaktionen nach England brachten. Die Ausrede, daß sie es nicht gewußt hätten, war also nicht stichhaltig. Ich erzählte ihm, daß ich das Lager Belzec besuchen wollte, in das meine Eltern im September 1942 deportiert worden waren. Aber er riet mir davon ab. Dort gab es nichts mehr zu sehen: Die Deutschen hatten das Lager 1943 dem Erdboden gleichgemacht und alle Spuren ihres Verbrechens beseitigt. Sie hatten sogar die Massengräber wieder geöffnet, die Leichen der Ermordeten exhumiert und verbrannt und anschließend ihre Asche verstreut. Es sei zu waghalsig, diese Reise zu unternehmen, da die Juden in Polen immer noch nicht sicher waren. Einer der beiden Juden, die Belzec überlebt hatten, ein gewisser Rudolf Reder, schrieb gerade ein Buch über das Lager, das bald in Krakau erscheinen sollte. Dieses Buch würde mir alle Informationen liefern, die ich benötigte. Einige Tage später stellte Borwicz mich Herrn Reder vor – einem alten, fast erblindeten Mann. Ich erfuhr, daß das Konzentrationslager Auschwitz-Birkenau nicht vollkommen zerstört wurde, weil die Russen so schnell vorgerückt waren, und er schlug mir vor, mich dort vielleicht umzusehen.

Ich folgte seinem Rat und begab mich zunächst einmal zum Montelupich-Gefängnis in Krakau, in das meine Brüder meines Erachtens nach ihrer Verhaftung durch die Gestapo gebracht worden waren. Es handelte sich um ein dreistöckiges Gebäude, das vor dem Krieg als Militärgefängnis gedient hatte und aufgrund der Gestapo berüchtigt war. Meine Papiere verschafften mir Einlaß, und ein Wächter zeigte mir die Zelle, in der die Gestapo ihre Gefangenen gefoltert hatte. Die Eisenhaken zum Aufhängen und andere Folterinstrumente waren noch vorhanden und ließen – so schrecklich sie auch waren – den Stolz auf meine Brüder wieder aufleben. Trotz dieser ganzen Foltermaschinerie hatten sie die Namen Lopatowski und Zwolinski nicht preisgegeben.

Der Wächter zeigte mir nur eine Zelle, da das Gefängnis wieder genutzt wurde – diesmal jedoch für polnische politische Gefangene. Die Zelle war so klein, daß die Häftlinge nur darin stehen konnten; zum Hinlegen oder Setzen gab es nicht genug Platz. In solchen Einzelzellen hielt die Gestapo ihre Gefangenen tagelang fest.

Man teilte mir mit, daß aus der Gestapo-Zeit keine Dokumente mehr vorhanden seien. Die Deutschen hatten sie vor ihrem Rückzug zerstört. Nun erinnerte nur noch eine Plakette an der Wand daran, daß die Gestapo dieses Gefängnis vom 29. September 1939 bis zum 16. Januar 1945 genutzt hatte. Ich war froh, als ich das Gebäude verlassen konnte, hoffte aber ungeachtet der Beweise, die ich eben gesehen hatte, daß meine Brüder noch lebten. Bestürzt und niedergeschlagen ging ich trotzdem zum Lager Płaszów in der gleichnamigen Vorstadt, in das die Gestapo einige Häftlinge aus dem Gefängnis, insbesondere Juden mit »arischen« Papieren, eingeliefert hatte. Mit der Straßenbahn gelangte ich dorthin, aber alle Lagergebäude waren zerstört. Ein älterer Pole, der dort arbeitete, wies auf die Hügel hinter dem Lager, wo man Tausende exekutiert hatte. Mir wurde klar, daß ich nervlich jetzt nicht in der Lage war, das Lagergelände zu betreten. Der Besuch des Gefängnisses hatte tiefe Wunden aufgerissen, und die Besichtigung des Lagers wäre einem Messer gleichgekommen, das man in der Wunde umdreht. Statt dessen ging ich durch Podgorze, das alte jüdische Viertel, das teilweise zum Krakauer Ghetto gehört hatte und nun zerstört war.

Als ich zum Hotel zurückkehrte, erklärte ich Mietek und Henry, daß ich nach Auschwitz wolle, und sie waren einverstanden, mich zu begleiten. Eine einstündige Fahrt mit einem Lastwagen brachte uns in die Stadt Oświęcim, die in Laufentfernung zum Lager liegt. Das Lager war noch immer mit Stacheldraht umzäunt und von hohen Wachtürmen überragt; die Russen nutzten es als Gefängnislager für Deutsche und bewachten es streng. Ein schwarzer Bogen über dem Eingang trug die abscheuliche Aufschrift *ARBEIT MACHT FREI*. Mir wurde schlagartig klar, daß es sich dabei um eine Sprachperversion derselben Leute handelte, die aus dem Abschlachten von Menschen eine Ideologie gemacht hatten. Unsere Dokumente verschafften uns Zugang zum Lager, und als wir dem diensthabenden Offizier erzählten, daß wir extra aus der Slowakei angereist waren, um das Lager zu sehen, stellte er uns einen Soldaten zur Verfügung, der uns alles zeigen sollte. Später besuchten wir Birkenau, wo uns die fast unvorstellbare Größe des Geländes verwunderte. Soweit das Auge reichte, standen Hunderte von Holzbaracken neben einigen größeren Steingebäuden. Unser Begleiter erzählte uns, daß Millionen Menschen in Auschwitz umgekommen waren, das damals bereits als der größte Friedhof der Welt galt. Wir liefen die Gleise entlang, auf denen die Opfer in Viehwaggons ins Lager transportiert worden waren, und sahen das Gelände, auf dem die Gaskammern und das Krematorium ihre gräßliche Arbeit getan hatten. Der Soldat erzählte uns, daß die Deutschen den Stacheldraht rund um das Lager unter Strom gesetzt hatten und sich viele Gefangene absichtlich dagegen warfen. Sie hofften auf einen schnellen Tod, weil sie das qualvolle Leben in Auschwitz nicht länger ertragen konnten. Zwar hatte die SS das Krematorium vor ihrer Flucht vor den nahenden Russen in die Luft gesprengt, aber sie fand keine Zeit mehr, die Berge jüdischer Kleidung, Schuhe, Brillen und Frauenhaare zu beseitigen, die sie den Opfern vor dem Vergasen abgeschnitten hatte. Alles lag noch dort – stumme, aber überwältigende Zeugen eines so gewaltigen, so entsetzlichen und so unbeschreiblichen Verbrechens, daß es das menschliche Vorstellungsvermögen übersteigt.

Wir erfuhren, daß die Sowjets Auschwitz am 27. Januar 1945 befreit und etwa sechstausend Gefangene (einschließlich mehrerer hundert Kinder) sowie achttausend Kranke gerettet hatten. Darunter befanden sich nur wenige Juden; bei den meisten handelte es sich um Polen. Direkt nach der Flucht der SS waren die in der Nähe lebenden Polen in das Lager gekommen – nicht um den Überlebenden zu helfen, sondern um nach Schätzen zu suchen, die die Opfer vielleicht vergraben hatten. Ich war tief erschüttert angesichts der Größe und der teuflischen Organisation dieser Todesfabrik. Schätzungen gehen davon aus, daß etwa vier Millionen Männer, Frauen und Kinder meist jüdischen Glaubens in den Gaskammern von Auschwitz umgebracht wurden – vierundzwanzigtausend an einem einzigen Tag, am 28. Juni 1944. Ihre Leichen hatte man verbrannt. Keine noch so harte Strafe auf Erden wäre für die deutschen Bestien angemessen gewesen, und ich war froh, daß zumindest ich noch lebte, um einige von ihnen getötet zu haben.

Als wir nach Krakau zurückkehrten, beschlossen wir, daß wir genug von Polen hatten. Am nächsten Morgen, dem 29. April, gingen wir zum Büro des jüdischen Komitees, um mitzuteilen, daß wir die Stadt am darauffolgenden Tag verlassen wollten. Wir würden am Bahnhof Podgorze auf die Flüchtlinge warten, die wir nach Rumänien begleiten sollten. Während wir uns gerade mit den Mitarbeitern unterhielten, platzte jemand herein und schockierte uns mit der Nachricht, daß die Leichen von Hitler und seiner Geliebten, Eva Braun, sowie seines Propagandaministers, Joseph Goebbels, seiner Frau und seiner fünf Kinder im Bunker des »Führers« in Berlin von russischen Soldaten gefunden worden waren. Sie hatten Selbstmord begangen. Das Ehepaar Goebbels vergiftete seine Kinder, bevor es sich selbst das Leben nahm. Nach der ersten Erregung erschien mir das Ganze schließlich doch als eine schlechte Nachricht. Ich hatte inständig darum gebetet, daß man Hitler und seine nächsten Gefolgsmänner lebendig gefangennehmen würde, genau wie Mussolini. Die Russen, und nur die Russen, konnten ihnen ihre Verbrechen auf passende Weise heimzahlen. Ein schneller und schmerzloser Tod durch Selbstmord war viel zu gut für sie. Ich hatte bei der Nachricht vom Tode Roosevelts keine Tränen vergossen und frohlockte auch jetzt nicht bei Hitlers Tod, aber diese Nachricht bedeutete, daß Berlin sich in russischer Hand befand und es nicht mehr lange dauern konnte, bis der Krieg vorbei war.

Am Nachmittag besuchte ich Frau Lopatowska, um mich zu verabschieden. Sie wollte mir die Sachen zurückgeben, die wir ihr 1941 zum Aufbewahren anvertraut hatten, aber ich lehnte höflich ab und erklärte ihr, daß ich nicht vorhätte, mich wieder in Polen niederzulassen, sondern meine Verwandten in den Vereinigten Staaten suchen wollte. Danach marschierten wir drei zum Bahnhof Podgorze, und auf dem Weg dorthin zeigte ich Mietek und Henry die Schokoladenfabrik, in der Vater und ich gearbeitet hatten. Am Bahnhof fanden wir eine große Gruppe von Männern und Frauen vor, die wir nach Rumänien bringen sollten. Sie waren in Begleitung polnisch-jüdischer Soldaten. Die Kombination von Uniformen und Dokumenten, die das jüdische Komitee für die Flüchtlinge besorgt hatten, bewirkte, daß wir alle den Zug besteigen konnten. Die Soldaten überredeten den Schaffner, uns mehrere Abteile zu beschaffen, und verließen uns danach.

Während der langen Reise erzählten wir uns auf jiddisch von unseren Kriegserlebnissen. Jeder der Flüchtlinge war durch die Hölle gegangen, und dadurch, daß wir darüber sprachen bzw. von den anderen ihre Geschichte erfuhren, wurden alte Wunden aufgerissen, die nicht verheilt waren und niemals heilen würden. Aber es war auch eine Erleichterung, uns die Erlebnisse von der Seele zu reden und zu wissen, daß andere durch ähnliche Schrecken gegangen waren und sie geistig unversehrt überlebt hatten.

Viele der Flüchtlinge stammten aus Łódź, wo zweihunderttausend Juden gelebt und vor dem Krieg eine berühmte Textilindustrie betrieben hatten. Sie erzählten uns, daß die Deutschen ihr Ghetto, Bałuty, bis kurz vor Kriegsende offengehalten hatten. Noch im August 1944 wohnten dort fünfundsiebzigtausend Juden, die man am Leben ließ, damit sie die für die Deutschen überaus wichtige Produktion der Textilindustrie in Łódź aufrechterhielten. Der Leiter des Ghettos war ein Mann namens Chaim Rumkowski, der von den Deutschen fast uneingeschränkte Machtbefugnis über die Bewohner erhalten hatte. Zu den Deutschen pflegte er relativ gute Beziehungen, aber gegenüber seinen eigenen Leuten verhielt er sich wie ein Westentaschendiktator oder ein selbsternannter Duodezfürst. Für den Handel im Ghetto wurden spezielle Banknoten mit seinem Bildnis gedruckt, und sein Porträt blickte auch von den Seitenwänden der Straßenbahnen im Ghetto herab.

Erst als die Ankunft der Russen drohte, begannen die Deutschen mit der Zerstörung des Ghettos Bałuty. Allerdings stießen sie dabei auf ein logistisches Problem: Das nächste Vernichtungslager, Chelmno, das von 1942 an für die Massenvernichtung der Juden aus Łódź und Westpolen gedient hatte, war 1943 geschlossen und dem Erdboden gleichgemacht worden. Daher mußten die Deutschen die überlebenden Juden von Łódź nach Auschwitz bringen. Unter ihnen befand sich auch Chaim Rumkowski; seine für die Deutschen geleisteten Dienste hatten ihn nicht retten können. Die Deutschen ließen etwa achthundertfünfzig Männer zurück, die alles aufräumen und alle verwendbaren Materialien für den Transport nach Deutschland zusammentragen sollten. Kurz vor der Ankunft der Russen beschlossen sie, die restlichen Bewohner zu erschießen. Die Gräber waren bereits ausgehoben. Aber viele konnten untertauchen, bevor die Deutschen in der Lage waren, ihren Plan auszuführen. Als die Sowjets Łódź am 18. Januar befreiten, fanden sie nur noch achthundertsiebenundsiebzig überlebende Juden.

Von der Endstation in Nowy Targ aus mußten wir zu Fuß zur slowakischen Grenze gehen, was einen Marsch von mehreren Stunden bedeutete. Die Grenzposten bereiteten uns keine Schwierigkeiten. Wir erzählten ihnen, daß wir Überlebende der Konzentrationslager begleiteten, und da einige Flüchtlinge immer noch die gestreifte Lagerkleidung trugen, stellten sie keine Fragen. Am Nachmittag erreichten wir Kežmarok und gingen direkt zum Bahnhof. Unsere Schützlinge waren erschöpft, denn ihre schrecklichen Erfahrungen hatten sie körperlich ausgezehrt. Unsere Papiere beeindruckten die slowakische Militärpolizei, und sie reservierten zwei Abteile für uns. In Košice mußten wir erneut umsteigen und erreichten Budapest am nächsten Morgen. Dort nahmen wir den Zug nach Bukarest. Während der Fahrt beobachtete ich wieder zahlreiche Güterzüge, die mit deutschen Maschinen nach Osten fuhren und mir dadurch ein Gefühl der Genugtuung verschafften. Ich war sicher, daß die Russen das Richtige taten. In Bukarest setzten wir unsere Flüchtlinge beim jüdischen Komitee ab und verabschiedeten uns von ihnen. Wir hatten eine lange und anstrengende Reise miteinander durchgemacht, aber für solche Veteranen des Elends war das nur ein Kinderspiel.

Fela war froh, mich wiederzusehen, und als ich ihr erzählte, daß Herr Lopatowski hingerichtet worden war, weinte sie sehr lange. Als wir am nächsten Morgen über unsere Zukunft sprachen, kam ein Nachbar herein und teilte uns mit, daß der Krieg zu Ende sei.

Deutschland hatte soeben bedingungslos kapituliert. Es war der 8. Mai 1945. Unten auf der Straße brachen die Menschen in spontane Jubelrufe aus. Fremde umarmten einander, es wurde getanzt und jeder russische Soldat mit Küssen überhäuft. Aber in den Flüchtlingsunterkünften fanden keine Feiern statt. Diese Menschen hatten zuviel durchgemacht und zu viele ihrer Verwandten verloren, als daß sie in der Stimmung zum Feiern gewesen wären. Die Nachricht vom Ende des Krieges erfüllte uns natürlich mit der tiefen Genugtuung, daß wir überlebt hatten und diesen Moment erleben durften. Aber es war auch die Zeit düsterer Gedanken, trauriger Erinnerungen und des quälenden Schmerzes darüber, daß die freie Welt untätig zugesehen und den Deutschen freie Hand gelassen hatte, ihre »Endlösung« durchzuführen. Ich fragte mich, ob die siegreichen Alliierten nun den Mördern ihren verdienten Lohn zukommen ließen. Ich war davon überzeugt, daß die Russen schon dafür sorgen würden; in den Bergen hatte ich sie kämpfen sehen. Wir wußten bereits, daß viele hochrangige Nazis nach Westen geflohen waren, um sich den Amerikanern und Briten zu stellen – einzig und allein, um der russischen Vergeltung zu entgehen.

Fela, Janek und ich waren uns einig, daß wir uns nicht in Rumänien niederlassen wollten, wo wir völlig fremd waren. Wir hatten genug vom Leben als Flüchtlinge. Aber nach Polen wollten wir auch nicht zurückkehren. Dieses unfreundliche Land war getränkt mit jüdischem Blut, und an den Händen seiner feindseligen Bewohner klebte das Blut vieler toter Juden. Ich schlug die Slowakei vor; Fela und Janek wollten nach Palästina auswandern, aber das war sehr schwierig. Wir hofften, daß unsere Verwandten in Amerika uns vielleicht helfen würden, in die Vereinigten Staaten zu gelangen. Aber dann wurde uns klar, daß wir voreilig handelten: Der Krieg in Europa war gerade erst wenige Stunden beendet, und die Amerikaner kämpften immer noch im Pazifik. Daher mußten wir Geduld haben. Auf jeden Fall wollten wir hier bleiben, bis sich Janek erholt hatte und ohne Krücken gehen konnte. Am meisten wünschte ich mir, daß ich mit ihnen zusammenbleiben konnte. Ich wollte nicht allein sein – unabhängig davon, wo wir schließlich hingehen würden. Fela fuhr mit Janek in einen Kurort am Schwarzen Meer, damit er sich erholte, und nach ihrer Rückkehr machte ich mich zusammen mit Mietek und Henry wieder auf den Weg nach Krakau. Wir nahmen ungarische

Zigaretten und andere begehrte Waren auf die Reise mit, die wir mit Gewinn verkauften.

Vom jüdischen Komitee in Krakau erfuhren wir, daß die polnische Regierung eine Verordnung erlassen hatte, die alle Polen aufforderte, sämtliches ehemals jüdisches Eigentum, das während des Krieges auf welchem Wege auch immer in ihren Besitz gelangt war, registrieren zu lassen. Zuwiderhandlungen wurden mit empfindlichen Geldbußen und Gefängnisstrafen verfolgt. Die Regierung koppelte die Verordnung mit der Verpflichtung, jüdischen Überlebenden bei der Wiederbeschaffung ihres Eigentums zu helfen und allen Juden, die aus Polen geflüchtet waren, die Rückkehr zu gestatten. Der Erlaß stieß bei der Bevölkerung auf offenen Widerstand, und als die ersten Flüchtlinge aus Rußland zurückkehrten, ereigneten sich viele antisemitische Gewaltausbrüche. Vielerorts wurden Juden geschlagen und ausgeraubt, einige sogar umgebracht, und jüdisches Eigentum sowie Synagogen, die die Deutschen überstanden hatten, wurden mutwillig zerstört. Die alten Verleumdungen aus dem Mittelalter, daß die Juden rituelle Morde an christlichen Kindern vollzogen hätten, kamen wieder zum Vorschein, und die Häupter der katholischen Kirche unternahmen nichts, um sie aufzuhalten. Ich hörte, daß in Rzeszów ein antijüdischer Aufstand stattgefunden hatte und ein Jude, Siudek Meryl, ermordet worden war. Ich hatte ihn persönlich gekannt. Er war als Wachtmeister bei der jüdischen Polizei in unserem Ghetto tätig und nicht sehr beliebt gewesen.

Ich besuchte noch einmal die Lopatowskis, und sie berichteten mir von dem neuen Polen, das im Grunde völlig unter russischer Herrschaft stand. Obwohl sie sich als ergebene Sozialisten fühlten, waren sie mit dieser Situation nicht einverstanden und beklagten sich bitterlich. Für die Lopatowskis tat es mir leid, aber bei den anderen hatte ich wenig Mitgefühl. Ihnen war es egal, daß die Deutschen die Juden ermordet hatten, und nun konnte ich für sie kein Mitleid empfinden.

Auf dem Heimweg lief ein Zeitungsjunge mit einer Sonderausgabe der Abendzeitung an mir vorbei. Quer über der Titelseite prangte in großen Buchstaben die Schlagzeile, daß die amerikanische Luftwaffe die erste sogenannte »Atombombe« der Welt auf Hiroshima geworfen hatte. Aus dem Artikel ging zwar nicht hervor, wie die Bombe funktionierte, aber sie zerstörte die gesamte Stadt. Ich konnte nur bedauern, daß die Alliierten keine solchen Bomben – möglichst viele von ihnen – über Deutschland abgeworfen hatten. Drei Tage später wurde eine weitere Atombombe über Nagasaki gezündet.

Am darauffolgenden Samstag schliefen wir sehr lange, und als wir die Wohnung verließen, hörten wir das Heulen der Sirenen vorbeifahrender Militär- und Polizeiwagen, die in Richtung des jüdischen Viertels rasten. Wir sprangen in eine Straßenbahn, wurden aber von der Polizei aufgehalten, als wir das Viertel erreichten. Unsere Uniformen halfen uns jedoch durch die Polizeiabsperrung hindurch, und wir gelangten zum Vorplatz der Hauptsynagoge, dem Miodowa-Tempel, wo ein heftiger Tumult stattfand. Einige der Gottesdienstbesucher erzählten uns, daß sich eine Gruppe von Schlägern während des Gottesdienstes gewaltsam Zugang zur Synagoge verschafft und die Gebete durch laute Rufe unterbrochen hatte. Sie behaupteten lauthals, daß die betenden Juden versucht hätten, einen polnischen Jungen für ihr Ritual umzubringen. Die alte Verleumdung war wieder zum Leben erwacht. Der Mob begann, auf die Gottesdienstbesucher einzuschlagen und die schönen Buntglasfenster zu zerstören. Aber als einige uniformierte jüdische Soldaten in der Versammlung die Schläger mit ihren Gewehren konfrontierten, machten sie sich davon, rannten durch die Straßen, beleidigten jüdische Passanten und zerschlugen jüdisches Eigentum. Bevor die Polizei ihrem Randalieren ein Ende setzen konnte, hatten sie bereits zwei Juden getötet, eine fünfundfünfzigjährige Frau, Roza Berger, und einen zweiundsechzigjährigen Mann, Anshel Zucker. Einige andere Juden wurden schwer verletzt und mußten ins Krankenhaus gebracht werden.

Vor dem Tempel zeigte uns ein jüdischer Offizier das Flugblatt, das die Schläger verteilt hatten. Es prangerte die Juden als Polens uralten Feind an und bezichtigte sie, im Miodowa-Tempel Ritualmorde an polnischen Kindern zu verüben. Außerdem wurde behauptet, daß in Polen kein Platz für die Juden und ihre bolschewistischen Beschützer sei. Der Offizier, der bei der Roten Armee gekämpft hatte, erzählte uns, daß er während des Krieges von der Ermordung der Juden durch die Deutschen gehört hatte, aber sich niemals das Ausmaß und die Heftigkeit dieses Völkermordes hatte vorstellen können. Jetzt war er betroffen, daß die Polen dort fortzufahren schienen, wo die Deutschen aufgehört hatten.

Er selbst diente als Verbindungsoffizier zwischen den polnischen Behörden und dem jüdischen Komitee und war bereits bei der Rückführung zahlreicher jüdischer Kinder behilflich gewesen, die von ihren Eltern in die Obhut polnischer Familien gegeben worden waren und dort als Katholiken aufwuchsen. Viele Polen gaben die Kinder nur sehr zögerlich heraus. Manche Kinder hatte man sogar in Klöstern gefunden und sie in spezielle Flüchtlingsunterkünfte im westlichen Schlesien gebracht. Der neue Bürgermeister von Krakau, Dr. Boleslaw Drobner, ein bekannter Sozialist und selbst auch jüdischen Glaubens, war bei der Suche und der Rückführung der Kinder in ihre jüdischen Gemeinden sehr behilflich.

Am nächsten Tag gingen wir zum jüdischen Komitee und boten an, eine weitere Gruppe von Juden aus Polen zu begleiten. Man stellte uns einen der Leiter des Komitees vor, Herrn Wulf, der auch als Schriftsteller tätig war, und er zeigte uns die Zeitung, in der das Pogrom vom vergangenen Tag von einigen polnischen Politikern offiziell verurteilt wurde. Aber hinter dem Rücken der Behörden – so berichtete Wulf uns – befürworteten viele Polen öffentlich eine zwangsweise Ausweisung der Juden aus Polen – mit Ausnahme derjenigen, die zusammen mit der Anders-Armee gekämpft hatten. Meines Erachtens war es tragisch, daß die Polen die wenigen überlebenden Juden noch immer haßten – nach allem, was die Deutschen uns angetan hatten. Kein Wunder, daß die Deutschen das Land Polen als Standort für ihre Vernichtungslager gewählt hatten. Ihr Instinkt hatte sie nicht getäuscht.

Am Dienstag morgen trafen wir am Bahnhof Podgorze eine große Gruppe von Juden, die wir nach einer zweieinhalb Tage dauernden Reise nach Bukarest zu einer dortigen Flüchtlingsunterkunft begleiteten. Es war der 15. August, und die Nachrichten berichteten von der Kapitulation Japans – das Ende eines langen Krieges, der fast genau sechs Jahre zuvor begonnen hatte. Wir blieben weitere vier Monate in Bukarest, und als Janek sich gut erholt hatte und zum Gehen nur noch einen Stock benötigte, zogen wir zusammen mit Duda nach Budapest, wo wir eine hübsche Wohnung in einem guten Stadtviertel fanden.

Eines Tages erkannten Mietek und ich auf der Straße einen der Feldwebel aus dem Lager Csorgo. Er trug jetzt Zivilkleidung, aber das Gesicht war das gleiche. Wir folgten ihm mit einigem Abstand, und als eine russische Patrouille an uns vorbeikam, hielten wir sie an. Sie nahmen uns und den Feldwebel mit ins Hauptquartier der ungarischen Geheimpolizei. Dieses befand sich in dem Gebäude, in das

Hannah Szenes – eine palästinensisch-jüdische Fallschirmspringerin, die wir in Banská Bystrica kennengelernt hatten – 1944 gebracht worden war. Wir berichteten dem diensthabenden Offizier von der Vergangenheit des Feldwebels, und er wurde unter Arrest gestellt. Einige Zeit später bestellte man uns wieder zum Hauptquartier, um in einem sogenannten »Bürgergericht« gegen ihn und vier weitere Wächter aus dem Lager Csorgo auszusagen. Wir legten einen wahrheitsgemäßen Bericht über ihre Mißhandlungen und Quälereien ab, betonten aber, daß ihr verabscheuungswürdiges Verhalten nicht ausdrücklich von ihnen verlangt worden war, da es sich bei dem Kommandanten um einen anständigen Mann gehandelt hatte. Sie wurden alle zu fünfzehn Jahren Zwangsarbeit verurteilt.

Einige Zeit später heiratete Henry eine junge Ungarin namens Bezi, die Auschwitz überlebt hatte. Auch sie wurde in unseren großen Familien- und Freundeskreis aufgenommen. Die Lage in Budapest hatte sich für die Juden verschlechtert. Genau wie in Polen wurden wir als Bolschewiken und Kollaborateure der Russen gegeißelt – hauptsächlich von der katholischen Kirche. Jüdische Führungspersönlichkeiten appellierten an Kardinal Mindszenty, die Verleumdungen zu verurteilen, aber er lehnte dies ab.

Mietek und ich entschlossen uns zu einer weiteren Reise nach Polen. Auf dem Weg dorthin wollten wir auch erkunden, ob für uns die Möglichkeit bestand, alle zusammen in die Slowakei zu gehen. In Krakau besuchte ich einen alten Buchhändler, den ich von früher kannte, um ihn zu fragen, ob es neues schriftliches Material über das Schicksal der Juden gab. Er hatte eine ganze Reihe von Büchern zusammengestellt, darunter auch einen Fotoband mit Bildern von Juden, die von Deutschen mißhandelt wurden. Zusammen mit einigen jüdischen Institutionen hatte er die Aufnahmen in polnischen Fotogeschäften entdeckt, die diese Filme für deutsche Soldaten und SS-Männer entwickelt und Kopien davon aufbewahrt hatten. Andere Fotos der von Deutschen verübten Greueltaten erhielt man von den Russen, die sie bei festgenommenen oder getöteten deutschen Soldaten gefunden hatten. Diese Bücher und Fotobände wurden vom Jüdischen Historischen Institut in Krakau und Łódź veröffentlicht, und ich verbrachte viele Stunden mit ihrer Lektüre.

Im Büro des jüdischen Komitees lernte ich einige andere Juden aus Rzeszów kennen, die seit meinem letzten Besuch angekommen waren. Niemand von ihnen wußte etwas über meine Brüder. Eines Tages sah ich auf einem meiner Gänge durch die Stadt Maciek Fiedler und seinen Zwillingsbruder Ludwik. Auch Maciek hatte mich gesehen. Wir umarmten einander herzlich. Seine erste Frage galt meinen Brüdern, und ich erzählte ihm die tragische Geschichte ihrer Verhaftung. Er brach in Tränen aus. Ludwik hatte als »Arier« auf dem Gut eines polnischen Adligen überlebt. Er war der Armia Krajowa beigetreten und hatte an ihren Operationen teilgenommen. Nun arbeitete er als Abteilungsleiter bei der Bezirksverwaltung der Stadt Krakau.

Ich besuchte die Lopatowskis und erzählte ihnen von meinem Plan, mich in Bratislava niederzulassen. Sie konnten nicht verstehen, warum ich nicht in Krakau blieb, und ich wollte ihre Gefühle nicht verletzen, indem ich ihnen die Wahrheit sagte. Ich wußte, daß sie begeisterte Patrioten waren, und erklärte ihnen, daß ich als Veteran der Tschechoslowakischen Armee und der slowakischen Partisanen Privilegien genießen würde, auf die ich in Polen nicht hoffen durfte. Sie selbst zeigten sich sehr verbittert darüber, wie die Russen das Land übernahmen, es in einen Satellitenstaat der Sowjetunion verwandelten und bei diesem Prozeß alle Anzeichen von Demokratie beseitigten. Die NKWD und ihre polnischen Kollaborateure waren überall, und die Menschen begannen, sich vor ihren eigenen Verwandten und sogar vor ihrem eigenen Schatten zu fürchten. Aber oberflächlich gesehen hatte sich in Krakau nur wenig verändert – mit Ausnahme der Tatsache, daß es keine Juden mehr gab. Früher hatten einmal fünfundsechzigtausend von uns in Krakau gelebt; heute suchten wir überall nach jüdischen Gesichtern, die wir kaum noch fanden.

Einige Tage später fuhr ich nach Warschau. In dieser zerstörten Stadt nahm ich ein Taxi zum Ghetto bzw. zu dem, was die Deutschen davon übergelassen hatten – nichts als Schutt und Ruinen. Als ich mit gesenktem Kopf durch das Viertel wanderte, fand ich einige Alltagsgegenstände, einen angerosteten Löffel hier, einige Spiegelscherben dort. Zusammen mit einigen anderen herumliegenden kleinen Dingen war dies das einzige, was von einer einst blühenden und stolzen jüdischen Gemeinde mit über sechshunderttausend Mitgliedern übriggeblieben war. Ich fühlte mich elend und kehrte schnell nach Krakau zurück.

Mietek und ich beschlossen, über Pessach in Krakau zu bleiben, da wir das Fest zusammen mit den wenigen jüdischen Überlebenden verbringen wollten. Das jüdische Komitee war erfreut, uns zu ihrem Pessach-Seder in der Flüchtlingsunterkunft in der Przemyska-Straße einladen zu können. Am Tag vor dem Seder nahm mich Mietek mit zum Schwarzmarkt auf dem Hauptplatz, wo wir mit russischen Soldaten, die auf dem Heimweg waren, Handel trieben und deutsche Waren gegen Armbanduhren tauschten, die sich bei den russischen Soldaten (zu denen auch viele weibliche gehörten) größter Beliebtheit erfreuten.

Es war das erste jüdische Fest, das ich seit September 1939 feierte. Die Eingangshalle in der Flüchtlingsunterkunft war voller Menschen, aber statt der sonst üblichen festlichen Stimmung beim Seder, der traditionell in der Familie gefeiert wird, herrschte hier tiefe Trauer. Trauer beim Gedanken an die vielen Toten, und Trauer darüber, daß nur noch so wenige Familien vollständig waren. Wie tragisch anders verlief dieses Pessach; nur der Vortrag über den Auszug aus Ägypten von Rabbi Steinberg aus Brody war der gleiche wie seit Tausenden von Jahren. Als er die Geschichte erzählte, wurde mir klar, daß auch wir einen Pharao und einen Haman überlebt hatten, jedoch einen modernen und bösartigeren. Sein Name war Adolf Hitler. Aber wie wenige von uns lebten noch, und welchen Preis hatten wir für das Überleben zahlen müssen!

Wir beschlossen, während der gesamten acht Tage des Festes zu bleiben, damit wir am letzten Tag dem Gottesdienst beiwohnen konnten, bei dem das Jiskor-Seelengebet für die Verstorbenen in der Synagoge gesprochen wird. Außerdem wollte ich das Kaddisch, das Trauergebet sagen, das die engen Verwandten von Verstorbenen bei der jährlich wiederkehrenden Gedächtnisfeier (dem Jahrzeittag) in der Synagoge sprechen. Ich hatte mich an den Rabbi gewandt und den Rat erhalten, einen Tag des Jahres dafür auszuwählen, da ich das genaue Todesdatum meiner Eltern und Brüder nicht kannte.

Während dieser Woche besuchten wir das jüdische Komitee mehrmals und lernten einige junge Männer der Bericha (Fluchthilfe)-Organisation kennen, das die jüdische Gemeinde in Palästina gegründet hatte, um die Überlebenden des Holocaust zu retten und sie aus dem zerstörten Europa durch die britische Blockade hindurch nach Palästina zu schmuggeln. Es handelte sich meist um junge Slowaken, begeisterte Zionisten, die nichts und niemanden zwischen sich und dem duldeten, was sie als ihre heilige Aufgabe betrachteten. Aufgrund unserer slowakischen Partisanenvergangenheit wurden wir bald enge Freunde.

Aber selbst in dieser Festwoche schlug das Schicksal zu: Vier jüdische Männer und eine Frau, die sich auf dem Weg von Krakau in ihre Heimatstadt Nowy Targ befanden, wurden aus dem Hinterhalt überfallen und ermordet. Die Zeitungen spielten den Vorfall herunter und widmeten ihm nur wenige Zeilen, in denen sie »Banditen« die Schuld gaben. Im Büro des jüdischen Komitees erfuhren wir genauere Details und die Namen der Opfer – allesamt Überlebende aus den Lagern, die sich auf die Rückkehr in die Heimat gefreut hatten, in der Hoffnung, dort ihre Lieben wiederzusehen. Ihr Wagen war am Ostersonntag um drei Uhr nachmittags auf der Schnellstraße nach Nowy Targ an einem vorgetäuschten Militärkontrollpunkt von einer Gruppe bewaffneter Männer in Uniformen angehalten worden. Während andere Reisende passieren durften, hatte man die fünf jungen Juden mit vorgehaltener Waffe gezwungen auszusteigen, sie dann in einen nahe gelegenen Wald geführt, wo sie sich ausziehen mußten, und erschossen. Die Täter ließen die nackten Leichen einfach liegen und flüchteten in die Berge der Tatra. Unter den Opfern befand sich auch ein gewisser Lindberg, dessen Vater vor dem Krieg zu den Kunden meines Vaters gezählt hatte. Außerdem hatten wir der Familie jedesmal einen Besuch abgestattet, wenn wir nach Nowy Targ kamen. Das gesamte jüdische Komitee war zutiefst bestürzt: Es wurde deutlich, daß kein Jude in Polen sicher war.

Die Behörden verurteilten die Morde und gaben die Schuld den Reaktionären, die auf Befehl von General Anders in London handelten. Man arrangierte ein Staatsbegräbnis für die Opfer, das am 23. April in Krakau stattfinden sollte. Aber Rabbi Steinberg überzeugte die Behörden, die Beerdigung auf den nächsten Tag zu verschieben, da der 23. April der letzte Tag des Pessach-Festes war – ein Feiertag, an dem kein jüdisches Begräbnis stattfinden konnte.

Das Jiskor-Gedenkgebet wird an verschiedenen Feiertagen im Jahr während des festlichen Morgengottesdienstes gesprochen. Es war das erste Mal, daß ich diesem Gebet beiwohnte, da es üblich ist, ins Foyer hinauszugehen, wenn das Gebet gesprochen wird, solange die eigenen Eltern noch leben. Ich wollte ganz bewußt mein erstes Jiskor-Gebet in der Stadt sprechen, in der wir gelebt hatten; das war der einzige Grund, warum ich in Krakau blieb. Das letzte Mal, als ich einem Festgottesdienst beigewohnt hatte, lebten meine Eltern noch. Nun betete ich für ihre Seelen. Ich brachte es einfach nicht fertig, für Szymon und Nathan zu beten, da ich allen Umständen zum Trotz immer noch hoffte, daß sie irgendwo überlebt hatten. Die Bitterkeit dieses Jiskor-Gebets – der ersten Feier nach dem Krieg – wurde uns allen bewußt, als nicht ein einziger den Tempel verließ. Jeder hatte nahe Verwandte verloren, für die er das Jiskor-Gebet sprechen wollte.

Rabbi Steinberg hielt eine bewegende Predigt; er trauerte um die von den Polen ermordeten Juden, verurteilte die sinnlose Ermordung der fünf unglücklichen jungen Menschen, die den Holocaust überlebt hatten, und beklagte alle polnischen und europäischen Juden, die von den verfluchten Nazis umgebracht worden waren. Im gesamten Tempel stiegen allen die Tränen in die Augen. Nach dem Gottesdienst erklärten wir einigen Gläubigen, daß es auch außerhalb Polens ein Leben für jüdische Menschen gäbe, in einer anderen Welt, in der die Juden nicht in Angst leben mußten.

Wir blieben bis zum öffentlichen Begräbnis der fünf letzten Opfer des Hasses gegen die Juden. Alle weinten, als ihre Särge in die Erde herabgelassen wurden, die schon so viele Juden geschluckt hatte. Aber die Vertreter der polnischen Behörden schauten schweigend und mit verschlossenen Gesichtern zu. Einige Stunden nach der Beerdigung machten wir uns auf den Rückweg nach Budapest. Diesmal mußten wir keine Flüchtlinge begleiten, da die Männer der Bericha diese Aufgabe übernommen hatten.

Mietek traf eine junge jüdische Frau aus Przemyśl wieder, die er während des Krieges kennengelernt hatte. Sie zogen gemeinsam in eine Wohnung, heirateten aber nicht. Mietek wollte sich noch nicht seine Flügel stutzen lassen, wie er es formulierte. Auch ich glaubte nicht, daß für mich die Zeit schon reif war, mich zu binden. Zuerst wollte ich sicherstellen, daß ich mit Fela und Janek nach Amerika gehen konnte. In der Zwischenzeit plante ich noch eine einzige weitere Reise – eine »Geschäftsreise« – nach Krakau, und Mietek war einverstanden, mich zu begleiten. Fela versuchte uns davon abzubringen, da sie um unsere Sicherheit fürchtete, insbesondere deshalb, weil wir in einem der gut besuchten Cafés einen Juden kennengelernt hatten, der gerade aus Polen kam und uns erzählte, daß weitere fünf jüdische Frauen und zwei Männer von den Mördern aus den Bergen umgebracht worden waren, nur eine Woche nach der Beerdigung der vorigen Opfer.

Wir gaben auf Felas Bitten hin nach und verschoben unsere Reise um eine Woche. Diesmal stiegen wir kurz vor der polnischen Grenze in Český Těšín (Cieszyn) aus, um dort zu übernachten. Am Abend gingen wir in die Synagoge zur örtlichen Gemeinde. Als wir uns vorstellten, weckte mein Name bei Herrn Katz eine Erinnerung. Er kam zu mir, stellte mir einige Fragen und erzählte mir, daß er in Krakau unter dem Schutz eines argentinischen Passes gelebt hatte. Aber im November 1943 – zu dem Zeitpunkt, als man meine Brüder gefangengenommen hatte – wurde er verhaftet und ins Montelupich-Gefängnis gebracht. Im Gefängnis hatte er meine Brüder kurz gesehen. Er wußte, daß sie mehrere Tage gefoltert und dann zusammen mit einigen Juden, die man in den polnischen Vierteln gefaßt hatte, nach Płaszów gebracht worden waren. Ich bombardierte ihn mit Fragen, aber mehr konnte er mir nicht erzählen. (Ich hatte bereits von Herrn Borwicz erfahren, daß viele polnische und alle jüdischen Gefangenen aus dem Montelupich-Gefängnis im Lager Płaszów erschossen und in Massengräber geworfen worden waren.)

Als er mit seinem Bericht fertig war, brach ich zusammen. Nun wußte ich, was ich seit dem Tag befürchtet hatte, als ich sie in Handschellen gefesselt in einer unbekannten Wohnung in Płaszów hatte zurücklassen müssen. Die Tage der Hoffnung waren vorbei. Von nun an würde ich sie in mein Jiskor-Gebet miteinschließen müssen. So schrecklich dieses zufällige Treffen mit dem Überbringer dieser tragischen Nachricht auch war, es hatte den nagenden Zweifeln ein für allemal ein Ende gesetzt, und ich mußte mich mit einer Welt arrangieren, in der ich sie niemals wiedersehen würde. Ich hatte keine Lust mehr, nach Krakau zu fahren, aber Mietek wies mich darauf hin, daß wir unser gesamtes Geld in die Waren gesteckt hatten, die wir dort verkaufen wollten. Also setzten wir unsere Reise fort. Ich war nicht in der Lage, zum Markt zu gehen; daher machte Mietek sich allein auf den Weg. Allerdings kam er später mit allen Sachen zurück. Er hatte keinen guten Preis erzielen können und daraufhin beschlossen, es am nächsten Tag noch einmal zu versuchen. Auf dem Weg zur Flüchtlingsunterkunft trafen wir einen Mann, Olek Ameisen, den ich vor dem Krieg gekannt hatte und der früher eine Mineralwasserfabrik in

Krakau besaß. Er hatte den Krieg in Rußland überlebt und war einige Wochen zuvor mit seiner russischen Frau und seinem Kind zurückgekehrt. Ameisen sprach fließend Russisch, was sich jetzt als enormer Vorteil erwies. Er hatte das Gerichtsverfahren um die Rückgabe seiner Fabrik gewonnen, war aber immer noch mit der Erledigung der Formalitäten beschäftigt und erfreut, mit uns Geschäfte machen zu können, da er bis jetzt keinerlei Einkommen besaß. Wir gaben ihm alle mitgebrachten Waren – mit Ausnahme einiger Schachteln Zigaretten, die ich für die Lopatowskis aufbewahrte. Er versprach, für uns den bestmöglichen Preis herauszuholen. Im Büro des jüdischen Komitees erwarteten uns weitere schlechte Nachrichten: Eine Gruppe von elf Juden, die versucht hatte, die Grenze zur Slowakei zu überschreiten, war in der Nähe von Krościenko ermordet worden. Außerdem hatte man in der Umgebung in einem einzigen Monat dreiundzwanzig Juden umgebracht; auch sie wurden in einem Staatsakt beigesetzt. Aber einige Polen hatten öffentlich antisemitische Bemerkungen fallenlassen, als die Prozession durch die Straßen zog.

Unsere nächste Reise führte uns nach Bratislava, wo wir am späten Nachmittag eintrafen. Am Abend gingen wir in die Synagoge, in der Hoffnung, dort andere Juden zu treffen. Der erste Mensch, dem wir in der Synagoge begegneten, war der alte Herr Schwert. Es war für uns alle ein glückliches Wiedersehen. Er erzählte uns, daß er und seine Familie nach dem Scheitern des slowakischen Nationalaufstands von einer slowakischen Familie versteckt worden seien und alle den Krieg sicher überstanden hätten. Besonders freute mich, daß Rabbi Armin Frieder nach dem Krieg noch am Leben war, wenn er sich auch nicht gerade bester Gesundheit erfreute. Er hatte wieder geheiratet und lebte erneut in Bratislava, in der Position des Oberrabbiners der Slowakei. Seinen Sohn Gideon – der kleine Junge, den wir retten konnten, als seine Mutter und Schwester in dem deutschen Luftangriff auf Staré Hory umkamen, und der in die Obhut eines Bauern gegeben worden war – hatte er zurückbekommen.

Schwert erklärte uns, daß wir als Kriegsveteranen und Widerstandskämpfer gegen die Nazis Anspruch auf beachtliche Beihilfen hätten, wenn wir uns in der Slowakei niederließen – dazu zählten auch Wohnungen und sogar kleinere Geschäfte. Er drängte uns, ernsthaft darüber nachzudenken. Dann ließ er uns in seiner Wohnung übernachten, und ich scherzte mit Frau Schwert, daß ich meine

Schuhe vor ihr verstecken würde. Wir dachten über Schwerts Vorschlag nach, und einige Wochen später zogen Fela, Janek, Mietek und ich nach Bratislava um. Henry und Bezi blieben in Budapest.

Beim Veteranenbüro in Bratislava erhielten Mietek und ich tschechische Pässe. Ich war fast ein wenig traurig darüber, daß ich meine Uniform ausziehen mußte und nun Zivilist wurde. Jedem von uns wurde eine hübsche Wohnung zugeteilt. Nachdem wir neue Kleidung gekauft hatten, besorgten wir uns Reisedokumente, damit wir auf die Schwarzmärkte nach Ungarn und Polen reisen konnten. In Český Těšín (Cieszyn) setzten wir uns mit Herrn Katz in Verbindung. Er brachte uns mit einem professionellen Schmuggler zusammen, der bereit war, jede Ware zu transportieren, die wir über die Grenze schaffen wollten – und zwar in beide Richtungen. Theoretisch handelte es sich um Schmuggel, aber auf diese Weise wurden damals nun einmal Geschäfte gemacht. Wir gaben ihm unsere Waren, und am nächsten Morgen lieferte er sie uns an einem vereinbarten Treffpunkt auf der anderen Seite der Grenze ab. Mit den Waren fuhren wir nach Krakau. Da wir wußten, welche Dinge besonders gefragt waren, hatten wir keinerlei Probleme, unsere Waren schnell und mit Gewinn zu verkaufen. Später ging ich zur alten Schokoladenfabrik, die die Produktion wiederaufgenommen hatte, sah aber keine vertrauten Gesichter. Im Privatbüro des Eigentümers fand ich jedoch Frau Wang, deren Mann Arthur für die Finanzen der Fabrik zuständig gewesen war. Sie schaute mich einen Moment verwirrt an, erkannte mich dann und begrüßte mich mit einem glücklichen »Mein Henryczek«. Sie küßte und umarmte mich, aber als ich nach ihrer Familie fragte, brach sie in Tränen aus. Nur ihr Sohn lebte noch bei ihr. Ihr Mann und ihr Schwager waren 1942 von den Nazis in Krakau umgebracht worden. Die überlebenden Familienmitglieder zogen nach Rußland, wo man Frau Wang von ihrer Schwester Sabina trennte und diese mit ihrer kleinen Tochter weit in den Osten des Landes schickte. Da die Fabrik mehr als fünfzig Arbeiter beschäftigte, wurde sie verstaatlicht, und Frau Wang war jetzt Geschäftsführerin und beim Staat angestellt. Von den jüdischen Arbeitern hatte nur Herr Feiner, der für den Vertrieb verantwortlich war, in Rußland überlebt und half ihr nun bei der Führung der Geschäfte. Bald würde er jedoch die Fabrik verlassen, um eine leitende Stelle in einer kleinen Weinimportfirma anzutreten, und sie war traurig, den letzten jüdischen Angestellten und einen guten Freund zu verlieren. Ich sah mich in der Produktionshalle um und wurde von den Arbeitern herzlich begrüßt. Frau Wang fragte mich, ob ich nicht Interesse hätte, nach Krakau zurückzukommen und eine leitende Stellung in der Fabrik zu übernehmen. Ich erklärte ihr, daß ich nie mehr nach Polen zurückgehen würde, und da gestand sie, daß auch sie das Land verlassen wolle und bereits Kontakt mit Freunden in Belgien aufgenommen hatte, um dort hinzuziehen.

Abends besuchte ich Maciek, der bei seiner Tante lebte. Sie hatte vor dem Krieg einen polnischen Christen geheiratet und als Christin überlebt, da niemand wußte, daß sie jüdischen Glaubens war. Obwohl sie selbst zwei Kinder besaß, liebte sie Maciek und Ludwik wie ihre eigenen Söhne. Ludwik, der etwas später nach Hause kam, erzählte mir, daß Hunderte von Juden, die den Krieg als »Arier« überlebt hatten, nicht zum Judentum zurückkehren wollten. Viele hatten christliche Partner geheiratet und verleugneten nun ihre Herkunft; sie zogen sogar in andere Städte, um nicht als ehemalige Juden wiedererkannt zu werden. Viele bekleideten nun hohe Posten in der Regierung und der Armee. Als ich Ludwik während unseres Gesprächs genauer betrachtete, fiel mir auf, daß auch er sich vollständig angepaßt und nichts mehr mit der jüdischen Bevölkerung gemein hatte. Maciek war anders – vielleicht deshalb, weil er als Jude in den Ghettos und Lagern gelitten hatte. Mir wurde bewußt, wie groß unsere Tragödie wirklich war: Nach einem Krieg, in dem Millionen unserer Leute von den Nazis ermordet worden waren, verloren wir weitere Juden, die sich freiwillig abkehrten. Aber gleichzeitig war mir bewußt, daß ich nicht das Recht besaß, über andere zu urteilen. Gott allein wußte, warum sie sich so entschieden hatten; zumindest waren sie noch am Leben.

Vom jüdischen Komitee erfuhren wir die schreckliche Nachricht über Chaim Hirschman, der zu den einzigen beiden Juden gehörte, denen die Flucht aus dem Todeslager Belzec gelang, in dem man etwa sechshunderttausend Juden vergast hatte. Auch meine geliebten Eltern waren in Belzec umgekommen. Hirschman beging den großen Fehler, in Polen zu bleiben. Als eine Sonderkommission, die die Greueltaten in Belzec untersuchen sollte, in Lublin ihre Voruntersuchungen aufnahm, wurde Hirschman vorgeladen, um am 19. März 1946 als Augenzeuge auszusagen. Man bat ihn, am nächsten Tag noch einmal zu erscheinen. Auf dem Heimweg wurde er auf der Straße angehalten und von polnischen Antisemiten ermordet. Es erschien mir unfaßbar, daß er ein berüchtigtes deutsches Todeslager überlebt hatte, in dem etwa sechshunderttausend Juden vergast worden waren, nur um diesen polnischen Bestien zum Opfer zu fallen.

In einem ähnlichen Fall gelang einem anderen jüdischen Mann, Czeslaw Mordowicz aus Ostpolen, die Flucht aus Auschwitz. Er wurde erneut gefangengenommen und zurück ins Lager gebracht, wo er den Krieg überlebte. Das erste Mal schickte man ihn 1943 in das schreckliche Vernichtungslager. Im darauffolgenden Jahr konnten er und ein slowakisch-jüdischer Gefangener, Arnost Rosin, mit Hilfe des polnischen Untergrundes fliehen. Sie erreichten die Slowakei und schlossen sich dem Widerstand an. Mordowicz wurde verhaftet und wieder nach Auschwitz geschickt. Im Deportationszug erzählte er den slowakischen Juden ganz genau, wohin man sie brachte und was sie in Auschwitz erwartete. Er drängte sie, mit ihm zusammen einen Fluchtversuch zu unternehmen. Aber sie weigerten sich, ihm zu glauben. Aus der Furcht, daß seine Flucht zu Vergeltungsmaßnahmen gegen sie alle führen würde, hielten sie ihn fest. Als er dennoch versuchte, die Tür zu erreichen, schlugen sie ihn bewußtlos. Bei ihrer Ankunft in Auschwitz bemerkten einige Mitglieder des polnischen Hilfspersonals, die dem polnischen Untergrund angehörten, die auf Mordowicz' Arm tätowierte Auschwitznummer, noch bevor die Deutschen sie sehen konnten. Ihnen war klar, daß er dadurch als geflohener Häftling erkannt werden würde, was für ihn und alle Polen, die ihr Leben für ihn aufs Spiel gesetzt hatten, Folter und den sicheren Tod bedeutete. Sie schafften ihn auf die Krankenstation, bevor die SS-Männer ihn bemerkten. Dort kaschierten sie die Auschwitznummer, indem sie einen großen Fisch darüber tätowierten. Auf diese Weise überlebte Mordowicz. Nach dem Krieg wollte er nicht mehr in Polen bleiben. Ich lernte ihn in Bratislava kennen, wo er sich mit seiner Frau niedergelassen hatte, und wir wurden gute Freunde. Er erzählte uns, daß er mit seiner Familie nach Palästina ziehen wolle. Im Gespräch erwähnte ich, daß ich im Juli 1944 in Liptovský Svätý Mikuláš gewesen war und danach beim Widerstand gekämpft hatte. Daraufhin erzählte mir Mordowicz, daß die jüdischen Führungspersönlichkeiten ihn, Rosin und zwei andere slowakische Juden, denen vor ihnen auf wundersame Weise die Flucht aus Auschwitz gelungen war, an den für sie sichersten Ort gebracht hatten, nämlich ebenfalls nach Liptovský Svätý Mikuláš. Die Namen der beiden anderen lauteten Rudolf Vrba und Alfred Wetzler. Alle vier schlossen sich dem Widerstand an. Kurz darauf traf ich sie alle in Bratislava. Es war ein sehr bewegender Moment, diese tapferen Menschen kennenzulernen.

Bei meinem nächsten Besuch in Krakau entdeckte ich ein Buch über das Lager Belzec, verfaßt von Rudolf Reder, den ich bereits kennengelernt hatte. Als ich das Buch las, tauchten vor meinem inneren Auge die Gesichter meiner Eltern auf, und ich konnte sehen, wie man sie aus den Viehwaggons, die sie nach Belzec gebracht hatten, herausholte, voneinander trennte und in die Gaskammern brachte, wo sie eine geschlagene halbe Stunde Höllenqualen erleiden mußten, bevor der Tod sie von ihrem Martyrium erlöste. Meine alte Wut gegen die deutschen Bestien schwoll wieder an, als ich aus dem Buch von dem sadistischen Mord an zwei kleinen Kindern vor den Augen ihrer Mütter erfuhr, oder lesen mußte, wie man die Gefangenen lebendig in brennende Gruben warf oder wie man junge jüdische Mädchen für die Orgien der SS aussortierte, was darin gipfelte, daß man sie nach der Nacht ihrer Vergewaltigung in die Gaskammer brachte.

Ich begann mit der Sammlung detaillierter Informationen über das Todeslager Belzec, das im ostpolnischen Distrikt Zamość in der Nähe der russischen Grenze und direkt an der Zugverbindung zwischen Lublin und Tomaszów lag. Seine offizielle deutsche Bezeichnung lautete »SS Sonderkommando Belzec. Dienststelle Belzec der Waffen-SS«. Es war nicht als Arbeits-, sondern als Vernichtungslager konzipiert, das erste Todeslager im Generalgouvernement. Aus diesem Grund besaß das Lager keine große Anzahl von Baracken für zahlreiche Insassen, sondern lediglich vier Behelfsunterkünfte. Der einzige Zweck des Lagers bestand darin, möglichst viele Menschen in möglichst kurzer Zeit umzubringen. Seine Gesamtfläche umfaßte etwa zweieinhalb Quadratkilometer, umgeben von dreifachem Stacheldraht, der unter Strom stand, um eine Flucht zu verhindern. Um den Zaun herum wurden Bäume gepflanzt, die das Lager kaschieren sollten.

Die Deutschen errichteten das Lager an einem kleinen Bahnhof, den sie zu Beginn der Bauarbeiten am Lager am 1. November 1941, zu

einer achtspurigen Gleisanlage erweiterten. Das Personal bestand aus
dreißig SS-Männern und zwei- bis dreihundert estnischen und ukrainischen Hilfspolizisten, die zwischen eintausend und fünfzehnhundert jüdischen Arbeitern unterschiedliche Aufgaben zuteilten. Man
nutzte sie nur für kurze Zeit, schickte sie dann in die Gaskammer und
ersetzte sie durch junge Neuankömmlinge.

Die Opfer wurden mit Viehtransportzügen aus Südostpolen, Ostgalizien, Österreich, Belgien, Deutschland, Norwegen, Rumänien,
aus der Tschechoslowakei sowie aus den Niederlanden nach Belzec
gebracht. Die Züge mit ihren vierzig bis sechzig Waggons, in denen
jeweils einhundert bis einhundertvierzig Menschen zusammengepfercht waren, hielten am Bahnhof Belzec. Dort wurden die polnischen Lokomotivführer und SS-Wachen durch Lagerwachen abgelöst. Dann fuhr der Zug weiter ins Lager – eine Fahrt von fünf bis zehn
Minuten. Sobald der Zug anhielt, rissen die estnischen und ukrainischen Wachen die Waggontüren auf und schrien auf die erschöpften,
verhungernden und verängstigten Juden ein, die von den Waggons
auf eine Rampe springen mußten. Um diesen Vorgang zu beschleuni-
gen, hetzten die Wachen bissige Hunde auf sie und schlugen mit Peitschen und Gewehrkolben auf die unglücklichen Juden ein. Währenddessen spielte in der Nähe ein kleines Orchester beruhigende Weisen.

Viele der Neuankömmlinge wurden in dem Chaos verletzt. Jüdische Arbeiter legten die Verwundeten auf Bahren und brachten sie
zusammen mit den Invaliden, den Kranken, den Alten und den Kindern in einen abgetrennten Teil des Lagers, wo SS-Männer sie in lange,
tiefe Gruben stießen und erschossen.

In der Zwischenzeit wurden die Neuankömmlinge auf der Eisenbahnrampe von Hilfspolizisten umzingelt. Ein deutscher SS-Offizier
versicherte ihnen auf deutsch, daß sie zum Arbeiten nach Belzec
gebracht worden seien. Zuerst würde man sie zu einem Bad und zur
Desinfektion führen und ihnen dann unterschiedliche Aufgaben
zuweisen. Seine beschwichtigende Rede beruhigte die verängstigten
und bestürzten Juden. Aber kurz danach begann man mit der »Selektion«. Die Männer wurden von den Frauen und Kindern getrennt;
alle mußten sich entkleiden und ihre Kleidung, ihren Schmuck und
ihre Wertsachen zu ordentlichen Haufen zusammenlegen. Man versprach ihnen, daß sie sie nach dem Bad zurückbekommen würden.
Eine Gruppe von SS-Männern schritt durch die Menge, sortierte die

kräftigsten Männer und junge Frauen aus und fragte auch nach Handwerkern, die sich neben der Menge aufstellen mußten. Diese Ausgewählten durften ihre Sachen nehmen und wurden dann zu den Baracken gebracht.

Die restlichen nackten Männer mußten zu anderen Baracken marschieren, über deren Eingang ein Schild mit der Aufschrift »Duschen und Desinfektionsräume« hing. Sobald sie die Türen erreicht hatten, wurden sie von den SS-Männern unter eifrigem Gebrauch von Peitschen und Gewehren in einen ca. dreißig Quadratmeter großen Raum gepfercht. Bereits zu diesem Zeitpunkt waren viele der Häftlinge schwer verletzt. Nachdem die SS siebenhundertfünfzig Männer in den Raum gezwängt hatte – bei dem es sich in Wirklichkeit um eine Gaskammer handelte –, wurden die Türen verriegelt und das Gas hineingepumpt. Die Opfer litten zwanzig bis fünfundzwanzig Minuten, bis schließlich alle tot waren. Die SS-Männer und ihre jüdischen Sklaven, das sogenannte »Sonderkommando«, warteten weitere fünfzehn Minuten, bevor sie die Türen öffneten. Dann mußten die Juden die verkrümmten Körper herausholen. Draußen zog eine andere Gruppe jüdischer Sklaven, die sogenannten »Zahnärzte«, den Leichen sämtliche Goldzähne.

Frauen und Kinder brachte man in andere Baracken, wo sie sich auf lange Holzbänke setzen mußten und von einer großen Gruppe von Friseuren unter den wachsamen Blicken der Wachen die Haare geschoren bekamen. Anschließend wurden sie von den erbarmungslosen SS-Männern auf brutale Weise in die Gaskammern gestoßen. Sobald man alle hineingepfercht hatte, verriegelte man die Türen und ließ das Gas einströmen. Die Leichen wurden nach Goldzähnen und versteckten Wertsachen durchsucht und mit kleinen Loren zu den Leichengruben transportiert, dort hineingekippt und mit Erde zugeschüttet. All diese Aufgaben erledigte das jüdische »Sonderkommando«.

Eine andere Gruppe jüdischer Arbeiter brachte die Kleidung und die Wertsachen von der Eisenbahnrampe in die Baracken, wo sie von jüdischen Männern und Frauen sortiert wurden. Auch einige kleine Kinder waren in den Baracken beschäftigt: Ihre Aufgabe bestand darin, die Schuhe mit Hilfe der Schnürsenkel zu Paaren zusammenzuknoten. Sämtliche Geldnoten, Münzen, Gold und Schmuck nahm die SS an sich. Die Haare und die besser erhaltenen Kleidungsstücke wurden für den Transport nach Deutschland vorbereitet, während man die billigeren Gegenstände nach Lublin schickte und an Polen verkaufte.

In Belzec wurden insgesamt sechshunderttausend Juden ermordet sowie etwa zwölfhundert Polen, die man als Widerstandskämpfer beschuldigte oder ihnen vorwarf, Juden versteckt zu haben. Gegen Ende des Jahres 1942 bis zum Frühling 1943, als die Deutschen die Ankunft der nahenden Roten Armee fürchteten, begannen sie damit, die in Belzec begangenen Verbrechen zu vertuschen. Das jüdische »Sonderkommando« mußte alle Massengräber wieder öffnen, die Leichen mit Benzin übergießen und verbrennen. Die Knochen wurden mit speziellen Maschinen zu Pulver zermalmt und zusammen mit der Asche der verbrannten Leichen über die nahe gelegenen Felder verstreut. Nachdem die Juden ihre schauerliche Aufgabe erledigt und die Leichen beseitigt hatten, mußten sie den SS-Männern helfen, das Lager dem Erdboden gleichzumachen. Als dies geschehen war – im November 1943 – deutete nichts mehr auf ein Lager hin. Die letzte Gruppe des »Sonderkommandos«, etwa fünfhundert Juden, wurde unter schwerer Bewachung durch die SS mit dem Zug zum Lager Sobibor gebracht und erschossen.

Die SS hatte nicht vor, auch nur einen Augenzeugen der Greuel von Belzec am Leben zu lassen. Aber wie durch ein Wunder überlebten zwei Männer, Reder und Hirschman, um der Welt davon zu berichten.

Nachdem das Lager dem Erdboden gleichgemacht war, wurde jeder Zentimeter des Lagergeländes von der polnischen Bevölkerung der Umgebung, die man vorher nicht in die Nähe des Lagers gelassen hatte, nach vergrabenen Schätzen durchsucht. Dies waren die schlimmsten Aasgeier.

In einer Krakauer Zeitung las ich, daß die britischen Streitkräfte Rudolf Höss, den Kommandanten von Auschwitz, in Deutschland verhaftet und nach Polen geschickt hatten, um ihn dort vor Gericht zu stellen. Ich war davon überzeugt, daß das Höchste Nationaltribunal, das auf besonderen Erlaß am 22. Januar 1946 zur Verurteilung von Kriegsverbrechern in Polen eingerichtet worden war, ihn streng bestrafen würde, aber ich wußte auch, daß keine Strafe, so hart sie auch sein mochte, seine Verbrechen aufwiegen konnte. Aber zumindest wurde er vor Gericht gestellt und verurteilt, wohingegen viele tausend andere, die ebenfalls Teil der Nazi-Todesmaschinerie gewesen waren, in Westdeutschland, Österreich und anderen Ländern ungeschoren davonkamen.

Eines Morgens fuhr ich nach Warschau, um mir die neue Ausstellung im Nationalmuseum anzusehen, die ich nach Angaben des alten Buchhändlers auf keinen Fall verpassen durfte. Vor dem Gebäude stand eine lange Schlange, aber mit meinen auswärtigen Papieren erhielt ich als Tourist Vorrang und wurde ohne Wartezeit eingelassen. Die gesamte Ausstellung war den Verbrechen gewidmet, die die Deutschen in Polen während der Besatzungszeit begangen hatten. Ich war beeindruckt angesichts der immensen Menge von Dokumenten und Gegenständen, die das Museumskuratorium in so kurzer Zeit zusammengestellt hatte. Die meiste Zeit verbrachte ich in dem Teil der Ausstellung, der die Vernichtung der Juden darstellte – eine hochinteressante Dokumentation mit grauenerregenden Fotografien. Eine ganze Abteilung beschäftigte sich mit den Vernichtungslagern Auschwitz und Majdanek, in denen so viele Juden und so viele Polen umgebracht worden waren. Hier fand ich eine gewaltige Menge von Dokumenten, Fotos, Karten, Bildern, Kleidungsstücken und Brillen sowie zahlreiche andere Gegenstände, die zusammen – teils als unpersönliche Dokumentation, teils durch ergreifende, herzzerreißende Kleidungsstücke von Kindern – vom größten Verbrechen zeugten, das die Menschheit je begangen hat.

In einer anderen Abteilung, die dem Martyrium des polnischen Volkes gewidmet war, dokumentierte eine überwältigende Anzahl von Beweisstücken den Versuch der Nazis, die polnische Kultur vollständig zu zerstören. Das letztendliche Ziel der Nazis, die Vernichtung der slawischen Rasse, umfaßte auch die »Befriedung« – die Zerstörung – von Hunderten von Dörfern. Die Ausstellungsstücke waren von der »Hauptkommission zur Untersuchung der Verbrechen am polnischen Volk« und dem Jüdischen Historischen Institut zusammengestellt worden, mit Unterstützung verschiedener polnischer Kriegsgefangenenverbände. Schirmherr der Ausstellung war der polnische Präsident, Bolesław Bierut.

Als ich das Museum verließ, stellte ich erstaunt fest, daß ich insgesamt sechs Stunden in der Ausstellung verbracht hatte. Ich nahm den nächsten Zug nach Krakau und fuhr am folgenden Tag zusammen mit Mietek zu Olek. Außerdem suchten wir ein weiteres Mal das

Büro des jüdischen Komitees auf, um die neuesten Listen zurückgekehrter Juden durchzugehen. Aber nachdem ich sie wieder und wieder durchgelesen hatte, wurde mir klar, daß keine Hoffnung bestand, meine Brüder lebend wiederzusehen.

Am nächsten Morgen kehrten wir nach Bratislava zurück, wo ich erfuhr, daß der Kommandant unserer Partisaneneinheit, Hauptmann Marcuk, sich in der Stadt aufhielt. Dies überraschte mich, da ich wußte, daß die Sowjets ihren Bürgern die Ausreise nicht gestatteten. Ich suchte ihn auf, und er erklärte mir, daß er vor dem Krieg die polnische Staatsangehörigkeit besessen hatte. Darüber war nie gesprochen worden; statt dessen hatte er auf Fragen nach seiner Vergangenheit immer ausweichend geantwortet. Marcuk mußte ursprünglich aus der polnischen Ukraine stammen, die eine lange Vergangenheit des Antisemitismus aufwies. Ich entschloß mich, ihn nicht mehr aufzusuchen.

In Bratislava traf ich auch einige andere alte Kameraden aus der Widerstandsbewegung, die jetzt hohe Regierungsbeamte waren. Sie versicherten mir, daß die Jagd nach Verrätern und Kollaborateuren unermüdlich fortgesetzt werde und daß man einen Auslieferungsantrag an Österreich gestellt hatte, wo Jozef Tiso und viele andere Verräter inzwischen lebten. Aber niemand wußte etwas über Chaim Hermesh und seine tapferen Fallschirmspringer, bis auf die Tatsache, daß sie einer Gruppe von zweiunddreißig jüdischen Freiwilligen aus Palästina angehörten, die im Frühsommer 1943 über Rumänien, Jugoslawien, Ungarn, Italien, Bulgarien und der Slowakei abgesprungen waren. Von acht Fallschirmspringern – darunter auch Hannah Szenes – wußte man inzwischen, daß sie gefangengenommen, gefoltert und erhängt worden waren. Als nächstes besuchte ich das Jüdische Museum, das die Deutschen nicht nur unversehrt gelassen, sondern auch um zahlreiche Judaika aus den von ihnen besetzen europäischen Ländern ergänzt hatten. Ihr Ziel war es, ein »Zentralmuseum der ausgelöschten jüdischen Rasse« einzurichten, sobald sie den Krieg gewonnen hätten.

In der Zwischenzeit hatte Janek zu Hause eine weitere Warenladung erhalten, die Mietek und ich nach Český Těšín (Cieszyn) brachten, wo uns unser getreuer Kontaktmann über die polnische Grenze geleitete. In Krakau suchte ich Maciek auf, der mir sofort von der Tragödie berichtete, die seine Familie getroffen hatte: Sein Zwillingsbruder Ludwik war verhaftet worden und saß im Gefängnis. Während des Krieges hatte Ludwik Kontakte zum rechtsgerichteten Untergrund gehabt. Aber nach dem Krieg erhielt er eine leitende Position in der Bezirksverwaltung und damit auch Zugang zu geheimen Dokumenten. Diese Unterlagen enthielten die Namen aller Juden, die sich entschlossen hatten, ihre während des Krieges zum Schutz vor den Deutschen angenommene »arische« Identität beizubehalten. Viele dieser Juden waren jetzt unter ihrem »arischen« Namen für die neue Regierung tätig. Ludwik hatte sowohl die jüdischen als auch die »arischen« Namen an rechte polnische Gruppierungen in London weitergegeben, die diese über den Rundfunk in Polen bekanntgaben, um sowohl die betroffenen Juden als auch die Regierung in Verlegenheit zu bringen. Die Sicherheitspolizei verbrachte viel Zeit mit den Nachforschungen, bis sie schließlich auf die Quelle – Ludwik – gestoßen war. Maciek hatte verzweifelt nach einem guten Rechtsanwalt gesucht, um Ludwik zu verteidigen, aber die wenigen verbliebenen jüdischen Anwälte lehnten es ab, seinen Fall zu übernehmen, und ich konnte sie deswegen nicht verurteilen. Sie hielten ihn für einen Verräter. Schließlich übernahm ein polnischer Anwalt mit Erfahrung bei der Verteidigung von Gefangenen des Untergrunds Ludwiks Fall. Der Staatsanwalt war ein jüdischer Mann namens Rumpler, dessen Familie ich gut kannte. Sein jüngerer Bruder Romek hatte mit mir zusammen die Wirtschaftsakademie besucht. Die Verhandlung dauerte nur einen Tag. Die Beweislast war überwältigend, und Ludwik wurde zu fünfzehn Jahren Zwangsarbeit verurteilt. Die ganze Geschichte brachte auch Schande über Maciek, und er wollte mit uns das Land verlassen. Ich riet ihm davon ab und erklärte ihm, daß Ludwik einen Fehler gemacht hatte und vielleicht sogar erpreßt worden war. Maciek sollte ihm einen besseren Anwalt besorgen, um gegen die Strafe Berufung einzulegen. Aber wir mußten feststellen, daß bei solchen Verbrechen keine Möglichkeit für ein Berufungsverfahren bestand. Das einzige, was Maciek für Ludwik tun konnte, bestand darin, ihm einmal im Monat ein kleines Paket mit Lebensmitteln zu schicken. Eine weitere jüdische Tragödie: Zwei Zwillingsbrüder, die den Holocaust überlebt und einander wiedergefunden hatten, wurden nun ein weiteres Mal getrennt – und zwar für fünfzehn Jahre.

Nachdem wir unsere Transaktionen mit Olek erledigt hatten, hörten wir am nächsten Tag, dem 4. Juli 1946, im Radio, daß es in Kielce zu »Zwischenfällen« gekommen war. Dort hatte ein Pogrom stattgefunden, in dem zweiundvierzig Juden getötet und weitere fünfzig verletzt worden waren. Der Bericht gab »regierungsfeindlichen« Gruppierungen die Schuld und gelobte, daß die Verantwortlichen streng bestraft würden und bereits eine Reihe von Verhaftungen vorgenommen worden seien. Wir waren erschüttert; diesmal handelte es sich nicht um einen örtlichen Ausbruch von Judenhaß auf einer Hauptstraße oder in einem entlegenen Dorf, sondern um ein Pogrom in einer großen Stadt. Als wir zum Büro des jüdischen Komitees kamen, standen dort zahlreiche andere Juden, die ebenfalls wissen wollten, was tatsächlich geschehen war. Herr Wulf erzählte uns den genauen Tathergang. Am Abend des 3. Juli hatte ein Pole namens Blaszczyk zusammen mit seiner Frau und seinem neunjährigen Sohn Henry das Büro der Miliz in Kielce aufgesucht. Er erklärte, daß der Junge gerade erst nach Hause zurückgekehrt sei, nachdem er zwei Tage verschwunden war. Der Junge hatte ihm erzählt, daß ihn ein Jude mit einem Geschenk und zwanzig Zloty fortgelockt, in das Jüdische Gemeindezentrum geführt und im Keller eingesperrt habe. Dort hätte Henry die Leichen von polnischen Kindern gesehen, den Opfern jüdischer Ritualmorde.

Nach dieser Beschuldigung schrie Blaszczyk den Passanten auf der Straße zu, daß sein Sohn von Juden entführt worden und nur durch ein Wunder lebend davongekommen sei. Ein polnischer Pöbel, dem sich unterwegs noch Dutzende andere, mit Stöcken, Metallrohren, Äxten, Messern und Steinen bewaffnete Menschen anschlossen, folgte ihm zum Gebäude der jüdischen Gemeinde in der Planty Nr. 7. Die Frauen hetzten die Gruppe zusätzlich auf, indem sie hysterisch kreischend die Juden beschuldigten, polnische Kinder zu töten. Als die Menge das Gebäude erreichte, verständigte der Gemeindevorsitzende, Dr. Seweryn Kahane, das Büro der Bezirksverwaltung und bat um Hilfe. Aber noch bevor diese eintraf, war der Mob in das Gebäude eingedrungen und über alle darin angetroffenen Juden hergefallen. Die Angreifer ignorierten das Flehen der Frauen und Kinder um Gnade und hielten erst inne, als sie viele Juden, darunter auch Dr. Kahane, getötet, ihnen die Kleider vom Leib gerissen und alle Ringe und andere Schmuckstücke gewaltsam entwendet hatten. Eine schwangere Frau brachte noch ihr Kind zur Welt, bevor sie starb. Einige der Leichen wurden außerhalb des Gebäudes gefunden;

offensichtlich handelte es sich um die Körper derjenigen, die versucht hatten, der Wut des Mobs zu entkommen. Viele der Ermordeten hatten die deutschen Lager überlebt, und einige waren erst vor kurzem aus der Sowjetunion zurückgekehrt. Eine im Gemeindezentrum angestellte Polin war Zeugin des Pogroms. Während der Pöbel durch das Zentrum tobte, liefen andere Polen zu jüdischen Häusern, um dort eine Spur der Zerstörung zu hinterlassen. In einem Fall drangen vier bewaffnete Männer der Miliz in die Wohnung der Familie Fisz ein, wo sie Frau Fisz, ihren drei Wochen alten Säugling und einen Nachbarn antrafen, einen Herrn Moszkowic, der gerade zu Besuch war. Die Männer brachten die drei in einem Lastwagen aus der Stadt, nahmen ihnen ihr Geld ab und erschossen Frau Fisz und ihr Kind. Moszkowic gelang es, in einen nahe gelegenen Wald zu entkommen, in dem er sich völlig verängstigt die ganze Nacht versteckt hielt. Im Morgengrauen kehrte er in die Stadt zurück und ging direkt zum Hauptquartier der Miliz, um von der Ermordung seiner Nachbarin zu berichten. Dort identifizierte er die vier Mörder, die unter Arrest gestellt wurden. Die Behörden hatten keine nennenswerten Schritte unternommen, um der siebenstündigen Raserei Einhalt zu gebieten. Weder die Kirchenführer noch die örtlichen Sicherheitskräfte, noch die in der Stadt stationierten Armee-Einheiten schritten ein. Schlimmer noch – einige Soldaten und Milizmänner beteiligten sich an den Schlägereien, Diebstählen und Ermordungen. Hierbei handelte es sich nicht um einen vereinzelten Überfall einer Gruppe von Wegelagerern aus den Bergen, sondern um einen Ausbruch von Haß, an dem Hunderte gewöhnlicher Stadtbewohner teilgehabt hatten.

Das Pogrom jagte den wenigen verbliebenen Juden schreckliche Angst ein und machte ihnen deutlich, daß sie sich auf tragische Weise von der Propaganda der Bundisten in die Irre hatten führen lassen, die die Juden überredeten, als freie und geachtete Mitbürger im »neuen« Polen zu bleiben. Für die Gemeinde, die nur noch zweihundert der vor dem Krieg achtzehntausend Mitglieder zählenden Gemeinschaft in Kielce umfaßte, war das Pogrom eine Katastrophe. Die Stimmung schlug um, die Propaganda der Bundisten wurde angezweifelt, und viele Juden begriffen, daß die Zionisten mit ihrer Behauptung, in Polen sei kein Platz für Juden, die ganze Zeit über recht gehabt hatten. Zahlreiche Menschen wandten sich an die Bericha, um aus Polen heraus- und nach Palästina gebracht zu werden. In der Zwischenzeit häuften sich die Berichte, daß man sieben weitere Juden in einem Zug in der Nähe von Kielce ermordet hatte, während russische und polnische Sicherheitskräfte an verschiedenen Orten in einen Hinterhalt gelockt und umgebracht worden waren.

Mietek und ich beschlossen, an der Beisetzung der Opfer teilzunehmen, und fuhren am nächsten Tag mit einer großen Gruppe von Juden nach Kielce. Auch aus Łódź kam eine große Delegation. Das Begräbnis wurde zu einer der größten und bittersten Demonstrationen jüdischer Trauer und Wut, die ich je gesehen hatte. Einundvierzig Armeelastwagen transportierten die zweiundvierzig Särge. Der erste Sarg war der von Rabbi Kahane, drapiert in den blauen und weißen Farben der jüdischen Nationalflagge, die später die Flagge des Staates Israel wurde. Ein Lastwagen transportierte die Leichen einer Mutter und ihres Kindes. Einige Leichen hatte man gar nicht identifizieren können.

Der Weg des Leichenzuges war gesäumt von Soldaten und Sicherheitsbeamten. Regierungsvertreter und jüdische Führungspersönlichkeiten wohnten der Beisetzung bei. Die Sprecher der Regierung verurteilten die »Reaktionäre« und beschuldigten sie, das Pogrom angezettelt zu haben. Sie versprachen ein schnelles und unnachgiebiges Vorgehen gegen die bereits verhafteten Verdächtigen sowie gegen die Behörden, die zu spät oder gar keine Hilfe geleistet hatten und dem Morden nicht Einhalt geboten. Außerdem versicherten sie, daß die Regierung alle notwendigen Schritte einleiten würde, um den rechten Untergrund und den Antisemitismus auszumerzen. Zu den Sprechern zählte auch Jacob Berman, der als Regierungsmitglied zu den hochrangigsten Juden im Land gehörte.

Der höchste Militärrabbiner der polnischen Armee, David Kahane, hielt eine bewegende Rede und sprach das Kaddisch-Trauergebet. Danach sang der berühmte amerikanische Kantor Moshe Kousewitzky das traditionelle Totengebet »El male rachamim« (Gott, voller Erbarmen ...).

Als die Särge in die Erde herabgelassen wurden, standen allen auf dem Friedhof die Tränen in den Augen, und es spielten sich herzzerreißende Szenen ab, als die Angehörigen der Toten über die Gräber gebeugt Abschied nahmen.

Dann folgte der lange Weg zurück – Hunderte von Juden, die den Nazis auf wundersame Weise entkommen waren, hatten nun zweiundvierzig ihrer Brüder und Schwestern begraben, die nur ein Jahr nach Ende des Krieges von ihren eigenen Landsleuten umgebracht worden waren. Der Weg zum Friedhof war tragisch, der Weg zurück ein Bild des Jammers.

Am nächsten Morgen kaufte ich alle Tageszeitungen, um zu erfahren, was und wie sie über die Morde von Kielce und das Begräbnis schrieben. Außerdem wollte ich wissen, welche Schritte unternommen wurden, um die Schuldigen vor Gericht zu stellen. Die den Gewerkschaften nahestehenden Zeitungen zeigten sehr viel Mitgefühl für die jüdische Gemeinde und forderten eine schnelle und unnachgiebige Bestrafung.

Einige polnische Schriftsteller verfaßten Artikel, in denen die Mörder laut angeprangert wurden. Außerdem griffen sie die antisemitischen Zeitungen der Mikolajczyk-Partei und der katholischen Kirche an, die in ihren kurzen Berichterstattungen über das Pogrom und die Beerdigung die kaltblütigen Mörder nicht verurteilt hatten. Diese Schriftsteller wiesen den polnischen Antisemiten in London die Schuld zu, die Mikolajczyk und die Kirche unterstützt hatten. Darüber hinaus verlangten sie die Entlassung und strenge Bestrafung des Miliz-Kommandanten von Kielce und der Sicherheitskräfte, die zugelassen hatten, daß das Pogrom so viele Stunden andauerte. Und sie forderten die Kirchenführer auf, laut und deutlich zu erklären, warum sie schweigend zusahen, als katholische Polen sich gegen Gottes Gebot »Du sollst nicht töten« vergingen. Das war die gleiche Frage, die wir bereits während der langen Leiden unter den Nazis gestellt hatten. Aber wir erhielten nie eine Antwort, weder vom Papst noch von seinem polnischen Klerus.

Am Nachmittag kehrten wir nach Bratislava zurück. Hier stellten wir fest, daß sich die tschechische Presse intensiv mit den Morden beschäftigt hatte. Fela rang mir das Versprechen ab, meine Reisen nach Polen auf ein absolutes Minimum zu beschränken. Allerdings wollte sie selbst noch einmal die Lopatowskis und die Zwolinskis besuchen, bevor wir unsere Visa für die Vereinigten Staaten bekamen. Janek durfte nicht darauf hoffen, seine Heimatstadt noch einmal wiederzusehen, da sie jetzt zur Sowjetunion gehörte. Aber er wollte Warschau noch einmal besuchen, weil er lange Jahre dort gelebt hatte.

Einer der wenigen glücklichen Augenblicke, die wir nach all diesem Kummer erlebten, war der Moment, als ich mit Janek zum jüdischen Viertel ging. Völlig unerwartet begegneten uns die Gebrüder Zeller, in Begleitung von Stefan Kocan, dessen Bruder und einigen jungen Frauen. Wir umarmten einander herzlich, und die Zellers stellten die Mädchen als ihre Schwestern vor, die den Krieg in Budapest überlebt hatten. Ich freute mich besonders, Stefan wiederzusehen. Nun war ich endlich in der Lage, meine Ehrenschuld zu begleichen, die ich vor langer Zeit in den tief verschneiten Bergen auf mich geladen hatte. Damals hatte Stefan seine Armbanduhr abgenommen und einem russischen Widerstandskämpfer im Tausch gegen ein Paar Stiefel für mich gegeben, nachdem ich meine Schuhe verbrannt hatte. Er erinnerte sich erst an den Vorfall, als ich ihn darauf aufmerksam machte, und ich erklärte ihm, daß er sich die beste Uhr in ganz Bratislava aussuchen durfte. Dann gingen wir zu einem mir bekannten Händler mit einer großen Auswahl an Uhren, und als er sich eine Armbanduhr ausgesucht hatte, kaufte ich sie für ihn. Endlich waren wir quitt, und ich freute mich, daß ich meine Schulden hatte begleichen können.

Am Abend trafen wir uns alle zu einer kleinen Wiedersehensfeier, bei der wir fröhlich durcheinander redeten, weil es so viel zu erzählen gab. Fela und Janek freuten sich sehr, Stefan und die Familie Zeller kennenzulernen. Auch der nächste Tag verlief sehr glücklich. Wir erhielten einen Brief von unserer Familie in Amerika. Es amüsierte mich, als ich sah, daß er an Herrn Adam Budkowski, zu Händen Henry Armin Herzog adressiert war. Offensichtlich hatten sie nicht herausfinden können, in welchem Verhältnis ich zu diesem Adam Budkowski stand. Mir wurde klar, daß dies ein deutliches Zeichen war, die Dinge in Ordnung zu bringen, und am nächsten Tag ging ich zum örtlichen Meldeamt und erhielt offiziell meinen richtigen Namen zurück. Ich benötigte ihn für mein Visum für die Vereinigten Staaten. Einige Zeit später fuhr ich nach Prag, um mich bei der amerikanischen Botschaft nach einer Möglichkeit zu erkundigen, möglichst bald in die USA emigrieren zu können. Und da ich einmal in Prag war, besuchte ich auch Mutters Cousin Milek Birn und seine Frau Rozia. Wir trafen uns zum ersten Mal, und es war eine sehr herzliche und bewegende Begegnung. Er selbst hatte früher in Brno in der Tschechoslowakei gelebt, aber seine Familie wohnte in Tarnów, in der Nähe von Krakau. Milek erzählte mir, daß er vor dem Krieg einen hohen Posten im tschechischen Bankwesen bekleidet hatte und sein

Hobby, die Fotografie, so intensiv ausübte, daß er bald zu den bekanntesten Fotografen Europas zählte und viele Auszeichnungen erhielt. Als die Deutschen einmarschierten, flüchtete er über Polen nach Rußland und erhielt dort eine Anstellung im Propagandaministerium, für das er in ganz Rußland Fotografien anfertigte. Nach Kriegsende gehörte er zu den wenigen Tschechen, die die sowjetische Regierung mit einem Militärflugzeug nach Hause schickte. Nun arbeitete er für das tschechische Tourismusministerium und unternahm wieder ausgedehnte Reisen, um zu fotografieren. Es war schön, wenigstens einige Verwandte zu treffen, die den Krieg überlebt hatten.

Zusammen mit Mietek begleitete ich Fela nach Polen. Janek bereitete sein Bein wieder Schwierigkeiten, und wir hielten es für besser, wenn er diese Reise nicht auf sich nahm, die für ihn eine große Belastung bedeutet hätte. Im Zug erzählte ich Fela zum ersten Mal auf behutsame Weise, was ich von Herrn Katz erfahren hatte, und berichtete von meinen Bemühungen, die Namen unserer Brüder in den Registern der Überlebenden zu finden. Ich erklärte ihr auch, daß ich zu dem kummervollen Schluß gekommen war, daß im Grunde keine Hoffnung mehr bestand, sie lebend wiederzusehen. Fela brach in Tränen aus und weinte sehr lange. Aber schließlich gestand sie, daß sie tief in ihrem Herzen schon lange befürchtet hatte, daß unsere Brüder das Gestapo-Gefängnis nicht überlebt hatten.

In Krakau brachte ich sie in unser früheres Viertel und zu ihrer ehemaligen Schule. Das Wiedersehen mit den Stätten ihrer Kindheit, die man so grausam zerstört hatte, war sehr bewegend, aber auch schmerzhaft für sie. Auch das Treffen mit den Lopatowskis verlief sehr herzlich und tränenreich. Danach wollte Fela unbedingt nach Rzeszów, um die Zwolinskis zu besuchen. Ich erklärte ihr, daß ich sie lieber nicht begleiten wollte, da mich einige Einwohner dort wiedererkennen könnten und es für Polen inzwischen peinlich und sogar gefährlich war, wenn sie zugaben, während des Krieges Juden Unterschlupf gewährt zu haben. Wie tragisch, daß großherzige Menschen ihre guten Taten verborgen halten mußten. Aber ich wußte von einigen Fällen, in denen Polen ihre Nachbarn boykottierten, die ihr Leben riskiert hatten, um ihre jüdischen Mitbürger vor den Deutschen zu retten. Andererseits konnte Fela sich natürlich weiterhin als die Nichte der Zwolinskis ausgeben, die sie besuchen kam. Sie hatte noch immer ihre alten Ausweispapiere, die auf diesen Namen lauteten. Aber da ich mir trotzdem große Sorgen um sie machte und die Telefonverbindung zwischen den Städten kaum jemals funktionierte, nahm ich ihr das Versprechen ab, nicht länger als zwei Tage zu bleiben.

Nachdem ich sie in den Zug gesetzt hatte, ging ich zur Szpitalna-Straße, wo mein alter Buchhändler seinen Laden hatte. Er gab mir alle Zeitungen mit den Berichten über den Prozeß zum Pogrom in Kielce, der vor einem Militärgericht stattfand. Der erste Zeuge war der junge Blaszczyk, das »Opfer« der angeblichen Gier der Juden nach dem Blut christlicher Kinder. Diesmal sagte er die Wahrheit: Er war auf der Straße von einem alten Freund seines Vaters angesprochen worden, den er gut kannte und der ihn mit zu sich nach Hause in ein Dorf außerhalb von Kielce mitnahm. Dort wurde ihm eingetrichtert, daß er sagen solle, er sei von Juden entführt worden.

Die Angeklagten gestanden ihre Schuld, lehnten es aber ab, Reue zu zeigen. Neun von ihnen wurden zum Tode verurteilt und bald darauf hingerichtet. Nun endlich schaltete sich die Kirche ein, aber nicht um das Verbrechen zu verurteilen, das die Angeklagten an unschuldigen jüdischen Männern, Frauen und Kindern begangen hatten, sondern um den Urteilsspruch anzugreifen. Die Kommandanten der örtlichen Miliz und die Sicherheitskräfte, denen man zur Last legte, das Töten nicht verhindert zu haben, bekannten sich nicht schuldig. Sie sagten aus, sie hätten nur deshalb gezögert, ihren Männern den Befehl zum Schießen zu erteilen, weil sie fürchteten, Zuschauer könnten getroffen werden. Alle Angeklagten wurden freigesprochen. Die Eltern des polnischen Jungen und ihre Freunde verurteilte man zu kurzen Freiheitsstrafen.

Die Reaktionen der Zeitungen zum Urteil variierten je nach politischer Richtung. Die sozialistische und kommunistische Presse suchte die Schuld bei den Mitgliedern der ehemaligen Exilregierung in London und bei General Anders und warfen ihnen vor, ihre Anhänger aufgehetzt zu haben. Die Regierung war offensichtlich peinlich berührt von der ganzen Geschichte – hauptsächlich deshalb, weil die restliche Welt heftig auf den Vorfall reagierte – und verurteilte öffentlich sowohl die Täter als auch die Behörden, die nicht eingeschritten waren. Das Ergebnis war ein Erlaß der Regierung, der Gewalt gegenüber Menschen anderer Nationalität oder Religion zu einem schweren Verbrechen erklärte, das mit langen Gefängnisstrafen und sogar der Todesstrafe geahndet wurde. Außerdem gab man eine Verordnung heraus, die das Verbreiten von antisemitischen Gerüchten oder Propaganda unter hohe Strafen stellte. Das war das einzig Positive, was aus dem Pogrom resultierte. Begleitet wurden diese Maßnahmen von der Zusage der Regierung, den ausreisewilligen Juden bei der Auswanderung nach Palästina zu helfen.

Ich besuchte Olek und tätigte einige Geschäfte mit ihm. Er erzählte mir, daß am 30. Juni der letzte Rückführungszug mit jüdischen Überlebenden aus der Sowjetunion eingetroffen war. Nach Schätzung jüdischer Politiker waren insgesamt etwa zweihunderttausend Juden aus Rußland zurückgekehrt. Sofort nach Beendigung des Krieges hatte man alle *Volksdeutschen*, die vor dem Krieg in Polen lebten, sowie alle deutschen Siedler, die im Schlepptau der Wehrmacht gekommen waren, des Landes verwiesen. Die Ukrainer wurden von den Russen, die ihnen ihre Kollaboration mit den Deutschen nicht verziehen, wieder in die Sowjetunion zurückgeholt, und die Weißrussen führte man ebenfalls in die Heimat zurück.

Daher waren die Juden nun die einzigen »Fremden« in Polen – die »Moszeks« und die »Iceks«, wie man uns immer genannt hatte, wobei jetzt hinzukam, daß man uns als Kommunisten und Christenhasser beschimpfte.

Am nächsten Tag ging ich zum jüdischen Komitee, wo ich erfuhr, daß viele deutsche Mörder nach Polen zurückgebracht wurden, um für ihre Verbrechen vor Gericht gestellt zu werden. Unter ihnen befand sich auch General Stroop, der Vernichter des Warschauer Ghettos. Ich war überrascht, auch den Namen Kurt Schupke darunter zu finden, und überprüfte, ob es sich um den Schupke handelte, den ich aus dem Ghetto in Rzeszów kannte. Ich stellte fest, daß sein Name im Zusammenhang mit Rzeszów, Zaslaw und Płaszów erwähnt wurde, wo er Kommandant gewesen war. Also bestand kein Zweifel, daß es sich um denselben Mann handelte.

Als Fela zurückkehrte, holte ich sie am Bahnhof ab, und wir gingen das kurze Stück zu unserem Hotel zu Fuß. Auf dem Weg dorthin war sie sehr still, und erst im Hotelzimmer erzählte sie mir von dem herzlichen Empfang bei den Zwolinskis, mit dem diese wunderbaren Menschen sie willkommen geheißen hatten. Auf beiden Seiten waren Tränen der Freude über das Wiedersehen nach über drei Jahren geflossen.

Fela wurde bestürmt, über sämtliche Geschehnisse nach unserem Auszug im November 1943 zu berichten. Als sie ihnen erzählte, wie unsere geliebten Brüder verhaftet worden waren, brach sie weinend zusammen, und mit ihr die Familie Zwolinski. Nach einer Weile setzte sie ihren Bericht fort, und man ging an diesem Abend erst sehr spät zu Bett.

Am nächsten Morgen besuchte sie die Familie Magrys, wo man sie ebenfalls sehr herzlich empfing. Auf dem Rückweg ging sie suchend durch die Stadt, in der Hoffnung, einige Juden zu finden, aber es gab niemanden mehr. Vor nicht allzu langer Zeit hatten etwa dreißigtausend Juden in Rzeszów gelebt.

Am Tag der Abreise gaben ihr die Zwolinskis alle Familienfotos und Briefe, die Szymon, Nathan und ich ihr aus dem Ghetto geschrieben hatten. Als Fela mir den Abschied von den Zwolinskis beschrieb, brach nicht nur sie, sondern auch ich in Tränen aus. Immer wieder hatten sie einander versichert, daß sie auf ein baldiges Wiedersehen hofften und in engem Kontakt bleiben wollten.

Als wir die Päckchen mit unseren Familienfotos öffneten und die Gesichter unserer geliebten Eltern und Brüder betrachteten, übermannte uns wieder die Trauer, und wir beide weinten. Die Handschrift und die Initialen S und N auf den Briefen rissen die alten Wunden auf. In diesen traurigen Momenten wurde uns bewußt, welch großen Schatz wir in unseren Händen hielten.

Ich zögerte, Fela mit ins jüdische Viertel zu nehmen, da ich annahm, daß dieser Besuch zu bewegend für sie sei. Statt dessen brachte ich sie zum jüdischen Komitee und stellte sie den Leitern vor. Dort traf ich auch zufällig Janek Rosenman, der wie ich zu den letzten hundert Juden im Rzeszówer Ghetto gezählt hatte. Er war Automechaniker und mußte sich um Schupkes Wagen kümmern und andere Reparaturaufträge für ihn erledigen. Er erzählte mir, daß er diese Aufgabe erst nach unserer Flucht aus dem Ghetto übernommen hatte. Schupke und Gorelik, der Kommandant der jüdischen Polizei, waren sehr verärgert gewesen. Aber schon bald danach flohen weitere junge Männer, und als ein Spitzel die Gestapo darüber informierte, erteilte sie Schupke den Befehl, Vergeltungsmaßnahmen über die noch verbliebenen Juden zu verhängen. Am nächsten Morgen befahl Schupke beim Anwesenheitsappell vierzehn jungen Männern, sich vor seinem Haus auf den Boden zu legen, wo er sie der Reihe nach erschoß.

Einige Stunden später erschoß er auch seinen persönlichen Diener Berkowicz und dessen Sohn. Am Abend befahl er die Festnahme weiterer junger Männer, die jedoch davon erfuhren und fliehen konnten. Einige Tage später war die Gestapo selbst zur Stelle und durchsuchte Goreliks Wohnung. Sie fand zwei argentinische Pässe, auf seinen Namen und den seiner Frau ausgestellt, woraufhin sie die beiden folterte und erschoß. Es gab Gerüchte, daß Gorelik, der Schupke sehr nahegestanden hatte, versprochen haben sollte, ihn vor den Russen zu beschützen. Nachdem das Ghetto schließlich liquidiert wurde, brachte Schupke die restlichen Juden nach Płaszów. Unter ihnen befand sich auch Rosenman. Schupke wurde zum Kommandanten ernannt, nachdem Amon Goeth von der Gestapo verhaftet worden war, weil er konfiszierte jüdische Wertsachen stahl, die der SS gehörten. Rosenman war noch in verschiedenen anderen Lagern interniert, bevor er schließlich befreit wurde. Nach der Befreiung von Rzeszów fand man in der Nähe des Nachbarortes Rudna Mala in den Glogow-Wäldern riesige Massengräber mit Tausenden von Juden. Als Rosenman nach der Befreiung nach Rzeszów zurückkehrte, trafen er und andere heimkehrende Juden auf offene Feindseligkeiten innerhalb der polnischen Bevölkerung, die sie boykottierte, und ihre Pläne, sich wieder in Rzeszów niederzulassen, wurden schon bald von antijüdischen Aufständen im Keim erstickt. Als die rechtsextremistische NSZ Siudek Keryl erschoß, der als Wachtmeister bei der Ghettopolizei war und angeblich Polen denunziert hatte, die jüdischen Mitbürgern halfen, kam nur eine Handvoll Juden mit dem Leben davon. Rosenman zog nach Schlesien – wo er sich sicherer fühlte, da alle polnischen Bewohner selbst erst kurz zuvor in dieses ehemals deutsche Gebiet gezogen waren – und ließ sich in der Hauptstadt Wroclaw, dem ehemaligen Breslau nieder. Rosenman konnte mir Informationen über die wenigen Menschen aus unserem Ghetto beschaffen, die überlebt hatten: Der Leichenbestatter Oszerowicz, seine Frau und seine beiden Töchter lebten nun in Berlin. Dr. Heller, dieser gute Samariter, war auf dem Weg nach Palästina. Benno Kahana, der verhaßte Präsident des *Judenrats* von Rzeszów, befand sich entweder in Berlin oder auf dem Weg in die USA. Rosenman selbst war sich über seine Zukunft noch immer nicht im klaren. Ich erklärte ihm, wie ich die Situation sah, und riet ihm, sich mit den Leuten der Bericha in Verbindung zu setzen, damit sie ihn nach Palästina brachten.

Bei einer anderen Gelegenheit traf ich Karol Hauptman, meinen ehemaligen Klassenkameraden und Mitspieler beim Fußballverein Maccabi in Krakau, der mit seiner Familie in unserer Nachbarschaft gewohnt hatte. Karol hatte den Krieg in Rußland überlebt und den kleinen Bauernhof einer verwitweten Russin bestellt. Vor einigen Monaten war er zurückgekehrt. Er gestand mir, daß er Polen verlassen wollte und die Bericha seine größte Hoffnung war. Aber er fürchtete sich davor, mit einer großen Gruppe zu reisen, da er zur Zeit für das Fußballteam der Krakauer Miliz spielte und an der Grenze vielleicht von der Miliz erkannt werden würde. Ich versprach ihm, tschechische Reisedokumente für ihn zu besorgen und ihn zu begleiten. Aber ich verpflichtete ihn zu absolutem Stillschweigen und warnte ihn, niemandem davon zu erzählen – nicht einmal seinem Bruder Poldek, der als Leutnant der polnischen Streitkräfte zurückgekehrt war und mit den Russen gekämpft hatte. Es gab einfach zu viele Spitzel, die sich etwas dazuverdienen wollten. Karol erzählte mir von anderen ehemaligen Bekannten, die nun leitende Stellungen bei den örtlichen und regionalen Milizstreitkräften bekleideten, die Juden akzeptierten. Ein fähiger junger Mann wie ich, der bei der tschechoslowakischen Armee gedient und beim russischen Widerstand gekämpft hatte, könnte bei der Miliz einen hohen Posten erhalten. Ich erklärte ihm, daß ich nicht vorhatte, jemals wieder in Polen zu leben, und nur auf meine Ausreisepapiere wartete, um zu meiner Familie in die USA auswandern zu können.

Am nächsten Morgen kehrten Fela, Mietek und ich nach Bratislava zurück. Fela erklärte mir, daß sie froh sei, daß wir Polen verlassen hatten, weil sie nie mehr dorthin zurückkehren wolle. Obwohl die Lebensumstände auch in Rumänien, Ungarn und in der Slowakei nicht leicht waren, sahen sich die Juden dort nicht offenem Antisemitismus, Diskriminierung und – schlimmer noch – rücksichtslosen Mordanschlägen ausgesetzt, wie sie in letzter Zeit in Polen stattfanden. Sie erzählte mir, daß die Zwolinskis nun im Ruhestand waren, aber ihre Rente vorne und hinten nicht ausreichte. Daher beschlossen wir, ihnen zu helfen, sobald wir in den Vereinigten Staaten selbst Geld verdienten. Dagegen ging es der Familie Magrys mit ihrer eigenen Malerwerkstatt den Umständen entsprechend gut. Auch die Lopatowskis kamen mit den drei Gehältern, die die Familie nach Hause brachte, einigermaßen über die Runden.

Janek war froh, als wir zurückkehrten; und jetzt hatte ich in Fela eine Verbündete, wenn es darum ging, ihn von seiner geplanten Reise nach Polen abzubringen. Aber er bestand darauf und besorgte sich Reisedokumente auf seinen polnischen Namen. Ich beschloß, ihn zu begleiten. Wir nahmen eine größere Ladung Armbanduhren mit und brachten sie auf die übliche Weise über die Grenze; dann schickte ich ein Telegramm an die Lopatowskis, um die Uhren an einer bestimmten Adresse abzuholen. Ich zog es vor, ohne Schmuggelware zu reisen, da ich mit Janek im Schlepptau möglichen Problemen aus dem Weg gehen wollte. In Krakau holten wir die Uhren bei den Lopatowskis ab und brachten sie zu Olek.

Es war Janeks erster Aufenthalt in Polen seit 1942. Als wir Warschau erreichten, war er sehr schweigsam, da die Stadt viele Erinnerungen in ihm weckte. Er hatte vor dem Krieg viele Jahre in Warschau gelebt und mit seinem älteren Cousin Ignacy Lipinski zusammengearbeitet. Lipinski, sein Sohn und Janek waren gemeinsam von Polen nach Ungarn geflüchtet, und Janek stand immer noch in engem Kontakt mit ihnen.

Wir nahmen ein Taxi und fuhren zum Gelände des vollständig zerstörten Ghettos und anschließend nach Praga, wo ein alter jüdischer Freund von Janek lebte, der nun ein hoher Regierungsbeamter war. Danach kaufte ich ein paar Bücher über die Juden in Polen, und anschließend erstanden wir einige Fotokameras. Janek war Experte auf diesem Gebiet und wußte genau, welche Modelle in Bratislava besonders gefragt waren. Ich bemerkte, daß er körperlich und psychisch immer erschöpfter wirkte. Wir waren länger herumgelaufen, als für sein Bein gut war – obwohl er sich auch dann nicht beklagte, als die Schmerzen unerträglich gewesen sein mußten. Während er eine Ruhepause einlegte, kaufte ich noch einige weitere Bücher für meine Sammlung. Am nächsten Tag kehrten wir mit dem Zug nach Krakau zurück, nahmen einen Bus nach Katowice und fuhren von dort nach Čzeský Těšín (Cieszyn), wo wir über die Brücke in die Slowakei zurückkehrten. Janek erklärte, daß er genug von Polen gesehen hatte. Auch Fela erzählte mir, daß dies sein letzter Besuch in Polen war. Obwohl er wie ein typischer Pole aussah, hatte er den Haß gegen die Juden, der in der Luft lag, deutlich gespürt. Als wir wieder zu Hause ankamen, bedrängten mich Janek und Fela gemeinsam, meine Reisen nach Polen aufzugeben. Ich war damit zwar nicht vollkommen einverstanden, versprach aber, sie auf das absolute Minimum zu beschränken.

Aber einige Tage später erhielt ich ein Telegramm von Olek, das in unserem privaten Code nach weiteren Armbanduhren fragte. Janek besorgte mir die Uhren, und ich fuhr alleine nach Krakau. Olek übernahm die gesamte Ladung, während ich Maciek aufsuchte, der mir berichtete, daß er vor kurzem seinen Bruder in einem Gefängnis in Nordpolen besucht hatte. Es brach ihm fast das Herz, als er sah, in welch schlechtem Zustand sich sein Bruder befand. Ludwik, der an einen üppigen Lebensstil mit gutem Essen, altem Wein und jungen Frauen gewöhnt war, saß in einer Einzelzelle, wo er nur die nötigste Nahrung erhielt. Aber Maciek brachte auch gute Nachrichten: Er hatte sich in eine jüdische Frau verliebt, und sie wollten bald heiraten. Er stellte sie mir noch am gleichen Abend vor, und ich mochte sie sehr. Sie war sehr intelligent und hatte einen ausgeprägten Sinn für Humor. Ich erzählte Maciek, daß ich nach Zakopane reisen wolle – einem beliebten Ferienort in der Hohen Tatra, nicht weit von Nowy Targ – und lud sie ein, mich zu begleiten. Dann mietete ich ein Taxi, das uns in dieses Gebiet bringen sollte, das vor nicht allzu langer Zeit noch sehr gefährlich war. Aber in der Zwischenzeit hatten die Sicherheitskräfte das Gebiet gründlich gesäubert und von der ständigen Gefahr der Wegelagerer aus den Wäldern befreit.

Für mich war das die schönste Zeit seit dem Krieg. Ich kletterte auf die höchsten Berge und besuchte alle Touristenorte. Darüber hinaus besichtigte ich aber auch den berüchtigten »Palast«, das Hauptquartier der Gestapo, in dem viele polnische Patrioten und Juden gefoltert worden waren, die man bei ihrem Fluchtversuch von Polen in die Slowakei gefaßt hatte.

Als wir nach Krakau zurückkehrten, besuchte ich Frau Wang, die mir erzählte, daß sie ihr Visum für Belgien erhalten und einen Paß beantragt habe. Auf dem Tandetta und in einigen Buchhandlungen kaufte ich für wenig Geld noch weitere Bücher, meist alte jüdische Werke, die von ihren ehemaligen Besitzern ohne Entgelt zurückgelassen worden waren.

Außerdem traf ich Karol Hauptman, der mir sofort erzählte, daß er Ignac Haber wiedergesehen habe, unseren besten Freund und ehemaligen Mannschaftskameraden im Fußballverein Maccabi. Wir eilten umgehend zum jüdischen Zentrum in der Przemyska-Straße, in dem alle Heimkehrer untergebracht waren. Es war ein sehr bewegendes Wiedersehen: Das letzte Mal hatte ich Haber im August 1939 gesehen. Unsere Familien hatten im jüdischen Viertel im gleichen Gebäude gelebt. Dieser junge, kräftige Sportler ging nun gebeugt, war abgemagert und beklagte sich bitterlich über sein nachlassendes Augenlicht. Als ich ihn nach seiner Familie fragte, antwortete er, daß nur er und sein älterer Bruder überlebt hatten. Haber erzählte mir, daß er erst vor kurzem aus dem Lager Brünnlitz (Brnênc) im sudetischen Teil der Tschechoslowakei zurückgekehrt war. Seit Oktober 1944 waren dort etwa zwölfhundert jüdische Männer und Frauen interniert, nachdem man sie aus dem Lager Płaszów dorthin gebracht hatte. Haber hatte vor dem Ghetto zu den ersten Arbeitern der Emaillierfabrik in Zablocie gehört. Am 13. März 1943, als das Krakauer Ghetto liquidiert wurde, hatte man Haber und alle anderen Arbeiter der Fabrik in das neu errichtete Lager Płaszów gebracht. Von dort aus mußten sie täglich unter schwerer Bewachung zur Arbeit in die Fabrik und wieder zurückmarschieren. Der Besitzer der Fabrik war Oskar Schindler, ein Sudetendeutscher. Während der Zeit im Lager Płaszów wurden Haber und seine Kollegen Zeugen der grausamsten und sadistischsten Verbrechen von Amon Goeth, dem Kommandanten des Lagers Płaszów. Schindler gelang es, vom Leiter der Gestapo und von Amon Goeth Sondergenehmigungen zum Transport seiner Maschinen und seiner zwölfhundert Arbeiter nach Brünnlitz zu erwirken. Er beschützte seine Angestellten vor der blutdürstigen SS, bis das Lager Brünnlitz im Mai 1945 von der sowjetischen Armee befreit wurde.

Ich erfuhr auch, daß das Gerichtsverfahren gegen Rudolf Höss, den Kommandanten von Auschwitz, in Kürze in Warschau eröffnet werden würde. Der Rest seiner Gefolgsmänner sollte in Krakau vor Gericht gestellt werden. In den meisten osteuropäischen Ländern und insbesondere in Rußland wurden all diejenigen, die mit den Deutschen zusammengearbeitet hatten, zur Rechenschaft gezogen und kurz danach erhängt. Hier gab es keine langen Gerichtsverfahren wie in Nürnberg vor dem Internationalen Militärtribunal. Ich hoffte, daß noch mehr Verbrecher, die sich an unschuldigen Zivilisten vergangen hatten, nach Osteuropa gebracht würden.

Mitarbeiter der Bericha erzählten uns, daß die Grenze zwischen Polen und der Tschechoslowakei streng überwacht würde. Polnische Rechtsextremisten, die vor der polnischen Geheimpolizei flüchteten, versuchten mit gefälschten jüdischen Papieren über die Grenze zu kommen. Eine verrückte Verzerrung der Tatsachen – die Mörder von Juden gaben vor, Juden zu sein. Ich hoffte, daß die aus den Lagern nach Polen zurückkehrenden Juden und die aus Rußland heimreisenden Juden sowie diejenigen, die den Krieg in Polen überlebt hatten, dieses feindselige Land bald verlassen würden.

Wir hatten uns schon längst entschlossen, dort nicht mehr zu leben. Unsere einzige Verbindung zu Polen waren die Lopatowskis, die Zwolinskis und Herr Magrys. Wir würden niemals vergessen, was sie für uns getan und was sie auf sich genommen hatten, um uns zu retten.

Bei meiner nächsten Reise nach Krakau suchte ich das Hauptquartier der Miliz auf, wo ich Karol Hauptman traf. Er hatte mir einen Sonderausweis besorgt, damit ich dem bevorstehenden Prozeß gegen Amon Goeth beiwohnen konnte, der mit einem Flugzeug der amerikanischen Luftwaffe von Deutschland nach Polen gebracht wurde. Mein Ausweis galt für den ersten Prozeßtag. Goeth stand am 30. Juli 1946 vor Polens oberstem Gericht. In seiner grauen Gefängnisuniform saß er den jüdischen Zeugen gegenüber. An diesem Tag sah ich diesen Mörder zum dritten Mal. Aber diesmal trug er keine schwarze SS-Offiziersuniform, keine schwarze Mütze mit dem schimmernden Totenkopf aus Silber und keine hohen Stiefel. Auch auf seine lange, schwarze Lederpeitsche und seinen Revolver mußte er verzichten. Amon Goeth wurde die Folter und Ermordung von achttausend Juden im Lager Płaszów zur Last gelegt, und man klagte ihn des Vergehens gegen sämtliche Menschenrechte an. Zusammen mit Haase, dem Leiter der Gestapo im jüdischen Viertel in Krakau, war er außerdem verantwortlich für die Liquidation des Krakauer Ghettos am 13. und 14. März 1943, bei der mehr als zweitausend jüdische Männer, Frauen und Kinder umgebracht worden waren. Darüber hinaus wurde er der grausamen Deportation und späteren Hinrichtung der Bewohner des Ghettos Tarnów im Jahre 1943 angeklagt, bei der zweitausend Menschen umkamen und weitere achttausend zu den Todeszügen getrieben wurden. Goeth war ferner verantwortlich für die Vernichtung des Lagers Szebnie, wo fünfzehnhundert Juden in den nahe gelegenen Wäldern erschossen wurden. Das Verfahren endete am 3. September 1946; die Urteilsverkündung war am 5. September 1946. Amon Goeth wurde in allen Anklagepunkten für schuldig befunden. Das Urteil lautete auf Tod durch Erhängen. Nachdem der polnische Ministerpräsident ein Gnadengesuch abgewiesen hatte, wurde Amon Goeth am 13. September 1946 in Krakau von einem Henker der Miliz hingerichtet. Am gleichen Tag fand auch Dr. Leon Gross, ein Jude, den Tod durch Erhängen. Gross war der niederträchtigste Kollaborateur im Lager Płaszów.

Seit Kriegsbeginn, als wir noch in Krakau lebten und auch später in Rzeszów, waren wir uns ständig der Gefahr bewußt, die von den vielen jüdischen Spitzeln ausging, die für die Gestapo und andere deutsche Behörden arbeiteten. Viele von ihnen wurden von denjenigen beseitigt, denen sie gedient hatten. Aber wir wußten auch von zahlreichen jüdischen Helden. Ich hatte aus den Büchern, die ich sammelte, von ihnen erfahren. Mit Stolz las ich über die tapferen jüdischen Untergrundkämpfer, einschließlich meines guten Freundes Shimshon Draenger und seiner Frau Tova Draenger, geborene Gusta Dawidson. Sie schrieb ihre Geschichte im Gefängnis auf Toilettenpapier nieder, und auf diese Weise erfuhr die Nachwelt davon. Ihr Bericht nannte zahlreiche unbekannte Helden, die mit wenig Hoffnung auf Erfolg, aber aus purem Überlebenswillen gegen die mächtige deutsche Armee gekämpft und viele Sabotageakte und Attentate verübt hatten. Diese Geschichten stärkten meinen Glauben an meine jüdischen Mitbürger und erfüllten mich mit neuer Zuversicht.

Als wir eines Abends vor einem Kino in Bratislava in der Schlange standen, erkannte ich plötzlich Moszkac Selinger. Vor dem Krieg war er ein bekannter Spieler des Krakauer Fußballvereins Maccabi gewesen. Aber ich wußte, daß er und seine Frau, eine aus Deutschland geflohene Jüdin, sich während der deutschen Besatzungszeit zu den gefährlichsten und meist gehaßten Spitzeln der Gestapo in Krakau entwickelt hatten. Nach dem Krieg wurden sie sowohl von den Juden als auch von den Polen gesucht. Wut stieg in mir auf, als ich ihn sah, und ohne darüber nachzudenken, rannte ich auf ihn zu. Aber er war auf der Hut und verschwand in einer Seitenstraße. Ich lief hinter ihm her, verlor ihn in der Dunkelheit jedoch schon bald und ärgerte mich fürchterlich über mich selbst, daß ich ihn hatte davonkommen lassen. Wenn ich nicht den Kopf verloren hätte, wäre es möglich gewesen, zu warten und ihn mit Hilfe eines Polizisten oder Soldaten zu verhaften. Ich hoffte, ich würde ihm noch einmal zufällig begegnen. An seinen

Händen klebte das Blut vieler Juden. Auf jeden Fall hatte ich jegliches Interesse an dem Film verloren, und wir gingen alle nach Hause.

Am nächsten Tag beschlossen Mietek und ich, nach Budapest zu reisen, um dort einige Geschäfte zu tätigen und gleichzeitig Bezi und Henry zu besuchen. Wir waren froh, als wir sie wohlbehalten wiedersahen. Henry erzählte uns, daß er seit kurzem zu Geschäftszwecken nach Wien reiste. Er verdiente gut dabei, und diese Reisen waren nicht so riskant wie die nach Polen. Mietek war begeistert und meinte, wir sollten das gleiche machen. Ich erklärte ihm, daß ich mir selbst geschworen hatte, niemals nach Deutschland oder Österreich zu fahren, aus welchen Gründen auch immer. Ein Jude, der den Krieg überlebt und unter diesen Mördern gelitten hatte, sollte sich niemals mitten unter ihnen aufhalten. Die Österreicher waren meines Erachtens noch grausamer als die Deutschen.

In Bratislava befaßte ich mich intensiv mit dem Gerichtsverfahren gegen Jozef Tiso, der höchsten Marionette der slowakischen Regierung unter dem deutschen »Schutzvertrag«. Ihm und vielen seiner Helfershelfer gelang am 5. April 1945 zusammen mit dem Rückzug der Wehrmacht die Flucht nach Bayern und Österreich, wo sie im November gefaßt und an die tschechoslowakische Regierung ausgeliefert wurden. Am 15. Mai 1946 begann der Nationale Slowakische Volksgerichtshof mit den Verfahren gegen deutsche Kriegsverbrecher, die ihre Straftaten in der Slowakei verübt hatten, sowie gegen slowakische Verräter, Kollaborateure und gegen die berüchtigte faschistische Hlinka-Garde.

Das Bemühen, Tiso vor Gericht zu stellen, bereitete der Regierung viele Probleme. Auf der einen Seite standen die Kommunisten, unterstützt von ehemaligen Widerstandskämpfern, Soldaten und zahlreichen Arbeitern, die das Verfahren gegen Tiso und seine Verurteilung forderten. Auf der anderen Seite sprach sich die Demokratische Partei unter dem Vorsitz von Jozef Letrich, der während der Wahlen eine Mehrheit von siebzig Prozent erreicht hatte und von der katholischen Kirche unterstützt wurde, absolut dagegen aus. Aber das Verfahren wurde im Dezember 1946 eröffnet und führte zu großen Spannungen zwischen den Kommunisten, Letrich und der Kirche. Ich hielt es für unter meiner Würde, dem Prozeß gegen Tiso beizuwohnen, einem ehemaligen Kleinstadtkleriker aus Banovce. Meines Erachtens hatte der Mann den Tod Tausender Juden und Slowaken auf dem

Gewissen, aber ich lehnte es ab, seinen Fall mit Slowaken zu diskutieren, da ich nicht in religiöse Meinungsverschiedenheiten hineingezogen werden wollte. Zeitgleich mit Tisos Verfahren wurden viele Bürger aus der gesamten Tschechoslowakei vor Gericht gestellt und der Kollaboration mit den Deutschen oder den slowakischen Faschisten angeklagt. Die Presse beklagte sich bitterlich über die Nachsicht der westlichen Alliierten, die Tausende von Mördern frei herumlaufen ließen, ohne auch nur den Versuch zu unternehmen, deren Schuld oder Unschuld zu überprüfen. Zur gleichen Zeit wurden in der neuen deutschen Regierung Nazi-Kriegsverbrecher wieder auf wichtige Posten berufen. Meines Erachtens übten nur die Sowjets und die anderen osteuropäischen Länder eine den Verbrechen angemessene Rechtsprechung aus.

Vor meiner nächsten Reise holte ich die Papiere ab, die ich für Karol Hauptman besorgt hatte, und brachte sie ihm. Ohne die von ihm befürchteten Probleme an der Grenze kehrten wir zusammen nach Bratislava zurück, wo wir ihn in unserer Wohnung aufnahmen, bis ich für ihn über meine Freunde bei der Bericha eine Fahrt nach Deutschland arrangieren konnte. Während meines Aufenthalts in Polen erfuhr ich, daß Maciek und Basia geheiratet hatten und das Strafmaß seines Bruders Ludwik im Zuge einer Generalamnestie der Regierung auf sechs Jahre verringert worden war. Außerdem hatte man ihn in ein weniger strenges Gefängnis verlegt, wo er häufiger besucht werden durfte.

Da die Reisen nach Polen immer gefährlicher wurden, beschränkte ich meine Geschäfte auf die Slowakei und einzelne Reisen nach Budapest. Jedes Mal erschien mir Ungarn noch »roter«, und die Kommunistische Partei, die bei den Wahlen nur schlecht abgeschnitten und lediglich eine Minderheit der Stimmen erhalten hatte, wurde mit jedem Tag mächtiger. Viele meiner dortigen Freunde zogen in die Tschechoslowakei. Henry und Bezi gelang es, ihre Angelegenheiten in Ordnung zu bringen und das Land zu verlassen, solange die Tore noch offen waren. Ich war froh, sie wohlbehalten in der Slowakei wiederzusehen. Sie blieben bei uns, bis sie eine eigene Wohnung fanden.

Die amerikanische Botschaft informierte mich, daß mein Visum genehmigt sei und ich in die Vereinigten Staaten auswandern könnte. Da Fela und Janek aber polnischer Abstammung waren, fielen sie unter die polnische Quote, für die es eine sehr lange Warteliste gab. Ich entschloß mich zu warten, bis wir alle zusammen reisen konnten.

Während einer meiner jetzt selteneren Reisen nach Krakau traf ich Kuba Kranz, der mit mir zusammen im Ghetto von Rzeszów gewesen war und als einziger von seiner gesamten Familie überlebt hatte. Kranz lud mich zu seiner Verlobungsfeier mit einem jüdischen Mädchen ein. Auch Frau Wang besuchte ich noch einmal; sie wollte schon bald nach Belgien auswandern, hoffte aber vorher noch darauf, ihren Besitz wiedererlangen und verkaufen zu können. Sie erzählte mir, daß im Augenblick viele ehemalige polnische Juden, die jetzt in der USA lebten, kurzfristig zurückkamen, um ihren Besitz an Polen zu verkaufen. Aber ihr Fall lag komplizierter, da die Fabrik jetzt verstaatlicht war und rechtmäßig der Regierung gehörte.

Am 15. April 1947 endete das Gerichtsverfahren gegen Tiso in Bratislava; er wurde zum Tode verurteilt. Die Reaktionen auf das Urteil waren überraschend heftig. Die Demokraten unter Führung von Letrich protestierten nachdrücklich, und zwar im Land selbst, gegenüber den westlichen Mächten und beim Vatikan, während die Kommunisten Demonstrationen unterstützten, die die sofortige Vollstreckung des Todesurteils forderten. Der Papst schritt nicht ein, da der Vatikan Tiso häufig gewarnt hatte, die Slowakei nicht unter dem »Schutzvertrag« der Deutschen zu regieren. Glücklicherweise befürwortete eine große Mehrheit der Regierungsminister die Exekution, und nachdem Präsident Beneš das Gnadengesuch abgelehnt hatte, wurde Tiso am 18. April 1947 in Bratislava erhängt. Die Hinrichtung erschütterte die gesamte Nation. Die katholischen Slowaken weigerten sich, die Exekution eines katholischen Priesters stillschweigend hinzunehmen – ungeachtet der Tatsache, daß er sechs Jahre lang mit Hitler zusammengearbeitet hatte. Im Oktober 1944, kurz nachdem wir aus der Stadt geflüchtet waren, hatte Tiso in Banská Bystrica SS-Truppen persönlich gesegnet und ausgezeichnet. Und er erteilte den Mördern seinen Segen vor und nach der Ermordung jüdischer und slowakischer Widerstandskämpfer sowie ein weiteres Mal nach der Niederschlagung des nationalen Aufstands.

Mein Buchhändler besorgte mir noch weitere Bücher über die deutsche Besatzungszeit. Ein Buch mit dem Titel *Eine Apotheke im Krakauer Ghetto* stammte von dem polnischen Apotheker Tadeusz Pankiewicz und enthielt eine sehr detaillierte Beschreibung der Ereignisse im Ghetto Podgorze, von seiner Errichtung im März 1941 bis zu seiner Zerstörung am 13. und 14. März 1943. Pankiewicz war Augenzeuge zahlreicher Morde und Tragödien innerhalb des Ghettos und notierte die Namen der Täter sowie das genaue Datum des jeweiligen Verbrechens und der Deportationen im Sommer 1942. Während ich das Buch las und unsere Zeit in Krakau in meiner Erinnerung noch einmal erlebte, konnte ich kaum glauben, daß die Gestapo es einem Polen gestattet hatte, sein Geschäft unter den gefangenen und dem Untergang geweihten Juden weiterzuführen und Zeuge ihrer Verbrechen zu werden. Es gab nur eine einzige Erklärung dafür: Offensichtlich hatten sie einen einzelnen Apotheker nicht als eine Bedrohung betrachtet oder waren sich ihrer Sache zu sicher gewesen, um sich darum zu kümmern. Es gelang mir, ein Treffen mit diesem großartigen Menschen zu arrangieren und ihm meine Bewunderung auszudrücken.

Am 11. März 1947 wurde der Schlächter von Auschwitz, Rudolf Ferdinand Höss – der Kommandant des Vernichtungslagers, das zum Symbol der Schrecken des Holocaust geworden war – in Warschau vor Gericht gestellt. Ich verfolgte die Berichte in den tschechischen und polnischen Zeitungen während der achtzehntägigen Verhandlungsdauer sehr genau. Das Verfahren endete mit einem Todesurteil. Unter den zahlreichen Zeugen befand sich auch der polnische Ministerpräsident Jozef Cyrankiewicz, der selbst als Gefangener in Auschwitz war und überlebt hatte, um gegen den Lagerkommandanten auszusagen. Cyrankiewicz zählte zu den bekanntesten Persönlichkeiten in der PPS-Untergrundbewegung, der auch Herr Zwolinski und Herr Lopatowski angehört hatten. Die Beweisaufnahme erbrachte, daß die Deutschen mehrere Sondereinheiten professioneller Mörder eingerichtet hatten und neben den Ausbildungslagern für die »einfachen Mörder« Schulen und sogar Universitäten für ihre Kader unterhielten. Was mich besonders überraschte, war Höss' familiärer Hintergrund – ein Sprößling einer sehr frommen katholischen Familie, der sich nichtsdestotrotz zu einem der bösartigsten Mörder in der Geschichte der Menschheit entwickelte. Höss besuchte höchstpersönlich die Lager Belzec und Treblinka, um die dortigen Methoden zu studieren und Ratschläge für den perfekten Mord zu erteilen. Er war es auch, der die Verwendung des Zyangases Zyklon B bei der Ermordung Tausender von Juden vorgeschlagen hatte. Obwohl Auschwitz das berüchtigste Vernichtungslager war, bildete es nur eines von Hunderten von Lagern, in denen Juden getötet wurden. Nun kam die schreckliche Wahrheit hinter dem dreifachen und unter Strom gesetzten Stacheldrahtzaun doch noch ans Tageslicht, und ich hoffte inständig, daß die anderen Massenmörder ebenfalls vor Gericht gestellt würden.

Am 16. April wurde Höss erhängt, passenderweise in genau dem Lager, das er kommandiert und berüchtigt gemacht hatte. Der Gerechtigkeit war Genüge getan, zumindest insofern Menschen einem solch unsäglichen Massenmörder Gerechtigkeit widerfahren lassen können. Ich wußte, daß in der Zwischenzeit viele andere SS-Offiziere und Wachen von Auschwitz nach Polen zurückgebracht worden waren und vierzig von ihnen bereits in Krakau vor Gericht standen.

Mein Buchhändler berichtete mir, daß er zuverlässige Informationen darüber habe, daß der alte Freund meiner Familie, der Ingenieur Hochwald, von Goeth am 11. November 1943 im Lager Płaszów umgebracht worden war. Die Nachricht, daß auch Hochwald nicht mehr lebte, traf mich sehr. Ich hatte gehofft, ihn noch einmal wiederzusehen und ihm für alles danken zu können, was er für uns getan hatte.

Bei einem meiner Besuche beim jüdischen Komitee traf ich Rosenman erneut, und er platzte fast vor aufregenden Neuigkeiten. Kurt Schupke sollte in Kürze vor Gericht gestellt werden. Schupkes Pflichtverteidiger hatte sich an die wenigen Überlebenden des Ghettos in Rzeszów gewandt, die er noch finden konnte. Dazu gehörte auch Rosenman, und mich wollte er ebenfalls sprechen. Ich erklärte mich mit einem Treffen einverstanden. Der Anwalt erzählte mir, daß einige Juden als Zeugen der Verteidigung auftreten würden, und bat auch mich, zugunsten Schupkes auszusagen. Ich erklärte ihm, daß Schupke – ungeachtet dessen, was die anderen aussagen wollten – für mich ein SS-Mann war, der Juden im Lager Zaslaw umgebracht und im Ghetto von Rzeszów höchstpersönlich vierzehn junge Männer sowie seinen Diener und dessen Sohn erschossen hatte. Er war ein Deutscher mit jüdischem Blut an den Händen, und ich würde nichts zu seinen Gunsten aussagen. Ich forderte den Anwalt auf, meinen Namen nicht auf die Liste der Zeugen der Verteidigung zu setzen. Er bat mich eindringlich, noch einmal darüber nachzudenken, aber ich wollte keine Versprechungen machen und ging zu Maciek, um mich mit ihm zu beraten. Maciek war auch der Ansicht, daß ich das Richtige getan hatte, und erklärte, daß er dieses Ansinnen ebenfalls ablehnen würde, falls man ihn anspräche. Genau wie ich vertrat auch er die Meinung, daß Schupke sich uns gegenüber fair verhalten hatte, aber zugleich ein überführter Mörder war und nun die Konsequenzen seiner Taten tragen mußte.

Maciek erzählte mir auch, daß er versuchte, für sich und Basia ein Visum für Frankreich zu bekommen, weil Basia dort eine Schwester hatte. Aber die Aussichten auf ein Visum waren schlecht, und er überlegte, ob sie nicht statt dessen nach Palästina gehen sollten.

Bei meiner Rückkehr nach Bratislava erfuhr ich mit Freude, daß Fela und Janek gute Neuigkeiten wegen ihrer Visa für die Vereinigten Staaten hatten. Auch Mietek hatte seine Verwandten in Amerika ausfindig gemacht und mit ihnen Kontakt aufgenommen, um eventuell ebenfalls auszuwandern. Sogar Bezi und Henry konnten mit einem Visum für die USA rechnen, dank eines Bruders von Bezi in Amerika.

Es schien, als ob beinahe jeder Jude in Polen und selbst diejenigen in der gastfreundlicheren Slowakei bereit waren, Europa zu verlassen und die Wurzeln unseres Volkes auszureißen, die in zahlreichen Fällen viele Generationen zurückreichten. Für uns waren mit diesen Ländern einfach zu viele schreckliche Erinnerungen aus der jüngsten Vergangenheit verbunden.

Im Veteranenbüro erfuhr ich, daß ich als Freiwilliger in der Armee und Mitglied der Widerstandsbewegung einen tschechoslowakischen Paß bekommen konnte, der mir bei meinen Reisen helfen würde. Auf Geheiß des Büros fuhr ich nach Prag zum Verteidigungs- und Innenministerium. Kurz darauf wurde ich durch speziellen Erlaß von Präsident Beneš zum Bürger der Tschechoslowakei ernannt.

Zurück in Bratislava sah ich eines Tages von einer Straßenbahn aus erneut Moszkac Selinger auf dem Bürgersteig. Ich sprang aus der Bahn, beschloß aber, dieses Mal vorsichtiger zu sein und ihn nur zu beschatten, bis ich einen Polizisten fand, der ihn verhaften konnte. Ich folgte ihm bis zu einem Café, sah von außen, wie er sich an einen Tisch setzte, und wartete, bis ein Polizist vorbeikam. Ich sprach ihn an und erklärte ihm, wer ich war; dann deutete ich auf Selinger und erklärte ihm, daß es sich um einen in Polen gesuchten Kriegsverbrecher handelte, den er verhaften sollte. Er war einverstanden, und gemeinsam gingen wir in das Café. Ich sah, wie Selinger erstarrte, als er erkannte, daß wir auf ihn zukamen. Aber da er keine Möglichkeit zur Flucht besaß, versuchte er, seine Identität zu leugnen, und behauptete, sein Name sei Novak und er hätte Papiere bei sich, die dies bewiesen. Der Wachtmeister erklärte ihm, daß er auf der Polizeiwache dazu Gelegenheit hätte, und fuhr mit ihm in der Straßenbahn dorthin. Ich begleitete die beiden. Selinger wurde einem Verhör unterzogen, und man bat mich, am nächsten Tag noch einmal vorbeizukommen, um Licht in die Angelegenheit zu bringen. Ich war stolz, daß ich zumindest einen Juden gefangen hatte, der unseren Todfeinden auf Kosten seiner Brüder und Schwestern blind gedient hatte. Ich forderte die Polizisten auf, auch seine deutsche Frau zu verhaften, und sie versprachen, Selingers Wohnung zu durchsuchen.

Die Nachricht darüber verbreitete sich in der kleinen jüdischen Gemeinde rasend schnell, und viele Leute besuchten uns, um mir zu gratulieren. Jeder wußte von den jüdischen Spitzeln und den Kapos, die den Deutschen in den Lagern und Ghettos zu Diensten gewesen waren. Viele hatten persönlich unter diesen verabscheuungswürdigen Männern und Frauen gelitten, die so gehandelt hatten, um ihre eigene Haut zu retten.

Am nächsten Morgen eilte ich wieder zur Polizeiwache, und ein Wachtmeister zeigte mir das Zimmer des Polizeibeamten, der für den Fall zuständig war. Als ich eintrat, studierte der Polizist einige Unterlagen. In dem Moment, als er aufschaute, ging ein Schaudern durch meinen Körper. Ich erkannte den Mann wieder, der das Verhör geführt hatte, als Henry und ich 1944 in Prešov verhaftet worden waren. Ich sagte ihm, warum ich hier war. Er prüfte meine Papiere, zeigte aber keine Anzeichen des Wiedererkennens. Also erklärte ich ihm, daß ich ihn als den verantwortlichen Polizisten erkannte, der Henry und mich in Prešov verhört hatte. Dieser ehemalige leitende Beamte der *Ustrednia Statnej Bezpecnosti* (USB), der Geheimpolizei Tisos, die bereitwillig mit den Deutschen zusammengearbeitet hatte, wurde blaß, als er erkannte, daß sich das Blatt gewendet hatte, sein Leben in meinen Händen lag und wir beide uns dessen sehr wohl bewußt waren. Ich fragte mich, wie ein Mann mit seiner Vergangenheit einen hohen Posten in der neuen demokratischen Regierung hatte erhalten können. Ich wußte, daß Funktionäre der USB überall gesucht und verurteilt worden waren. Vielleicht hatte er seine Identität geändert. Ich erinnerte mich daran, wie er meine offenen Wunden untersuchte und den Befehl erteilte, sie zu verbinden. Und als unser Leben in seinen Händen lag, hatte er uns zur ungarischen Grenze geschickt und nicht zurück nach Polen, was für uns den sicheren Tod bedeutet hätte.

Genaugenommen verdankte ich ihm in gewisser Weise mein Leben. Ich erzählte ihm, wer ich war und daß ich tief in meinem Herzen wußte, daß er mit einem Federstrich mein und Henrys Leben gerettet hatte. Nun wollte ich es ihm mit gleicher Münze heimzahlen. Die Farbe kehrte in sein aschfahles Gesicht zurück, und er sprang auf, ergriff meine Hand und dankte mir wieder und wieder. Ich erklärte ihm, daß ich sein Geheimnis wahren würde und er von mir nichts zu befürchten hätte. Im Grunde war ich sogar froh, daß ich eine tiefe Schuld begleichen konnte. Es gab mir das gleiche Gefühl der Genugtuung wie die Erschießung von Deutschen, als ich noch beim Widerstand war.

Als wir uns beide wieder beruhigt hatten, holte er Selingers Akte hervor, in der stand, daß er allein bei einer slowakischen Familie lebte. Seine Frau war nach seinen Angaben 1944 von den Deutschen umgebracht worden. In seinem Zimmer fand die Polizei eine größere Menge teurer Uhren, Goldschmuck und sogar Goldzähne sowie Zahlungsmittel in fremden Währungen. Man hatte die polnische Botschaft in Prag verständigt, das Justizministerium in Warschau über Selingers Verhaftung informiert und wartete jetzt auf den Auslieferungsantrag. Ich befürchtete, daß man ihn gegen Kaution freilassen würde, so daß Selinger entkommen könnte, aber er versicherte mir, daß dies nicht in Frage käme. Als ich aufstand, um zu gehen, kam er zu mir, drückte meine Hand und dankte mir noch einmal. Tränen standen in seinen Augen, als ich ihm erneut versicherte, daß er von mir nichts zu befürchten habe. Dann gab ich ihm meine Adresse, falls er jemals meine Hilfe benötigte. Ich verließ den Raum in dem Gefühl, meine Schuld beglichen zu haben.

Einige Tage später erhielt ich die Nachricht, daß Selinger nach Polen ausgeliefert worden war und im Montelupich-Gefängnis in Krakau saß. Ich beschloß, bei nächster Gelegenheit dorthin zu fahren, um herauszufinden, was mit ihm geschehen würde. Wie üblich verband ich die Reise mit einigen geschäftlichen Transaktionen, die über die bewährten Verbindungen liefen. Nach meiner Ankunft in Krakau begab ich mich sofort zum jüdischen Komitee, um mich nach Selinger zu erkundigen. Ich erzählte Borwicz, daß ich es war, der diesen Verräter gefangen hatte. Er und die anderen Komiteeangehörigen gratulierten mir; dann brachte er mich zum Rechtsberater des Komitees, einem Herrn Salpeter, von dem ich vor dem Krieg schon gehört hatte, als er zu den Führungspersönlichkeiten der zionistischen Bewegung in Krakau zählte. Salpeter bereitete gerade für die Staatsanwaltschaft eine Liste mit den Namen der am Ort lebenden jüdischen Zeugen vor, die über Selingers Aktivitäten im Ghetto aussagen wollten. Außerdem sollten auch einige Polen gehört werden, die über Selingers Taten außerhalb des Ghettos Auskunft geben konnten. Er erzählte mir auch, daß man in Warschau einen bekannten jüdischen Boxchampion namens Rotholz verhaftet und der Zusammenarbeit mit den Deutschen angeklagt hatte. Rotholz wurde in allen Anklagepunkten schuldig gesprochen und zu einer langen Gefängnisstrafe verurteilt. Ich erinnerte mich, daß auch zwei andere jüdische Kollaborateure hingerichtet worden waren: Dr. Gross, der mit Amon Goeth zusammengearbeitet hatte, und ein gewisser Hochberg, der der Organisation Slowakischer Juden angehörte und gleichzeitig mit der Hlinka-Garde und den Deutschen kollaborierte. Es hatte noch eine Reihe weiterer jüdischer Kollaborateure gegeben, aber die meisten von ihnen waren von den Deutschen umgebracht worden, denen sie gedient hatten. Allerdings kamen viele dieser Verräter ungeschoren davon, da es keine lebenden Zeugen mehr gab, die ihre Identität aufdecken oder gegen sie aussagen konnten. Salpeter sagte mir, daß er für mich einen Ausweis zum Gerichtsverfahren gegen Schupke besorgen könnte, das am 12. Juni in Krakau eröffnet worden war. Aber ich hatte keine Lust, einem SS-Mann zu begegnen, den ich von früher kannte; ich wünschte ihnen allen den Tod. Und tatsächlich wurde Schupke am 18. Juni zum Tode verurteilt und fast unmittelbar darauf erhängt. Der Gerechtigkeit war Genüge getan – der Gerechtigkeit, wie ich sie verstand und wünschte. Vor meiner Abreise suchte ich Salpeter noch einmal auf, und er teilte mir mit, daß Selinger wahrscheinlich nur eine lebenslängliche Freiheitsstrafe erhielt, da diejenigen, die er verraten hatte, nicht mehr lebten und gegen ihn aussagen konnten.

Herr Salpeter gab mir einen Artikel aus der Krakauer Zeitung *Dziennik Polski* vom 27. August 1947, der von dem derzeitigen Verfahren gegen ehemalige Mitglieder der Armia Krajowa (AK) handelte. Sie wurden der Denunziation und Ermordung jüdischer Bürger auf der »arischen« Seite sowie einiger Sozialisten und Kommunisten aus ihren eigenen Reihen angeklagt. Unter ihnen befand sich auch ein gewisser Strzalkowski, der Anführer der AK-Einheiten in Rzeszów. Er sagte zu seiner Verteidigung aus, daß er von den Aktivitäten eines Herrn Tytus Zwolinski, einem der Leiter der PPS, gewußt habe. Er wußte auch, daß Zwolinski in seiner Wohnung einer Jüdin namens Fela Unterschlupf gewährt hatte, die als PPS-Kurier mit dem Zug nach Warschau fuhr, um Geld für die bei Polen untergetauchten Juden zu sammeln. Obwohl Zwolinski und Fela auf der Abschußliste der AK gestanden hatten, seien keinerlei Schritte unternommen worden, um sie zu denunzieren oder ihnen zu schaden, behauptete Strzalkowski.

Als ich wieder nach Bratislava zurückkehrte, erfuhr ich zu meinem großen Entsetzen, daß Dr. Armin Frieder, der Oberrabbiner der Slowakei, der Krankheit erlegen war, die er sich im Kampf gegen die SS und die Hlinka-Mörder zugezogen hatte.

Nun war sein Sohn ein Waisenkind und seine zweite Frau eine Witwe; und ich trauerte sehr um diesen aufopfernden und wundervollen Mann. Kurz darauf zogen die beiden nach Palästina, und Frieders Bruder Emanuel übernahm die Führung der slowakischen Juden. Ich wußte, daß sich im Besitz der Familie Frieder Dokumente zur Geschichte der slowakischen Juden befanden, einschließlich der Korrespondenz ihrer Leiter mit den Führern der Juden in Ungarn sowie mit dem Internationalen Roten Kreuz und der katholischen Kirche. Zweifellos würde er sie eines Tages als historische Dokumente verwenden.

Wir warteten noch immer darauf, daß Fela, Janek und ich gemeinsam nach Amerika gehen konnten, und in der Zwischenzeit waren wir damit beschäftigt, uns von vielen unserer neuen Freunde zu verabschieden, die das Land verließen und in den meisten Fällen nach Palästina emigrierten. Bei einer weiteren Reise nach Polen erfuhr ich in Krakau von Salpeter, daß Selinger für seine Kollaboration mit dem Feind tatsächlich eine lebenslängliche Freiheitsstrafe erhalten hatte. Das Verfahren gegen die vierzig SS-Offiziere und Wachen von Auschwitz war vor dem Nationaltribunal in einem Saal des Nationalmuseums an der Allee des 3. Mai (Aleja 3 Maja) eröffnet worden, und ich zögerte, ob ich hingehen sollte. Schließlich beschloß ich, an einer einzigen Sitzung teilzunehmen.

Die Angeklagten, darunter auch fünf Frauen, saßen auf einer langen Bank. Eine von ihnen, Maria Mandel, war für das Frauenlager Birkenau verantwortlich gewesen, das ausschließlich als Vernichtungslager für seine Opfer genutzt wurde, von denen die meisten jüdischen Glaubens waren. Sie wurden entweder in den Gaskammern ermordet oder als menschliche Versuchskaninchen für medizinische Experimente mißbraucht. Mandel war für ihre besondere Grausamkeit bekannt. Unter den Angeklagten befand sich auch Arthur Liebehenschel, der Höss im November 1943 abgelöst hatte. Ich betrachtete sie genau, wie sie voller Angst vor ihrem Schicksal und ohne ihre Peitschen und Waffen auf der Bank saßen. Nun stand ihr Leben auf dem Spiel. Ich hoffte, daß sie zumindest einen Bruchteil der Qualen litten, die sie selbst Tausenden von Unschuldigen – ihren Opfern – bereitet hatten. Sie wußten, daß sie von diesem Gericht aus polnischen Richtern, deren Land so schrecklich unter der Knute der Deutschen gelitten hatte, keine Gnade erwarten konnten – ganz im Gegensatz zu dem unangebrachten Mitleid der britischen und amerikanischen Richter gegenüber den Verbrechern, die im besetzten Deutschland vor Gericht standen. Das Verfahren endete am 14. Dezember; dreiundzwanzig Mörder wurden zum Tode verurteilt und am 22. Dezember hingerichtet. Sechs erhielten lebenslängliche Freiheitsstrafen, und einer wurde freigesprochen.

In ganz Polen sowie in der Tschechoslowakei, in Ungarn und in Rumänien wurde den deutschen Peinigern und ihren Kollaborateuren der Prozeß gemacht. Es stimmte mich heiter, daß ich am Leben war und diese Vergeltung miterleben konnte. Aber schon bald hörten wir, daß die amerikanischen und britischen Militärtribunale in Deutschland aufgehoben waren und die verhafteten, aber noch nicht verurteilten Nazi-Verbrecher an deutsche Gerichte übergeben wurden. Diese Nachricht entsetzte uns. Schlimm genug, daß britische und amerikanische Richter, die sich die Unmenschlichkeit des Holocaust gar nicht vorstellen konnten, über die Verbrecher urteilten. Aber dies war eine Farce. Es erinnerte mich an das alte Sprichwort »Eine Krähe hackt der anderen kein Auge aus«. Denn Westdeutschland hatte sich zu einem Zufluchtsort für Verbrecher entwickelt, die alles mögliche unternommen hatten, um der Justiz zu entgehen. Nun waren sie dort sicher. Wir wußten dies genau, konnten aber nichts dagegen tun.

Eines Morgens brachte uns der Postbote eine Einladung zur amerikanischen Botschaft in Prag. Fela und Janek erhielten ihr Visum noch an Ort und Stelle, aber ich mußte einen weiteren Monat warten. Wir schickten unserer Familie in den Vereinigten Staaten ein Telegramm und baten sie, für unseren Transport zu sorgen. Einige Wochen später kamen Felas und Janeks Tickets für eine Überfahrt im Januar. Für uns alle war dies ein glücklicher Moment.

Ich beschloß, vor meiner Abreise noch eine letzte große Geschäftsreise nach Polen zu unternehmen, mit dem Ziel, möglichst viel Geld zu verdienen. Ich investierte meinen gesamten Besitz in den Erwerb einer großen Menge erstklassiger Armbanduhren und schickte sie über die üblichen Kanäle nach Polen. Der junge Lopatowski holte sie wie immer ab, aber als Olek sie übernehmen wollte, teilte ihm Frau Lopatowska mit, daß die Ladung von der Handelskommission abgefangen und konfisziert worden sei. Ich fiel fast in Ohnmacht, als ich davon erfuhr. Mein ganzes hart erarbeitetes Geld, das ich seit Kriegsende verdient hatte, steckte in diesen Uhren. Als ich ankam, sagte mir Frau Lopatowska, daß ihr Sohn verhaftet worden sei und sie keine Ahnung hätte, wo man ihn festhielt. Sie riet mir, nicht länger hier zu bleiben und auch nicht wiederzukommen. Sie fürchtete, daß die Beamten der Handelskommission ihre Wohnung observierten, weil sie wußte, daß ihr Sohn ihnen alles über meine Geschäftsverbindungen und Transaktionen gesagt hatte. Ich hegte den leisen Verdacht, daß der junge Lopatowski, durch eine Bemerkung, die Olek vielleicht hatte fallenlassen, von meiner baldigen Abreise nach Amerika erfahren hatte. Wahrscheinlich ergriff er die Gelegenheit, auf einen Schlag reich zu werden, indem er mit meinen Wertsachen verschwand und die Geschichte über seine Verhaftung erfand.

Allerdings wollte ich meinen Verdacht gegenüber Frau Lopatowska nicht äußern. Der Verlust ihres Mannes war schon schlimm genug für sie gewesen; außerdem hielt ich es für vernünftiger, nicht hier zu bleiben, bis ich die Wahrheit herausgefunden hatte. Daher blieb mir nichts anderes übrig, als trotz meines finanziellen Ruins sofort nach Bratislava zurückzukehren. Ich würde auch Fela und Janek erklären müssen, daß wir alles verloren hatten. Keine rosigen Aussichten, aber ich mußte es hinter mich bringen. Ich traute mich nicht, Olek aufzusuchen, falls die Geschichte doch stimmte und sein Haus observiert wurde. Statt dessen ging ich zu Maciek. Er holte Olek in seine Wohnung, und beide waren sehr aufgebracht und verärgert und fest davon überzeugt, daß der junge Lopatowski die Geschichte erfunden hatte, um mit meinem Vermögen zu verschwinden. Aber auch sie vertraten die Ansicht, daß es für mich das Beste wäre, meinen Besitz abzuschreiben und das Land zu verlassen. Olek organisierte einen Wagen, mit dem ich zur Grenze fuhr. Dort wartete ich bis zum Einbruch der Dunkelheit, bevor ich den Fluß überquerte, der Polen und die Slowakei voneinander trennte. Ich zog es vor, nicht den offiziellen Grenzübergang zu nehmen, für den Fall, daß man nach mir fahndete. Als ich wieder zu Hause eintraf und Fela und Janek erzählte, was passiert war, wirkten sie beide bedrückt; aber ihre Erleichterung darüber, daß ich zumindest unversehrt davongekommen war, entschädigte mich für den Verlust.

Dann kam für uns der Moment des Abschieds; aber dieses Mal waren wir sicher, daß wir schon bald in Amerika für immer wiedervereint sein würden.

19
Emigration in die USA.
Februar 1948

Als die Nachricht über die Erteilung meines Visums eintraf, verabschiedete ich mich von all unseren Freunden in der Hoffnung, daß wir uns bald auf der anderen Seite des Ozeans wiedersehen würden. Dann fuhr ich nach Prag, um das Visum abzuholen, und nahm von dort den Transitzug, der mich durch das verfluchte Deutschland brachte. Ich legte großen Wert darauf, keinen Fuß auf einen deutschen Bahnhof zu setzen, und ging in Belgien auf die Fähre nach England. Nach einer kurzen Besichtigungstour in London ging ich in Southampton auf den Ozeandampfer nach Amerika. Als das Schiff schon mitten auf dem Atlantik war, kam im Radio die Nachricht, daß die Kommunisten die tschechoslowakische Regierung gestürzt hatten. Dies war ein ziemlicher Schock, und die Erleichterung darüber, daß ich nicht mehr im Land war, wandelte sich sofort in Sorge um meine Freunde und alle anderen Juden, die immer noch auf die Auswanderung warteten. Besonders häufig mußte ich an Milek und Rozia denken; er war schon älter und sie sehr krank. Ich wußte ziemlich genau, daß die Russen, die an dem Umsturz sicherlich beteiligt waren, längst alle Grenzen geschlossen hatten. Die Überfahrt verlief relativ unruhig, und aufgrund heftiger Stürme erreichten wir Amerika vierundzwanzig Stunden später als geplant. Als sich das Schiff der Küste näherte, überfiel mich eine große Trauer; ich dachte an meine Eltern und Brüder, die unsere Einwanderung in die Vereinigten Staaten nicht mehr miterleben konnten. Ich erinnerte mich an den Tag, Anfang 1938, als uns unsere Familie in New York die nötigen Papiere zugeschickt hatte, damit wir zu ihnen kommen konnten. Die amerikanische Botschaft in Warschau hatte unserem Antrag stattgegeben und uns versichert, daß wir irgendwann im Laufe des Jahres 1939 unsere Visa erhalten würden. Aber noch vor Erteilung der Papiere war Hitler am 1. September in Polen einmarschiert und hatte unseren Träumen und Hoffnungen ein Ende gesetzt. Nur Fela und ich überlebten und konnten nach Amerika reisen. Der Rest der Familie – oder wahrscheinlich ihre verbrannte Asche – lag irgendwo in

Polen begraben, zusammen mit sechs Milionen anderen Juden. In diesem denkwürdigen Augenblick, als die Freiheitsstatue in Sicht kam und mein Herz von den Gedanken an meine ermordete Familie erfüllt war, schwor ich mir selbst, daß ich meine Erlebnisse schriftlich festhalten und jedem, der es wissen wollte, von den Geschehnissen berichten würde, die ich während dieser düsteren, tragischen Jahre – dem Holocaust – erlebt hatte.

Als das Schiff am 24. Februar 1948 in New York festmachte, standen Fela, Janek und meine beiden Onkel am Pier. Es war ein tränenreiches Wiedersehen für uns alle, eine Mischung aus Freude und traurigen Erinnerungen. Die Straßen von New York lagen tief verschneit, und wir fuhren langsam in die Bronx, wo meine geliebte Großmutter lebte. Aber als wir das Haus erreichten, sagten mir meine Onkel, daß Großmutter nicht mehr hier wohnte. Ein Jahr zuvor hatten sie sie in ein Pflegeheim in Westchester gebracht, da sie ihr Gedächtnis verlor, niemanden mehr wiedererkannte und nicht mehr für sich selbst sorgen konnte. Die Ärzte stellten die Alzheimersche Krankheit fest. Es war ein großer Schock für mich, denn ich hatte mich sehr darauf gefreut, sie endlich zu sehen. Mutter hatte immer von ihr erzählt, und an unserer Wohnzimmerwand hing ein großes Bild von ihr. In der Zeit vor dem Krieg war kein Monat vergangen, in dem sie uns nicht einen Brief oder ein Päckchen geschickt hatte. Als meine Onkel meine Niedergeschlagenheit sahen, versprachen sie, mich am Wochenende zu ihr zu bringen. In Großmutters Wohnung lernte ich unsere jüngste Tante Lola kennen, die hier mit ihrem Ehemann Arnold und ihren beiden kleinen Jungen Elliot und Leonard wohnte. Kurz danach kamen alle restlichen Familienmitglieder, um mich willkommen zu heißen – vier Onkel mit ihren Frauen und Kindern sowie vier Tanten mit ihren Männern und Kindern, die das Haus bis in den letzten Winkel füllten. Obwohl wir uns zum ersten Mal sahen, hatte ich nicht das Gefühl, daß wir einander fremd waren. Mutter hatte uns so viel von ihnen erzählt, daß es mir vorkam, als würde ich sie schon mein ganzes Leben lang kennen. Wir redeten und erzählten viel, aber in stillschweigender Absprache brachten wir das Gespräch nicht auf unsere abwesenden Liebsten. Als sie gingen, hatte ich Gelegenheit, mit Fela kurz über ihre Eindrücke zu sprechen, die sie über unsere Familie, über New York und die Vereinigten Staaten im allgemeinen gewonnen hatte, und erfuhr, daß sie und Janek sehr glücklich waren.

Am darauffolgenden Sonntag holte unser jüngster Onkel uns ab und fuhr mit uns zu Großmutters Pflegeheim. Auf dem Weg dorthin erzählte er mir, daß er Anfang 1945 einige Briefe aus Australien und später auch aus Frankreich erhalten hatte, die Grüße von mir ausrichteten. Ich wußte sofort, daß sie von den geflüchteten alliierten Kriegsgefangenen stammten, die ich in der Tatra im Oktober 1944 kennengelernt hatte und die mir versprachen, meine Familie zu informieren. Das Pflegeheim war sehr groß. Großmutter lag im Bett und reagierte nicht auf unseren Besuch. Ich beugte mich zu ihr hinunter, um ihre Hände zu halten und zu küssen. Dann küßte ich sie auch auf den Kopf. Aber sie reagierte überhaupt nicht und gab nicht den geringsten Laut von sich. Ich begann zu weinen, wie ich seit dem Verlust meiner Brüder nicht mehr geweint hatte. Auf dem Weg zurück nach New York machte ich meinem Onkel Vorwürfe, daß sie diese wunderbare alte Dame in ein Heim verbannt hatten, wo sie ganz allein und in der Obhut völlig fremder Ärzte und Schwestern war.

Einige Tage später trat ich meine Arbeit bei meinem Onkel Sam an, dessen große Fabrik Damenknöpfe herstellte. Janek hatte schon vor einem Monat dort angefangen, und es war eine gute Arbeit. Abends besuchten Fela, Janek und ich die Abendschule, um Englisch zu lernen. Die meisten Klassenkameraden waren genau wie wir Flüchtlinge, und sie erzählten uns, daß sich die jüdischen Neuankömmlinge jeden Sonntag im Gebäude der HIAS in der Lower East Side trafen. Am nächsten Sonntag fuhren wir drei mit der U-Bahn dorthin, um herauszufinden, ob wir vielleicht Bekannte wiedertreffen oder Informationen über Freunde erhalten konnten. Als wir ankamen, wimmelte es von Menschen, und wir versuchten, die Menge genauer zu überblicken. Mein Herz machte einen Sprung, als ich meinen alten Freund Leon Horn entdeckte. Nach einer sehr bewegenden Begrüßung stellte er mich seiner Frau Maria vor, einer Jüdin. Sie hatten sich in einem Vertriebenenlager in Deutschland kennengelernt und auch dort geheiratet. Leon erzählte mir, daß sein einziger Bruder, Hersch, ebenfalls überlebt hatte und nun in Schweden wohnte.

Von dem Versammlungsort im HIAS-Gebäude fuhren wir nach Brooklyn zu Chaim Moshe Halberstam, den Fela nie kennengelernt hatte. Seine Frau war Amerikanerin und wie er sehr strenggläubig. Sie hatten keine Kinder. Von seiner einst sehr ausgedehnten Familie hatten nur seine Schwägerin und deren Sohn überlebt. Halberstam hatte das Rabbinat aufgegeben und führte jetzt seine eigene kleine Textil-firma, die sehr gute Geschäfte machte. Am darauffolgenden Sonntag sah Janek Duda im HIAS-Gebäude. Wir umarmten einander, und während wir uns unterhielten, stellten wir fest, daß im gesamten Raum solche Wiedersehensszenen stattfanden. Es war die typische Art, wie alte Freunde aus Europa einander herzlich in der neuen Heimat begrüßten. Kaum jemand hatte erwartet, viele seiner Freunde noch einmal wiederzusehen. Jeder jüdische Überlebende des Nazi-Regimes war ein Wunder. Ein paar Tage später besuchten wir Duda, der mit seiner Mutter, seiner älteren Schwester und deren Ehemann im jüdischen Viertel in der Lower East Side wohnte. Wir freundeten uns mit ihnen an und besuchten einander häufig. Außerdem aßen Janek und ich oft mit Duda zusammen zu Mittag, der in der Nähe unserer Fabrik arbeitete.

Als wir eines Sonntags durch die Innenstadt von Manhattan spazierten, trafen wir einen der Schwert-Jungen, der uns erzählte, daß sie alle zusammen mit ihrem Vater eine Schmuckfabrik an der 48. Straße eröffnet hatten. Wir freuten uns, sie wiederzusehen, und sie berichteten uns von den Ereignissen in Bratislava nach unserer Abreise. Viele Juden, insbesondere die Zionisten unter ihnen, waren verhaftet worden, und sowohl in Bratislava als auch in der restlichen Slowakei ereigneten sich überall antisemitische Überfälle.

Unser Freundeskreis ehemaliger Europäer wuchs, und wir alle waren begeistert, als die Vereinten Nationen beschlossen, den Staat Israel als gleichwertiges Mitglied in die Gemeinschaft der Nationen aufzunehmen. Stolz und Glück erfüllte uns bei dem Gedanken, daß die Juden endlich ihr eigenes Land hatten. Aber es schien, als ob uns der Fluch des Holocausts für immer verfolgen würde, und unsere Begeisterung wurde durch die Erinnerung an die sechs Millionen Menschen getrübt, die diesen Tag nicht erleben konnten. Außerdem machten wir uns Sorgen über die heftigen Angriffe, die die vereinigten arabischen Armeen auf den kleinen und kaum bewaffneten neuen Staat ausführten. Es schien, als ob unser alter Fluch – daß sich nichts auf der Welt für die Juden als durch und durch gut erweisen konnte –, der uns so viele schreckliche Jahre in Europa verfolgt hatte, nun wieder im Nahen Osten auftauchte. Glücklicherweise wandte sich das Kriegsglück zugunsten Israels, allerdings auf Kosten weiterer jüdischer Menschen, von denen viele den Holocaust überlebt und für ihre neue Heimat in dem Moment zu den Waffen gegriffen hatten, als sie unser Heiliges Land zum ersten Mal betraten. Aber zumindest starben sie ehrenvoll, nein, heldenhaft mit der Waffe in der Hand im Kampf für eine große Sache. Wie stolz wären die sechs Millionen Opfer auf sie gewesen, hätten sie diesen Tag nur erleben dürfen.

Bei einem unserer Treffen im HIAS-Gebäude sahen wir Jankiel Breitowicz, seine Frau Jadzia und ihren kleinen Sohn Herbert wieder. Jankiel sah schlecht aus, und er erklärte uns, daß er unter einer latenten Tuberkulose litt. Außerdem erkannte ich in der Nähe seines linken Auges eine tiefe Narbe. Er erzählte mir, daß er in vielen deutschen Konzentrationslagern gewesen war und sich dort die Tuberkulose zugezogen hatte. Gegen Ende des Krieges befand er sich im Lager Flossenbürg. Als sich die amerikanische Armee dem Lager näherte, brachte die SS die verbliebenen jüdischen Gefangenen in einen nahe gelegenen Wald, erschoß sie und warf die Leichen in eine Grube. Jankiel gehörte zu den letzten Niedergeschossenen und wurde oben auf den Leichenberg geworfen. Die Kugel traf seinen Kopf in der Nähe des linken Auges, ging durch den Schädel hindurch und trat wieder aus, ohne ihn jedoch zu töten. Direkt neben ihm war noch ein anderer Mann am Leben, und als die Mörder verschwunden waren, riefen sie um Hilfe. Ein deutscher Bauer hörte ihre Rufe, holte sie aus dem Loch und versteckte sie in seiner Scheune, bis die Amerikaner kamen. Die Soldaten brachten sie in ein nahe gelegenes deutsches Krankenhaus, wo sie wieder gesund gepflegt wurden. Nach ihrer Entlassung aus dem Krankenhaus fuhren sie zurück nach Polen, um nach ihren Familien zu suchen. Jankiel fand seine Frau Jadzia und seinen Sohn Herbert in Katowice; beide hatten den Krieg in Deutschland überlebt. Als polnische Christin hatte sie sich 1941 freiwillig um eine Arbeit in Deutschland bemüht. Von Katowice aus fuhren Jankiel und seine Familie zurück nach Deutschland und blieben in einem Vertriebenenlager, bis sie in die Vereinigten Staaten auswandern konnten. Sie hatten keinerlei Einkommen und wurden von der HIAS unterstützt.

Leon Horn besuchte ich regelmäßig, und eines Tages erzählte er mir, daß sein Bruder aus Schweden zurückgekommen war und er für ihn eine Imbißstube in Spanish Harlem gekauft hatte. Sofort bot er mir eine Teilhaberschaft an, und da Onkel Sams Fabrik in Schwierigkeiten war und unsere Arbeitsplätze auf dem Spiel standen, nahm ich das Angebot an. Kurze Zeit später kaufte Leon ein weiteres Geschäft in der Nähe, und Hersch wurde mein Partner. Janek mietete die Fläche vor unserem Fenster; dort verkaufte er Modeschmuck, und wir alle machten gute Geschäfte. Als Janek und Fela in der Nähe von Lolas Haus eine Wohnung mieteten, zog ich bei ihnen ein. Kurz darauf bekam meine Schwester einen Jungen, den sie nach Janeks Vater Robert und nach unserem Vater Emil nannten.

Auch die Zwolinskis vergaßen wir nicht und schickten ihnen jeden Monat einen Brief, dem wir immer Geld beilegten. Ab und zu schrieben wir auch an Herrn Magrys; nur die Lopatowskis erhielten keine Post. Ich war zu verärgert über den Verrat des Sohns. Wir baten unsere Onkel, Milek – ihren leiblichen Cousin – und seine Frau Rozia nach Amerika zu holen. In der Zwischenzeit schickten wir ihnen regelmäßig kleine Geldbeträge. Leider starb Rozia an einem Herzleiden, bevor ihr Visum erteilt wurde, und Milek heiratete kurz danach eine Frau nichtjüdischen Glaubens. Das stimmte mich traurig, aber schließlich war es sein Leben, und unsere enge Freundschaft blieb davon unberührt. Während einer Reise nach Italien trafen Fela und Janek Milek in Mailand, wo sein älterer Bruder Romek mit seiner Familie lebte. Und ich freute mich sehr, als ich hörte, daß mein lieber Freund Chaim Hermesh wieder in Israel in seinem Kibbuz war.

Fela brachte ein zweites Kind zur Welt, ein Mädchen, das nach unserer Mutter Toni genannt wurde. Einige Zeit später beschlossen Fela und Janek, nach Dallas zu ziehen, wo Janek einen großen und erfolgreichen Fabrikationsbetrieb und Großhandel gründete. Bald darauf bekamen sie eine weitere Tochter, die sie Marcie nannten, nach einer von Janeks Verwandten.

Während des gesamten Holocaust hatte ich kaum einen romantischen Gedanken an Frauen verschwendet, aber schließlich war auch ich einmal an der Reihe, und am 14. Juni 1964 heiratete ich die wundervollste Frau der Welt. Bald nach unserer Heirat besuchten wir ihre Familie in Israel. Es war ein bewegender Moment für mich, als ich aus dem Flugzeug stieg und zum ersten Mal den Boden unseres eigenen Landes berührte. Und ich war sehr stolz und glücklich, als ich sah, wieviel die israelischen Juden in der kurzen Zeit bereits erreicht hatten. Ich traf viele Menschen, die ich vor dem Krieg in Krakau gekannt hatte, sowie einige Überlebende aus Rzeszów. Und wir statteten Chaim Hermesh einen Überraschungsbesuch in seinem Kibbuz Kfar Glickson ab. Er war sehr glücklich, uns wiederzusehen, aber seine beiden Söhne konnten wir leider nicht treffen, da sie im Auftrag der Regierung außer Landes waren.

Nun bekam ich endlich die Gelegenheit, den Rest der Geschichte zu erfahren, die sich nach unserer Flucht aus Banská Bystrica ereignet hatte. Chaim und einige seiner Kameraden hatten eine große Gruppe bewaffneter slowakischer Juden begleitet. Durch den deutschen Überfall, der auch uns betraf, waren sie getrennt und in alle Richtungen verstreut worden. Dann kam ihnen genau die gleiche Idee wie uns, und sie suchten in den Bergen Schutz. Dort trafen sie auf eine andere Gruppe von Juden und bauten zusammen einen Bunker. Aber sie waren zu vertrauensvoll, und als sie eines Morgens einige Zivilisten näher kommen sahen, grüßten sie sie freundlich, statt den Zweck ihres Kommens in Frage zu stellen, wie sie es hätten tun sollen. In dieser Nacht wurde ihr Bunker von bewaffneten Männern mit Granaten und Gewehren angegriffen, und die meisten von ihnen waren tot oder verletzt, bevor sie wußten, wie ihnen geschah. Nur einigen wenigen, darunter auch Chaim und einem seiner Kameraden, gelang die Flucht in die Wälder. Die Angreifer nahmen die Verletzten mit und übergaben sie der Gestapo, die sie zuerst folterte und dann erhängte. Chaim und sein Kamerad fanden eine Höhle, deren Eingang mit Schnee bedeckt war, gruben sich einen Weg hinein und versteckten sich dort. Sie konnten hören, wie die Angreifer noch einige Zeit nach Überlebenden suchten, und blieben fast eine ganze Woche ohne Nahrungsmittel in der Höhle, bevor sie es wagten, sich wieder einen Weg nach draußen zu graben und noch höher hinauf in die Berge zu steigen. Glücklicherweise stießen sie auf einen anderen Bunker und durften nach einer strengen Befragung durch die Insassen, unter denen sich auch einige polnische und slowakische Juden befanden, bei ihnen bleiben. Von hier aus kämpften sie als Partisanen, bis sie sich genau wie wir den Russen anschließen konnten. Als sie schließlich aus den Bergen zurückkehrten, mußten sie bei den mißtrauischen Russen im Tal harte Überzeugungsarbeit leisten und genau erklären, wer sie waren. Aber schließlich erhielten sie die Genehmigung, durch Polen hindurch nach Rußland zu fahren. Nach einer langen und schwierigen Reise erreichten sie den Hafen von Odessa am Schwarzen Meer, wo sie eine Überfahrt mit dem Schiff in die Türkei organisieren konnten. Von dort aus gelangten sie zurück nach Palästina.

Nachdem Chaim seine Geschichte erzählt hatte, holte er ein Foto hervor, das er von mir in Banská Bystrica gemacht hatte. Außerdem zeigte er uns ein Buch, das er über seine Erlebnisse in Europa und während des nationalen Aufstands in der Slowakei geschrieben hatte. Darin berichtete er von einer Gruppe polnischer Juden, die er in der Slowakei kennengelernt hatte, und erwähnte mich (als Adam) und Henry Lubelski namentlich. Das Buch war von der Abteilung für Bildung und Erziehung des israelischen Verteidigungsministeriums in hebräischer Sprache veröffentlicht worden, und ich kaufte später in Tel Aviv ein Exemplar, das meine Frau mir vorlas. Ich erzählte Chaim, daß ich noch eine Fotografie von ihm besaß, zusammen mit seiner Adresse, die er mir in den slowakischen Bergen gegeben hatte.

Bald nach unserer Rückkehr erhielten wir einen Brief von Frau Zwolinska, in dem sie schrieb, daß ihr wundervoller Ehemann, der Freund, dem wir so viel verdankten, gestorben war. Kurze Zeit später bekamen wir einen weiteren Brief von Frau Zwolinskas Nichte, in dem stand, daß auch Frau Zwolinska nicht mehr lebte. Wir hatten ihren Tod noch nicht verwunden, als wir von Mileks Frau erfuhren, daß Milek in einem Krankenhaus in Prag gestorben war.

Bei unserem nächsten Besuch in Israel kaufte ich einige Bücher über den Holocaust, darunter auch eines über die slowakischen Juden. Darin stieß ich auf den Namen Emanuel Frieder, von dem ich wußte, daß er der Bruder von Rabbi Armin Frieder war – dem Vater des kleinen Jungen Gideon, den wir gerettet und bei einem Schuhmacher in einem abgelegenen slowakischen Dorf untergebracht hatten. Meine Frau griff zum Telefon, und nach zahlreichen Erkundigungen und Gesprächen fanden wir Frieders Nummer in Nethanya heraus. Nachdem ich ihm erklärt hatte, wer ich war, freute er sich sehr und bestand darauf, daß wir ihn sofort besuchten. Wir nahmen ein Taxi nach Nethanya. Meine erste Frage galt Gideon, und ob es irgendwelche Neuigkeiten über ihn gab. Frieder erzählte mir, daß Gideon in Ann Arbor lebte, wo er als Professor für Computerwissenschaften an der University of Michigan unterrichtete, und gab mir seine Adresse und Telefonnummer.

Herr Frieder selbst war Direktor der Oberschule von Nethanya und Leiter der slowakischen Juden in Israel. Er führte uns in sein Arbeitszimmer und zeigte uns sechs Schachteln mit Dokumenten über die Juden in der Slowakei, die er außer Landes geschmuggelt hatte. Das waren die Unterlagen, von denen ich in Bratislava gehört hatte – eine historische Schatzkiste, die auch die Korrespondenz zwischen Rabbi Frieder und jüdischen Organisationen in der Schweiz und der Türkei sowie mit hohen Beamten des Vatikans zwischen 1939 und 1945 enthielt. Außerdem lagen in den Schachteln Kopien von Tausenden von Hilfegesuchen und den jeweiligen Antworten. Aus ihnen ging deutlich hervor, daß die Welt nichts unternommen hatte, um den zweiundsechzigtausend slowakischen Juden zu helfen, die 1942 nach Ostpolen und Auschwitz deportiert worden und nicht mehr zurückgekommen waren.

Nach unserer Rückkehr nach Amerika riefen wir Gideon an. Seine Frau ging ans Telefon, und als ich ihr erklärte, wer ich war und daß ich gerne mit Gideon sprechen wollte, sagte sie, daß er nicht mehr über seine Vergangenheit reden könne. Ich war so verstimmt, daß ich einhängte und ihn nicht wieder anrief. Aber bei unserem nächsten Besuch in Israel erzählte ich Emanuel Frieder von diesem Telefonat und bat ihn, mich mit Gideon in Kontakt zu bringen. Er versicherte mir, daß er dafür sorgen wolle, daß Gideon uns anrufen würde, sobald wir nach New York zurückgekehrt waren. Und tatsächlich rief Gideon an und besuchte uns kurze Zeit darauf. Der kleine Junge aus den Bergen war nun ein erwachsener Mann mit zwei halbwüchsigen Töchtern und einem Sohn. Seit diesem Zeitpunkt sind wir wie eine große Familie und besuchen einander regelmäßig.

Aus Montreal erreichten uns schlechte Nachrichten. Mein alter Freund Maciek Fiedler war in Folge einer kleineren Operation gestorben, und seine Frau Basia überlebte ihn nicht lange. In beiden Fällen traf die Nachricht zu spät ein, um bei der Beerdigung dabei sein zu können.

1978 fuhren wir über die Pessach-Feiertage erneut nach Israel, und in Tel Aviv traf ich einen alten Freund, der ebenfalls mit Mietek befreundet war. Er erzählte mir, daß Mietek sich auch gerade in Israel aufhielt, er aber nicht wisse, in welchem Hotel. Sofort riefen wir alle großen Hotels an, bis wir schließlich von einem Hotel erfuhren, daß Mietek dort gewohnt hatte, aber bereits wieder nach Frankfurt geflogen war. Dort rief ich ihn an und erklärte ihm, daß ich ihn überall in Tel Aviv gesucht hatte. Er bat uns inständig, während des Heimflugs einen kleinen Zwischenstop in Frankfurt einzulegen. Bevor ich ihm antwortete, fiel mir ein, daß ich geschworen hatte, nie wieder einen Fuß auf deutschen oder österreichischen Boden zu setzen. Aber Mietek war einer meiner besten Freunde, der mit mir durch dick und dünn gegangen war, und als meine Frau nickte, willigte ich ein.

Wir kamen abends in Frankfurt an, und Mietek holte uns am Flughafen ab, um uns mit zu sich nach Hause in eine von Frankfurts Vorstädten zu nehmen. Dort lernten wir seine Frau und seine drei erwachsenen Söhne kennen. Beim Kaffee erinnerten wir uns beide an die alten Zeiten, an unsere erste Begegnung im Tolonzhaz-Gefängnis in Budapest, unsere Flucht, unsere Erlebnisse in der Slowakei und unsere Kämpfe gegen die Deutschen in den Bergen. Aber als ich von unseren Leiden in Polen erzählte, wechselte er abrupt in die polnische Sprache und bat mich schroff, nicht über die deutschen Greueltaten zu sprechen. Er hatte seiner Frau und seinen Söhnen nie erzählt, daß seine gesamte Familie in den Gaskammern von Belzec umgebracht worden war und er als einziger mit dem Leben davongekommen war. Er sagte, sie wären glücklich in Deutschland und er sei durch Geschäfte mit den Deutschen ein reicher Mann geworden. Meine Frau, die kein Wort Polnisch sprach, war überrascht, als ich plötzlich aufstand und ihr erklärte, daß wir sofort in unser Zimmer gehen und am nächsten Morgen abreisen würden. Mietek führte uns zu unserem Zimmer im oberen Stockwerk und versuchte auf dem Weg dorthin, sein Verhalten zu erklären. Aber ich fiel ihm ins Wort und erklärte unsere Freundschaft für beendet. In unserem Zimmer erläuterte ich meiner Frau, was sich unten abgespielt hatte, und sie unterstützte meinen Standpunkt. Aber obwohl ich fühlte, daß ich das Richtige getan hatte, konnte ich nicht schlafen. Die ganze Nacht quälte ich mich mit dem Gedanken darüber, daß mein Freund seine Seele an den Teufel verkauft hatte. Ich bedauerte zutiefst, daß ich mein eigenes Versprechen gebrochen hatte und überhaupt nach Frankfurt gekommen war. Ich habe nie verstanden, wie Juden, insbesondere polnische Juden, unter Deutschen und Österreichern leben konnten, wo jeder Mann und jede Frau neben ihnen im Bus oder in einem Café möglicherweise jüdisches Blut an den Händen hatte, das trotz aller Höflichkeit und allem Lächeln niemals abgewaschen werden konnte. Wann immer ich jemanden aus Krakau oder Rzeszów traf, der mir erzählte, daß er in Österreich oder Deutschland lebte, sagte ich ihm offen ins Gesicht, daß er meiner Ansicht nach jeden einzelnen der sechs Millionen Juden verriet, die von ihren Nachbarn ermordet worden waren. Und dann ließ ich denjenigen ohne ein Wort des Abschieds einfach stehen.

Gegen Ende des Jahres 1983 begegnete ich Mietek zufällig in New York. Er kam sofort zu mir herüber, umarmte mich und versicherte mir sofort, daß er sich sein verabscheuungswürdiges Verhalten in Frankfurt niemals verzeihen würde. Dann bat er mich inständig, mich am gleichen Abend zu Hause besuchen zu dürfen, und da er so aufrichtiges Bedauern zeigte, brachte ich es nicht übers Herz, seine Bitte abzulehnen. Wir saßen viele Stunden zusammen und redeten, und es war wieder wie in alten Zeiten. Am nächsten Morgen flog er zurück, und kurz danach hörte ich, daß er in einem Frankfurter Café an einem Herzinfarkt gestorben war. Es war ein schrecklicher Verlust. Darüber hinaus war ich sehr verärgert, daß seine Frau es nicht für nötig gehalten hatte, mich zu benachrichtigen. Ich rief Henry an, um ihn über den Tod unseres alten Freundes und Kameraden zu informieren, und er war genauso bestürzt wie ich.

Dann setzte ich mich hin und schrieb einen langen Brief an Mieteks Frau und Söhne, um mein Beileid zu bekunden und um seinen Söhnen ausführlich alles mitzuteilen, was ich über ihren Vater wußte – angefangen bei unserer ersten Begegnung im Tolonzhaz-Gefängnis. Ich nannte ihnen seinen jüdischen Namen und die Namen seiner Eltern und Brüder; ich sagte ihnen, wo sie in Polen gelebt hatten und wo sie von den Deutschen umgebracht worden waren. Ich schrieb ihnen, daß ich ihren Vater aufrichtig geliebt hatte und seine Erinnerung für immer in meinem Herzen tragen würde. Ich habe bis heute keine Antwort erhalten.

20
Besuch in Polen.
September 1984

Im September 1984 reiste ich mit meiner Frau nach Polen, um ihr Krakau und das Haus, in dem wir gelebt hatten, sowie Warschau und Auschwitz zu zeigen. Von Amsterdam aus flogen wir an einem kalten und regnerischen Herbsttag nach Warschau. Zuerst besuchten wir das jüdische Viertel. Unser polnischer Reiseleiter, dem ich gesagt hatte, daß wir Juden seien, erzählte uns, daß die heute dort ansässigen Polen ihre Zweifamilienhäuser auf den Ruinen des Warschauer Ghettos errichtet hatten. Anscheinend hielt man es nicht für nötig, die sterblichen Überreste Tausender von Juden, die unter den Ruinen begraben lagen, zu bergen und ihnen ein anständiges Begräbnis zukommen zu lassen. Nachdem sie den heldenmütigen Aufstand im Frühjahr 1943 niedergeschlagen hatten, sprengten die Deutschen alle Häuser in die Luft. Im Jüdischen Historischen Institut, das auch als Museum diente, trafen wir einige Juden, die noch immer in Polen lebten. Aber die meisten der dort Beschäftigten gehörten nicht der jüdischen Gemeinde an, und das Museum bot nur eine beklagenswerte Ausstellung, die dem Stellenwert der einst größten jüdischen Gemeinschaft Europas nicht gerecht wurde. Als ich einem der jüdischen Kuratoren gegenüber mein Bedauern äußerte, antwortete er, daß die Regierung das Institut nicht unterstützte; die Juden waren noch immer nicht gut gelitten.

Als wir durch die Straßen der Hauptstadt liefen, schaute ich mich auf der Suche nach jüdischen Gesichtern um. Ich war stets in der Lage gewesen, einen Glaubensbruder zu erkennen, aber in der ganzen Stadt fand ich nicht einen Juden – an einem Ort, an dem vor kaum fünfundvierzig Jahren fast sechshunderttausend Juden gelebt hatten.

Etwas später mieteten wir ein Taxi und fuhren über die Weichsel-Brücke nach Praga, der alten Vorstadt von Warschau. Hier arrangierten wir einen Besuch bei der Witwe des berühmten polnischen Malers Bronislaw Wojciech Linke. Nach dem Krieg hatte er zusammen mit anderen Künstlern am Gemälde »El male rachamim«

mitgewirkt, das meines Erachtens zu den ausdrucksstärksten Darstellungen der Zerstörung des Warschauer Ghettos zählt. Am nächsten Morgen besichtigten wir seine gesammelten Werke im polnischen Nationalmuseum.

Als nächstes fuhren wir nach Krakau. Nachdem wir im Hotel abgestiegen waren, ließen wir uns mit einem Taxi ins jüdische Viertel und in die Straße bringen, in der wir gelebt hatten. Wir besuchten das Haus, in dem Fela und meine Brüder geboren worden waren und überprüften die Namen an der Eingangstür. Nicht ein einziger jüdischer Name befand sich darunter. Dann gingen wir weiter, und ich zeigte meiner Frau die Plätze, wo einst das Maccabi-Stadion gestanden hatte und wo meine alte Schule gewesen war. Auch sie existierte nicht mehr. Wir liefen weiter zur Kollataja-Straße, zu dem Haus, von wo aus wir im März 1941 nach Rzeszów hatten fliehen müssen. Es war ein bewegender Moment für mich. Ich klopfte an die Tür der alten Wohnung der Lopatowskis, von der aus der treue Herr Lopatowski Fela und mich im November 1943 an die slowakische Grenze gebracht hatte. Ein Mann mittleren Alters, wahrscheinlich sein Sohn, öffnete die Tür, und als ich nach Frau Lopatowska fragte, antwortete er, seine Frau sei nicht zu Hause. Ich erkundigte mich nach seiner Mutter, und er erklärte mir, daß sie seit ihrer Wiederverheiratung vor vielen Jahren in der Altstadt wohnte. Er hatte mich nicht wiedererkannt, und als er mich nach meinem Namen fragte, nannte ich ihm irgendeinen, der mir gerade einfiel. Mir lag nichts daran, mich mit diesem Betrüger zu unterhalten, der mich 1947 an die Behörden verraten hatte. Wir verabschiedeten uns und stiegen in den dritten Stock, wo wir früher gewohnt hatten. Aber als wir vor der Tür standen, zögerte ich und brachte es nicht fertig, zu klingeln. Ich fürchtete, daß der Anblick der vertrauten Räume zuviel für mich sei und ich nicht in der Lage wäre, den Schmerz zu ertragen, falls ich eines unserer alten Möbelstücke wiedererkennen würde. Also kehrten wir wieder um, und auf dem Weg nach unten zeigte ich meiner Frau die Wohnung, in der damals die Familie Gelb wohnte. Ich habe nie herausfinden können, was mit Herrn Gelb und seiner deutschen Frau geschah.

Am nächsten Tag besichtigten wir die Altstadt, das Zentrum der Stadt, direkt hinter der berühmten Marienkirche. Als wir zu dem Haus gelangten, in dem Frau Lopatowska wohnte, bat mich meine Frau, allein zu gehen. Dies war meine Verabredung, meinte sie. Eine alte Dame öffnete die Tür und bat mich herein. Sie erkannte mich nicht, genau wie mich ihr Sohn am Tag zuvor nicht erkannt hatte; so viele Jahre waren seit unserem letzten Treffen vergangen. Sie sah sehr schlecht aus, war kaum fähig, zu gehen oder zu sprechen, und reagierte nicht, als ich ihr zu erklären versuchte, wer ich war. Ihr Gedächtnis hatte sie im Stich gelassen. Daher fragte ich sie nach einem Foto von ihrem ersten Mann, und als wir durch ein paar Fotoalben blätterten, die ich auf einem Regal gesehen hatte, fanden wir ein kleines Bild von ihm. Mit einem Nicken deutete sie an, daß ich es haben durfte. Bevor ich ging, fragte ich sie, ob sie irgend etwas brauche – Geld oder irgend etwas anderes –, aber sie antwortete nicht. Es tat mir schrecklich leid, sie in diesem Zustand zu verlassen, diese einst resolute Frau, die zusammen mit ihrem Mann unter Einsatz ihres eigenen Lebens Felas und mein Leben gerettet hatte. Und das alles aus dem einzigen Grund, weil sie anständige Menschen waren, die es für richtig hielten, Freunden in der Stunde der Not beizustehen. Trotzdem ließ ich ihr etwas Geld zurück und ging mit gesenktem Kopf hinaus. Meiner Frau mußte ich nichts erzählen; mein Gesicht sprach Bände.

Wir gingen zum Stadtteil Kazimierz, in dem die Juden gelebt hatten, und ich erzählte meiner Frau, daß fast alle Geschäfte, an denen wir vorbeikamen, einmal Juden gehört hatten und von den deutschen Mördern an ihre neuen Besitzer vergeben worden waren. Es erschien mir unfaßbar, wie heruntergekommen diese einst wundervolle Stadt jetzt aussah – ein Bild einer Metropole zwischen Verfall und völliger Zerstörung. Viele historische Gebäude wurden von schweren Balken gestützt, und als wir am Wawel vorbeigingen, fiel mir auf, daß die jüdischen Straßennamen zwar nicht geändert worden waren, aber in den Straßen kein einziger Jude mehr lebte. Es gab auch keine jüdischen Geschäfte und Werkstätten mehr, und der jüdische Markt wurde von Polen betrieben. Wie verächtlich hatten sie früher auf die jüdischen Händler heruntergeblickt, die hier Gemüse, lebendes Geflügel und Fisch verkauft hatten. Jetzt standen sie selbst hier. Durch eine Hintertür betraten wir die Synagoge in der Miodowa-Straße und stellten fest, daß dieser einst prachtvolle Gottestempel inzwischen auch kaum mehr als eine Ruine darstellte. Da es ein Freitag war, fragte ich den alten Hausmeister, wann der Gottesdienst am Vorabend des Sabbats stattfinden würde. Aber es gab keinen, erst am nächsten Morgen um neun würde ein Sabbat-Gottesdienst gefeiert. Der Hausmeister sah arm und zerlumpt aus, und ich gab ihm ein anständiges Trinkgeld, das er dankbar annahm. Wir liefen weiter durch das einst jüdische Viertel, das ich als alt, aber sehr sauber in Erinnerung hatte. Jetzt war es furchtbar dreckig und in einem solch schlechten Zustand, daß man sich kaum vorstellen konnte, daß hier überhaupt noch Leute wohnten. Einst hatten uns diese Polen als »dreckige« Juden bezeichnet. Die Synagoge, zu der wir gehört hatten, war geschlossen und sehr baufällig; und einige andere Synagogen dienten inzwischen als Lagerhäuser. Außer der Miodowa-Synagoge wurde nur noch die Remuh-Synagoge von den wenigen strenggläubigen Juden, die noch in Krakau lebten, genutzt. Die Alte Synagoge, ein sechshundert Jahre altes Bauwerk, diente nun als Museum, das wir als nächstes besuchten. Eine junge Polin gab uns unsere Eintrittskarten und eine Broschüre über die Geschichte der Juden von Krakau. Aber die Innenausstattung war eine furchtbare Enttäuschung. An den schmutzigen Wänden hingen einige schlechte Kopien jüdischer Gemälde, und in der Mitte des Saals, wo einst die »Bima«-Kanzel gestanden hatte, befand sich eine mitleiderregende Ausstellung einiger kleiner regionaler Relikte. Die Musik, die im Hintergrund lief, erfüllte mich mit Abscheu. Es war eine erschreckende Erfahrung: Das jüdische Museum einer Stadt, in der einst fast siebzigtausend Juden lebten, hatte seinen Besuchern so gut wie nichts zu bieten. Jetzt lebten nur noch sechshundert Juden in Krakau; etwa dreihundert waren mit polnischen Partnern verheiratet und übten ihre Religion nicht aus, während der Rest aus älteren Menschen bestand.

Als nächstes nahmen wir ein Taxi nach Auschwitz. Die Straße verlief parallel zu den Eisenbahnschienen, die zum Gelände des Vernichtungslagers führten. Wir konnten die gesamte Gleisanlage überschauen, und ich dachte an die Hunderttausende von Juden, deren letzte Reise in vollgepferchten Viehwaggons auf diesen Schienen hierhergeführt hatte, wo sie ein schrecklicher Tod erwartete. Unser Fahrer erzählte uns, daß die Deutschen diese Straße 1941 zum Transport polnischer und jüdischer Gefangenen aus den Gefängnissen Krakaus genutzt hatten.

Dies war mein zweiter Besuch in Auschwitz. Als wir das Tor mit der berüchtigten Aufschrift *ARBEIT MACHT FREI* erreichten, mußten wir aussteigen und das Gelände durch eine schmale Seitentür betreten. Das Lager war nicht für den Autoverkehr freigegeben. Der Besuch des Lagers war ein sehr ernster Moment für uns beide; ich konnte sehen, daß meine Frau sichtbar ergriffen war. Kurz nach uns kam eine Gruppe älterer Polen am Tor an, um das Lager zu besichtigen, und wir schlossen uns ihnen an. Als erstes gelangten wir zu der Rampe, an der die Deportationszüge angehalten hatten und die Juden aussteigen mußten, um den wartenden deutschen Mördern mit ihren Hunden zu begegnen. Diese hatten ihre wahren Absichten verschleiert, indem sie jüdische Gefangene die aufgelösten Neuankömmlinge beruhigen und ihnen ausrichten ließen, daß sie Arbeit und Essen bekommen würden, wenn sie den Befehlen gehorchten. Dann begannen die SS-Offiziere mit ihrer »Selektion« und entschieden, wer vorläufig am Leben bleiben durfte, um bis zur völligen Erschöpfung oder zum Hungertod zu arbeiten, und wer direkt in die Gaskammern mußte. Jetzt sah das Ganze wie eine alte Eisenbahnrampe aus, aber dahinter verbarg sich eine Geschichte von solcher Niederträchtigkeit und Grausamkeit zwischen Menschen, die selbst die krankhafteste Vorstellungskraft bei weitem übertraf. In Birkenau wandten wir uns mit einem Schaudern ab, aber den Anblick der Baracken ersparten wir uns nicht. Hierhin schickte man die armen, völlig erschöpften und halbverhungerten jüdischen Frauen, um nach einem achtzehnstündigen Arbeitstag schwerster Sklavenarbeit auf schmalen Holzpritschen zu schlafen. Je drei Pritschen waren übereinander gestapelt und boten zum Schutz gegen die bittere Kälte der polnischen Winter nur mit Wanzen und Läusen verseuchte zerlumpte Decken. Wir sahen die kalten Zementböden, die schlecht gedeckten Dächer und die zerbrochenen Fensterscheiben, die die Bewohner weder vor dem eisigen Winterfrost noch vor der Hitze im Sommer schützten. Ich glaube, daß man seit dem Zeitpunkt im Januar 1945, als das letzte Opfer hier starb bzw. fortgebracht wurde, nichts verändert hat. Wir sahen die Latrinengebäude und die miserablen Wascheinrichtungen, die jeder Gefangene nur jeweils fünf Sekunden lang nutzen durfte. Dann liefen wir die Straße entlang, auf der so viele Menschen zu den Gaskammern gebracht worden waren. Die Gaskammern und Krematorien existierten nicht mehr; die SS hatte sie vor der Ankunft der Russen in die Luft gesprengt.

Wir gingen zu den Gedenkstätten, die den vier Millionen Männern, Frauen und Kindern gewidmet waren, die man in Auschwitz und

Birkenau umgebracht hatte. Ich war froh, daß man ihrer in vielen Sprachen, darunter auch Hebräisch, gedachte. Nach ihrem Tod erinnerte man sich an sie, aber zu Lebzeiten, als sie vielleicht noch hätten gerettet werden können, hatte die zivilisierte Welt sie vergessen.

Auch die schrecklichste aller Baracken suchten wir auf: Baracke 11. Dorthin wurden die Gefangenen – Polen und Juden – gebracht, die versucht hatten, eine Widerstandsbewegung aufzubauen oder bei irgendeiner anderen illegalen Aktivität erwischt worden waren. Die Zellen waren so niedrig, daß die Gefangenen hineinkriechen mußten, und man konnte in ihnen weder stehen noch sitzen. Wir sahen die Verhörzimmer, im Grunde Folterkammern, und außerhalb der Baracke die Mauer, an der die halbtoten Gefangenen schließlich erschossen wurden. Überlebende aus Baracke 11 gab es nicht. An gleicher Stelle hatte man Kommandant Rudolf Höss nach dem Krieg erhängt. Es war der passende Ort für seine Hinrichtung. Anschließend gingen wir zu dem Fluß, in den die Asche der Opfer nach der Verbrennung gekippt worden war.

Während der ganzen Zeit sprachen wir kein Wort. Aber wir waren beide am Boden zerstört, und ich sah, daß meine Frau kreidebleich aussah. Ich wußte nicht, was ich sagen sollte, um sie zu beruhigen; ich war selbst in die düsteren Gedanken an meine Vergangenheit versunken.

Bevor wir das Lager verließen, sprach meine Frau einige Gebete aus ihrem hebräischen Gebetbuch. Es war ein schrecklicher Besuch, den ich aber meines Erachtens meinen ermordeten Brüdern und Schwestern schuldete, und ich bedauerte es nicht, hierhergekommen zu sein. Wieder in unserem Hotel angekommen, war uns jeder Gedanke an Essen vergangen, und wir zogen uns schweigend in unsere Betten zurück. Am nächsten Morgen nahmen wir ein Taxi zum Miodowa-Tempel, um am Sabbat-Gottesdienst teilzunehmen. Nur die Hintertür ließ sich öffnen, und im Inneren des Tempels fanden wir einige schlecht gekleidete Männer, darunter einige Invaliden. Ich fragte meinen Banknachbarn, ob der Mann, der den Gottesdienst abhielt, der Gemeinderabbi sei. Er erklärte mir, daß es in ganz Krakau keinen Rabbi oder Kantor gab. Nach dem Gottesdienst gingen wir zur Remuh-Synagoge, aber der dortige Gottesdienst war schon vorbei und der berühmte Friedhof hinter dem Gotteshaus aufgrund des

Sabbats bereits geschlossen. Der einzige noch Anwesende war Czeslaw Jakubowicz, der Vorstand der jüdischen Gemeinde Krakaus, der selbst aus dieser Stadt stammte. Er erzählte mir, daß nur etwa zehn Prozent der Gemeinde aus Krakau kamen; der Rest war nach dem Krieg zugezogen.

Wir nahmen uns ein Taxi und baten den Fahrer, uns zum ehemaligen Ghetto im Viertel Podgorze zu bringen. Genau wie in Kazimierz gab es auch in diesem einst ausschließlich jüdischen Viertel keine Juden oder jüdischen Geschäfte mehr. Auch dieser Stadtteil wirkte heruntergekommen und schlecht gepflegt; seine Straßen waren schmutzig und seine Häuser völlig vernachlässigt. Wir gingen über die Hauptstraße und kamen nach Płaszów, ins Industriegebiet der Stadt. Dieser Moment rief mir die schrecklichsten Erinnerungen ins Gedächtnis.

Wir befanden uns nun ganz in der Nähe des Hauses, in dem ich vor einundvierzig Jahren meine Brüder zum letzten Mal lebend gesehen hatte. Nach wenigen Minuten erreichten wir das ehemalige Konzentrationslager Płaszów. Durch die Tore sahen wir ein großes Denkmal, das der achtzigtausend Juden gedachte, die man hier umgebracht hatte. Uns war klar, daß es für mich zuviel gewesen wäre, hineinzugehen und diesen schrecklichen Ort zu sehen, wo viele Freunde unserer Familie und andere Juden aus unserem Bekanntenkreis ermordet und verbrannt worden waren. Statt dessen überquerten wir die Straße und stiegen die kleinen Hügel hinauf, von denen aus man das Lager überblicken konnte.

Ich wußte, daß man hier an diesem Ort meine Brüder hingerichtet hatte. Während wir langsam hinaufstiegen, wurde mir bewußt, daß meine beiden gefolterten Brüder – Szymon und Nathan – zusammen mit anderen verurteilten Mitgefangenen wahrscheinlich den gleichen Weg gegangen waren, bevor man sie mit Maschinengewehren erschoß und in ein Massengrab warf.

Während wir noch weiter hinaufstiegen, begann es zu regnen. Wir bemerkten zwei kleine Denkmäler und steuerten auf sie zu. Auf dem kleineren Gedenkstein fanden wir ein mit Stacheldraht umhülltes Metallkreuz. Ich ging näher hin und las die polnische Inschrift: »Dieses Kreuz wurde hier errichtet in Erinnerung an die Polen, die in diesen Hügeln von den deutschen Besatzern hingerichtet wurden. Mögen sie in Frieden ruhen.«

Dann gingen wir zu dem größeren Denkmal hinüber, und das erste, was ich sah, war eine Menora – der siebenarmige Leuchter, das Symbol für Salomons Tempel –, über der sich eine hebräische Inschrift befand, die meine Frau mir vorlas. »RÄCHE UNSER VERGOSSENES BLUT.«

Unter der Menora stand eine lange Inschrift in polnischer Sprache: »AUF DIESEM GELÄNDE WURDEN IN DER ZEIT ZWISCHEN 1943 UND 1945 TAUSENDE AUS POLEN UND UNGARN ZUSAMMENGETRIEBENER JUDEN GEFOLTERT UND ERMORDET. WIR KENNEN DIE NAMEN DER ERMORDETEN NICHT UND ERSETZEN SIE DURCH EIN WORT: JUDEN.

HIER FAND EINES DER SCHRECKLICHSTEN VERBRECHEN STATT. DIE NIEDERTRÄCHTIGKEIT DIESER VERBRECHEN, DIE UNBESCHREIBLICHE BESTIALISCHE GRAUSAMKEIT, DIE GNADENLOSIGKEIT UND DIE UNMENSCHLICHKEIT DER TÄTER KÖNNEN NICHT IN WORTE GEFASST WERDEN. WIR ERSETZEN SIE DURCH EIN WORT: NAZISMUS.

IN ERINNERUNG AN DIE ERMORDETEN, DEREN LETZTER AUFSCHREI DER QUAL UND PEIN DIE STILLE DES FRIEDHOFS VON PLASZOW IST, ERWEISEN DIE JUDEN, DIE DIE FASCHISTISCHEN POGROME ÜBERLEBT HABEN, IHRE REVERENZ.«

Als ich die Inschrift für meine Frau übersetzte, reichte sie mir ihr Gebetbuch, das sie bei sich trug, und bat mich, das Trauergebet für die Toten – das Kaddisch – für meine beiden Brüder und für alle anderen jüdischen Märtyrer zu sprechen. Ich versuchte es, brachte aber kein Wort über meine Lippen. Ich konnte immer nur »Sch 'ma Jisrael, Höre Israel« flüstern, die Worte, die ich so oft gerufen hatte, wenn ich mich in tödlicher Gefahr befand. Wir beide brachen in Tränen aus und stiegen langsam den Hügel hinab. Ich schaute mich um und dachte, daß meine Brüder wahrscheinlich irgendwo in der Nähe begraben lagen. Dann nahm ich schweigend von ihnen und ihren Mitmärtyrern Abschied.

Wir kehrten in unser Hotel zurück, und am nächsten Morgen flogen wir nach Hause. Ich danke Gott, daß Er mich hat überleben lassen und mir die Kraft gab, meine Erfahrungen und Erlebnisse zu Papier zu bringen. Wir Juden haben viele Mörder überlebt, von denen Hitler der größte und schlimmste war. Dieser Gedanke gibt mir die Kraft und den Mut, darauf zu vertrauen, daß wir all unsere Feinde überleben werden.